Organizational Management
A Perspective of Chinese Enterprises in the Age of Digital Intelligence

组织管理学
数智时代的中国企业视角

张志学　井润田　沈　伟◎主编

图书在版编目(CIP)数据

组织管理学:数智时代的中国企业视角/张志学,井润田,沈伟主编.—北京:北京大学出版社,2023.6

(IACMR组织与管理书系)

ISBN 978-7-301-34117-9

Ⅰ.①组… Ⅱ.①张…②井…③沈… Ⅲ.①企业管理—组织管理学—研究—中国 Ⅳ.①F279.23

中国国家版本馆CIP数据核字(2023)第106702号

书　　　名	组织管理学：数智时代的中国企业视角
	ZUZHIGUANLIXUE:SHUZHI SHIDAI DE ZHONGGUO QIYE SHIJIAO
著作责任者	张志学　井润田　沈　伟　主编
责 任 编 辑	贾米娜
标 准 书 号	ISBN 978-7-301-34117-9
出 版 发 行	北京大学出版社
地　　　址	北京市海淀区成府路205号　100871
网　　　址	http://www.pup.cn
微信公众号	北京大学经管书苑（pupembook）
电 子 信 箱	编辑部：em@pup.cn　总编室：zpup@pup.cn
电　　　话	邮购部010-62752015　发行部010-62750672　编辑部010-62752926
印 刷 者	北京鑫海金澳胶印有限公司
经 销 者	新华书店
	787毫米×1092毫米　16开本　31印张　743千字
	2023年6月第1版　2023年6月第1次印刷
定　　　价	118.00元

未经许可，不得以任何方式复制或抄袭本书之部分或全部内容。

版权所有，侵权必究

举报电话：010-62752024　电子信箱：fd@pup.cn

图书如有印装质量问题，请与出版部联系，电话：010-62756370

前言

企业是构成社会经济形态的组织细胞。改革开放以来，中国经济的快速增长是以大批企业诞生与成长作为微观基础的。根据国家统计局的数据，2011年年底我国共有企业733.1万家，至2019年年底已实有注册企业2 109.1万家。相对于以上数量变化，中国企业的整体管理水平也在迅速提升。2019年中国进入《财富》杂志发布的世界500强排行榜的企业数量超过美国，其中也涌现出华为、海尔、阿里巴巴、比亚迪、隆基绿能等一批拥有全球竞争力的世界知名企业。自1996年起，中国企业案例陆续入选哈佛商学院案例库，截至2019年8月，共有147个案例入选，涉及110家企业。正如党的二十大报告所指出的，在过去10年间，我国的基础研究和原始创新不断加强，一些关键核心技术实现突破，战略性新兴产业发展壮大，载人航天、探月探火、深海深地探测、超级计算机、卫星导航、量子信息、核电技术、新能源技术、大飞机制造、生物医药等取得重大成果，进入创新型国家行列。展望未来，报告也明确指出，我国发展进入战略机遇和风险挑战并存、不确定难预料因素增多的时期，各种"黑天鹅""灰犀牛"事件随时可能发生。新的"逆全球化"格局导致全球市场面临日趋分隔化的风险，中国企业的全球化实践很难沿袭既有的理论指示或自身经验，当前尚未完全消散的新冠疫情也使得中国企业面临严重的冲击与挑战。未来环境要求更多中国企业能够在技术和管理方面从重视"模仿创新"转向"原始创新"，在全球范围内引领社会和经济的发展。

当代组织管理理论正是在技术变革和现代企业涌现的背景下诞生并不断发展起来的。正如本书第一章关于组织管理思想的总结，自工业革命以来，技术变革有力地推动了商业环境和组织管理模式的变化。就像小阿尔弗雷德·钱德勒在《铁路公司：现代企业管理的先锋》一文中所揭示的，19世纪末火车的出现与普及改变了人们的出行习惯，也迫使管理者必须学会驾驭无法直接进行现场监督、需要跨区域协作的大型企业，这是在此前即使技术最先进的纺纱厂管理中也不曾遇到的困难，由此使得组织管理理论开始从经验性走向科学化，支撑的企业经营规模从以前的数百人迅速扩大到数万人以上，这正是古典管理理论发展的时代背景。虽然促进了管理变革，但工业化时代技术扩散的速度还是比较慢的。在美国，从第一条铁路出现到横贯北美大陆的太平洋铁路建成经历了约40年，之后又过了20年遍布全国的铁路网络才基本形成。这样的技术扩散速度使得无论是拥有新技术还是旧技术的企业管理者都有足够多的时间去学习和适应。然而，20世纪50年代发展起来的电子信息技术的扩散速度大大加快，代表着新一代高科技企业形态的诞生。作为当时高科技企业的代表之一，英特尔公司总裁安迪·格鲁夫曾经指出：在这样一个混乱与变化加速的时代，机会不断涌现却又瞬息消失。竞争对手、科技、顾客面、供应面、协力产业乃至有关规范制度的转变，造就了一个10倍速发展的时代。而这样的商业环境也带来了组织管理理论的蓬勃发展。本书所讲述的一些代表性组织理论，如组织设计的权变理论、组织生态与演化、新制度主义理论都是诞生于这一时期，同时，"组织行为学"也作为一门学科从行为科学中独立出来，成为所有商学院教学体系中最重要的核心课程之一。

在总结和继承当代组织管理理论的基础上，本书尽可能融合战略管理、组织理论和组织行为等相关学科，并使其构成一个整合的知识体系。此外，我们特别把数智时代的管理模式和中国企业的本土实践作为本书的两个特色。

中国正在进入数智技术带来的管理模式创新时代。20世纪90年代中期，美国政府准许互联网技术用于商业用途，迅速催生出像亚马逊这样的一批".com 公司"。2007年之前，人们还没有使用过智能手机，但自从苹果公司在这一年推出 iPhone 产品，短短5年之后智能手机已经在全球市场普及。当前，数智技术所提供的及时、连续和细化的信息结构使得实时决策成为可能，企业可以与员工、用户、供应商之间建立直接联系，帮助企业打破内外部壁垒进而创建更快捷和更多样的交互渠道。数智化使得环境变化对企业经营的影响日益明显和迅猛，企业需要实时、敏捷地监控环境并做出反应，它们不能再等到变化完全显现之后再适应，只能在变化开始浮现之际就学会"创造变化"来适应变化。本书的很多篇章反映了国内外学术界在这方面的一些最新研究成果，以及企业界在这方面的最新实践。

当然，不同制度和文化环境也会孕育和催生出不同的组织管理模式及实践。从新中国成立至改革开放初期，中国企业管理模式逐渐从计划经济下的生产管理型转向市场经济下的经营管理型，对国外管理知识的学习重点也从刚开始的苏联转向欧美和日本等国家和地区，管理学在学科建设、学术研究、教育培训等方面都取得了较大的进展，一批研究中国企业管理的期刊（如《管理世界》《管理科学学报》《经济管理》等）和学会［如中国管理现代化研究会、中国企业管理协会、中国管理科学研究会（1991年更名为中国管理科学学会）、中国系统工程学会等］相继成立。进入20世纪90年代，伴随着 MBA/EMBA 教育在国内管理学院/商学院的广泛开展，以组织行为、人力资源、战略管理、创新创业、市场营销等方向为代表的工商管理研究得到高度重视和快速发展，中国管理研究国际学会（IACMR）等学术组织成立并成为联系国内外学者的重要桥梁。中国企业管理的学科范式逐步成熟，研究队伍日趋专业化，研究方法日趋规范，实证研究方法开始占据主导地位，但同时学术界也开始反思和强调本土管理研究的重要性。因此，本书也希望基于中国企业所面临的独特制度和社会文化环境，对近年来国内学者在本土管理研究方面的成果进行呈现和总结，以便更好地为中国企业实践提供理论启示或指导。相信本书的很多篇章会在这方面给读者留下深刻的印象。

写一本适合中国广大组织管理学专业师生和企业管理者阅读的组织管理学教材，是众多国内学者的夙愿和共识，但这样的挑战性任务也超越了单个学者的能力和视野。本书是团队协作的结晶，各章及撰写的学者如下（按章节顺序）：第1章"组织管理的逻辑和范畴"（张志学，北京大学；井润田，上海交通大学；沈伟，亚利桑那州立大学），第2章"全球格局与企业营商环境"（张三保，武汉大学），第3章"企业社会责任"（张闫龙，北京大学），第4章"企业家的个体特征与企业战略决策"（李绪红，复旦大学），第5章"高管认知与开放生态构建"（易希薇，北京大学），第6章"个人特质与自我"（柏阳，北京大学；金孟子，北京大学），第7章"员工价值观及其变迁"（唐宁玉，上海交通大学），第8章"激励理论与激励实践"（贺伟，南京大学；刘文兴，中南财经政法大学），第9章"组织中员工的建言行为"（梁建，同济大学；舒睿，上海财经大学），第 10 章"多元文化背景下的个体行为"（周文芝，香港科技大学），第 11 章"人际关系与冲突处理"（姚晶晶，法国 IESEG 管理学院），第 12 章"团队工作的过程与成效"（施俊琦，浙江大学），第 13 章"谈判的理念与策略"（马力，北京大学），第 14 章"复杂环境下的领导力"（张燕，北京大学），第 15 章"企业的专业化管理"（贾良定，南京大学；王彦，江苏师范大学；刘德鹏，山东大学），第 16 章"企业家精神与企业文化"（张志学，北京大学）；第 17 章"企业的组织学习"（陈国权，清华大学），第 18 章"企业的组织形态"（张晓军，西交利物浦大学），第 19 章"组织控制及其新形态"（魏昕，中国人民大学；董韫韬，北京大学），第 20 章"工作设计及其当代特征"（秦昕，中山大学；陈晨，中山大学），第 21 章"数据驱动的人力资源管理"（谢小云，浙江大学），第 22 章"企业的转型与变革"（井润田，上海交通大学），第 23 章"破茧成蝶——万物云发展之路"（侯楠，首都经济贸易大学；张志学，北京大学）。

我们团队的每位作者在自己所在的院校里，既是诲人不倦的优秀教师，也是孜孜不倦的勤勉学者，本书中的很多理论成果都是他们长期钻研所得，这也是本书相较于一些引进版教材的独特优势。本书的编写和评审流程如下：作者们撰写完成各自的章节后，三位主编提供审阅意见；待作者们根据审阅意见提交修改稿之后，由本书的两位作者提供同行评审意见，作者们根据该意见再次进行修改；作者们提交基于同行评审意见的修改稿之后，主编们再次对稿件提出建议并请他们进行修改；作者们修改后将稿件提交出版社进行后续编校环节。我们感谢为本书付出努力的作者们。

我们也非常感谢北京大学出版社贾米娜编辑的专业指导和 IACMR 北京办公室张玮主任所做的大量协调工作，没有她们的帮助，很难设想本书的顺利付梓。

本书各章都有"引导案例"和"中国实践"案例，旨在对中国企业的案例进行一定的梳理。我们感谢为本书提供优秀案例的众多中国企业。在管理学发展史上，优秀企业（如通用、丰田、海尔等）贡献的不仅是优质产品，还有影响社会的管理理论和思想。当前，中国企业在取得全球市场竞争优势的同时，也需要通过管理经验的提炼与输出赢得国内外的普遍认同。面对新的全球竞争格局和数字化转型情境，我们相信这是一个孕育新的组织管理理论的时代，也期待见证更多中国企业在管理模式探索上的成功。

本书由 30 位学者撰写完成，他们分别来自战略、组织和行为几个不同的管理分支，其所撰写的内容也有所侧重，这一方面体现了本书的优势，另一方面导致各章的写作风格存在一定的差异。本书存在诸多不足之处，恳请同行和读者见谅并给予批评指正。本书的编写和出版旨在展现中国特色组织管理学，并为国内广大师生的教与学提供素材。我们将不断对本书进行版本更新以更好地服务于广大师生和中国企业的发展。

编　者

2023 年 6 月

目 录

第1篇 组织管理新格局

第1章 组织管理的逻辑和范畴 ... 3
- 1.1 组织、管理与组织管理 ... 4
- 1.2 组织管理思想的演变 ... 6
- 1.3 组织管理学的学科基础 ... 9
- 1.4 组织管理学的基本逻辑 ... 15
- 1.5 本书的内容 ... 19

第2章 全球格局与企业营商环境 ... 29
- 2.1 企业环境相关理论 ... 30
- 2.2 当今中国影响微观企业的宏观环境 ... 31
- 2.3 全球营商环境评估体系中的中国 ... 37
- 2.4 中国各省区市的营商环境 ... 42

第3章 企业社会责任 ... 53
- 3.1 企业社会责任的概念、内涵及模型 ... 54
- 3.2 企业社会责任的制度化 ... 59
- 3.3 战略型企业社会责任 ... 65
- 3.4 全球化视角下的企业社会责任 ... 70

第4章 企业家的个体特征与企业战略决策 ... 75
- 4.1 企业家与企业的角色关系：战略领导力的研究 ... 77
- 4.2 企业家的个体特征影响企业的作用机制和路径 ... 78
- 4.3 企业家的个人背景特征对企业的影响 ... 79
- 4.4 企业家的个人心理特征对企业战略决策及其绩效的影响 ... 81

第5章 高管认知与开放生态构建 ... 95
- 5.1 工业时代与数智时代的环境差异 ... 97
- 5.2 企业开放生态构建路径 ... 98
- 5.3 高管认知与企业开放生态的构建 ... 103
- 5.4 开放生态的演化和治理 ... 106

第2篇 组织中的个人

第 6 章 个人特质与自我 115
- 6.1 自我 117
- 6.2 什么是性格? 119
- 6.3 性格与组织行为 122
- 6.4 其他性格特质 124

第 7 章 员工价值观及其变迁 135
- 7.1 价值观概述 137
- 7.2 价值观相关理论 143
- 7.3 价值观的影响和作用机制 145
- 7.4 中国情境下价值观的代际变迁 147
- 7.5 代际价值观变迁对管理的启示 152

第 8 章 激励理论与激励实践 157
- 8.1 需要、动机和激励 159
- 8.2 激励理论 162
- 8.3 激励实践 168

第 9 章 组织中员工的建言行为 177
- 9.1 建言行为的定义 179
- 9.2 员工建言的类型 180
- 9.3 员工为何不愿建言 182
- 9.4 管理者为何充耳不闻 186
- 9.5 建言对组织绩效的影响 187
- 9.6 对管理者的启示 189

第 10 章 多元文化背景下的个体行为 197
- 10.1 有关文化的主要观点 198
- 10.2 文化能力 206
- 10.3 从理论到实践：培养文化能力和技巧 211

第3篇 人际关系、团队与网络

第 11 章 人际关系与冲突处理 219
- 11.1 人际关系的基本理论 220
- 11.2 冲突 221
- 11.3 信任 229

第 12 章 团队工作的过程与成效 239

12.1	团队的定义及关键要素	240
12.2	团队的分类	242
12.3	团队的构成	243
12.4	团队工作过程中的认知、情感、行为维度	244
12.5	团队工作的内外部环境及影响	247
12.6	团队工作成效的不同界定形式	248
12.7	数智时代的团队工作	249

第 13 章 谈判的理念与策略 ... 257

13.1	谈判的核心概念	258
13.2	影响谈判结果的因素	263
13.3	有效谈判策略	266

第4篇 领导力与组织运作

第 14 章 复杂环境下的领导力 ... 277

14.1	领导力的本质	278
14.2	主流的领导力研究和观点	279
14.3	中国企业的环境特征	282
14.4	适应 VUCA 环境的领导力	284
14.5	根植于中国文化的领导力	285
14.6	领导力理论发展的未来与对实践的意义	288

第 15 章 企业的专业化管理 ... 295

15.1	专业化相关概念的定义	296
15.2	企业专业化管理的一般实践	301
15.3	企业从关系式向专业化管理的转变	306

第 16 章 企业家精神与企业文化 ... 317

16.1	企业家及其身份认同	318
16.2	中国故事：卢作孚的使命担当	321
16.3	企业家精神的内涵和驱动力	324
16.4	当代中国的企业家精神	325
16.5	企业文化及其作用	327
16.6	企业家精神与企业文化	330

第 17 章 企业的组织学习 ... 337

17.1	组织学习在国外的发展概述	338

  17.2 组织学习在中国：组织学习的时空理论 ... 342
  17.3 组织学习在中国实践案例：北汽福田汽车股份有限公司组织学习案例 ... 351
 第18章 企业的组织形态 ... 359
  18.1 企业组织形态的本质及挑战 ... 360
  18.2 组织内人与人合作的两种机制 ... 362
  18.3 不同组织机制下的组织形态 ... 363
  18.4 组织形态的演化逻辑 ... 371
  18.5 企业组织形态的影响因素 ... 373

第5篇 数智时代的组织管理

 第19章 组织控制及其新形态 ... 383
  19.1 组织控制的经典模式 ... 384
  19.2 算法控制 ... 387
  19.3 数智时代的复合组织控制 ... 390
 第20章 工作设计及其当代特征 ... 403
  20.1 工作设计的相关理论 ... 405
  20.2 中国特色的工作设计 ... 410
  20.3 人工智能背景下组织工作设计的新问题 ... 411
 第21章 数据驱动的人力资源管理 ... 423
  21.1 数字技术的发展与人力资源管理模式的更新 ... 426
  21.2 招聘与选拔 ... 427
  21.3 培训与开发 ... 429
  21.4 监管与考核 ... 432
  21.5 奖惩与激励 ... 434
  21.6 组织 - 员工关系 ... 436
 第22章 企业的转型与变革 ... 443
  22.1 组织变革的概念与类型 ... 444
  22.2 计划变革理论 ... 449
  22.3 持续变革理论 ... 455

第6篇 综合案例

 第23章 破茧成蝶——万物云发展之路 ... 465
  23.1 万物炼成之起源（1990—2000年） ... 465

23.2　万物炼成之塑造（2000—2010 年）..466
23.3　万物炼成之成长（2010—2020 年）..466
23.4　万物炼成之蜕变（2020 年至今）..473
23.5　万物炼成之文化与价值观..475
23.6　万物炼成之"时代英雄"..475
23.7　万物炼成之蝶变..480

附录：万物云大事记..483

第1篇
组织管理新格局

第 1 章
组织管理的逻辑和范畴

> **学习目标**
> 1. 理解组织管理的定义
> 2. 认识组织管理思想的演化
> 3. 思考数智时代对组织管理的挑战
> 4. 掌握组织管理的逻辑
> 5. 了解当代组织管理的范畴
> 6. 了解本书的主要内容
> 7. 思考数智时代组织管理的特征

引导案例

走少有人走的路：服务社会的企业运作

2003年"非典"（SARS）爆发期间，张勇首次将采集诊断分离模式成功应用于SARS的检测。之后他意识到，中国城市化和人口老龄化将对高质量的医疗卫生服务产生巨大需求，而公共医疗机构的医疗服务供给很难满足快速增长的需求。他试图探索一种全新的商业模式来为更大范围的公众提供医疗服务。2004年，他在广州建立了广州达安临床检验中心有限公司，即云康（云康集团）的前身，专门为医疗机构提供诊断检测服务。在"健康社区·健康家"的愿景驱动下，云康提出了发展技术能力和在高质量医疗服务供给不足的地区提供医疗服务的战略。

云康近年来开始为医联体的有效运作提供支持。医联体这一政策的推行与中国的医疗现状有关：病人都愿意去医生医术高超、设备先进的三级医院看病，但由于三级医院不到医院总数的十分之一，无法满足众多患者的需求，因此，政府出台多项政策促进医联体的建立和分级诊断医疗。分级诊断医疗是让普通病人先在附近低级别的医院就医，患了大病时才去更好的医院。建立医联体是实现分级诊断医疗的有效工具，它促进同一区域、不同级别的医院彼此合作，将不同情况的病人分配到合适的医院里。然而，缺乏标准的诊断检测质量管理体系使得分级诊断医疗方案很难执行。医生看病依赖诊断测试，但多数一级医院和基层医疗机构没有能力做诊断测试，低级别医院的测试结果也不被高级别医院所认可。患者从低级别医院转入高级别医院时常常被迫重新接受医疗诊断测试。此外，医联体在运作过程中，需要技术标准化、信息共享以及医学冷链物流等，而医联体中的医疗机构既没有能力，也没有相应的医院能够提供这类服务。

为了解决这个难题，云康为基层医疗机构提供了一系列的诊断技术支持以提高它们的诊断能力，并在医联体内建立了检验标准化和质量控制体系。云康通过IT（信息技术）系统建立起一个平台，将不同的医疗机构联结起来。为了实现这一平台中检测标准的统一化和标准化，云康与美国临床和实验室标准协会（CLSI）共同推进中国基层医学检验标准化体系，合作开发了适合中国基层医疗机构的标准和软件系统，并于2015年在科技部的支持下在广东的70家医院中测试了诊断检测项目的获取、转移和结果交付流程。云康用六年的时间建立并优化了整个平台，这套诊断技术支持系统成为支持医联体的基础设施，也成功地将三级医院与低级别医院以及基层医疗机构联结起来，不同级别的医院可以在样本收集、检测结果阅读、检测结果分享以及数据整合上进行合作。同时，云康与基层医疗机构共建诊断检测中心，使得它们具备了诊断检测能力，有助于解决诊断检测的供需矛盾。

2022年，云康将业务扩展到更小的城市和边远地区的医疗机构。截至2022年9月，云康已经与全国31个省、自治区和直辖市的医院建立合作关系，其诊断检测中心覆盖385个医联体中超过3 600家医疗机构。2022年5月18日，云康在香港上市。2022年6月，云康完成了国家发展和改革委员会支持的"数字经济试点重大工程"，建立了健康医疗大数据分级协同诊疗体系。该项目通过平台技术将三级医院等优质医疗机构与相关的数据使用企业、基层医疗机构、社区中心、家庭联结起来，提供分级诊疗、智能诊疗、健康管理、数据服务等健康医疗大数据服务，覆盖广州市并辐射大湾区超过4 000万人口。

资料来源：改编自 Zhang, Z. X., Dong, Y., & Yi, X. Building resilience via cognitive preparedness, behavioral reconfigurations, and iterative learning: The case of YunKang. *Management and Organization Review*, 2020, 16（5）: 981–985; Zhang, Z. X., Yi, X., & Dong, Y. Taking the path less traveled: How responsible leadership addresses a grand challenge in public health, a case study from China. *Management and Organization Review*，in press。

思考题

1. 云康建立医疗大数据分级协同诊疗体系的意义是什么？
2. 云康业务模式的优势和不足有哪些？
3. 如何评价云康未来的发展前景？

引导案例展示了中国企业的创新精神。我们应该综合考虑战略、组织和领导以透彻地分析云康的业务发展。本章旨在阐述本书的基本逻辑和框架，帮助从事企业管理和运营的实践者以及学习企业管理的学员和研究者更好地理解当代的企业组织。

1.1 组织、管理与组织管理

组织就是人们为了达成某一共同的目标而形成的实体。组织包括三个组成部分：其一是目标，即拥有明确的且被大多数组织成员认知并认同的目标；其二是成员，组织由两个以上的人组成；其三是结构，有一个规范和指导成员行为的组织结构，包括规则制度、角色分工、职位和权力体系等。组织的功能在于能够实现个人无法达成的目标，因此组织通过分工协作，既发挥每个成员的专长和力量，又确保成员之间的能力互补并沿着目标的方向协同努力。当然，组织之所以能够将成员组织起来实现目标，是因为组织成员能够分享目标达成之后的收获和收益。为了实现组织目标，组织成员必须认同组织目标、维护组织制度、掌握完成任务的知识和技能、遵循工作流程和规范。因此，"组织人"既非自然人，也比"社会人"受到更多的约束、需要达到更高的要求。

社会上存在各种组织，既有医院、学校、政府等非营利性组织，也有诸如企业这样获取利润而发展的营利性组织，本书聚焦于企业组织。

管理就是通过履行计划、组织、领导、协调、控制等职能，对人力、物力、财力、信息等资源进行协调和分配，从而实现既定目标的活动和过程。管理拥有计划、组织、领导和控制四大职能。计划是指设定目标，决定达成目标的方法，找到达成目标的途径等；组织是指分解任务，设计架构、部门和岗位，授权分工，调配资源，制定制度和规则，协调工作等；领导是指提出愿景，激发员工努力，给予员工支持，激励员工应对变化等；控制是指监督业绩达成的情况，采取措施确保按照既定计划达成目标，基于目标达成的情况给予相关人员奖惩等。结合当代新的管理理论和实践，我国学者提出管理的职能包括决策（计划）、组织（组织、用人）、领导（指导、指挥、领导、协调、沟通、激励、代表）、控制（监督、检查、控制）和创新五大基本职能（周三多等，2018）。一方面，管理的职能体现在人类要完成的各种重大和复杂的任务中，因此具有客观而科学的自然属性；另一方面，管理职能的执行会受到社会生产关系、制度和企业特征的影响，因此具备社会属性。本书各章的内容力求体现管理的一般规律以及中国情境下的特殊性。

管理是由管理者完成的，管理者就是通过协调他人的活动达成组织目标的人。亨利·明茨伯格在他1973年出版的《管理工作的本质》一书中，描述了组织中管理者扮演的十种角色，他们通过履行这些角色职责完成对外协调、内部协调以及内外协调。他指出，管理者扮演的人际关系角色包括形象代表人、领导者和联络员，信息传递角色包括发言人、信息监督者和信息传递者，决策制定角色包括企业家、资源分配者、麻烦应对者和谈判者。管理者并不负责具体任务的操作和执行，而是指挥和协调他人完成任务。为此，管理者会被组织赋予正式的职位权力。他们可以运用支配权命令下属服从安排，运用强制权迫使下属服从要求，运用奖赏权激励下属更好地完成任务。罗伯特·卡茨在1974年于《哈佛商业评论》上发表的《有效管理者的技能》一文中提出，管理者需要具备三种基本技能：技术技能是指管理者监督专业领域中的过程、惯例、技术和工具的能力，人际技能是指管理者成功地与别人交往和沟通的能力，概念技能是指提出和执行想法并将关系加以抽象化的思维能力。企业中的高层、中层和基层管理者具备上述三种能力的程度要求不同，高层管理者更需要具备高屋建瓴的概念技能，基层管理者更多地需要具备技术技能，三种管理者都需要具备相当程度的人际技能，而中层管理者则需要均衡地具备三种技能。

　　管理的有效性可以用效果和效率两方面来衡量。效果就是通过管理达成目标，效率就是以最经济的方法达成目标，效果涉及做什么，效率涉及怎么做，效果是第一位的，因此有效的管理就是以正确的方式做正确的事情。出于多种原因，管理者往往在组织中没有恰当地履行自己的职责，从而导致组织的混乱。我国学者指出，常见的管理者错位现象包括：高层管理者不根据组织内外部环境的变化把控组织发展的方向、制定战略并进行组织建设，而是热衷于组织内部的具体事务，乐于干涉下属的工作，事必躬亲；中层管理者满足于上传下达，向下传达上级的指示，向上反馈基层的问题，但面对复杂的问题，却无法创造性地结合本部门的实际情况找到解决问题的办法；基层管理者只管贯彻落实，不管最终结果，布置完上级交代的任务之后不注重跟进和检查（邢以群，2017）。

　　清楚组织和管理的概念及其职能后，我们对组织管理做如下界定：基于对组织内外部环境的感知和评估，确定被组织成员所认知的共同目标，并通过一系列的计划、组织、领导、控制等活动达成组织的目标。因此，组织管理学就是关于如何有效地协调组织资源达成组织目标的学科。

1.2　组织管理思想的演变

　　管理思想是人们对管理过程中发生的各种关系的认识的总和，其指导了管理活动的具体实践，反映了特定时期的生产力条件和组织运营环境。

1.2.1　西方的管理思想

　　近现代组织管理思想的迸发与工业革命和资本主义工厂制度的建立紧密相关。伴随着生产力和社会环境的不断演变，组织管理思想经历了古典管理、组织与人际关系运动兴起、现代战略管理等演变过程。

　　古典管理思想强调以科学方法或原则来实现管理的有效性，追求一套相对统一的管理方法，以实现极致效率与理性秩序，包括科学管理理论、一般管理理论和官僚组织理论。泰勒提出的科学管理理论侧重于以科学的管理原则来决定工作方法，使工人的操作标准化、系统化，并确保所有工作都按照所制定的原则来完成，旨在以最高的效率完成工作。与泰勒同时期的法约尔提出了一般管理理论，探讨管理者协调整个组织中的内部活动的基本原则，强调管理的有效性并不是靠管理者的个人能力实现的，而是基于管理者对管理原则的有效贯彻。法约尔提出了有效管理的十四条原则，例如统一指挥、建立秩序等，并总结了管理的五大职能，即计划、组织、指挥、协调、控制。韦伯的科层组织理论则从组织结构的视角探讨如何以合理方法实现组织运转，提出科层组织应具备统一的非人格化的规章制度、明确的劳动分工和职权等级体系等特征。总体来看，古典管理思想从工作应当如何完成、管理者如何作为、组织结构如何设计等方面，初步建构了一套以秩序、效率、理性为核心追求的工具性管理逻辑。然而，以一套模式来实施管理的做法难以适应复杂的组织环境与多样的组织内部互动。

古典管理思想强调组织对工人的严格控制，引发了工人的不满。于是，管理思想家开始回归人性，从组织和人际关系的角度揭示如何通过提高工人的积极性来实现管理的有效性。一方面，斯隆在通用汽车的企业实践中确立了分权经营和集中政策控制相结合的组织模式，强调激励员工的主动性、善用群体智慧。另一方面，行为管理思想将人视为生产活动的主体，分析影响组织中个体行为的因素，并从行为科学视角去剖析人的行为。例如，福莱特的人文主义观点强调，管理者应当将工人看作合作伙伴而非仅仅依赖权力职级来实施管理。霍桑实验表明，提高生产率的关键不是物质条件，而是工人的工作态度与动机。围绕这种"社会人"假设，人际关系运动以如何激励人的动机为侧重点，发展出马斯洛的需要层次理论，以及麦格雷戈的"X-Y 理论"。组织与人际关系运动的管理观念强调人的能动性和群体互动过程，将管理的工具性逻辑发展为人性逻辑。

伴随着世界大战的爆发和军事战略的发展，组织管理思想开始从军事实践中汲取经验，将管理视域从瞄准组织内部向瞄准组织外部与未来目标转移，现代战略管理思想由此诞生。钱德勒将战略定义为制定企业的长期目标，并为实现这些目标采取行动，分配必要的资源，强调组织应当先确定战略再设计结构。德鲁克认为，管理应当瞄准未来，提出将目标管理作为未来管理者的首要任务。明茨伯格提出，企业在战略规划方面不切实际的连续性假设、只从组织层面去思考、公式化的战略决策是三大关键缺陷，并强调战略规划的综合性、动态性和远见性特点。基于对管理实践的总结，安索夫强调战略管理能确保组织目标和竞争优势的实现，并有利于开发公司未来的潜力。现代战略管理思想以追求管理的动态性为基点，转向不确定性、不连续性、多样性的管理假设，并将管理视野转移到关注未来和实现组织内外部活动相协调的方向上，意识到局部性的组织管理思想难以适应管理现实的问题。

管理学者对"什么是管理""如何进行有效管理"等问题的摸索经历了工作方法、组织人员、组织战略的视角切换与层次跃迁，体现了管理对象从客观物质向主观观念、从个体层面向组织层面发展的趋势。近现代管理思想从单方面强调技术和规范流程的工具性管理逻辑，演化为强调人的能动性的人性逻辑；从忽视变化、追求秩序、着眼于当下，逐渐演变为承认变化、拥抱变化、瞄准未来，体现了现代管理思想对连续性与动态性的平衡和探索。随着科技的发展与社会环境的跃迁，数字技术不断冲击组织运营的外部环境，组织模式、工作方式的变化也提高了组织内部环境的不连续性，这些挑战放大了组织管理所面临的各种张力（如短期生存与长期发展、商业效益与社会责任等）。以往从单一层面剖析组织管理的思维逻辑难以回答组织正在以及即将面临什么变化、如何整合内外部环境来适应变化等问题。

管理理论所面临的困境和外部环境的复杂变化催生了一批以整合性思维和全新视角来认识组织、解构管理的学者。野中郁次郎的知识创造理论（Nonaka, 1994; Nonaka & Takeuchi, 1995），从知识整合与创造的视角来描述组织本质和运转过程，将企业看作知识一体化的制度，指出企业运转围绕个体、团队、组织等多个层次主体的知识转移、整合、重新创造而展开。该理论的落脚点是探索组织适应、组织学习与创新的整体路径，并将跨层的、动态的知识管理过程呈现出来，为处于复杂动态中的组织管理提供了新思路。

1.2.2 中国近现代的管理思想

中国在历史上的很长时间都属于农业社会，第二次鸦片战争之后，清政府意识到工业化的重要性，一些官员通过"洋务运动"学习西方技术，兴办了一些工厂，但由于缺乏广泛的民众基础和市场，最后以失败而告终。辛亥革命后，中国产生了一些民族资本家，但由于缺乏稳定的市场和经济环境，民族工业没有发展起来。1953年，中国启动了第一个五年计划，不过工业化运动也没有完全发展起来。在长达百年的几次工业化尝试中，出现过零星的管理思想。例如，穆藕初1916年将泰勒的著作翻译为《工厂适用学理的管理法》出版，并创办纺纱厂，致力于改良棉种和推广植棉事业。南通的张謇，无锡荣氏家族的荣宗敬、荣德生兄弟，以及常州的刘国钧等人，都比较成功地发展实业，不过他们本人和学者们都没有从管理的角度进行总结。相较而言，卢作孚关于公司的定位、使命和公司人才培养的论述比较系统。在中国进行社会主义建设时期，20世纪60年代的"鞍钢宪法"总结了当时有效的管理实践，如主张干部参加劳动、工人参加管理，改革不合理的规章制度，管理者和工人在生产实践与技术革命中相结合等。

自1978年起，中国成功开启了工业革命的征程（文一，2016）。政府实施对外开放、对内搞活的经济政策，先后颁布了一系列政策法规扩大企业经营自主权，实施承包经营责任制，转换企业经营机制并建立现代企业制度（周三多等，2018）。伴随着近年来经济社会发展进入新阶段，国家明确提出让市场在资源配置中起决定性作用，在坚持和完善公有制为主体、多种所有制共同发展的方针下，国有企业继续深化改革，尝试建立混合所有制企业，以期实现国有企业和民营企业优势互补。此外，民营企业正在探索经济转型和升级的策略及路径。这些探索积累了丰富的组织管理实践，有待学者予以理论化。少数中国企业所总结出的实践经验及模式在业界和学界都产生了广泛的影响。海尔早期提出以"日事日毕，日清日高"（Overall Every Control and Clear，OEC）的管理模式提高工作效率并培养员工的专业化和职业化，以"赛马机制"激励员工和部门，以"激活休克鱼"的方式解决并购后的运营与管理问题，以"人单合一"管理模式的思想和手段解决对自主经营体、小微企业的授权和集中统一问题，这些都体现了鲜明的特色并且证明了其管理的有效性。华为在历经艰辛的创业阶段后，制定"华为公司基本法"，明确公司战略和组织建设策略；在全球化获得成功之后又通过《人力资源管理纲要2.0》确立新的信任管理体系和"横向分权，纵向授权"的权力结构，并明确激励策略和人才队伍建设的策略。此外，华为基于其在中国和全球市场上的运作实践总结出的灰度管理和熵减思维，对于不稳定、不确定、复杂而模糊（VUCA）时代的企业实行平衡和平稳运作以及持续保持组织活力极具启迪性，值得组织管理学者在建构理论时借鉴。

1.2.3 数智技术对管理理论的挑战

当前，数字经济在全球社会扮演着日益重要的角色，数智技术（如云计算、大数据分析、化,主张工业组织通过结构、制度和流程规范人的行为,使员工像机器一样稳定地工作。然而,随着霍桑实验及其结论的广泛传播,人际关系学说影响了企业的实践,高等院校也开始设立与企业情境下人的行为相关的课程。1949年,行为科学正式诞生。美国若干基金会开始资助管理学家、社会学家和心理学家研究行为的特点、环境、过程以及原因。这些理论推动企业管理者重视人的因素,强调改善企业的人际关系,促使组织的需要和成员的需要协调一致等。相关的研究成果也构成了"工业组织心理学"的知识体系,产生了前面所提及的诸多理论。

行为科学的研究,尤其在企业情境下开展的人类行为的研究及其发现,使管理者看待人的视角从"经济人"转向"社会人",企业开始注重员工社会的和群体的技能,强调培养员工的归属感,注重通过参与式领导调动员工的积极性,并把企业的正式组织和社会组织结合起来实现权力的平衡。也就是说,组织管理不再仅仅关注物理环境或者组织的流程、制度和架构,而是注重人的特性以及人与人之间所形成的关系。组织管理的主题包括:关注员工特性与工作的匹配,重新设计工作使之更加适合员工,同时关注员工的经济激励和内在激励,注重提升员工的工作满意度和组织承诺,与员工沟通并听取他们的意见和建议,将绩效评估转变为绩效管理,为员工提供绩效反馈以便帮助他们成长,注重采取参与式的管理方式并对员工进行授权,以团队的方式工作以便让员工承担更大的责任等。随着有关组织内部人的特性和行为对个人、团队或者组织绩效影响的研究越来越丰富,"组织行为学"作为一门学科在20世纪60年代从行为科学中独立出来,成为所有商学院教学体系中最重要的核心课程之一。组织行为学是研究企业中的个体和群体行为及其后果,应用这些知识提高组织效能的一门科学,也是关于组织情境下的"人员管理"(people management)或者领导力的学科。本书的诸多章节分别从不同的角度讨论组织情境下个体行为和群体过程及其对个人和团队绩效的影响。

组织行为学的知识体系大多来自心理学和社会心理学,心理学研究者对动机、人格、学习、工作满意度、绩效评估、人员选拔、工作设计等开展了大量研究,社会心理学则对态度改变、人际沟通、人际关系、群体过程等话题开展了研究。然而,主流的心理学和社会心理学研究者普遍忽视组织的目标、任务等情境特征,导致组织行为研究越来越"心理学化",越来越远离组织管理,理论研究和企业实践之间存在巨大的鸿沟。实践者无法从繁杂的组织行为研究中获得足够的启迪。

组织情境下个体的行为及其后果会受到社会、组织和群体层次上多种因素的影响,但主流的组织行为研究往往忽视了个体层次之上的高层次因素的影响。图1.1表明,社会、文化、法制以及政治体制等因素会影响到企业的领导策略、战略选择、激励机制、组织结构以及企业文化等,组织因素会影响企业内部工作群体的目标、任务、过程和氛围等,而群体特征可能会直接影响其个体成员的工作态度与行为等(张志学,2010)。这就意味着,组织行为研究人工智能、机器学习、物联网、区块链、智能机器人、3D打印、虚拟现实等）不仅改变了企业的经营模式和人们的生活观念，而且在解决一些社会问题方面体现出巨大潜力。数智技术的应用正在影响和重组企业、员工、消费者与供应商之间的权力结构，与之相应的组织形态也逐渐从传统的层级化结构向虚拟化、网络化转变，并催生出一些新兴的组织结构，如平台组织、阿米巴组织（或小微企业）、网络社区、生态组织等。随着数字经济向传统产业领域的渗透与融合，交通、餐饮、住宿、家政等服务加速向线上转移，共享单车、网络约车、智能汽车、分时租赁、网络订餐、网络众筹、房屋短租、互联网医疗等各种创业活动快速发展；在制造业领域，工业4.0、智能制造、工业互联网、数字孪生等概念成为管理者热议的话题，催生了企业数字化转型的热潮。

数智化给企业带来的收益通常体现在如下方面：① 增强用户体验和参与感。企业可以通过互联网拉近与用户的距离，在与用户的直接交互中设计或孵化出新的产品和服务。企业可以借助数智技术提供实体产品之外的其他服务，通过收集产品和服务互动的数据提供创新的解决方案来满足用户需求。② 改善业务流程，提升运营效率，使企业可以用更低的成本、更快的速度、更高的品质为用户提供产品和服务。企业可以创建新的用户沟通渠道，如使用社交媒体与用户接触并直接对话；算法决策、工业互联网、人工智能等技术为企业间协作提供了新的机会，可以提升企业的智能采购水平和供应链协作效率。③ 与数智技术相伴的技术变革与商业模式创新使很多领先企业丧失了竞争优势。数智化为企业与消费者互动提供了更多可能性，带来更多的商业模式创新。企业通过去中介化、重新中介化或网络中介化等机制建立与价值网络参与者（如用户）之间的交互关系，这会影响它们在价值分配体系中的地位。例如，借助商业模式创新，数字媒体替代了很多传统媒体，线上销售平台与商场、大型超市等传统零售商直接竞争，传统的租车业或酒店业也受到数智技术的巨大冲击。

数字化转型也会面临很多风险与困难。数字化转型需要企业不仅在技术方面，也在战略、组织、员工行为等方面进行适应性调整，否则必然面临来自内外部的各种变革阻力或惰性，导致转型目标很难实现。同时，企业的数智技术采纳与应用可能会给社会带来的负面影响近年来也逐渐得到理论界和实践界的关注。当前，很多数智化产品与服务设计中的伦理问题、企业数智化经营对用户数据安全和个人隐私的威胁、零工经济情境下"算法控制"等问题引起社会的广泛重视。所有这一切都将催生新的管理理论。

1.3 组织管理学的学科基础

组织管理学的基础是组织行为、组织理论和战略管理三门学科。

1.3.1 组织行为

古典管理思想家泰勒、法约尔和韦伯分别探讨了标准化、管理原则和科层结构对于提升组织业绩所起的核心作用，他们强调使员工的工作行为保持一致性从而实现生产效率的最大无法脱离社会和组织特征的影响。本书诸多篇章的标题虽然与西方的组织行为学教科书差别不大，但其中的内容侧重于反映在中国情境下获得的研究发现。

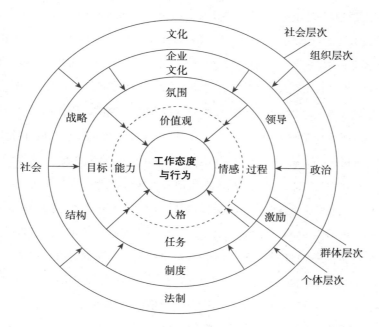

图1.1 组织行为的多层次模型

此外，当今新兴技术逐步渗透于组织内几乎每一个工作流程之中，也对传统管理模式下的行业、组织和个体产生了重大影响。数字技术重塑工作模式，引发了一系列工作场所中行为和效率等方面的新问题。在数智时代，自动化技术逐渐代替人类劳动力从事单一、重复的工作。部分体力劳动岗位的消失倒逼很多组织重塑员工的工作技能，重视对创造力和问题解决能力的培养。人机协同工作的情境日渐普遍，员工任务和身份的多样性大幅提升。远程办公和虚拟团队则改变了员工办公的时空场景，在提供更大工作弹性的同时，模糊了员工工作与家庭的边界，对组织实施有效的远程激励提出了挑战。任务要求、工作流程和工作场景的改变可能会对员工心理和行为产生重大影响，由此引发了传统的组织行为学知识体系没有涉及的新问题（张志学等，2021）。本书也尽可能在相关章节体现数智时代的组织行为特征与模式。

1.3.2 组织理论

组织理论是对企业等社会组织的一种宏观研究视角，关注组织层次上的结构与行为差异性。人们通常认为，组织理论是"关于组织的社会学"，而组织行为学则是"关于组织的心理学"。组织理论的核心研究问题是组织和环境之间的关系，对这些关系的不同解释构成了不同的组织理论视角。伴随着世界范围内现代工业特别是信息技术在20世纪六七十年代的发展，组织之间的联系更加紧密，相互之间的协作和竞争关系更加普遍，组织生存与发展对外界环境的依赖性越来越强。在此期间产生的一些代表性组织理论，如组织设计的权变理论、组织生态与演化、新制度主义理论，都非常强调环境对组织结构和行为的影响作用，这也是本书相关章节重要的理论基础。

组织设计的权变理论或称为结构权变理论（structural contingency theory）的核心假设是，没有最优的组织结构，组织结构的适用性取决于组织所处的情境。在结构权变理论产生之前，普适主义理论主张只有一种最优的组织方式，即最高水平的组织绩效只能在组织结构变量（如正式化、专业化）在最高水平时才能获得；20世纪60年代，汤姆森、劳伦斯等学者的研究否定了以上假设，他们提出组织成功并不意味着结构变量达到最高水平，而是基于其所依赖的情境采用适当的结构化水平。例如，有学者（Burns & Stalker，1961）将组织结构划分为机械式和有机式：机械式组织结构强调层级化，将任务按照专业化角色和知识进行划分，而有机式组织结构是一个流动的动态网络，其任务知识与信息为许多人所共享。企业到底采用哪种组织结构类型取决于其与外部环境的匹配性：伴随着环境不确定性的增加，组织更趋于有机化，表现为把权责分散到较低的组织层次，员工被鼓励在直接协同工作时发现和解决问题，组织以更加非正式的方式分派工作任务和管理职责。本书"数据驱动的人力资源管理"一章（第21章）所提出的很多企业采用的"自下而上，用事实说话"的战略实施策略就是有机式组织结构的典型体现。开放环境下的组织设计遵循两个重要原则：一方面，组织需要与所处的环境特征保持一致性；另一方面，组织设计是一个持续的动态过程，当企业战略、规模、技术和环境影响因素发生改变时，组织结构也要相应做出调整。当前，对于组织设计的动态适应过程的研究成为建立在结构权变理论基础上的组织复杂性理论关注的核心问题。本书第22章"企业的转型与变革"所揭示的持续变革模型体现的就是这种动态适应的组织设计思想。

达尔文的《物种起源》问世后，以自然选择为中心的生物进化论在欧美社会产生了广泛而深刻的影响。坎贝尔将生物进化的理论运用于组织研究中，将组织进化过程理论化为变异、选择、存留三个阶段。在此基础上，组织种群生态理论（population ecology of organizations）被提出（Hannan & Freeman，1977）。与生物进化论类似，组织种群生态理论认为组织在环境面前是被动的，环境通过选择对组织的结构和种群划分产生决定性作用；单个组织并不能依靠自身力量来适应环境，即使能有少量的改变，也始终无法承受大环境的压力。种群的适应性提升建立在个体层面大规模组织变异的基础上，而环境选择决定了种群的生存与灭亡。若环境对某类种群有利，则该类组织会不断涌现；若环境改变，不再需要该种群组织的产品、服务甚至形态，则该类组织会被淘汰。以上研究孕育了组织生态和演化这一学科，该学科强调环境选择的作用，研究焦点是环境中的社会力量如何决定某一个种群的兴起和衰落。与自然生态系统相同，组织种群之间也并非纯粹的竞争关系，它们之间存在协作式竞争（collaborative competition）或称共生（mutualism）关系，即不同种群之间对资源的竞争行为是以合作方式进行的，竞争结果表现为对单方有利而不损害另一方的形式（偏利性合作）或两者皆得利的合作模式（互利性合作）。本书第19章"组织控制及其新形态"介绍了一些基于互联网开放环境的国内外组织创新实践,探讨了不同行动者如何通过竞合或共生关系构建兼具层级化和网络化的组织形态。

同样强调环境对组织的影响作用,新制度主义理论侧重于外部环境中的行为规范、价值观和信念系统对组织行为的影响。外部环境给组织施加了以恰当方式做事的压力,使更多组织的正式结构体现出环境期望和价值观,而不仅是组织内部开展工作活动的需要(Meyer & Rowan, 1977)。为了提高合法性,组织会模仿其他成功组织的结构、活动、惯例等,尽量保持与外在制度规则的一致性。这样做的结果是,组织结构和行为在很多方面趋向于考虑环境的可接受性,而不是内部的技术性效率。组织之间的模仿力量使得同类种群里的组织看起来彼此相似,即表现出制度同构性(isomorphism)的特点。相较于结构权变理论,制度理论强调环境外在控制在组织设计中的重要性,组织会接受这些外来价值取向和管理方式,使得它们所秉持的制度规则和信念被组织场域内的行动者视为理所当然的社会现实。

以上的制度理论为研究中国企业所面临的组织管理情境提供了重要的理论视角,也是创建中国特色企业管理理论的重要维度。例如,中国转型经济的制度环境体现出从"以关系为主导的非正式制度"逐渐向"以规则为主导的正式制度"转变的特点(Peng, 2003),这成为研究中国企业发展必须考虑的问题。制度变迁带来高的环境不确定性,相关政策规定会因为一些突发或危机事件的出现而改变,与环境的协同演化成为中国企业生存和发展的重要条件,这样的协同演化思想也体现在本书第 4 章"企业家的个体特征与企业战略决策"的讨论中。同时,市场与政府双重驱动也是中国企业管理的典型特征,政府作为企业环境中的重要因素影响较大,不同所有制企业在市场竞争中拥有不同的资源和优势,对治理结构和内部管理制度建设的重视成为企业可持续发展的重要保障(井润田、贾良定和张玉利,2021)。

面对当前的数智化情境,以上经典组织理论也遇到很多挑战。组织理论的一个基础假设是有限理性,即出于种种原因,个体决策者的信息收集和处理能力会受到严格限制。受制于地域阻隔或信息不对称性,传统企业很难与外部主体(如用户、应聘者、供应商等)在产品、岗位、原材料等需求上实现精准有效的匹配。当前,数智技术在社会上的普遍应用正在放松以上限制,这延展了企业管理的理性界限。因此,当代组织理论发展的一个重要议题就在于如何通过提升组织智能来摆脱人类有限理性的束缚,而数智技术的发展不仅为组织理论实现以上目标提供了技术支持,也为其理论开发提供了思路和观点。例如,启发式(heuristics)思想是在人工智能领域取得重大进展后被引入组织决策理论中的,搜索是信息技术领域的核心概念,也被广泛应用到组织学习理论中。本书的"企业的组织形态""组织控制及其新形态""数据驱动的人力资源管理""企业的转型与变革"等章节也反映了国内外学术界在这方面的一些最新研究成果,这也是本书的写作特色之一。

1.3.3 战略管理

与组织理论研究类似,战略管理也是从宏观视角对组织进行研究,但是更聚焦于企业这种营利性组织以及它们在竞争中成功或失败的原因。作为一个领域或一门学科，战略管理的历史相对较短，并且它的出现与企业实践密切相关，而不是源于某一基础学科（Rumelt, Schendel, & Teece, 1994），这与组织行为起源于心理学研究、组织理论起源于社会学研究非常不同。战略管理的起源最早可以追溯到哈佛商学院推出的商业策略的顶点课程（capstone course）。该课程通过案例教学探讨企业所面临的重要决策以及它们对企业业绩的影响。随后，20世纪60—70年代出版的三部经典著作明确提出"战略"的概念并对其范畴进行了描述和探讨，为战略管理领域的诞生奠定了基础。这三部经典著作是阿尔弗雷德·钱德勒（Alfred Chandler）的《战略与结构：美国工商企业成长的若干篇章》（*Strategy and Structure: Chapters in the History of the Industrial Enterprise*）、伊戈尔·安索夫（Igor Ansoff）的《公司战略》（*Corporate Strategy*），以及肯尼斯·安德鲁斯（Kenneth Andrews）的《公司战略的概念》（*The Concept of Corporate Strategy*）。20世纪70年代，一些学者开始对企业战略及其对企业业绩的影响进行系统的研究，并于1978年在美国管理学会中成立"商业政策与战略"分会，于1980年组建独立的专业组织——"战略管理学会"。由于战略管理研究特别关注企业这种营利性组织在竞争中表现出的差异，因此它一开始就在很大程度上受到经济学和组织理论的影响，被用来描述、解释并预测企业在行为和业绩上的差异，且在这个过程中不断吸收其他学科，特别是心理学和组织行为学的研究成果来予以完善。

战略管理的核心问题是关于企业的竞争优势及其来源，即是什么因素导致企业之间在行为和业绩上存在差异。战略管理学者主要从三个方面来对这个问题进行阐述和研究：企业外部环境因素、企业内部因素和企业决策者。关于企业外部环境因素对企业行为和业绩影响的研究主要得益于以下理论的启发：聚焦于行业结构的结构－行为－业绩（SCP）模型，以及在此基础上发展起来的对企业业务层面的战略管理实践产生巨大影响的五力模型（Porter, 1980），从市场结构（市场失灵）的角度来分析纵向整合、多元化和并购等企业层面的战略决策的交易成本理论（Williamson, 1975），强调外部资源重要性的资源依赖理论（Salancik & Pfeffer, 1978），以及侧重于外部环境中正式和非正式社会规范的新制度理论（DiMaggio & Powell, 1983）。在这些理论的启发下，早期的战略管理研究致力于检验各种外部环境因素如何影响企业的业务范畴、组织架构、高管团队和董事会的构成及其业绩。

关于企业内部因素对企业行为和业绩影响的研究主要得益于演化经济学（Nelson & Winter, 1982; Penrose, 1959）和社会网络理论。例如，资源基础理论是战略管理学者针对上述强调外部行业和市场因素的理论而提出的强调企业内部资源和能力重要性的理论。它的基础命题是，企业在内部资源和能力上的差异导致其在行为和业绩上的差异。另外，相较于资源，能力对企业业绩的影响更为深远。在此基础上，资源基础理论提出了核心竞争力的概念，并建议企业打造核心竞争力来获取可持续的竞争优势。由于企业的外部环境在不断变化，战略管理学者进一步提出组织学习理论，强调企业需要通过不断的学习来提升自身的动态能力，以便应对外部环境变化所带来的挑战。如果企业无法通过学习来提升自身的动态能力，就很难在竞争中取得优势，且会面临被淘汰的风险。在社会网络理论的启发下，战略管理学者提出企业的社会网络是企业资源基础的一个重要方面，因为企业可以利用自身的社会网络来获取其他关键资源和信息，提高学习能力，并促进产品研发和组织创新。

关于企业决策者的研究最初主要受到代理理论的影响。代理理论认为，经理人，特别是企业的首席执行官（CEO），在战略决策中会寻求个人利益而不是股东利益，在企业股权非常分散的情况下更是如此；为此，企业需要采取相应的内部监控和激励机制，以确保经理人的决策能够将股东利益最大化，而这个内部监控和激励机制主要由董事会来完成（Fama & Jensen，1983）。采用代理理论的战略管理研究主要关注股权结构、董事会和薪酬设计对经理人决策和企业价值的影响。高阶理论的出现则为战略决策者研究提供了另外一种视角。高阶理论认为，因为有限理性，企业高管在决策过程中对信息进行收集、解读和利用时不但具有选择性，而且受到其认知水平和价值观的影响；而他们的家庭成长环境、教育背景、职能背景和工作经历等人口统计特征则影响他们的认知和价值观；因此，企业决策者，包括CEO、高管团队和董事会在人口统计特征上的差异可以用来解释和预测企业在战略决策和业绩上的差异（Hambrick & Mason，1984）。近年来，战略管理学者开始更多地借鉴心理学和组织行为学中关于人格特质、政治理念、风险决策、多团队系统的理论和研究成果来加深对企业高管和董事会战略决策的理解。

总之，战略管理非常关注企业实践，并致力于从外部环境、内部组织和决策者三个方面来探讨企业在行为和业绩上的差异，理解企业成功或失败的主要决定因素。作为一个历史相对较短的学科领域，战略管理领域的学者在研究上采取"拿来主义"的态度，广泛吸收经济学、社会学、心理学、组织理论、组织行为学和其他相关学科的理论和方法。这种开放性推动了战略管理领域的发展，但也让很多战略管理学者逐渐偏离了以企业实践为导向的初衷，变成越来越多地以理论为导向。另外，到目前为止，绝大部分的战略管理理论和研究都是针对欧美等发达市场经济国家的企业行为。鉴于中国企业在所面对的外部市场、政治、法制和社会文化环境，企业自身的发展历程和股权结构，以及决策者（企业家）的背景和成长经历上与欧美企业存在巨大差异，现有的理论和研究成果虽然对中国企业的战略管理有一定的借鉴作用，但未必完全适用。因此，中国企业战略管理的研究和理论发展需要以中国企业的实践为基础，关注中国情境对中国企业组织管理的影响。

1.4 组织管理学的基本逻辑

1.4.1 整合战略、组织和行为的知识

基于对战略管理、组织理论和组织行为的学科范式和主要研究的梳理，我们可以看出每个学科领域对于理解企业组织运行都具有重要的价值。战略管理聚焦于分析并识别企业在市场上获得竞争优势的原因，为此注重分析企业外部环境因素、企业内部因素和作为企业决策

者的高层领导者的特性。组织理论关注企业等社会组织在组织层面上的结构与行为差异性，特别注重分析和解释组织与环境之间的关系对组织生存与发展的影响。不同于战略管理和组织理论，组织行为学注重组织内部成员（包括管理者和员工）的行为特征、不同组织成员之间的关系，以及由组织成员所形成的共享观念等对个人和团队业绩等的影响。组织理论和战略管理从整体上分析企业组织的运作机理，而组织行为则关注企业内部组织成员的各类行为。鉴于企业与外部环境和生态密不可分，必须关注企业与环境的关系；而企业必须制定合适的战略并设计相应的组织结构才能保证关键目标的达成；企业还需要为各种关键任务和岗位找到具有合适专长的人员，并需要通过各种方式确保他们能够发挥自己的专长。理论上，旨在帮助企业提升效益和效率的组织管理学，应该结合战略、组织和行为三个领域的知识体系。然而，商学院或管理学院的教学，大多是通过三门独立的课程讲授战略制定、组织设计和员工或领导行为。已有的管理学教科书重点讲述传统的管理职能，再加上一些组织行为的内容；而组织行为却囿于个体层次的心理与行为分析，忽视了企业情境和工作任务对个人行为及其效果的影响，更无法解释其对企业组织后果的作用。组织理论和战略管理没能足够清晰地揭示企业中关键决策者对环境的认知、解读和行动，普遍忽视了战略形成的过程以及在战略执行中人的能动性，导致与现实的企业运作实践存在距离。我们编写这本教科书，就是希望打通宏观和微观，帮助读者完整地理解企业组织的运作过程，启迪他们思考如何通过有效的管理优化影响企业效益和效率的多方面因素。

学界和业界基于企业作为一个组织的运作规律总结出了若干模型和理论。有学者（Nadler & Tushman，1980）提出了企业协和模型（congruence model），将企业组织看作一个复杂系统，该系统输入外部的环境和资源，通过有效的组织转化为个人、团队和组织的业绩输出。为了达成这个目标，企业不仅需要与外部不断变化的环境保持密切的互动，而且需要调适组织内部各个要素之间的关系。组织的要素包括目标、任务、结构、控制系统和企业文化。企业需要确保各个要素之间的协调，并将其协同起来实现组织的目标。企业协和模型将环境、战略和组织联系起来，有助于理解企业的战略和组织随着环境的变化而进行的调整。在此基础上，IBM公司开发出"业务领导力模型"（business leadership model，BLM），认为企业的战略和执行共同影响企业的业绩。战略包括人才洞察、战略意图、业务设计和创新焦点，执行则包括人才、关键任务、正式组织和文化氛围，支撑战略和执行的是领导力和企业的价值观（Harreld，O'Reilly III，& Tushman，2007）。与企业协和模型相比，这个模型强调企业的领导者在制定战略以及以组织运作执行战略中的重要作用，从中可以看出企业的关键人物对战略和组织的影响。从另一个角度来看，这两个模型都强调在企业组织的各个要素之间保持协和或适配，但靠企业自然进化要么很难达成这个状态，要么需要花费过长的时间而让企业错失战略机会。因此，强调领导力对于组织适应外部环境和整合内部要素的作用是合理且符合实际的。

战略学者在研究影响企业适应变化的组织因素时，意识到领导者的重要性，导致人的因素回归到战略研究上来。领导者通过教育训练和学习积累的人力资本、以形成的社会关系为代表的社会资本,以及由个人信念和心智模式等构成的认知,都会影响他们在建立、整合和重构组织资源等方面的动态管理能力(Adner & Helfat,2003)。领导者的素养会导致企业之间出现巨大差异,例如,有学者发现企业 CEO 的差别能够解释企业之间业绩差异的比例不断上升,从 1950—1969 年的 12.7% 提高到 1990—2009 年的 25%(Quigley & Hambrick,2015)。

企业除了需要具备运营、管理和治理等普通能力,还需要具备觉察环境、抓取机会并重构资源等动态能力,从而根据外部变化做出正确选择(Teece,2007)。早期,学者们并没有清晰地解释企业如何形成动态能力,后来承认动态能力来源于企业的领导者和高管团队了解行业的发展趋势,并带领或指导企业采取相应的措施(Teece,2007)。如果说动态能力是组织惯例和具有企业家精神的领导力的结合(Teece,2014),那么很多组织惯例在很大程度上仍然是由企业领导者和高管团队所塑造的,企业的动态能力与具有企业家精神和创造力的领导者及其团队是密不可分的,企业的管理者能够刻意地创造企业的动态能力(Eisenhardt & Martin,2000)。动态能力包括人的觉察、创造、抓取和转化等行为,也包括人的创新意识和想象力(Di Stefano,Peteraf,& Verona,2014)。后来,战略学者借鉴认知心理学的理论,提出企业高管的动态管理能力可以分解为感知、抓取和重构三个方面(Helfat & Peteraf,2015),进一步将战略、组织和领导力三个方面紧密联系在一起。

1.4.2 反映技术和中国制度文化的影响

以战略、组织和行为组成的组织管理学科支撑了一般管理的基础知识,并为工商管理领域中的其他分支提供了基础理论。过去十多年,中国组织管理领域的学者通过大量的研究积累了具有特色的知识体系。为此,整合战略、组织和行为学科,并反映数字经济背景下数智技术给企业组织带来的变化,可以更新当前的工商管理教育的内容,并启迪学员思考改善企业管理实践的有效方法。

当代管理学的知识和研究基本上由欧美特别是美国学界所主导。一百多年来,管理学界出现了大量的经典理论,例如科学管理、科层组织、动机与激励、五力模型、企业核心竞争力、流程再造、破坏性创新等。这些理论通过学术期刊、媒体、教科书以及咨询公司等得以广泛传播,影响了全世界的工商管理教育。大多数微观理论也基本上由西方国家特别是美国学者提出。例如,在组织理论领域包括目标设定、心智模式、自我决定、资源基础、组织公正、社会交换、社会身份认同、社会网络、意义建构等。不过,由于西方国家学术分工非常细密,再加上很多组织管理学者并没有深入企业实际,因此只能采用特定的学科视角和方法,进行理论思辨、模型推演或者基于二手数据分析从事研究,所建立的很多理论并不足以解释现实的企业运营和管理实践。例如,战略管理侧重于宏观的研究范式,关注对行业总体状况的把握,但却缺乏对微观企业内部资源整合过程和重大决策过程的洞察。再如,如前所述,组织管理研究分为以心理学为基础的组织行为研究和以社会学为基础的组织理论研究。组织行为领域在个人和团队层面开展了大量的心理、行为和绩效方面的研究,所积累的知识丰富了组织行为学的教学内容。然而，针对员工或领导者个体层面的研究，过于依赖量表测量概念，忽略了个体员工或者领导者所要完成的任务、所处的岗位、所设定的目标、所受到的约束与所要达到的要求，以及所在人群形成的氛围的影响。而团队层面的研究，过多采用实验室模拟的任务，观察临时组建的团队成员完成模拟任务的过程，与真实的工作团队的运作具有很大距离。因此，其所积累的知识丰富但细碎，无法推广到现实情境中，甚至在其他场景下也难以复制。组织理论研究旨在通过深入的田野调查，揭示政治变迁和技术变迁过程中组织演变的规律和逻辑。然而，由于深入的田野调查耗时费力，而且需要很高的理论素养，主流的管理研究在该方向上的投入和倡导显得不足。囿于学科理论和方法，组织行为和组织理论两个领域相互隔绝、缺乏对话和整合，从而无法全面地揭示企业的现实。以企业创新为例，微观视角关注个体层面和团队层面的创造力与创新行为；宏观视角关注包括市场结构、合作网络紧密度、创新成果可占有性等在内的行业环境，以及企业规模、企业绩效、企业在联盟网络中的位置等企业特征对创新的影响。将创造力与创新割裂开来的研究无法揭示企业创新的机制。

中国迎来了以数字经济为特征和大国竞争导致企业供应链重构等因素造成的巨变时代。一方面，产业升级正在加速，数智技术使企业与外部生态的联结更加便利，企业内部的交流沟通更加便捷，庞大人群的消费习惯和需求高度个性化，加速了中国的企业转型，也挑战了基于工业时代商业场景所建立起来的诸多管理理论。另一方面，数智技术的广泛运用改变了组织内部的工作方式和组织方式。此外，企业与外部环境的深度联结，使得企业需要敏锐感知变化、快速识别机会，并迅速重构组织和资源。探讨领导者和高管团队在战略形成过程中的感知、解读和判断，揭示团队和员工在战略执行过程中的责任意识、工作重塑和创造力发挥等能动性，思考在新技术应用、产业升级、价值链重构等巨变前组织成员要如何适应变化并产生高绩效，都是组织管理需要面对的重要且现实的问题。

技术变革会直接催生新的组织范式和管理理念或工具。例如，铁路和蒸汽动力导致从事专业管理的企业产生，引发了直线职能、组织结构图、员工福利、工业改进等管理概念的出现；铁路与电力催生了统一集中的工厂的出现，引发了科学管理、人类关系、人事咨询等管理理论的出现；汽车与石油催生了多事业部的集团公司产生，并引发了企业战略、利润中心、事业部制、矩阵结构、目标管理、精益生产等管理概念的出现；计算机和通信导致企业网络结构的产生，并引发了流程再造、核心能力、商业模式、知识管理、敏捷结构等管理思想的出现。伴随着每一次重大的技术革命，新的管理理论都会应运而生（Bodrozic & Adler，2018）。由于技术革命先后发生在欧美，因此前三轮大的管理潮流也都诞生于欧美。不过，在20世纪后期计算机和通信技术导致组织结构网络化的过程中，美国学者过于强调组织流程的变革，并没有对企业的发展提供有效的指导；相反，野中郁次郎等学者基于对日本成功企业的深入研究，以多学科的视角提出的知识创造理论被公认为当代最具影响力的通用管理思想（Nonaka，1994）。

组织管理涉及人、制度和环境，企业管理的理论能够联结并体现社会环境的特征、企业战略与组织特征、人的行为方式和价值观。因此，中国的组织管理理论既需要体现宏观、微观学科通过整合和交叉所形成的知识和观点，同时也需要在"环境改变—战略制定—组织模式—员工行为—企业绩效"的链条中，反映中国制度和社会环境下企业组织运作的特色。例如，中国有一批企业通过努力，凝聚全员的奋斗精神，利用自由开放的市场规则，在技术或者商业模式上创新而取得了竞争优势。这些企业在汲取西方企业成功实践经验的同时，更是摸索出并形成了一套与美国企业大不相同的运作和组织方式，它们的运作既与国际上的优秀企业有相似性，同时也体现出明显的中国特色。另外，中国企业与西方企业在运营上面对政府时所扮演的角色也具有很大的不同。在纯粹的市场经济环境下，政府的角色有限，市场的资源配置及其影响因素在更大程度上决定了企业的运营效率和效果。而在中国的市场经济环境下，政府对企业的影响要大得多，因此企业在制定战略和选择商业模式时，需要考虑到政府的作用。此外，中国传统文化和价值观对企业家精神的塑造、企业目标的设定、社会责任的界定和履行、员工的激励等具有显著的影响，这些都会反映到企业的组织管理上。本书希望通过具体的案例体现中国优秀企业的组织管理特色，启迪人们思考提升中国企业竞争力的策略，服务国家的可持续发展战略。

1.5 本书的内容

全书共有 6 篇，共计 23 章。第 1 篇"组织管理新格局"共有 6 章。第 1 章"组织管理的逻辑和范畴"通过引导案例让读者思考一家真实企业的成长与变革，体悟到只有综合考虑战略、组织和领导才能透彻地分析该企业。在回顾组织的定义和管理职能的基础上，该章明确提出组织管理学就是关于如何有效协调组织资源达成组织目标的学科。通过回顾组织行为、组织理论和战略管理三门学科的理论、范式和不足，明确本书旨在整合三门学科的理论和范式，并尽可能反映中国的制度文化和数智技术对企业的影响。

第 2 章"全球格局与企业营商环境"首先介绍企业环境相关理论及其内在关系，随后梳理了 2012—2021 年 373 项重要研究所关注的影响当代中国企业行为的宏观环境。在阐释了诸如世界银行、全球创业观察、经济学人智库和世界经济论坛等全球营商环境评估体系中的中国营商环境水平之后，构建了中国营商环境评价指标体系，计算并呈现全国 31 个省、自治区、直辖市（不包括港澳台地区）2017—2020 年的营商环境水平。

第 3 章"企业社会责任"聚焦企业和社会之间的互动关系这一核心问题。该章厘清了企业社会责任这一概念体系的演变过程，并讨论了可持续发展、ESG（关注企业环境、社会和治理绩效）等理念。结合中国管理情境，该章介绍了利益相关者分析模型以及战略型企业社会责任分析的基本框架，以便理解企业在动态环境中识别和回应外界诉求、与利益相关者共创和分享价值。

第 4 章"企业家的个体特征与企业战略决策"阐述了企业创始人在企业的战略选择、核心优势打造以及内部运营和管理模式中践行利他价值观。该章回顾了战略管理领域对企业家的作用以及企业家与企业角色关系阐述的两个不同理论分支,然后基于高阶理论,探讨了企业家的个人背景特征、人格特质和价值观特征对企业战略决策的影响。在比较众多案例的基础上,提出企业家的个体特征对企业战略决策的烙印作用,为企业的可持续发展提出了基于企业家选拔和自身修炼的建议。

第 5 章"高管认知与开放生态构建"关注高管认知与企业开放生态的构建路径。在比较了工业时代与数智时代中国企业外部经营环境的差异后,探讨了数智时代管理与治理的区别,提出企业可以通过内部创业和公司创业投资两种方式相结合来构建生态。该章探讨了高管认知的含义及其重要性,讨论了高管认知在企业开放生态过程中所扮演的重要角色。该章最后还探讨了企业如何根据不确定性程度的变化及与生态组织中成员的相对地位来动态治理生态。

第 2 篇"组织中的个人"共有 5 章。第 6 章"个人特质与自我"侧重于从企业中的个人视角去探讨组织与管理,阐述自我和个体差异特性对员工在企业中的适应和表现的影响。该章首先讨论了企业中最基础的单元——人的自我构造和发展,之后介绍了大五人格,并阐述了组织中不同类型人的行为特点。

第 7 章"员工价值观及其变迁"首先定义了价值观的概念,然后详细介绍了价值观的几种分类,阐述了演化的现代化理论、特质激活理论、情境强化理论等与价值观变迁或其作用机制相关的理论。通过整合已有文献,说明价值观对个人职业选择、工作取向、工作行为和工作绩效的影响。该章还特别介绍了具有中国特色的价值观,分析了中国不同代际员工在价值观上的差别,并基于研究发现对如何管理不同代际的员工提出了建议。

第 8 章"激励理论与激励实践"涉及"如何有效激励人"这一组织管理的核心议题,并讨论如何结合时代特征设计合理的激励措施。该章从激励概念、激励理论和激励实践三个方面展开论述,重点结合在中国组织情境下开展的研究的最新成果,探讨适合中国企业组织的有效激励实践。

第 9 章"组织中员工的建言行为"介绍了建言的形式,分析了可能造成员工不愿建言的多种心理机制。在此基础上指出管理者需要意识到激发建言并不一定必然导致好的绩效结果。员工建言能否产生积极效果,不仅与其类型和内容有关,也与其"度"和"时机"存在重要关联。该章最后讨论了企业如何才能有效地促进员工建言转化为组织绩效的提高。

第 10 章"多元文化背景下的个体行为"阐述了不同观点对文化的理解。传统的文化观点强调文化差异,动态的文化观点强调文化的复杂性以及文化与人和环境之间的相互作用。动态观点通过社会认知、社会身份认同和心智三大学说,引导决策者去思考可能会阻碍或促进跨文化交流的因素,并将文化差异可能带来的难题转化为优势。该章的理论和案例启发人们思考如何培养文化能力和技巧。

第 3 篇"人际关系、团队与网络"共有 3 章。第 11 章"人际关系与冲突处理"围绕冲突和信任这两个话题展开,分析了人际交往中面对的机遇与挑战,帮助读者科学地认识和管理冲突,建立相互信任的人际关系。该章分析了不同类型的冲突会带来的不同结果,提出了处理冲突时可以使用的不同策略以及筹码，还列举了引入第三方解决冲突的手段。该章还对信任进行了全新的剖析，并在此基础上总结了建立信任和修复信任的具体可行策略。

第 12 章"团队工作的过程与成效"从"健康码"诞生背后的团队故事出发，在回顾有关团队的经典定义、过程、情境、成效的基础之上，结合数智时代的基本背景及其赋予团队工作内容和运作过程的新特征，介绍了数智时代团队工作的新挑战、新范式，引导读者思考数智时代的团队组建、运作和管理等。

第 13 章"谈判的理念与策略"首先介绍了谈判最核心的概念，包括利益、最佳备选方案、目标、底线、谈判议题等。然后介绍了数十年来的谈判研究中发现的影响谈判结果的因素，包括谈判者个人特点、谈判的形势和谈判过程中的行为。基于这些影响谈判结果的因素，该章最后介绍了谈判前和谈判过程中的有效策略。

第 4 篇"领导力与组织运作"共有 5 章。第 14 章"复杂环境下的领导力"在介绍领导力的本质和主流的领导力研究及观点的同时，描述了两种适应中国企业特征的领导力。该章指出，根植于中国文化的领导力涉及家长式领导力、谦卑式领导力、水样领导力、矛盾领导力、辩证领导力，未来领导力理论有必要聚焦于具体事项和高层管理者的影响作用，并考虑到数字经济作为新兴背景的影响。

第 15 章"企业的专业化管理"首先界定专业、专业化管理等概念，比较专业化管理与企业化管理、关系式管理之间的异同。接着讨论企业化管理与专业化管理存在张力情况下的企业专业化管理的一般实践。最后，结合中国社会文化环境，讨论关系式管理与专业化管理之间的冲突、关系对专业化管理的负面影响，并提出"逆关系实践"，以提升企业专业化管理水平。

第 16 章"企业家精神与企业文化"首先对企业家做出了界定，并基于企业家精神取决于企业家的个人定位这一假定，介绍了企业家尤其是实业家的身份认同及其影响。随后分析了企业家精神的内涵和驱动力，并结合当前的环境阐释了当代中国的企业家精神。该章还界定了企业文化及其构成，讨论了企业文化的作用。由于企业创始人在带领企业进行外部适应和内部整合的过程中构建了企业文化，该章最后讨论了企业家精神与企业文化之间的关系。

第 17 章"企业的组织学习"首先概述了组织学习在国外的研究状况，然后阐述了组织学习在中国的研究状况。组织学习的时空理论从时间视角（过去、现在和未来）和空间视角（内部和外部）出发建构了组织学习的六种基本模式，并发展出 64 种组织学习方法。该章提出组织要根据外部环境和内部因素选择合适的学习方法，并随着自身发展阶段的推移调整学习方法，最后基于企业案例进一步阐释了组织学习的六种基本模式。

第 18 章"企业的组织形态"讨论了怎样把一群人协调起来，调动每个个体的积极性和创造性并形成合力这一组织形态设计的永恒问题。该章分析了组织形态设计的本质即解决人与人之间合作的问题，介绍了两种形态设计的核心机制及其相对应的组织形态，梳理了组织形态的演化历程和规律，提出了组织形态的四维影响因素模型。

第 5 篇 "数智时代的组织管理" 共有 5 章。第 19 章 "组织控制及其新形态" 介绍了组织控制模式经历了简单控制、技术控制、科层控制、规范控制等的变迁,阐述了近年来逐渐兴起的算法控制。该章分析了单一控制主体对不同层级、不同工作性质的员工运用不同的控制模式,多个控制主体在共同对员工实施控制时存在既协作又冲突的关系。

第 20 章 "工作设计及其当代特征" 主要介绍工作设计的经典与前沿理论。在回顾工作设计的概念、内容、方式和基础理论后,基于中国特有的文化环境,讨论了中国特色的工作设计原理。该章重点介绍了人工智能时代工作设计的前沿研究,并提出了工作特征模型在人机协作工作设计中的应用设想。

第 21 章 "数据驱动的人力资源管理" 阐述了数字技术推动组织数字化转型而导致的人力资源管理模式的更新。该章从人力资源管理的五大模块出发,结合传统实践的主要原则与目标,阐述了数智时代人力资源管理的新内涵,突出数字技术在提升人力资源管理效能或革新人力资源管理方式中的积极作用。在此基础上,该章基于 "人与技术交互" 视角,关注员工的体验与反应,指出了数据驱动的人力资源管理面临的关键挑战与设计原则。

第 22 章 "企业的转型与变革" 明确组织变革以特定变革目标(如业务流程再造、薪酬方案调整、数字化转型等)为导向,旨在提升组织的环境适应性或改善员工的行为绩效。该章介绍了组织变革的主要概念与类型,重点讲述了计划变革与持续变革的联系和区别,阐述了数智化情境下组织变革的理论特征,帮助读者掌握不同类型组织变革的一些实施原则与技巧。

第 6 篇 "综合案例" 即第 23 章 "破茧成蝶——万物云发展之路" 描述了万物云三十余年的发展历程。万物云从最初深耕住宅物业,到进入商写物业与城市物业,再到如今的数字化转型并成功上市,一直在保证服务品质的前提下不断创新。这个综合案例旨在探究组织及其管理者如何应对内外部环境变化,启发读者将本书多个篇章中的理论和知识应用于分析企业的管理和运营实践,包括但不限于组织演化、战略转型、架构调整、人才发展、组织政治、文化重塑、员工幸福以及企业家精神等。

本章小结

本书对组织管理做如下界定:基于对组织内外部环境的感知和评估,确定被组织成员所认知的共同目标,并通过一系列的计划、组织、领导、控制等活动达成组织的目标。组织管理学就是关于如何有效地协调组织资源达成组织目标的学科。

组织管理的思想演变经历了古典管理、组织理念形成、人际关系运动、战略思想几个重要阶段,此后受到社会和技术环境的影响,管理理论又有新的发展。

中国近现代的几代人进行了工业化的尝试但最后以失败而告终,没有积累出系统的管理思想。

中国实施改革开放政策后市场逐渐在资源配置中起决定性作用，一些企业在市场竞争中不断成长和壮大为全球性企业，其总结出的若干管理实践经验值得组织管理学者在建构理论时借鉴。

组织行为学是"关于组织的心理学"，其基于心理学和社会心理学的理论和范式，注重研究组织情境下人的行为及其效果。然而，主流的组织行为与企业实践之间存在鸿沟。

组织理论是"关于组织的社会学"，关注组织层面的结构与行为差异性，产生了组织设计的权变理论、组织生态与演化、新制度主义理论等。面对当前的数智化情境，这些组织理论遇到了挑战。

战略管理聚焦于探讨企业的竞争优势及其来源，致力于从外部环境、内部组织和决策者三个方面来探讨企业在行为和业绩上的差异，理解导致企业成功或失败的主要因素。鉴于中国企业的外部环境与欧美企业存在巨大差异，现有的理论并不完全适用。

数智时代挑战了传统的管理思想和企业运营经验。

组织管理学的基本逻辑在于整合战略、组织和行为的知识，全面而准确地理解企业的运营规律，同时还要反映当前的数智技术、数字经济环境和中国制度文化的影响。

中国的组织管理理论既需要体现宏观、微观学科通过整合和交叉所形成的知识和观点，同时还需要在"环境改变—战略制定—组织模式—员工行为—企业绩效"的链条中反映中国制度和社会环境下企业组织运作的特色。

全书涉及企业的外部环境、企业家的战略选择与认知、组织情境下人的行为及其规律、人际互动、领导力与组织运作、数智时代的组织现象等内容，并以综合案例将全书最重要的知识点联系起来。

重要术语

组织　管理　组织管理　组织管理学　古典管理思想　人际关系运动　组织行为学
组织理论　战略管理　组织管理学的两大特征

复习思考题

1. 什么是组织？什么是管理？什么是组织管理学？
2. 古典管理思想的核心是什么？存在哪些不足？
3. 组织行为学的研究重点是什么？该学科存在哪些不足？
4. 组织理论有哪些重要理论？存在的不足有哪些？
5. 战略管理关注的主要问题是什么？将西方的战略管理思想应用于分析中国企业可能存在哪些问题？
6. 你认为数智时代的组织应具备哪些特点？数智时代的组织管理最应该关注哪些问题？

中国实践

从骁腾到萧条：回望腾龙科技创始人欧戈的创业历程

欲腾飞

1993年，基于在电子信息领域的丰富经验和广阔的信息化教育市场，29岁的欧戈从中外合资的高科技企业离职，创办了定位于教育领域电子信息设备的研发、生产和销售的腾龙科技有限公司（以下简称腾龙科技）。腾龙科技成立后，欧戈引入了三名核心创业团队成员：刘志海，大学本科毕业，32岁，负责公司南区的营销工作；王作栋，大学本科毕业，25岁，负责公司北区的营销工作；张玉玲，中专学历，45岁，负责公司的行政、人事、财务等后勤工作。7年后，腾龙科技发展为一家70人左右的小型IT公司，在中国中小学教育行业声名鹊起，还顺利打入国际市场，成功引入了风险投资。在引入风险投资前，欧戈持有腾龙科技85%的股份，对公司决策具有绝对影响。在风险投资入股后，欧戈担任董事长且股份占51%、三家风险投资机构共占45%，原创业团队中的张玉玲占2%、刘志海占1%、王作栋占1%。腾龙科技的阶段性目标首先是建立完善的管理制度和架构，其次是寻求在国内与国外市场的不断扩张。

风波起

为了从制度、流程方面来规范管理，欧戈引入了职业经理人孙波来推动管理咨询项目的实施。腾龙科技的人力资源工作很快取得重大进展，核心部门空缺的关键经理人陆续招聘到位，引入了一批年轻人，并加强了员工培训和企业文化建设。但孙波认为，创业团队的另外三位副总经理工作都不到位、工作能力非常欠缺，并公然提出"对于创业的元老，可以给荣誉但不能给职位"。针对孙波的发言，王作栋离职，张玉玲和刘志海对孙波的工作也不再给予配合。2002年年底，张玉玲因为腾龙科技在奖励方面对自己的不公平对待再次被激怒，认为这家公司已经不是以前的公司，她不能再像以前那样卖命了。

从2000年开始，腾龙科技虽然获得了一系列荣誉和市场认可，但校园网软件项目的销售一直不理想。研发总监苏山认为营销系统应该负很大的责任，但营销副总刘志海认为新产品的开发根本就是失败的。面对刘志海的强势指责，苏山有口难辩，再加上欧戈的不信任，苏山最终带着失望和遗憾离职了。面对孙波的改革举措，张玉玲和刘志海公开表示这与腾龙科技勤俭节约的企业文化不符，而孙波却希望革除掉元老，欧戈对此摇摆不定，孙波于是提出离职。

职业经理人相继离职后，欧戈提出了"减员增效，艰苦奋斗"的内部倡议。一天，全体员工都收到了腾龙科技营销系统东北大区经理何江的邮件：腾龙科技已到了最危险的时候，他愿意降薪20%，与公司共患难。该邮件发出后，欧戈首先响应倡议，自愿降薪30%。其他分公司经理也陆续提出自愿降薪10%～20%不等。张玉玲却明确表示自己不会主动降薪，而刘志海则提出了离职。多年来，营销系统一直由刘志海掌控。由于营销系统财务内控制度的欠缺，暗箱操作、中饱私囊现象严重。这次分公司经理的降薪风波本质上可以说是营销系统因内部利益分配不均而爆发的内讧事件。

终散场

降薪风波后，腾龙科技的业绩连年下降，欧戈表示自己应该为公司的经营不善负责，继而辞去了总经理和董事长职务。公司员工对欧戈的逃避感到痛心。辞职后，欧戈和创业团队的股份大部分转给了新任总经理周华和一家民营公司，还有一小部分转让给了当时留任的生产总监和分公司的一位经理，这两位老员工能保持腾龙科技产品和营销的延续性。但是一段时间内，腾龙科技的派系斗争严重，管理混乱，问题层出不穷。庆幸的是，新任总经理周华是个想成就一番事业的人。他早已厌倦了部分国有企业那套做表面文章的做法，有了腾龙科技这个平台，他索性专心经营，逐步理顺了公司内部的管理。他狠抓产品销售，尤其使海外的销售逐步打开了局面。腾龙科技现在的销售额也很可观，其中数码电子白板在海外的销售额占公司销售收入的60%。

而在离开腾龙科技之后，欧戈移居加拿大。他时常想起自己在国内创业的火红岁月。反复思考之后，他下定决心回国再创业。

资料来源：改编自张志学、李静蓉，《腾龙科技有限公司》（案例编号：GM-2-20211105-270），北京大学管理案例研究中心，2021年。

思考题

1. 你认为腾龙科技业务起伏最重要的影响因素有哪些？
2. 欧戈的哪些特点对于他的领导工作是有利的？哪些特点是不利的？
3. 你认为欧戈应当引入职业经理人吗？在决定是否引入职业经理人时，欧戈应当考虑哪些条件或因素？
4. 腾龙科技应当从哪些方面加以改进，从而保证公司的稳定发展？

参考文献

井润田、贾良定、张玉利，2021，《中国特色的企业管理理论及其关键科学问题》，《管理科学学报》，24（8）：76—83。

克雷纳，斯图尔特，2013，《管理百年》，闾佳译，北京：中国人民大学出版社。

雷恩，丹尼尔；贝德安，阿瑟，2012，《管理思想史（第六版）》，孙建敏等译，北京：中国人民大学出版社。

文一，2016，《伟大的中国工业革命："发展政治经济学"一般原理批判纲要》，北京：清华大学出版社。

邢以群，2017，《管理学》（第三版），北京：高等教育出版社。

张志学，2010，《组织心理学研究的情境化及多层次理论》，《心理学报》，42：10—21。

张志学等，2021，《数字经济下组织管理研究的关键科学问题——第254期"双清论坛"学术综述》，《中国科学基金》，35（5）：774—781。

周三多等，2018，《管理学——原理与方法》（第七版），上海：复旦大学出版社。

Adner, R., & Helfat, C. E. 2003. Corporate effects and dynamic managerial capabilities. *Strategic Management Journal*, 24（10）：1011–1025.

Bodrozic, Z., & Adler, P. S. 2018. The evolution of management models: A neo-Schumpeterian theory. *Administrative Science Quarterly*, 63（1）：85–129.

Burns, T., & Stalker, G. 1961. *The Management of Innovation*. London: Tavistock.

Di Stefano, G., Peteraf, M., & Verona, G. 2014. The organizational drivetrain: A road to integration of dynamic capabilities research. *Academy of Management Perspectives*, 28: 307–327.

DiMaggio, P. J., & Powell, W. W. 1983. The iron cage revisited: Institutional isomorphism and collective rationality in organizational fields. *American Sociological Review*, 48（2）：147–160.

Eisenhardt, K. M., & Martin, J. A. 2000. Dynamic capabilities: What are they? *Strategic Management Journal*, 21（10–11）：1105–1121.

Fama, E. F., & Jensen, M. C. 1983. Separation of ownership and control. *Journal of Law and Economics*, 26（2）：301–325.

Hambrick, D. C., & Mason, P. 1984. Upper echelons: The organization as a reflection of its top managers. *Academy of Management Review*, 9（2）：193–206.

Hannan, M. T., & Freeman, J. H. 1977. The population ecology of organizations. *American Journal of Sociology*, 82（5）：929–964.

Harreld, J.B., O'Reilly III, C. A., & Tushman, M. L. 2007. Dynamic capabilities at IBM: Driving strategy into action. *California Management Review*, 49（4）：21–43.

Helfat, C. E., & Peteraf, M. A. 2015. Managerial cognitive capabilities and the microfoundations of dynamic capabilities. *Strategic Management Journal*, 36（6）：831–850.

Meyer, J. W., & Rowan, B. 1977. Institutional organizations: Formal structure as myth and ceremony. *American journal of Sociology*, 83（2）：340–363.

Nadler, D. A., & Tushman, M. L. 1980. A model for diagnosing organizational behavior. *Organizational Dynamics*, 9（2）：35–51.

Nelson, R. R., & Winter, S. G. 1982. The Schumpeterian tradeoff revisited. *The American Economic Review*, 72（1）：114–132.

Nonaka, I. 1994. A dynamic theory of organizational knowledge creation. *Organization Science*, 5（1）：14–37.

Nonaka, I., & Takeuchi, H. 1995. *The Knowledge-Creating Company: How Japanese Companies Create the Dynamics of Innovation*. New York: Oxford University Press.

Peng, M. W. 2003. Institutional transitions and strategic choices. *Academy of Management Review*, 28（2）：275–286.

Penrose, E. T. 1959. *The Theory of the Growth of the Firm*. New York: John Wiley.

Peteraf, M., Di Stefano, G., & Verona, G. 2013. The elephant in the room of dynamic capabilities: Bringing two diverging conversations together. *Strategic Management Journal*, 34(12): 1389–1410.

Porter, M. E. 1980. *Competitive Strategy*. New York: Free Press.

Quigley, T. J., & Hambrick, D. C. 2015. Has the "CEO effect" increased in recent decades? A new explanation for the great rise in America's attention to corporate leaders. *Strategic Management Journal*, 36(6): 821–830.

Rumelt, R. P., Schendel, D. E., & Teece, D. J. 1994. *Fundamental Issues in Strategy*. Boston, MA: Harvard Business School Press.

Salancik, G. R., & and Pfeffer, J. 1978. A social information processing approach to job attitudes and task design. *Administrative Science Quarterly*, 23(2): 224–253.

Teece, D. J. 2007. Explicating dynamic capabilities: The nature and microfoundations of (sustainable) enterprise performance. *Strategic Management Journal*, 28(13): 1319–1350.

Teece, D. J. 2014. The foundations of enterprise performance: Dynamic and ordinary capabilities in an (economic) theory of firms. *The Academy of Management Perspectives*, 28(4): 328–352.

Teece, D. J. Pisano, G., & Shuen, A. 1997. Dynamic capabilities and strategic management. *Strategic Management Journal*, 18(7): 509–533.

Williamson, O. E. 1975. *Markets and Hierarchies: Analysis and Antitrust Implications*. New York: Free Press.

第 2 章

全球格局与企业营商环境

学习目标
1. 了解企业的营商环境
2. 熟悉环境对企业的影响
3. 了解世界营商环境现状与未来
4. 熟悉中国的营商环境发展

引导案例

美国政府对华为公司的政策

2001 年，中国加入世界贸易组织（WTO），华为也开始开拓美国市场，在得克萨斯州设立了第一家分支机构。到 2012 年，华为已经超越诺基亚、西门子、阿尔卡特、朗讯和摩托罗拉等业内大佬，成为全球第二大网络设备生产商。

然而，华为在全球市场的迅速发展，却引起了竞争对手和美国政府的注意。美国商务部、国会、外国投资委员会开始出手，以可能损害国家安全为由，接连阻止华为在美国的商业交易。华为不仅被排除在美国主流运营商的网络基础设施门外，并购项目也多次流产。2007 年，华为试图并购 3Com 公司，被美国政府阻止；2010 年 5 月，华为试图收购加利福尼亚州一家破产公司 3Leaf 的部分资产，被美国相关部门阻挠；2010 年秋，美国运营商 Sprint Nextel 为其网络升级招标，华为本可以中标，但在美国国会和商务部的干预下，也失败了。

从 2018 年开始，美国政府对华为的打压骤然升级，各种政策不断出台。2018 年 8 月，美国时任总统特朗普签署《2019 财年国防授权法案》。该法案第 889 条要求，禁止所有美国政府机构从华为购买设备和服务。美国官员开始在全球对华为展开舆论攻势，施压各国政府不要使用华为生产的设备。美国的一些盟友也开始对华为采取行动。美国、加拿大、澳大利亚、新西兰和英国均已表示将华为排除在 5G 网络建设之外（除美国外，其他国家的态度后来又出现了松动）。

2019 年 5 月至 2020 年 8 月，美国先后对华为实施多轮制裁。2019 年 5 月，美国对华为实施第一轮制裁，宣布将把华为及其子公司列入出口管制的"实体名单"，华为无法使用美国本土技术相关的元器件，同时也无法再使用谷歌移动服务（GMS），这使得华为只能内缩；2020 年 5 月，美国对华为实施第二轮制裁，禁止华为使用美国芯片设计软件，麒麟芯片瞬间面临"生死之危"；2020 年 8 月，美国对华为实施第三轮制裁，禁止含有美国技术的代工企业为华为生产芯片，华为智能手机业务进入"无芯可造、无芯可买"的存亡之境；2020 年 9 月 15 日，美国禁止拥有美国技术成分的芯片向华为出口。自此，美国对华为的芯片管制令正式生效，台积电、高通、三星、中芯国际等多家公司将不再向华为供应芯片。

华为受到的封锁打压，集中体现了中国企业在做大做强的道路上不得不面对的风浪。美国遏制华为反映的国际竞争趋势，反过来要求中国企业敢于、善于运用国际规则进行斗争。

资料来源：改编自《华为突围》，澎湃新闻，2022年9月18日；《美国对华为打压史：从百般阻挠到直接动手，华为前路会怎样？》，《环球时报》，2020年2月20日。

思考题

1. 美国制裁华为的根本原因是什么？
2. 华为在美国的营商环境有何变化？
3. 百年未有之大变局下，中国高科技产业应如何突围？

美国遏制华为的背后是中国崛起对美国制定国际规则主导权的冲击。近年来，中美之间的技术差距逐渐缩小，在个别领域甚至超过美国，中美几乎在各领域展开全面竞争。从引导案例可以看出，企业的发展与世界格局息息相关，尤其是跨国企业，其产生、存续、发展、兴盛不仅取决于母国的营商环境，也与所在地的营商环境高度相关。本章的主题是全球格局与中国企业的营商环境，包括企业环境相关理论、当今中国影响微观企业的宏观环境、全球营商环境评估体系中的中国，以及中国各省、自治区、直辖市①（以下简称省区市）的营商环境四个部分。

2.1 企业环境相关理论

企业环境是由相互依存、相互制约、不断变化的各种因素组成的复杂系统，是影响企业管理决策和生产经营活动的现实各因素的集合，它由四个子系统共同组成：社会环境系统（包括政治环境、经济环境、科技环境、法律环境、社会文化环境等），市场环境系统（包括市场容量、市场结构、市场规则、竞争对手、供应商、购买者等），企业内部环境系统（包括组织结构、生产与技术结构、财务及控制、人力资源、市场营销、研究开发及企业文化等），以及自然环境系统（包括资源环境、生态环境等）（赵锡斌，2004）。企业环境因素并非一成不变的，有些企业所处的环境变化缓慢，也有些企业处于突变的环境之中。总体而言，企业的经营环境呈现出由"稳定、简单、低容量"到"动态、复杂、高容量"的变化趋势（Dess & Beard，1984）。从企业与环境的关系来看，企业管理既是环境的产物，又是环境中的一个过程。

历史早期，企业所处的环境相对简单，管理者将企业视作一个封闭系统，将企业环境简单等同于企业内部生产环境，忽略了企业外部环境。该时期流行的企业管理理论都围绕提高企业生产效率的内部管理问题而产生，如泰勒的科学管理、法约尔的一般管理理论等。但随着资本主义经济危机的爆发，一些管理者意识到环境对企业产生了较明显的影响。

---

① 如无特殊说明，本章所指的中国各省、自治区、直辖市均不包括中国香港、澳门和台湾地区。

国内外学者普遍认为，企业环境理论是从 20 世纪 60 年代产生和发展起来的。随着环境变化压力的增加，企业环境问题得到西方学者的关注，形成了众多流派（赵锡斌，2010）。在理论的发展过程中，产生了"决定论""适应论""战略选择论""相互影响论"和"共同进化论"等具有代表性的理论观点（赵锡斌，2006）。其中，决定论认为，企业与环境之间的关系是环境选择企业，环境决定企业的生存和发展，企业能做的事很少，适者生存是最高法则（Hannan & Freeman, 1977）；适应论认为企业可以根据环境变化做出相应调整（Lawrence & Lorsch, 1967）；战略选择论强调战略选择的作用，认为决策者的选择决定了环境影响力的限度（Child, 1972）；相互影响论认为，一方面，组织依赖于外部环境而生存，受到环境的约束，另一方面，环境是组织适应环境和改变环境的一系列过程的结果（Pfeffer & Salancik, 1978）；共同进化论认为环境通过商业生态系统影响企业，而企业也可以塑造新的商业生态系统（Moore, 1993）。虽然出现了理论"丛林"，但各种理论并不是不可调和的，它们之间也可以相互补充、相互借鉴、相互融合。

2.2　当今中国影响微观企业的宏观环境①

为了全面、及时地呈现当今中国影响企业行为的宏观环境，我们选择 2012—2021 年发表于三种中文顶尖期刊且同时包含了宏观环境和微观企业行为的 373 篇文献，其中，《管理世界》222 篇、《经济研究》143 篇、《中国社会科学》8 篇。这些宏观环境因素涵盖了政治（political）、经济（economic）、社会（social）、技术（technological）、环境（environmental）和法律（legal）等六大类别，构成 PESTEL 分析模型。六类宏观因素的讨论次数由高至低依次为：政治因素（198 次）、环境因素（86 次）、经济因素（54 次）、社会文化因素（42 次）、法律因素（40 次）和技术因素（12 次）。以下将详述各类宏观环境因素及其对微观企业行为的影响。

2.2.1　政治因素

2.2.1.1　国家政策

作为推动中国渐进式改革过程中的重要执行主体，政府对经济资源的分配具有一定的话语权。政府通过实施各项政策干预经济发展，该过程也会对企业产生至关重要的影响。并且，政策的不确定性会加剧企业面临的市场风险。

货币政策与企业投融资的关系密切。例如，当实施宽松的货币政策时，一方面，民营企业的融资环境变得相对宽松，投资决策因此受到影响。另一方面，中国企业的出口规模会随着发达国家政策的宽松而显著扩大，外资企业在中国出口市场的占比会明显上升，中国企业的出口价格也将由此而产生波动。此外，对于集团型的企业而言，其选择集中负债模式的可能性将随着货币政策的宽松而减小，从而引致集团企业的整体投资水平上升。

---

① 节选自张三保、张志学等，《中国宏观环境与微观企业行为研究：十年进展与未来方向》，北京大学–武汉大学营商研究联合课题组工作论文，2022 年。相应观点引用请见完整版本，感兴趣的读者可来信索取。

财政政策主要分为税收政策和补贴政策。税收政策方面，税收激励对企业的进入率、投资、总产出、全要素生产率以及企业间的资源分配效率都具有积极影响，特别是针对出口企业的退税等政策，极大地降低了其成本，使其能够以更低的价格出口产品，获得一定的价格优势。补贴政策方面，人才政策可以促使企业加大对研发人才的招聘雇佣。中国的研发补贴政策对企业技术创新有显著的激励作用。有研究表明，政府补贴对民营企业创新绩效的促进效应要大于国有企业。然而，政府补贴在帮助企业迅速占领市场的同时，也可能发挥降低企业创新速度的消极作用。可见，财政政策对企业而言是一把双刃剑，企业应该注意防范财政政策的消极影响。

产业政策同样对企业具有双向影响。产业政策的积极影响包括促进企业出口、鼓励企业创新、缓解上下游企业融资困境等。消极影响则表现为受政策扶持的企业将发展重心放在迎合政策要求等事情上，反而失去了创新热情和动力；另外，产业政策可能会使企业框定自己的经营方向，在跨境并购中往往需要承担高溢价才有可能完成并购。此外，企业的人力资源也会受到产业政策的影响，比如，产业政策中的重点行业往往具有更大的人才需求。

劳动力保护政策中，最低工资水平的提高可以整体提升企业平均工资水平，减少企业雇佣人数，促进企业的对外直接投资，增大企业盈余管理的动机。这种情况下，企业通常都会选择合理规避税收来保持行业竞争力，此举能显著降低企业风险，提升企业价值。此外，近年来国家出台了《降低社会保险费率综合方案》、《中华人民共和国社会保险法》（2018 修正）等多项社会保险政策和法律法规，这些政策和法律法规在提高企业的社保参与率与社保缴费总支出、强化企业的招工激励、扩大员工雇佣规模等方面都具有显著的积极影响。

其他政策方面，半强制分红政策对我国资本市场的派现意愿和派现水平具有积极作用；联合奖惩政策改善了企业绩效，同时提升了企业的税收遵从度；环保政策，如《环境空气质量标准》（GB 3095—2012）的实施，极大地增强了企业的环保意识，起到督促企业降污减排的显著效果；区域发展政策，如"振兴东北"战略，尽管增加了企业的产值，但在提升企业利润方面的效果还有待改善；国有企业改革，如中央政府对国有企业高管的限薪政策，在防止全社会企业高管薪酬过快增长方面效果显著；企业贷款政策，如中国 2015 年推出的"银税互动"政策，通过缓解银行和企业之间的信息不对称问题为小微企业提供了更加有利的贷款环境；创新政策，如《国家中长期科学和技术发展规划纲要（2006—2020 年）》的发布，对企业的发明专利申请和技术创新起到了显著促进作用。

2.2.1.2 制度与变革

正式制度对企业的影响主要表现在两个方面：一是制度影响员工个人，进而影响到由员工所构成的企业；二是制度效应直接或间接地影响企业，引导、驱动乃至迫使企业做出某些行为的改变。例如，无论是个体的工作满意度或离职退休决策等，还是市场的劳动力供给，都与社会保障制度直接相关；创业者的创业决策则与外部的营商制度显著相关；股票交易制度中，中国的卖空机制，如融资融券交易、股指期货交易和股票期权交易等，对企业有显著的创新激励效应和价值提升效应，促进企业优化融资决策和资源配置，提高了企业的违规成本，降低了企业的违规倾向。

伴随着涉企改革的不断深入，企业对改革红利的获取会产生各种行为反应，促使企业战略、经营等方面处于动态调整当中，进而影响到整个企业乃至社会企业环境的变化。例如，产权改革通过增强企业对投资成本的敏感性来影响企业投资行为；行政改革通过促进行政部门之间的跨部门协调来提升企业市场进入的便利程度；财税体制改革方面，实施地方性债务管理改革在显著抑制政府性债务增长的同时也通过降低融资平台新增贷款来缓解上市公司的融资困境，而供给侧结构性改革有助于降低企业投资面临的政策不确定性，从而显著抑制企业过度投资。

2.2.1.3 政治行为

政府通过政府干预、政治关联、党组织参与治理等多种政治行为对企业产生直接或间接的影响。政府干预是一把双刃剑，过度的干预往往会对企业产生负面影响，例如导致企业去库存水平的降低。只有适度的干预才能规范市场环境，比如政府管制可以抑制企业的群体性败德行为；政府的会计监督对企业的盈余管理有显著影响，能够提升企业会计信息质量。政治关联可以对企业产生正向影响。比如，政治关联当中的信息、资源等优势可以缓解企业的融资约束。但现实中，政治关联对企业的发展往往会产生负效应，不过国有企业和民营企业所受影响区别较大。有研究表明，相较于国有企业，政治关联只对民营企业的绩效产生正向效应。党组织参与治理一方面能够提升国有企业在并购中的溢价水平，减少国有资产流失；另一方面能够缩小高管与员工之间的收入差距。

2.2.2 经济因素

经济因素对微观企业的影响可以概括为经济增长、宏观经济环境、金融环境、经济政策的不确定性、进出口及贸易自由化五个方面。

经济增长，如地区间经济发展水平失衡会导致异地创业行为的增加。此外，地方政府对经济增长目标的设定必须以地方实际经济增长值为基础，否则会对该地国有企业的创新产生不良影响。

宏观经济环境影响着企业从进入市场到退出市场的全过程。比如，数字经济特别是人工智能的发展将会挤占中低技能劳动者的相对收入权；经济增长放缓导致的较低的企业利润率会进一步导致较少的企业缴税总额；经济下行期，国有企业相比民营企业会进行大规模的逆周期投资、增加雇员、减少避税等来回报政府支持，但此举将导致这些企业在后期承受巨大的偿债压力，阻碍企业绩效的提升。

金融环境的优化可以显著降低企业的自我信贷配给、银行体系的信贷配给和企业受到信贷配给的概率。此外，金融环境对企业税负、企业迁入率以及企业内部管理水平都会产生重要影响。金融发展水平的提高通过缓解企业融资约束显著增加企业所得税负；吸引外地企业或创业企业迁入本地；降低企业内部的控制权私人收益，从而降低家族企业的控制权与现金流权分离度。

经济政策的不确定性会削弱外部需求、流动性资金需求以及长期资金需求对企业投资产生的正面影响；该环境下的企业在考虑风险对冲的前提下往往倾向于选择较为稳定的高管，即使发生高管变更，也会倾向于从企业内部选择继任对象；企业的创新活动也会受到经济政策不确定性的冲击。

贸易自由化通过进口竞争来影响企业生产率，但最终能否提升企业的生产率则取决于企业的相对生产率。具体而言，当企业的相对生产率较低时，进口竞争反而会阻碍其全要素生产率的提升。进出口方面，最终品进口自由化对本国内销企业的利润率产生 U 形效应，即短期内会降低其利润率，长期来看则会提高利润率。另外，当外国的关税和投入品关税降低时，企业的成本加成将会上升；而本国的最终品关税降低时，企业的成本加成将会下降。

2.2.3 社会文化因素

2.2.3.1 社会

社会因素对企业的影响是多方面的。传统的人情、关系等社会资本能够增加企业员工的收入，且有利于其经济地位的提升。社会网络越复杂，处于其中的企业的风险承担水平往往越高，但当有严重的社会冲突产生时，企业的风险承担水平则会降低。当人力资本处于过剩状态时，专用人力资本往往会被通用人力资本所替代，企业因此享受到人力资本红利，即劳动力成本大大降低，企业绩效进而得到提升。然而，企业的劳动力成本并非越低越好，因为企业的创新能力和水平能否提升与企业在人力资本上的投入密切相关。此外，中低技能劳动者的相对收入水平和相对福利水平也会随着人口红利的下降而提升。

2.2.3.2 文化

不同国家的文化特征会对企业决策造成影响，比如，和谐主义、不确定性规避会显著降低企业风险。国家文化为企业提供了宝贵的文化资源，如果能够有效利用这些资源，企业将极大地增强自身品牌的影响力、加快其传播速度。但地域之间的文化差异过大，会给企业的跨地域发展带来很大的挑战。所在地区的宗教文化传统也对企业行为有影响。比如，有研究表明，在宗教传统浓厚的地区，家族外部成员出资创办企业的占比更高；家族成员的参与能够降低股东与管理层之间的代理成本，从而有助于提高企业的市场绩效，但家族观念对企业绩效依然具有诸多不利影响。宗族是我国的传统概念，与之相伴的还有对家乡的认同感、归属感和责任感，企业高管通常会选择投资自己的家乡，对家乡的发展产生有利影响。

2.2.4 技术因素

信息技术的发展对企业至关重要。一方面，信息技术的进步对企业的劳动生产率、创新产出、出口绩效等多个方面产生促进效应；另一方面，信息监管技术的进步则对企业的盈利能力、资本扩张速度、避税行为产生抑制效应。伴随着互联网在中国的不断建设和普及，其对企业的影响也日益增大。比如，上市公司的盈余管理水平与股票交流平台"股吧"的活跃度密切相关；企业选址向低房价地区流动与互联网能够缓解信息不对称等问题密切相关；企业的分工水平与互联网搜寻成本密切相关。此外，大数据的应用在企业生产与研发过程中能够发挥巨大作用；机器人等智能技术的应用对企业的劳动力需求产生影响。

2.2.5 环境因素

企业所处的环境既包括自然环境，也包括媒体、市场、基础设施、社区等非自然环境。

自然环境作为企业所处的重要非产业环境，会对企业的绩效、经营和战略等方面产生重要影响。比如，空气污染会产生能见度下降等不良后果，影响交通运输，导致企业库存积压，进而拖累企业的生产效率；位于交通闭塞的边远地区的企业往往受制于信息不对称的影响，融资环境差，剩余举债能力不足，财务灵活性大大降低。

对企业来说，在健全的法律制度下，媒体造成的舆论影响会激励企业更好地发展。越是受到媒体关注的企业，其生产效率、企业业绩与社会责任越会有不同程度的提升。然而，媒体的监督作用也具有一定的局限性，在某些情况下会起到反作用，如在面对较多的媒体负面报道时，企业的创新激情会受到打击；在高诉讼风险情境下，负面舆论环境中的企业会倾向于更换审计师，导致审计师提高审计费用，明显制约了审计契约。

企业所处的市场环境会使企业调整自身发展的战略、产品的生产销售等以适应市场的变化。首先，大城市中企业的市场集聚对其创新发展有格外的优势。随着市场走向整合，企业生产也逐渐向专业化、精细化发展，垂直分工程度逐渐提高。激烈的市场竞争能够起到刺激企业创新、提高企业的全要素生产率等积极作用。但对于垄断市场的龙头企业而言，则难以找到相应的激励机制。其次，市场分割在一定程度上会阻碍企业的发展。企业的跨地区经营战略受到市场分割程度的负面影响。比如，市场分割程度越高，地方国有企业越倾向于增建异地子公司。但同时，中国电子商务的发展壮大得益于市场分割所导致的线上销售模式。最后，市场化程度的提升，对企业生产率、绩效和公司治理方面都有正向影响。

基础设施建设的完善对企业绩效具有良好的促进作用。基础设施的完善能够促进企业间的交流沟通，扩大市场，鼓励市场竞争，提升企业生产率和企业研发投资的长期资本回报，鼓励企业研发创新。

企业所处的社区环境会对企业，尤其是小企业的行为产生影响。例如，小企业更容易做出向官员行贿等从众行为，而大公司出于合法性、声誉等考虑，更难受到社区环境的影响。

2.2.6 法律因素

法律法规对企业赖以生存、发展的市场环境产生效应，如《中华人民共和国社会保险法》

和《中华人民共和国物权法》[①]的颁布极大地降低了企业的违规率。具体而言,不同类型的行业和企业受到法律法规的影响大小不同。相比软件、金融等非劳动密集型产业,纺织、零售等劳动密集型产业受《中华人民共和国劳动合同法》的影响更大,该法律在对企业用工等方面形成约束的同时也对企业的管理、创新等产生积极作用。相比民营企业、中小企业,国有企业、大型企业受《中华人民共和国反垄断法》的影响往往更大。

法律监管和良好的法治氛围能改善市场环境,促进企业发展。例如,处于良好的法律环境中的企业,其资本结构调整的速度较快;得益于产权保护的实施,企业的存续时间延长,公司治理水平更高,信息透明度更高;企业对薪酬激励策略的选择也与法治水平有关,处于高水平的法治环境中的企业倾向于选择收入差距大、激励效应显著的薪酬策略;地方执法力度和执法效率同样影响着企业的纳税、竞争等各种行为选择;而地方行政、执法机构换届所可能导致的法治环境动荡和监管不力,会对企业造成较大的负面影响,也会严重破坏当地的营商环境。

对于以上影响微观企业行为的六种宏观因素,我们用表2.1来归纳出各类因素中的具体变量,从而更加清晰地呈现既有研究的探索,也为未来相关研究提供潜在方向。

表2.1 宏观环境对微观企业行为的影响

宏观环境			微观企业	
政治因素	国家政策	货币、财政、产业、劳动力保护及其他政策	企业战略	总体战略	并购、避税、多元化经营、区位选择、战略变革等
	制度与变革	正式制度、改革、制度环境		业务单元战略	竞合战略、产品定制化战略等
	政治行为	政治干预、政治关联、党组织参与治理		职能战略	涉及研发、生产、营销、财务、人力等方面
经济因素		经济增长、宏观经济环境、金融环境、经济政策的不确定性、进出口及贸易自由化	公司治理		薪酬差距、外部审计、企业改革、代理成本、家族传承、大股东行为等
社会文化因素		社会、文化	微观企业结果		绩效、生产率、利润、市场份额、风险、价值、社会责任行为、创新能力、商业信用、企业存续时间等
技术因素		信息技术、互联网、大数据、智能技术			
环境因素		自然地理、媒体、市场、基础设施、社区	微观劳动力行为		创业、就业、劳动力流动等
法律因素		法律法规、法律监管			

资料来源:根据相关资料整理得到。

---

① 《中华人民共和国物权法》随《中华人民共和国民法典》的施行已废止。

2.3 全球营商环境评估体系中的中国

2.3.1 世界银行营商环境评价[①]

世界银行将营商环境界定为：企业活动从开办到结束的各环节所面临的外部环境状况。为了评估各国私营企业的发展状况，世界银行于 2001 年成立了"Doing Business"项目小组，2002 年正式启动营商环境项目。该项目着眼于各经济体内的中小企业，构建营商环境评价指标体系，提供商业法规及其执行的客观措施，并于 2003—2019 年连续 17 年发布全球经济体营商环境排名。第一份报告仅涵盖 5 个指标集和 133 个经济体，经过十几年的发展，《全球营商环境报告 2020》已经涵盖 12 个指标集和 190 个经济体。其构建的营商环境评价体系和方法在国际上最具代表性和影响力，是各国应用最多的国际主流评价体系，引起了各国政府对营商环境的广泛关注和重视。

该评价体系聚焦于各经济体私营企业从开办到破产各个阶段的便利程度。通过问卷的形式收集各经济体营商环境状况评估的相关数据。2019 年的指标体系如表 2.2 所示，测量了开办企业、办理施工许可、获得电力、登记财产、获得信贷、保护少数股东、纳税、跨境贸易、执行合同和办理破产多个方面，还衡量了雇佣工人和与政府签订合同（公共采购）这两个方面的情况（但并未计入排名中）。

表2.2　2019年世界银行营商环境评价指标

一级指标	二级指标
开办企业	开办企业程序、开办企业时间、开办企业成本、最低法定资本
办理施工许可	手续、时间、成本、建筑质量控制
获得电力	手续、时间、成本、供电可靠性、电费透明度指数
登记财产	财产登记程序、时间、成本、土地管理质量指数
获得信贷	法律效力指数、信贷信息深度指数、信贷信息登记机构覆盖率、信用机构覆盖率
保护少数股东	披露程度指数、董事责任程度指数、股东诉讼便利度指数、股东权利指数、利益冲突程度监管指数、公司透明度指数、所有权范围和控制权指数、股东治理程度指数、少数股东保护指数
纳税	纳税频率、纳税所需时间、总税率、税后程序指数
跨境贸易	出口时间、出口成本、进口时间、进口成本
执行合同	时间、成本、司法程序质量指数
办理破产	回收率、时间、成本、是否持续经营、破产框架力度
雇佣工人	就业监管灵活性
与政府签订合同	通过公共采购和公共采购监管参与及赢得工程合同的程序和时间

资料来源：世界银行，《全球营商环境报告 2020》。

---

① 参见世界银行网站，https://www.worldbank.org/en/programs/business-enabling-environment/doing-business-legacy（访问日期：2023年2月2日）。

近年来，中国开展"放管服"改革，构建"亲""清"政商关系，实施了大量营商环境优化举措。根据世界银行的统计，2008年以来中国共实施了35项营商环境优化改革举措。在世界银行的排名中，2017年度中国排名第78位[①]；2018年度中国排名第46位，相比2017年上升了32位；2019年度中国营商环境总体评价得分为77.9分，位列第31位，相比2018年提升了15位，创造了历史最好成绩（如图2.1所示），其中的重要原因是在提高业务流程效率方面取得了显著成效。同时，中国已连续两年位列全球营商环境改善幅度最大的十大经济体，也是东亚及太平洋地区唯一进入2019年世界银行营商环境报告十大最佳改革者名单的经济体。

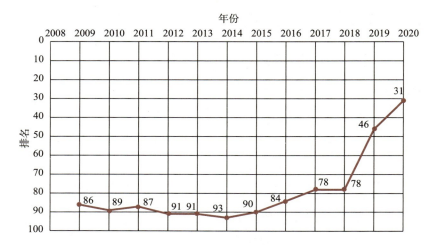

图2.1　2009—2020年《全球营商环境报告》中的中国排名

资料来源：世界银行，《全球营商环境报告》（2009—2020）。

作为一种评价方式，世界银行的营商环境评价指标体系固然有其科学性，为中国营商环境的持续改善提供了指引，但该评价体系还存在一定的局限性，比如，过于侧重政府审批环节的数量与时间，且未涵盖市场规模、基础设施等因素。

2021年9月16日，世界银行发表声明决定停发《全球营商环境报告》（"Doing Business"项目），并于2022年12月发布了最新的《宜商环境评估体系概念说明》（Business Enabling Environment），其中包括企业准入、经营场所、公共服务接入、劳动力、金融服务、国际贸易、纳税、争议解决、市场竞争、企业破产等10项评价指标。由于该项目尚未正式实施，因此有关中国表现的情况暂无。

2.3.2　全球创业观察[②]

全球创业观察（Global Entrepreneurship Monitor，GEM）是由英国伦敦商学院和美国百森

---

① 对应图2.1中2018年度的数据，因世界银行《全球营商环境报告》中的数据反映的是上年情况，下同。

② 参见全球创业观察官网，https://www.gemconsortium.org/data/key-nes（访问日期：2023年2月2日）。

商学院于 1999 年共同成立的国际创业研究项目。该项目每年都会对全球不同地区的创业活动进行跟踪调查，旨在研究不同国家或地区的创业活动水平存在的差异及其程度、创业活动与经济增长的系统关系、影响创业活动的因素、政府创业政策的改进。全球创业观察创业环境评价体系主要关注不同国家或地区背景下的创业环境，以问卷形式获取指标数据，是全球唯一直接从企业家个体那里收集创业数据的研究。其 2021/2022 年报告中包括一项全面的"专家调查"，收集了 50 个参与该项目的国家或地区中 2 000 多名相关专家（每个国家或地区至少 36 名）对本国（地区）创业条件的看法。同时，还制定了评估创业环境的 13 个创业框架条件，如表 2.3 所示。通过对每个国家或地区的创业框架条件得分取平均值，得出其创业环境指数。

表2.3 全球创业观察创业框架条件

调查板块	信息收集
A1. 创业融资	是否有足够的资金用于创业
A2. 易于获得创业融资	这些资金容易获得吗
B1. 政府政策：支持与相关性	是否鼓励并支持初创企业
B2. 政府政策：税收与官僚制度	初创企业是否负担过重
C. 政府创业项目	是否有高质量的支持项目
D1. 学校创业教育	学校是否引入创业理念
D2. 大学创业教育	大学是否开设创业课程
E. 研究与发展转化	研究能否转化为新业务
F. 商业与专业基础设施	这些项目足够且负担得起吗
G1. 易于进入：市场动态	市场是自由、开放且增长的吗
G2. 易于进入：负担与监管	法规是鼓励还是限制进入
H. 基础设施	是否足够且负担得起
I. 社会与文化规范	文化鼓励和颂扬企业家精神吗

资料来源：《全球创业观察报告 2021/2022》。

图 2.2 呈现了 2019—2020 年中国创业环境各指标得分。总体而言，中国在 54 个经济体中排名第 4 位，得分为 5.89 分，创业环境的总体情况在 G20（二十国集团）经济体中表现较好，排名仅次于印度尼西亚。报告显示，中国创业的硬环境，即有形基础设施是创业环境各指标中得分最高的，在 9 分制评分中得分为 7.70 分，反映出专家一致认可中国具有较好的创业硬环境。中国的市场环境和政策环境在 G20 经济体中排名同样靠前，但得分与有形基础设施仍有差距。创业等其他软环境是中国得分相对较低的指标。

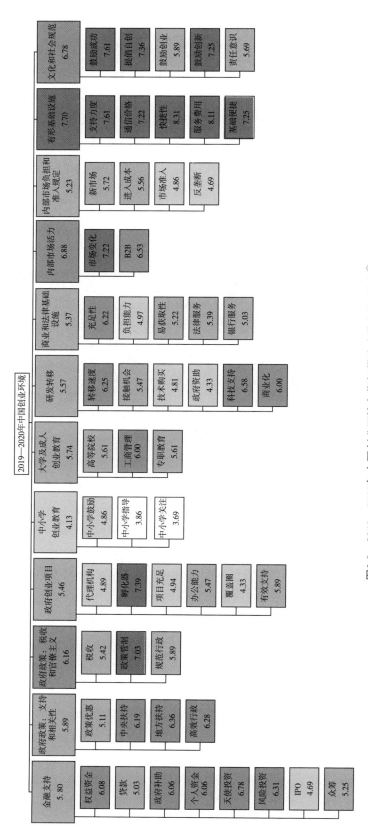

图2.2 2019—2020年中国创业环境各指标得分（满分为9分）①

① 参见《全球创业观察报告2019/2020》，https://www.gemconsortium.org/report（访问日期：2023年2月2日）。

2.3.3 经济学人智库

经济学人智库（The Economist Intelligence Unit，EIU）是英国《经济学人》旗下的一家研究和咨询公司，每五年会编制一次营商环境排名，对象是全球82个国家或地区，研究目的在于评估各个样本国家或地区营商环境的水平和吸引力，为企业制定全球商业战略提供参考。EIU的排名共有十大标准，包括政治环境、宏观经济环境、市场机遇、竞争政策、外资政策、外贸及汇率管制、税率、融资、劳动市场及基础建设等。每一大项下设不同指标，由EIU就该指标过去五年及未来五年的表现评分，以1分为最差，5分为最好。EIU最新公布的报告为《营商环境排名2014—2018》，其91个细分指标中近一半为定量数据，且各指标的权重相同，因此指数汇总由算术平均所得。评分时，除了2009—2013年的历史数据，还借助其数据预测模型，对2014—2018年的定量数据进行预测，预判未来五年各个国家或地区营商环境的变化。

根据《营商环境排名2014—2018》，前三名分别是新加坡、瑞士和中国香港地区，而中国内地排名第50位，得分为6.39分。而在2019年4月最新一轮的EIU评估中，中国内地营商环境排名第57位。中国内地营商环境排名下降，一方面是由于宏观经济环境、市场机遇等指标的分数下跌；另一方面，一些宏观评估内容难以通过政策变革在短期内加以改善，其排名变化未能及时反映中国内地营商环境的优化效果。

2.3.4 世界经济论坛

从2004年开始，世界经济论坛（World Economic Forum，WEF）尝试构建统一的全球竞争力指数，试图反映一个经济体当前的竞争力水平和潜在的经济增长能力。其发布的《全球竞争力报告》是最具国际影响力的评价经济体综合竞争力的报告之一。评估范围涵盖全球141个经济体，占全球GDP（国内生产总值）的99%。受疫情影响，目前发布的最新版排名是《2019全球竞争力报告》，其采用12个一级指标和103个二级指标构建全球竞争力指数（如表2.4所示），每项指标采取0～100分的计分制度，展示一个经济体距离理想状态或者与"满分"竞争力之间的差距。

表2.4 世界经济论坛全球竞争力指数评价指标

维度	一级指标	二级指标
基础环境	制度	包括安全性、社会资本、权力制衡、公共部门表现、透明度、产权、企业管理、政府未来导向8个方面共26个指标
	基础设施	包括交通运输设施、公用设施2个方面共12个指标
	信息通信技术应用	包括移动电话接入率、固定宽带互联网接入率等5个指标
	宏观经济稳定性	包括通货膨胀、债务情况2个指标
人力资本	卫生	包括健康预期寿命1个指标
	技能	包括现有劳动力、现有劳动力技能、未来劳动力、未来劳动力技能4个方面共9个指标

（续表）

维度	一级指标	二级指标
市场	产品市场	包括国内竞争、贸易开放2个方面共7个指标
	劳动力市场	包括灵活性、英才管理和激励2个方面共12个指标
	金融系统	包括金融深度、稳定性2个方面共9个指标
	市场规模	包括GDP、商品服务进口占GDP比重2个指标
创新生态系统	创业活力	包括管理要求、创业文化2个方面共8个指标
	创新能力	包括互动与多样化、研发、商业化3个方面共10个指标

资料来源：世界经济论坛，《2019全球竞争力报告》。

《2019全球竞争力报告》显示，中国排名第28位，与上年排名持平，但得分增加了1.3分，居全球前20%之列，与位居前列经济体的得分差距进一步缩小。在"金砖国家"中，中国整体竞争力较强，排名比俄罗斯高15位，比南非高22位，比印度和巴西分别高40位和43位。

中国的首要竞争力优势表现在巨大的市场规模（国内和出口市场相结合获得100分，位居该项第一）和宏观经济稳定性（98.8分，第39位）方面。在一些特定领域，中国的表现几乎和经济合作与发展组织（OECD）的标准相当。例如，中国在信息和通信技术使用方面超过了25个经济合作与发展组织成员国。又如，中国人均健康预期寿命（healthy life expectancy at birth）为68.1岁，单项排名第30位，比美国（第54位）长1.5年，只比经济合作与发展组织平均水平短0.8年。除此之外，中国的基础设施建设取得了显著成效，得分为77.9分，居该项第36位。同时，中国的创新能力迅速提高，排在该项第24位。教育机构和企业都在努力跟上随经济发展而不断提升的技能需求（人力资本下的技能指标排名第64位）。

劣势方面，"劳动力市场"（第72位）运作受到以下因素的严重制约：工人权利保护不足、工资决定和裁员方面僵化、劳资关系冲突、妇女参与薄弱、对劳动力的高税收以及内部缺乏流动性。在基础环境所有的支柱中，"制度"是最弱的（第58位），"权力制衡"（第119位）或者说缺乏制衡和薄弱的"社会资本"（第119位）降低了这一支柱的表现。

2.4 中国各省区市的营商环境[①]

2.4.1 中国营商环境评价指标体系

作为中国首部营商环境领域的行政法规，《优化营商环境条例》从国家政策层面界定了营商环境，即"市场主体在市场经济活动中所涉及的体制机制性因素和条件"。国家"十三五"规划纲要提出"营造公平竞争的市场环境、高效廉洁的政务环境、公正透明的法律政策环境和开放包容的人文环境"。对此，张三保和张志学等（2022）依据"国际可比、对标世行、中

---

① 节选自张三保、赵可心、张志学，《中国省份营商环境：量化评估与横向比较》，《珞珈管理评论》，2023年第1期。

国特色"的评价原则,以市场、政务、法律政策和人文四个子环境为一级指标;从国内外主流营商环境评价指标体系和《优化营商环境条例》条款中吸纳、提炼出 16 个二级指标;最后基于二级指标内涵和相关数据的短期可获得性、长期可持续性以及来源权威性,确定了 29 个三级指标;由此构建出中国各省区市营商环境评价指标体系(如表 2.5 所示)。

在四大子环境中,政务环境是主导,被赋予了过半的权重。中国特殊的转型经济体制决定了政商关系是影响企业发展最重要的非市场环境之一。2016 年,习近平总书记提出构建"亲""清"新型政商关系。国务院多次强调深化推进"放管服",优化政务服务,提升政府经济治理能力。该指标体系以政府效率和政府廉洁来对标"高效廉洁",以政府关怀和政府透明来对标"亲""清"新型政商关系,从而更加全面地刻画各省区市的政务环境情况。

表2.5 中国各省区市营商环境评价指标体系

一级指标及其权重	目标	二级指标及其权重[①]	三级指标	测量方法	基础数据来源
市场环境 20.62%	公平竞争	融资 2.06%	融资水平	省区市社会融资规模增量/GDP	中国人民银行
		创新 2.06%	高技术产业产出	高技术产业利润总额/GDP	《中国科技统计年鉴》
			专利数量	专利申请授权量/人口数	国家统计局
			研发投入	研发投入(规模以上工业企业)	
		竞争公平 8.25%	企业品牌设立	商标注册数/人口数	《中国知识产权年鉴》
			创业企业数量	新增企业数量	天眼查
			非公有经济比重	私营企业法人单位数/企业法人单位数	《中国统计年鉴》
		资源获取 3.09%	水价	非居民自来水单价	中国水网
			电力供应	各省区市电力消费量/人口数	国家统计局
			地价	商业营业用房平均销售价格	
			人力资本	高等在校生数量	《中国统计年鉴》
			网络	互联网宽带接入户数/人口数	国家统计局
			交通服务	货运量和客运量	
		市场中介 5.15%	注册会计师	注册会计师人数/企业数	中国注册会计师协会
			租赁及商业服务业	租赁及商业服务业从业人数/总人口	《中国第三产业统计年鉴》

---

① 二级指标权重加总形成一级指标权重时因四舍五入而存在误差。

（续表）

一级指标及其权重	目标	二级指标及其权重	三级指标	测量方法	基础数据来源
政务环境 52.58%	高效廉洁	政府关怀 9.28%	政府关怀度	政府关心指数	《中国城市政商关系报告》
		政府效率 18.56%	政府规模	一般公共预算支出/GDP	EPS（Economy Prediction System）数据库
			电子政务水平	电子服务能力指数	《政府电子服务能力指数报告》
		政府廉洁 10.31%	政府廉洁度	政府廉洁指数	《中国政商关系报告》
		政府透明 14.43%	政府透明度	政府透明度指数	《中国政府透明度指数报告》
法律政策环境 21.65%	公正透明	司法公正 10.31%	司法质量	司法文明指数	《中国司法文明指数报告》
		产权保护 3.09%	专利纠纷行政裁决	专利侵权纠纷行政裁决数/专利数	国家知识产权局
		社会治安 2.06%	万人刑事案件	刑事案件/人口数	中国裁判文书网
		司法服务 2.06%	律师	律师数量/企业数	各省区市统计年鉴
		司法公开 4.12%	司法信息公开度	司法信息公开度指数	《中国司法透明度指数报告》
人文环境 5.15%	开放包容	对外开放 1.03%	贸易依存度	进出口金额/GDP	《中国贸易外经统计年鉴》
			外资企业比例	外商直接投资企业数/企业数	
			对外投资度	对外非金融投资额/GDP	《中国对外直接投资统计公报》
		社会信用 4.12%	企业信用	商业纠纷/企业数	中国裁判文书网

2.4.2 中国营商环境评价结果

基于中国营商环境评价指标体系计算的全国 31 个省区市 2017—2020 年平均营商环境量化结果如表 2.6 所示。

2.4.2.1 整体得分、等级分类与位次变化

2017—2019 年中国的营商环境在持续优化，而 2020 年受新冠肺炎疫情的影响，营商环境发展受阻（中国 31 个省区市的整体营商环境得分 2017 年为 45.01 分，2018 年为 46.42 分，

2019 年为 51.62 分，2020 年为 51.24 分）。上海和北京是全国营商环境标杆，且上海的得分略高于北京。营商环境排名前十的省区市还包括浙江、广东、四川、山东、江苏、重庆、安徽和河南。此外，贵州、湖北和云南的营商环境总分均值也超出了全国平均水平。而排名在全国后五位的省区依次是陕西、甘肃、黑龙江、青海和西藏。受制于自然禀赋和历史发展，这些省区的营商环境与当地企业的发展需求不相匹配。

表2.6 中国各省区市营商环境四年均值评价结果

省区市	营商环境		子环境均衡度		市场环境	政务环境	法律政策环境	人文环境	四年人均GDP排名
	总序	总分	排序	得分	得分	得分	得分	得分	
上海	1	67.83	5	11.44	56.50	72.00	60.65	81.80	2
北京	2	66.97	7	12.96	66.00	72.39	54.29	85.38	1
浙江	3	62.11	6	12.51	52.31	61.94	69.80	81.86	4
广东	4	61.48	17	15.91	53.12	66.31	51.38	85.83	6
四川	5	59.76	18	17.26	37.57	72.27	61.77	38.58	18
山东	6	58.34	15	15.77	39.75	64.27	52.68	76.59	10
江苏	7	55.93	13	14.86	48.76	57.18	52.84	81.84	3
重庆	8	52.67	9	13.47	34.03	61.09	46.58	62.61	8
安徽	9	52.49	16	15.79	31.22	61.17	45.66	65.98	15
河南	10	51.13	10	14.19	30.37	63.22	42.30	53.53	17
贵州	11	51.11	24	18.96	26.17	62.47	27.62	56.39	27
湖北	12	50.37	26	19.55	32.41	59.31	37.67	74.55	9
云南	13	48.66	25	19.09	26.28	58.72	41.28	69.58	25
全国均值	—	48.58	—	16.21	33.18	55.14	43.05	62.69	
河北	14	48.07	29	20.70	31.44	54.33	38.86	78.28	24
吉林	15	46.99	30	25.37	28.44	55.69	53.60	1.63	28
海南	16	46.95	31	25.61	16.27	52.97	55.42	78.19	16
江西	17	46.87	20	17.84	28.97	52.37	43.81	71.71	21
福建	18	46.83	28	20.15	35.73	52.80	32.55	76.52	5
天津	19	46.38	23	18.94	31.67	53.44	36.70	73.59	7
宁夏	20	44.32	4	10.77	28.43	50.69	31.71	67.39	19
广西	21	43.25	21	18.11	27.96	53.12	45.60	37.86	29
湖南	22	43.22	12	14.66	31.86	51.44	22.22	51.54	14
内蒙古	23	43.16	2	10.09	24.81	48.34	40.76	42.73	11
山西	24	42.80	22	18.80	30.43	48.70	27.85	68.36	26
新疆	25	41.98	19	17.54	25.94	48.93	53.65	68.24	20
辽宁	26	41.79	8	13.29	26.17	47.52	33.23	55.42	13
陕西	27	41.66	14	15.20	28.11	51.59	34.43	61.08	12
甘肃	28	41.44	3	10.15	23.56	44.42	32.07	44.25	31
黑龙江	29	38.40	1	9.16	28.41	46.86	33.78	26.59	30
青海	30	35.77	11	14.43	25.55	35.60	36.46	59.65	22
西藏	31	27.14	27	19.85	20.39	28.34	37.24	65.90	23

如表 2.7 所示，上海、北京作为中国当之无愧的营商环境标杆城市，四年来坚持对标国际一流水准，在优化营商环境工作上成果显著；紧随其后，浙江、广东、四川、山东、江苏五省处于 A 级；与地理禀赋或行政级别较为匹配，重庆、安徽、河南、贵州、湖北五省市处于第三等级；西藏则处于托底水平。

表2.7 营商环境四年均值评价结果等级分类

等级	值域	水平	省级行政区
A+	>65	标杆	上海、北京
A	55~65	领先	浙江、广东、四川、山东、江苏
A-	50~55	前列	重庆、安徽、河南、贵州、湖北
B+	46~50	中上	云南、河北、吉林、海南、江西、福建、天津
B	41~46	中等	宁夏、广西、湖南、内蒙古、山西、新疆、辽宁、陕西、甘肃
B-	35~41	落后	黑龙江、青海
C	<35	托底	西藏

注：基于中国各省区市营商环境指数四年均值评价结果的值域，将 31 个省区市营商环境从高到低依次划分为 A+、A、A-、B+、B、B-、C 七个等级，分别对应的水平为标杆、领先、前列、中上、中等、落后和托底。

2.4.2.2 营商环境均衡度及其变化

2017—2020 年，中国营商环境的均衡度略有波动但总体向好。从各省区市营商环境子环境四年均值均衡度的排名来看，如图 2.3 所示，黑龙江排名第一，内蒙古其次，排名前十的省市还包括甘肃、宁夏、上海、浙江、北京、辽宁、重庆和河南。排名在全国倒数前五的省区市则依次为海南、吉林、河北、福建和西藏。此外，共有 17 个省区市的营商环境均衡度均值小于全国均值，即营商环境相对全国而言更加均衡，其余 14 个省区市的营商环境相对全国而言均较失衡。

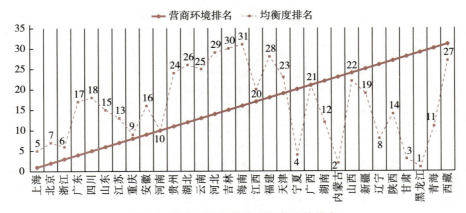

图2.3 营商环境与均衡度四年均值排名

从四年间排名累计波动幅度来看，除上海、四川、浙江、湖北、河南、山西和北京等七个省市的排名较稳定以外，其余 24 个省区市的波动幅度均大于五个位次。其中，累计波幅超过 20 个位次的省份包括河北、江西和甘肃。从位次变化来看，11 个省区市排名进步，即趋向均衡，16 个省区市排名后退，即趋向失衡，四个省区市没有变化。位次不变的山东、广东均衡度处于全国中上等水平，位次同样不变的西藏和青海均衡度处于全国下游水平。

2.4.2.3 不同地理与战略区域的营商环境比较

1. 七大地理区域比较

如表 2.8 所示，华东、华南、华北和华中四个区域的营商环境四年均值高于全国均值。四年之间，首末两年七大区域的营商环境排名仅华中和西南有一个位次的改变。排名波幅方面，波幅改变由大到小依次是西南、华南和华中，其余累计波幅均为零。营商环境均衡度方面，西北、华东、东北、华中和华北五大区域相对全国更为均衡；四年之间，华北和华东位次进步，西南和东北则有所退步；西北、华北、华中和东北四个区域波动较大。

表2.8 中国七大地理区域的营商环境四年均值比较

区域	营商环境		均衡度		市场环境	政务环境	法律政策环境	人文环境
	排名	得分	排名	得分	得分	得分	得分	得分
华东	1	55.77	2	15.48	41.89	60.25	51.14	76.62
华南	2	50.56	7	19.88	32.61	56.66	46.17	77.13
华北	3	49.48	5	16.30	36.87	55.44	39.69	69.67
华中	4	48.24	4	16.13	31.54	57.99	34.06	59.88
全国	—	47.91	—	16.44	32.24	54.81	42.09	60.57
西南	5	47.87	6	17.73	28.89	56.58	42.90	58.61
东北	6	42.39	3	15.94	27.68	50.02	40.20	27.88
西北	7	41.04	1	13.62	26.22	46.73	40.44	54.22

2. 九大发展战略（倡议）区域[①] **比较**

如表 2.9 所示，长三角、"21 世纪海上丝绸之路"、东部、长江经济带和京津冀五个区域的营商环境四年均值高于全国均值。四年来，东部、西部和东北位次进步，京津冀后退两位，"丝绸之路经济带"排位退步，其他区域并无变化。排名波幅方面，九大发展战略（倡议）区域的波动均较小。营商环境均衡度方面，长三角、黄河经济带、"丝绸之路经济带"、西部、东北、长江经济带、"21 世纪海上丝绸之路"和东部八大区域相对全国更为均衡；四年之间，

---

① "一带一路"倡议分为"一带"（"丝绸之路经济带"）和"一路"（"21 世纪海上丝绸之路"）两大区域进行统计。

长三角、黄河经济带、"丝绸之路经济带"、东北和西部位次进步，西南和东北则有所退步；中部、京津冀、东部、"21世纪海上丝绸之路"和长江经济带五个区域波动较大。

表2.9 中国九大发展战略（倡议）区域的营商环境四年均值比较

区域	营商环境		均衡度		市场环境	政务环境	法律政策环境	人文环境
	排名	得分	排名	得分	得分	得分	得分	得分
长三角	1	59.59	1	13.65	47.20	63.07	57.24	77.87
"21世纪海上丝绸之路"	2	54.83	7	15.99	43.79	59.19	47.95	78.40
东部	5	50.59	8	16.11	41.59	60.18	49.56	76.64
长江经济带	4	53.73	6	15.95	36.92	60.90	46.35	66.95
京津冀	3	53.81	10	17.53	43.04	60.05	43.28	79.08
全国	—	48.58	—	16.21	33.18	55.14	43.05	62.69
中部	6	47.81	9	16.81	30.87	56.03	36.58	64.28
黄河经济带	7	46.49	2	14.07	29.79	53.50	41.55	53.63
西部	9	44.24	4	15.41	27.40	51.30	40.76	56.19
东北	10	42.39	5	15.94	27.68	50.02	40.20	27.88
"丝绸之路经济带"	8	45.50	3	15.11	28.60	52.94	42.62	56.58

本章小结

企业环境是由相互依存、相互制约、不断变化的各种因素组成的复杂系统，是影响企业管理决策和生产经营活动的现实各因素的集合。

企业环境因素不是一成不变的，有些企业所处的环境变化缓慢，有些企业则处于突变的环境之中。

作为推动中国渐进式改革进程中的重要执行主体，政府对经济资源的分配具有一定的话语权。

正式制度对企业的影响主要体现在两个方面：一是制度影响员工个人，进而影响到由员工所构成的企业；二是制度效应直接或间接地影响企业，引导、驱动乃至迫使企业做出某些行为的改变。

政府通过政府干预、政治关联、党组织参与治理等多种政治行为对企业产生直接或间接的影响。

不同国家的文化特征会对企业决策造成影响。

企业所处的环境既包括自然环境，也包括媒体、市场、基础设施、社区等非自然环境。

根据世界银行《全球营商环境报告2020》，2019年中国的营商环境居第31位，为发布以来的最好名次。

根据《全球创业观察2021/2022报告》，新冠肺炎疫情不仅没有阻碍创业环境的发展，甚至有可能还加速了创业生态系统的改善。

中国各省区市营商环境评价指标体系依据"国际可比、对标世行、中国特色"的评价原则，以国家"十三五"规划纲要提出的"市场环境、政务环境、法律政策环境和人文环境"为一级指标而构建。

2017—2019年，中国的营商环境在持续优化，而2020年受新冠肺炎疫情的影响，营商环境发展受阻。

2017—2020年，中国营商环境的均衡度略有波动但总体向好。

重要术语

宏观企业环境　微观企业行为　营商环境　市场环境　政务环境　法律政策环境
人文环境

复习思考题

1. 企业环境包括哪些？
2. 宏观环境对微观企业的影响表现在哪些方面？
3. 国际主流营商环境评价体系有哪些？
4. 中国在国际格局中处于什么地位？
5. 中国各省区市、各区域营商环境有何特征？
6. 如何更加准确地评估中国企业的营商环境？

中国实践

工信部回应"外资企业撤离中国"

2022年7月26日，工信部举行"推动制造业高质量发展 夯实实体经济根基"新闻发布会，规划司副司长姚珺回应了"外资企业撤离中国"一说，"虽然一些外资企业在推进多元化布局，但从总体来看，外商对华投资步伐并没有放慢""制造业外迁、产业链转移，我认为总体上是一种正常的经济现象，是全球化和市场机制发挥作用的结果"。姚珺说，在经济全球化条件下，资本为降低生产成本、扩大市场份额，往往会主动调整全球生产能力布局。"我们欢迎外资企业来华投资，也尊重市场的客观规律。"

党的十八大以来，我国不断缩减外商投资的准入限制，推动一般制造业领域全面开放，实现自贸试验区负面清单制造业条目清零。当前，我国制造业对各类资源要素的吸聚力正在不断增强，越来越多的外资主动投向先进制造、高新技术、节能环保等重点领域。2022年1—5月，高技术制造业实际使用外资同比增长32.9%。"虽然一些外资企业在推进多元化布局，但从总体来看，外商对华投资步伐并没有放慢。"姚珺说，2022年1—5月，我国实际使用外资金额达5 642亿元人民币，同比增长17.3%。中国德国商会、中国美国商会的报告也显示，超七成德资企业、超六成美资企业计划增加在华投资，多家知名跨国企业围绕低碳领域加大在华布局，我国依然是外商最佳的投资选择地。

姚珺强调，下一步，我国将扩大制造业高水平开放，积极营造公平竞争的市场化、法治化、国际化营商环境。一是支持外资加大在华投资，鼓励外资投向先进制造、高新技术等领域，运用"直通车""绿色通道"等部省联动服务保障机制，全力支持重点外资项目加快落地。二是鼓励国内企业加强国际合作，做优做精一批国际产能和装备制造合作项目，共同维护全球产业链、供应链稳定畅通。三是推动构建制造业合作伙伴关系，完善与相关国家、地区工业和信息化主管部门对话机制，推进战略、规划对接，加强规则、标准联通，推动制造业数字化转型，促进绿色发展国际合作，为制造业开放合作搭建更多的交流平台。

资料来源：滕晗，《工信部回应"外资企业撤离中国"：外商对华投资步伐并未放慢2021》，封面新闻，2022年7月26日。

思考题

1. 如何看待部分外资撤离中国？
2. 为什么说中国是外商投资的最佳选择地？
3. 中国政府为营造市场化、法治化、国际化的营商环境做了哪些努力？

参考文献

张三保、康璧成、张志学，2020，《中国省份营商环境评价：指标体系与量化分析》，《经济管理》，42（4）：5—19。

张三保、张志学等，2022，《中国宏观环境与微观企业行为研究：十年进展与未来方向》，北京大学-武汉大学营商研究联合课题组工作论文。

赵锡斌，2004，《企业环境研究的几个基本理论问题》，《武汉大学学报（哲学社会科学版）》，57（1）：12—17。

赵锡斌，2006，《深化企业环境理论研究的几个问题》，《管理学报》，3（4）：379—386。

赵锡斌，2010，《企业环境创新的理论及应用研究》，《中州学刊》，2：38—42。

Child, J. 1972. Organizational structure environment and performance: The role of strategic choice. *Sociology*, 6（1）: 1–22.

Dess, G. G., & Beard, D. W. 1984. Dimensions of organizational task environments. *Administrative Science Quarterly*, 29（1）: 52–73.

Hannan, M. T., & Freeman, J. 1977. The population ecology of organizations. *American Journal of Sociology*, 82（5）: 929–964.

Lawrence, P. R., & Lorsch, J. W. 1967. *Organization and Environment Managing Differentiation and Integration*. Boston, MA: Harvard Business School, Division of Research.

Moore, J. F., 1993.Predators and prey: A new ecology of competition. *Harvard Business Review*, 3: 75–86.

Pfeffer, J., & Salancik, G. R. 1978. *The External Control of Organizations: A Resource Dependence Perspective*. New York: Harper & Row.

第 3 章

企业社会责任

学习目标

1. 理解企业社会责任的准确内涵
2. 了解社会责任、可持续发展、ESG概念的联系和区别
3. 了解ESG投资方法的类型和区别
4. 熟悉利益相关者分析的框架和理论
5. 掌握战略型企业社会责任议题的识别和分析方法

引导案例

现代企业的责任

2018年4月,博鳌亚洲论坛年会上,论坛主持人向参与论坛的知名企业家抛出了这样一个话题:"什么样的企业才是伟大的企业?"有嘉宾提到,"正常的商业企业是应该盈利的,没有盈利是对国家、社会、股东、员工、自己的不负责任。但是企业做大以后,还只想着盈利,就容易出错。所以说我们做企业,必须要有社会责任,把盈利和社会责任结合起来。既考虑盈利又考虑责任的时候,你就不会做一些不该做的事"。此外,有嘉宾认为,"我们在做大的同时,还要做对的事情。换句话说,就是要对国家的贡献大,对社会的贡献大,要积极履行社会责任——大品牌有大担当。此外,我们的治理模式一定要优化、一定要先进、一定要科学。让创新成为企业不断发展的第一动力"。

2019年8月,参加商业圆桌会议(Business Roundtable)的181位大公司的CEO联合签署了新的声明,陈述了现代企业责任标准,指出企业的主要目的分别是:① 为客户提供价值;② 投资于企业员工;③ 公平、道德地对待供应商;④ 支持企业所在的社区;⑤ 为股东创造长期价值。然而,并不是所有业界精英都认同这种观点。例如,时任美国财政部长史蒂文·姆努钦(Steven Mnuchin)表示:"如果是我的话,我肯定不会签署这样的声明。"此外,更有激进的观点认为"对所有人负责,意味着对所有人都不负责"。

资料来源:根据《博鳌亚洲论坛嘉宾热议:企业如何从"大"到"伟大"》,新浪网,2018年4月10日,http://hainan.sina.com.cn/news/hnyw/2018-04-10/detail-ifyvtmxe8183871.shtml(访问日期:2023年2月2日)等新闻报道整理得到。

思考题

1. 企业的首要目标是什么?

2. 社会责任的践行是否与企业的盈利目标相冲突？

3. 企业社会责任是否应当有清晰的边界？应如何划分？

3.1 企业社会责任的概念、内涵及模型

3.1.1 企业社会责任概念的演变

企业社会责任（corporate social responsibility，CSR）是一个在经济发展和社会变迁过程中不断演化的、具有多个维度的概念体系，它反映了特定时期的社会期望，其内涵在发展中不断丰富和拓展。

社会责任的早期概念主要集中于捐助和慈善活动。在近代中国，有许多商人积极参与社会公益事业，从事诸如施医、救灾、赈济等传统的慈善公益活动。而西方在工业化和城市化过程中经历了重大的社会变迁，一系列新涌现的社会问题使得社会中的某些群体福利受损。这一时期，企业对弱势群体与社区进行的各种捐赠构成了践行社会责任的主要形式。

1924 年，英国学者奥利弗·谢尔登（Oliver Sheldon）在其著作《管理哲学》（*The Philosophy of Management*）中第一次正式提出了企业社会责任的概念。然而，直到 20 世纪中期，社会责任才被正式纳入企业的现代管理体系和治理体系中。随着工业社会的进一步发展，商业活动的负外部性不断增强，迫使人们重新思考企业社会责任的定位问题。特别是第二次世界大战以后，人们对企业社会责任的讨论逐渐聚焦到经理人的道义责任上，强调企业需要在发展中关注雇员的福利以及劳动的安全保障、医疗保障和退休保障。这一讨论也在一定程度上催生了与劳工福利相关的一系列立法和制度变革。

1953 年，霍华德·鲍恩（Howard Bowen）应邀编写了《商人的社会责任》（*Social Responsibilities of the Businessman*）一书（鲍恩，2015），并在该书中系统地构建了市场经济体系中企业社会责任的分析框架及建议。该书也被称为企业社会责任的开山之作。鲍恩认为，企业在履行经济和法律义务的同时，还需要积极承担社会责任。具体而言，这些责任首先包括为建构更好的社会秩序而努力，例如了解社会事务，参与努力改善社会制度的组织、运动并积极工作。他认为，资本主义的雇佣条件使得工人失去了天职意识，市场损害了工人的人格尊严，"劳工不应被当作商品来对待"。因此，雇主要用体面和尊重的方式对待工人。

20 世纪 60 年代初，利益相关者概念和理论的提出使得企业可以更好地识别受到其商业决策和行为影响，同时也会对其发展提供支持或加以限制的各种类型的组织和个人。因此，如何在经营过程中保护与企业紧密相关的直接利益相关者的权益，成为这一时期讨论的主要议题。

20 世纪 80 年代，另一项社会变革运动逐渐兴起。一些社会运动家注意到人类的经济活动对资源的消耗已经逐渐超过地球的承载能力，环境的失衡最终将导致商业和经济发展的损失。因此，他们提出可持续发展这一理念。该理念主张，满足社会需要应该将资源消耗限定

在地球生态承载能力的范围内,避免影响子孙后代满足其需求的能力。该理念倡导平衡利润增长和环境保护之间的关系,并将环境保护纳入商业决策考量中。

随着时间的推移,社会责任和可持续发展议题之间的区别逐渐模糊,因为责任研究承认社会问题包括自然环境的管理,可持续性研究也承认社会是环境系统中的一个重要因素(Bansal & Song,2017)。进入 21 世纪,这两项责任运动逐渐融合,双方都在自己的体系和框架内加入了环境、社会、社区性议题,并且随着不同类型行动标准的制定和修改,形成了目前我们所看到的社会责任这一概念的基本内涵,包括企业的经济责任、社会责任和环境责任。表 3.1 详述了基于伦理的责任议题与基于科学的可持续性议题之间的联系和区别。

表3.1 责任议题与可持续性议题的联系和区别

	责任和可持续性	责任议题的独特性:伦理	可持续性议题的独特性:科学
概念工具	战略管理	企业社会责任规范理论	商业可持续的系统观点
理论基础	经济、管理、组织理论	道德伦理、福利经济学、宗教学	生态学、发展经济学
研究问题	社会和环境战略如何增加利润 企业为何要参与社会和环境实践	管理者及企业对社会和环境的道德责任是什么	经济、社会和环境的联系及相互关系是怎样的
研究目的	描述、解释、预测	伦理证明、指示	描述、解释
研究假设	企业战略可将利润、社会价值和环境协调整合起来	企业利润是为社会服务的	系统是相关的,没有一个系统是可以独立运行的
相关文献	共享价值,三重底线	利益相关者理论	悖论,系统论
概念图及描述	企业在实现持续获得高利润目标的同时,还要处理好与社会环境(例如利益相关者、社区)和自然环境的关系	企业是利益相关者关系的中心。企业关系是企业与特定利益相关者(如员工、客户、供应商、行业协会或非政府组织等)的二元关系。部分利益相关者影响企业行为,部分受到企业行为的影响	该系统是嵌套、分层且复杂的,企业并非所有关系的中心。企业关系是非线性、相互依存且不可见的。看似无关的系统参与者可通过循环和动态机制影响企业行为,反之也受其影响

资料来源:Bansal 和 Song(2017)。

3.1.2 企业社会责任与ESG、可持续发展概念的联系和区别

企业社会责任的关注点在于平衡当前阶段利益相关者的利益。许多企业社会责任倡议旨在平衡股东和其他利益相关者提出的竞争要求。然而，为了做到这一点，许多本应负责任的企业会从未来借入资源和资本，这可能会加剧短期和长期之间的资源分配不平衡问题。例如，一家对社会负责的石油公司将建造当地学校和医院，以补偿对社区资源的开采。但这些措施并不能对社区产生长期影响，因为学校和医院需要员工以及持续的维护与服务。因此，企业社会责任行为实际上可能会对受影响的社区产生长期的负面影响，使善意的行为变得不可持续。

ESG 是一种关注企业环境、社会和治理绩效（environment，social and governance）的投资理念。这是投资者在投资时用于衡量企业的可持续性和环境、社会影响所关注的三个核心因素。ESG 是对企业的可持续性和环境、社会影响的量化衡量，用对投资者来说很重要的指标来体现。它的应用场景聚焦于资本市场，特别是在投资者与上市公司之间；企业内部一般是投资者关系管理部门负责 ESG。过去，企业社会责任是关于如何讲故事的；而今天，ESG 提供了具备分析性和可用于行为的数据。

可持续发展则侧重于平衡当期和未来的资源供应和使用，包括经济可持续发展、社会可持续发展和环境可持续发展。1987 年，世界环境与发展委员会（World Commission on Environment and Development）出版了《我们共同的未来》(*The Our Common Future*)一书，其中将可持续发展定义为"在不损害后代满足其自身需求的能力的情况下，满足当前需求的发展"。通过这种方式表明了可持续性可以在一段时间内平衡资源的使用和供应。换句话说，可持续性确保了代际公平。当我们实际使用的资源与地球满足未来供应的再生能力相匹配时，我们的系统就会无限期地保持平衡。然而，如果使用的资源超过这一能力，那么当前的需求将通过从未来借入资源和资本来满足，最终将导致社会需求无法得到满足。

3.1.3 利益相关者模型

随着企业社会责任逐渐成为企业战略计划和日常运营的核心议题，利益相关者视角越来越多地被应用到相关议题的讨论中。一个组织的利益相关者指的是任何会影响组织或者被组织影响的群体或个人。

图 3.1 将企业利益相关者划分为三类独立群体。其中，组织利益相关者（企业内部的）主要包括企业高管、董事、雇员；经济利益相关者包括股东、顾客、竞争者、债权人、经销商、供应商、工会；社会利益相关者（企业外部的）包括社区、政府、非营利和非政府组织、环境、媒体等。

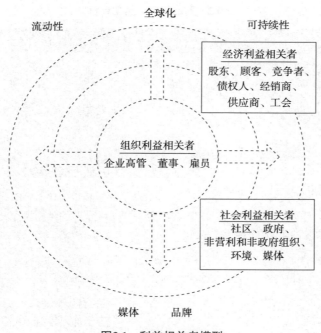

图3.1 利益相关者模型

资料来源：钱德勒等（2014）。

有学者（Forsyth，2006）指出，根据影响力、紧迫性、正当性三个指标，可以将利益相关者分为三大类型、七个种类（详见图3.2和表3.2）。其中，影响力（power）指利益相关者影响或决定个人或企业行为的能力或权力；正当性（legitimacy）指利益相关者的诉求或要求是否合理；紧迫性（urgency）指利益相关者的诉求是否急迫。根据每个利益相关者在这三个维度上的重要性，我们可以将诸多利益相关者分为潜在型、期待型以及决定型三种类型。相对而言，决定型的利益相关者因其诉求具有所有三种特征，所以对企业而言是最重要的，其诉求需要立即得到回应。

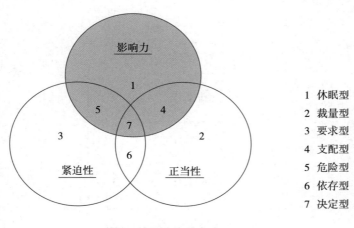

图3.2 利益相关者类型划分

表3.2 利益相关者类型分析

类型	种类	特征	行为
潜在型	休眠型	可能是最好的利益相关者，这类相关者只有当项目变得相当糟糕时才会介入	避免和这类相关者过度沟通项目细节
	裁量型	另一种典型的利益相关者	如果定期进行状态更新，他们就会很满意
	要求型	这类相关者总希望他们的要求被立即关注，但如果在他们身上花费太多精力却无法获得太大的进展	和其他更重要的人一起工作
期待型	支配型	这类相关者有足够的影响力与合法性，但项目对其来说不具有紧迫性	关注他们的预期目标而不是以应急的方式应对他们的要求
	危险型	这类相关者具有足够的影响力和紧迫性，但没有合法性，例如行业专家	项目经理要适度让他们参与项目并保证一定的满意度
	依存型	这类相关者对项目没有实权	项目经理要积极争取他们，因为他们很容易加入其他相关者阵营
决定型	决定型	核心利益相关者	项目经理必须使他们感到满意

资料来源：Forsyth（2006）。

3.1.4 企业社会责任层级模型

除了根据利益相关者类型划分企业责任议题的类型，我们也可以根据社会责任的具体内容将不同的责任分为四个层级。在这方面，阿奇·卡罗尔（Archie Carroll）认为，企业社会责任包含某一时点社会对企业经济的、法律的、伦理的和慈善的期望（Carroll，1991）。卡罗尔是最早将不同种类的组织责任分开的学者之一。图3.3展示了卡罗尔提出的企业社会责任层级模型。

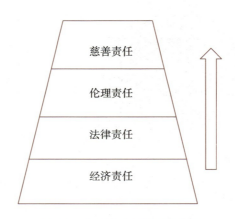

图3.3 企业社会责任层级模型

资料来源：Carroll（1991）。

根据卡罗尔提出的"企业社会责任金字塔"(pyramid of corporate social responsibility)模型,企业社会责任可被分成经济责任(economic responsibilities)、法律责任(legal responsibilities)、伦理责任(ethical responsibilities)和慈善责任(philanthropic responsibilities)[①]四种。卡罗尔认为,金字塔上的四种责任各有其权重,分别为4、3、2、1,即企业最重要的责任是经济责任(占40%),其次是法律责任(占30%)和伦理责任(占20%),慈善责任占10%。经济责任是最基本的责任,是指对其所有者的投资产生合理回报;法律责任是指企业在政府和司法设定的法律框架内行动;伦理责任是指企业活动不会对其他利益相关者及其运作环境产生负面影响;慈善责任是指企业自发承担的责任,是可使企业或者社会受益的前瞻性、战略性行为。其中,伦理责任和慈善责任的边界与内涵受到企业运作环境变化的影响。

3.2 企业社会责任的制度化

3.2.1 中国企业社会责任的发展历程

改革开放以来,中国经济实现了持续的高速增长。政府、企业和消费者开始逐渐意识到企业社会责任议题的重要性,认识到中国经济与社会长远可持续发展要求中国企业必须承担起相应的社会责任。总体来说,中国企业社会责任的演变过程可以分为三个阶段(君虹,2012):

第一阶段,以经济责任为中心的阶段(1978—1999年)。这一阶段,政府从立法的角度规定了企业的基本法律责任,形成了企业履行社会责任的法律基础。1994年1月1日起施行的《中华人民共和国消费者权益保护法》,对保护消费者权益、规范经营者行为、维护社会经济秩序、促进市场经济健康发展具有十分重要的意义。此外,《中华人民共和国工会法》《中华人民共和国劳动法》《中华人民共和国环境保护法》等规定了企业的基本法律责任。这些法律共同形成了企业履行社会责任的法律基础。部分企业开始承担捐赠扶贫的社会责任,其标志是1989年启动的希望工程以及1994年成立的中华慈善总会和1995年成立的中国光彩事业促进会。在此阶段,国内学者首次提出企业社会责任的概念,为我国企业社会责任的发展提供了理论基础。

第二阶段,以劳工关注为中心的阶段(2000—2005年)。这一阶段,在经济全球化的背景下,企业社会责任对中国企业提出竞争新要求。同时,中央提出科学发展观和构建和谐社会的科学论断,要求企业承担社会责任。2005年11月30日至12月1日,全球契约(Global Compact)中国峰会在上海召开,主题为"构建可持续发展的全球经济联盟",我国51家企业和组织加入了"联合国全球契约组织"(United Nations Global Compact),提出共同提高责任竞争力,促进和谐社会建设。这一阶段公众对企业社会责任显示出较高的关注度,舆论监督主要集中在对劳工权益的关注上。在大量的媒体报道下,一些企业主开始逐渐改善员工的

---

① 卡罗尔最早用"discretionary responsibilities"表示对财产自由处置的责任,后改为"philanthropic responsibilities",译作慈善责任。

工作条件，提高员工的工资。

第三阶段，社会责任整合阶段（2006年至今）。 2006年1月1日，修订后的《中华人民共和国公司法》正式施行，强调公司必须遵守法律法规，遵守社会公德，接受政府和社会公众的监督，承担社会责任。2008年1月4日，国务院国资委发布《关于中央企业履行社会责任的指导意见》，将履行社会责任纳入企业日常工作范畴，社会责任成为企业生存和发展的必修课。2012年起，中央要求所有中央企业必须披露社会责任信息。2021年，中央政府提出碳中和、碳达峰路线图，对企业发展提出了更高的环保要求。这一时期，越来越多的企业开始发布社会责任报告；不少企业还设立了社会责任部门，统筹推动企业社会责任工作；部分先进企业积极探索将社会责任工作融入企业战略和日常管理，建立全面社会责任管理体系。

此外，公众对企业忽视社会责任的行为给予了更多的关注。毒奶粉事件、富士康员工跳楼事件、紫金矿业的环境污染事件等，将许多知名企业推上了风口浪尖，社会上也由此掀起了一次次关于企业履行社会责任的大讨论。在媒体的大量报道下，公众对企业社会责任也空前关注，更加信任社会责任履行得好的企业的产品或服务，也更加信赖其品牌。

3.2.2 企业社会责任国际标准介绍

随着企业社会责任逐渐成为世界各国发展中面临的重要议题，各国际组织纷纷提出企业社会责任的国际标准。诸多国际标准的表述虽不尽相同，但本质上都在强调经济责任、社会责任、环境责任三者的平衡。本节重点介绍两项应用最为普遍、影响最为深远的国际标准，即"联合国全球契约十项原则"（Ten Principles of the UN Global Compact）和"ISO26000社会责任体系"。

3.2.2.1 联合国全球契约十项原则

全球契约的构想由联合国时任（1997—2006）秘书长科菲·安南（Kofi Annan）于1999年1月31日在达沃斯世界经济论坛年会上提出。2000年7月26日，联合国总部正式成立"联合国全球契约组织"，号召全球企业遵守国际公认的价值观和原则，"为全球市场带来人性化的面孔"。

联合国全球契约组织的使命为：在全球范围内动员可持续发展的企业和利益相关者，创造一个我们想要的世界。该组织相信，商业是一种向善的力量。通过致力于可持续发展，商业能够为实现更好的世界承担共同的责任。目前，联合国全球契约组织是世界上最大的推进企业社会责任和可持续发展的国际组织，拥有来自170个国家的约10 000个企业会员和3 000多个其他利益相关者会员。这些会员承诺履行以联合国公约为基础的，涵盖人权、劳工标准、环境和反腐败领域的全球契约十项原则并每年报告进展。

3.2.2.2 ISO26000社会责任体系

20世纪90年代以来，跨国企业的企业社会责任实践由关注劳工冲突和环境问题转为探索实现企业社会责任理念的途径、方法、工具等问题，并探索如何将对社会和环境的关注融入企业经营宗旨、企业战略、组织结构、日常运营中，从而取得经济、环境、社会三重效益，形成新的核心竞争力。此外，以联合国、全球报告倡议组织（Global Reporting Initiative）等为代表的国际组织和各国政府纷纷发布社会责任倡议、标准、守则或相关政策，倡导和鼓励企业履行社会责任（殷格非、崔生祥和郑若娟，2008）。在此全球背景下，一个适用于所有组织的社会责任国际标准——ISO26000社会责任体系应运而生。

ISO26000是国际标准化组织（International Organization for Standardization，ISO）迄今为止历时最长（耗时6年）、涉及面最广的单项课题（中国铝业公司研究室，2013）。该标准采用多利益相关者参与的方式制定，参与专家来自90多个国家和40多个国际组织，代表了六个不同方面的利益相关者（消费者、政府、产业界、劳工、非政府组织以及研究和学术界）。我国作为国际标准化组织的成员之一，积极参加这一标准的制定工作，因此也意味着我国承认并接受该标准。表3.3列出了ISO26000的核心主题及其议题。

表3.3 ISO26000的核心主题及其议题

核心主题（core subjects）	议题（issues）
组织治理（organizational governance）	组织治理（organizational governance）
人权（human rights）	尽职审查（due diligence） 人权风险状况（risk situations） 避免同谋（avoidance of complicity） 歧视和弱势群体（discrimination and vulnerable groups） 处理申斥（resolving grievances） 公民权利和政治权利（civil and political rights） 经济、社会和文化权利（economic, social and cultural rights） 工作中的基本原则和权利（fundamental rights at work）
劳工实践（labour practices）	就业和雇佣关系（employment and employment relationships） 工作条件和社会保护（conditions of work and social protection） 社会对话（social dialogue） 工作中的健康与安全（health and safety at work） 工作场所中人的培训与发展（human development）
环境（environment）	防止污染（prevention of pollution） 资源可持续利用（sustainable resource use） 减缓并适应气候变化（climate change mitigation and adaptation） 环境保护、生物多样性和自然栖息地恢复（protection and restoration of the natural environment）
公平运营实践（fair operating practices）	反腐败（anti-corruption） 负责任的政治参与（responsible political involvement） 公平竞争（fair competition） 在价值链中促进社会责任（promoting social responsibility in the sphere of influence） 尊重产权（respect for property rights）

（续表）

核心主题 (core subjects)	议题 (issues)
消费者问题 (consumer issues)	公平营销、真实公正的信息和公平的合同实践（fair marketing, information and contractual practices） 保障消费者健康与安全（protecting consumers' health and safety） 可持续消费（sustainable consumption） 消费者服务、支持和投诉及争议处理（consumer service, support, and dispute resolution） 消费者信息保护与隐私（consumer data protection and privacy） 基本服务获取（assess to essential services） 教育和意识（education and awareness）
社区参与及发展 (community involvement and development)	社区参与（community involvement） 社会投资（social investment） 就业创造和技能开发（employment creation） 技术开发与获取（technology development） 财富与收入创造（wealth and income） 教育和文化（education and culture） 健康（health）

资料来源：国际标准化组织官网，https://www.iso.org/standard/42546.html（访问日期：2023 年 2 月 2 日）。

3.2.3 外部评价标准的出现和变化

近年来，市场上出现了社会责任投资（socially responsible investing，SRI），这类投资的投资者主要青睐的是对社会负责任的企业。SRI 指的是一种特别的投资策略，即在选择投资标的时不仅关注企业的财务绩效，也关注其社会责任履行情况，包括其在环保、社会道德以及公共利益方面的表现。投资人会将劳工标准、环境标准作为投资组合的分析指标，倾向于选择那些承担社会责任的企业。常见的做法是避免投资于赌博或者酒类企业，而更倾向于环保、清洁能源类企业。因此，越来越多的企业注重提升自己的透明度，在公布财务绩效的同时，还公布社会责任报告。2006 年 4 月，联合国成立责任投资原则组织（UN PRI），而后，UN PRI 设立了"责任投资原则"（Principles for Responsible Investment），该原则旨在帮助投资者理解 ESG 对投资价值的影响。这一机制的形成使得具有较高社会责任意识的企业更容易受到 PRI 投资机构的认可，从而在市场上获得正面激励。

除了国际机构颁布的对社会责任行为的指南，当前各投资机构纷纷出台一系列评价企业社会责任或者 ESG 表现的指标体系。其目标在于采用定量的指标对企业社会责任的绩效进行评价，从而对投资等决策提供数据支持。本节主要介绍几个主要的企业社会责任外部评价标准，包括穆迪 ESG 评分方法、上证社会责任指数与每股社会贡献值和 ESG 投资策略三个方面。

3.2.3.1 穆迪 ESG 评分方法

穆迪环境、社会、治理解决方案小组（Moody's ESG Solutions Group）是穆迪公司的一个业务部门，而穆迪是世界上最知名的信用评级机构之一。因此，穆迪 ESG 评分方法的一大特色就是将 ESG 因素融入其整体信用分析框架，分析 ESG 因素对信用评级结果的影响。穆迪 2021 年 4 月发布了最新版本的《评估环境、社会和治理风险的一般原则》，我们据此分析其进行 ESG 评价的具体流程和框架。图 3.4 展示了穆迪将 ESG 融入信用分析体系的一般流程。

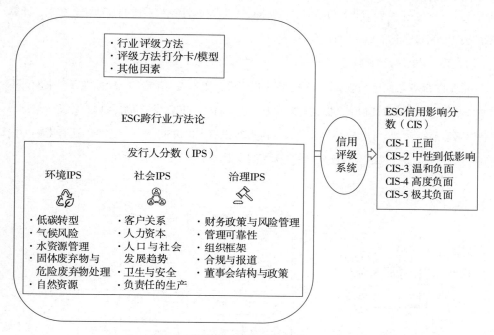

图3.4　穆迪将ESG融入信用分析体系

资料来源：西部证券研发中心。

CIS 评级结果分为五个等级，可以直接反映发行人的 ESG 表现对其信用的正面/负面影响程度。CIS-1 代表发行人的 ESG 特性总体上对其信用评级有积极影响；CIS-5 为发行人的 ESG 特性对其信用有极大的负面影响。对于评级 CIS-5 的企业来说，如果 ESG 风险敞口不在，那么整体信用评价将变高；而 CIS-1 级的企业或已经从其 ESG 行为中获得了利益。需注意的是，IPS 和 CIS 分数没有直接关联，前者衡量发行人在环境、社会、治理三个领域的表现，后者则度量发行人的 ESG 表现对整体信用评级结果或正或负的影响。

3.2.3.2　上证社会责任指数与每股社会贡献值

从全球范围来看，我国 ESG 信息披露起步偏晚、提升空间较大。A 股公司发布 ESG 报告的比例在最近 10 年呈现波动，未有显著提升；沪深 300 成分股表现较好。为鼓励和促进 A 股上市公司积极履行社会责任，同时也为投资者提供新的投资标的指数，促进社会责任投资的发展，上海证券交易所编制了上证社会责任指数（SSE Social Responsibility Index）。根据上海证券交易所 2008 年 5 月发布的《关于加强上市公司社会责任承担工作的通知》中关于每股社会贡献值的定义，对股票估算每股社会贡献值，根据每股社会贡献值的排名，选取前 100 位作为上证社会责任指数的样本股。最近一年发生明显违背其社会责任事件的公司股票原则上不能成为上证社会责任指数样本股。

此外,《关于加强上市公司社会责任承担工作的通知》还规定,公司可以在年度社会责任报告中披露每股社会贡献值,即在公司为股东创造的基本每股收益的基础上,增加公司年内为国家创造的税收、向员工支付的工资、向银行等债权人给付的借款利息以及公司对外捐赠额等为其他利益相关者创造的价值额,并扣除公司因环境污染等造成的其他社会成本,计算形成公司为社会创造的每股增值额。

3.2.3.3 ESG 投资策略

企业在 ESG 层面上的绩效,已经被许多投资机构作为决策制定的一个重要参考维度。不同机构对于 ESG 的重视和整合程度差异较大。总体而言,ESG 投资策略可以分为两大类:一是在构建投资组合时考虑 ESG 因素,二是提升被投资人的 ESG 表现。此外,还有影响力投资和社区投资。每一类投资策略包含的具体策略如图 3.5 所示,共有七种。

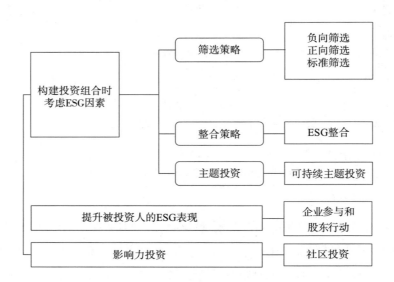

图3.5 可持续投资策略的分类

资料来源:西部证券研发中心。

(1) 负向筛选 (negative screening),是指寻找在环境、社会和治理因素方面表现低于同行的公司,然后在构建投资组合时避开这些公司。

(2) 正向筛选 (positive screening),是指基于 ESG 标准,根据公司的 ESG 表现以及与同行业其他公司的对比进行筛选,通常是选出 ESG 得分最高的前 20% 至 50% 的公司,或是给入选公司设置 ESG 指标的门槛值。

(3) 标准筛选 (norms-based screening, NBS),是指基于国际规范的最低商业标准或发行人惯例,对证券发行人进行筛选。与负向筛选和正向筛选最大的区别是,NBS 方法使用的是现有框架,包括联合国、经济合作与发展组织、国际劳工组织等机构关于环境保护、人权、反腐败方面的契约、倡议,例如《联合国全球契约》《经济合作与发展组织跨国企业行为准则》等。

（4）ESG 整合（ESG integration），是指投资经理将 ESG 因素纳入财务和金融分析中，根据相关 ESG 信息来改变投资组合成分的权重，可以应用于各种主动和被动投资策略，包括量化策略、基本面策略等，以识别 ESG 投资机会及风险。

（5）可持续主题投资（sustainability themed / thematic investing），是指对有助于可持续发展主题的资产进行投资，例如可持续农业、绿色建筑、智慧城市等。主题投资策略优先考虑的是预测社会长期发展趋势，而不是对特定企业或行业进行 ESG 评价。

（6）企业参与和股东行动（corporate engagement & shareholder action），是指投资人利用股东权利来影响企业行为，其主要方式包括四种：一是向企业搜寻、了解更多相关信息；二是与高管层或董事会面谈或进行书面沟通，提出明确的要求；三是行使股东倡议权利，提交或联合提交股东提案，投票支持 ESG 相关决议，召开临时股东大会等；四是撤资，如果投资者未能成功开展上述企业参与活动，则可以向企业提出撤资。

（7）社区投资（community investing），是指为具有明确社会或环境目的的企业提供资金。其中，影响力投资（impact investing）指的是通过投资实现积极的社会和环境影响，其投资目的是在获得经济收益之外产生有益于社会的积极成果，帮助减少商业活动造成的负面影响，因此影响力投资有时也会被认为是回馈社会和慈善事业的延伸。

综上所述，七种可持续投资策略各具显著特点，在目标和特征上呈现从传统投资向慈善投资递进的趋势。截至 2020 年，全球范围内应用最广泛的 ESG 投资策略为 ESG 整合和负向筛选，可持续主题投资策略的应用提升得最快。

3.3 战略型企业社会责任

3.3.1 企业社会责任的边界

自 1978 年以来，商业圆桌会议定期发布《公司治理原则》。自 1997 年以来发布的每一版本文件都认可了股东至上的原则，即公司的存在主要是为了服务于股东。但在 2019 年 8 月的商业圆桌会议中，新的声明概述了现代企业责任标准，指出企业的每个利益相关者都至关重要，并承诺为所有的利益相关者（包括客户、员工、供应商、股东）提供价值。

但是，并不是所有业界精英都认同这种观点。一些学者指出，把股东放在最后，并称他们为"资本供应商"，有点像是称父母为"基因供应商"。同时，机构投资者委员会（Council of Institutional Investors）则在一份声明中表示，应该由政府而不是企业来承担定义和实现与长期股东价值有限或无关的社会目标的责任。

虽然反对商业圆桌会议倡议的言论稍显激烈，但事实上也反映了业界存在的对何为企业合理的社会责任边界的争议。在中国情境下，也有一些专家学者力图在合理的责任边界设定方面提出一些新的思考。例如，有学者提出，责任需要边界，不能将"企业办社会"混同于企业社会责任。企业要善待员工，但绝不能重蹈"企业办社会"的覆辙，而是要依托社会，走市场化、社会化的路子，把凡是能由市场、社会承担的各种服务交给市场和社会，使企业能够集中精力，最大限度地发挥自身的优势，做精做优产品和服务，做强做大企业，为社会创造更大的经济、社会和环境的综合价值。此外，不能将捐赠和支持公益事业等同于企业社会责任。在力所能及的范围内和自愿的基础上，企业向社会捐赠和支持公益事业，是应该的、必要的，但这毕竟是派生的、延伸的责任，不能将它们与企业社会责任简单画等号，更不能以此代替企业在生产经营活动中应负的社会责任。在新形势下，要警惕假借企业社会责任的名义，向企业要钱索物，增加企业负担（侯云春，2011）。

3.3.2 创造共享价值

对大多数企业来说，其拥有的资源和能力是有限的，因此需要把注意力聚焦在部分议题上。此外，为了保证企业有动力、有能力持续地创造社会价值，社会责任的践行也需要考虑与企业的发展经营联系在一起。因此，近年来出现了关于战略型企业社会责任的讨论（Porter & Kramer，2006，2011）。这一理论认为，没有企业能够解决所有的社会问题，也无法承担解决社会问题的所有成本。所以，企业在履行社会责任时，需要选择一些与自己的核心业务有交叉的社会问题。其他的社会问题或许由其他行业的企业、非政府组织或政府机构来解决更合适。在这一选择过程中，最重要的考量是这一社会问题的解决是否能够提供一个创造共享价值（create shared value，CSV）的机会，即在此过程中，社会利益得到保护，同时企业的经营能力也得到增强。

从战略的高度来审视企业社会责任行为，要注重企业社会责任行为的长期性、方向性和目标性，注重企业的核心竞争力。很多企业核心竞争力来自技术、员工、品牌，但是越来越多的企业会将企业社会责任与其经营战略紧密相连，在做公益的同时增强企业的核心能力，树立良好形象，使得兼顾企业经营目标与社会目标的良好互动模式能够延续和发扬。Porter 和 Kramer（2006）提出，企业需要按照自己的特点，将社会议题分为三类来看待（如表3.4所示）。

表3.4 社会议题的优先次序

一般性社会议题	与价值链相关的社会议题	与竞争环境相关的社会议题
不受企业运营影响，也不对企业长期竞争具有实质性影响的社会议题	企业在价值链上的生产或经营活动造成的社会影响	外部环境中能够对企业在经营当地的基本竞争力的形成产生重要影响的社会议题

资料来源：Porter 和 Kramer（2006）。

第一类是一般性社会议题,这类议题不受企业运营的直接影响,也不对企业的长期竞争力具有实质性影响;第二类是与价值链相关的社会议题,主要涉及企业在价值链上的生产或经营活动造成的社会影响或涉及的利益相关者;第三类是与竞争环境相关的社会议题,指外部环境中能够对企业在经营当地的基本竞争力的形成产生重要影响的社会议题。需要强调的是,同一问题在不同企业可能会被划入不同的类别。例如,环境保护减少排放的问题对银行来说是一般性社会议题,但是对物流或者运输行业来说,则是一个与价值链相关的社会议题。

对企业来说,对社会议题进行分类和排序只是行为方式,而最终目的是创建一个清晰的、被外界认同的企业社会议程(corporate social agenda)。企业社会议程超越了社区对同时实现社会效益和经济效益的机遇的期望,它从减轻对社区的危害转变为通过改善社区状况来加强企业战略。这种社会议程必须对利益相关者的关切做出回应,但又不能仅止于此。企业必须将相当一部分的资源和注意力转移到真正具有战略意义的企业社会责任行为上。正是通过战略型企业社会责任,企业才会产生重大的社会影响,并由此实现商业利益最大化。Porter和Kramer(2006)将企业处理社会议题的方式分为响应型和战略型。

响应型企业社会责任行为要求企业做一个表现良好的企业公民(acting as a good corporate citizen),尽量减轻企业价值链活动给社会造成的伤害。企业通过实施各种行为缓解价值链带来的各种社会问题,以获得在当地的运营优势,但任何优势都可能是暂时的。战略型企业社会责任行为主要通过改变价值链上的活动使得在执行战略的同时也能够造福社会,战略性地开展慈善活动,改善竞争环境中能够提高企业竞争力的社会因素。因此,企业在选择议题的时候可以优先选择所在社区关心的主题,选择可以与企业的使命、价值观、产品和服务协调配合的公益事业,选择有能力支持经营目标的公益事业。

与竞争环境相关的社会议题(战略型企业社会责任)可以分为四类:第一类,影响了企业所需的关键原材料或者其他生产要素的可得性以及质量;第二类,影响了企业运营以及与竞争力有关的各种规范和制度,例如知识产权保护、反腐败以及吸引投资的政策;第三类,影响了当地的需求规模以及复杂程度,这涉及产品品质和安全的相关标准、消费者权益保护、政府采购的公平性;第四类,影响了所需支持性产业的发展状况,例如机械制造以及服务提供等。

企业实践:腾讯可持续社会价值创新项目

腾讯在2021年启动了第四次战略升级,提出可持续社会价值(sustainable social value)创新战略。腾讯所追求的可持续社会价值"创新",不是为标新而立异,不是盲目进入其所不擅长的领域,而是努力去重新解构一些社会议题,挖掘社会需求的难点、痛点,用腾讯的核心技术、产品和服务能力寻找并落地新的解决方案。与此同时,社会创新的全流程,是贯彻了社会价值主张并追求价值创造的过程。

首先是技术创新。腾讯一直致力于以科技能力满足用户、产业和社会的需求,探索技术创新与社会价值的结合。比如游戏技术,很多人提到游戏,第一反应就是"玩儿"。但数智时代的游戏早已不仅仅是一种娱乐方式，在不断迭代进化的前沿技术基础上，游戏可以展现出高度的内容承载、真实场景再现与跨界延展能力，最终推动文化与科技的可持续发展。近期，腾讯游戏宣布将使用人工智能技术助力中国科学院高能物理研究所粒子天体中心"全变源追踪猎人星座"（CATCH）计划，"刻画极端宇宙的多维度动态全景"，有望将我国空间天文观测技术推向新的高度。此外，腾讯游戏还将基于游戏引擎能力，与南航翔翼合作研发国产全动飞行模拟机视景系统，助力民用航空技术装备制造。除了徜徉星空，游戏技术也能够让我们身临其境地在历史文化的长河中漫游。腾讯的"数字长城"项目，运用照片扫描建模、游戏引擎、内容动态生成、云游戏等技术，实现最大规模、毫米级精度、沉浸交互式的文化遗产数字还原，用户还可以通过"云游长城"小程序在线"爬长城"和"修长城"。

其次是产品创新。腾讯一直深耕产品能力，在社会价值领域，更是专注于从真实而迫切的社会需求入手，在深度用户调研基础上进行产品研发和创新。基于"耕耘者"振兴计划的项目试点和对农民发展需求的大量调研，腾讯可持续社会价值创新项目为村发展实验室开发了"为村耕耘者"微信小程序和培训管理系统，为乡村基层治理积聚更多知识和技能，培训更多乡村带头人。同时，通过共创打造产品，提升乡村治理效率，打造了"村级事务积分制管理平台"小程序，将乡村治理的有效模式开发为利于推广的数字化工具。针对"跌倒"这一造成老年人伤害的主要隐患，腾讯开发了"隐形护理员"智慧养老人工智能守护产品，通过智能摄像头和人工智能算法，识别老年人的安全状态，在其发生跌倒或需要呼救时主动发出警报，避免生命事故的发生。最近，这一产品也正式升级，由养老机构进入家庭，服务于更多老年人的生活场景。

资料来源：腾讯，《可持续社会价值报告（2021）》，2022年5月。

3.3.3 利益相关者的沟通和议题分析

利益相关者的沟通和议题分析是战略型企业社会责任的一项核心内容。在企业社会责任议题的选择实践中，企业应当以利益相关者的需求为出发点，结合企业自身发展战略，构建实质性分析调查问卷，根据调查结果确定核心可持续发展议题。这主要包括以下三个流程：

流程一，议题识别。从宏观政策、行业标准与最佳实践和社会热点出发，识别出对其履行社会责任意义重大的关键议题。

流程二，议题评估。推动组织内外的各利益相关者填写实质性分析调查问卷。

流程三，议题筛选。回收问卷并进行数据分析。每项议题根据问卷来源（内部及外部利益相关者）分别汇总计算，得到双维度坐标。根据确定的规则对各议题进行评分。将所有问卷汇总后得到最终得分，得分越高则表明有越多人认为该议题重要。

图3.6以中国工商银行为例，展示了其通过上述步骤筛选出的20个重要议题。

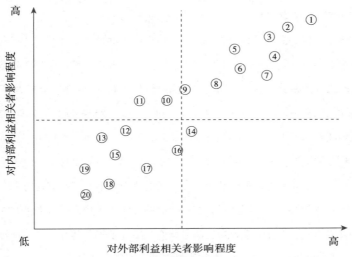

图3.6 中国工商银行企业社会责任议题分析结果

为保证企业成功实施战略型企业社会责任，CEO需要了解自己并不仅仅是为股东创造价值，而是代表企业与更多的利益相关者沟通，创造共享价值。在战略型企业社会责任实施过程中，CEO应当积极了解并且推动行动计划的执行，定期了解有关企业社会责任绩效的信息。同时，建立与社会责任主管直接沟通的渠道，并且通过这些适当的沟通渠道表达对社会责任重要性的理解。

广义上而言，战略型企业社会责任的实施主要包括以下三个核心方面：一是面向供应链（上游环节），包括原材料开采、供应商生产流程和外包；二是面向运营（内部环节），包括运输、存储、设计、生产；三是面向消费（下游环节），包括产品销售和回收。

除实施计划外，企业关于责任行为的愿景声明，可以帮助外部利益相关者了解企业的责任立场和价值观。有效的愿景声明通常包括重要利益相关者、共享价值创造方法、CEO的支持和肯定以及具体的行动策略，等等。

3.3.4 中国企业的战略型企业社会责任项目

在我国抗击新冠肺炎疫情的过程中，包括餐饮行业、通信行业、旅游行业在内的许多企业在坚守企业本分的同时也努力履行社会公民的职责，在坚持为社会创造价值的同时也在为自己的明天寻找生机。概括起来有以下三种类型的企业社会责任行为：

首先是关于员工和消费者的企业社会责任行为。员工是企业内部非常重要的利益相关者之一，他们的健康是企业维持经营和提升竞争力的基础。以某大型餐饮公司为例，疫情暴发以后，该公司成立了疫情防控指挥部，对留守门店的 3 万名人员进行了分组隔离安排。分组隔离确保工作、生活、住宿不出现交叉，降低了感染风险。同时，公司也针对疫情防控期间员工产生的心理变化做了针对性的部署，为员工提供心理咨询。[①] 这种责任行为呼应了 ISO26000 社会责任体系的相关条目，即防止由工作条件而造成的健康损害；保护员工，使其远离健康风险；改善职业环境，满足员工的生理和心理需求。

其次是关于社区福利的企业社会责任行为。疫情当中，许多互联网企业在提升社区成员的教育水平和健康水平方面做了一些重要的工作。比如，若干短视频企业都在防疫战役中相继上线了新冠肺炎防治的相关内容，帮助用户了解疫情的最新进展和科学防疫知识。这些企业在短时间内调动内部资源，采取多项运营手段，通过不同类型的专题页向用户提供疫情的最新动态、权威解读以及卫生防疫的相关知识。此外，部分平台还在专题页与权威媒体和国家机构合作，全程提供疫情相关的媒体直播，以便用户在第一时间掌握疫情动态信息、疫情防治常识及科普知识，了解疫情之下医护人员和患者的感人故事，甚至监督重大医疗基础设施的建设过程。这一系列的行动，发挥了这些企业的核心业务优势，通过多种方式提升了社区的健康水平，支持和促进了疫情中公众的信息获取，提升了其对健康威胁和预防方法的认知，为促进健康、防范健康威胁和疾病、减轻疫情对社区的危害做出了贡献。

最后是促进价值链伙伴责任行动的企业社会责任行为。在疫情当中，一些平台企业也发挥了纽带作用，与价值链上的各类企业或者生态圈的成员企业携手共克时艰。在这一类责任行动当中，这些平台企业发挥领导作用，提升消费者的服务能力和水平，帮助消费者解决相关的合同争议。更重要的是，在此过程中，推动价值链中的其他相关方提升履行社会责任的能力。例如，疫情影响了许多用户的出行计划，整个旅游行业开始处于半歇业的状态。由于订单取消量激增，某出行服务平台推出新政策，呼吁全国的酒店参与，给予消费者免费取消或者改期入住的权利。为了吸引酒店参与此项便利措施，该平台决定在疫情形势好转后，对参与的酒店做重点推荐并且给予一定的资源补偿。在此激励下，数十万家酒店参与了此项活动。对于境外酒店，该平台代表消费者与各大酒店集团谈判，几家酒店巨头同意后，其他的连锁酒店也逐渐跟进，同意免费取消的海外酒店也很快达到十万家以上。

3.4 全球化视角下的企业社会责任

3.4.1 全球化对企业社会责任的挑战

随着全球化的发展和可持续发展理念的日益成熟，国际社会越来越重视经济发展、社会进步和环境保护的协调发展。在国际化的进程中，不仅中国企业，全球主要的跨国企业都遇到了各种层面的挑战和困难。在不断积累和总结的基础上，相应的国际行为准则也逐渐建立，

---

① 资料来源：《疫情当头，海底捞果断"熄火"幕后 》，虎嗅微信公众号，2020年2月3日，https://mp.weixin.qq.com/s/Mmmv-xjMhQW6tOPIS3NodA？（访问日期：2023年2月2日）。

成为此类企业履行社会责任的重要参考。

早期，企业社会责任通常是由国家或者国际组织通过颁布约束企业行为的指导方针和一系列规则来赋予企业的。例如，《经济合作与发展组织跨国企业行为准则》（以下简称《准则》）是 1976 年《经济合作与发展组织国际投资与跨国企业宣言》下的四个文件之一，是一份经过多边商定、加入国政府承诺在全球范围内推广的企业责任文件，是加入国政府对创造开放透明国际投资环境的政策承诺。《准则》是各国政府向跨国企业提出的建议，旨在确保这些跨国企业的业务符合政府的各项政策，巩固企业与其开展业务所在国之间达成相互信任的基础，协助改善外国投资环境，增大跨国企业为可持续发展做出的贡献。《准则》提出了符合适用法律和国际公认标准的负责任的商业行为应遵守的自愿原则和标准。

目前，作为企业社会责任的重要推动者，国际组织更多的是通过与企业"对话"而非"命令"的方式推动企业履行社会责任。企业社会责任有时被称为"软法律"或者"被监管的自律"（Mörth，2004；Knill & Lehmkuhl，2002），因为企业履行社会责任的方式更加强调自律而非强制，国际组织在其中扮演更多的是"经纪人"的角色。例如，联合国全球契约组织颁布的"全球契约十项原则"是企业社会责任的"软规章"，其强调自愿原则，对于不愿遵守的企业不会施加任何强制性的法律制裁。其一般条款也为企业自主解释规则留有非常大的空间，从而使得企业能够以符合自身情况和社会期望的方式将这一规则付诸社会责任实践。

3.4.2 中国企业的海外社会责任管理

随着全球经济一体化及国际社会可持续发展的深入，许多中国企业在打造覆盖全球的业务网络的过程中，认真履行社会责任，努力推动企业与东道国经济、社会、民生、环境的可持续发展，造福当地群众，为构建人类命运共同体做出了积极贡献。政府是企业的外部约束者，在企业履行社会责任的过程中往往扮演相关法律法规的制定者、社会责任活动的推动者、秩序的监督和维护者的角色。政府对企业承担社会责任具有深远的影响。为了提升中国在外投资企业的国际形象，中国政府等政策制定群体逐步提高了对企业社会责任问题的重视程度。中国政府也积极强化中国企业海外投资建设管理，提升监督治理能力，积极以法律制度规范等时时约束并引导企业履行海外社会责任。

2015 年 9 月，联合国 193 个成员通过了《改变我们的世界——2030 年可持续发展议程》，正式建立了引导全球经济社会发展的治理规则，企业迈入了以可持续发展为导向的责任时代。此外，中国在 2013 年提出的"一带一路"倡议为中国企业"走出去"提供了前所未有的机遇，同时也带来诸多挑战。中国企业的海外业务发展风险大、环境复杂，履行好社会责任、处理好利益相关者关系不仅是规避和化解风险的有效手段，也是企业在技术性要素之外提升吸引力、凝聚力和海外竞争软实力的重要因素，更是中国企业向世界企业公民迈进的必经之路。

为了帮助中国企业更好地适应全球可持续发展的背景，中国政府对企业履行海外社会责任提出了具体的要求并给予指导，出台了一系列相关政策①。此外，2018 年 9 月，中非合作论坛北京峰会明确提出支持成立中国在非企业社会责任联盟，倡导会员企业更加注重所在国的制度环境和社会发展，促进投资企业与当地社会的融合。例如，倡导企业注重生态环境保护，自觉遵守项目所在地有关环境保护的法律法规和标准，建设环境友好型工程；坚持以人为本，重视员工个人职业发展，保护员工合法权益，遵守当地风俗习惯，推进员工本地化；重视回报当地社会，促进当地经济长远发展，实现互利双赢；发挥社会组织优势，加强与社会组织的合作，探索履行海外社会责任的新途径；结合企业形象和企业文化建设，加强海外社会责任的舆论宣传，讲好中国企业的故事，争取更多支持和认同。

本章小结

责任意识以及责任行为是当代伟大企业的重要标志。

一系列的负面事件使企业认识到社会责任的践行关乎企业存亡。

投资人和金融市场逐渐青睐那些具有高度社会责任感的企业。

企业社会责任是一个不断丰富、具有多个维度的概念体系。

不同的国际标准虽然各有侧重，但几乎都指向了经济、社会、环境平衡发展的方向。

企业社会责任需要边界，对所有人负责意味着对所有人都不负责。

组织需要综合组织能力、利益相关者诉求、组织目标选好社会责任切入点。

战略型企业社会责任需要结合组织的资源禀赋和能力基础，创造性地进行项目设计。

国际化进程中，企业将面临更加复杂的环境和多重风险，需要重新检视和升级企业社会责任管理体系和项目设计。

重要术语

企业社会责任　可持续发展　ESG　共享价值　利益相关者

复习思考题

1. 企业社会责任、可持续发展与 ESG 有什么联系和区别？

2. 选择一家你熟悉的企业，指出对该企业而言重要的利益相关者，并对其进行重要性分析。

3. 选择一家你熟悉的企业，分析其战略型企业社会责任的主要议题有哪些。

4. 选择近年来媒体对海外中资企业经营状况的报道，分析海外中资企业面临的企业社会责任挑战有哪些。

---

① 包括《规范对外投资合作领域竞争行为的规定》《中国境外企业文化建设若干意见》《对外投资合作建设项目生态环境保护指南》《推动共建丝绸之路经济带和21世纪海上丝绸之路的愿景与行动》《中国对外承包工程行业社会责任指引》等。

中国实践

社会责任信息披露策略及其市场影响

进入 21 世纪后，企业社会责任逐渐成为中国企业管理实践的核心理念，越来越多的企业开始从道德、法律及公众要求的角度，深入思考商业活动对各利益相关者造成的影响。企业逐渐意识到，商业运作需要可持续发展，除了考虑自身的财务和经营状况，也要考虑对社会和自然环境造成的影响。在此期间，中国上市公司率先尝试进行企业社会责任信息的披露。这些信息有助于外界进一步了解企业社会责任体系的总体思路和具体措施，也便于外界判断企业社会责任项目的战略价值。

为了了解市场对企业社会责任体系的反应，张闫龙及其合作者通过分析中国上市公司多年的社会责任报告，探讨了企业社会责任活动的市场价值。研究指出，作为证券市场中关键的信息中介，证券分析师的分析报告和推荐评级成为投资者的重要决策依据。该职业群体出具的研究报告和股票评级对证券市场中的股价波动和上市公司的市场价值变化都具有重要影响，其中披露的信息能够显著提升证券市场的有效性。这项研究结合证券分析师深度访谈和实地观察等归纳式的定性研究，借助最新的传播学的概念网络模型分析方法对企业社会责任活动数据进行多维度量化分析，提出企业社会责任活动对证券分析师两阶段评估的影响机制。

研究提出，企业社会责任活动的金融市场价值实现需要满足证券分析师两个维度的评估要求：首先，企业需要遵循目前国家政府或者相关社会机构出台的关于社会责任的行为规范，继而展现出企业的行为满足合规合法的要求。这种符合制度规范的企业社会责任活动才会吸引更多的证券分析师关注。其次，在满足符合法规要求的基础上，企业通过设计和实施具有特色的社会责任活动，与行业中的竞争对手区别开来，以此满足证券分析师对企业行为的市场价值要求，提升证券分析师对企业的推荐评级，从而实现企业社会责任活动的市场价值。

研究发现，企业涉及社会责任议题的广度对分析师评级的影响在国有企业当中和受市场关注度较高的企业当中效果更为显著，而开展具有特色的社会责任活动并与同行区别开来这一维度对分析师推荐评级的影响会受到分析师所供职的证券机构的声誉以及企业业绩表现的影响。来自声誉较高的证券机构的分析师更可能在自己的评价过程中考虑企业社会责任实践的价值，给展示出独特社会责任价值的企业更高的评级。然而，如果企业在经济效益维度上无法令市场满意的话，企业社会责任的差异化举措对分析师评级的正面影响将大打折扣。

资料来源：改编自 Zhang, Y., Wang, H., & Zhou, X. Dare to be different？Conformity versus differentiation in corporate social activities of Chinese firms and market responses. *Academy of Management Journal*，2020，63（3）：717-742。

思考题

1. 企业社会责任信息的披露方式和策略会有什么样的市场影响？

2. 不同利益相关者对企业的社会责任体系有什么样的期望？

3. 结合你所熟悉的组织情境，思考该组织应该采用怎样的披露策略。

参考文献

鲍恩，霍华德，2015，《商人的社会责任》，肖红军等译，北京：经济管理出版社。

钱德勒，戴维；小沃瑟，威廉；杨伟国；黄伟，2014，《战略企业社会责任：利益相关者、全球化和可持续的价值创造（第3版）》（中国版），大连：东北财经大学出版社。

殷格非、崔生祥、郑若娟，2008，《企业社会责任管理基础教程》，北京：中国人民大学出版社。

中国铝业公司研究室，2013，《用国际标准指导社会责任实践：ISO26000在中国企业的应用》，北京：冶金工业出版社。

君虹，2012，《中国企业社会责任的演变》，《红旗文稿》，5：29—30。

侯云春，2011，《坚持科学的企业社会责任观》，爱思想网站，5月25日。

Bansal, P., & Song, H. C. 2017. Similar but not the same: Differentiating corporate sustainability from corporate responsibility. *Academy of Management Annals*, 11（1）: 105–149.

Carroll, A. B. 1991. The pyramid of corporate social responsibility: Toward the moral management of organizational stakeholders. *Business Horizons*, 34（4）: 39–48.

Forsyth, D. R. 2006. *Group Dynamics*（5th ed.）. Belmon, CA: Cengage Learning.

Knill, C., & Lehmkuhl, D. 2002. The national impact of European Union regulatory policy: Three Europeanization mechanisms. *European Journal of Political Research*, 41（2）: 255–280.

Mörth, U. 2004. *Soft Law in Governance and Regulation: An Interdisciplinary Analysis*. Cheltenham: Edward Elgar Publishing.

Porter, M. E., & Kramer, M. R. 2006. Strategy and society: The link between competitive advantage and corporate social responsibility. *Harvard Business Review*, 84（12）: 78–92.

Porter, M. E., & Kramer, M. R. 2011. The big idea creating shared value: How to reinvent capitalism and unleash a wave of innovation and growth. *Harvard Business Review*, 89: 2–17.

第 4 章

企业家的个体特征与企业战略决策

> 学习目标
> 1. 理解企业家对企业发展的重要影响
> 2. 学习企业家的个体差异及其对行为决策的影响
> 3. 了解企业家的个体特征对企业战略决策的影响
> 4. 了解企业家对组织绩效的影响

引导案例

义乌双童公司

创办于 1994 年的义乌市双童日用品有限公司（以下简称"双童"）起家于饮料吸管制造，目前是我国为数不多的塑料一次性产品的清洁生产企业，专注于生物可降解餐饮用品的研发和制造。时至今日，双童成为当之无愧的全球吸管行业领导者和该行业的隐形冠军。吸管的行业标准、国家标准和 ISO 国际标准均来源于双童提供的实践支持。双童办公大楼是义乌工业界首座集自动化智能控制、雨水和废水收集循环回用、屋面绿化及节能于一体的公司行政大楼。2019 年 9 月，双童入选工信部绿色工厂名单。

双童二十多年来遵循彼得·德鲁克的管理思想，秉承"企业是社会的细胞"这一基础理念，将自身发展与社会发展紧密相连，在满足社会需要的前提下寻求企业的持续发展。针对一次性廉价产品带来的污染等行业普遍的痼疾，双童确立了让一次性产品告别白色污染的企业使命，把"做一家有利于社会的好企业，与多方利益相关者协同共生"作为核心价值理念。为了实现居吸管行业主导地位的愿景，双童把服务社会和员工成长作为企业发展的立足点，把创新的理念转化成技术和行动，推动企业经营的持续精进。

首先，双童致力于学习日本的节能降耗理念及其技术。自 2004 年起，双童就致力于节能降耗建设，持续建成三废资源循环回用系统、热循环回收处理系统、厂区海绵城市建设等"碳中和"运营系统，成为义乌市首家国家级绿色工厂。2015 年，双童基于数字化推动组织创新，开始对组织管理进行重大改革，2020 年创建"双童创业共享平台"，赋能一批优秀管理者逐渐向创业者转变。

这一切经营之道，都离不开双童创始人楼仲平的个人价值观。楼仲平常常提起父亲一直以来的价值观和对他的教诲。比如，"到别人家门口不能站在正门，要在侧门处；摇鼓不能站在别人窗下，要离远一点"，总之，就是不要打扰到他人；还有"出六进四"原则，即赚到 10 元钱，要分出去 6 元、拿进来 4 元……这些刻在楼仲平心里的烙印来源于其从小耳濡目染的价值理念，即客观的"利他"最后也会成就自己，双方彼此成就的价值观。这种与人们常识中的生意经以及经典经济学利己的理性人假设迥异的价值观，反映在企业与社会的关系、企业与成员的关系、企业与社区的关系中，践行到企业的战略决策和组织决策中，进而对企业的成功起到至关重要的作用。

资料来源：义乌市双童日用品有限公司官网，http://www.china-straws.com/about.html（访问日期：2023年2月2日）；楼仲平微信公众号相关文章和视频。

思考题

1. 双童的竞争优势是什么？它为何能做到行业第一？
2. 创始人的什么特征对双童的战略选择和优势塑造起到关键作用？
3. 双童创始人的这些特征在中国企业家群体中是否具有普遍性？

企业家对企业战略选择及其绩效的重要性已毋庸置疑，无论是实践中比比皆是的鲜活事例，还是系统的科学证据，都表明了其重要性。在实践界，一个个亮眼的企业名字都是和创始人或领导者的名字并驾齐驱的，如在美国，有杰克·韦尔奇（通用电气）、史蒂夫·乔布斯（苹果）、埃隆·马斯克（特斯拉和SpaceX）等；在日本，有松下幸之助（松下）、稻盛和夫（京瓷）、井深大（索尼）等；在中国，有任正非（华为）、雷军（小米）、方洪波（美的）、董明珠（格力）、张瑞敏（海尔）等，可以说这些企业的战略定位和市场形象均有着企业家个体特征的深刻烙印。学术研究也表明，企业40%～50%的绩效差异应归因于CEO的差异，而且这个解释力在美国是逐年递增的（Quigley & Graffin, 2017）。

实践界的这些鲜活事例和学术研究的发现，挑战了之前经典的制度理论和组织管理理论对企业家作用的论断，即认为高管会受到组织、环境和制度等层面种种因素的约束，对组织结果不会产生重大影响（DiMaggio & Powell, 1983）。诞生于20世纪80年代的高阶理论则提出了完全不同的假设，即企业高管会对其所面临的组织情境做出高度个性化的诠释，并据此采取行动，即企业高管在企业决策和选择中嵌入了大量的自身经验和个人心理特征，鉴于高管对组织的重要作用，他们的这些行为能够影响企业的战略决策或他人的心理和行为，组织因此会成为高管个人倾向的反映（Hambrick & Mason, 1984）。这一理论的提出及其引发的对于高管的何种属性会影响组织决策和产出的讨论，形成了管理学中的一个重要研究领域——战略领导力。战略领导力与组织行为学关注的领导力议题的不同之处在于，战略领导力关注战略领导者的个体特征如何影响企业的战略选择和全局发展。事实上，战略选择和组织行为基本上都不会是规定动作，而是领导者的自选动作。由于企业的领导者往往拥有较大的自主权，因此其更可能在企业的决策中嵌入自身的特征和倾向，从而对企业的战略决策和绩效产生重要影响。

在中国，企业家对企业战略与组织绩效的影响可能比西方国家更为显著。受中国传统文化和制度环境特征的影响，中国的很多企业，包括国有企业和民营企业，均普遍存在"一言堂"现象。中国的企业家受社会文化和制度特征的历史沿革影响，展现出中国人特有的一些特征，如受儒家和道家等传统思想和集体主义文化的影响；同时，改革开放四十多年来，西方的组织管理理论与实践的影响和熏陶，也形成了中国企业家现代性的一面。因此，中国的企业家群体在拥抱传统性和现代性的程度方面具有天然的差异，也导致他们的管理和决策方式存在个体差异。

企业高管个人的背景、经验、心理和行为特征可能以及如何影响企业，是一个值得关注的议题。中国的企业家在哪些特征上具有共性、在哪些特征上具有个性化差异、这些共性和个性化差异如何影响企业的战略选择和绩效，更具有研究价值和实践启发意义。过去的三十多年里，战略领导力领域的研究在西方蓬勃发展，形成了丰富的研究成果。近几年，中国的学者也开始逐步探索这一领域，并取得了一定的成果，这使得我们对企业家在企业的战略决策和组织绩效中的重要作用有了更为深入的系统性认识。本章将从管理研究的新兴领域——战略领导力的视角出发，系统梳理企业家在个体特征上的差异及其如何影响组织的战略决策，进而影响组织绩效。

4.1 企业家与企业的角色关系：战略领导力的研究

企业战略管理领域关心的是企业如何采取恰当的战略决策和组织决策，以使得企业利益最大化。经典的制度理论（DiMaggio & Powell，1983）是把企业作为行动者（actor），而将做出企业战略（如并购）决策的管理者（如 CEO）作为行动者实现企业发展目标的工具（instrument），以为行动者服务，因此企业高管会受到组织、环境和制度等层面种种因素的约束，对组织结果不会产生重大影响。

但正如开篇所提到的，无论是实践领域的企业案例，还是学术领域发现的实证结果，均发现了企业高管，尤其是领导者对企业战略决策和组织绩效的巨大作用。代理理论的诞生与这一实践经验相吻合。代理理论认为，高管的自利行为损害了股东权益，因此需要设计一个激励和约束机制，统一他们的个人目标和企业目标，激发高管更好地为股东服务，这是学术界将高管作为行动者、将企业作为满足其自身利益诉求工具的开端。高阶理论作为引领战略领导力方向的基础理论，则将包括企业领导者在内的高管（或团队）作为行动者，将企业作为工具，并认为企业的战略决策是满足行动者个人诉求的工具。如 Palmer 和 Barber（2001）构建的美国企业并购的社会阶层理论（social class theory of corporate acquisitions）认为，与传统的企业决策的目标初衷是有利于企业不同，企业也可作为管理者实现个人需要的工具。他们将美国 20 世纪 60 年代的企业并购浪潮作为情境，通过探索在其他条件相同的情况下，企业 CEO 的哪些特征会让他们掌管的企业实现更多的并购，构建了一个企业 CEO 通过进行更多的企业并购以实现个人阶层提升的"并购的社会阶层理论"，得出了与以往经典的企业并购理论和文献迥异的理论。

高阶理论有两个基本论点：一是企业高管会基于个人的经验、价值观和认知偏差而采取行动；二是高管的人口统计特征会在一定程度上影响个人的心理和认知特征，因此可以对组织战略决策和产出做出好的预测。本质上来说，以高阶理论作为基石的战略领导力的研究成果构建了战略管理的微观基础观（micro foundation），即运用心理学和社会心理学理论解释战略领导者的战略决策过程和互动过程。

4.2 企业家的个体特征影响企业的作用机制和路径

一方面，杰出的企业无不是和一个个企业家的名字连在一起的，这些企业的战略定位和市场形象均有着企业家个体特征的深刻烙印。史蒂夫·乔布斯早年感兴趣学习的美学知识造就了苹果公司产品的美学基因；杰克·韦尔奇给通用电气带来了系统、全方位的管理之道，从被称为输油管项目的人才后备计划、对各级员工全方位的业务和领导力培训计划，到基于内部晋升的管理层选拔计划，使得通用电气成为现代成熟工业时代企业运营和管理的典范；埃隆·马斯克基于物理第一性原理创造出一家家基于硬核科技、颠覆现有行业的企业；松下幸之助凭借品牌组合战略使得松下成为卓越的企业，他本人也被称为"经营之神"；而索尼的创始人之一井深大则出于对技术的痴迷，带领一群开发狂人组成激情团队，开发出一款又一款令人叹为观止的黑科技产品，使得索尼成为傲视全球的创新领袖、行业标杆；稻盛和夫接管日本航空公司后，基于东方传统的"敬天爱人"和"利他"的管理哲学并辅以阿米巴经营模式，一年多时间即让公司扭亏为盈，并发生脱胎换骨的变化。另一方面，不合适的企业家则可能会对企业造成灾难性的后果，如惠普在聘用卡莉·菲奥莉娜担任CEO之后的几年，不仅业绩急速下滑，而且从硅谷高科技标志性企业逐渐沦为普通电脑制造商。

在中国，美的集团董事长方洪波积极拥抱数字技术，并将其作为赋能传统行业的工具，打造了一个基于数字化平台的家电延伸产业链；海尔集团创始人张瑞敏一直致力于创造新的经营模式和管理思想，伴随着企业不断引入新的管理工具（如早期的日清日高、阿米巴经营模式等）得到的经验和教训，基于新的数字技术，彻底打破组织边界，以商业经营和人才的价值链为基础，以构建生态系统的视角建立了一个无边界的企业组织和商业经营的新模式。

总之，面对同样的经营环境，企业家个人的背景、经验、认知、价值观偏好会对企业的战略决策起到至关重要的作用。事实上，在高阶理论提出之前，已有学者发现，企业高管会依据自身的经验、背景，乃至人格、价值观等特征，对环境做出诠释，即他们会透过自身的经验来看待世界，这种诠释甚至带有个人的认知偏差和情感倾向。本质上来说，这一依据个人诠释采取行动的过程是一个信息筛选过程。因此，高阶理论本质上是一个信息处理理论，它提供了一种系统诠释高管如何在个人认知和情感有限理性的情况下做出洞察、判断和选择，采取行动，影响企业战略和组织决策，进而影响企业产出的理论。

Finkelstein和Hambrick（1996）阐述了这一过程机制。企业高管面对的战略情境是他们不可控制的外部情境，包括所有的环境和组织情境。高管对情境特征做出个性化的诠释是一个信息过滤的过程，这一过程包含三个步骤：第一步，个人的背景特征与心理特征形成的心理倾向会形成比较牢固的"烙印"效应，影响其洞察力的范围和决策偏好。这里，高管个人的背景特征主要包括年龄、任职年限、教育背景、负责的职能领域以及其他人口统计特征，心理特征则包括价值观、认知模式和人格特质。第二步，在高管的洞察力范围之内，其注意力是受限的，因此知觉信息的过程存在选择性，使得高管只关注自己感兴趣、"看得到"的信息，从而构建了自己独特的"狭隘视野"。第三步，高管对知觉到的信息进行判断和诠释，据此做出决策、采取行动，进而影响企业的战略选择，并进一步影响组织绩效。因此，该高管解读的战略环境（即被诠释的现实）与真实的现实存在不一致，其采取的行动也与整体利益最大化的企业"理性"目标存在不一致。所以，即便是面对同样的战略情境，两个背景和心理倾向不同的高管的诠释及其行动可能也会大不相同。

高管对企业战略决策及其组织绩效的影响有多大，取决于高管的"管理自主权"（managerial discretion），即行动的自由范围。管理自主权可以刻画企业高管面对所处的行业特征、竞争态势、职能管理所做出的不同诠释和洞察能在何种程度上对企业的战略决策及其绩效产生影响。

高阶理论提出以后，众多的学者对企业家的哪些个体特征会影响企业战略决策及其绩效进行了实证研究。过去的几十年间，在国际顶级期刊上发表的有关战略领导力的研究成果就有上千篇，主要的解释变量从企业家的人口统计特征，到人格、能力、价值观等社会心理特征，再到人力资本和社会资本（社会网络）等。战略领导者的社会、心理特征越来越受到关注，反映了学者们正努力打开战略领导者们的互动及决策"黑箱"。企业家对企业形象层面影响的结果变量集中在绩效、战略决策和组织决策上。绩效主要包括企业的会计绩效、市场绩效；战略决策主要关注并购、多元化、创新、企业社会责任行为以及问题行为等；组织决策包括公司治理结构、高管更迭、高管薪酬决策等。考虑到涉及组织内部决策的领导力的部分在其他章节中已有阐述，本章重点关注中国企业家个人的共性和个性特征对企业战略决策及其绩效的作用。

4.3 企业家的个人背景特征对企业的影响

中国第一代成长起来的企业家，受社会文化特征以及制度特征的历史沿革影响，展现出区别于西方企业家的具有共性的一些特征，如受儒家、道家等传统思想和集体主义文化影响形成的关注他人和社会的整体倾向。同时，改革开放四十多年来，西方的组织管理理论与实践也对中国的企业家产生了或多或少的影响，形成了中国企业家现代性的一面。因此，中国的企业家群体在拥抱传统性和现代性程度方面的差异，会导致他们的经营、管理和决策方式存在个体差异。

4.3.1 中国企业家成长背景的共性

深受传统社会结构特征和文化中的"关系"元素的影响（Chen & Chen，2004），中国的企业家在商业关系和战略选择中比较重视关系，倾向于从社会人际网络中挖掘商业机会，因此一些企业家会积极参政议政，或通过自己的政治网络实现战略多元化，也倾向于与利益相关者形成长期合作的命运共同体关系。

受中国传统制度和文化的影响，中国的企业家采用集权化的管理模式非常普遍。对于企业创新而言，西方文献认为，自下而上的自组织形式能够激发创新活力，是企业创新的组织保障，而在中国，诸多科技创新型企业的实践表明，集中力量办大事，自上而下、各司其职的管理模式也能激发企业和团队创新。

4.3.2 企业家个人背景的个体差异

对中国企业家的研究表明，在如年龄、性别、教育背景等人口统计特征，以及职业专长、行业经验、国际背景、特定职业经历（如是否有从军经历）、人大代表和政协委员的身份等诸多刻画企业家个人背景的特征中，人口统计特征和早期经历被发现是对企业战略决策和绩效影响较大的企业家个人背景特征。

高管具有怎样的职业专长，对未来企业战略决策的影响不言而喻，这种影响也具有深厚的烙印效应。技术出身的创始人往往痴迷于技术，营销出身的领导者往往在未来的战略决策中对市场策略情有独钟。如技术出身的雷军，自小米公司创立伊始就倡导"工程师"文化，鲜明地提出"我们尊重每个工程师疯狂的想法"，不计代价地坚持创新，永远渴求创新型人才。

当然，职业专长也是一把"双刃剑"，职业专长过于强烈的烙印效应也有可能形成路径依赖，从而使得企业面对新的经营环境时无法及时进行战略转型。如联想的柳传志，在改革开放初期，采用了"贸－工－技"的战略模式，在早期技术储备相对不足时，这一战略模式极大地促进了联想的发展，使其快速进入成长期，成为中国电脑行业的领导者。但在进入21世纪，全球电脑产业从精益生产－控制成本的模式走向拥抱互联网和移动技术的新时代，强调技术本身的创新和软件的作用时，柳传志还紧抱原先的"贸－工－技"发展模式，于2004年收购了IBM全球电脑硬件业务，虽然使联想在电脑产量规模上达到了世界第一，却陷入"赢者的诅咒"之中。2018年，联想被移出香港恒生指数50成分股，并被评为全球表现最差科技公司。

在早期经历方面，Yiu等（2015）对中国光彩事业[①]的研究发现，民营企业家在人生早期

[①] 光彩事业（http://www.cspgp.org.cn）是在中央统战部、全国工商联组织的推动下，为配合《国家八七扶贫攻坚计划》，由中华全国工商业联合会常委会于1994年倡议发起的，以我国民营经济为参与主体，以促进脱贫和共同富裕为宗旨的社会事业。经民政部批准，1995年10月中国光彩事业促进会成立，2005年12月中国光彩事业基金会成立。光彩事业呼吁为老少边穷地区开发项目和资源，传授技术，利用当地自然条件，互惠互利，共同富裕。

阶段的经历越艰难、吃过的苦越多（包括失学、失业、出身于农村生活贫困，以及创业起家时的艰辛等），就越积极参与光彩事业这样的社会创业活动项目；而且其早期社会地位越低，就越会强化这样的倾向。他们将这样的行动解释为情操的驱动力。

在早期经历中，除了家庭环境和教育环境等外在特征，个人所经历的来自他人的感召也对企业高管的视野拓展起到很大的作用。字节跳动的创始人张一鸣和拼多多的创始人黄峥同在职业生涯的早期任职于谷歌，但在创业后，却选择了迥异的商业模式、组织结构和管理文化。张一鸣深受谷歌的影响，采用了类似于谷歌的组织管理模式和企业文化。字节跳动是国内最早一批引入谷歌的目标与关键成果法（objectives and key results，OKR）的公司，以数字化工具打造前台敏捷、中台赋能前台的前后端组织结构，以 OKR 为绩效改善工具，通过透明、平等、共享的组织文化和沟通方式，进行横向和纵向的业务单元、部门和人员的协作，通过"敏捷开发模式"进行产品的创新，在短时间内培育了强大的产品军团，满足和引领消费者对产品快速迭代的需求，实现了商业模式的敏捷创新。而拼多多的黄峥则多次提到，在他的成长历程中，商业模式上得到步步高前董事长段永平的启发最大，在组织和管理模式上受新加坡前总理李光耀思想的影响很大。段永平基于常识、专注于增加企业内生价值的商业哲学，启发了黄峥探索当时其他电商企业没有关注或不作为重点关注的四、五线城市，以及广大的农村市场、低收入人群市场，并从集合需求侧的规模化需求入手进行成本领先的商业模式创新，创造了拼多多模式。李光耀的家长威权式领导风格也对黄峥的内部管理风格产生了很大的影响，其在组织内部采用集权、层级少、单线汇报的稳定的直线职能制管理结构，秉承本分、封闭、高强度、高执行力的文化，将创新和集权这两个看似矛盾的因素统一起来，使得拼多多成为一家适应当下电商行业竞争环境的、速度、执行力和效率为上的公司。

4.4 企业家的个人心理特征对企业战略决策及其绩效的影响

4.4.1 企业家的心理特征画像

个体差异体现在心理特征和心理过程两个方面。对企业经营有影响的企业家个人心理特征包括三个维度：能力系统、个性系统和动力系统。能力系统包括认知水平、情绪能力和体能；个性系统主要指个人的人格和性格、认知风格等因素；动力系统则包括个体的需要、动机、价值观、职业兴趣等。

价值观是一个人对值得和需要的事物拥有的一种稳定而持久的信念和偏好，反映了我们对"正确"和"错误"的判断，影响我们对周围环境的解释和行动。人格是一系列相对稳定的特征和倾向，决定了一个人的行为倾向与他人的共同和不同之处。人格往往由遗传、社会、文化以及环境因素的共同作用而形成。信念指个人在某些领域形成的对于事物的认知，表达的是个人坚信某种观点，并以此支配自身行动的倾向。

以下将详细分析企业家的这些心理特征，包括价值观、人格和信念，以及认知能力、情绪等对企业战略决策及其绩效的影响。

4.4.2 企业家的认知能力对企业战略决策及其绩效的影响

企业家的能力和认知水平差异对企业发展和成长的作用毋庸置疑。在比尔·盖茨交班史蒂夫·鲍尔默之后的十多年时间里，虽然微软的业绩依仗 Windows 和 Office 两大明星产品在保持向好，但新产品却推出乏力，股价也多年始终在一条水平线上徘徊。鲍尔默被称为硅谷最称职的 COO（首席运营官），却也是最糟糕的 CEO，他虽然在企业管理方面有一整套技能，但却缺乏企业领袖所需的在不确定环境下对行业发展的洞察力，令微软错失了新技术变革带来的移动互联网时代的商业机会。

战略制定或者选择涉及个人对外部环境的判断，然而过去很长一段时间内，战略学者却不大讨论个人的认知在战略选择中的影响，而组织行为学者虽然探讨有关个人认知的特性，但却甚少研究和探讨这些特性对组织和战略层面后果的影响。一个例外是学者们从事的一项认知动机和能力对战略形成影响的研究（张文慧、张志学和刘雪峰，2005）。他们的研究发现，认知复杂性和认知需要都显著地影响个体在决策过程中搜索和解释信息的认知取向，即分析定向；分析定向和认知需要对机会判定都具有显著的正向影响；机会判定对最终的战略选择具有显著的影响。该研究为理解和探索不确定环境下决策者、认知过程和战略选择之间的联系提供了实证依据。如果不综合考虑个体因素—决策环节—战略选择的整个过程，就无法很好地揭示战略决策机制。

在企业高管的能力方面常被关注的一个要素是领袖魅力（charisma）。领袖魅力被描述为对追随者产生深远和非凡影响力的个体特征。Wowak 等（2016）的研究发现，CEO 的领袖魅力会使企业保持战略活力（strategic dynamism）、不墨守成规（strategic nonconformity）。

当前，企业领导者的认知能力对企业的战略选择和行动起着十分关键的作用。成熟行业的企业经营者可以通过模仿或学习而生存，对企业家认知能力的要求并不高。伴随着中国经济的高速发展，商业环境中充满了机会，很多企业就像河流中的船只顺着大潮行驶即可，无须做出太多的判断和抉择；过去多年来政府、银行和投资基金的大力支持，也让一些企业的领导者想当然地认为自己的企业拥有独特的竞争优势，导致他们热衷于建立紧密的政商关系，而不在技术或产品创新上进行投入。然而，在技术进步、消费转型以及因大国竞争导致的政治经济环境不确定性的情况下，企业领导者的认知能力变得尤为重要，因为它决定了企业在巨变期间所采取的战略和行动。认知能力的高低将在更大程度上决定企业的兴衰。

以往的研究发现，那些具有技术背景的 CEO 更能够理解新技术的价值，但任期越长的 CEO 越可能抵制新技术，因为他们已经习惯于传统的商业思维。例如，有学者发现，当年宝丽来公司虽然看到了行业发展的趋势，在数字技术上敢于投入研发，却没有据此创新基于数字技术的商业模式，公司面对模拟影像技术向数字影像技术转换的市场趋势做出这种矛盾的应对，高管原有的认知结构与数字世界不匹配是原因之一。

当外部环境发生变化时，企业高管首先要注意到变化，之后要对感知到的变化做出解释，最后再基于解释采取合适的行动。鉴于决策者的行动在很大程度上取决于他们所关注的事项和答案，企业领导者的管理注意力 (managerial attention) 成为企业能否适应变革的关键，而人的认知能力和注意力是有限的，因此高管能否关注到可能影响企业发展的外部信息，在很大程度上影响了企业能否顺利地适应环境的变化。对美国放松管制后的航空行业的研究发现，CEO 对环境变化的关注、解读和应对，影响了企业在新领域中的投资。高管成员的变化通过影响企业的注意力模式导致企业的战略变革，证明了管理注意力对于企业的重要性。

近年来，越来越多的战略研究者开始考察企业高管的认知特征对于企业战略选择和发展的影响。例如，组织的双元性（organizational ambidexterity）指组织能够同时进行探索性创新和利用性创新的能力，研究表明，具备组织双元性的企业在动态和不确定的技术变化环境下能够具有持续的竞争优势。那么，企业家的个体特征是否会影响企业的双元性？研究发现，CEO 的认知灵活性（cognitive flexibility）——个人调整自己的思考和行为以适应不断变化的外部环境的倾向——影响到他是否花更多的时间和精力从外部竞争者、消费者、供应商、股东和利益相关者那里收集与企业创新相关的信息，进而影响到企业同时进行探索性创新和利用性创新的双元特征。

另有研究发现了 CEO 的反思能力（reflective capacity）对于企业可持续发展的重要性（Jia，Tsui，& Yu，2021）。反思能力是一种高阶认知能力，指通过收集、分析、理解、整合并应用多个来源获得的信息，提升对企业当前和未来机会的意识和警觉。反思能力强调 CEO 对企业外部世界的思考，包括从多种来源中获得信息，并对信息进行综合、分解，以及在战略决策过程中予以整合。对来自中小企业的 CEO 的研究发现，CEO 的反思能力影响了战略决策的完整性和 CEO 领导行为的复杂性（即履行多个相互冲突的角色的能力），进而影响到企业的可持续性绩效。

4.4.3 企业家的价值观对企业战略决策及其绩效的影响

组织领导者的价值观不仅决定了组织内部的文化，也对组织的战略选择和长期愿景起着重要作用。自 Chin、Hambrick 和 Treviño（2013）对美国 CEO 的政治意识偏好，即自由主义和保守主义如何影响企业的社会责任行为的开创性研究起，高管的价值观对企业决策的影响逐步被揭示出来。Chin 及其合作者研究发现，美国的 CEO 自身的价值观是偏向保守还是民主，会影响企业在社会责任行为方面的表现。

价值观包含人们对正确与否的解释，以及对某种行为或结果的偏好，这种对于什么是应该的、什么是不应该的思维模式，是人们态度和动机的基础，同时也影响知觉（参见本书第 7 章对价值观分类的详细介绍）。

决定个人价值观的环境因素主要有两类：一是国家或民族共同的传统文化或制度特征的

文化烙印，二是个体早期经验（即在我们早年的生活中就已经形成的，从父母、老师、朋友和其他人那里获得的早期经验）。

价值观是领导力的重要基础。正如本章引导案例所阐述的，双童公司的楼仲平深受儒家价值观的影响，体现为公司的商业模式、发展战略、组织内部的文化和管理制度上都带有儒家价值观的深刻烙印。这样的例子比比皆是，如福耀玻璃的曹德旺、方太集团的茅忠群等。中国第一代民营企业创业者身上的传统文化烙印极大地影响着他们如何看待自己、如何看待自己企业与利益相关者的关系，进而影响其战略选择。

企业家的个人价值观影响着企业多方面的战略决策，如对 ESG 的投入、对利益相关者的管理等。Li 和 Liang（2015）对中国民营企业的政治参与活动的研究发现，受儒家"修身齐家治国平天下"人生发展论影响越大的中国民营企业家，越具有强烈的"亲社会动机"，即为他人和社会做贡献的动机凸显出来，相比亲社会动机弱的企业家，在企业成功之后更愿意追求成为人大代表、政协委员，以便运用人大、政协的平台，为国家发展和建设更好的社会出谋划策并身体力行地做贡献。

胖东来商贸集团的发展壮大与其创始人于东来的个人价值观有着不可分割的关系。胖东来 1995 年从河南许昌望月楼的一间 40 平方米的门面起步，逐步发展成为一家涵盖大型综合超市、百货店、便利店等多个业态的商业集团，在河南的许昌、新乡等地级市的商业领域中占据绝对优势，年销售规模最大时达到 50 亿元，毛利率超过行业平均水平七八个百分点，在当地占据六成以上的市场份额，人均销售额、利润、坪效等核心指标曾多年在中国民营商业企业中排名第一。中国连锁协会前会长郭戈平曾评价，胖东来绝对是中国最好的店，它以倡导员工的幸福管理，追求极致的服务质量，在业内独树一帜。这一切与创始人于东来基于个人价值观的管理哲学是密不可分的。于东来将自己看作一位传道者，将顾客和员工看作家人，以"快乐生活"为商业经营和企业管理哲学的宗旨，向社会传导一种关于生命、经营和文化的价值观。他带头分享财富，服务好消费者，关怀员工，希望以成本不菲的大爱来感染员工，让员工感到幸福，同时将这些美好的感觉传导给顾客，乃至整个社会。从 2000 年起，他自己只保留 10% 的公司股份，其余逐步分给员工，每一年再从公司的净利润中拿出 50% 来对员工进行"财富再分配"。在外人眼中，他是一个"为员工不计成本付出、以传播大爱为己任的商人"。

有学者对领导者的价值观如何影响企业绩效进行了研究。Ling、Zhao 和 Baron（2007）测量了 92 位中国企业创始人的集体主义价值观和新颖性价值观，发现创始人的集体主义价值观对相对较老而且规模较大的企业的绩效具有更大的积极影响；而创始人的新颖性价值观则对相对年轻和规模较小的企业的绩效具有更大的积极影响。

4.4.4　企业家的人格特质对企业战略决策及其绩效的影响

在企业家的诸多心理特征中，研究成果最多地集中在人格特质上。作为个人倾向的人格特质被认为对企业行为具有决定性作用，因此企业家的人格特质对企业的战略行为及其结果具有决定性影响。常用来刻画对企业决策产生影响的 CEO 的人格特质主要包括两类：一类是整体人格结构，如大五人格特质；另一类是对自我的认知，即谦逊（humility）、傲慢（hubris）和自恋（narcissism）等特征在企业家身上展现出来的程度。CEO 的人格特质会直接影响其如何确定企业的使命、愿景和战略目标，影响企业的战略变革行动，进而影响组织绩效（Herrmann & Nadkarni，2014）。

4.4.4.1 大五人格特质

正如本书第 6 章将要阐述的，大五人格特质是心理学中被广泛接受的用来刻画个人整体人格特质的理论。不过，对于企业领导者的大五人格特质如何影响企业的战略决策及其绩效的研究还相当少。

Herrmann 和 Nadkarni（2014）的研究发现，企业领导者的大五人格特质对企业的战略变革具有的决定性作用，是通过两个维度来实现的：一是开启战略变革，二是决定战略变革执行的效果。通过对 120 家中小企业的研究，他们发现，CEO 的外向性和开放性人格特质有助于战略变革的开启，情绪稳定性及亲和性对战略变革的开启和战略变革执行的效果都具有正向影响，而尽责性则可能阻碍企业开启战略变革。战略变革一旦开启，就将有助于变革执行的效果，而 CEO 的亲和性则抑制了其效果，即 CEO 的尽责性和情绪稳定性促进了战略变革的执行与企业绩效之间的关系，而亲和性则起到相反的调节效果。虽然这个研究结果还需要更多的实证证据，但研究启示了我们，领导者的整体人格特质确实对企业的战略决策具有影响，而且对企业开启变革和变革实施的效果可能具有不同的作用。战略变革的开启是企业家直接推动的，而战略变革的执行则需要 CEO 与下属们进行充分沟通，得到大家的支持，推动变革的实施。

de Jong、Song 和 Song（2013）构建了一个创始人的大五人格特质对新创企业绩效的影响模型。他们发现，这些人格特质通过影响任务冲突和关系冲突来影响企业绩效——毛利水平。具体而言，外向性、开放性、情绪稳定性及亲和性四个特质对任务冲突起积极的化解作用，因此正向影响新创企业的绩效，而与此相反，大五人格特质负向影响关系冲突，因此对新创企业的绩效产生负向影响。

关于外向型人格对企业决策和战略行为的影响，Malhotra 等（2018）采用新颖的语言技巧，对十多年中 2 381 位来自标准普尔 1500 指数公司的 CEO 的即兴讲话文本进行分析，从而评估他们的外向型人格特质。Malhotra 等发现，CEO 的外向型人格特质对公司并购行为的影响远远超出其他人格特质的影响。这是因为外向型人格特质意味着积极情感、决断行为、果断思考和渴望社会参与等。研究还发现，外向型 CEO 更可能实施并购，并且并购规模更大；而且，当管理自主权更大时，外向型 CEO 更喜欢并购，因为这时他们能够更多地按照自己的人格特质采取行动。这些研究成果都验证了 CEO 的人格特质对企业战略行为的作用。

CEO 的大五人格特质对企业的市场绩效也有影响。研究发现，尽责性、情绪稳定性会降低企业股价的风险，并正向影响股东回报；而外向性则与此相反，会提高企业股价的风险，并对股东回报起负向作用（Harrison et al., 2019）。另一项研究发现，CEO的外向性会增大企业实施并购的可能性和并购的规模（Malhotra et al., 2018）。

4.4.4.2　谦逊、傲慢和自恋

身居高位的企业高管，其职业生涯的成功晋升记录和当前所拥有的地位，加强了他们相对普通人的傲慢和自恋，这些特质会影响他们的自我认知和自我评价，进而影响企业的战略决策行为。在战略领导力领域，另一类研究得比较多的个人特质就是领导者的傲慢、自恋、谦逊等人格特质。

傲慢（hubris）是指外部情境刺激和个人性格倾向相互作用导致的个体夸大的自信或荣耀感（Hayward & Hambrick, 1997），它会导致对个体实际能力、控制范围、绩效或成功机会的高估。傲慢的CEO会高估他们解决问题的能力，从而无法尊重或支持他人的行动。研究发现，傲慢的CEO会使企业在并购活动中提出更高的溢价，减少企业的社会责任行为，增加企业的社会不负责任行为。Li和Tang（2010）运用中国企业家调查系统的5 000多家企业的数据发现，傲慢的企业领导者会更偏好风险高的决策；而且管理自主权越大，企业领导者的傲慢与企业冒险行为之间的关系越强。与此相反，谦逊的CEO则与组织的市场绩效呈正相关关系，虽然CEO的谦逊降低了外界如分析师等对他的期望，但其实际的表现却会超出期望。

唐翌等(Tang et al., 2015)进一步揭示了CEO的傲慢与企业社会责任之间的关系。那些傲慢的CEO由于高估了自己解决问题的能力和企业的实力，低估了企业在资源和支持上对于利益相关者的依赖，因此会更少地实施社会责任行为，更多地实施不负责任的行为。企业规模越大，闲散资源越充裕，由于更少地依赖利益相关者，CEO的傲慢与社会责任行为之间的负向关系越显著。

自恋（narcissism）是个体夸大对自我的积极认知的一种多维度人格。自恋的领导者需要通过表现自身的优秀或忽视甚至贬低他人的价值来获得外界对他的持续肯定，因此自恋的领导者往往追求成为关注的焦点（Campbell, 1999）。自恋往往包括自视伟大、成为焦点、不切实际的积极自我以及管理自我形象四个维度。

领导者自恋的人格特质如何影响企业？可能的影响体现在有关企业的战略决策如政策和风险承受、创新和发展、财务杠杆、问题行为以及绩效上。自恋程度高的CEO在做企业决策时，可能更多地出于要成为关注焦点的动机，或过于自信，而非真正为了企业的发展，因此会表现得更为冒险，进行更多的并购，收购更多美誉度高的品牌而抛弃低影响力的品牌，实施更多的企业社会责任行为。这些企业行为会提高企业的曝光度，使得企业和个人成为焦点，满足其优越感，与其自恋倾向相一致。当其受众对技术创新更为关注时，自恋的CEO也会投入更多资金在研发上、更青睐于颠覆式创新，因为他们预期那样做会获得社会上的广泛赞誉。

这样的战略决策行为给组织绩效带来的影响，在企业的市场绩效表现上往往有积极的一面。由于自恋的CEO经常采取更加醒目的行动，因此更容易得到来自外部的"积极"评价，表现为CEO的自恋水平正向地影响企业的每股收益（EPS）、股票价格和资产回报率

（ROA），也会使企业的绩效波动较大（Chatterjee & Hambrick，2007）。一项元分析表明，总而言之，自恋对企业绩效是有正向促进作用的（Cragun, Olsen, & Wright，2020）。

不过，自恋的一个重要特征是要成为关注的焦点，当自恋的 CEO 的行动目的只是成为关注的焦点，以满足自己对于出类拔萃和被众星捧月的诉求时，其所采取的一些决策即便是正向的，也可能会给企业带来不必要的过多开支和资源损耗。

如有些企业的领导者为了让企业获得规模"第一"的标签而进行不明智的、不符合行业发展方向的并购，包括跨国并购，最终削弱了企业的竞争力，损害了企业的价值。极端情况下，当企业或个人有负面的表现而环境压力极大时，自恋的 CEO 为了掩盖事实真相以满足自己的虚荣心，可能会实施一些不当的行为，如更加霸道、实施欺诈，甚至扭曲企业的财务信息等，从而给企业带来负面的结果。这样的例子在全球层出不穷。

自恋的领导者对企业面对和经历危机过程的影响也是有差异的。研究发现，危机伊始，自恋的领导者会使企业业绩有更大的下降，而在危机后能够提升企业业绩，这是因为，自恋的领导者具有比较低的风险规避倾向，这使得他们较少考虑未来可能的威胁，也少为此做必要的计划储备，导致面对危机时措手不及；而在危机后，他们不像其他人那样还是过于小心谨慎、审慎地投资于能够让企业快速恢复但风险也大的业务。对于自恋的领导者来说，经济大环境不好导致的糟糕业绩不会影响他们对未来的期望，对可能的损失的不敏感更使得他们愿意采取行动进行战略变革，从而使企业在危机后更可能快速复原（Pater & Cooper，2014）。

可见，自恋人格的影响并不是单一恒定的，而是会随着环境的要求（或变化）而变化。企业的战略特征、环境因素和董事会的偏好，会产生对自恋领导者的需要，而 CEO 的自恋会体现在企业的战略决策以及道德、文化、组织等各方面的判断和行动上，最终会影响组织的绩效。

CEO 的自恋和傲慢对企业的战略选择和产出所产生的作用似乎很相似，例如二者都导致企业从事冒险的业务、涉入大规模的并购、进行激进的研发投入和企业创新。但是，二者也存在明显的区别。自恋的 CEO 渴求外界的关注和赞赏，但傲慢的 CEO 并没有这个特点。

Chatterjee 和 Pollock（2017）研究了自恋的 CEO 如何构建其职业版图，进而影响其对企业的产出。他们指出，自恋会导致 CEO 产生两种相互冲突的需要：一是对赞许的需要，二是在决策中有主导话语权的需要。对赞许的需要会使自恋的 CEO 想方设法成为名流，或进入地位更高/更有利可图的董事会，或雇用地位低、资历浅的高管团队成员，这些行动会增大 CEO 的管理自主权，并塑造企业的文化和群体互动模式。对主导话语权的需要会使自恋的 CEO 除雇用地位低、资历浅的高管团队成员之外，还会奖励和保护忠诚的高管团队成员，视需要决定高管团队或董事会成员的任期，这些行动在企业层面表现为更为青睐风险决策和战略活力，更加具有责任感，并塑造企业的文化和群体互动模式。

4.4.5　企业家的信念对企业战略决策及其绩效的影响

罗曼·罗兰说过，最可怕的敌人，就是没有坚强的信念。企业经营面临各种不确定性，能否在信念的驱使下采取行动、克服困难，直至达成目标，是决定企业家成败的重要因素。

信念的力量是很强大的，心理学领域中著名的"皮格马利翁效应"（Pygmalion effect），又称自我实现预言（self-fulfilling prophecy），揭示了一个现象：人们的信念会影响到对某些人、某些事的期待，进一步影响人们实施某些行为，从而影响被期待的个体。"信"就会导致实际的结果，即"信"至"行"。

企业经营会受到环境因素的约束，尤其是在当前百年未有之大变局下，在政治、经济、全球化等因素都发生巨变的环境下，企业领导者需要更强的信念以应对环境的不确定性。人类的进步就是在人与自然之间的不断互动中取得的。

受不同文化和环境因素的影响，世界上不同地区的人们对于命运形成了不同的认识和观念。按照个人掌控程度由低到高划分，命运观大致可分为三种：听天由命、认命变运和人定胜天。听天由命的命运观类似于宿命论的观点，认为命运是由外在力量决定的，并且是注定的和不可改变的。人定胜天的命运观则强调个人对命运的掌控，认为通过努力可以将命运掌握在自己手中。认命变运的命运观认为，听天由命和人定胜天两种命运观并非一定对立，人可以与命运讨价还价，即相信人可以认命变运。持有这种命运观的个体既承认和相信命运无法完全掌控，又认为自己可以通过与命运讨价还价来争取更好的结果。研究发现，中国企业高管认命变运的信念与企业的创业导向（创新、超前行动和风险承担）、财务绩效和创新绩效都存在显著的正向关系。这一正向关系在环境动态程度高的情况下更为显著 (Au，Qin，& Zhang，2017)。

4.4.6　企业家的情绪对企业战略决策及其绩效的影响

企业领导者既能体验到成功的喜悦和兴奋，也会因各种困难而感到受挫和沮丧。高管的情绪能够影响其价值判断和选择，进而影响企业的决策和行为。心理学研究发现，当个人行为对他人或社会造成伤害时，其会产生内疚感，内疚感为人们做出补偿行为提供了动力。姬俊抗等 (Ji，Huang，& Li，2021) 发现，当企业的决策和行为常常有意或者无意地给职工、当地社区、公众乃至自然环境带来伤害时，企业高管也会产生内疚情绪，进而可能进一步实施慈善捐赠等补偿行为。

极端的情绪体验既会导致认知偏误，也会损害身心健康。企业领导者的情绪表达还会影响其他高管的情绪、下属的心理状态以及外部利益相关者对企业的信心。有学者 (Huy & Zott，2019) 发现，当企业管理者因成功或失败而出现高涨或者沮丧的情绪时，他们会提醒自己思考企业的长远发展，或者多角度思考自己事业的意义，积累更积极的心理能量，从而更可能看准并抓住商业机会。管理者往往通过保持沟通、克制自己的情绪表达并表示对他人的理解和支持，来有效地管理利益相关者的情绪，使得他们所在的企业能够做出有利的判断，从而获得他们的支持。

本章小结

经典的制度理论将做出企业战略决策的管理者作为实现企业发展目标的工具，认为高管会受组织、环境和制度等层面种种因素的约束，对组织结果不会产生重大影响。

高阶理论认为，企业高管会基于自身经验、价值观和认知偏差等个体特征采取行动，其人口统计特征和包括认知和情绪特征在内的心理特征，会对组织的战略决策和产出产生影响。以高阶理论作为基石的战略领导力的研究成果构建了战略管理的微观基础观，即运用心理学和社会心理学理论解释战略领导者的战略决策过程和互动过程。

面对同样的经营环境，企业家个人的背景、经验、认知、价值观偏好会对企业的战略决策起到至关重要的作用。

企业高管面对的战略情境是他们不可控制的外部情境，他们对情境特征做出个性化的诠释是一个信息过滤的过程。首先，个人的背景特征与心理特征形成的心理倾向，会影响其洞察力的范围和决策偏好；其次，高管的注意力是受限的，他们只关注自己感兴趣、"看得到"的信息，因此构建了自己独特的"狭隘视野"；最后，高管对知觉到的信息进行判断和诠释，据此做出决策和行动，进而影响企业的战略选择，并进一步影响组织绩效。

高管对企业战略决策及其绩效的影响有多大，取决于他们的"管理自主权"，即行动的自由范围。管理自主权可以刻画企业高管面对所处的行业特征、竞争态势、职能管理所做出的不同诠释和洞察能在何种程度上对企业的战略决策及其绩效产生影响。

战略领导者的社会、心理特征越来越受到关注，反映了学者们正努力打开战略领导者们的互动及决策"黑箱"。

深受传统社会结构特征和文化中的"关系"元素的影响，中国的企业家在商业关系和战略选择中比较重视关系，倾向于从社会人际网络中挖掘商业机会；同样受中国传统制度和文化的影响，中国的企业家采用集权化的管理模式非常普遍。

高管的职业专长对于其所在企业的战略决策具有深刻的烙印效应。技术出身的企业创始人往往痴迷于技术，营销出身的企业领导者往往在未来的战略决策中对市场策略情有独钟。然而，职业专长者过于强烈的烙印效应有可能形成路径依赖，从而使得企业面对新的经营环境无法及时进行战略转型。

除了家庭环境和教育环境等外在特征，个人早期所经历的来自他人的感召对其成为企业家后的发展也具有很大的作用。

对企业经营有影响的企业家个人心理特征包括三个维度：能力系统、个性系统和动力系统。

企业领导者的认知能力对企业的战略选择和行动起着十分关键的作用。成熟行业对企业家认知能力的要求没有那么高，但政治经济环境不确定的情况下，企业领导者的认知能力将在很大程度上决定企业的兴衰。

组织的双元性指组织能够同时进行探索性创新和利用性创新的能力。具备组织双元性的企业在动态和不确定的技术变化环境下能够具有持续的竞争优势。CEO 调整自己的思考和行为以适应不断变化的外部环境的倾向，影响到企业同时进行探索性创新和利用性创新的双元特征。

CEO 的反思能力包括从多种来源中获得多种信息并对其进行综合、分解且在进行战略决策的过程中予以整合，这种认知能力影响了战略决策的完整性，进而影响企业的可续性绩效。

个人的价值观是领导力的重要基础，企业的商业模式、发展战略、组织内部的文化和管理制度往往都会带有高管的价值观烙印。企业家的个人价值观影响着企业多方面的战略决策，企业家的人格特质对企业的战略行为及其结果具有决定性的影响。常用来刻画对企业决策产生影响的 CEO 的人格特质包括两类：一类是诸如大五人格特质等的整体人格结构，另一类是诸如企业家的谦逊、傲慢和自恋等涉及自我认知的特质。CEO 的人格特质直接影响其如何确定企业的使命、愿景和战略目标，影响企业的战略变革行动，进而影响组织绩效。

中国企业家秉持的认命变运的信念与企业的创业导向（创新、超前行动和风险承担）、财务绩效和创新绩效都存在显著的正向关系，并且在环境动态程度高的情况下，上述的正向关系会更加显著。

高管的情绪能够通过影响高管的价值判断和选择，最终反映到企业的决策和行为上。

重要术语

战略领导力　企业家　心理特征画像　大五人格　自恋　价值观　认命变运　认知能力　管理注意力　管理自主权　企业战略决策　企业绩效

复习思考题

1. 企业家和企业的角色关系是怎样的？当前主流的理论在阐述这两者关系上的区别是什么？
2. 战略领导力是研究什么的？其基本逻辑是什么？
3. 企业家的哪些心理特征会影响企业的战略决策？其作用机制是怎样的？
4. 企业家的价值观会影响企业的哪些重要决策？是如何影响的？
5. 影响企业的企业家人格特质有哪些？对企业战略的影响主要体现在哪些方面？其作用机制是怎样的？
6. 企业家的信念对企业的战略决策及其绩效具有怎样的影响？在当前环境下为何具有重要的意义？
7. 企业家的认知能力对企业的战略决策及其绩效具有怎样的影响？你会如何提升自己的认知能力迭代？

中国实践

茅忠群的方太之道

方太集团董事长茅忠群将其遵循的中国传统价值观作为"道",将其接受完整训练的西方现代管理思想和理论作为"术",并对二者进行完美结合,提出"中学明道,西学优术,中西合璧,以道御术"的管理方针,在战略决策、产品创新、企业文化和卓越绩效模式等方面均探索出一条独特之路。在茅理翔、茅忠群父子两代企业掌门人的带领下,方太集团坚持"专业、负责"的战略定位,成为以健康智能厨电为核心业务的幸福生活解决方案提供商。

在内部,方太集团对研发的投入极为"舍得",积极投资旨在减少厨房污染的科技创新,以原创硬核科技实现健康高端集成厨电的目标。茅忠群这样解读厨电高质量发展的核心要义,即要实现厨电行业的高质量发展:第一,离不开创新科技;第二,离不开如何用创新科技来实现家庭幸福,而不是为了科技而科技,忽视了真正的幸福。茅忠群坚守"向美向善"的创新科技观,这成为方太集团科技求变的出发点和落脚点。早在2010年,方太集团就将吸油烟机的研发方向从关注风量、风压等指标,调整为"最佳吸油烟效果"和"不跑烟"等体验效果指标。2019年,方太集团发布集成烹饪中心,打破了传统集成厨电的固有形态,将其升级为包含"功能、空间、环境、智能、场景"的多维度集成。2021年的第二代集成烹饪中心在制冷科技、吸烟科技和烹饪科技等方面取得了全面突破,特别是该产品所采用的高效静电分离油烟治理技术,不仅实现了98%的油脂分离度,也完成了从厨电技术创新到治理大气污染科技创新的跨越升级。从产品技术到公共安全领域,方太集团近些年的研发探索也逐渐转向更广泛、更底层的基础科技。茅忠群认为:科技创新唯有以善为美,择善固执才能止于至善,给亿万家庭带来真正的幸福。方太拥有一颗不会被轻易动摇的硬核,那就是对美善的坚持。

方太集团一路走来的战略演变历程践行了茅忠群始终坚持的"仁爱为体""合理为度""幸福为本"的企业价值观。在茅忠群看来,企业不仅是一个经济组织,还是一个社会组织。企业在满足顾客需求的同时,还要积极承担责任,不断引导人向善,促进人类社会的真善美。方太不仅成为高端厨电、卓越设计与精良品质的代名词,更代表着一种健康、环保、有品位的生活方式,不断朝着"成为一家伟大的企业"的愿景迈进。

思考题

1. 茅忠群的哪些个人特质对企业战略决策产生了影响?其是一种怎样的影响?
2. 这一特质是东方文化背景下的企业家所特有的吗?东西方是否存在差异?

参考文献

张文慧、张志学、刘雪峰，2005，《决策者的认知特征对决策过程及企业战略选择的影响》，《心理学报》，37（3）：373—381。

Au，E. W. M.，Qin，X.，& Zhang，Z. X. 2017，Beyond personal control：When and how executives' beliefs in negotiable fate foster entrepreneurial orientation and firm performance. *Organizational Behavior and Human Decision Processes*，143：69–84.

Campbell，W. K. 1999. Narcissism and romantic attraction. *Journal of Personality and Social Psychology*，77（6）：1254–1270.

Chatterjee，A.，& Hambrick，D. C. 2007. It's all about me：Narcissistic chief executive officers and their effects on company strategy and performance. *Administrative Science Quarterly*，52（3）：351–386.

Chatterjee，A.，& Pollock，T. G. 2017. Master of puppets：How narcissistic CEOs construct their professional worlds. *The Academy of Management Review*，42（4）：703–725.

Chen，X.-P.，& Chen，C. C. 2004. On the intricacies of the Chinese guanxi：A process model of Guanxi development. *Asia Pacific Journal of Management*，21（3）：305–324.

Chin，M. K.，Hambrick，D. C.，& Treviño，L. K. 2013. Political ideologies of CEOs：The influence of executives' values on corporate social responsibility. *Administrative Science Quarterly*，58（2）：197–232.

Cragun，O. R.，Olsen，K. J.，& Wright，P. M. 2020. Making CEO narcissism research great：A review and meta-analysis of CEO narcissism. *Journal of Management*，46（6）：908–936.

de Jong，A.，Song，M.，& Song，L. Z. 2013. How lead founder personality affects new venture performance：The mediating role of team conflict. *Journal of Management*，39（7）：1825–1854.

DiMaggio，P. J.，& Powell，W. W. 1983. The iron cage revisited：Institutional isomorphism and collective rationality in organizational fields. *American Sociological Review*，48（2）：147–160.

Finkelstein，S.，& Hambrick，D. 1996. *Strategic Leadership：Top Executives and Their Effects on Organization*. New York：West Publishing.

Hambrick，D. C.，& Mason，P. A. 1984. Upper echelons：The organization as a reflection of its top managers. *Academy of Management Review*，9（2）：193–206.

Harrison，J.S.，Thurgood，G. R.，Boevie，S.，& Pfarrer，M. D. 2019. Measuring CEO personality：Developing，validating，and testing a linguistic tool. *Strategic Management Journal*，40（8）：1316–1330.

Hayward, M. L. A., & Hambrick, D. C. 1997. Explaining the premiums paid for large acquisitions: Evidence of CEO hubris. *Administrative Science Quarterly*, 42 (1): 103–127.

Herrmann, P., & Nadkarni, S. 2014. Managing strategic change: The duality of CEO personality. *Strategic Management Journal*, 35 (9): 1318–1342.

Huy, G., & Zott, C. 2019. Exploring the affective underpinnings of dynamic managerial capabilities: How managers' emotion regulation behaviors mobilize resources for their firms. *Strategic Management Journal*, 40 (1): 28–54.

Ji, J., Huang, Z., & Li, Q. 2021. Guilt and corporate philanthropy: The case of the privatization in China. *Academy of Management Journal*, 64 (6): 1969–1995.

Jia, Y., Tsui, A. S., & Yu, X. 2021. Beyond bounded rationality: CEO reflective capacity and firm sustainability performance. *Management and Organization Review*, 17 (4): 1–38.

Li, J.T., & Tang, Y. 2010. CEO Hubris and firm risk taking in China: The moderating role of managerial discretion. *Academy of Management Journal*, 53 (1): 45–68.

Li, X. H., & Liang, X. 2015. A Confucian social model of political appointments among Chinese private-firm entrepreneurs. *Academy of Management Journal*, 58 (2): 592–617.

Ling, Y., Zhao, H., & Baron, R. A. 2007, Influence of founder — CEOs' personal values on firm performance: Moderating effects of firm age and size. *Journal of Management*, 33 (5): 673–696.

Malhotra, S., Reus, T. H., Zhu, P., & Roelofsen, E. M. 2018. The acquisitive nature of extraverted CEOs. *Administrative Science Quarterly*, 63 (2): 370–408.

McCrae, R. R., & Costa, P. T. J. 1987. Validation of the five factor model of personality across instruments and observers. *Journal of Personality and Social Psychology*, 52 (1): 81–90.

Palmer, D., & Barber, B. M. 2001. Challengers, elites, and owning families: A social class theory of corporate acquisitions in the 1960s. *Administrative Science Quarterly*, 46 (1): 87–120.

Patel, P. C., & Cooper, D. 2014. The harder they fall, the faster they rise: Approach and avoidance focus in narcissistic CEOs. *Strategic Management Journal*, 35 (10): 1528–1540.

Quigley, T. J., & Graffin, S. D. 2017. Reaffirming the CEO effect is significant and much larger than chance: A comment on Fitza (2014). *Strategic Management Journal*, 38 (3): 793–801.

Tang, Y., Qian, C., Chen, G., & Shen, R. 2015. How CEO hubris affect corporate social (ir) responsibility. *Strategic Management Journal*, 36(9): 1338–1357.

Wowak, A. J., Mannor, M. J., Arrfelt, M., & McNamara, G. 2016. Earthquake or glacier? How CEO charisma manifests in firm strategy over time. *Strategic Management Journal*, 37(3): 586–603.

Yiu, D. W., Wan, W. P., Ng, F. W., Chen, X., & Su, J. 2015. Sentimental drivers of social entrepreneurship: A study of China's Guangcai (Glorious) Program. *Management and Organization Review*, 10(1): 55–80.

第 5 章

高管认知与开放生态构建

学习目标
1. 认识数智时代与工业时代环境的差异
2. 理解"管理"与"治理"的差异
3. 掌握企业开放生态的构建路径
4. 领会高管认知对企业开放生态构建的影响
5. 掌握企业开放生态的演化与治理

引导案例

科大讯飞:"投资狂魔"

科大讯飞成立于 1999 年,以智能语音识别技术起家,深耕人工智能技术二十余载。科大讯飞的中文语音合成、机器翻译、语音识别等多项语音技术多次在国际大赛中斩获桂冠并且刷新世界纪录,拥有国际先进的技术水平。在发展过程中,科大讯飞在计算机视觉领域不断取得突破,在认知智能领域也取得重大进展。科大讯飞领先的人工智能技术为其教育领域的智能评分和个性化学习、医疗领域的智能辅助诊疗等实际业务建立了较高的技术壁垒和较大的领先优势。

纵观科大讯飞的发展历程,"以投资拓生态"是其企业战略中至关重要的一环。2021 年 3 月,科大讯飞立下五年内的伟大目标——"十亿用户、千亿收入、万亿生态"。科大讯飞在生态布局中展现出两大突出特点:投资方式多、投资赛道杂。

从投资方式上看,科大讯飞是一位具有多重身份的捕手:科大讯飞直投+讯飞创投+讯飞云创+有限合伙人,把每个角色都体验了一遍。公开资料显示,2016 年及以前,科大讯飞零零散散地投资了社交平台、机器人、云端课堂等。而在 2018 年之后,科大讯飞开始进行密集的投资,投资主线逐渐清晰,涉足智慧教育、智能城市、人工智能语音、智能汽车等领域,这些均与科大讯飞重点业务赛道十分吻合。例如,2019 年成立的上海市大数据股份有限公司,是科大讯飞进军智能城市赛道的重要一步,它由上海保安服务集团、上海联合投资、科大讯飞、中电科投资控股等企业共同成立,科大讯飞出资 1 000 万元,参与数据业务。除了直接投资,科大讯飞还有两家专业做投资的机构——讯飞创投、讯飞云创。2010 年,讯飞创投平台成立,定位为"专注于智能科技及其应用创新领域投资的赋能型产业投资平台"。讯飞云创则致力于投资规模较小、融资金额较少的初创公司。讯飞云创不追求控股,持股比例多为 1%~3%;投资赛道分布更广,不再局限于科大讯飞的优势赛道,而是从网络动漫设计到游戏研发,从在线学习平台到智慧社区便民服务平台,从法律数据分析服务商到智能营销服务商，几乎遍布人工智能应用的每个领域。此外，自2016年起，科大讯飞以有限合伙人的身份出资成立了丹华基金、讯飞海河基金、合肥连山基金等多家资本服务公司。

从投资版图上看，讯飞创投偏好"硬科技"。在芯片领域，讯飞创投连续三年、三轮追投知存科技，其主要产品为存算一体的人工智能芯片，是近年来自动驾驶、人工智能等领域大热的品类。2022年，讯飞创投新押注了一家天使轮公司——乘翎微电子，主打电源管理芯片。除此之外，讯飞创投还投资过硅基麦克风芯片公司华景传感，耗资数千万元人民币。机器人及相关技术也是一大主线。讯飞创投先后参与了乐森机器人（Robosen）、望圆环保的A轮融资，分别做消费级变形机器人、泳池清洗机器人；围绕机器人技术，讯飞创投则在2021年参与了仿生视觉传感技术公司锐思智芯近亿元Pre-A轮融资。讯飞云创是科大讯飞2017年以全资持股的方式设立的投资平台，作为讯飞创投平台的直投公司，其定位是扶植技术驱动型企业。

从投资节奏上看，科大讯飞可谓是"风口论"的忠实贯彻者，哪里有热点，哪里就有它的身影。2017年前后，智慧教育迎来风口，科大讯飞先后布局视游互动、菁优网、筋斗云、新育文等新兴教育公司，扫遍云端课堂、题库平台、直播平台、校外培训等各个角落。几乎同时，机器人赛道发展得如火如荼，科大讯飞紧跟时代步伐，先后投资了教育、无人配送、医疗、养老等细分赛道终端机器人，同时还投资了机器视觉、软件开发等辅助技术。智能汽车的风口，科大讯飞更不会错过。早在2015年，科大讯飞就投资美行科技，率先在智能网联终端试水。2020年，讯飞云创与广汽资本共同出资成立星河智联，亲自下水参与智能座舱解决方案。2022年3月，讯飞创投还投资了自动驾驶玩家知行科技。种种动向，都彰显了其想要在智能汽车领域分一杯羹的愿景。而近期大热的虚拟人，科大讯飞早在2018年就有所涉足，当时它用很少的资金购买了虚拟人技术厂商奇幻科技3%的股份。

总结下来，科大讯飞在生态构建过程中，通过直投布局最核心的业务领域，通过两家投资公司涉足人工智能应用的各个赛道，再通过有限合伙人扩大投资、分散风险，不想错过任何可能。科大讯飞的迅速发展以及现如今的生态布局与其董事长刘庆峰密不可分。高中时期全国物理和数学竞赛获奖、获得清华大学保送资格、17岁考入中国科学技术大学少年班，早年的履历已经彰显了刘庆峰非同寻常的认知能力。1999年，博士二年级的刘庆峰以极高的远见创立科大讯飞，立志于"让机器能听会说、能理解会思考，用人工智能建设美好世界"，成为中国智能语音与人工智能产业化的先行者。在业务发展的过程中，刘庆峰不断抓住机遇，陆续投资了教育、医疗、司法等行业赛道，让人工智能技术渗透到人们生活的方方面面，取得了显著的经济和社会效益。刘庆峰对生态建设抱有极大的热忱，正如他所言，"长远来说，唯有生态才能生生不息"。

资料来源：根据互联网资料整理得到。

思考题

1. 科大讯飞如何构建开放生态？

2. 董事长刘庆峰的认知能力如何影响科大讯飞的发展及生态布局？

3. 在数字技术蓬勃发展的当下，科大讯飞的生态布局给我们带来哪些启示？

引导案例展现了科大讯飞多样化的投资方式及投资赛道，从中可以看出企业开放生态的构建及治理路径，以及高管认知在其中所扮演的重要角色。数智时代的到来使得企业面临不连续、不确定的外部环境，对环境的感知和适配成为企业生存的核心。工业时代较为稳定的外部环境塑造了金字塔形态自上而下的组织结构，依赖高管团队识别外部环境中的威胁和挑战，再通过命令和任务分解并传导到组织中，这种模式在环境稳态时运行良好，但在数智时代的动荡环境中却难以奏效，原因有二：第一，数智时代用户地位上升，对环境的感知通常来自与用户直接交互的一线，而非高管团队；第二，数智时代环境动荡起伏，要求组织的系统具有随之而变的韧性和灵活性，对员工的传统激励手段难以奏效。这些挑战都对企业构建开放生态提出了要求，本章主要探讨企业如何通过内部孵化和外部创业投资两相结合构建开放生态，以及随着时间的推移，企业如何根据不确定性程度的波动、与生态中其他组织相对地位的变化来治理生态的演化。

5.1 工业时代与数智时代的环境差异

当下，中国已经由传统的工业时代进入前所未有的数智时代，中国企业的外部经营环境也由此呈现出巨大的变化，主要表现为高度的不确定性（新技术涌现、用户增权）、资源属性的改变（工业时代实体资源的稀缺、独占，数智时代数据资源的零边际成本）、以供给为中心向以需求为中心的转变。

首先，数字技术的发展给企业经营环境带来了高度的不确定性。大数据、物联网、云计算、人工智能等技术层出不穷且迅速迭代，不断冲击着企业的价值实现方式。在工业时代，企业的价值实现方式往往是单维度的，价值提升主要依靠沿价值链的攀升。在数智时代，企业的价值实现方式变得多维，不仅可以通过内部研发实现沿价值链的攀升，也可以通过对外投资新技术和新企业、构建战略生态来形成随机曲面的价值提升（肖静华，2017）。其次，数字技术带来用户增权，使得企业与用户的互动比以前更为迫切和重要，形成了商业模式的根本变革。大数据和人工智能使得普通消费者可以通过数据化方式（如用户评价、用户售后反馈、用户与企业社区互动等）介入产品研发，而不是像工业时代那样主要依靠企业内部的生产专家介入产品的研发。由此，基于用户数据（如用户购买行为数据、用户点评数据、用户与企业社交媒体互动数据）的数据驱动研发，逐步替代基于内部生产经验的经验驱动研发。

数字技术的发展带来了资源属性的改变。工业化体系的资源属性主要表现为稀缺、独占和相对静态，企业边界主要由劳动、土地、资本等有形资源决定而相对确定，市场基础以规模经济和范围经济为主。由于这些资源受到跨地域流动的限制，全球资源难以实现完全有效的配置（Santos & Eisenhardt，2005）。数字化体系不仅使传统的有形资源形成虚拟聚集和跨时区协同，突破了传统资源的时空藩篱，也催生了以数据为核心的新型资源。由于这类数据资源具有高固定成本和低边际成本的特征，市场基础主要体现为网络效应，企业边界呈现出高速扩张的不确定性特征，对传统产业和市场基础造成了创造性的破坏（陈德球、吴晴，2022）。

数字技术的发展推动市场结构从以供给为中心向以需求为中心转变。在工业时代，由于竞争不充分、供求不平衡以及信息不对称，用户在市场博弈中往往处于弱势地位，受到企业的控制，自主权及影响力均被压制。数字技术的兴起使得信息传播更加透明，推动了社交模式和话语权结构的变迁：一方面，信息与社交结合，破除了社交的时空边界，并深刻嵌入人们的日常生活中；另一方面，话语表达权更多地被赋予社会大众，实现了社会舆论结构向"全民发声"转变。由此，数智时代改变了企业与用户在市场权力博弈中的相对地位，企业地位下降，用户地位上升（Dinner，Heerde Van，& Neslin，2014）。

这些外部环境的变化，使得企业难以在组织内部达到自适应的状态。一方面，数智时代环境动荡起伏，要求组织系统具有随之而变的韧性和灵活性，而传统封闭式的组织形式难以适应外界环境动态变化的需要。例如，数字技术形成大量跨界竞争，不论是无人驾驶技术对汽车企业的冲击，还是生物科学技术对制药行业的冲击，都体现出明显的跨界竞争的特点，企业必须向外探索实现与自身互补性资产的协同价值创造，才能在动态环境中维持竞争优势。另一方面，数智时代用户赋权加重，对环境的感知通常来自与用户直接交互的一线员工而非高管团队，而对员工的传统激励手段难以达到良好的效果。例如，组织希望员工具备主人翁精神和创业导向，但创业的过程具有极高的风险和不确定性，通常与员工风险厌恶的偏好不相容，使得员工更愿选择守成而非开疆拓土，最终导致企业失去竞争优势并被动荡的环境淘汰。这就要求企业不仅要通过"管理"维持组织的正常运行，同时还要通过"治理"来适配环境，并做出应变。

5.2 企业开放生态构建路径

传统的组织理论在工业时代的背景下建立，要求企业实施专业化管理并建立起正式的组织结构。传统组织理论强调"管理"，即自上而下的指令和协同、组织高层的权力分配以及员工执行任务而不对经营结果负责这一过程。科层制作为工业社会最高效率的组织制度，体现了人与人之间社会关系的秩序化。在数智时代，科层制的缺陷开始显现出来：一是严密的专业分工和规章制度，导致组织内部部门隔阂，阻碍了组织内部的高效协同；二是金字塔形的等级制度和缺乏人性化的管理，阻碍了组织内部的高效沟通与合作；三是严密细致的流程管理和量化考核等，造成了组织结构的刚性，阻碍了组织的变革与创新。这一系在不确定性程度较低的情况下有利于提升效率，但员工由于长期关注分解后的任务执行而不对经营结果负责，容易形成缺乏主动性、对环境变化不敏感、风险厌恶等特点，使得高管发起的组织变革受到组织系统惰性的阻碍，无法被执行，甚至带来比不变革更差的经营绩效（戚聿东、肖旭，2020）。

数字技术的发展挑战了传统的组织理论，影响了组织的根本特性，推动新的组织范式出现，并引发了一系列的管理变革。在数智时代，组织与外部环境的适配关系以及组织的各个要素和模式等都因去边界化、共享、共生、演化等特点而改变，要求组织实施全方位的变革，从而挑战了从工业时代发展起来的传统管理理论的核心假设。与工业时代的科层制组织存在明显的差异，数智时代要求组织没有严格的层级约束，强调以客户为中心、快速的创新集成、精益管理以及开放性的知识共享（单宇等，2021）。得益于数字技术的独特属性，组织能够构建起开放且灵活的组织结构，从根本上提升组织获取、整合和配置资源的广度及深度。与此同时，这种组织形式也强调了文化、信息系统架构和业务流程的敏捷对于提升组织资源配置效率的影响（戚聿东、杜博和温馨，2021）。企业需要调整其组织模式，将内部架构升级为持续动态调整的敏态组织形式，增强企业的横向协调能力和自组织能力，以适应外部环境动态变化的需要。

具体来说，企业可以通过内部孵化（入股内部员工通过识别新兴商业机会所建立的新创企业）及外部投资（入股能与企业现有资源形成潜在战略协同的新创企业）构建自己的开放生态，并通过生态的演化和治理来适应动态环境，保持持续竞争优势。

5.2.1 内部创业

内部创业是指以现有企业为依托或在现有企业内部开展的创业活动。在此过程中，企业内部员工从工作的被动接受者转变为主动创新者，扮演着员工和创业者的双重角色，自下而上地开展创业活动。企业内部创业的特征主要有以下几点（戴维奇，2015）：第一，内部创业依靠组织，是在组织内部进行的创业活动；第二，内部创业需要获得组织各种资源的支持；第三，企业鼓励员工在企业内部像企业家一样创新创业，造就内部创业者；第四，内部创业者把创新思想转化为可获利的创新性成果。企业通过自我革命和内部创业，能够孵化出适应当前和未来需求的有价值的商业模式和有竞争力的产品，从而维持企业竞争优势。此外，企业内部创业与初创企业的创业不同，初创企业的资源非常有限，依赖于创业者及团队的技术能力、机会识别和开发能力，聚焦于有限的业务开展和经营；而在位企业的资源相对雄厚，拥有在多个领域同时出击的实力。

企业内部创业的前因主要包括企业内部组织因素和外部环境因素。首先，企业内部组织因素在激励内部创业上发挥了至关重要的作用。无论是大公司还是小企业，规模并不是创新和创业的障碍，组织的科层制和守旧的观念才是真正的绊脚石。因此，企业的组织结构、管理机制，以及企业文化和价值观等要素，会对企业创业行为的实施产生重要影响。许多学者的研究发现，组织结构对企业内部的创业活动具有影响。企业的组织结构有两种类型：机械的结构和有机的结构。有机的结构所表现出来的灵活性、非程序化和分权,对于创新和创业行为具有非常大的支持和促进作用;而机械的结构所表现出来的责权关系的刚性、严格的程序和集权,则会阻碍企业创业行为的发生。其次,高管的支持、资源的获取等也是企业内部创业的关键影响因素(陈建安、李双亮和陈武,2021)。学者的研究表明,高管支持和奖励报酬对激励员工开展企业创业活动产生了促进作用,而充足的创业资源和相关制度保障等有利于确保企业成功实施内部创业,提高中层管理者对内部创业的积极性,提升下属对内部创业的信念。从个体视角来看,内部创业是员工基于新的创业机会,积极行动并承担风险,利用母公司平台创造新事业的过程。内部创业者通常具备如下的典型特征:创新性行为、前瞻性行为、机会识别/利用、风险承担行为和网络行为等。当内部员工更多地具备创业特征时,内部创业更容易发生。此外,外部环境对企业内部创业的影响也不容忽视,企业必须遵守市场规范以获得市场许可。在不同的制度环境下,驱动企业内部创业活动的因素不同。通常情况下,企业所面对的外部环境因素包括动态机制、技术机会、产业成长、政府政策、新产品需求和环境倾向等。一般而言,动荡的外部环境为内部创业活动提供了初始动力。

从过程视角来看,内部创业的孵化与成长是一个复杂的动态过程,涉及不同层级的管理参与和新旧业务之间的管理平衡。内部创业通常包含构思、孵化、成长及整合四个阶段(Souitaris, Zerbinati, & Liu, 2012)。首先,构思阶段通常在个体层面完成,关键创业活动是识别有价值的商业机会并提出相应的创业计划,随后由企业高管进行评估。确定商业概念和资源需求后,新业务进入孵化阶段,该阶段的主要目的是验证商业模式以获取合法性和资源。在这一阶段,内部创业企业不仅要进行内部验证以获得内部管理者的支持,也要在新市场的利益相关者中获取合法性。在商业模式得到验证后,内部创业企业进入成长阶段。此时内部创业企业已作为独立企业实体在市场中运营,该阶段的主要目的是加速内部创业企业的规模化以占领新兴市场份额。最后,内部创业企业与母公司进行整合以实现组织整体的战略更新。整合并非必要阶段,内部创业企业也可以保持独立的企业身份,成为组织创业生态系统的一部分,为母公司带来持续的战略和财务收益。

从结果来看,企业内部创业会对企业绩效产生一定的影响。大部分学者认为企业内部创业对企业绩效起到促进作用。研究显示,企业内部创业对组织的盈利能力和增长具有提升作用,但提升效果具有滞后性,这种关系是随着时间的推移而持续作用的(Zahra, 1991)。也有学者认为,企业内部创业具有一定的冒险性,因此从短期来看,内部创业可能会对财务绩效造成冲击;但从长远来看,内部创业有助于企业整体绩效的提升(Wiklund & Shepherd, 2005)。

数智时代下,企业通过开展内部创业活动,能够拓展业务范围、搜索前沿技术以及对潜在市场进行开发和实验,从而提高企业竞争力。例如,阿里巴巴通过内部创业孵化,成功孵化了蚂蚁金服、阿里云等独角兽企业,不仅实现了业务和商业模式的扩展性创新,还在企业创新生态系统方面逐渐形成闭环。类似地,海尔集团的"员工创客化"也是企业内部创业的典型代表,推动了企业创新生态的形成及演化。

5.2.2 公司创业投资

公司创业投资（以下简称"公司创投"）是指大型产业公司对独立运作的创业企业进行的少数股权投资（Dushnitsky，2012）。企业不仅可以通过公司创投获取财务收益，还可以获取多种类型的战略收益。一般来说，公司创投具备三个典型特征：第一，相较于财务目标，战略目标通常是大公司开展公司创投的主要动机；第二，被投资的创业企业往往归创业者所有，独立于大公司而运作；第三，大公司投资之后，只获取创业企业的少数股权。

在不确定性程度较高或低增长的市场环境下，管理者会面临更大的业绩压力，对于新机会会更加重视，因此对公司创投的重视程度也会提高，公司创投对母公司整体价值的促进作用更明显。Tong 和 Li（2011）分析了美国上市公司在市场扩张过程中对公司创投和并购两种战略手段的选择，结果表明，在不确定性程度较高的环境下扩张时公司创投更受青睐。类似地，我国的实证经验也表明，在不确定性程度高的市场中，公司创投给母公司带来的战略创新效应更为显著。以下从技术不确定性和市场不确定性两个方面来阐述公司创投的前因。

技术不确定性是促使大公司开展公司创投的重要前因。由于新技术的不确定性程度较高，且未完全通过市场验证，因此相较于其他战略选择（如并购、合资等），公司创投的优势凸显，使得母公司以较低成本尽早获取新技术知识，促进企业内部技术创新。此外，快速的技术更迭也给大公司带来了潜在的威胁与挑战。当不连续性技术出现时，大公司现有的资源优势会快速消失，从而面临被颠覆的风险。因此，公司创投能够促使企业投资未来可能有价值的新技术，并在时机成熟时进行组织资源重构，降低新技术颠覆现有企业的风险（Basu，Phelps，& Kotha，2011）。

市场不确定性同样对公司创投有重要影响，但影响机制更为复杂。一方面，当市场动态性程度较高时，企业需要通过更灵活的战略选择来开拓新的市场机会。公司创投是母公司探索新业务机会的实物期权，母公司可以通过以少量资源投资到新领域，形成实物期权，当投资关系的不确定性程度下降时，母公司会行权并进一步加大资源投入。另一方面，市场竞争可能会导致激烈的资源争抢行为，使得母公司选择并购等更激进的战略而非公司创投来抢占市场资源（Tong & Li，2011）。

从组织模式来看，公司创投的组织结构可以划分为四种不同类型（Dushnitsky，2012）：① 母公司作为有限合伙人投资于创投基金；② 母公司与独立风险投资机构合资的投资公司；③ 母公司旗下的全资投资子公司；④ 母公司旗下的战略投资部。这四类组织结构与母公司之间的关系由松散到紧密，具体选择哪种模式受到母公司战略目标的影响。例如，Kann（2001）基于美国 120 家公司的 158 个公司创投单元的问卷研究表明，紧密结构模式（战略投资部和全资投资子公司）相较于松散结构模式（合资投资公司和有限合伙人）更有助于降低母公司与公司创投单元之间的交易成本，因此，当母公司更渴望向创业企业学习时，其更有可能选择紧密结构而不是松散结构。

从结果来看，公司创投不仅会影响投资企业绩效，也会影响被投资企业绩效（Dushnisky & Lenox，2006）。首先，公司创投是大公司获取外部新技术及知识的重要手段。母公司通过与被投资企业互动和交流等来进行组织学习，获取创业企业的新技术知识，从而提升母公司自身的技术创新能力。公司创投也能够为母公司带来新的市场知识和开发创业机会的隐性知识，从而促进母公司的知识体系更新和组织能力重构。比如，母公司管理者可以通过公司创投与创业企业进行互动，认识到新机会的价值，从而早于竞争者对新市场进行布局。其次，公司创投还能够帮助母公司更有效地识别和评估外部有价值的新资源，使母公司后续能够更高效地开展并购活动。通过公司创投，母公司对标的公司的新技术和新资源更为熟悉，对技术和市场趋势有更深入的理解，对新资源有更准确的评估，从而提升后续兼并收购的效率。最后，公司创投提高了大公司的组织学习能力，并带来了实物期权价值。公司创投可以被视为实物期权，因为它们构成了对新颖和不确定性技术相对较少的投资。公司创投类似于看涨期权，给予母公司权利而不是义务，将更大的资源承诺推迟到未来。在母公司主营业务的相关领域内，存在一些有价值的新机会，与母公司的主营业务有潜在协同效应，但同时也存在较大的不确定性，并不适合母公司自身投入全部资源来开发。通过公司创投，母公司能够识别出有潜力的创业企业，通过提供互补资源的方式与创业企业形成战略联盟，共同开发这类新机会。公司创投还可以降低母公司面临的不确定性，进而通过战略联盟与被投资企业合作，或通过纵向收购"行使"实物期权。

除了提升母公司价值，公司创投也会对被投资企业的价值做出贡献。公司创投可以为被投资企业提供互补性资产，以加强新创企业技术的商业化。互补性资产（complementary assets）是指为获取与技术发展相关的利益所需的资源，包括制造、分销、服务和互补技术（Teece，1986）。公司创投母公司通常通过股权投资、参与企业决策与治理、合作研发、共享资源以及派驻管理和技术人员等渠道与形式，向被投资企业提供互补性资产，以支持和加快被投资企业的发展。受公司创投支持的企业获得的互补性资产远多于受一般财务风险投资机构支持的企业，公司创投比一般财务风险投资机构对被投资企业的支持时间更长、包容性更强，公司创投母公司对新创企业技术创新的失败具有更强的承受力。

在当前的数智时代下，公司创投既是传统制造业企业适应竞争环境、探索前沿技术、拓展发展边界的有效模式，同时也是其组织架构扩张及行业生态进化的重要创新举措。企业能够利用公司创投及时掌握行业最新动态、形成紧密联系的生态圈，从而实现引进新技术、改善生产流程、抢占新赛道、获取收购机会等目标。例如，随着汽车科技的不断发展，电动化、智能化、网联化、共享化成为整个汽车产业的大趋势，传统汽车制造商也开始通过公司创投布局产业链上下游资源进行转型升级，比如上汽投资、北汽产投、广汽投资等纷纷设立战略投资部门或成立集团全资子公司，通过公司创投推动企业变革。除汽车行业外，医药行业的公司创投也十分明显，典型的如药明康德、泰格医药等。

总而言之，面对数字技术的冲击，一方面，企业可以通过内部创业，拓展业务范围，搜索前沿技术，以及对潜在市场进行开发和实验，孵化适应当前和未来用户需求的有价值的商业模式以及有竞争力的产品或服务。另一方面，企业可以通过公司创投实现对新技术的投资，实现与自身互补资产的协同价值，构建以合作、共享为主的企业战略生态。

5.3 高管认知与企业开放生态的构建

企业开放生态的构建成功与否取决于高管能否恰当地设计组织结构，使得组织各个系统间产生协同效应。数智时代的到来对企业高管提出了更高的要求：首先，组织面临的市场竞争压力随着数字技术的发展而逐渐增强，维持组织核心竞争力的因素可能会发生改变。移动应用、云计算、大数据、人工智能、机器人、区块链、物联网等技术快速发展，新的商业模式和创新不断出现并渗透不同行业和企业，要求组织利用并不断更新其数字技术维持并创造市场价值。这就要求高管对组织动态性和持续发展持积极态度，采取支持和引导策略以维持并提高组织的市场竞争力。考虑到数字技术发挥的核心驱动作用，高管还须关注信息和技术的发展趋势以及由此带来的核心创新机会，增强技术敏感性，支持组织技术基建，使企业善于利用高新技术创新，实现技术驱动的价值创造及竞争力的提升。

其次，数字经济时代的商业环境复杂多变，持续更新迭代的技术和无处不在的信息加剧了企业经营的不确定性，对组织的适应能力提出了更高的要求（张志学等，2021）。这就要求高管关注多方利益相关者的需求，主动识别并应对外部的变革驱动因素，打造支持组织适应性变革的内部环境（如组织文化和工作流程等），最终实现组织适应能力的提升。Uhl-Bien 和 Arena（2018）强调了领导力对适应过程的驱动作用，要求领导者有效协调组织的运营能力和动态能力，使组织在发展双元能力的同时维持内外部学习和主动创新，最终实现组织的自主性适应。然而，人工智能、大数据、云计算等数字技术逐渐成为当今时代组织转型变革的突破点，使组织面临更大的不确定性（如技术的发展和应用），突出了适应时代环境和进行数字化转型的紧迫性。由此，数字化转型进一步要求高管具备前瞻性、大局观和时间敏感性，理解商业趋势在数字技术驱动下的演变并预测其方向；同时具备正确的变革观，能够在变革过程中保持灵活应变，动态调整企业的发展目标和方向。

在过去几十年中国经济高速发展的过程中，由于不断涌现的市场机遇、自然增长的市场需求、人力成本优势以及制度不完善等因素，中国的企业高管通常不需要制定高认知复杂性的战略，只要掌握好基本的方向就能够保证企业的平稳发展。然而当下，中国企业面临着国际政治经济形势日益严峻，国内宏观经济放缓、市场竞争更为充分、人口红利由正转负、监管制度日益完善和严格等挑战。数智时代既为中国企业带来了创新的动力和机遇，也带来了变革的压力和挑战。当此之时，高管的认知如何影响企业战略上的核心决策就变得格外重要。企业开放生态的构建与企业高管的认知水平息息相关。

5.3.1 高管认知

认知指个体思维运作的方式，即个体如何收集和处理信息。不同高管的认知风格差异很大。管理学家巴纳德最早将思维模式分为两类：逻辑的（logical）和非逻辑的（non-logical）。

其中,"逻辑的模式"是指有意识的推理过程,通常借助文字或符号来表达;"非逻辑的模式"是指直觉或本能。在巴纳德看来,有效的高管应该同时拥有两种模式的认知能力,并且根据需要随时调用其中任何一种模式。管理学家明茨伯格提出,管理者认知风格的差异取决于大脑两个半球的相对支配地位:左脑主导逻辑、线性思维和秩序,右脑主导综合信息处理、想象力和视觉图像。左脑占支配地位的人可能成为优秀的计划者,而右脑占支配地位的人可能成为优秀的管理者。此外,认知风格可以通过个体的认知复杂性(cognitive complexity)来衡量。认知简单的个体,倾向于用"非黑即白"的眼光来看待问题;而认知复杂的个体,善于理解某一问题的多重维度间错综复杂的关系。另一个相关的概念为认知灵活性(cognitive flexibility),即个体调整其认知过程以适应各种不同类型问题的能力,或者说个体将自身的认知处理类型与手头问题类型相匹配的能力。认知灵活性高的个体通常会重视观点的多样性,并把这种多样性融入决策过程当中。

高管通过自身的认知基础来筛选、过滤和解释外部环境中的信息,以此构建战略决策。因此,高管认知影响着战略决策的速度和质量。例如,认知复杂性高的高管在决策中表现出较强的分析能力,能够同时处理众多替代方案,因此通常会有更快的决策速度。而认知灵活性高的高管可以对内外部环境信息做出更为广泛的解释,根据不同的问题灵活调用与之相匹配的处理模式,因此能够制定出更为合理有效的战略变革决策。又如,高管的"因果逻辑"(causal logics)会极大地影响战略行动速度。研究者区分了高管的确定性因果逻辑(deterministic causal logics)和主动性因果逻辑(proactive causal logics)(Nadkarni & Barr, 2008)。采用确定性因果逻辑的高管将战略环境视为可衡量的、决定性的,认为环境决定战略,因此会率先识别环境需求然后制定相应的战略。而采用主动性因果逻辑的高管将战略环境视为不可分析的、不稳定的,倾向于通过自身的战略构建起对环境的合理解释。因此,当企业所处的战略环境发生变化时,采用确定性因果逻辑的高管通常需要花费大量精力建立起对环境的认知,导致企业具有较慢的战略响应速度;而采用主动性因果逻辑的高管会根据自己的理解迅速采取行动,通过行动来探索环境,导致企业具有较快的战略响应速度。

在动态变化的环境中,高管认知主要表现在机会感知、机会获取和资源重组三个方面(Helfat & Peteraf, 2015)。首先,认知水平较高的管理者能够感知到企业内外部环境中已经发生或即将发生的变化,识别环境中的机会和威胁,并在不确定的环境下创造新的机会。在这一过程中,高管认知主要表现为知觉(perception)和注意力(attention)两个方面。知觉是指个体对外部信息进行处理和诠释的思维过程。知觉能够帮助高管对外界环境中的信息进行准确解读,迅速识别机会和威胁。注意力决定了环境中的哪些因素可以被识别。在不确定、复杂且快节奏的环境中,感知机会和威胁需要敏锐的注意力。其次,认知水平较高的管理者能够抓住机会并应对威胁。在这一过程中,高管认知主要表现在解决问题和推理两个方面。前者指跨越障碍达成目标的方法,后者指利用信息来判断结论是否合理有效。这两种认知能力在高管进行战略投资、设计商业模式的过程中至关重要。此外,认知水平较高的管理者能够实现企业资源的重新配置，从而帮助企业获得持续性的成长和盈利。在这一过程中，高管认知主要表现为沟通交流和社会认知两个方面。一方面，资产重组取决于高管说服组织成员接受变革的能力。高管的沟通方式，尤其是他们传达组织愿景的方式，可以激励员工，激发其主动性；而一些非语言交流，例如面部表情和手势，也可以影响员工对战略决策的反应。另一方面，资产重组取决于高管促进组织成员之间通力合作的能力。这种能力往往来源于高管的社会认知，即理解并影响他人观点和行为的能力。高管的社会认知有助于提升组织成员之间的理解和信任，从而降低协调成本。

5.3.2 高管认知在开放生态构建中的作用

高管认知通过分别影响企业内部创业和公司创投来影响企业开放生态的构建。首先，高管认知会影响企业内部创业的结果。认知灵活性高的管理者能够针对内外部环境的变化做出灵活的响应，合理调整组织内部结构，为内部创业活动的开展创造自下而上的创新环境。前文说过，企业的组织结构有两种类型：机械的结构和有机的结构。机械的结构所表现出来的责权关系的刚性、严格的程序和集权，会阻碍内部创业行为的发生；而有机的结构所表现出来的灵活性、非程序化和分权，对于创新创业行为具有非常大的支持和促进作用。认知灵活性高的管理者擅长塑造灵活、有机的组织结构，从而保障内部创业活动的顺利进行。此外，认知复杂性高的管理者拥有较强的分析能力，擅长处理多维度的信息，能够实施更为有效的人力资源管理实践来驱动内部员工创业。内部创业者对组织的贡献需要通过内部绩效来衡量，创业所带来的收益也经由组织来分配，因此员工所感知到的公平性能够提升其内部创业意愿。认知复杂性高的管理者能够制定出体现公平性的绩效奖励，以表明组织对员工内部创业的认可，从而提升员工的创业意愿。与此同时，认知复杂性高的管理者能够为员工提供充足的创业资源和制度保障以及适时的辅导，降低员工与创业行为相关的角色冲突并提高创业的自我效能，从而增强员工对内部创业的信念。

其次，高管认知会影响公司创投的方向。高管认知会影响外部投资模式的选择。企业根据各自主营业务和过往知识的积累，会对公司投资的不同赛道有不同程度的不确定性感知。当不确定性感知程度较高时，企业通常会采取保持初始投入有限，随着不确定性程度的降低再追加投资的渐进式投资模式。而当不确定性感知程度较低时，企业选择更为紧密的公司创投组织模式会更有优势，通过调动企业现已具备的互补资产来实现战略协同。这就要求企业高管有较高的认知灵活性，即能根据投资赛道不同的不确定性程度确定公司创投的组织模式。认知灵活性高的高管可以对内外部环境信息做出更为广泛的解释，以及根据不同的问题调用与之相匹配的处理模式，并可以随着不确定性程度的变化及时灵活地调整投资模式，进而制定出更为合理有效的投资模式。此外，高管认知关乎母公司与被投资企业之间关系的维持及存续。母公司与被投资企业之间的利益冲突通常会导致母公司从投资转向并购，在这个时刻发起和完成收购往往要求母公司的高管具备较高程度的认知复杂性，能在双方关系交恶时协调和重建关系，并完成收购后整合中一系列平衡博弈、重新设计利益分配规则的复杂流程。认知复杂性程度高的领导者会表现出更全面、快速的信息分析和处理能力，能够同时处理众多替代方案，因此通常在局面复杂，尤其涉及利益冲突的情况下有更强的决策能力和平衡博弈的能力。

最后，内部创业和公司创投需要高管具备不同的能力并具有不同的决策机制，前者强调在企业内部投资不同的新技术来保持战略灵活性，后者强调在企业外部寻找新机会实现战略协同来建立独特的竞争优势。高认知复杂性、高认知灵活性的高管对内外部环境的变化能够做出灵活、适宜的响应，从而筛选出具有前景的内部创业项目或外部投资项目以捕捉新的商业机会或应对危急局面。与此同时，高认知复杂性、高认知灵活性的高管具备同时处理内部孵化和外部投资的能力，并能够根据外部环境和企业内部状况选择合适的战略决策。由此可见，高管认知对于企业合理、平衡地使用内部孵化和外部投资两种战略工具，进而构建开放、合作的战略生态而言至关重要。

5.4 开放生态的演化和治理

随着时间的推移，特定问题的不确定性程度会有所下降，企业与生态组织中的成员的相对地位也会发生变化。将时间维度加入后，这一节着重讨论企业构建的开放生态的演化路径，以及企业如何根据不确定性程度的变动及与生态组织中成员相对地位的变化来治理生态。

企业在进行投资赛道的布局和选择时，会注意到在不同的投资赛道上，基于和主营业务的相关程度，会展现出不同程度的不确定性。比如，传统汽车制造商会发现无人驾驶技术这一赛道比新能源汽车生产这一赛道，呈现出程度明显更高的不确定性。Courtney、Kirkland和Viguerie（1997）指出不确定性有四种不同的层次：① 清晰明确的前景（a clear-enough future）；② 由概率确定的数个前景（alternate futures）；③ 具有确定变化范围的多元前景（a range of futures）；④ 无法确定模糊性的多元前景（true ambiguity）。

企业根据各自的主营业务和过往知识的积累，会对内外部投资的不同赛道有不同程度的不确定性感知。当不确定性程度较高时，即未来呈现出上述提及的"无法确定模糊性的多元前景"或"具有确定变化范围的多元前景"时，企业应当以"投资"形式为主，即保持初始投入有限，随着时间的推移不确定性程度下降时再追加投资的渐进式"实物期权"投资模式。在这种场景下，由于企业对业务的技术、市场等信息了解得较少，企业需要综合自身的研发优势以及独立风险投资机构的优势，借助这些独立风险投资机构在发展过程中所积累的市场经验及风险预测方法，触达市场上的海量项目，并从中选择合适的项目进行战略投资。在这种情况下，企业通常需要选择较为松散的投资组织模式，即企业与独立风险投资机构组建合资公司或企业作为有限合伙人进行投资。上述组织模式允许企业投入少量资源到创业企业中，当不确定性程度下降时再追加投资。反之，如果企业根据主营业务过往知识的积累，对投资赛道的不确定性感知程度较低，即当企业感知到赛道存在"清晰明确的前景"或"由概率确定的数个前景"时，企业选择更为紧密的投资组织模式会更有优势，此时侧重点从"投资"转向"战略协同"，而"战略协同"则需要企业的投资部门能充分调动母公司现已具备的互补性资产。在这种情况下，紧密的投资模式具有利用企业的投资部门调用企业内部资产的系统能力，从而实现被投资企业的新技术与企业内部互补资产之间的战略协同优势。因此，当企业感知到被投资赛道的不确定性程度较低时，选用紧密的投资模式会更有利。

与此同时，不确定性程度是随着时间的推移而反复变化的，可能下降，也可能提高。当企业无法确定项目的未来商业可行性但必须不断投资以应对外界环境变化时，将不得不在明知项目可能会失败的情形下进行探索性投资。在这种情况下，企业可以采用"实物期权"投资逻辑，即在期初只投入少量资源，等项目的商业可行性变得更加清晰时再采取进一步措施。这种"实物期权"投资逻辑要求企业在投资时采用多步资源配置的顺序投资方式。当初期不确定性程度较高时，投资是探索性的和非承诺性的。随着时间的推移，企业将进行资源的再分配，将资源从弱势项目重新分配到更有前景的项目中。为了利用顺序投资、低承诺流程所提供的灵活性，企业应当制定项目目标和时间框架，并定期进行审查。企业应当区分随着时间的推移哪些项目应当继续获得资金，哪些项目不应该继续获得资金，并将失败项目的资源重新分配给成功项目。这种随时间演化的动态投资策略为企业提供了对实时信息做出反应的机会，帮助企业将其投资组合与不断变化的市场条件保持一致。

在开放生态的构建过程中，企业为内部创业活动提供较强的组织资源支撑，助力内部项目的孵化与成长；为外部被投资企业提供资金和互补性资产，助力被投资企业的快速发展。而随着时间的推移，生态组织中成员的地位也将不断发生变化。一方面，企业需要根据特定的战略目标对内部孵化项目进行阶段性绩效评价，从而完成组织资源的再分配。当内部孵化项目绩效突出时，其规模和边界可能会扩大，甚至能够兼并或重组其他的孵化项目，以实现自身的升级换代。而当内部孵化项目业绩欠佳时，其规模和边界可能会发生萎缩，甚至因长期无法达成战略目标而被淘汰。另一方面，当母公司与被投资企业的未来发展方向和战略存在不一致性且被投资企业对母公司具备较高的战略价值时，二者将出现显著的利益冲突。在利益冲突无法调和时，母公司为了实现其战略价值，往往会对被投资企业发起收购，这是因为在母公司与被投资企业发生战略方向上的冲突时，二者只能选其一，根据公司治理的基本原则，母公司如果希望持续获取被投资企业的战略价值，则必须成为被投资企业的大股东，即完成收购，通过收购后领导团队成员任免、人员裁换、确定新的战略方向等一系列收购后整合的过程来重新梳理被投资企业在其战略生态中的作用和定位。企业通过内部孵化和外部投资建立战略生态，既需要具备较强的投资管理能力，也需要同时具备完成收购的能力。从某种程度上而言，战略生态的本质，就是投资能力和收购能力的叠加以及随着时间的推移进行动态演化和协调的能力。

本章小结

中国已经由传统的工业时代进入前所未有的数智时代，中国企业的外部经营环境也由此呈现出巨大的变化，主要表现为高度的不确定性、资源属性的改变、以供给为中心向以需求为中心的转变。

数智时代企业外部环境的动态变化，使得企业组织试图完全在组织内部达到自适应环境的状态变得越来越难以实现。

传统组织理论强调"管理"，即自上而下的指令和协同、组织高层的权力分配以及员工完成分解任务的执行而不对经营结果负责这一过程。

在数智时代，组织与外部环境的适配关系以及组织的各个要素和模式等都因去边界化、共享、共生、演化等特点而改变，要求组织实施全方位的变革，从而挑战了传统管理理论的核心假设。

内部创业是指以现有企业为依托或在现有企业内部开展的创业活动。在此过程中，企业内部员工从工作的被动接受者转变为主动创新者，扮演着员工和创业者的双重角色，自下而上地开展创业活动。

公司创投是指大型产业公司对独立运作的创业企业进行的少数股权投资。企业不仅可以通过公司创投获取财务收益，还可以获取多种类型的战略收益。

企业开放生态的构建成功与否取决于高管能否恰当地设计组织结构，使得组织各个系统间产生协同效应。数智时代的到来对企业高管提出了更高的要求。

高管通过自身的认知基础来筛选、过滤和解释外部环境中的信息，以此构建战略决策。高管认知影响着战略决策的速度和质量。

在动态变化的环境中，高管认知主要表现在机会感知、机会获取和资源重组三个方面。

高管的认知复杂性及认知灵活性与企业内部创业和公司创投息息相关。

随着时间的推移，特定问题的不确定性程度会有所下降，企业与生态组织中的成员的相对地位也会发生变化。

在生态演化过程中，企业一方面需要根据特定的战略目标对内部孵化项目进行阶段性绩效评价，从而完成组织资源的再分配；另一方面需要在与外部投资企业发生利益冲突时，根据被投资企业的战略价值决定是否发起收购。

战略生态的本质就是投资能力和收购能力的叠加以及随着时间的推移进行动态演化和协调的能力。

重要术语

内部创业　公司创投　高管认知　生态演化　生态治理

复习思考题

1. 工业时代和数智时代下,企业的经营环境有哪些差异?
2. "管理"和"治理"有何区别?
3. 什么是内部创业?内部创业对企业来说有哪些战略意义?
4. 什么是公司创投?公司创投对企业来说有哪些战略意义?
5. 高管认知体现在哪些方面?
6. 高管认知如何影响企业开放生态的构建?
7. 企业生态随着时间的推移将如何演化?应当如何治理?

中国实践

雷军与小米创投

2010年4月成立的小米公司是一家专注于智能手机、智能硬件、电子产品和智能家居生态链建设的全球化移动互联网企业,由前谷歌、微软、金山等公司的顶尖高手组建。2018年7月9日,小米于香港证券交易所上市,2019年成为最年轻的世界500强企业。

21世纪以来,互联网平台企业迅速崛起,成为全球公司创投活动的中坚力量。小米从2013年开始广泛进行公司创投,投资理念受其"铁人三项"商业模式的影响:通过电商及新零售渠道,小米向用户出售各种高性价比的智能硬件产品,为平台引流,然后持续为庞大的用户群体提供丰富的互联网增值服务,形成了独树一帜的"硬件获流,互联网服务获利"模式。

小米的生态布局主要由战略价值驱动。从组织结构看,创投通过直接投资、成立全资投资子公司、作为执行合伙人和有限合伙人投资于创投基金来实施。小米的主要投资机构(2013年成立的全资子公司天津金星创业投资有限公司)投资了绿米科技、飞米科技等;2014年成立的天津金米投资合伙企业,参与投资了石头科技、润米科技等;2017年成立的湖北小米长江产业投资基金管理有限公司,专门管理小米长江产业基金,同时,小米科技及天津金星创业投资均为该基金的有限合伙人。再加上小米科技的直接投资,小米创投活动涵盖400余家创业公司,主要专注于细分领域,涵盖其绝大部分的万物互联(Internet of Things,IoT)产品和生活消费产品。小米长江产业基金设立后,雷军亲自选定了先进制造、智能制造、工业机器人和无人工厂四大核心投资领域。

在小米生态构建的过程中,创始人雷军扮演着重要的角色。雷军拥有独到的商业嗅觉和战略眼光,能够适时抓住机遇并应对挑战。早在2011年,雷军就感知到行业机遇,与同事共同创建了一家独立的投资机构——顺为资本,致力于投资智能硬件价值链上游的世界一流组件及制造企业。在此之前,雷军还进行了一系列的个人投资。过去数年间,他已通过顺为资本、湖北小米长江产业投资基金、小米集团以及个人投资，构建起了一个庞大的生态帝国，收获了大量的 IPO（首次公开募股）上市公司。

资料来源：根据互联网相关报道整理得到。

思考题

1. 小米生态布局的组织模式是怎样的？
2. 创始人雷军在小米生态布局中扮演了怎样的角色？

参考文献

陈德球、胡晴，2022，《数字经济时代下的公司治理研究：范式创新与实践前沿》，《管理世界》，38（6）：213—240。

陈建安、李双亮、陈武，2021，《员工内部创业：前沿探析与展望》，《外国经济与管理》，43（4）：136—152。

戴维奇，2015，《"战略创业"与"公司创业"是同一个构念吗？——兼论中国背景下战略创业未来研究的三个方向》，《科学学与科学技术管理》，36（9）：11—20。

单宇、许晖、周连喜、周琪，2021，《数智赋能：危机情境下组织韧性如何形成？——基于林清轩转危为机的探索性案例研究》，《管理世界》，37（3）：84—104+7。

戚聿东、杜博、温馨，2021，《国有企业数字化战略变革：使命嵌入与模式选择——基于3家中央企业数字化典型实践的案例研究》，《管理世界》，37（11）：137—158+10。

戚聿东、肖旭，2020，《数字经济时代的企业管理变革》，《管理世界》，36（6）：135—152+250。

肖静华，2017，《从工业化体系向互联网体系的跨体系转型升级模式创新》，《产业经济评论》，2：55—66。

张志学、赵曙明、连汇文、谢小云，2021，《数智时代的自我管理和自我领导：现状与未来》，《外国经济与管理》，11：3—14。

Basu, S., Phelps, C., & Kotha, S. 2011. Towards understanding who makes corporate venture capital investments and why. *Journal of Business Venturing*, 26（2）：153–171.

Courtney, H., Kirkland, J., & Viguerie, P. 1997. Strategy under uncertainty. *Harvard Business Review*, 75（6）：67–79.

Dinner, I. M., Heerde Van, H. J., & Neslin, S. A. 2014. Driving online and offline sales: The cross-channel effects of traditional, online display, and paid search advertising. *Journal of Marketing Research*, 51（5）：527–545.

Dushnitsky, G. 2012. Corporate venture capital in the 21st century: An integral part of firms' innovation toolkit, in Cumming, D.（Eds.）, *The Oxford Handbook of Venture Capital*,

Oxford, UK: Oxford University Press.

Dushnitsky, G., & Lenox, M. J. 2006. When does corporate venture capital investment create firm value?. *Journal of Business Venturing*, 21（6）: 753-772.

Helfat, C. E., & Peteraf, M. A. 2015. Managerial cognitive capabilities and the microfoundations of dynamic capabilities. *Strategic Management Journal*, 36（6）: 831-850.

Kann, A. 2001. Strategic venture capital investing by corporations: A framework for structuring and valuing corporate venture capital programs. Ph.D. Dissertation, Stanford University.

Nadkarni, S., & Barr, P. S. 2008. Environmental context, managerial cognition, and strategic action: An integrated view. *Strategic Management Journal*, 29（13）: 1395-1427.

Santos, F. M., & Eisenhardt, K. M. 2005. Organizational boundaries and theories of organization. *Organization Science*, 16（5）: 491-508.

Souitaris, V., Zerbinati, S., & Liu, G. 2012. Which iron cage? Endo-and exoisomorphism in corporate venture capital programs. *Academy of Management Journal*, 55（2）: 477-505.

Teece, D. J. 1986. Profiting from technological innovation: Implications for integration, collaboration, licensing and public policy. *Research Policy*, 15（6）: 285-305.

Tong, T. W., & Li, Y. 2011. Real options and investment mode: Evidence from corporate venture capital and acquisition. *Organization Science*, 22（3）: 659-674.

Uhl-Bien, M., & Arena, M. 2018. Leadership for organizational adaptability: A theoretical synthesis and integrative framework. *The Leadership Quarterly*, 29（1）: 89-104.

Wiklund, J., & Shepherd, D. 2005. Entrepreneurial orientation and small business performance: A configurational approach. *Journal of Business Venturing*, 20（1）: 71-91.

Zahra, S. A. 1991. Predictors and financial outcomes of corporate entrepreneurship: An exploratory study. *Journal of Business Venturing*, 6（4）: 259-285.

第2篇
组织中的个人

第 6 章

个人特质与自我

学习目标

1. 描述人格及其测量方式以及塑造人格的因素
2. 理解情境是如何影响人格对行为的预测的
3. 掌握自尊、自我效能感的概念如何有助于对人格的理解
4. 领会员工人格特质在组织生活中的跨文化差异

引导案例

"女王"董明珠

1954年，董明珠出生在江苏南京的一个普通家庭中。她是七个孩子中最小的一个，虽然深受家人的宠爱，却从不骄纵跋扈。董明珠小时候哪怕偶尔撒娇，也从不出格。如果她真的犯了错，也会立即承认。昔日的南京城，充满了历史与岁月的痕迹。有一天，穿着新衣服的董明珠问妈妈："南京城这么老了，为什么不把它打扮一下，让它变得清新漂亮呢？"妈妈说："这些都是男人应该考虑的问题，女孩子应该管好家庭！"董明珠对这个答案很不满意。她认为男人和女人生活在同一个城市里，女人既可以考虑这些问题，也可以做男人可以做的事情。由此可见，董明珠从小就不甘落后。据董明珠回忆，小时候，她很少乱写、乱改作业。这种严谨的态度也被她带到了后来的工作中。当在工作中必须做出决定时，她总是认真考虑、理智判断。

董明珠大学毕业于安徽省芜湖干部教育学院，主修统计学。同年7月参加工作，在某化工研究所做行政工作。后来她结了婚，还生了一个儿子。就在董明珠以为自己的人生会一直这样持续下去时，1984年，在她30岁的时候，她迎来了人生最大的转折点——丈夫不幸离世。那时，董明珠的儿子才两岁，她就这样背负起了家庭和生活的重担。此后的六年间，她每天都带着孩子去上班。即使单位里没有人说什么，董明珠自己的心理压力也从未减轻过。1990年，向来不甘平凡的董明珠辞去原来稳定的工作，到深圳寻找机会，后来又搬到了珠海。从此，她与格力结下了不解之缘。当时，格力还叫海利空调厂。作为一家新成立的空调厂，海利一年只能生产2万台左右的空调。没有核心技术的海利主要靠组装和代工销售，销量不大。董明珠成了海利的一个销售员。这一年，她36岁。

正式入职后，董明珠被安排到安徽合肥，在那里，她一鸣惊人，用出色的业绩获得了同事们的肯定，也得到厂长朱江洪的赞赏。当时，海利在安徽最头疼的"老大难"问题来自一

个拖欠了 42 万元货款的经销商。为自己做好心理建设后，董明珠走上了"讨债之路"。40 天的"不懈追求"终于让这个经销商做出了让步：退回了价值 42 万元的空调。当汽车拖着一辆装满空调的车回珠海时，整个海利工厂都震惊了。这个女人很了不起！一年后，格力的营收突破了 23 亿元。

董明珠成名后，曾回忆起 1994 年的经历，她说："1994 年，如果我不回来，格力早就全军覆没了。"1994 年，董明珠 40 岁。那一年，格力遭遇了一场严重的危机，公司的销售人员突然"集体辞职"。董明珠临危受命，出任公司经营部部长。她对营销体系实行了彻底的变革，使格力的发展开始走上自我规范的道路，并强化品质控制和内部管理。1995 年，空调行业出现了一场史无前例的血战。在董明珠的带领下，格力的 23 名业务员面对那些员工数以千计的国内大厂毫不退缩，帮助格力拿下了市场占有率第一的位置。此后的 11 年里，格力从没有从第一的位置跌落，市场份额、产销量和销售收入一直位居全国榜首。

2001 年，董明珠出任格力总经理。从那以后，她就像一位细致严谨的"外科医生"，从来没有停止给公司治疗、做手术，甚至到了"挑毛病"的地步。成为总经理后，她做的第一件事就是进行内部整改。她对员工要求极高，不允许他们犯错。如果员工在工作中犯了错，她会严厉批评，有时甚至会把员工骂哭。她不仅对员工严格要求，对自己的要求更高。采访中，董明珠这样说："我永远不会错，因为我做的每一个决定都是从公司的角度出发，以公司为前提，经过深思熟虑，反复验证，绝不会错。"从董明珠的话语中我们可以感受到她绝对的自信和霸气。

对于自己对格力的贡献和价值，董明珠毫不讳言。她说："格力之所以能发展成现在的状态，是因为我说了算。""如果我退休了，我会给国家、给股东、给员工，交上一份满意的答卷。"不要觉得董明珠是在夸大其词，也不要觉得她很嚣张、认不清自己。事实是，在董明珠的带领下，格力致力于把控最核心的技术，而这也是格力坚持的重要部分。外界称格力的董明珠是"女王"。董明珠说："我活着不是为了别人的评价，而是为了我的使命。"董明珠态度严谨，但恰恰也是这种严谨让员工成为更好的自己，让产品成为更优秀的产品，让企业成为长青的企业。

资料来源：改编自韩笑，《董明珠传：营销女皇的倔强人生》，武汉：华中科技大学出版社，2017 年版。

思考题

1. 董明珠的性格特质是什么？其是如何形成的？
2. 以董明珠的性格在当代企业中还能获得成功吗？为什么？

引导案例展现了中国极具代表性的女性领导者董明珠的坚韧、执着、霸气，从她的人生经历可见其独到的性格特质，而该性格特质成就了她传奇的职业生涯。

在中国的企业里，有董明珠这样的"女王"，也有低调的企业领导者，更有形形色色的企业中层，以及更多的普通员工。他们每个人在企业中工作和交流，形成了企业最重要的财富。当我们试图理解企业、理解管理时，首先要做的一件事情就是去了解这些企业中的个体。没有对企业中个体的了解，管理将无从谈起。在这一章中，我们将从个体最重要的一些维度入手，通过了解自我和性格特质更好地去了解企业的"钢筋"——企业中的人。

6.1 自我

为什么有些领导者或员工很苛刻，而有些领导者或员工却很"佛系"？这些领导者或者员工个体间的差异标签到底是什么？从个人内在的（intra-personal）发展来说，每个人的人格所包含的特质，以及其中各个维度的整合方式，共同构成了自我，又称自我认知。自我认知是个人对自身作为物理实体、社会实体、精神或道德实体存在的看法。这是将自身识别为独特的个人的一种方式。

一个人的自我认知，在很大程度上受到其所处文化的熏陶。比如，一般来说，小县城里的人比大城市里的人更喜欢聊家长里短。换句话说，小县城里的人的自我认知比较外放。

6.1.1 自我认知的组成部分

自我认知包含不同的维度，最基本的两个维度分别是自尊（self-esteem）和自我效能感（self-efficacy）。比如，我们经常会问孩子一个问题：你喜欢你自己吗？这个问题涉及的其实就是自尊的人格特质。从定义上而言，自尊是一个人拥有积极自我评价的程度（Rosenberg et al., 1995）。自尊心强的人，有着很好的自我印象。自尊心弱的人，会产生负面的自我印象，平时也不会确定自己的看法、态度以及行为的正确性。一般来说，人们往往会积极维护自己的自尊心，让其免受伤害。

通过跨文化的对比，学者们发现，东亚人的自尊心相对于欧美人来说显得更弱。对东亚人自尊心较弱的一种解释是，我们的自我认知中包含了辩证的或不一致的自尊。研究人员发现，用自尊量表测量的东亚人的自尊之所以较低，是因为相对于欧美人而言，我们的自我评价更矛盾。具体来说，我们会同时认可量表中对自己积极和消极的自我认知描述（也就是说，我们在评价中对自我的认知表现得更加平衡），而西方人则一致认可对自我认知中积极的说法，否定消极的条目（也就是说，他们的反应一致），即相对于欧美人自我感觉一致良好而言，东亚人对自己的感觉是"既好又坏"（Boucher et al., 2009）。

在高自尊与低自尊的人群中，最有意思的一种差别就是思想、态度、行为的可塑性。根据行为可塑性理论（behavioral plasticity theory），自尊心弱的人比自尊心强的人更容易受外部因素和社会影响，换言之，他们更容易妥协。因此，组织环境中的人和事，对自尊心较弱的员工的信仰、行为的影响更大。造成这种现象的原因在于，他们无法认定自己的观点和行为是否合适，更倾向于从别人那里获取信息和确认信息。另外，自尊心弱的员工会寻求他人的社会认同，并通过采纳别人的观点来获得认同。他们常常不善于处理矛盾和压力。自尊心弱的员工往往会对负面反馈产生负面反应，而负面反馈则会降低其绩效。这意味着，当管理自尊心弱的员工，例如对他们进行处罚时，要特别谨慎。

自我认知的另外一个维度是自我效能感。它是指一个人相信自己在各种挑战中都有能力取得成功。自我效能感常被视为激励特征而非情绪特征，因为它体现了个人相信自己能够在各项任务中取得成功的信念而非对自身的感受。个人的自我效能感往往随着各项任务、情况的反复成功、失败而发展。所以，如果你在生活中经历了多次成功，那么你的自我效能感可能会更高一些；而经历了多次失败的人，可能会有更低一些的自我效能感。自我效能感较高的人，可以更加顺利地适应新奇、不确定、不利的环境。另外，具备较高自我效能感的员工，工作满意度和绩效都较高。

近些年来，自我研究开始注意到自我认知的第三个维度——自我的大小（self-size）。研究者发现，人们对自我的大小具有很明确的认知。而且，随着情境的变化，这种认知也会不断地发生变化。比如，当一个人遇到更强大的对手时，他常常觉得自己很渺小；而当一个人体验到巨大的成功时，他又会觉得自己是一个伟大的"巨人"。越来越多的实证研究开始发现这个重要的自我维度，并在不同文化背景下进行研究。例如，柏阳等（Bai et al.，2017）在美国优胜美地国家公园走访了来自世界各地的旅客，发现世界人民在瑰丽的自然风景中都觉知到了一种强烈的敬畏感，与此同时，他们也觉知到自我的渺小。更重要的是，自我大小觉知对个体的很多方面都产生了不同程度的影响。在对敬畏的研究中，研究者发现，因为敬畏而引起的"小自我"感知能够让人更好地感知到自己和他人、世界的联系，从而产生更强烈的归属感。更有趣的是，这种集体主义觉悟在不同文化中形式各异。研究者发现，在个体主义盛行的美国，敬畏感带来的"小自我"让人产生了与更多人有关联的感觉，极大地扩展了一个人的人际交往圈子；而在集体主义盛行的东亚，这样一个"小自我"，无法扩大个人的社交网络，反而让人们之间的联系更加紧密、稳固。这些关于"小自我"的研究，让组织领导者开始思考，在组织领域，是不是也能通过考察个人的自我状态来判断一个人会不会成为集体的一员。同时，能否通过引入不同的干预条件，让组织中的个人能够感受到"小自我"，从而更好地帮助创建一个有凝聚力的集体。

6.1.2 自我发展

每个人的自我认知是怎么发展来的呢？就像本章引导案例中对董明珠的描述，她是不是天生的领导性格？我们的性格是由遗传和基因决定的，还是后天习得的？你可能听过别人评价说某个人的行为与其母亲一样。同样，也许有人会争辩说："小张之所以如此，是由他的成长经历造成的。"这代表了对于个人性格先天和后天（nature vs. nurture）观点的争论：我们的与众不同到底是由遗传（比如基因）所决定的，还是由我们的成长和生活环境（文化、社会、教育）所决定的？遗传对人格的影响，当下仍颇具争议。一个被广泛接受的结论其实就是两种力量相融合，也许我们能够得出的最普遍的结论就是，遗传决定了人格特质发展的上限，环境决定了其在上限之内的发展程度。比如说，一个人可能天生就有威权的倾向，而这种倾向可能会在工作环境中得到加强。

基于发展心理学的视角，学者们也对人格随时间发展的特点进行了系统研究。有学者指出，个人的性格会在一系列阶段随着时间的推移而显现出特色。例如，Sheehy（1995）的模型谈到了三个阶段，即18～30岁、30～45岁和45～85岁。每一个阶段，对于员工的就业、职业生涯都具有至关重要的影响。例如，刚进入组织的新人的性格随着其经历不同的阶段或日益成熟也会发生变化。这意味着员工的性格会随着时间的推移而发展变化，需要不同的管理方式来与之对应。

企业面临的外部环境是瞬息万变的，对企业的长期可持续发展提出了巨大的挑战。如何让企业中的个体可以更好地适应外部环境的变化？针对这个问题，个人的成长型心智（growth mindset）可能提供了一个思路。在社会心理学家卡罗尔·德韦克（Carol Dweck）（Deweck，2006）看来，具有成长型心智的人认为人的特质可以被改变，而具有固定型思维（fixed mindset）的人则认为人的特质是固定的、不可变的。成长型心智强调的是个人将自我与挑战联系起来的方式。例如，在遇到一个困难的问题时，拥有成长型思维的人不会因为它相对困难就觉得自己很失败（例如觉得自己不够聪明）；相反，这些人面对挑战时，会认为这是一个让自己学习和成长的机会。研究发现，人关于智力的成长型思维可以稳定地预测个人成就，而且可以通过训练提升个人的成长型心智。

微软在内部通过培养成员的成长型心智来推动变革。微软人才副总裁乔·惠廷希尔（Joe Whittinghill）表示，针对管理者的培训计划大规模地培养领导者们的成长型心智是该公司取得变革成功的一大秘诀。微软从2019年夏天开始在全球范围内提出的针对经理人的一系列新的要求和期望中，在领导者与员工的互动方式这一方面特别强调成长型心智，帮助员工和管理者了解什么是成长型心智，以及如何应用它。微软培养高层管理者的成长型心智，旨在让他们适应变革：从以产品为中心转变为以客户为中心；尊重并拥抱差异，减少自以为是，促进成长；打破部门和团队壁垒，围绕客户需求贡献解决方案（纳德拉，2018）。

6.2 什么是性格？

人们经常会使用一些标签来形容别人，如"自尊心强"等，这是因为自我的特质会外显出来，也会影响我们的社会生活。但人是具有多种性格特质的。人格或者性格是一整套相对稳定的心理特征，影响一个人与其所处环境互动的方式，以及感受、思考和行动的方式。一个人的性格概括了其与外界打交道的个人风格。每个人的父母、朋友、老师的个性都不同，领导和员工之间的个人风格也存在差异，这些差异反映在对人、情境和问题做出反应的独特方式上。

人格或者性格的概念，在我们的文化中始终贯穿于各种思想和讨论之中，媒体长期以来也在高强度地向公众灌输"性格"对个人生活、工作和社交的重要影响。有时候，在社交场合中，当我们介绍他人彼此认识时，也会经常重点提到某些人的"性格好"。相对应地，我们偶尔也会遇到看起来"没什么性格特质"的人。

对性格的讨论在社会生活中随处可见，以至于部分企业在招聘员工时也会参考员工的性格资料。例如，华为在招聘员工时一直强调选人的重点是性格，而不是知识或技术技能。在招聘应届毕业生时，许多雇主也认为性格比工作经验和受教育程度更重要。但究竟什么是性格呢？

6.2.1　经典大五人格理论

每个人都是独一无二的，人性也是复杂的。我们可以用数百个形容词来描述这种独特的复杂性。然而，多年来，心理学家经研究还是发现了五个基本、普遍的维度可用来描述人的性格。这五个主要维度被称为性格大五模型。五大维度分别是：

- **外向性（extraversion）**。外向性指一个人外向或害羞的程度。外向性高的人，往往善于交际、亲和力强、精力充沛、快乐和自信。外向性高的人喜欢社交场合，而外向性低的人（内向的人）会回避社交。对于需要大量人际互动的工作，如销售和管理，外向性尤其重要。在这些工作中，善于交际、自信、精力充沛和斗志对于成功至关重要。

- **情绪稳定性或神经质（neuroticism）**。情绪稳定性或神经质衡量一个人控制情绪的能力。情绪稳定性高的人往往更自信，自尊心更强。情绪稳定性低的人倾向于自我怀疑和抑郁，往往感到焦虑、充满敌意、冲动、沮丧、缺乏安全感，并且更容易感知到压力。因此，在几乎所有工作中，情绪稳定性低的人的表现都有可能受负面事件影响。情绪稳定性高的人更容易与同事和客户进行有效互动，因为他们往往更冷静、可靠。

- **宜人性（agreeableness）**。宜人性也即亲和性，衡量一个人友好和平易近人的程度。亲和度高的人往往热情、体贴、考虑他人、友好、同情心强、乐于合作、乐于帮助他人。亲和度低的人往往冷漠、孤僻、更爱争论、顽固、不善于合作、不关心他人、心胸狭窄、易于否定他人。在需要互动并涉及帮助、合作和支持他人的工作以及涉及团队合作和协力的工作中，亲和性往往有助于提高工作绩效。

- **尽责性（conscientiousness）**。尽责性衡量一个人认真、负责、侧重成就的程度。尽责的人往往是积极的、值得信赖的，他们有条不紊、自律、努力工作、追求成就，而不尽责的人则往往不认真、懒惰和冲动。尽责的人往往倾向于努力工作和取得成就，所以在大多数工作中表现优秀。

- **开放性（openness）**。开放性指一个人灵活思考和接受新想法的难易程度。开放度高的人倾向于创造力和创新。开放度低的人则倾向于维持现状。开放度高的人往往在涉及学习和创造力的工作中表现出色，因为他们往往具有高智商、好奇心和想象力，并且兴趣广泛。

五大维度是相对独立的。也就是说，个人的五大维度得分高低是多种多样的。此外，五大维度往往不受文化因素的限制。因此，不同文化中的人在描述朋友和熟人的个性时，可以使用相同的维度。此外，另有证据表明，五大维度受遗传因子的影响。

6.2.2 中国的大七人格理论

McCrae 和 Costa（1997）得出结论，认为大五人格结构适用于所有文化中的人。因为人类所面对的生存压力在某种程度上相似，人格结构应该跟生理结构、器官形态及功能、生理反应等一样具有很高的相似性。但果真如此吗？中国人与西方人的人格结构是否相同或相似？

我国学者参照西方学者对人格研究的范式，对人格特质的中文形容词进行了系统全面的收集、分类和界定，并发布了中文形容词对应的人格维度的挑选结果（崔红等，2003）。在这项研究中，学者们从当时的报纸、杂志、小说、《现代汉语词典》（商务印书馆 1988 年版）、《现代汉语词典（补编）》（商务印书馆 1989 年版）、中小学语文课本，以及大学生对自己及其所熟悉的人的描述中，共抽取出 7 794 个人格特质形容词。然后，他们又从这些形容词中抽取了对人格特质进行评价的 2 478 个词（约占 32%），并在后续的研究中，通过因素分析得出中国人人格的七个维度：

- **外向性**。外向性反映的是人际情境（聚会、集体活动）中活跃、主动、积极和易沟通、轻松、温和的特点，以及个人的乐观和积极心态，是外在表现与内在特点的结合。高分者的特点是人际交往中表现活跃、积极，擅长与人交往，容易与人沟通，受人欢迎，以及个人情绪方面的乐观和积极；低分者的特点是人际交往中被动、拘束和不易接近，以及个人情绪方面的消极和低落。外向性包括活跃、合群、乐观三个子因素。
- **善良**。善良反映中国文化中"好人"的总体特点，包括对人真诚、宽容、关心他人以及诚信、正直和重视感情生活等内在品质。高分者的特点是对人真诚、友好、顾及他人、诚信和重情感；低分者的特点为对人虚假、实施欺骗以及利益为先、不择手段。善良包括利他、诚信和重感情三个子因素。
- **行事风格**。行事风格反映个体的行事方式和态度。高分者的特点是做事踏实认真、谨慎、思虑周密、行事目标明确、切合实际以及守规矩、合作；低分者的特点是做事浮躁、标新立异、不合常规以及不切实际和难缠。行事风格包括严谨、自制和沉稳三个子因素。
- **才干**。才干反映个体的能力和对待工作任务的态度。高分者的特点是敢作敢为、坚持不懈、积极投入和肯动脑筋；低分者的特点是犹豫不决、容易松懈、无主见和回避困难。才干包括决断、坚韧和机敏三个子因素。
- **情绪性**。情绪性反映个体情绪表达和控制的稳定程度。高分者急躁、冲动，对情绪不加掩饰和难以控制；低分者情绪稳定、平和，情绪表达委婉和可控。情绪性包括耐性和爽直两个子因素。
- **人际关系**。人际关系反映对待人与人之间关系的基本态度。高分者待人友好、温和、与人为善并乐于沟通和交流；低分者把人际交往看作达到个人目的的手段，以自我为中心、待人冷漠、计较、拖沓和盲目。人际关系包括宽和与热情两个子因素。

- **处世态度**。处世态度表明个体对人生和事业的基本态度。高分者往往目标明确、坚定和理想远大，对未来充满信心、追求卓越；低分者则安于现状、得过且过、不思进取、退缩平庸。处世态度包括自信和淡泊两个子因素。

6.3 性格与组织行为

究竟是时势造英雄还是英雄造时势？董明珠如果是00后还能获得成功吗？

无论是学者还是大众对于"性格决定命运"这一说法的争论都具有相当长的历史。最初，学者们认为员工在组织里的许多重要结果，包括动机、态度、绩效和领导力都是由其性格所导致的。第二次世界大战后，性格测试在军事人员选拔中的应用开始变得普遍起来。20世纪50—60年代，性格测试在商业组织中开始流行。

6.3.1 性格对行为的影响

针对员工开展的预测其行为的性格测试是一种侧重于个人特质和性格的组织行为方法，被称为性格法（dispositional approach）。根据性格法，每个个体的态度和行为都是由他的某些稳定特点或特征所决定的。换句话说，就是不论何种时间或者情境，个体都倾向于采取某些特定方式来行事。这一观点也受到来自国内外实证研究的大量证据支持，例如，大五人格里的尽责性，在跨层级和跨工种的情况下都被证实能有效地预测员工的绩效（Hurtz & Donovan，2000）。

然而，数十年的研究中也出现了一些混杂、不一致的结果，即在不同的职业当中不同的人格维度对行为和绩效的预测效果有大有小。例如，表6.1是已有研究发现的不同职业中性格对工作行为的不同预测效果（Judge & Zapata，2015）。

表6.1 不同职业中性格对工作行为的不同预测效果

性格可有效预测工作行为的职业			
飞机机长	导购	演员	心理咨询师
飞行员	空乘	财务管理人员	系统分析师
医师	电话推销员	销售代表	会计
性格无法有效预测工作行为的职业			
数学家	软件工程师	邮递员	统计学家
历史学家	作曲家	保洁人员	档案员
生物学家	核反应堆操作员	流水线操作人员	模特

资料来源：Judge 和 Zapata（2015）。

研究人员开始将注意力转移到工作环境中可以预测和解释组织行为的其他因素，例如奖惩措施和工作任务的特征上，研究它们如何影响人们的感受、态度和行为。

6.3.2 情境对行为的影响

与"性格决定命运"论完全相对应的是 Mischel（1977）提出的情境强度理论（situation strength theory）。请想象一下，假如你们部门正在和客户开一个重要的碰头会议，你会突然站起来一拍桌子，指着你的客户或者与下属大声争吵吗？可能大部分人都不会这么做。那么再想象一下，假如你和你的同事们现在是居家办公，你们正在参加一个线上会议，如果不要求打开摄像头的话，你们会选择着正装还是睡衣出席会议呢？

根据情境强度理论，以上描述的两个不同的工作场景就代表了组织环境的一个特征，即强或弱的职场/工作场景。强情境下所有人都知道什么是正确的行为，给员工施加了顺从和服从的压力，使其行为表现出高一致性和低自由度；相反，弱情境代表了一种"什么都可以做"的场合，所以人们可以更自由地在行为中表达个人偏好和特点。因此，情境强度理论认为人格对员工行为的预测只在弱情境下是有效的，而在强情境下，员工所处的场合、位置和所扮演的角色制约了其个性的发挥以及对行为的预测。例如，许多研究表明，工作满意度和其他与工作相关的态度在很大程度上取决于情境因素（Meyer, Dalal, & Hermida, 2010）。

6.3.3 性格和情境共同影响行为

多年来，这两种观点的支持者都在"个人相较于情境"的辩论中争论性格与情境的重要性。虽然谁胜谁负尚无定论，但现在认为这两种观点对于预测和理解组织行为都很重要。这就导致了第三种观点的产生，即"交互主义法"或"交互主义"（interactionist）。根据交互主义观点，组织行为同时取决于性格和情境。换句话说，要预测和理解组织行为，就必须了解个人的性格及其所在的工作环境。这种观点现在是组织行为学中最广为接受的观点。例如，倾向于遵循规则的人会希望得到具体的指引，他们的回应（和工作态度）反映了他们对情境的理解。

交互主义观点最重要的内涵之一是某些人格特质在某些组织情境下最有用。基于这一视角，学者们提出了用于理解性格和情境的另一大重要理论框架——特质激活理论（trait activation theory, TAT）。根据特质激活理论，人格特质只有在情境使得对该特质的需求变得突出时才会导致某些行为的产生。换言之，当情境需要特定的性格特质时，性格特质会影响人们的行为。根据特质激活理论的预测，部分情境、场景或互动能够更有力地激活某种特质。通过运用特质激活理论，我们可以预测特定职位所需要的特定性格特质。

例如，与佣金挂钩的薪酬计划可以激发个体差异，因为外向的人比性格开放的人对奖励更加敏感。相对地，在鼓励创造性的岗位中，相较于外向性而言，开放程度的差异可更好地预测个体表现。在一个友善的环境中，每个人的行为都倾向于社交化，但在不友善的环境中，只有高社交倾向的人才会倾向于社交。最近的研究发现，上网课的时候，学生受到电子监控时，反应会有所差异。害怕失败的人对电子监控更加畏惧，结果就是学到的内容显著减少。在这种场合下，环境特征（电子监控）激发了特定的特质（畏惧失败），二者的结合降低了个人的工作表现。

因此，世上没有最优的性格，管理者需要认识到组织中员工性格多样性所带来的优势。此处的一个关键概念是合适：将合适的人放置于合适的工作、团队或组织中，让不同的员工接触不同的管理风格。总体而言，情境强度理论和特质激活理论证明，先天和后天因素并不是互相排斥的，而是共存的，它们不仅共同影响人的行为，其相互之间也会互动。换言之，性格和情境共同影响工作行为。然而，当情境合适的时候，性格作为预测行为的指标的效果会更加突出。

对于当前的中国企业来说，企业数智化变革这一情境对企业管理和员工素质提出了挑战及要求。例如，在中小企业众多的浙江地区，政府从 2020 年开始出台众多鼓励企业进行数智化转型的政策和措施。在政策引导和外部环境刺激下，中小企业开始对数智化有所了解，也开始了一些简单的探索。浙北某传统制造业企业在 2021 年年初从海外一口气下单了价值数百万元的新的智能机械设备，准备在技术的精细化和效率两个方面全面提升作业水平，脱离传统的工人作业模式。同时，为了配套硬件的升级，该企业更是从上海购买了成套的数智化管理软件，希望有助于更好地管理员工，实现数智化全面转型。然而，该企业很快发现愿景很美好，现实却比较残酷。很多员工并不接受数智化的设备。有的工人指出，学习智能化车间技术就是在浪费时间，"要是自己手工干早就干完了"，甚至粗暴地把机械设备推到一边，继续进行传统操作。甚至一线管理人员也开始感到沮丧，觉得数智化就是一个浪费钱的骗局，无法接受。在高额的投入下，整个企业没有办法形成数智化的氛围，使得数智技术的投入变成了累赘。如果企业管理层和员工普遍认为数智化将会威胁他们的工作，或者认为自己无法掌握数智化所要求的知识和技能，那么即便企业引入了数智化生产技术，也很难取得预期的效果。

面对数智化转型，浙江这家传统制造业企业的情况并非罕见。对于那些习惯于传统发展模式的企业以及传统工作方式的员工而言，数智化将是一场革命。结合当前的数智化变革情境，企业或许可以从培养企业管理者和员工的一些个人特质（例如成长型心智）入手，以有助于他们适应数智化变革。

6.4 其他性格特质

6.4.1 控制点

请对比以下两个员工的经历：小张和小陈都是投资银行的管理培训生。然而，他们对自己的未来有着截然不同的期望。小张刚刚就读附近大学的在职 MBA。虽然其中一些 MBA 课程的知识并不能立即适用于她的工作，但她觉得，随着自己在公司中的职位晋升，她必须为承担更大的责任做好准备。小张相信，她会获得职位晋升，因为她努力学习，勤奋工作，并出色完成了自己的工作。她觉得一个人在这个世界上会有自己的路，她可以掌控自己的命运。她确信，只要她真的想在投行晋升到更高的职位，那么有朝一日她一定可以做到。她的个人座右铭是"我能行"。

而小陈认为在他已获得的学士学位之外继续接受更多的教育是没有用的。获得晋升的人只是运气好或有特殊关系，进一步的学习准备或努力工作与此无关。小陈觉得不可能预测自己的未来，并坚信这个世界是相当不公平的。

小张和小陈之间在控制点（locus of control）的人格维度上存在差异。该维度特指个人对控制其行为的因素所在位置的判断。在连续体的一端，是高内部因素信念者（小张），他们认为控制自己行为的机会存在于自我本身。在连续体的另一端是高外部因素信念者（小陈），他们相信外力决定了他们的行为。换句话说，与内部因素信念者相比，外部因素信念者将世界视为一个不可预测的偶然性场所，其中，运气、命运或手握权势者可以控制他们的命运。

内部因素信念者认为，他们在工作中付出的努力与其所达到的绩效水平之间存在更紧密的联系。此外，与外部因素信念者相比，他们更加相信组织会重视高绩效，并会给予高绩效者奖励。由于内部因素信念者认为他们的工作行为会影响其获得的奖励，因此他们更有可能意识到并利用使他们能够高效工作的信息。

研究表明，控制点会影响各种职业环境中的组织行为。显然，高内部因素信念者因为相信自己能够控制发生在自己身上的事情，所以往往对自己的工作更满意，对组织更忠诚，赚的钱更多，获得的组织职位也更高。此外，他们似乎也往往感到较小的压力，有能力更好地应对压力，倦怠感更低，职业规划也更谨慎。他们缺勤的概率更低，对自己生活的满意度往往更高。

传统的西方命运信念和控制理论将命运信念与被动、退缩和抑郁联系起来。鉴于中国环境的特殊性，有学者认为（Au，Qin，& Zhang，2017），简单地应用或略微修改西方理论的研究对理解现有的组织行为有一定的贡献，但未能提供关于中国或亚洲背景下的管理实践的创新思想或新的见解。为了更全面地把握中国集体智慧在文化上的细微差别，学者们引入了"可协商的命运"（negotiable fate）即"认命变运"这一概念，为中国的组织行为提供新的见解。对于组织行为学的学者来说，命运和感知控制的模型或理论主要是由西方学者根据西方样本开发的。相比之下，"认命变运"在中国的集体智慧中找到了其源头。

首先，宿命论的决定论，也叫宿命论，是一种个人无法改变命运设定的信念，这反映在两句中国谚语中："百事分已定，浮生空自忙"，以及"人算不如天算"。因此，其认为，一个人的命运是预先设定、不可改变的，个人的努力变得无关紧要。宿命论的决定论和认命变运都承认命运的作用，但认命变运的信念为个人的主动性保留了空间，通过突破命运施加的限制来改变结果。因此，个人不是向命运屈服，而是通过对情境的最佳利用来保持控制。从经验上看，宿命论的决定论和认命变运是截然不同的。

其次，在过去的二十年里，跨文化研究者对命运控制给予了相当大的关注。认命变运与控制点相关。详细来说，内部控制点高的人认为个人行为控制了结果，外部控制点高的人认为外部力量决定了结果。中国有两句谚语体现了内部控制点的概念——"富贵本无根，尽从勤里得""天工人可代，人工天不如"。内部控制点和认命变运的共同点是都相信个人行为可以改变结果，但它们规定了不同的方法。也就是说，从内部控制点的角度来看，个人的行为完全决定了结果（不受外部因素的影响）。相比之下，从认命变运的角度来看，一些环境方面的因素是不可控制的，但个人仍然可以充分利用自身所具备的条件来实现其目标。因此，从这个角度来看，每一组环境都有各种可能的结果：可以控制目的，但不需要控制手段。在快速变化的环境中，适当的解决方案是未知的。

认命变运的命运观是独特的，它代表了共同的因果关系，同时也接受了结果的不可预测性。此外，中国的谚语提供了对中国文化中关于可协商命运的智慧的洞察力，这种信念鼓励个人在与不可控的外部因素抗争时坚持不懈和坚韧不拔。

6.4.2　完美主义

鉴于当今商业环境的激烈竞争，管理者倾向于要求下属创造新颖有用的想法、产品和服务（即创造力），超越客户的期望，并达到竞争对手难以逾越的标准。因此，领导者往往会对员工表现出一种完美主义倾向（领导者完美主义），为他们建立极高的标准，要求他们达到这些标准，并期望他们在没有错误或缺陷的情况下提供最好的结果。完美主义在今天的工作场所正变得越来越合法化。完美主义领导者的典型例子包括西方的史蒂夫·乔布斯、埃隆·马斯克，以及东方的稻盛和夫、雷军和董明珠等。本章引导案例的主人公董明珠就曾表示，对完美的追求是无止境的。

完美主义指的是一个人与生俱来的对完美和无瑕的渴望，表现为对自己（自我导向的完美主义）和他人（他人导向的完美主义）的类似完美主义行为。例如，领导者对员工的完美主义就是一种面向他人的完美主义。领导者对员工的完美主义被定义为领导者对员工完美的渴望，其特点是领导者为员工设定极高的标准，坚持要求他们达到这些标准，并期望他们在没有错误或缺陷的情况下提供最佳结果。与其他领导者特征（如领导者的自恋、谦逊和幽默）类似，领导者的完美主义表现为针对员工的具体行为，而员工对这种行为的个人感知会影响他们的体验。

徐琳娜等（Xu et al., 2022）探讨了领导者对员工的完美主义是否会促进或阻碍员工的创造力。从自我调节的角度，研究发现，对于内部控制点高的员工来说，领导者的完美主义对他们的参与度和随后的创造力有一个曲线影响，这样的影响是积极的，但当领导者的完美主义达到极端时，这种影响就会变弱。相比之下，对于外部控制点高的员工来说，领导者的完美主义对他们的情绪衰竭有积极的影响（但对参与度没有影响），这削弱了他们的创造力。

6.4.3 黑暗三性格

五大维度的特质定义都是正向和积极的，即得分越高就越有利。它们对于重要的组织结果的影响也有十分可靠的理论佐证。研究人员也发现了其他三大不受社会欢迎的特质：马基雅维利主义（Machiavellianism）、自恋（narcissism）、精神失常（psychopath）。这些特质我们或多或少都会有，也和组织行为有一定关联。因为它们本质上是负面特质，所以研究人员将其称为"黑暗三性格"——即便它们并不总是同时出现。

尽管黑暗三性格听上去很邪恶，但这些特质并不是会影响日常生活的临床医学疾病。当个人在承受高压力以及无法妥善处理不当反馈时，这些特质会特别明显地表现出来。长期具有高度黑暗性格的个人可能会在职业生涯和个人生活中误入歧途。

马基雅维利主义。马基雅维利主义的名称源自尼科洛·马基雅维利。这位16世纪的作家是人际关系中狡诈、诡计多端和机会主义的代表。通过撰写贵族获取、使用权力的指南——《君主论》，马基雅维利在历史上的地位不可忽视。马基雅维利这本著作的主题，是将操纵技巧作为获取利益、控制他人的基本手段。书中描绘了一个马基雅维利主义者的个性特征：纯粹为了个人利益而观察、操纵他人。心理学家开发了一系列被称为马氏指标的工具来衡量一个人的马基雅维利主义倾向。高马氏性格是指一个人的行为方式倾向于遵循马基雅维利基本原则。这些人处理事件时往往逻辑性强、深思熟虑，甚至不惜撒谎以实现个人目标。他们很少被忠诚、友谊、过去的承诺或他人意见所左右，而且善于影响他人。

使用马氏指标的研究详述了高马氏性格人群和低马氏性格人群在各种情况下的预期行为方式。一个具有"冷静"和"超脱"特质的高马氏性格的人，往往会试图控制并尝试利用结构松散的情境，但会在高度结构化的情境下以敷衍甚至超脱的方式表现自我。低马氏性格的人倾向于在结构松散的情境下接受他人的指示，在高度结构化的情境下则表现优秀。例如，在条件允许的情况下，高马氏性格的人可能会不惜一切代价达到目的。相比之下，低马氏性格的人往往更倾向于遵循道德规范，抵触撒谎或作弊。即使他们撒谎或作弊，也很容易暴露。

自恋。举个例子：小吴总是希望成为众人关注的焦点。他经常照镜子，对自己的未来怀揣着华而不实的梦想，并且认为自己多才多艺。我们认为小吴就是一个自恋者。自恋的名称来源于希腊神话中的纳西索斯。他是一个骄傲、贪慕虚荣的年轻人，居然爱上了自己的镜像。心理学中，自恋指一个人对自己的重要性评价甚高，贪恋于他人的仰慕，自大自傲。自恋者通常梦想自己会获得巨大的成功，倾向于利用情境或他人，渴望权力，缺少同理心。然而，自恋者也可能是过度敏感和脆弱的人。他们可能比常人更易怒。

自恋特质似乎和工作绩效或组织公民行为（organizational citizenship behaviors）关系不大。在个人主义文化中，自恋特质是反生产工作行为（counterproductive work behaviors）增长的最有效预测指标，但在倾向于抑制自我表现的集体主义文化中则并非如此。自恋者往往认为自己生不逢时，应该得到更好的职位。当他们得到自己的绩效评估反馈时，经常会过滤掉与自己的良好自我感觉相冲突的内容。然而，只要有奖励，他们仍然会努力工作。

自恋积极的一面在于，自恋者可能比其他人更有人格魅力。他们在商业界最为常见。他们往往会担任领导者职位。中度（不高不低程度的）自恋也和领导效率正向相关。部分证据表明，自恋者的适应力更强，面对复杂问题时做出的业务决策也更完善。此外，在一项针对银行员工的研究中，学者们发现自恋程度高的员工对工作的满意度也更高。

如果你的同事很自恋，你会怎么和他相处呢？由于自恋对员工的工作绩效、满意度和工作当中的人际关系有影响，员工自恋已成为学者和管理实践者的重要研究课题。学者们尤其呼吁进一步研究高自恋特质的员工在社交互动过程中（例如同事之间或者和领导之间）的行为，例如自恋的员工会展现出更多的还是更少的亲社会行为。因此，员工自恋影响亲社会行为的机制需要进一步探索。更重要的是，过去国内对于自恋员工的研究并不是很多。为了填补这一理论空白，刘文兴等（2022）借鉴自恋崇拜和竞争概念，探讨了员工的自恋崇拜通过关系趋近动机对亲社会行为产生积极影响，而自恋竞争通过关系回避动机对亲社会行为产生消极影响。这些学者进一步发现，任务相互依赖性作为一个重要的情境因素，将直接影响员工不同自恋特质和动机的表达及其随后的亲社会行为。也就是说，首先，自恋崇拜对员工的亲社会行为有显著的正向影响，而自恋竞争对员工的亲社会行为有显著的负向影响。其次，关系趋近动机有助于解释自恋崇拜与亲社会行为之间的关系，而关系回避动机无法解释自恋竞争与亲社会行为之间的关系。最后，任务相互依赖性在自恋崇拜与关系趋近动机之间的关系中起到了调节作用，并通过关系趋近动机进一步调节了自恋崇拜对员工亲社会行为的间接影响。

自恋员工的例子可能并不是那么常见，但自恋的领导者却非常普遍。你总是很容易在职场中听到有员工抱怨自己的领导比较自恋。那么，自恋的领导者有什么样的特点和影响呢？正如上述自恋的定义，自恋的领导者一般都野心勃勃，同时也格外关注自己的影响力。这样的领导者往往在下属眼中更具有魅力，也被证实会带来很多积极的结果。自恋的领导者有很强的号召力，在危急的情况下对凝聚团队有非常正向的影响。但是，硬币总是有正反两面。自恋的领导者也会有很多局限性。因为自恋人格的特点，自恋的领导者往往容易刚愎自用，会贸然做出一些决策。很多人指出，自恋的领导者在组织中很容易成为一个不稳定因素，因为他们往往不擅长指导下属，也不利于营造良好健康的氛围，并不是可持续发展的组织所青睐的领导者类型。

与自恋的领导者相反的是谦卑的领导者（humble leader）。在中国文化下，谦卑是备受推崇的传统美德。所以，在很多的中国企业中，大家都明确表达了对谦卑的领导者的喜爱。谦卑的领导者与自恋的领导者正好相反，他们更能接受自己的不足，也更愿意指导下属和采纳下属的建议（Ou et al., 2014）。谦卑的领导者的柔性让这种领导特质更容易提升下属的投入度和积极性，也更容易让下属产生对领导者和组织的认同。更重要的是，从组织层面来看，谦卑的领导者可以更容易帮助组织建立起有凝聚力的团队，也可以帮助组织获得更加长远的发展。也有一些西方学者指出，谦卑的领导者也有其自身的局限性。过分暴露自己的弱点和让渡权力给下属，容易被下属认定为软弱和犹豫不决，更有甚者，可能会使下属实施更多的越轨和不规矩的行为。很可惜的是，目前从东方文化视角讨论谦卑的领导者优劣的文章并不多见，需要有更多的研究去发掘中国文化背景下对谦卑的领导者正反两方面作用的客观探讨。

精神失常。精神失常也是黑暗三性格之一，但是在组织行为的研究中，它并不属于临床精神疾病。在组织行为的人格理论体系中，精神失常指的是对他人缺乏关怀，缺少负罪感，或实施损害他人的行为后并不感到懊悔。精神失常的衡量指标包括遵循（破坏）社会规则的倾向、冲动倾向、使用欺骗的手段达到目的的倾向以及忽视他人的程度。

关于精神失常对工作行为是否重要，研究结论并不一致。有的研究表明，精神失常程度与工作绩效或反生产工作行为之间的关联性较小。另外的研究则表明，反社会性格，即与精神失常紧密相关的特质，与组织的发展正向相关，但与职业生涯的成功和有效性并不相关。也有研究表明，精神失常同强制影响策略（威胁和操纵）以及欺凌性工作行为（人身或语言威胁）相关。精神失常特质显著的人凭借着狡黠的特质可以在组织内获得一定的权力，但不会妥善使用权力，所以无法为其自身或组织开创更好的前景。

本章小结

自尊是一个人拥有积极自我评价的程度。在组织中，自尊心弱的人比自尊心强的人更容易受外部因素和社会影响，换言之，他们更容易妥协。

自我效能感指一个人相信自己有能力在各种具有挑战性的情况下获得成功。自我效能感高的人能够更顺利地适应新奇、不确定和不利的环境。此外，具有较高自我效能感的员工具有较高的工作满意度和工作绩效。

性格是一整套相对稳定的心理特征，影响一个人与其所处环境互动的方式，以及感受、思考和行动的方式。

可以用普遍的维度来描述人的性格。这五个主要维度被称为性格大五模型。外向性指一个人外向或害羞的程度。外向性得分高的人，往往善于交际、亲和力强、精力充沛、快乐和自信。情绪稳定性（神经质）衡量一个人控制情绪的能力。情绪稳定性高（低神经质）的人往往更自信，自尊心更强。情绪稳定性低（高神经质）的人倾向于自我怀疑和抑郁。宜人性（亲和度）衡量一个人友好和平易近人的程度。亲和度高的人往往热情、体贴、考虑他人、友好、同情心强、乐于合作、乐于帮助他人。亲和度低的人往往冷漠、孤僻。尽责性衡量一个人认真、负责、侧重成就的程度。尽责的人往往是积极的、值得信赖的。开放性指一个人灵活思考和接受新想法的难易程度。开放度高的人倾向于创造力和创新。开放度低的人则倾向于维持现状。

中国学者通过因素分析得出中国人人格的七个维度：外向性、善良、行事风格、才干、情绪性、人际关系、处世态度。

根据交互主义观点，组织行为同时取决于性格和情境。换句话说，要预测和理解组织行为，就必须了解个人的性格及其工作环境。这种观点现在是组织行为学中最广为接受的观点。

情境强度理论认为，在强情境下所有人都知道什么是正确的行为，弱情境则代表了一种"什么都可以做"的场合。该理论认为，人格对员工行为的预测只在弱情境下是有效的，而在强情境下，员工所处的场合、位置和所扮演的角色制约了其个性的发挥以及对行为的预测。

根据特质激活理论，人格特质只有在情境使得对该特质的需求变得突出时，才会导致某些行为的产生。

高内部因素信念者相信自己能够控制发生在自己身上的事情，他们往往对自己的工作更满意，对组织更忠诚，也往往感到较小的压力。

持有认命变运信念的高管在与不可控的外部因素抗争时坚持不懈、坚韧不拔，他们的企业更具创业导向，创新和财务表现也更好。

完美主义表现为对自己（自我导向的完美主义）和他人（他人导向的完美主义）的类似完美主义行为。

对于组织中的个体来说，自恋者可能比其他人更有人格魅力，适度自恋人格也和领导效率正向相关。但是，自恋竞争则对员工的亲社会行为有显著的负向影响。

重要术语

自尊　自我效能感　行为可塑理论　大五人格特质　中国人的大七人格　情境强度理论
特质激活理论　控制点　认命变运　完美主义　黑暗三性格

复习思考题

1. 性格是指什么？影响性格的因素有哪些？
2. 大五人格特质是什么？
3. 性格特质如何预测工作行为？
4. 除大五人格特质外，你认为还有哪些性格特质与员工或者领导行为相关？

中国实践

印建安与陕鼓

印建安 1957 年出生在上海。青少年时期的他经历了短暂的高中学习后，便插队下乡到了陕西蒲城。国家恢复高考那年，印建安毫不犹豫地参加了考试，结果却落榜了。他决心再考一次并跑到在陕西凤县工作的姐姐的单位备考。高考前夕，恰巧姐姐的一位毕业于西安交通大学电机系的同事去看望她,在和印建安交流后否定了他的复习策略并将自己当年的考试方法传授给他。印建安就把自己原来的备考方法全部推倒重来,复习了十几天。之后,他如愿考上了西安交通大学。印建安从这段经历中悟出这样的道理,即成绩在短时间内的大幅提高得益于与之相匹配的学习方法,适合的思路和方法是成事的基础与必备条件,方法正确才能事半功倍。此外,人在做事的过程中需要不断地向高手学习,并进行自我学习、反思与总结。

1982 年,印建安从西安交通大学毕业后进入陕西鼓风机(集团)有限公司(以下简称"陕鼓")工作。作为大型的国有制造业企业,陕鼓承载着中国平鼓风机相关设备的设计和制造任务。一开始,印建安在陕鼓专注于基层技术工作。之后,他出任总工程师办公室主任,几年后担任副总工程师,然后是营销副厂长。2001 年,四十多岁的印建安出任陕鼓董事长、党委书记、总经理。上任伊始,印建安便带领团队开展市场调查和行业研究,了解客户的需求和同行正在开展的业务。他发现,同行们交流的内容同质性非常高,好像企业的发展只有那么几条路可以走,且越走越不顺畅。印建安联想到自己在访美期间参观的芝加哥附近的一个"鬼城"工业区:美国国内需求的饱和导致制造业转移,设备废弃,工业区"人走楼空"、死气沉沉。印建安当时受到了极大的震撼。所有这些经历使得印建安下定了改革的决心:陕鼓必须进行业务模式的转型,走同行没有走的路,走客户需要的路。

在那个年代,几乎没有任何一家风机企业在思考印建安思考的事情,更没有可以借鉴的经验。印建安相信持续学习、思考和总结的力量。经过大量的学习和市场调研,他认为陕鼓要想进行业务上的变革,就必须改变现有的管理模式,去行政化,同时改变大家的观念,确立新的企业文化。在没有明确可借鉴的经验的情况下,印建安决定采取"边学边干边推广"的方法,进行新管理模式和新业务模式的摸索及转型。他公开企业战略转型的想法后,在一次会议上,上级主管领导对他进行了长达半个小时的脱稿批判。印建安深知,要推进国有企业的变革,得到上级主管领导的支持非常重要。他发现只要企业的诉求合理,上级主管领导也能理解并给予支持。他常说:"领导也是你的客户,我们要把领导作为推进改革的一种重要资源。"他会利用与上级主管领导见面的宝贵机会,反映他认为重要的问题,争取对方的帮助和支持。

为了获得解决问题的灵感,印建安选择向"高手"学习而非向同质化的同行学习。1999 年,时任陕鼓营销副厂长的印建安在与北京的一家 IT 公司副总聊天时了解到,IBM 研究出了计算机系统里的远程监控系统。印建安便想到自己所在的行业也可以做类似的事情,所以陕鼓在 2001 年便正式启动了远程在线监测系统的研发。一次偶然的机会,印建安体检时和医院的健康管理中心主任聊天,对方提到自己正在思考对高端人群体检设备进行管理的方法。印建安立刻想到这与陕鼓的管理底层设计也有类似的地方,比如,如果行业里先进的系统无法安装到所有设备上,那么其中最先进的系统就应该安装到关键设备和高端设备上。两人聊了很长时间,这位主任最后说:"我从医这么多年,这是我第一次和非医学专业人士讨论这个问题。"

2005 年,印建安通过大量的学习和调研,同时基于对用户需求取向和未来工业发展趋势的判断以及对国外先进制造业的学习，正式提出了"两个转变"的企业发展战略：从单一产品制造商向能量转换领域系统解决方案商和系统服务商转变；从产品经营向品牌经营、资本运营转变。随后，陕鼓业务的大力发展带来了经济效益的提升。2007年，陕鼓动力进行上市改制，2010年正式在上海证券交易所上市。2015年，陕鼓不再满足于跟随用户的当下需求，而是开始挖掘用户的潜在需求，并关注用户的未来需求。2016年，印建安提出陕鼓的第二次战略转型，战略聚焦于分布式能源市场领域。

2017年，出于年龄原因，印建安退休。目前的印建安仍在不断地学习和研究，继续探索中国制造业企业的发展和服务模式，也为中小企业的健康发展提供帮助。有学者曾问印建安："回过头来看，如果再让你选择一次，明明知道有两条道路，一是自己出来为自己做事，二是走你在陕鼓的这条路，你会选哪一个呢？"印建安明确地回答："我肯定还是会选我在陕鼓的这条路。"他觉得自己在陕鼓担任了十几年的董事长，获得了合理的收入，生活有了保障，自己很欣慰。更让他感到自豪的是，他为社会做出了贡献，也让企业的员工体会到了幸福感和获得感。

资料来源：张志学，《陕鼓变革十六载》，载张志学、马力主编，《中国智造：领先制造业企业模式创新》，北京：北京大学出版社，2022年版，第179—204页；张志学、杨伊佳，《居安思危，刷新国企：陕鼓的变革》，北京大学管理案例研究中心，2020年。

思考题

1. 印建安具有什么样的个人特质？
2. 印建安的个人特质在引领企业转型升级的过程中有什么样的表现？
3. 企业转型升级对领导者的素质提出了什么样的要求？
4. 我国企业应该怎样培养自己的中层管理者的素质，以更好地领导企业转型升级？

参考文献

崔红等，2003，《中国人人格结构的确认与形容词评定结果》，《心理与行为研究》，1（2）：89—95。

刘文兴、祝养浩、柏阳、王海江、韩翼，2022，《孤芳自赏还是乐于助人？员工自恋对亲社会行为的影响》，《心理学报》，54（3）：300—312。

纳德拉，萨提亚，2018，《刷新：重新发现商业与未来》，陈召强、杨洋译，北京：中信出版社。

Au, E. W., Qin, X., & Zhang, Z. X. 2017. Beyond personal control: When and how executives' beliefs in negotiable fate foster entrepreneurial orientation and firm performance. *Organizational Behavior and Human Decision Processes*, 143: 69–84.

Bai, Y., Maruskin, L. A., Chen, S., Gordon, A. M., Stellar, J. E., McNeil, G. D., Peng, K., & Keltner, D. 2017. Awe, the diminished self, and collective engagement: Universals and cultural variations in the small self. *Journal of Personality and Social Psychology*, 113（2）: 185–209.

Boucher, H. C., Peng, K., Shi, J., & Wang, L. 2009. Culture and implicit self-esteem: Chinese are "good" and "bad" at the same time. *Journal of Cross-Cultural Psychology*, 40（1）: 24–45.

Dweck, C. 2006. *Mindset: The New Psychology of Success*. New York: Random House.

Hurtz, G. M., & Donovan, J. J., 2000. Personality and job performance: The Big Five revisited. *Journal of Applied Psychology*, 85（6）: 869–879.

Judge, T. A., & Zapata, C. P. 2015. The person-situation debate revisited: Effect of situation strength and trait activation on the validity of the Big Five personality traits in predicting job performance. *Academy of Management Journal*, 58（4）: 1149–1179.

McCrae, R. R., & Costa Jr., P. T. 1997. Personality trait structure as a human universal. *American Psychologist*, 52（5）: 509–516.

Meyer, R. D., Dalal, R. S., & Hermida, R. 2010. A review and synthesis of situational strength in the organizational sciences. *Journal of Management*, 36（1）: 121–140.

Mischel, W. 1977. The interaction of person and situation. in D. Magnusson & N. S. Endler （Eds.）, *Personality at the Crossroads: Current Issues in Interactional Psychology* （pp. 333–352）. Hillsdale, NJ: Lawrence Erlbaum.

Ou, A. Y., Tsui, A. S., Kinicki, A. J., Waldman, D. A., Xiao, Z., & Song, L. J. 2014. Humble chief executive officers' connections to top management team integration and middle managers' responses. *Administrative Science Quarterly*, 59（1）: 34–72.

Rosenberg, M., Schooler, C., Schoenbach, C., & Rosenberg, F. 1995. Global self-esteem and specific self-esteem: Different concepts, different outcomes. *American Sociological Review*, 60（1）: 141–156.

Sheehy, G. 1995. *New Passages*. New York: Ballantine Books.

Xu, L., Liu, Z., Ji, M., Dong, Y., & Wu, C. H. 2022. Leader perfectionism—Friend or foe of employee creativity? Locus of control as a key contingency. *Academy of Management Journal*, 65（6）: 2092–2117.

第 7 章

员工价值观及其变迁

学习目标
1. 掌握价值观的基本定义
2. 了解价值观的主要内容
3. 熟悉价值观变迁的主要理论依据
4. 了解员工价值观变迁的研究发现
5. 领悟价值观变迁对管理的影响

引导案例

富士康员工连跳事件

2010年5月,富士康员工接二连三地坠楼成为舆论焦点。截至当年5月27日,在深圳富士康的园区内,共计12名员工坠楼,其中10人死亡,2人身受重伤入院治疗。此外还有1人割脉自杀未遂。在这家拥有80万名员工、全世界规模最大的代工企业里,这13个人只是八十万分之十三——比例寻常,但密度惊人!

第一个遭遇不幸的员工是年仅19岁、来自河南省鄢陵县的马向前。1月23日,他从富士康观澜二分厂内的一幢宿舍楼上坠下,当场死亡。从3月11日到5月27日,又有多名富士康员工相继坠楼,引发社会舆论的关注和猜测。值得注意的是,非正常坠楼员工的年龄和入职时间具有相当大的相似性。他们均为外地来深圳的青年打工者,分别来自河南、云南、湖南等地,年龄最大的28岁,最小的仅17岁。坠楼的员工中,大部分进入富士康工作的时间不足一年,其中1人于2008年入职,5人于2009年入职,另外2人是2010年才入职,进入富士康工作一个多月就发生了悲剧。

根据富士康及警方提供的资料,坠楼者多出于个人生活原因而选择轻生。富士康发言人称,这些员工之所以做出极端行为,主要是因为婚恋和情感上遇到挫折,或是家庭出现变故。但分析人士指出,富士康接二连三出现年轻员工坠楼事件,反映出新生代外来务工人员的精神和情感困惑已经成为当前中国需要面对和解决的严峻问题之一。有专业人士指出:年轻人在离开学校、家乡、家庭去外部世界寻找机会、试图改变命运的同时,却因为心智、情感尚未成熟,经验欠缺,自然会陷入孤苦、无助、无奈的困境之中。富士康一位马姓员工告诉记者:"每天十来个小时的工作是很枯燥、单调的,而且工作纪律很严格,随便和同事说话会被上司批评,严重的可能还会被记过,所以我们心里有事情一般也不会找上级主管谈。"

这一系列的悲剧还表明,许多企业的管理模式和企业文化无法真正满足员工特别是新生代外来务工人员多方面的新需求,因此也无法真正解决他们所面临的心理问题和精神、情感困惑。"一些非正常事件其实早有先兆,一个跳楼女工因为老乡和朋友调到其他园区工作,已在宿舍哭了两天，但其他室友和朋友未及时把该情况反映给公司。"富士康发言人承认企业对员工的人文关怀不足，"集团的通报体制不够完善，没能在员工有异常状况的时候将悲剧阻止在萌芽状态"。深圳市总工会副主席王同信说："现在的员工主要是80后和90后，他们的文化程度更高、更加追求自身个性发展，有很强的维权意识。如果企业还只是过去以严格管理为主的做法，就必然会出现问题。企业不仅要在物质上保障员工的权益，还要在精神层面体现对员工的人文关怀。"

富士康的一些行政管理人员强调，他们正采取措施改善员工管理与沟通机制，如建立热线通报和心理辅导机制、加强网络文化建设、增加文体资源投入、加强信息沟通与分享等。即便如此，也有人士认为，单凭企业的检讨和努力未必能顺利解决中国新生代打工者的精神困惑。有学者指出，18~25岁的新生代劳动者有更多的平等、享有权利、被尊重、自我实现的要求，无法像父辈那样忍辱负重，但他们在城市里无根无助，没有尊严，没有未来，形成了一个酸楚的"漂移的社会"。一些学者向郭台铭提出忠告：时代在发展，所雇用的劳动者已经发生了重大变化，应该重视这个事实，顺应他们的变化来改变管理模式，如果不能与时俱进，这种管理模式迟早会被社会所淘汰。

资料来源：改编自《富士康"八连跳"凸显中国新生代农民工"精神困境"》，凤凰网，2010年5月17日，https://finance.ifeng.com/a/20100517/2197164_0.shtml（访问时期：2023年2月2日）；邓飞，《揭秘富士康自杀潮内幕：13个人的残酷青春》，乌有之乡网刊，2010年6月17日，http://www.wyzxwk.com/Article/shidai/2010/12/153604.html（访问日期：2023年2月2日）。

思考题

1. 富士康员工连跳事件中的员工有哪些特征？
2. 导致这一悲剧产生的可能原因有哪些？
3. 文中提及"时代在发展，所雇用的劳动者已经发生了重大变化"，你认为新生代员工和老一代员工有什么不同？这给管理带来什么机遇和挑战？

富士康员工连跳事件反映了新一代的年轻员工对工作和人生的看法、在工作场所中的行为表现与企业所熟悉的老一代员工大相径庭。随着时代的发展，我国工作场所中的员工队伍构成越来越呈现出多样化的特点，新生代群体①已经成为职场主体甚至中坚力量。根据国家统计局2021年的数据，在2020年年底的就业人员中，90后员工占17.4%，80后员工占25.9%，70后员工占24.5%，60后员工占20.9%。可以看出，目前的工作场所中存在多个代际并存的现象。大众普遍认为，新一代群体在给组织带来新鲜活力的同时，与以往代际在价值观和行为模式上的差异也日益凸显，使得管理的复杂性大大提高了。在现实场景中，人们经常用"代沟"来表示这种不同，在学术界，则更多用"代际差异"这样的术语来说明这种不同。而在提到代沟或代际差异时，无论是大众还是学术研究都经常把价值观差异作为代际差异中的

---

① 通常是指出生于1980年后的群体。

突出表现形式。本章将首先概要介绍价值观的概念和内涵，然后对价值观的主要理论进行概述，并对中国情境下员工价值观变迁的研究发现予以介绍，最后说明价值观变迁对组织管理的启示。

7.1 价值观概述

7.1.1 价值观的概念

价值观不仅对人的情感和行为反应有重要影响，而且其变化往往被认为是引起社会病变、员工问题、企业不道德行为等的重要因素（Meglino & Ravlin，1998）。从组织层面来说，价值观是企业文化的重要组成部分，也是企业能够实现成功管理的关键。从社会层面来说，一些学者认为价值观是社会制度最重要的属性。

克拉克洪（Kluckhohn，1951）提出的价值观概念在西方心理学界占据了主导地位。他从操作层面对价值观的各种定义进行整合，认为价值观是一种外显或内隐的有关什么是"值得的"看法，它是个人或群体的特征，可能会影响人们对行为方式、手段以及结果的选择。至今，国外研究者仍普遍认为价值观是"以人为中心的""值得的"东西，影响着人们的判断与选择。罗克奇（Rokeach，1973）发展并完善了价值观的定义，认为价值观是一种持久的信念、一种具体的行为方式或存在的终极状态，并把价值观分为终极价值观（terminal values）和工具价值观（instrumental values），但是，这种"目的－手段"的价值观分类并没有揭示价值观的内部结构。施瓦茨（Schwartz，1992）在罗克奇两层面价值观理论的基础之上，从"需要－动机视角"出发阐释了价值观的深层内涵，构建了具有文化适应性的价值观心理结构。他认为，价值观作为在一系列行为方式中进行判断和选择的标准，是令人向往的某些状态、对象、目标或行为，超越具体情境而存在。

也有学者将价值观定义为"一个人对自己应该怎么表现的内在信念"（Meglino & Ravlin，1998），而如果是工作上的表现，则在定义里加上一个工作的前提，即"一个人对自己在工作上应该怎么表现的内在信念"。他们强调"应该"而不是"想要"。他们认为，"应该"（oughtness）是个体的价值观中很重要的特征，价值观未必反映一个人想要或想做什么，而是个体通过对社会期望的阐释来满足自身的需要（Rokeach，1973）。因此，一个人的价值观可能引导其去帮助另一个人，即便其他行为对其来说比帮助他人更加愉悦。

我国学者对价值观领域的研究早期主要集中在对西方理论研究的介绍与验证上，也有学者试图对价值观进行界定。比如，杨国枢（2013）认为价值观是人们对特定行为、事物、状态或目标的持久性偏好，在性质上是一种包括认知、情感、意向三种成分的信念；黄希庭和郑涌（2005）认为价值观是人们区分好坏、美丑、损益、正误、符合或违背意愿等的观念系统，是充满情感的，为人们的正当行为提供充分的理由等。

尽管不同学者对价值观所下的定义会有所不同，但总体来说有两种理解：一是以罗克奇和施瓦茨等研究者为代表，他们认为价值观的核心是"想要"，主要由缺乏和需求产生，因此价值观是相对稳定的；二是以梅格里诺（Meglino）和拉夫林（Ravlin）为代表，梅格里诺认为价值观的核心是"应该"，主要由社会化形成，意味着价值观是可以变化的。两种观点的共识在于，都认为价值观对人们的态度、决策和行为起推动及指引作用。

7.1.2 价值观的类别及其内容

中国学者关注的价值观主要包括人生价值观、工作价值观和传统价值观。人生价值观是基于人类生活的基本需要和普遍情境而产生的，是对人和世界从哪里来、到哪里去等问题的理解，以及对生活中各种需要的看重程度等。人生价值观作为人们生活指导原则的理想目标，能够对个体的选择和行为产生一定的影响。人生价值观有如下几个特征：首先，它代表了人们认可的理想目标和偏好，能够成为行为的强大驱动力。其次，它是基本动机目标的认知表现，不会因为情境或时间的不同而变化，具有较强的稳定性。例如，重视成就价值观的人会在求职时选择有声望的工作，并投入时间和精力提升自己，在工作中加倍努力，争取获得晋升。最后，尽管对于大多数人来说，每一种价值观都很重要，但他们主观上还是会对其进行排序，并在行为上有所差异。通常认为，个体越重视某种价值观，该价值观就越可能成为其行为指导原则。

人生价值观的研究以罗克奇和施瓦茨为代表（Rokeach，1973；Schwartz，1992）。罗克奇（Rokeach，1973）根据"目的－手段"这一依据把价值观划分为终极价值观和工具价值观，并开发了"罗克奇价值观量表"（Rokeach Value Survey，RVS）。终极价值观指的是关于人的终身目标或目的的个人信念，而工具价值观则指的是个人期待的处事方式或行为方式的信念。罗克奇分别提出了18种终极价值观和工具价值观，如表7.1所示。后续研究发现不同群体的终极价值观和工具价值观的排序会有所不同；虽然终极价值观相似，但工具价值观可能存在较大差异。比如，不同的人都以"舒适的生活"为终极目标，但有人更推崇"雄心"，有人更关注"高兴"，那么在达成终极目标的道路上，不同人采取的方式就会有所不同。

表7.1 罗克奇的终极价值观和工具价值观

终极价值观	工具价值观
舒适的生活（富足的生活）	雄心（工作勤勉、有抱负）
激动人心的生活（充满激情与活力的生活）	宽宏大度（思想开明）
成就感（持久的贡献）	能干（有能力、有效率）
世界和平（没有战争和冲突）	高兴（心情愉快、充满欢乐）
美丽的世界（自然之美和艺术之美）	干净（整洁、整齐）
公平（兄弟般的情谊、人人机会平等）	勇敢（坚持信念）

（续表）

终极价值观	工具价值观
家庭保障（关爱所爱的人）	宽容（肯原谅他人）
自主（独立、自由选择）	乐于助人（为他人谋福利）
幸福感（满足感）	诚实（真诚、讲真话）
内心平和（心灵平静而自由）	富有想象力（大胆、有创造性）
成熟之爱（性及精神上的亲密）	独立（自力更生、立于自足）
国家安全（防止侵犯）	智力（有才智、爱思考）
超脱（被拯救的灵魂、永恒的生命）	有逻辑（连贯一致、有推理能力）
自尊（自我尊重）	服从（尽职、恭敬）
社会认可（尊重、赞赏）	礼貌（彬彬有礼、行为大方）
真正的友谊（亲密的伙伴关系）	有责任心（有依靠、可信任）
智慧（对生活的一种成熟理解）	克己自制（严谨、自律）
愉快（快乐、包容的生活）	爱心（情感丰富、温柔体贴）

在此基础上，施瓦茨（Schwartz，1992）将价值观与个人动机联系起来，完善了价值观的内容及结构。他将之前所提出的八种价值观发展为 10 种，并根据两个基本维度——开放与保守价值观（openness to change vs. conservation values）、自我超越与自我提升价值观（self-transcendence vs. self-enhancement values）进行划分。施瓦茨认为，价值观体系是一个动机的连续体，内部的 10 种动机目标不是相互分离，而是彼此相容或对立的，位置越相近的价值观具有的动机类型也越相似。他用环状结构模型表示价值观是一个连续的、凝聚的系统，构成统一的价值观体系。施瓦茨等学者在全球 70 多个国家、200 多个大规模跨文化样本的基础上，检验了人类基础价值观结构的存在。2012 年，施瓦茨对模型进行了改进，将原有的 10 种导向更新为 19 种导向（Schwartz et al.，2012），如表 7.2 所示。

表7.2　施瓦茨人生价值观的四个维度、19种价值观导向及其内涵

价值观维度	内涵
开放观	个体对自主性、独立性、多样化、刺激和挑战的重视，追求新的想法、行动和经历
自我导向−思考	培养某人自己的想法与能力的自由
自我导向−行动	决定某人自己行为的自由
刺激	兴奋、新奇与改变
享乐主义	娱乐与感官上的快乐和满足

(续表)

价值观维度	内涵
自我提升观	个体对自我成功的追求,通过提高自身能力获取社会地位和威望以及通过控制他人获得自我实现
成就	基于社会标准的成功
权力-支配	控制他人的权力
权力-资源	控制原料与社会资源的权力
面子	保持某人的公众形象并避免蒙羞
保守观	个体对自我控制、个人安全、社会稳定、人际关系稳定的看重以及对传统文化的尊重,强调自我约束
安全-个人	某人当下环境中的安全
安全-社会	广义社会中的安全与稳定
传统	传承与保护文化,尊重家庭或宗教传统
遵从-规则	遵从规则、法律和正式的义务
遵从-人际	避免烦扰或伤害他人
谦逊	认识到个体在大环境中的微不足道
自我超越观	个体对亲近的人以及社会大众和自然的关心及保护,追求为他人谋福利
慈善-可靠	成为群组内可靠并值得信赖的成员
慈善-关怀	为群组内成员的福利而献身
大同主义-关心	对所有人平等、公正与提供保护的承诺
大同主义-自然	保护自然环境
大同主义-宽容	接受并理解跟自己不同的人

在"开放与保守"维度上排列的价值观两端,一端表达的是人们在不可预测和不确定的情况下跟随自我智力及情感兴趣的动机强度,另一端表达的是人们保持现状、维持与亲近的人及与社会机构和传统之间确定性的动机强度。在研究中主要与创造力和创新行为、主动性行为、对组织变革的反应以及对组织的适应和顺从这四类结果变量有关。在"自我超越与自我提升"维度上,一端表达的是人们超越狭隘、关心他人、提升他人(不论远近)福祉、保护大自然的动机强度,另一端表达的是人们增加自己的个人利益,有时甚至不惜牺牲他人利益的动机强度。该价值观主要与利他行为、追求地位和威望、竞争与合作这三类结果变量有关。

在施瓦茨等(Schwartz et al.,2012)的价值观环状结构中,价值观之间的距离越远,相容关系越弱,相对关系越强;对立动机的价值观在价值观结构中的位置也是相对的,相对价值观的意思是其背后的动机对立,本身并没有正反之分。其中,享乐价值观具有开放和自我提升的双重属性；传统和遵从价值观拥有同样的动机领域，传统价值观更靠近外圆，表示其与对立价值观的冲突更大。

工作价值观（work value）是价值观在工作条件下的体现，是个人价值观系统的组成部分，与生活中的价值观紧密相连，影响个体在工作中的行为以及工作群体和组织的行为，并影响该个体对工作意义的感知。工作价值观有两层含义：一是期望获得，具体表现为在工作抉择上愿意考虑的工作类型和对工作环境的偏好，以及希望从某种工作中获得的信念与认知；二是对包括工作内容、工作环境在内的与工作有关的内容的评价标准，以及对工作结果、行为的价值判定。

金兹伯格（Ginzberg）将工作价值观划分为工作活动、工作伙伴、工作报酬三个维度。曼哈德（Manhardt）编制的工作价值观量表得到了广泛的应用，主要包括三个维度，分别为：舒适与安全，如工作安全性高，在时间和地点上具有规律性及稳定性等；能力与成长，如工作要求创新性，能够增长知识、提升能力等；地位与独立，如有较高的地位，受人尊重，能够独立自主地开展工作等。泰勒（Taylor）和汤普森（Thompson）发现，工作价值观包括安全环境、内在激励、外在激励、工作自豪感、自我表达五个维度。传播较广的分类是休珀（Super）提出的共包含 15 个因子的三维度工作价值观结构理论：内在价值（创造性、管理、成就、利他主义、独立性、智力激发和美感）、外在价值（工作环境、人际关系、监督关系和变异性）、外在报酬（生活方式、安全感、社会地位和经济报酬），并以此为基础编制了工作价值观量表（WVI），该量表随后得到广泛应用。伊莱泽（Elizur）以内向、外向、声望、社会四个维度编制了工作价值观量表。莱昂斯（Lyons）则将工作价值观分为外在工作价值观（与工作性质无关的有形回报，如工资、福利等）、内在工作价值观（与工作性质相关的心理回报，如工作意义、工作兴趣等）、威望观（工作是否受他人尊重，与权力、地位相关）、利他观（通过工作帮助他人或社会的欲望）、社会观（对工作可以为自己提供社交机会的重视程度）五个维度进行研究。特文格（Twenge）将工作价值观定义为人们通过工作所期望与感受到的结果。他认为工作价值观塑造了员工在工作场所中的偏好，对员工的态度与行为、工作决策、感知与问题解决都有直接的影响。在其工作价值观体系中，他将工作价值观分为休闲观、外在价值观、内在价值观、利他观、社交观五个维度。凯布尔（Cable）和爱德华兹（Edwards）基于施瓦茨的个人基本价值观理论提出了工作价值观维度，第一个维度是"开放–保守"。其中，开放工作价值观包括自由观和多样观，表达的是人们在工作中追求自我管理和情感兴趣的动机强度；保守工作价值观包括安全观和权威观，表达的是人们在工作中保持现状、维持确定性的动机强度。第二个维度是"自我增强–自我超越"。自我增强工作价值观包括薪酬观和地位观，表达的是人们在工作中增加自己个人利益的动机强度；自我超越工作价值观包括利他观和关系观，表达的是人们在工作中提升他人福祉的动机强度。主要工作价值观维度如表 7.3 所示。

表 7.3 主要工作价值观维度

作者	年份	工作价值观维度
Ginzberg	1951	工作活动、工作伙伴、工作报酬
Manhardt	1972	舒适与安全、能力与成长、地位与独立
Taylor & Thompson	1976	安全环境、内在激励、外在激励、工作自豪感、自我表达
Super	1980	内在价值（创造性、管理、成就、利他主义、独立性、智力激发和美感）、外在价值（工作环境、人际关系、监督关系和变异性）、外在报酬（生活方式、安全感、社会地位和经济报酬）
Elizur	1984	内向、外向、声望、社会
Cable & Edwards	2004	开放–保守，自我增强–自我超越
Lyons	2005	外在工作价值观、内在工作价值观、威望观、利他观、社会观
Twenge	2010	休闲观、外在价值观、内在价值观、利他观、社交观

传统价值观是基于中国文化背景的独特价值体系，也是文化价值观的一种。中国传统价值观根植于中国传统文化背景，主要体现了儒家文化中相对稳定的看法和观点，包括以下几个特点：① 文化融合性。中国传统价值观受中国传统文化的深刻影响，并主要受儒家文化的影响。② 内涵稳定性。传统文化形成于中国古代社会，体现了中国传统思想，虽有一些价值观受到现代思想的挑战，但正是如此才体现了其传统性。③ 典型代表性。中国传统价值观代表了中国独特的传统文化，与他国价值观存在不同。④ 深远影响性。中国传统价值观对每个中国人的影响都会存在差异，但总体来说，中国传统价值观对中国人均具有深远影响，并体现在社会生活的方方面面，主要被分为以下四个维度：融入（包括容忍、和谐、团结、不重竞争、信用等）、儒家工作动力（包括尊卑有序、俭、耐力、知耻、礼尚往来等）、仁（仁爱、耐心、有礼貌、正义感、爱国）、道德纪律（中庸之道、清高、寡欲、适应环境、慎）。中国文化联合会的调查结果显示，很多价值观维度都是中国社会所特有的（特别是"儒家工作动力"维度），但并没有被当时的价值观模型所包括。儒家的伦理观念已经影响了中国几千年的文化价值观，至今仍然体现在中国人工作和生活的各个方面。王庆娟和张金成（2012）以儒家思想为理论基础，提出了"工作场所下的儒家传统价值观"（Confucian traditional values at workplace，CTVW）的概念，认为儒家传统价值观本质上反映了一种以关系和谐为核心的导向，可以分为遵从权威、接受权威、宽忍利他、面子原则四个维度。在工作场所中，四个维度分别表现为个体对与组织之间的现有关系和长远关系的重视，对组织和领导决策与行为的遵从和接受，对自己的行为对于他人影响的在意和对同事、上级需要的迎合，以及对自我、同事和领导社会声誉的顾虑及维护。

7.2 价值观相关理论

在价值观的研究中，通常涉及的内容是价值观是如何形成、如何变化的，比如代际的变迁、价值观对态度和行为的影响等方面。

7.2.1 演化的现代化理论

英格尔哈特（Inglehart）提出演化的现代化理论（evolutionary modernization theory），来解释不同代际群体在价值观上存在差异的可能原因。该理论被广泛应用在解释价值观的形成和变迁上。其基本内容包括"两大进程""两大假设"和"两大价值观"（Inglehart，1997）。

"两大进程"是代际价值观转变的基础。现代化进程与后现代化进程影响着社会成员的需求层次以及立足于需求层次的价值观。现代化进程的首要目标是最大化经济增长。传统社会战争频繁，科技落后，个体的发展受到宗教、环境、资源等多因素的制约。第二次世界大战后经济和科技的快速发展、福利国家制度的建立，基本解决了社会成员的生存问题和安全保障问题，人们开始关注新的问题，例如流水线作业带来的个体自主性的缺失，人们为了物质生活奔波而缺少和外界的沟通及对生活的享受，社会变得更为冷漠。随着人们和社会的反思，现代化进程逐渐向后现代化进程过渡，个体需求和价值观开始发生变化，人们不再满足于经济增长带来的物质收获，首要目标变为最大化幸福感。这种幸福感需要通过提高生活品质、选择一份有意义的工作、在环境优美同时又富有人情味的社会中生活、拥有自由发言权等来实现。这"两大进程"作为代际价值观转变理论的逻辑前提，在个人需求和价值观变化上发挥着基础性作用。

"两大假设"指匮乏假设（scarcity hypothesis）和社会化假设（socialization hypothesis）。匮乏假设指个人价值观主要由其儿童和青少年时期社会经济环境中所缺乏的因素决定。社会化假设指成人的价值观是个体社会化的结果，反映其儿童和青少年时期的社会经济状况。英格尔哈特认为，匮乏机制发挥主要作用，而社会化机制发挥补充作用。"两大假设"以马斯洛需求层次理论为基础，是连接"两大进程"与代际价值观转变的桥梁。

与"两大假设"对应的"两大价值观"分别为物质主义价值观与后物质主义价值观，分别代表"两大进程"中社会成员不同的需求层次。匮乏假设指出，随着经济的发展，个体的需求从低层次的物质、安全需求逐渐发展为更高层次的对幸福感、生活品质和自主性的需求。在不安全环境（如社会动荡、战争、物资匮乏）下出生和成长的人更注重物质满足和安全保障，以物质主义价值观为优先价值观。而在经济繁荣的后现代化进程中，人们在物资充足、充满安全感的环境中长大，更关注自我表达、独立自主等更高层次的需求，后物质主义价值观取代物质主义价值观成为人们的优先价值观。社会化假设表明个人或群体的优先价值观转变是逐步发生的过程，滞后于社会环境的变化。上述内容体现了匮乏机制对价值观影响的主要作用，但是社会化也会对其产生作用。当社会化的内容与匮乏的内容不同，并且大于匮乏产生的影响时，个体会压制匮乏导向的价值观而展现出更多社会化的价值观。比如，在物质贫乏的年代，个体缺少物资和财富，但是如果外在社会化强调国家利益和民族复兴，个体对物质的追求就会被压制，形成更高的精神和理想追求，这一点可以解释我国在改革开放以前，虽然物质条件较差，但许多人都具有共产主义理想并在日常工作中深受其影响。

综上，演化的现代化理论的主要观点是持续的经济增长会通过代际更替推动价值观优先顺序从物质主义转向后物质主义。具体而言，社会价值观的优先级会从强调以经济安全和人身安全为主的生存价值观转为强调自我表现的生存价值观，从强调服从和尊重权威的传统价值观转向包容个人成就、尊重多样性的理性价值观（Inglehart，1997）。类似地，社会变革与人类发展的理论也指出，城市化、财富增长和正规教育推动社会价值观从强调相互依赖、等级森严转变为适应个体独立、平等。因此，时代变迁、自然情境变化、经济发展状况、职业类型、生活区域、文化特点、政治制度、政策变革等因素是导致价值观发生代际变迁的主要因素，这些重大社会历史性事件对不同年龄群体的不同影响造成了价值观的分化，也就是价值观的代际差异。

7.2.2 特质激活理论

特质激活理论是指某些特定的情境会激发个人的行为使其更符合自身特质或价值观。泰特和伯内特（Tett & Burnett，2003）认为，特质激活是个体在与其特质相关的情境中展现自己特质的过程。研究表明，一些特定的情境特别是能够促进员工将好的特质在行为中表现出来的情境，会带来更高的工作绩效。当员工处于和自己特质相关的情境中时，他们的特质（比如长期的习惯、态度、角色、兴趣和价值观等）会帮助他们适应情境，从而带来更高的工作绩效。如果将个人的特质看作一种资源，那么当这种资源超出情境的要求时，个人就会表现得如鱼得水；相反，当情境的要求超出个体所拥有的资源时，其工作绩效就会降低。需要注意的是，特质激活理论并不是说当情境与特质不相关时就会带来差的表现，而是指如果没有这样的情境，特质与表现之间的关系就会更弱。泰特和伯内特（Tett & Burnett，2003）提出的工作要求被广泛当作激发特质的情境，如工作独立性（即员工完成工作时很少有监管和指导）、细节关注（即在工作任务上无比认真）、强的社会技能（即工作中需要与他人打交道）、竞争（即呈现出竞争的压力）、创新（即对创造力和多种思维方式的需要）以及与不友好的人打交道。以大五人格为例，尽责的个体在要求独立完成工作的情境中会完成得更好。从施瓦茨人生价值观的四个维度来看，看重开放性的人可能在提倡工作独立性的情境中会表现得更好；看重保守性的人可能在与不友好的人打交道的情境中会表现得更好；看重自我提升的人可能在竞争的情境中会表现得更好；看重自我超越的人可能在与他人打交道的情境中会表现得更好。

7.2.3 情境强化理论

情境强化理论描述了当前情境对价值观指导行为的约束，比如规则、结构、指示等会约束态度和行为。已有研究中的构念或多或少嵌入情境强化理论中，如情境压力、制定目标的自由和自主性。情境强化存在四个维度的标准：① 清晰度（clarity），是指员工容易了解并理解自己工作责任的程度；② 一致性（consistency），是指员工的工作责任与他人配合一致的程度；③ 约束性（constraints），是指员工的工作限制决策的自由和行动的程度；④ 影响性（consequences），是指员工的行动或决策对利益相关者影响的程度。因此，工作场所中的强情境是指那些高度结构化、告知日常可能发生的各种变化、几乎没有决策自由而且在造成负面后果后会受到重大惩罚的情境。在这样的情境下，员工的态度和行为会受到强情境的影响从而与情境要求更加趋于一致。相反，在弱情境下，比如社会角色没有被结构化，组织机构分散，工作提供足够的自由度，对员工的态度和行为没有条条框框，员工自身的特质和价值观在其行为表征上更能发挥作用。实际上，很多组织都利用情境强化理论来规范和统一组织成员的行为，例如企业的标准化生产流水线、学校的学生行为规范、军队的规范等。

情境强化理论和特质激活理论既相似又有区别，相似的地方在于二者指的都是情境对个人特质和行为之间关系的影响，区别在于：① 情境强化理论强调普遍的一般情境，可能对所有的特质与行为之间的关系产生影响；而特质激活理论强调特殊的情境，只对所对应的关联的特质–情境关系产生影响。② 情境强化通常是情境抑制特质转化为行为，而特质激活则是情境促进特质转化为行为。

7.3 价值观的影响和作用机制

7.3.1 价值观与工作行为

人们探索了价值观如何塑造个人在工作环境中的行为选择，如个体的职业选择、工作取向，而更多的研究关注的则是价值观如何影响个体在工作场所中的行为表现。

根据舒瓦茨（Schwartz，1992）的价值观理论框架，在组织中，乐于改变（相较于保守）与涉及改变现状、鼓励（或危害）自主性、呼吁差异性（或服从权威）的行为密切相关。研究发现，乐于改变的价值观有效预测了工作中的主动行为，但保守的价值观也不一定会带来负面结果。实际上，当组织实施变革时，保守的价值观（相较于乐于改变的价值观）能够积极预测个体的组织认同。

就自我提升（相较于自我超越）的价值观而言，在组织中自我提升往往与表达竞争意识、追求地位的行为相关，而自我超越则与旨在提升他人福祉的行为相关。在多种文化背景下的研究发现，自我提升价值观的重要性与竞争性地解决冲突的风格（如只关注个人利益）相关。

除此之外，任华亮、杨东涛和彭征安（2015）基于舒适与安全、能力与成长、地位与独立三个工作价值观维度，证明了能力与成长工作价值观对创新行为具有显著的正向影响。还有学者关注到个体工作价值观与工作、组织相关的其他因素的"匹配"对个体工作行为的影响。

7.3.2 价值观与工作绩效

组织中关注个体价值观与行为的最重要的目的就在于提高个体绩效。一些学者发现，相较于外在工作价值观而言，内在工作价值观对员工工作投入和职责内绩效的影响更大；内在工作价值观通过工作投入的中介作用影响员工的职责内绩效。侯烜方、李燕萍和涂乙冬（2014）开发了中国情境下新生代工作价值观的测量工具，并证明了新生代工作价值观对角色内和角色外绩效都有显著的正向作用。

7.3.3 员工-主管-组织价值观匹配

价值观匹配被认为是员工–主管–组织匹配的核心和基础。员工–主管–组织价值观匹配主要包括员工–主管价值观匹配和员工–组织价值观匹配。研究者提出了员工–组织匹配的三维度模型，包括价值观匹配、需求–供给匹配、要求–能力匹配三个维度（Kristof，1996）。有学者认为，员工的个人价值观与组织价值观应该通过组织成员接受且认同组织价值观的程度来衡量，并且应该从员工视角去界定概念。也有学者将员工–组织价值观匹配定义为员工理想中的成就氛围和组织实际的成就氛围的差异，或是员工理想的组织价值观与感知到的组织价值观之间的差异。此外，还有学者从多层次的交互视角去界定员工与组织价值观匹配的内涵，强调二者的相互影响。有些学者（比如，Edwards & Cable，2009）用个体价值观与组织所持价值观的相似程度来界定二者的匹配性。

价值观匹配的测量方式主要有直接测量和间接测量两种。直接测量通过个体的主观感知来判断自我价值观与组织价值观是否匹配，比较注重员工的主观感受而不是实际匹配程度。直接测量只需员工将自我评价与主观上对组织的认知进行对比，当员工觉得自己与主管或组织在价值观的各个方面都很相似时，就会形成感知上的匹配。

间接测量先分别评价员工和主管（或组织）特征，然后再对二者的差异进行比较，主要有感知匹配（间接主观测量）和客观匹配（间接客观测量）两种。前者要求员工分别描述自己的价值观和主管（或组织）的价值观，然后通过配对的方式计算两次描述间的差值。后者是通过多种路径获取数据，先让员工对自己的价值观做出评价，再让主管评估自身的价值观，或者将其他员工（或主管）对组织价值观的认知作为组织价值观结果，最后计算两组价值观的差异系数，进而评价员工和主管（或组织）的价值观是否匹配。

员工–主管–组织价值观匹配能够对员工的态度、行为、绩效产生比较积极正向的影响（Kristof，1996）。在态度方面，研究发现员工–主管价值观匹配对员工的积极情感，如工作满意度、更好的领导成员关系、工作承诺以及感知到的信任具有更加直接和重要的影响；而员工–组织价值观匹配会产生更高的工作满意度和更低的工作倦怠感。关于行为和绩效，员工–主管价值观匹配感知对员工工作绩效、组织公民行为有积极影响；而员工–组织价值观匹配会提高员工绩效、增加建言行为，降低员工的离职倾向。

7.4 中国情境下价值观的代际变迁

7.4.1 对代际的划分

认识代际变迁首先要对"代"有所了解。对"代"的研究可以追溯到曼海姆（Mannheim）在1952年发表的文章，他强调了社会因素对人类发展的重要性，认为发展是个体和社会事件的交互作用。此后有关"代"的研究一方面关注对"代"的界定和划分，另一方面则关注代际差异。对"代"的界定主要是围绕着年代和历史事件的相互作用而进行的。斯特劳斯（Strauss）和豪（Howe）在《世代：1584到2069年的美国未来历史》（*Generations: The History of America's Future, 1584—2069*）一书中，形成了以历史为基础的代际理论。他们认为，"代"指的是所有在20年间出生的人群总和，相当于人生某个阶段（童年、青年、中年和老年）的长度。他们把"代"定义为特定的组群，并认为在过去的三个世纪里，其时间长度大约以22年为基础。皮尔彻（Pilcher）在1994年指出，"代"指的是经历相同的完整历史事件的群体；后来的研究者则将其进一步具体化为，"代"是由具有共同的出生年代、年龄阶段、共同经历关键成长阶段重大人生事件的个体所构成的可识别群体（Kupperschmidt, 2000）；还有学者则认为，一代人是在相似的人生阶段享有社会和历史进程方面的共同经历，这种共同经历使他们趋向于一种共同的思维和经验模式，以及一种共同的行为方式。尽管定义各不相同，西方对"代"的认识至少有三个共同点：一是共同的出生年代，二是共同经历重要历史事件，三是具有群体的某些共同特征和行为方式。在一代人早期成长过程中发生的重要社会、政治和经济事件会让这代人形成"代际认同"，使他们具有和其他代人不同的价值观、信仰、期望和行为特征，而这些价值观、信仰、期望和行为特征将对这代人的整个人生过程产生较为稳定的影响，这种思路对于理解我国代际划分也有一定的借鉴性。

我国学者对代际的划分有不同的看法。一种是遵循出生年代，较多采用的是以10年为一个分界点，如大家经常提到的60后、70后及80后等。另外一些学者则指出，"代"的划分标准不仅在于时代，更在于不同的社会背景所造成的社会价值观的异同。国外学者（Egri & Ralston, 2004）曾经对我国的代际做过几次大样本研究，他们根据青少年时期经历的特定历史事件将当时的中国企业管理者划分为：老一代（生于1949—1965年，社会主义建设期），现代一代（生于1966—1976年，"文革"时期），新生代（生于1977年及之后，改革开放期）。

与之类似，国内学者（Tang, Wang, & Zhang, 2017）根据经济大事件，对中国工作场所中的代际进行了理论和实证划分。新中国成立后，中国经济发展有两次突变：一次是1978年的改革开放，另一次是1990年建立证券交易市场。以这两个时间节点可以划分出三个代际。1978年改革开放前，"大跃进"和"文革"对本就羸弱的中国经济产生了较大的不利影响。物资严重短缺的情况下，人们迫切需要满足基本物质需要。然而，在思想上，主流价值观仍是"大锅饭"、平均主义和为了集体利益而牺牲自我，个人利益微不足道；追求个人成功与财富不仅可耻，还会受到惩罚。1978—1989年，随着改革开放的推进，"不论黑猫白猫，抓住老鼠就是好猫"和"允许一部分人先富起来"的指导思想推动了对现代化的追求和经济的快速发展，追求个人财富具有了正当性。一系列的政策，如改革开放、市场导向、允许多种所有制共存等，在促进经济发展的同时也造就了第一批先富起来的人。1990年也是一个重要的年份，这一年，上海证券交易所和深圳证券交易所的成立标志着中国证券市场的正式开启，是中国经济发展的里程碑事件。借助资本市场，人们实现了财富积累与增长。同年，上海浦东新区的设立及配套的优惠政策吸引了大量的海外投资和跨国企业，使得中国经济得以快速发展。接下来，邓小平1992年南方谈话，坚定了建立市场导向的社会经济体制的决心，加速了中国的现代化进程。数十年的经济发展极大地提高了中国人的生活水平，越来越多的人步入中产阶级行列。与此相伴的是科学技术的发展，让中国得以与世界接轨，国人因此获得大量、多元的国内外信息。唐宁玉等学者（Tang，Wang，& Zhang，2017）将具有重要经济意义的1978年（改革开放）和1990年（证券市场的建立）作为界限，把工作场所中的代际划分为改革前一代（出生于1978年以前）、改革一代（出生于1978—1989年）和后改革一代（出生于1989年以后）。改革前一代经历了新中国成立之初的社会建设和发展以及动荡时期；改革一代主要经历了国家的改革开放政策，在价值观上受到了较大的冲击；后改革一代主要经历了市场经济体制确立以及信息技术的高速发展。从"代"的本意来说，这三代人分别经历了共同的经济大事件，会对其价值观的形成产生独特的影响。他们借鉴了以往研究者（Kupperschmidt，2000；Egri & Ralston，2004）的实证方法，引入"边缘代"和"核心代"的概念来检验三个基础代的划分界限是否恰当和清晰。其中，边缘代是指出生于每一代后五年的群体，而在这之前出生的则属于核心代。一个代的边缘代容易与相邻代的核心代混淆在一起，如果二者在统计上具有显著差异，则说明这两个代可以分开；同时，一个代内的核心代与边缘代之间如果没有显著差异，则说明这个代具有代内一致性。唐宁玉等学者通过对全国2 010个员工样本的代际初步划分和实证检验，验证了这种代际划分方式（Tang，Wang，& Zhang，2017）。该分类与一些研究者将代际分为前工业时代、工业时代、后工业时代（pre-industrial，industrial and post-industrial）以及英格尔哈特（Inglehart，1997）传统、现代、后现代（traditional，modern，and postmodern）的分类方式一致。

7.4.2 人生价值观的代际差异

有关代际差异的比较，21世纪前的研究更多集中在80后群体和其他年代（如60后群体）的差异，特别是价值观的差异上。如国内学者谢柳芬等发现，60后群体与80后群体价值取向的总体趋势是有其稳定性特征的，但两代人在价值取向具体维度的认同程度上则具有较大的差异：60后群体的价值取向受其教育水平的影响较小，而80后群体所受的影响则相对较大；处于不同收入层的人其价值取向具有较大的差异，并且这种差异在80后群体中表现得更为突出；60后群体的价值取向更集中，80后群体的价值取向更离散、丰富和多元。

研究者们（Tang，Wang，& Zhang，2017）采用施瓦茨的人生价值观量表（Schwartz，1992），对中国不同地区的 2 010 名员工进行了调研。根据演化的现代化理论，假设对于改革前一代而言，经济条件限制了他们的视野与胆识，使其更不开放、更为保守。同时，在集体主义思想的灌输之下，他们实现自我、追求个人成功的愿望较弱。对于改革一代而言，经济的初步发展和意识形态的初步开放，使得他们相较于改革前一代更加开放、更不保守。同时，压抑许久的物质需求得到释放，使得这一代人拥有更为强烈的追求个人成功的欲望，而自我超越观则相对较弱。对于后改革一代而言，相对优越的生活和丰富的资讯使得他们眼界大开，因此他们是这三代人中最为开放、最不保守的。物质的满足相应地也消磨了斗志，他们没有太多出人头地、功成名就的欲望，但"达则兼济天下"，他们因此更能超越个人得失与名利。调研结果支持了大多数假设，也得到了一些有趣的发现。具体而言，在开放观上，后改革一代 > 改革一代 > 改革前一代；在保守观上，（改革前一代、后改革一代）> 改革一代；在自我加强观上，（改革一代、改革前一代）> 后改革一代；在自我超越观上，后改革一代 >（改革一代、改革前一代）。除上述差异外，研究者们还发现，后改革一代与改革前一代具有相似的保守观，而改革一代与改革前一代具有相似的自我加强观。需要注意的是，尽管数据证明代际有显著的价值观差异，但是差异的效应值却比较小，有"小而显著"的特点。同时，研究者们也发现，后改革一代具有多样化的价值观，他们既关注个体发展也关注社会发展，既具有开放性也具有保守性，说明这一代人与往代人的确存在差异。这些代际的异同提醒人们不要过于放大价值观的代际差异。

研究显示，自我加强观高的员工本职工作表现更好，自我超越观高的员工更愿意承担额外工作，而开放观高的员工创新表现更好，但保守观与创新表现并无显著关系。价值观对工作表现的影响存在代际差异，对改革前一代的影响最大，其次是后改革一代，最后是改革一代（Tang，Wang，& Zhang，2017），这一发现部分支持了情境强化理论。与情境强化理论的假设不一致的是，价值观对改革前一代的工作表现影响显著，也许社会化理论可以对此做出解释，这一代人所经历的社会化使得与情境要求相一致的价值观得到了强化和内化，因此在强情境下，价值观仍然对人们的行为表现产生了作用。

7.4.3 工作价值观的代际差异

从组织中多代际员工并存中可以看到工作价值观之间的差异。徐世勇和李超平（2022）进行的全国范围内的大样本（$n = 2 459$）调研显示，95 后最看重的三种工作价值观是学习与成长、薪酬与福利、人际关系。他们对 95 前与 95 后工作价值观是否存在差异也进行了调研，结果发现，这两个群体最关注的三种工作价值观是学习与成长、物质回报、人际关系，最不关注的三种工作价值观是单位名气、工作体面、拥有较大权力，但两个群体之间并不存在显著差异。但是，该调研并未对 90 后新生代员工和其他代际在工作价值观上存在的差异进行研究。栾贞增、杨东涛和詹小慧（2017）对来自 129 个团队的 600 多名员工进行了问卷调研，综合国内外通行的"重大事件划分法"和"客观的出生年代"两个标准，将当前工作场所中的员工具体划分为社会主义建设一代（1960—1966 年，60 后）、"文革"一代（1967—1978 年，67 后）、改革开放一代（1979—1989 年，80 后）和 90 后世代（1990—1995 年）。他们采用迈耶（Meyer）等学者开发的三维度工作价值观量表，对员工的安全与舒适价值观、能力与成长价值观以及地位与独立价值观进行了调研。结果发现，工作价值观的不同维度存在显著的代际差异，其中，80 后比 60 后更加重视安全与舒适、能力与成长以及地位与独立价值观；80 后比 67 后更加重视能力与成长价值观。他们进一步发现，能力与成长、地位与独立这两个价值观维度与员工的创新绩效存在显著的正向关系；工作价值观的各维度对创新绩效的影响在 60 后和 67 后两代中存在显著差异；而地位与独立价值观对创新绩效的影响在 80 后与 60 后两代之间也存在显著差异。

唐宁玉、张凯丽和王玉梅（2017）对来自全国各地的 22 家公司的近 7 500 名员工进行了调研，并将被调研员工划分为改革前一代、改革一代和后改革一代。结果显示，代际在休闲、内在、利他、社交、外在价值观五个维度上均存在显著差异（见图 7.1）。具体来说，在内在、社交和外在价值观上，后改革一代和改革一代明显高于改革前一代。在休闲价值观上，改革前一代高于改革一代和后改革一代。不同于其他研究的是，在利他价值观上，后改革一代反而展现出了较高的利他价值观。

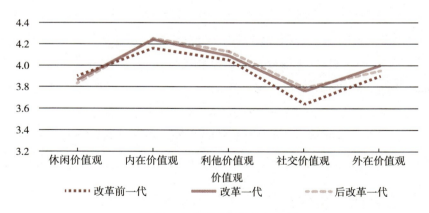

图 7.1　工作价值观的代际差异

资料来源：唐宁玉、张凯丽和王玉梅（2017）。

以上这些结果表明，工作价值观作为价值观在工作场所中的体现，存在一定的代际变化，背后的原理也可以用演化的现代化理论进行解释；新生代群体再次表现出价值多元化的特征。工作价值观对员工创新绩效的作用在不同代际有所不同，可以用情境强化理论来解释。

7.4.4 传统价值观的代际差异

中国的传统价值观受到传统文化的影响,随着时代的变迁,人们对传统价值观的认识也在发生一些变化。研究发现,当代大学生的物质主义倾向相较于老一代更高,这种物质主义倾向可能会导致与儒家传统价值观的冲突,进而对个体的冲突行为产生影响。唐宁玉等学者采用中国文化联合会在1987年开发的新版"仁义礼智信"测量问卷,对5 200多名不同代际的员工进行了测量。其中,"仁"指的是同情、关心和爱护的心态。这种"仁爱"之情,是指人与人之间的相互关系:互相关心、互相尊重、互相爱护和宽恕,是世间万物共生、和谐相处、协调发展的一种道德规范,如"仁者爱人"。"义"是指正当、正直和道义的气节,即"正义之气",强调个人修养、超越自我、正视现实、仗义公道、无偏无私、公正公平、光明磊落、有恩必报,如"见利思义"。"礼"是指礼仪、礼貌和礼节,即"礼仪之规",是建立社会秩序的一种标准,是社会等级制度、法律规定和道德规范的总和,包括敬让、礼仪、礼节等待人接物之道,如"夫礼者,自卑而尊人"。"智"是指辨是非、明善恶和知己识人这样的能力,即"智谋之力",具有认识自我、认识社会、明辨是非、明辨善恶的聪颖。"智"的内涵包括知道遵道、利人利国、知己知人、谨言慎行、好学知过、见微达变、量力而行、居安思危,如"是非之心,智也"。而"信"则是指诚实守信、坚定可靠、相互信赖的品行,即"诚信之品",是交往和处事的准则,如"言必信,行必果"。研究发现(如图7.2所示),在"仁""礼""信"上,改革前一代和后改革一代没有显著差异,二者均高于改革一代;而在"义"和"智"上,后改革一代高于改革前一代和改革一代。结果也显示,每个代际中的价值观排序有一定的相似性,比如都认为"信"是最重要的。其中,后改革一代和改革前一代在某些传统价值观上的相似性也说明了新生代员工与老生代员工并非完全不同(唐宁玉、张凯丽和王玉梅,2017)。

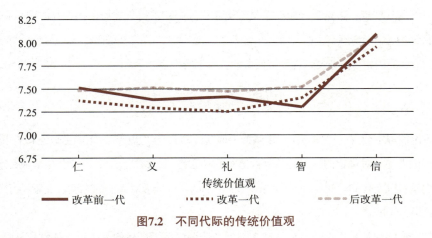

图7.2 不同代际的传统价值观

资料来源:唐宁玉、张凯丽和王玉梅(2017)。

7.5 代际价值观变迁对管理的启示

以上关于不同代际在人生价值观、工作价值观和传统价值观上变迁的研究结果，对于在工作场所中如何更有效地管理不同代际的员工具有参考价值。

不同代际的价值观虽然具有差异性，但也有一定的相似性，比如价值观的优先程度在不同代际中具有相似性，不同代际在某些价值观上没有显著差异。价值观的代际差异让我们看到了社会发展对不同代际的影响，也有助于管理者正确看待组织中不同代际员工在面对同样的问题时的不同态度和行为，以更共情的方式理解员工，而不是排斥这种差异。认识到不同代际价值观仍然具有一定的相似性，可以帮助管理者不过于扩大这种差异（比如认为新生代员工是"外星人"，和老生代员工"水火不相容"），而能在组织中看到共性，促进不同代际员工之间的相互接纳。

员工–主管、员工–组织之间的价值观匹配往往能产生较为有效的结果。意识到代际价值观差异，组织也可以通过选拔、培训、开发等活动，提升员工和组织之间的适配度。

依据价值观的匹配度来选拔和开发更为匹配的员工是许多组织的常见做法，但在员工价值观更为多样化的今天，组织也可以逐步形成重视和包容多样性的文化，在核心价值观匹配的基础上，也接受不同代际、不同员工的特点，并根据他们的特点设计相应的组织制度和组织实践，这样可以在更大范围内促进员工和组织之间的相互适应，并通过包容性管理实践来提升管理和领导的有效性。考虑到代际价值观差异，管理者可以在组织中采用更为包容的管理手段和方法。有关包容性管理实践，一些学者（Tang et al.，2015）通过访谈研究，提出了在中国常见的七种包容性实践。比如，通过采用更具包容性的团队，在团队中通过团队活动和信息共享，提升每个人的归属感和相互之间的了解及接纳，通过鼓励多元化思维让每个人的独特性得以体现、发挥和接纳，增强团队凝聚力；在和不同代际员工沟通时，更鼓励民主交流，每个成员都有机会参与到组织的讨论和决策中，管理者在员工拥有一定程度的成熟度时，可以向其授权；直接上级应给予员工更多的关心和支持，并能接纳不同的观点和错误，研究发现，在中国情境下，员工对包容含有"容错"和"宽容"的期盼，而包容性领导者有助于员工形成更为积极的态度，提升其任务绩效和创新行为。

本章小结

对价值观主要有两种理解：一是认为价值观的核心是"想要"，主要由缺乏和需求产生，因此价值观是相对稳定的；二是认为价值观的核心是"应该"，主要由社会化形成，意味着价值观是可以变化的。两种观点的共识在于，都认为价值观对人们的态度、决策和行为起到推动及指引作用。

人生价值观是基于人类生活的基本需要和普遍情境而产生的，是对人和世界从哪里来、到哪里去等问题的理解，以及对生活中各种需要的看重程度等。

终极价值观指的是关于人的终身目标或目的的个人信念，而工具价值观指的则是个人期待的处事方式或行为方式的信念。

"开放与保守"价值观的一端表达的是人们在不可预测和不确定的情况下跟随自我智力和情感兴趣的动机强度，另一端表达的则是人们保持现状、维持与亲近的人及与社会机构和传统之间确定性的动机强度。"自我超越与自我提升"价值观一端表达的是人们超越狭隘、关心他人、提升他人（不论远近）福祉、保护大自然的动机强度，另一端表达的是人们增加自己的个人利益，有时甚至不惜牺牲他人利益的动机强度。

工作价值观是价值观在工作条件下的体现，是个人价值系统的组成部分，与生活中的价值观紧密相连，影响个体在工作中的行为以及工作群体和组织的行为，并影响该个体对工作意义的感知。工作价值观有两层含义：一是期望获得，具体表现为在工作抉择上愿意考虑的工作类型和对工作环境的偏好，以及希望从某种工作中获得的信念与认知；二是对包括工作内容、工作环境在内的与工作有关的内容的评价标准，以及对工作结果、行为的价值判定。

传统价值观是基于中国文化背景的独特价值体系，也是文化价值观的一种。中国传统价值观根植于中国传统文化背景，主要体现了儒家文化中相对稳定的看法和观点，比如融入、儒家工作动力、仁、道德纪律等。

演化的现代化理论被广泛应用在解释价值观的形成和变迁上。其基本内容包括"两大进程"（现代化进程和后现代化进程）、"两大假设"（匮乏假设和社会化假设）和"两大价值观"（物质主义价值观和后物质主义价值观）。

特质激活理论是指某些特定的情境会激发个人的行为更符合其自身特质或价值观。

情境强化理论描述了当前情境对价值观指导行为的约束，比如规则、结构、指示等会约束态度和行为。

价值观对个体在工作场所中的行为和绩效会产生影响；员工–主管–组织价值观匹配能够对员工态度、行为、绩效产生比较积极正向的影响。

对"代"的认识基本上有三个共同点：一是共同的出生年代，二是共同经历重要历史事件，三是具有群体的某些共同特征和行为方式。根据经济大事件，可以将我国工作场所中的员工分为改革前一代（出生于 1978 年以前）、改革一代（出生于 1978—1989 年）和后改革一代（出生于 1989 年以后）。

在人生价值观、工作价值观和传统价值观上，不同代际既有差异，也有一些相似性。在人生价值观上，后改革一代在开放观上显著高于其他两代，并具有价值观多样化的特点。

管理者可以在组织中采用更为包容的管理手段和方法来应对组织中日益复杂的多样性。

重要术语

价值观　人生价值观　工作价值观　传统价值观　演化的现代化理论
"两大进程""两大假设""两大价值观"　特质激活理论　情境强化理论
员工–主管–组织价值观匹配　代际　代际差异　包容性管理实践

复习思考题

1. 价值观的主要含义是什么？它对人们会有什么影响？
2. 施瓦茨的人生价值观理论的主要内容是什么？他认为可以从哪些方面考察人们的基本价值观？
3. 根据演化的现代化理论，不同代际为什么会出现价值观的差异？
4. 你如何看待工作场所中改革前一代、改革一代和后改革一代的区别？通过实地调查或访谈得到的依据，提出你的看法。
5. 再次阅读本章的引导案例，对于管理制造行业的新生代员工，你有什么建议？

中国实践

基于能力和价值观的员工分类

京东曾经根据能力和价值观两个维度将员工分为五类：第一类是"废铁"，指工作能力一般，价值观得分又很低的员工。每个新员工都要参加价值观匹配度的考核。如果价值观和京东不匹配的话，在试用期就会被淘汰。第二类是"铁"，指的是工作能力一般，价值观得分中上的员工。京东通常会给他们一次转岗或者培训的机会。如果还是表现不佳，照样要辞退，毕竟公司不是慈善机构。第三类是"钢"，指工作能力和价值观得分都相对较高的员工。这类员工占全部员工的80%，是公司的主力军。第四类是"金子"，指工作能力和价值观得分都在顶端的员工。这类员工很少，是公司的宝贵资源。最后一类是"铁锈"，指工作能力非常强，但价值观得分很低的员工。这类员工往往会被淘汰。

京东发现，Z世代（新时代人群，也称"互联网世代"等）在能力、工作喜好以至事业对他们的意义等方面都有自己的独特倾向。他们更加注重工作弹性、注重沟通和反馈、注重工作和生活的平衡、喜欢多元的事物。从2007年开始，京东尤为关注应届毕业生的培养，先后通过管培生（TET）、新星计划（JD STAR）、京锐实习夏令营（JD RUN）等培养项目，为新人提供全方位的轮岗历练、项目竞赛、职务拓展、高管教练等培养计划，打造复合型人才。他们发现，除了优厚的薪资福利，提供更多个人发展和晋升机会、充分赋予员工自主发展的空间、营造轻松的环境氛围，都是留住Z世代员工的好方法，并且能让Z世代员工迸发出更大的干劲。京东管理人员评论道："把他们当朋友一样来对待，而不是当员工一样来管理，你将收获一个宝藏！"

资料来源：改编自《京东：以贡献者为本，平衡企业利益和个体热爱》，金融界，2021年12月20日，https://baijiahao.baidu.com/s?id=1719649505907001770&wfr=spider&for=pc（访问日期：2023年2月2日）。

思考题

1. 价值观在京东对员工的管理中起到什么作用？

2. 如何看待京东对 Z 世代员工价值观的认识和由此所采取的管理措施？

3. 对于不同代际员工的管理，你有什么建议？

参考文献

侯烜方、李燕萍、涂乙冬，2014，《新生代工作价值观结构、测量及对绩效影响》，《心理学报》，46（6）：823—840。

黄希庭、郑涌，2005，《当代中国青年价值观研究》，北京：人民教育出版社。

栾贞增、杨东涛、詹小慧，2017，《代际视角下工作价值观对建言行为的影响研究》，《软科学》，31（7）：71—75。

任华亮、杨东涛、彭征安，2015，《创新氛围和工作自主性的调节作用下能力与成长工作价值观对创新行为的影响研究》，《管理学报》，12（10）：1450—1456。

唐宁玉、张凯丽、王玉梅，2017，《中国工作场所中的代际与价值观研究》，北京：科学出版社。

王庆娟、张金成，2012，《工作场所的儒家传统价值观：理论、测量与效度检验》，《南开管理评论》，15（4）：66—79+110。

徐世勇、李超平，2022，《新生代员工（"95后"）工作价值观2022年公益调查报告（总第十期），原创力文档，9月24日，https://max.book118.com/html/2022/0923/8041036125004141.shtm。

杨国枢，2013，《中国人的价值观——社会科学观点》，北京：中国人民大学出版社。

Edwards, J. R., & Cable, D. M. 2009. The value of value congruence. *Journal of Applied Psychology*, 94（3）：654–677.

Egri, C. P., & Ralston, D. A. 2004. Generation cohorts and personal values: A comparison of China and the United States. *Organization Science*, 15（2）：210–220.

Inglehart, R. 1997. *Modernization and Postmodernization: Cultural, Economic, and Political Change in 43 Societies*. New Jersey: Princeton University Press.

Kluckhohn, C. 1951. Values and value-orientations in the theory of action: An exploration in definition and classification. in T. Parsons & E. Shils（Eds.），*Toward a General Theory of Action*（pp. 388–433）. Cambridge: Harvard University Press.

Kristof, A. L. 1996. Person-organization fit: An integrative review of its conceptualizations, measurement, and implications. *Personnel Psychology*, 49（1）：1–49.

Kupperschmidt, B. R. 2000. Multigeneration employees: Strategies for effective management. *The Health Care Manager*, 19（1）：65–76.

Meglino, B. M., & Ravlin, E. C. 1998. Individual values in organizations: Concepts, controversies, and research. *Journal of Management*, 24（3）：351–389.

Rokeach, M. 1973. *The Nature of Human Values*. New York: Free Press.

Schwartz, S. H. 1992. Universals in the content and structure of values: Theoretical advances and empirical tests in 20 countries. in M. Zanna（Ed.）, *Advances in Experimental Social Psychology*（pp. 1–65）. New York: Academic Press.

Schwartz, S. H., Cieciuch, J., Vecchione, M., Davidov, E., Fischer, R., Beierlein, C., & Konty, M. 2012. Refining the theory of basic individual values. *Journal of Personality and Social Psychology*, 103（4）: 663–688.

Tang, N., Jiang, Y., Chen, C., Zhou, Z., Chen, C.C., & Yu, Z. 2015. Inclusion and inclusion management in the Chinese context: An exploratory study. *International Journal of Human Resource Management*, 26（6）: 856–874.

Tang, N., Wang, Y., & Zhang, K. 2017. Values of Chinese generation cohorts: Do they matter in the workplace? *Organizational Behavior and Human Decision Processes*, 143: 8–22.

Tett, R. P., & Burnett, D. D. 2003. A personality trait-based interactionist model of job performance. *Journal of Applied Psychology*, 88（3）: 500–517.

第 8 章

激励理论与激励实践

学习目标

1. 理解需要与动机的相关概念
2. 掌握几类重要的激励理论
3. 熟悉激励理论的应用
4. 认识中国新生代员工的工作动机
5. 领会数智时代的企业激励实践

引导案例

员工激励 企业活力

拥有166年历史的老凤祥,已经成为国内黄金珠宝首饰业的巨头。在老凤祥的发展过程中,尤其是最近十多年的"华丽转身"中,其依托的除了资本运作、组织架构、经营理念、产品设计,最关键的还是身为企业基石的员工。如何提升员工的幸福感?如何留住优秀人才不外流?老凤祥当家人石力华说得好:"对员工负责,就是要善用激励机制,与员工共享成果。"

尊重人才 企业传统

尊重知识,尊重人才,一向是老凤祥奉行的理念。在黄金珠宝首饰这个靠经验吃饭的行当,技艺显得特别重要。无论是素金还是镶嵌珠宝的首饰,在设计、制作、推广、销售的整个过程中,都需要经过多道工序,因此也需要很多"术业有专攻"的人才。

20世纪八九十年代,老凤祥经历了一波人才外流,优秀员工要么出国淘金,要么单飞下海。老凤祥的时任领导非常着急,出于对行业和企业未来的担忧,他们大胆向国家有关部门打报告,要求实行"特艺政策",将企业效益分配向技术人员倾斜。几十年过去了,老凤祥的"人才政策"始终没有改变。领导层愈发重视人才的作用,推行了一系列激励机制,并为自己赢得了"知人善任"的美名。

多管齐下 激励员工

对于技术型和经营型人才,老凤祥具有不同的激励机制,包括薪酬、股权、福利和培训等方面。

在薪酬方面,以石力华为首的领导层决定打破技术人员的"大锅饭"体制,首创"首席设计师、首席技师、首席技工、首席营业员"的"四首"制度,根据不同的技术职称确定不同的薪酬等级。国家级工艺美术大师、高级技师、首席设计师这类拔尖人才,成为企业的高收入群体。而对于经营型人才,薪酬分配则向基层管理人员和服务一线的员工倾斜。除保障员工基本年收入外,企业再拨出一大笔资金用于业绩提成。

"这种制度,也传递了企业的意图和信号,鼓励员工在岗位上努力钻研、拿出成果。大家心中明白,只要有才干、有技术,在老凤祥就有希望。"老凤祥首席发言人王恩生解释道。

希望照亮梦想

由于老凤祥是一个多元投资的混合经济体,企业内不少优秀员工都有股份。通过经营者持股、技术入股等方式,企业与员工共享成果,企业业绩决定了分配比例。据悉,老凤祥第一批股东有70多位,现在已经翻了一倍多。"军功章有你的一半,回报中也有你的一份。"这是领导层对优秀员工的承诺。

在老凤祥,"只要有梦想,就会有现实"这句话可谓人人皆知,哪怕是基层员工,也能在企业内找到改变命运的舞台。老凤祥每年都会招聘银楼经理,内部所有人都能报名,经过考试、培训,人人都能当经理。老凤祥首席发言人王恩生说:"只要有经营岗位的招聘,我们首先提供给内部员工,实在招不到才对外发布,因此企业也培养了许多土生土长的经营型人才。榜样的力量是无穷的,我们鼓励年轻人要有梦想,只要有准备,命运就会青睐你。"

培训创出佳绩

老凤祥重视员工的职业培训,寻找各种机会、资源,送自己的员工去深造。企业专门联系工商管理学院,拨出一部分教育基金,将经营型人才分批送去读书。对于年轻的设计师团队,每年也都有机会分批前往法国、意大利、巴西、美国等国学习先进的首饰设计理念。正是这样的软性激励,拓宽了员工们的知识面和视野,极大地调动了大家的主观能动性,使得工作中的灵感如泉涌,佳作频出。

提供职业培训,当然希望员工能创佳绩,因此为年轻人创造各种机会参加比赛,也是老凤祥的软性激励机制之一。老凤祥认为,在珠宝首饰这样一个文化创意产业,设计师们不仅需要经历一次次大赛的磨砺,同时也需要获得一定的奖励。比如,一位国家级大师获奖后,老凤祥曾对她额外奖励3万元,随后又帮她进行技术能手的申报,甚至将其个人报告会开进了人民大会堂。

重视技术型、技艺类人才,重视对人才的激励,这就是老凤祥的用人之道。而每一个老凤祥员工都明白,个人的努力不仅决定了企业的命运,更与自己的职业发展息息相关。

资料来源:辛矣、王恩生,《员工激励 企业活力(上)》,《新民晚报》,2014年4月4日;辛矣、王恩生,《员工激励 企业活力(下)》,《新民晚报》,2014年4月11日。

思考题

1. 传统企业应如何根据时代的变化优化激励措施?
2. 物质激励和精神激励应如何有机结合?
3. 通过老凤祥的员工激励案例,思考和分析企业激励的难点在何处。

如引导案例所示，企业发展的关键在于激活人才动能。老凤祥通过构建合理的激励制度，引导人才积极主动地参与企业经营活动，让人才发展的目标与企业发展的目标建立联系，释放人才的工作活力，进而为企业的可持续健康发展提供动力和能力保障。

当前企业所处的营商环境具有易变性（volatility）、不确定性（uncertainty）、复杂性（complexity）、模糊性（ambiguity）交织的特点（即 VUCA），员工的主动性和创造力对企业发展尤为重要。如何有效激励员工，成为管理实践者面临的最为重要的挑战之一，而这一挑战体现在三个方面的重要变化上。首先，激励环境发生了变化。随着数字化、人工智能、算法与机器学习等新兴技术在工作场所的广泛应用，员工的工作环境发生了重要变化，导致原有的激励措施逐渐失去激励效果。其次，激励对象发生了变化。我国职场中的生力军已经逐渐过渡到 80 后 / 90 后（"新生代"）甚至 00 后（"千禧一代"）。与 60 后 / 70 后相比，新生代群体的关注焦点、价值观和需求存在较大差异。因此，组织很难找到对所有员工都行之有效的激励办法。最后，员工工作与家庭的关系发生了变化。中国社会是一个典型的集体主义文化导向的社会，而家庭生活在中国社会占据了重要地位。中国人不仅要考虑个人需求，还要兼顾其他家族成员，如父母、子女和兄弟姐妹等的需求。因此，如何促进工作-家庭相互增益（work-family enrichment）不仅是企业员工面临的现实困境，也是企业管理者需要重点解决的激励问题。在本章中，我们将讨论员工的需要和动机、激励理论以及激励实践，以帮助组织顺应数智时代的环境变化，设计符合新生代员工特点的激励制度，释放员工活力，促进企业的持续健康发展。

8.1 需要、动机和激励

8.1.1 需要

需要（needs）是指个体因客观刺激作用于大脑所引起的"缺乏某种东西"的一种主观感受（Maslow, 1954）。这里所说的客观刺激，包括身体外部的环境刺激和身体内部的生理刺激。

根据需要的起源，可以将其分为两类：① 自然需要或"先天性需要"（例如，饿了就想要吃，渴了就想要喝）；② 社会需要或"后天性需要"（例如，个人对于财富、地位、友情和美好生活的向往）。此外，根据需要的内容，可以将其分为物质需要和精神需要。其中，物质需要既包括生理性需要，也包括社会性需要。而精神需要则是指人对社会精神生活及其产品的需要，例如对知识的需要、对文化艺术的需要、对美的欣赏需要等。

需要注意的是，在精神需要层面，中国人对"面子"给予了特殊的关注。古谚道"人要脸，树要皮"，脸面是个体为了迎合某一社会圈认同的形象，经过印象修饰后表现出来的认同性的心理和行为。脸面是一个具有辐射性或推广性的概念，它的动力和行为方向都是以

"与相关的人共享"为特征的，同所谓的光宗耀祖、光大门楣、沾光等心理和行为相联系。在中国社会，由于个人的社会成长与家族联系紧密，因此他的言行举止、为人处世、事业功名、做官掌权等问题就不仅是他个人的问题，而由整个家族的期待所塑造和影响，家族由此可以"沾光"（翟学伟，2004）。

8.1.2 动机

动机（motive）是引发和维持个体行为，并使该行为导向满足某种需要和目标的心理驱动力（Deci & Ryan, 1985）。需要为动机提供内容，当人的某种需要没有得到满足时，它会推动人去寻找满足需要的对象，从而产生行为的动机。因此，需要是动机的基础。在组织情境下，工作动机（work motivation）指的是一系列激发与工作绩效相关的行为，并决定这些行为的形式、方向、强度和持续时间的驱动力（Kanfer, 1992）。

根据工作动机的不同来源，可以将其分为内在动机和外在动机。内在动机（intrinsic motivation）是指个体所从事活动本身激发出来的内在愉悦体验（Ryan & Deci, 2000）。个体的内在动机有助于学习、工作效率的提高和创造力的激发（Zhang et al., 2021），而且内在动机驱使下的个体往往具有较高的工作成就感、自我效能感和工作满意度（Fishbach & Woolley, 2022）。相反，由所从事工作活动之外的各类诱因激发出来的动机，则被称为外在动机（extrinsic motivation）。这些外部诱因包括工资福利、职业晋升、认可与荣誉等。外在动机根植于行为主义学派的观点中，该学派认为个体行为是在外在环境中通过条件反射的方式不断强化建立的，而动机则是由外部刺激引起的一种对行为的激发力量。

8.1.3 中国人的工作动机

个体的工作动机受社会环境的影响。比如，中国人的工作动机与中国文化息息相关。一项针对中国创业者的调查发现，65%以上的受调查者回答"赚钱养家"是其创业的主要动机。家庭是人类社会最普遍的社会组织形式，也是个体日常活动的重要领域。"家文化"在中国社会源远流长，在中国文化价值体系中根深蒂固。对于中国人而言，家庭和谐安稳乃个体成就事业的基础，而供养家庭是个体从事工作的主要动力和精神支柱。有学者将"家庭动机"定义为"为造福家庭而努力工作的愿望"（Menges et al., 2017）。研究表明，家庭动机能增加员工工作投入，提升员工生产绩效（Zhang et al., 2020）。此外，家庭动机还能缓解工作带来的负面效应，如内在工作动机的缺失（Menges et al., 2017），为员工的工作提供动力和目标。

受集体主义文化熏陶，中国人在完善自身后将承担家庭和社会的责任作为实现自我超越的途径。古人云，修身齐家治国平天下，中国的社会价值观不仅重视家文化，还凸显家国情怀。因此，亲社会动机（prosocial motive），即期望投入心理资源和精力来对他人或社会提供帮助或做出贡献的愿望（Grant, 2007），也是近年来学术界关注的热点之一。亲社会动机蕴含在中国人的工作动机中，激励个体为国家和社会做出贡献。例如，华坪女高的张桂梅扎根深山，只为完成女孩们的读书梦想，中国核潜艇第一任总设计师彭士禄为国深潜，只为国富民强，这些感人事例背后都体现了中国人的亲社会动机。

8.1.4 激励

激励是指创设满足员工各种需要的条件，激发员工的工作动机，使之实施特定行为以实现组织目标的过程（Kanfer，1990）。如何满足员工的需要和动机，使员工做出组织所期望的行为以达成组织目标？这是组织在制定激励政策时需要思考和解决的根本问题。

根据激励的内容与形式，可以将其划分为经济性激励和精神性激励。一方面，经济性激励是以财物货币的形式给予员工直接激励，如工资、奖金、福利等。经济性激励是组织中常用的激励手段之一，是薪酬管理中重要且不可被忽视的一环。然而，经济性激励也存在诸多局限。首先，金钱并非对所有人都重要，受年龄、经济条件、社会价值观等因素的影响，物质利益的吸引力因人而异，许多新生代员工追求物质激励与精神激励的平衡，致使经济性激励的心理折扣更大（贺伟、龙立荣和赵海霞，2011）；其次，不当的经济性激励会让员工关注短期利益，造成"有钱则做事，没钱不做事"的局面；最后，单一的经济性激励缺乏持续性，如果组织出现不良财务状况，则容易丧失激励优势。因此，如何实现经济性激励的效用最大化值得探讨。另一方面，精神性激励是指对企业员工精神方面的无形激励，包括向员工授权，对其工作绩效的认可，公平、公开的晋升制度，提供学习和发展及进一步提升自我的机会，实行灵活多样的弹性工作时间制度，以及制定适合每个人特点的职业生涯发展道路，等等。精神性激励是一项深入细致、复杂多变、应用广泛、影响深远的工作，它是管理者用思想教育的手段倡导企业精神，以调动员工积极性、主动性和创造性的有效方式。

8.1.5 个体差异与环境因素对激励的影响

要保证激励手段与形式对企业员工的有效性，还不能忽视个体差异与外部情境的影响，如新生代员工的工作价值观、零工经济、新冠疫情等。

出生于20世纪80—90年代的新生代员工已成为劳动力市场的主力军，因此对新生代员工的激励也是当前的研究热点。新生代员工注重工作中自我价值的实现，期望获得他人的认可和成就感，重视兴趣和工作的统一，追求个人职业规划的长远发展，拥有较强的创新意识和较高的专业技术能力。研究表明，95后新生代员工的工作动机受多重因素影响，其中，"学习发展""兴趣爱好""成就"排在前三位（苗继竹、唐雪莲，2020）。但与此同时，新生代员工有时也会被树立成"抗压能力弱、情绪控制差、组织忠诚度低"的负面形象，在职场中表现出"躺平""低欲望"等不良工作状态，这些都说明新生代员工鲜明的个性特征及行事风格让组织面临新的激励困境。因此，组织应当思考如何激励新生代员工扬长避短，做到个人目标与组织目标相匹配，以提高组织在新时期的核心竞争力。

互联网平台的快速发展推动了零工经济的兴起。通过对企业和高技术劳动力的快速匹配，二者建立起短期的、灵活的项目契约关系。劳动者不必拘泥于组织带来的束缚，可以自由地选择工作任务，企业也能按需招聘，这种用工形态较好地迎合了高技术劳动力的工作偏好。根据国际咨询机构 Staffing Industry Analysts 的统计，2017 年全球人力云总收入达到 820 亿美元，全球零工经济规模达到 3.7 万亿美元（戚津东、肖旭，2020）。灵活就业者（如零工从业者）的工作模式没有特定的组织结构，也没有明确的岗位职责和界定，如何设计针对零工从业者的激励体系与实践是另一个值得思考的难题。

新冠肺炎疫情的肆虐迅速增加了个体与组织对远程办公的需要。根据中商产业研究院的数据，从 2020 年 2 月开始，中国上千万企业、近两亿员工启用钉钉居家办公，企业微信的服务器请求也上涨了 10 倍多（刘松博、程进凯和王曦，2022）。作为在工作场所以外的地方办公的形式，远程办公要求员工在工作时间内利用即时通信技术处理业务，因此具有高度的工作自主性、灵活性、时空分离等独特特征（李敏等，2022）。远程办公让员工能灵活地选择办公地点，增强了员工的工作灵活度和工作控制感，但是减少了面对面的沟通机会，降低了员工的归属感，甚至会造成工作-家庭冲突，增大员工的工作压力。新的工作场景和新的用工方式都给员工的激励方式带来了新的挑战。

8.2 激励理论

激励的核心是激发员工的工作动机，即员工在工作场所不断选择目标并努力实现目标的过程。因此，围绕工作动机的心理过程，激励理论主要研究三个基本问题：① 人的需要和动机的内容是什么，如何影响员工对特定目标的选择？② 个体如何分配和调动心理资源来坚持实现所选定的目标？③ 外部环境因素如何影响人的需要和动机的内容以及影响个体通过资源分配实现目标的过程？围绕这三个基本问题，激励理论可以分为三大类：内容型激励理论、过程型激励理论、情境型激励理论，具体参见图 8.1。

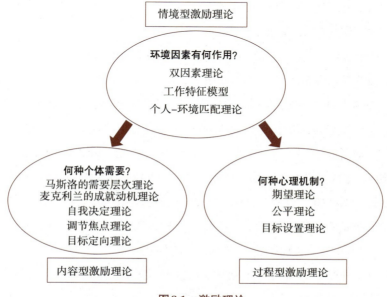

图 8.1 激励理论

8.2.1 内容型激励理论

内容型激励理论的核心是探索个体属性特征的内容，既包括经典的需要和动机，也包括个体的性格特质、目标焦点和价值观，这些属性特征都会影响哪些目标对个人而言是有意义的，进而影响个体对目标的选择。

经典的内容型激励理论都试图确定与动机密切相关的具体的个体需要及其层次结构。通过聚焦于动机的内容，不同理论都将动机限定在一系列特定的需要上，并试图阐明如何利用这些个体需要来激励人。其中，需要层次理论（hierarchy of need theory）由美国心理学家马斯洛在《动机与人格》一书中完整提出。马斯洛将人的需要由低到高划分为以下五个不同层级：生理需要、安全需要、归属需要、尊重需要和自我实现需要。五种需要呈"金字塔"形分布，其中，生理需要、安全需要、归属需要、尊重需要这四种需要是每个个体都拥有的，被称为"缺乏型需要"；而处于金字塔顶端的"自我实现需要"则被称为"成长型需要"，主要体现为个体的成长与自我价值的实现。依据马斯洛的需要层次理论，各层次需要对个体的重要程度是会不断变化的，组织对个体的激励应当按照需要层次由低到高，先满足低层次的需要再刺激高层次的需要。

与马斯洛的需要层次理论的先天欲求的观点不同，麦克利兰（McClelland）的成就动机理论（achievement motivation theory）认为，个体需要并非源于先天的本能欲望，而是通过后天学习获得的。麦克利兰提出，有三种主要的需要影响着个体的行为：成就需要、权力需要和归属需要。成就需要指的是追求成功，实现理想目标的需要。具有高成就需要的个体愿意承担责任与风险，力求把事情做到最好。权力需要是指对掌控他人、获得名誉和影响力的需要。具有高权力需要的人希望担任领导者，掌握权力。归属需要是指个体建立友好和亲密的人际关系的需要。具有高归属需要的人喜欢与他人建立密切友好的关系，并且更偏好合作而非竞争的环境。

虽然经典的内容型激励理论对后续激励理论的研究影响深远，但由于不同文化中的价值观念往往有所差异，理论中的激励需要层次很难找到普适性的结构框架，也很难适用于所有人，因此，经典的内容型激励理论的研究结果至今仍缺乏实证支持。而当代内容型激励理论有一个共同之处，即都具有一定数量的有效证据支持。其中，自我决定理论（self-determination theory）关注动机的内容，并将动机从内到外分为五种；调节焦点理论（regulatory focus theory）关注个体的"趋利避害"策略，重点关注个体对期望的最终状态的自我调节；目标定向理论（goal orientation theory）关注个体对特定目标的选定和追求。

自我决定理论区分了动机类型，认为不同类型的动机会伴随不同的后果。该理论把个体对自我决定的追求看成人类行为的内在动机，并把人类的动机看成一个从外到内的动态连续体。根据自我决定由弱到强的程度，可以将外在动机划分为外在调节（external regulation）、摄入调节（introjected regulation）、认同调节（identified regulation）和整合调节（integrated regulation）四类。外在调节是与内在动机完全对立且自主性最低的一种外在动机；摄入调节是指个体通过知觉到的某种价值观，对行为进行被动调节；认同调节是个体在认同某种价值观后对行为进行主动调节；而整合调节是指个体将某种外在价值观完全融入自我的和谐状态。总的来说，外在调节和摄入调节动机属于控制性动机，认同调节、整合调节以及内在动机都属于自主性动机（Deci，Olafsen，& Ryan，2017；贺伟、龙立荣，2011b）。具有自主性动机的个体会在工作过程中具有主人翁意识，拥有良好的表现和适应能力；相反，在外在奖励控制下产生的动机易造成个体的短视行为，长期内会导致个体绩效下降。

调节焦点理论是由希金斯（Higgins）于1997年提出的。该理论认为，人们在追求和实现目标的过程中，会采取不同的策略去追求快乐和规避痛苦，面对相同情境也会做出不同的反应，进而提出两种不同的自我调节倾向——促进焦点（promotion focus）调节和防御焦点（prevention focus）调节。促进焦点调节关注成长需要，注重进步和成就，鼓励个体采取趋近策略，追求理想目标；防御焦点调节关注安全需要，注重保护和风险，引导个体采取趋避策略，追求责任目标。无论目标是积极的还是消极的，具有促进焦点调节倾向的人都会采用趋近的方式去实现目标；相反，具有防御焦点调节倾向的人会采用规避的方式去实现目标。希金斯提出，个体倾向于选择与自己调节焦点相匹配的方式去完成工作，且当工作方式与调节焦点相匹配时，个体追求目标的动机会更强烈。因此，组织在采用激励方式时，应当依据个体的调节焦点采取正向或负向的激励机制，以更好地实现组织目标。

此外，目标定向理论是由智力的内隐理论和成就目标理论发展而来的，其认为存在两类目标导向——学习目标导向（mastery/learning goal orientation）和绩效目标导向（performance goal orientation）。其中，绩效目标导向又可以细分为绩效趋近目标导向（performance approach goal orientation）和绩效回避目标导向（performance avoidance goal orientation）。个体拥有不同的内隐能力，会形成不同的成就目标观。学习目标导向强的个体注重发展自我能力，强调任务的把握和实现；绩效趋近目标导向强的个体注重向他人展示自我的能力，绩效回避目标导向强的个体则强调回避可能暴露自己不足的情境。不同的目标导向没有优劣之分，并相对独立存在，个体可以同时具有多种目标导向。

8.2.2 过程型激励理论

过程型激励理论探讨个体调动和分配心理资源以实现目标的心理过程和机制。经典的过程型激励理论包括期望理论、公平理论、目标设置理论。

美国心理学家弗鲁姆（Vroom）于1964年提出期望理论（expectancy theory），该理论将个体的动机过程描述成一个关于是否在工作中付出更多努力的理性决策过程。期望理论认为，个体的工作动机水平受到一系列心理认知过程的影响，主要包括三个方面。

（1）期望（expectancy）：在该工作任务上付出努力能否产生工作效果或提高工作绩效，即努力与工作绩效之间的关联性感知。

（2）工具性（instrumentality）：在该工作任务上取得了高绩效是否有其他额外的奖励（如奖金、福利或服务、职位晋升等），即工作绩效与奖励之间的关联性感知。

（3）效价（valence）：与工作绩效关联的额外奖励对个体产生的效用水平，即特定奖励对个体的吸引力程度。

期望理论将个体的动机水平简化成上述三种心理感知水平的交互作用，即三种心理认知共同决定了个体的动机水平，缺一不可。例如，某公司推行了一项居家办公的激励政策，规定每年绩效排名处于前10%的员工可以居家办公。该激励政策对甲、乙、丙三名员工会产生不同的激励效果：

员工甲每天上班的通勤成本很高，上下班单程需要花费2个小时，所以居家办公的奖励对甲而言拥有最高的效价（假定达到最大值1.0）。此外，凭借甲的工作能力，每年绩效达到公司前10%的希望并不是太大，假定概率为30%，则其对此激励政策感知到的期望水平为0.3。综合而言，该激励政策对甲的激励水平 = 1.0 × 0.3 = 0.3。

员工乙虽然每天上班的通勤成本不高，但如果能够居家办公，就可以更方便地处理家庭事务，因此其对该激励政策的效价感知为0.6。此外，乙的工作能力较强，每年绩效达到公司前10%的概率为80%，所以其对该激励政策的期望感知为0.8。综合而言，居家办公激励政策对乙的激励水平 = 0.6 × 0.8 = 0.48。

员工丙是公司中的业绩明星，凭借其工作能力每年绩效进入公司前10%的概率为100%。但是，丙目前还住在公司提供的单身宿舍里，所以对居家办公毫无兴趣，该激励政策对丙的效价几乎为0。因此，居家办公激励政策对丙的激励水平 = 1.0 × 0 = 0。

公平理论（equity theory）由美国行为科学家亚当斯（Adams）于1965年提出，强调社会比较下的公平感知对个体行为动机的影响。根据公平理论的思想，员工会把自己从组织中获得的各类报酬（如金钱、晋升、认可等）与自己在组织中的各类投入（如技能、努力、经验等）的比值同组织内或组织外的其他人（即社会比较的参照对象）进行比较，当个人的投入-产出比与他人的投入-产出比不一致时，不公平的感觉就产生了。需要注意的是，公平理论认为无论个人的投入-产出比是低于还是高于他人的投入-产出比，个体都会产生不公平的感知。

在不公平感的驱使下，员工会有动机通过各种行为来降低或缓解不公平感。研究发现，员工会通过六种方式来调整这种不公平感知：① 改变自己的投入（如消极怠工）；② 改变自己获得的报酬（如提出加薪的诉求）；③ 在认知上扭曲投入或结果（如重新评估自己的投入和报酬水平）；④ 离职（更换社会比较场景）；⑤ 改变其他人的投入或报酬（如将工作推给他人）；⑥ 改变比较的对象（如从在组织内部的比较转换成与同行同类岗位的比较）（Adams，1965）。亚当斯的公平理论（特指组织分配结果公平）得到学术界的广泛认可与实证检验（Bolino & William，2008）。在中国组织文化背景下，研究发现，员工在工资和奖金等货币化报酬的公平认知上更遵循公平理论的假设，而在福利等保障性报酬上的公平认知更看重绝对保障水平而非相对的社会比较（贺伟、龙立荣，2011a）。

自20世纪70年代中期起，学术界开始重视对程序公平的研究。研究人员发现，人们不仅关心决策结果是否公正，而且非常关心决策过程的公正性。不少研究表明，如果员工认为企业的决策程序是公正的，则即使决策结果对自己不利，他们往往也会接受这些结果。与强调决策的公平理论相比，程序公平理论用来检验制定决策的过程的影响。

1986年，贝斯（Bies）和莫格（Moag）开始关注分配结果反馈和执行时的人际互动方式对公平感的影响，并将其称为"互动公平"。他们发现，互动公平也会影响结果公平。人力资源管理中的互动公平指员工在与上级的人际交往中所感受到的公正待遇的程度。贝斯等人认为，程序公平强调从制度上保证管理人员与员工之间双向沟通的实现，而互动公平则侧重于这种沟通的恰当方式。管理人员真诚、礼貌、平等地与员工交往，能够提高员工感知中的交往公平性。互动公平体现了管理人员对下属的尊重，有助于管理人员赢得员工的信任（Korsgaard, Schweiger, & Sapienza, 1995）。

洛克（Locke）的目标设置理论（goal-setting theory）指出，个体的目标会直接影响其绩效。近400项（大部分是实验性的）研究表明，相较于具体但简单模糊的目标（比如"尽你所能"）或者没有目标，明确具体并且有挑战性的目标能带来更好的表现，并且在能力范围内，目标的挑战性（或者难度）和表现线性相关（Locke & Latham, 1990）。后续的相关研究也证明了该理论的适用性（Locke & Latham, 2019）。

8.2.3 情境型激励理论

情境型激励理论主要关注环境因素在动机过程中的作用。比较重要的情境型激励理论有双因素理论（two-factor theory）、工作特征模型（job characteristics model, JCM）和个人－环境匹配理论（person-environment fit theory）。

双因素理论由赫茨伯格（Herzberg）于1959年提出，关注组织内部的环境因素对个体动机的影响。赫茨伯格把企业中的有关因素分为保健因素和激励因素两类。其中，保健因素大多是外在的、非工作关联的因素，如企业政策、报酬、合作关系和主管风格。之所以称为保健因素，是因为即使消除了这些不满因素（比如提高报酬），也不会带来令人满意的结果。换言之，不满的对立面是"没有不满"，它是一种中性状态。激励因素大多源于工作的内在体验，诸如成就感、工作被认可、工作本身具有挑战性、负有较大的责任、进步和成长等。激励因素的改善能够激励员工，带来令人满意的结果；相反，如果这些因素没有满足员工的要求，员工也不会感到不满，同样也是达到"没有不满"的中性状态（Herzberg, Mausner, & Snyderman, 1959）。

哈克曼（Hackman）和奥尔德姆（Oldman）提出的工作特征模型关注工作环境特征对个人动机的影响，确定了五个主要的工作特征，分析了这些工作特征如何通过影响员工的内在工作动机和满足感来提高工作效率。这五个工作特征是：技能多样性（skill variety）、任务完整性（task identity）、任务重要性（task significance）、自主性（autonomy）和反馈性（feedback）。工作具有这些特征会带来工作意义感、对责任的感知和对结果的了解，这些心理感受会让工作本身就成为一种奖励，产生内在工作动机的良性循环（Hackman & Oldham，1976）。

个人－环境匹配理论认为，个体的行为动机不仅取决于个体本身或者其所在的环境，还取决于这两者之间的匹配关系。当个体在与自身技能、兴趣、价值观和其他特征相匹配的地方工作时，会更加活跃。目前，研究者对个人－环境匹配理论的定义取向有三种（王雁飞、孙楠，2013）：

第一种是维度论。维度论认为个人－环境匹配是指个体和工作环境的一个或多个特征维度很好地吻合时二者之间的一致性，比如人与职业匹配、人与组织匹配、人与工作匹配、人与群体匹配、人与人匹配。

第二种是内涵论。内涵论依据个人－环境匹配中"匹配"的具体含义，又提出了一致性匹配和互补性匹配两个概念。一致性匹配是指个体与其所在环境的特征一致时所达成的匹配；互补性匹配是指个体和环境的相关特征相互弥补，进而形成良好的匹配。

第三种是综合论。综合论融合了维度论与内涵论的观点来探讨个人－环境匹配的含义。研究表明，内涵匹配中价值观的一致对人际形式匹配的影响大于其对工作相关匹配的影响；个人需要的满足对个人－环境每个维度的匹配均产生影响；组织要求的满足对组织所关心的维度匹配的影响大于对其他维度匹配的影响等（Jansen & Kristof-Brown，2006）。

8.2.4　数智时代的激励理论

随着数字技术的迭代和广泛应用，企业经营面临非常大的数字化转型压力。许多企业主动借助数字技术改造传统组织形态，重新定义工作场所，以及更新管理方式。首先，组织边界被打破。以往企业只能依赖自有的资源进行发展，现在则可以通过数字技术与外部世界建立广泛连接，充分利用外部资源推动其发展。其次，工作虚拟化。由于信息与通信技术的发展，组织可以克服时间和空间的限制，摆脱对固定地点联合办公方式的依赖，实现移动办公、远程办公、分布式团队合作等。最后，管理方式创新。以往企业只能利用人来实现管理和控制，现在则可以借助算法、邮件、即时通信软件、机器人、网络监控、视频监控、手机监控等方式实现对员工的管理和控制。虽然数字技术可以帮助企业提高管理效率，降低经营成本，提升竞争力，但是给员工激励带来了新的挑战和困境。面对新的管理情境，尤其是数字化的转型情境，原有的激励模式是否仍具备有效性？如何立足数智化情境，创新激励方式？这些问题成为企业管理者和学者在新时代所要研究的议题。

前述三大激励理论在管理学研究中已得到充分的发展，而在数智时代的新变化中，其局限性也日益显现。例如，个人－环境匹配理论建立在"个体与环境双方同时期盼着建立长期、深入且一对一的关系"这一前提下,因此维度与内容上的匹配是关系持续发展的重要因素。而对于数智时代涌现的零工经济等新型人力形式,这一前提受到挑战:工作者与组织之间的关系不再天然地具有长期性;一个工作者可能与多个组织建立项目契约关系,形成多重身份;工作者与组织的关系由分包任务中介,甚至由算法中介,工作者难以与组织内部真实的成员建立互动和联结。既往研究所构建的人与群体的匹配、人与人的匹配、人与组织文化的匹配,在上述场景中都失去了立足的现实基础。

危机与机遇总是相伴而生的,经典激励理论在数智时代面临挑战的同时,也正面临复兴的重要契机。以兴盛于 20 世纪 90 年代的目标设置理论为例,其得出的主要结论、研究的主要范式多基于面向技术工种的实验。在数智时代,随着越来越多的企业采用线上办公系统并推行 OKR,员工的目标自上而下层层展开,目标内容可通过上下级互动协商确定,可以随着企业战略和当期进程实时更新:目标设置越来越具备动态性、透明性、层级性、耦合性,极大地丰富了目标设置理论可关照的现实维度,也将目标设置放入更具层次感的组织场景中。上下目标的对齐、目标在抽象性与具体性之间的平衡,以及目标在更广时间维度上的演变,都是学者可以深入展开的新命题。另外,以公平理论为例,在如今算法驱动的组织决策情境下,员工所能分配到的资源、所获得的回报,很多时候都不再由人类决策者所裁定,而是基于算法生成相应的结果。算法的黑箱属性、去人化属性将如何影响员工对程序公平与分配公平的感知?由算法驱动的激励调整方案,能否真正提升员工的绩效,或符合社会道德伦理的期望?数智化情境下,激励理论涌现出了许多具有跨领域特征的研究方向,亟待研究者进行探索。

8.3 激励实践

上述激励理论为指导企业组织如何激励员工提供了丰富的理论思想。随着对人性层面的不断探讨,人们发现,人不仅具有物质层面的需要,还具有精神层面的需要。激励的理论和实践逐渐由外部控制转向内部引导。组织管理者通过工作设计与赋能来激活和满足员工较高层次的社会属性和精神属性欲望,驱动内在动机,来激发员工的自主性,提升完成工作任务的效率。在满足员工心理需要的基础上,引导并鼓励员工实现自我价值,通过打造组织愿景,赋予员工集体荣誉感与使命感,为伟大目标而奋斗,从而极大地激发员工的工作积极性。因此,本节分别从外在激励实践、内在激励实践和意义激励实践三个方面进行介绍。

8.3.1 外在激励实践

作为外在激励的重要方式,薪酬能极大地影响员工行为和工作绩效。例如,本章引导案例中老凤祥多管齐下,激励员工。对于技术型和经营型人才,老凤祥具有不同的激励机制,强化技能导向和绩效导向,突出实际贡献。在所有的工作分类中,员工们都将薪酬与收益视为最重要的指标。因此,他们关注任务和本职工作,取得良好的关键绩效指标(KPI)考核结果，形成了不同的个人工作成果后，当然希望马上得到回报。企业需要及时以现金激励、短期利润的分红激励为主，满足员工的短期利益需要。

短期奖励计划是指绩效评估周期短于 12 个月的各种奖励计划，具体包括：① 基于员工个人绩效的个人业绩计划；② 基于团队绩效的团队业绩计划；③ 基于企业的整体利润，可能涉及企业大部分员工的现金利润分享计划；④ 为有特殊贡献的个人或团队设立的特别表彰奖励；⑤ 综合考评企业、团队和个人绩效的综合业绩计划。

绩效考核作为短期激励中一种常见的绩效控制手段，通过考核评估员工对现任工作的胜任程度及其发展潜力，决定员工的岗位调动、职级升降和去留。其激励功能能够使员工体验到成就感、自豪感，从而提高工作满意度。同时，作为执行惩戒的依据之一，促使员工提高工作效率，改善绩效。除了对角色内绩效的激励作用，研究表明，在绩效评价主观性较强的情境下，员工会受启发式认知偏差的影响，产生"助人行为会提升绩效评价"的预期，并在该预期影响下，显著增加本职工作之外的助人行为（He et al., 2021）。

然而，只有短期激励是远远不够的。短期激励更多关注员工的眼前利益，想要让激励更有效果，必须将短期激励与长期激励充分结合，发挥各自的优势，形成共振效应。

长期激励是股东为了保障组织的核心人才能够长期留在组织、与组织共同成长和发展、达成组织的长远目标，而给予他们的一种激励。这里的核心人才一般是指关键岗位的高层管理人才和核心技术人才。相较于短期激励的时间周期，长期激励一般立足于三年及以上的时间周期。常见的长期激励形式有股权激励计划和长期现金计划两种。两者的原理类似：一般都是与人才约定，到了某个时间节点，当组织达成某个目标或实现某种效益时，按照不同的形式给予人才股权或现金奖励的制度。

全面薪酬是一种资源分配计划，它提供了一种更广泛的视角来看待组织可以向员工提供的以及员工对组织所能承诺的一切，它超越了传统薪酬体系，囊括了工作场所提供的所有报酬，为挖掘组织发展潜力提供了机会。

全面薪酬体系是兼顾员工内在需要和外在需要，同时实现物质激励和精神激励统一的综合性、全方位的薪酬体系。用公式表示如下：

全面薪酬体系 = 基本工资 + 附加工资 + 间接工资 + 工作用品补贴 + 额外津贴 + 晋升机会 + 发展机会 + 心理收入 + 生活质量 + 私人因素

全面薪酬在与员工充分沟通的基础上，以员工为中心，从绩效出发，强调员工参与及薪酬的个性化与定制化。它能形成难以模仿的竞争优势，从而实施组织战略，并提高员工满意度。其实质是使薪酬的设计和管理从以组织为中心转变为以员工为中心，员工从薪酬的接受者转变为薪酬的客户，强调员工的参与及薪酬的个性化与定制化。

8.3.2 内在激励实践

8.3.2.1 工作再设计

工作再设计（job re-design）是对工作内容、工作职能、工作关系的重新设计。具体来说，工作再设计是指重新确定所要完成的具体任务及方法，同时确定该工作如何与其他工作相互联系起来的过程，可以分为工作时间的再分配和工作内容的再设计。工作时间的再分配形式有弹性工作制、工作分享和远程办公，工作内容的再设计形式有轮岗、工作扩大化和工作丰富化。

弹性工作制即灵活的工作安排，员工每周必须工作特定的时长，却可以在某些规定之内灵活地安排工作时间的分布。然而，弹性工作制最主要的缺点是，它并不适用于所有的工作岗位，仅适用于并不经常需要接触外界人员的事务性岗位。

工作分享是指通过对现有工作岗位的劳动时间（工作日或工作周）进行不同形式的分割和重组，创造出更多的工作岗位，增加就业机会。除了一些因自然力作用（如煤矿枯竭）和国家经济结构调整必须关闭或整顿的企业，其他出于管理方面的原因而效率低下的企业（尤其是国有大型企业），均可实行工作分享。

远程办公是指通过电脑连接公司的办公室网络，每周至少在家工作两天。远程办公有一些潜在的优点，包括聘用人选的范围扩大、工作产出更高、员工离职率更低、士气更高、节约工位空间等。由于在当今技术飞速更新的时代里，工作性质和年轻员工的偏好均有所变化，因此远程办公在当代职场中越来越流行。

工作轮换是指周期性地让员工调离一项任务，承担相同组织层级中要求具备相似技能的另一项任务。工作轮换的优点在于，它能减轻员工的厌烦心理，从而激励员工，并且能够帮助员工更好地理解自己的工作对组织的贡献。当然，轮岗也有一些缺点，比如培训成本上升，而且主管也必须花更多时间回答员工的问题并且监督调职员工的工作等。

工作扩大化是指通过增加岗位的工作内容，使一个员工同时承担几项工作，改变原来工作范围窄、简单重复的情况，形成广泛的工作范围和较少的工作循环重复的一种工作设计方法。工作扩大化可以使员工不经培训即可胜任，节省了招聘新员工所需的培训费用；工作程序上的连贯性则避免了产品或任务在不同员工之间的传递，减少了交接的程序，节省了时间。

工作丰富化指的是通过提高员工计划、执行和评估等方面的控制力而对工作内容进行扩展。具有丰富内容的工作，其任务结构能够令员工完整地执行工作任务，提高员工的自由度和自主性，增强他们的责任感并且对个体提供反馈，降低缺勤率和离职率所导致的用人成本，并且提高工作满意度。

8.3.2.2 身份激励

个性化工作协议是指员工和组织通过谈判协商，自愿达成的非标准化工作协议（Rousseau, Ho, & Greenberg, 2006）。已有研究表明，这种自愿、个性化、非标准化的工作方式能够提升员工的自我效能感、满足个体的自我需要。个性化工作协议为员工的职业发展指明了路径，具有较强的愿景激励功能。

移动互联网时代，合伙制正在逐步取代传统雇佣制。通过采用合伙制这种组织模式，管理者可以与优秀员工共同谋划，共享利润，共担风险。企业用合伙人制度将员工变成奋斗者，激励其将自身利益与股东利益紧密结合，积极参与企业决策、承担风险，主动关心企业的长期发展与价值增长。

参与管理（participative management）是指在不同程度上让员工参加组织的决策过程及各级管理工作。员工与企业的高层管理者处于平等的地位研究和讨论组织中的重大问题，能够使他们感受到上级主管的信任，体验到自己的利益与组织发展密切相关从而产生强烈的责任感；同时，参与管理为员工提供了一个得到别人重视的机会，从而赋予其成就感。研究表明，在中国情境下，上级通过差异化地授权赋能，能够让员工主动并建设性地参与到组织工作中去，促进组织目标的实现（Li et al., 2015）。

8.3.2.3 赋能激励

管理学大师彼得·德鲁克曾说过："企业可以雇用一个人，但只有该人能决定为企业奉献10%还是90%的努力。"企业要学会为员工赋能，让员工成为自我驱动的引擎，成就自我，成就组织。企业只有从员工成长的角度出发，关注员工的成长与素质的提高，才能激发出每一个员工的内在潜力。

首先，建立完善的员工培训机制，如制订部门的学习计划等。除此之外，还可以设立线下的培育型课程，如新员工入职培训、管理人员的领导力培训、内部讲师培训等。本章引导案例中提到的老凤祥就非常重视员工的职业培训，寻找各种机会、资源，送员工去深造。

其次，鼓励知识分享，激发员工的上进心和荣誉感。管理者要鼓励有学问、有经验和想法的同事积极跟他人分享，灵活安排分享时间，提升员工的参与感。每个人都有长板与短板，取长补短的分享活动也是促进员工成长的重要方式。

再次，充分授权，赋予员工自主发挥的空间。管理者在工作中过度决策和管控，也许会提升短期效果，却会让员工渐渐失去独立思考的能力和敢于负责的勇气。因此，管理者应通过适当的授权，鼓励员工多承担具有挑战性的任务，并向员工提供独立思考和决策的空间，激发他们为工作主动学习，承担责任。

最后，团队赋能并激活。随着市场竞争的日益激烈，团队赋能在企业管理中的地位与作用也逐渐凸显出来，它可以使组织和个人获得快速处理事务的权限、必要的信息和协助，从而最大限度地发挥组织和个人的才能及潜力。因此，拥有各司其职、高效协作、自驱成长的团队，成了企业持续发展的核心要素。

8.3.3 意义激励实践

8.3.3.1 使命激励

企业使命是指企业由社会责任和义务所承担或由自身发展所规定的任务，是企业生产经营的哲学定位，是企业凝聚力、动力和创造力的源泉。因此，企业需要通过使命来激励员工，让他们领悟到为企业创造价值的意义。例如，本章引导案例中老凤祥的使命是"只要有梦想，就会有现实"，哪怕是基层员工，也能在企业中找到改变命运的舞台。此外，阿里巴巴的使命是"让天下没有难做的生意",企业由此认识到自身在社会中的定位以及历史责任。企业必须通过设立一个宏大的使命来激励人心,让每个人都觉得企业有光明的前景,能够为社会创造独特的价值。

当使命得到员工发自内心的认同时,它将在员工心中形成一股令人深受感召的力量。因为他们看到工作本身的意义非同以往,它不仅是一种谋生手段,更是一种社会责任;他们在工作中充满激情和乐趣,也从中体会到了人生的意义。在使命感的驱动下,企业和员工的关系得以改变,企业不再是"他们的公司",而是"我们的公司",员工将视彼此为实现企业使命的伙伴,是生命的共同体。心理学家马斯洛晚年从事杰出团体的研究,发现它们最显著的特征是具有共同使命与目标。马斯洛观察到,在特别出色的团体中,使命与成员本身已无法分开;或者应该说,当个人强烈认同这一使命时,定义这个人真正的自我,必须将其任务和使命包含在内。

8.3.3.2 家国情怀

随着经济的飞速发展和互联网技术的不断进步,员工的工作和家庭冲突时常发生。如果员工长期陷入工作和家庭冲突之中,组织将无法最大限度地激励员工为企业经营目标服务。因此,企业管理者对员工的家庭应当给予足够的重视和尊重。首先,让员工家人享受企业福利,比如:当企业为员工提供体检福利时,也可以向其家属提供;节假日时,向员工家属发放津贴或者赠送礼品,让他们也能感受到企业的关怀。其次,组织要及时掌握员工的工作、生活状态,对遇到困难的员工第一时间了解情况并做好帮扶工作。最后,让员工家人参与企业活动,一方面能加强员工、企业与员工家属间的沟通和交流,融洽团队成员关系,另一方面也将展示员工的工作业绩与成就,由此激发员工及其家属的自豪感,获得家属对员工的理解和支持。

然而,家国情怀不仅仅是对小家的关注和眷恋,更有从"家"到"国"的延伸,"修身齐家治国平天下"的人生理想便是最直接的体现之一。企业要想转变为助推社会乃至国家发展的新力量,就必须以身作则,勇于承担社会责任,以此来激励员工树立坚定崇高的理想和信念,立报效祖国、服务人民之大志,增强国家使命感和民族自豪感。因此,企业需要将社会责任感注入企业文化中,形成企业社会责任文化,进而被企业员工认同及共享,只有这样,企业才能进一步履行社会责任,并在管理实践中正确处理个人利益与企业利益、国家利益的关系,推动个人梦与中国梦的融合,汇聚圆梦的力量,共创美好的未来。

本章小结

需要是个体因客观刺激作用于大脑所引起的"缺乏某种东西"的一种主观感受。

动机是引发和维持个体行为,并使该行为导向满足某种需要和目标的心理驱动力。

激励是指创设满足员工各种需要的条件,激发员工的工作动机,使之产生特定行为以实现组织目标的过程。

内容型激励理论的核心是探索个体属性特征的内容，既包括经典的需要和动机，也包括个体的性格特质、目标焦点和价值观，这些属性特征都会影响哪些目标对个人而言是有意义的，进而影响个体对目标的选择。内容型激励理论包括需要层次理论、成就动机理论、自我决定理论、调节焦点理论和目标定向理论。

过程型激励理论探讨个体调动和分配心理资源以实现目标的心理过程和机制。经典的过程型激励理论包括期望理论、公平理论、目标设置理论。

情境型激励理论主要关注环境因素在动机过程中的作用。比较重要的情境理论有双因素理论、工作特征模型和个人 – 环境匹配理论。

为了引导企业提高激励的有效性，本章从外在激励实践、内在激励实践和意义激励实践三个方面介绍激励措施。

重要术语

需要　动机　激励　需要层次理论　成就动机理论　自我决定理论　期望理论　人与环境匹配　参与式管理

复习思考题

1. 什么是需要？什么是动机？需要与动机有何关系？
2. 在新时代下，企业面临哪些激励挑战？工作特征模型由哪些特征构成？
3. 请简要介绍一下过程型激励理论，并说明如何将它应用于企业实践。
4. 工作再设计有哪些方式？对企业员工的作用是什么？
5. 组织的家庭支持在激励员工方面有哪些作用？

中国实践

中国员工的家国情怀——以华为公司为例

作为当今世界最成功的企业之一，华为无疑是中国的骄傲。自2018年以来，美国采用各种手段打压一批中国的高科技企业，其中对华为的打压最甚。2018年4月，美国司法部调查华为是否违反伊朗出口禁令。2018年12月1日，华为首席财务官孟晚舟在温哥华转机时被加拿大无端拘押。2018年5月17日，华为被列入美国商务部工业和安全局的"实体清单"。面对如此压力，华为是如何激励员工、留住人才的呢？

大额分红和合理的股权激励政策是华为留住人才的重要手段。美国的打压使华为遭遇危机，华为员工都预期2019年的股权收益可能不佳。然而，2020年4月，华为对2019年的收益实行全额分红的政策，每股分红高达 2.21 元。这是华为自 2011 年分红达到 2.98 元后，最近 8 年最高的分红。高额分红激励了华为全体员工。此外，2018—2020 年，华为配股总量共计 176.2 亿股，超过了其 1990—2017 年 27 年间发行的股份总量。按每股 7.85 元计算，华为融资 1 383 亿元。然而，融资并非华为大量增发股份的目的，因为任正非认为股权融资的成本非常高，而债权融资的成本相对较低。华为采取这一举措更多的是想与员工形成命运共同体，让员工真切地意识到为公司的发展目标奋斗就是为个人价值奋斗。

公司政策是一方面，更重要的是很多员工对华为的责任感和面对外国打压时的家国情怀。集体主义文化下的中国人对民族荣誉感和社会责任感具有较高的追求。在美国"实体清单"出台后，很多微信群里转发了以下内容：

> 我和我的同事们从上周末开始都已经进入战时状态，这一仗，华为不能输也不会输，我们这 18 万人一定会改写世界科技发展史。经过两天的思考，我非常抱歉地告诉您，我决定放弃此次阿里的录用机会。我在华为工作了 15 年，如果在这个时候离开，我觉得自己像一个逃兵。也许明年甚至未来几年都没有年终奖和分红，我大不了陪公司白干几年，人生又有几次机会能亲历这种战役呢？华为和阿里都是非常伟大的公司，希望我们以后还有机会见面共同探讨业务。而此时，我需要站好我的岗。祝福华为，祝福阿里，祝福中国所有实干的高科技企业！

也有人在微博上分享这样的内容：

> 刚才跟一位在华为工作的朋友吃午饭。我问他："你们这么累，为什么不与美国人合作？"他回答道："老板有强烈的家国情怀，现在华为上下都铆足了劲儿要打赢这场战役。内部已到 45 岁退休年龄的人纷纷申请延迟退休，很多已经退休离开华为的人申请不要工资回华为做贡献，很多来应聘的人也表示愿意降薪来华为，只为了不错过这样一辈子难得一遇的重大战役，这是一生的骄傲。"听到内部人讲述这种情况，我还是很震惊的。

人类的赞歌是勇气的赞歌，中国人不信邪也不怕邪，不惹事也不怕事。面对其他国家的恶意打压，华为员工充分展现出了中国人民的团结一致和家国情怀。

资料来源：卓雄华、俞桂莲，《股动人心：华为奋斗者股权激励》，北京：中信出版社，2022 年版。

思考题

1. 家国情怀这种激励方式与其他激励方式的差别何在？
2. 为什么家国情怀能激励中国员工，这体现了哪些中国特色？

参考文献

翟学伟,2004,《人情、面子与权力的再生产——情理社会中的社会交换方式》,《社会学研究》,5:45—57。

贺伟、龙立荣,2011a,《实际收入水平、收入内部比较与员工薪酬满意度的关系——传统性和部门规模的调节作用》,《管理世界》,4:98—110。

贺伟、龙立荣,2011b,《内外在薪酬组合激励模型研究》,《管理评论》,23(9):93—101。

贺伟、龙立荣、赵海霞,2011,《员工心理账户视角的薪酬心理折扣研究》,《中国工业经济》,1:99—108。

李敏、杜鹏程、于展可、宋锟泰,2022,《后疫情时期中国人力资源管理的转型与变革——第9届中国人力资源管理论坛述评》,《管理学报》,19(2):180—186。

刘松博、程进凯、王曦,2022,《虚拟团队共享式领导的双刃剑效应研究:基于调适性结构理论的视角》,《心理科学进展》,30(8):1770—1793。

苗继竹、唐雪莲,2020,《数字经济下"95后"新生代员工的工作动机研究——基于浙江省中小型企业的调查研究》,《科技与管理》,22(4):90—97。

戚聿东、肖旭,2020,《数字经济时代的企业管理变革》,《管理世界》,36(6):135—152。

王雁飞、孙楠,2013,《个人–环境匹配理论与相关研究新进展》,《科技管理研究》,33(8):139—147。

Adams, J. S. 1965. Inequity in social exchange. in *Advances in Experimental Social Psychology* (Vol. 2, pp. 267–299). Academic Press.

Bolino, M. C., & William, H. T. 2008. Old faces, new places: Equity theory in cross-cultural contexts. *Journal of Organizational Behavior*, 29(1): 29–50.

Deci, E. L., & Ryan, R. M. 1985. *Intrinsic Motivation and Self-determination in Human Behavior*. New York, NY: Plenum Press.

Deci, E. L., Olafsen, A. H., & Ryan, R. M. 2017. Self-determination theory in work organizations: The state of a science. *Annual Review of Organizational Psychology and Organizational Behavior*, 4(1): 19–43.

Fishbach, A., & Woolley, K. 2022. The structure of intrinsic motivation. *Annual Review of Organizational Psychology and Organizational Behavior*, 9: 339–363.

Grant, A. M. 2007. Relational job design and the motivation to make a prosocial difference. *Academy of Management Review*, 32(2): 393–417.

Hackman, J. R., & Oldham, G. R. 1976. Motivation through the design of work: Test of a theory. *Organizational Behavior and Human Performance*, 16(2): 250–279.

He, W., Li, S. L., Feng, J., Zhang, G. L., & Sturman, M. C. 2021. When does pay for performance motivate employee helping behavior? The contextual influence of performance subjectivity. *Academy of Management Journal*, 64: 293–326.

Herzberg, F., Mausner, B., & Snyderman, B.B. 1959. *The Motivation to Work*. New York: John Wiley & Sons.

Jansen, K. J., & Kristof-Brown, A. 2006. Toward a multidimensional theory of person-environment fit. *Journal of Managerial Issues*, 18(2): 193–212.

Kanfer, R. 1990. Motivation theory and industrial and organizational psychology. in M. D. Dunnette & L. M. Hough (Eds.), *Handbook of Industrial and Organizational Psychology* (pp. 75–170). Palo Alto, CA: Consulting Psychologists Press.

Kanfer, R. 1992. Work motivation: New directions in theory and research. in C. L. Cooper & I. T. Robertson (Eds.), *International Review of Industrial and Organizational Psychology* (Vol. 7, pp.1–53). London: John Wiley & Sons.

Korsgaard, M. A., Schweiger, D. M., & Sapienza, H. J. 1995. Building commitment, attachment, and trust in strategic decision-making teams: The role of procedural justice. *Academy of Management Journal*, 38: 60–84.

Li, S. L., He, W., Yam, K. C., & Long, L. R. 2015. When and why empowering leadership increases followers' taking charge: A multilevel examination in China. *Asia Pacific Journal of Management*, 32: 645–670.

Locke, E. A., & Latham, G. P. 1990. *A Theory of Goal Setting & Task Performance*. Englewood Cliffs, NJ: Prentice-Hall.

Locke, E. A., & Latham, G. P. 2019. The development of goal setting theory: A half century retrospective. *Motivation Science*, 5: 93–105.

Maslow, A. H. 1954. *Motivation and Personality*. New York: Harper & Row.

Menges, J. I., Tussing, D.V., Wihler, A., & Grant, A. M. 2017. When job performance is all relative: How family motivation energizes effort and compensates for intrinsic motivation. *Academy of Management Journal*, 60: 695–719.

Rousseau, D. M., Ho, V. T., & Greenberg, J. 2006. I-deals: Idiosyncratic terms in employment relationships. *Academy of Management Review*, 31: 977–994.

Ryan, R. M., & Deci, E. L. 2000. Self-determination theory and the facilitation of intrinsic motivation, social development, and well-being. *American Psychologist*, 55: 68–78.

Zhang, X., Liao, H., Li, N., & Colbert, A. E. 2020. Playing it safe for my family: Exploring the dual effects of family motivation on employee productivity and creativity. *Academy of Management Journal*, 63: 1923–1950.

Zhang, Y., He, W., Long, L., & Zhang, J. 2021. Does pay for individual performance truly undermine employee creativity? The different moderating roles of vertical and horizontal collectivist orientations. *Human Resource Management*, 61: 21–38.

第 9 章

组织中员工的建言行为

学习目标

1. 认识建言行为在企业中的作用和价值
2. 了解建言行为在组织中的日常表现形式
3. 掌握影响员工建言参与的主要原因
4. 理解建言对组织绩效的影响
5. 提高管理建言的能力

引导案例

粟裕的三次"斗胆直陈"

粟裕,湖南省会同县人,1907 年出生,1927 年入党,先后六次负伤,九死一生,用兵如神,淮海战役中以少胜多,创造了战争奇迹。与粟裕的卓越战功相辉映的,是他超凡的人格魅力。他曾三次以个人名义发电报给中央军委,"斗胆直陈",力促战局改变,为解放战争的最终胜利做出了卓越的贡献。

第一次"斗胆直陈":关于外线作战与内线作战问题

1946 年夏,国民党军队向解放区大举进犯。中央军委于 6 月 26 日指示粟裕率华野主力兵出淮南,与山东野战军主力实行外线出击,向南作战。陈毅军长也电令粟裕西出淮南。

接到中央指示后,粟裕进行了深入分析研究,认为"在苏中先打一仗"更为有利。27 日,粟裕以个人名义给中央军委和陈毅军长发电,提出了自己的不同建议,并与华中分局其他领导一起再次发电,建议"第一阶段仍留苏中解决当面之敌"。中央军委、毛主席根据战场形势变化,最终采纳了粟裕的建议,决定发起"苏中战役"。

为确保胜利,7 月 25 日至 8 月 5 日间,粟裕先后三次给中央军委和陈毅军长发电建议作战方案,其中第三封电报(8 月 5 日电)以"斗胆直陈、尚祈明示"结尾。苏中战役中,粟裕指挥华中野战军 3 万余人在一个半月时间内"七战七捷",歼敌 5.3 万人。海安一战更是创下了敌我伤亡 15∶1 的奇迹(歼敌 3 000,我伤亡 200),极大地鼓舞了各解放区军民的士气。

第二次"斗胆直陈":关于发展战略进攻问题

1948 年 1 月初,为扩大战略进攻,把战争引向国统区后方,中央决定粟裕率华野主力渡长江南下,开辟江南战场。时任华野副司令员的粟裕客观分析了敌我力量的对比和当时的全国战局,认为解放军在长江以北打更大规模的歼灭战更有利于加速全国胜利的进程。

经过慎重考虑，1月22日，粟裕向中央军委和刘伯承、邓小平发出了《对今后作战建军之意见》的电报（即"子养电"），提出了发展战略进攻、改变中原战局的战略构想，建议在中原战场上采取忽集忽分的战法，集中兵力打大仗。由于这一构想和建议事关战略全局，粟裕用"管见所及，斗胆直陈"的语句，表达自己的慎重。

粟裕的建议引起了中央的重视，毛泽东除在电报稿上逐句圈点外，还特别指示周恩来、任弼时和正在中央参加会议的陈毅传阅后"再送毛"。中央复议的结果是坚持既定决策，把战争引向敌人后方，但粟裕的建议为后来改变决策打下了基础。

第三次"斗胆直陈"：关于三个纵队暂不过江的问题

经过两个多月的反复思考，4月18日，粟裕再次致电中央军委，建议华野三个纵队暂不渡江南进，而是集中兵力在黄淮地区进行大规模的歼灭战。电文最后说："斗胆直陈，是否正确尚祈指示。我们对南渡准备仍积极进行，决不松懈。"

中央高度重视粟裕的多次建议，并电令其北上商量。4月28日，陈毅、粟裕来到阜平县城南庄之时，毛泽东亲自出门相迎。1948年4月底到5月初，中央召开会议，听取了粟裕的汇报，当场决定采纳他的建议，并任命他为华东野战军代理司令员兼代理政治委员。

1948年6月和9月，粟裕指挥华东野战军发起了豫东战役和济南战役。其中，豫东战役不仅创造了我军历史上一次战役歼敌9.4万人的空前战绩，更迅速地把全国战局由战略进攻发展为战略决战。在这次战役中，粟裕和军委往来急电多达七封，实现了双方之间的默契交流。毛泽东得知豫东之战胜利的消息后，曾高兴地说："解放战争好像爬山，现在我们已经过了山的岰子，最吃力的爬坡阶段已经过去了。"

资料来源：摘编自常浩如，《粟裕的三次"斗胆直陈"》，《群众》，2017年第20期。

思考题

1. 粟裕为何敢于三次"斗胆直陈"？其建议对解放战争的最终结果产生了什么影响？

2. 粟裕向中央提出的建议有何特点？为什么他多次强调"斗胆直陈"？他的建议为什么可以有效补充中央的战略决策？

3. 在收到粟裕的建议之后，毛泽东和中央领导如何对待粟裕的不同建议？毛泽东和中央领导的态度对粟裕的建言行为有何影响？他们采取了什么方式来保证其建议能够得到慎重的考虑？

在引导案例中，粟裕三次"斗胆直陈"，不仅体现了其作为战区指挥员能够站在战略高度分析形势，敢于提出正确意见的胆略和胸怀，更充分体现了他对党和人民事业的高度负责精神，以及无私无畏、将个人得失置之度外的高尚品格。同时，毛泽东和中央领导高度发扬民主，能够听取前线指挥员的合理建议，敢于不断否定和完善战略决策的实事求是的态度，是中国革命取得成功最重要的原因之一。

面对全球化的竞争压力和持续动荡的外部环境，中国企业积极转变发展模式，通过进行产品和服务更新，不断提高创新和市场竞争能力，更好地服务我国的经济社会发展目标。在这种背景下，以促进创新、改善管理效率为主要目标的员工建言参与比以往任何时候都变得更为重要。从另一个角度来讲，不断提高的教育水平使得员工本身就有更强的意愿参与到企业决策当中。因此，员工能否畅所欲言、积极参与企业决策不仅仅是"好企业"的一个标志，也是组织能否健康运作的一个重要标志。

与这一发展要求不相吻合的是，封建社会长期形成的威权思想和过高的权力距离过分强调角色义务，约束了中国员工的行为，使得他们倾向于保持沉默，而不是把自己的观点表达出来（魏昕、张志学，2010）。为了减少不必要的麻烦，他们宁可谨小慎微地选择明哲保身，也不愿意公开表达自己的观点。因此，介直敢言、直言敢谏在中国社会中一直受到格外的强调和重视，被认为是针砭时弊、激浊扬清的关键。邹忌讽齐王纳谏，魏征向唐太宗直言进谏，粟裕积极建言中央军委实施中原决战……无数的典故和历史片段均记录了中国社会对建言的重视及讨论。中国社会对"海晏河清"的期望和愿景中总是包含民众的"仗义执言"以及施政者的"从善如流"。由此，对建言行为的关注不仅顺应了当代组织的发展趋势，同时也有助于我们理解中国传统的治理哲学对转型期的中国企业所具有的重要的理论和实践价值。

9.1 建言行为的定义

在组织管理领域，存在两种对员工建言的定义：第一种将建言视为一种管理程序，认为企业内是否存在员工建言、投诉渠道，是判断组织程序是否公平的一个主要指标（Folger et al., 1979）。这一观点的主要逻辑是，当员工在组织决策过程中有更多的发言权、对结果产生影响时，他们会认为决策更公平，并对管理者和企业政策做出更积极的评价和反应。第二种定义用建言来描述员工在工作中表达的、与工作相关的想法和观点（LePine & Van Dyne, 1998）。这两种建言的定义侧重于解决不同的管理问题。目前，对第一种建言的研究已经越来越少，受到研究者广泛关注的是第二种建言，即把建言定位为一种员工行为，而不是一种组织过程或管理程序。

以个体行为为焦点的建言最早出现在劳动关系领域，学者们非常关注员工如何利用积极建言来改善自己不满意的工作条件。哈佛大学的教授赫希曼（Hirschman, 1970）最早使用"建言"一词，以解释为什么一些心怀不满的公民或客户选择留下来，表达他们的担忧，而不是移民或转换到其他公司。赫希曼称之为"实施建言"或"建言选项"，这种选项与"退出"或"退出选项"形成鲜明的对比。后来，这一想法得到进一步细化，用来分析员工对雇佣关系不满的四种行为反应：退出——解除关系；建言——讨论问题和寻求帮助；忠诚——等待情况改善；忽视——对工作投入较少的精力并消极漠视。在这一分类中，建言是指员工对雇佣关系的一种积极和具有建设性的反应。在对公司产生不满之后，不是一走了之或置之不理，而是主动提出申诉、参与工会活动、使用公司意见箱、向他人表达担忧、向主管投诉、进行外部抗议和告发等，这些积极的反应都有助于员工反映的问题得到管理层的关注并获得解决。

对员工建言产生直接推动作用是组织公民行为领域的进展。这一领域的学者将建言看成员工自愿做出的一种挑战现状但对组织有益的组织公民行为。组织公民行为的想法最初由美国管理学家卡茨（Katz，1964）提出。卡茨认为，对于一个组织的健康运作而言，有三种行为至关重要：加入并愿意留在企业，可靠的角色和任务表现，具有创新性的自发行为。他特别强调第三种行为对组织的持续改进和发展至关重要。在此基础上，有学者将组织公民行为定义为"自主决定的个人行为，这种行为没有得到正式奖励制度直接或明确的认可，但是能够促进组织的有效运作"（Organ，1988，p.4）。基于这一定义，当员工能够自发地对组织制度、管理程序等提出改进意见时，他们不仅是在完成组织规定的工作任务，而且是在积极地寻找、探索进一步改善组织运作的方法。因此，建言行为是一种旨在推动组织提升竞争力的行为，而不仅仅是批判现状，这一点对组织的持续健康发展而言至关重要。

以上两个领域的学者都对组织成员自愿、自主地提出影响组织议程的意见和建议给予了关注。不同的是，劳动关系领域的研究人员将建言定义为对工作不满的一种积极反应，如与主管讨论问题、提出解决方案、寻求外部机构的帮助或举报等。而在组织公民行为方面的文献中，建言强调的是员工基于合作动机表达的建设性意见和想法。虽然两者的焦点有所不同，但是它们均将建言看成一种积极的、对组织有益的行为，反映了员工意图帮助组织提升的动机和责任，是一种值得管理者关注的亲社会自愿行为。

9.2 员工建言的类型

在引导案例中，粟裕将军在淮海战役的功绩被铭记，很大原因在于他不仅有勇气及时质疑相关决策，使得中央领导有机会反思其他可能性，而且能够根据战场态势的变化提出具有建设性的创新思路，从根本上改变战争走向，加速了解放战争胜利的到来。由此可见，建言在实际中存在多种形式，不同类型的建言可能起到的作用是不同的。因此，了解建言在工作中的表现形式是管理者激发、管理员工建言的一个必要前提。目前，引起普遍关注的建言分为两类：促进性建言和抑制性建言。关于这两种建言类型的想法最早萌芽于Farh、Zhong和Organ（2004）在中国组织情境下开展的组织公民行为研究。在一系列归纳研究中，他们从158名受访者的回答中发现了两类建言行为：提出具有建设性的改进建议、警示可能对组织有害的行为。这两组行为事件分别占收集到的组织公民行为总数的6.4%和3.0%。与大家通常所理解的提出建议不同，第二种类型的建言行为涉及对当前的做法直接提出反对意见，需要员工具有更大的勇气、更强的责任感。因为当时研究的重心在于揭示适合中国情境的组织公民行为，他们并没有对第二种建言行为进行深度挖掘，而是把更多的精力放在第一种建言行为上，但是这些定性材料的收集为抑制性建言的提出奠定了概念基础。

在第三届中国管理研究国际学会（IACMR）年会上，Liang 和 Farh（2008）正式提出并发布了两维度的员工建言结构：促进性建言和抑制性建言。前者是指为提高组织效率而提出新观点和新方法；后者是指就组织中阻碍效率的问题（如有害的行为，以及不恰当的工作程序、规定和规范等）表达担忧或提出反对意见。在这项研究的基础上，Liang、Farh 和 Farh（2012）分析了员工建言的行为特点，提出了激发员工建言的三种心理机制，并以此为基础区分了促进性建言和抑制性建言：在建言前，员工需要对在组织中提出建言具有积极的心理态度（心理安全感）；员工能够感知到建言符合人们的期望，自己对组织的健康发展负有责任（责任知觉）；员工对建言的成效有信心和控制感（基于组织的自尊）。对于促进性建言而言，责任知觉和基于组织的自尊更为重要，而对于抑制性建言而言，心理安全感则更为重要。

抑制性建言的提出引起了大家的兴趣。在中国情境下，敢于直言不讳地提出反对意见是尤为不易的。例如，研究者发现，中国员工有维持表面和谐及权力距离的倾向，这导致他们对建言带来的负面后果尤其敏感，以至于不愿意表达自己的想法，特别是提出与管理者意见不一致的抑制性建言（魏昕、张志学，2010；Wei，Zhang，& Chen，2015）。同时，Chamberlin、Newton 和 Lepine（2017）发现，员工提出的抑制性建言越多，他们得到的主管绩效评价就越低。可见，员工对提出抑制性建言的担忧并非毫无道理。一方面，组织依赖于抑制性建言来避免可能出现的错误，更加有效、稳妥地推进工作任务；另一方面，正是因为"忠言逆耳"，抑制性建言带来的潜在风险使得员工经常无法自由地表达他们的不同意见并指出组织所面临的问题。因此，如何结合中国组织情境，探讨创造一个能够激发抑制性建言的组织环境是一项富有挑战的管理任务。

支持型建言。无论是促进性建言还是抑制性建言，挑战组织现状都被认为是它的一个重要特征。近年来，也有学者打破了这一传统认知，认为提出维护现状的建议对于组织也是重要的，这种类型的建言被称为支持型建言（Burris，2012）。在此之前，人们通常认为好的建言能够带来新的且有益的变化。但事实上，一味提倡变化并不一定会产生好的结果，特别是数字化转型给企业带来了诸多不确定性因素，变革越大往往意味着越高的风险和越大的不确定性，不当的变革可能会直接影响到员工的体验感，产生负面后果。在环境存在巨大不确定性时，敢于提出维系现状的建议有些时候也是一种有价值的输出，其对组织做出更加科学的决策具有明显的帮助。在这一认识的基础上，Maynes 和 Podsakoff（2014）在促进/抑制的二元结构基础上又区分了挑战/维持现状这一维度，最终形成了四种类型的建言：支持性建言、建设性建言、防御性建言以及破坏性建言（见表9.1）。这样一个全光谱式的概念体系有利于管理者理解员工建言在日常工作中的表现形式,从而有效地管理不同的建言,以更好地促进组织的健康发展。

表9.1 建言的四种类型

维度	维持现状	挑战现状
促进	**支持性建言** 定义:支持性建言是自发表达对有价值的工作相关政策、项目、目标、程序等的支持,或者当这些事情受到不公正的批评时为之辩护 典型行为:表达对组织程序或目标的支持,为其他员工批评的组织政策辩护	**建设性建言** 定义:建设性建言是自发表达一些旨在引发工作环境中组织功能变化的想法、信息或意见 典型行为:提出一些改进标准操作流程的建议,提出一些新的或更有效的有关工作方法的想法
抑制	**防御性建言** 定义:防御性建言是公开表达对组织变革其政策、程序、项目、实践等的反对意见,即使提议的变革有益或有必要 典型行为:反对变革工作政策,即使这些变革是必要的、有价值的	**破坏性建言** 定义:破坏性建言是表达关于工作政策、实践、程序等的伤害性、带有恶意或贬低性的意见 典型行为:诋毁组织的政策或目标,对组织中的工作方式发表过分的批评意见

资料来源:Maynes 和 Podsakoff(2014)。

9.3 员工为何不愿建言

在引导案例中,粟裕将军三次"斗胆直陈",不仅体现了他的高尚品格和高度负责精神,同时,这一情况的出现也与以毛泽东为首的中央领导虚怀若谷、积极听取一线指战员的不同意见具有密切的关系。员工建言或不建言往往存在多种原因,很难用一个理论框架进行完整的解释。目前,一些企业和组织开展了"建议直通车""金点子计划"等鼓励员工建言的举措,但实施效果往往不尽如人意。企业要真正推动员工参与决策,使其敞开心扉,就需要更加彻底地了解建言背后的复杂机制和破冰机制。在本节中,我们提供了三种视角来解释建言行为,以全方位地了解建言行为,并能够采取一些具有针对性的干预措施。

9.3.1 风险-收益框架

风险-收益框架是解释员工建言行为的一个主要视角。无论建言行为的形式如何,其首先是一种员工自愿自觉的行为,组织无法强迫员工提出建议。因此,建言行为主要受个人动机的驱使。员工经常缺乏建言动机的一个关键因素在于,建言的提出往往被看成员工对管理层的不满(支持性建言除外),这种行为很多时候被认为会给管理者带来麻烦。因此,建言行为被普遍视为一种挑战性和风险性的行为。事实上,员工普遍缺乏安全感,即便提出建言能够使组织受益，他们在建言前往往也需要深思熟虑，反复思考，甚至犹豫不定。因此，建言是一项需要评估收益和风险的活动。从风险-收益的角度，当风险大于收益时，员工倾向于保持沉默；当收益大于风险时，员工愿意提出建言。以该框架为指导，我们可以进一步揭示三种相对独立的解释机制。

心理安全感（psychological safety）。心理安全感被认为是解释员工建言行为的一个重要心理机制。哈佛商学院教授埃米·埃德蒙森（Amy Edmondson）在研究医疗团队时意外发现，那些运作良好的医疗团队往往会曝出更多的医疗和管理差错，而不是更少，这几乎出乎所有人的预料。经过一段时间的思考之后，埃德蒙森敏锐地发现这一问题的症结所在，并提出了"心理安全感"的概念。高程度的心理安全感是指团队成员不需要担心其他人的反应，愿意和敢于在团队内实施有风险的行为，例如承认自己的错误，向同事寻求帮助等。在医疗团队中，由于好的团队为成员带来了更高的心理安全感，能够让他们敢于承认失误，因此帮助团队学习和进步。相反，那些没有心理安全感的团队成员在出错之后会极力隐瞒。随后的一系列研究均发现，心理安全感是解释建言行为最直接的心理因素。例如，谷歌公司在一次历时两年多、针对180多个谷歌团队的深度调查研究中发现，心理安全感是影响团队有效性的首要因素。据此，埃德蒙森提出了诸多提高心理安全感的方法（Edmondson，2018），有兴趣的读者可以进一步参考她的著作——《无畏的组织》。

自我效能感（voice self-efficacy）。员工对自己能够提出高质量建议需要有一定的信心，即建言的自我效能感。效能感的提升与工龄、经验、职位存在较大关联，提出好的建议往往需要阅历和经验的沉淀，相比经验丰富的老员工，年轻员工倾向于认为自己并不能提出很好的观点和建议，因此他们的建言频率普遍低于老员工。与之相对，随着在企业中地位和威望的提升，老员工更容易认为自己的想法对团队是重要的。例如，在团队中处于中心位置的员工由于掌握了更多关键信息，或者占据了获取信息和资源的有利位置，因此更相信自己有能力站出来为团队建言献策。在这一观点的指引下，提高员工对自身在团队中的重要性和独特性感知成为提升其建言水平的重要方式。

工具性预期（instrumentality）。能否带来预期的改变是影响员工是否愿意建言的另外一个关键因素。工具性预期衡量了员工在多大程度上相信自己通过建言能够改变现状。Milliken、Morrison和Hewlin（2003）通过访谈得知，员工普遍认为自己的建议不会带来任何改变，这种无力感使他们即便相信自己有好的建议，也宁愿选择沉默。当管理层独断专行，组织惰性较高，或者缺乏必要的资源进行改革时，员工的建言无力感便会上升，特别是当员工有过建言未得到回应的经历时，这一心态可能成为主导其沉默的主要因素。解决这一问题主要依靠管理者提供一套更加公平、透明和健全的建言管理制度。

风险-收益框架囊括了建言行为的一些主要特征，为从个体层面理解建言的心理机制提供了较为全面的认识。借鉴这一框架，组织能够开发出相应的建言诊断工具，以确定是否存在不利于个体建言的主要障碍，并提出一些有针对性的解决方案。然而，也有学者针对这一框架提出反对意见,认为这一过程过于理性,与现实当中员工的决策过程存在差异。一些新的探索试图跳出这一框架,对建言行为的心理过程进行刻画。

9.3.2 不确定性机制

风险-收益框架建立在一个基本假设之上,即员工能够对建言的积极因素和消极因素进行估计,能够预估建言成功的可能性、需要付出的成本以及可能带来的收益。然而,组织中存在很多不可预知的因素,这种复杂性会影响到员工对建言行为后果的评估,当他们感知到很高的不确定性时,风险-收益框架对员工建言决策的解释力就会下降。但是,不确定性是人们极力避免的一种心理状态,它会使人们丧失控制感,并激发心理退缩行为和保守倾向。面对不确定的环境,在无法计算风险和收益的情况下,人们在行为倾向上会更加保守,不愿意承担个人风险,从而失去为组织建言的意愿和能力。

为了验证这种可能性,Li、Liang 和 Farh(2020)在中国的一家大型半导体生产企业进行了实证调研。他们用感知到的组织政治这一概念来测量复杂的人际环境,较高程度的组织政治代表着组织中存在复杂的人际关系。他们发现,在高组织政治的环境下,员工会感知到较高程度的不确定性,最终表现为较少地建言。同时,工作自主性有助于缓解不确定性感知对促进性建言的负面影响,而工作安全感有助于缓解不确定性感知对抑制性建言的负面影响。这项研究启示我们,组织鼓励员工建言的努力很有可能因为组织中复杂的人际关系而失效,这应该引起管理者的重视。

9.3.3 建言旁观者效应

单纯从个体心理活动分析还不足以对复杂的社会性影响和社会情境进行考量。建言的基本出发点是解决群体性问题,其结果亦会产生群体性影响,一个建议该由谁提出、不该由谁提出,可能会受到团队成员互动的影响。Hussain 等(2019)从社会嵌入性的视角对建言行为进行了分析,拓展了以个体心理状况为基础的决策框架,并发现了建言旁观者效应的存在。

旁观者效应(Darley & Latane,1968)20 世纪 60 年代在美国纽约被提出。起因是当时纽约街头一位妇女被一个歹徒刺伤,流血不止,周围有众多行人却无人施救,导致该妇女最终因失血过多而死亡。哥伦比亚大学和纽约大学的社会心理学家们通过行为学实验揭示了这一现象的发生机理。他们发现,在一个需要有人站出来提供帮助的场景中,随着在场人数的不断增加,大家自愿提供帮助的反应时间逐渐变长。这是由于旁观者在场的情况下,个体出手援助或行动的责任感知会扩散到周围人身上,出现所谓的责任扩散现象。产生责任扩散通常需要两个条件:① 开展这项行动对于挺身而出的人具有潜在的风险;② 行动的受益者不是自己,而通常是一个群体。受这一理论的启发,学者们认为组织中的建言亦存在这种可能性。前面已经讨论过员工建言存在较高的人际风险性,同时,建言的目的是提高组织的运营效率,即受益者为团队整体,由此看来,建言在组织中存在责任扩散的风险。

在组织中，有的员工所掌握的信息与其他团队成员是不一样的，而另外一些员工与其他成员共享相同的信息，这些掌握相同信息的同事就成了建言场景下的"旁观者"。当员工与团队中的其他同事掌握相同的信息时，就可能产生责任扩散，员工建言的可能性也随之下降。一项实证研究发现，随着员工信息冗余性的提高，其建言的频率也会下降，特别是当员工意识到同事们与领导之间的关系很好时，这一相关关系会变得非常强。在另外一项实验研究中，被试者被要求扮演学校学生委员会的一位成员，该委员会专门负责学生事务，并将重要的议题汇报给校决策委员会审议。被试者需要就一项校园巴士路线调整的议题做出决策，即是否愿意将该议题向校决策委员会反映。在高信息冗余组，研究者告诉被试者其他组员也知道这一议题，而低信息冗余组的被试者则被告知其他组员暂时还不知道这一议题。实验结果再次验证了建言旁观者效应，高信息冗余组仅有很少的被试者准备将该议题反映给校决策委员会，这一组被试者的责任扩散水平要明显高于另外一组。首先，这一发现意味着管理过程中可能存在信息黑洞，即所有人都知晓的一件事领导者却是最后才知道的，因为每个人都认为其他人会向领导者汇报。我们曾在 MBA 课程中询问学员，他们身边是否发生过这样的事情，结果出乎意料，他们提供了大量自己作为领导者被蒙在鼓里的案例！其次，员工是否提出新的想法和观点不仅与该员工自身有关，而且与团队的整个工作流程和任务结构存在重要关联，企业的部门和团队工作设计或许会影响员工参与组织创新和变革的可能性。因此，管理者应该及早意识到，在增加团队成员协调和合作的同时，员工责任扩散的风险也有可能会增大。如何保证团队成员始终能够感知到较低程度的信息冗余性，是值得每一位管理者仔细琢磨的问题，需要进行更多的探索。

9.3.4　内隐建言信念

人们在生活中往往会获得一些经验性的知识，这些知识可能是他们亲身经历后所积累的，也可能是在观察周围人后所总结出来的，经过日积月累形成了一种较为稳定的知识结构。这些知识结构使得人们能够在不需要太多思考的情况下就做出某种判断和反应，我们称这种知识结构为内隐信念。内隐信念存在这样一种形式："如果……那么……"，即同时包含了一条线索及其产生的结果。例如，"如果经常喝酒，那么记忆力就会下降""言多必失"，等等。日常经验告诉我们，即便在一家高度授权或者心理安全感非常高的企业中，有些员工也很少发表自己的观点。这很有可能就是因为这些员工已经形成了建言会产生负面结果的信念，他们潜意识中认为说多了一定会产生不好的结果。通过对一家美国企业员工的访谈，Detert 和 Edmondson（2011）发现，员工具有五种较为典型的自我保护信念：① 不能插手领导者涉及的议题；② 需要可靠的证据和解决方案才可以建言；③ 不能越级沟通；④ 小心建言，避免让领导者当场出丑；⑤ 建言会影响职业前途。这一发现说明了建言行为不仅与组织环境和领导方式有关，也与员工之前的社会化经历有关。这为我们理解、解释员工建言提供了一种新的思路。

由于建言信念的形成与一个人的社会化经历息息相关，因此不同社会文化背景下的员工可能会形成不同的认知。与西方社会不同，中国社会一直强调和谐人际关系对组织运作的重要性。我们可以寻找到很多关于内隐建言信念（implicit voice theories）的线索，"万事和为贵""多个朋友多条路"等依然是很多中国员工在职场中的处世哲学。内隐建言信念的提出揭示了建言行为动机的复杂性。有利的建言环境并不意味着员工一定会大胆讲话，过去不愉快的建言经历可能会使其形成习惯性的沉默。如果不去理解建言参与可能带来的人际风险，很多激励员工建言的措施很有可能会流于形式。解决员工不愿意建言的问题不能完全依赖宽松政策的执行，而是要积极地塑造其更加积极乐观的建言信念。

9.4 管理者为何充耳不闻

如引导案例所展现的那样，成功的建言不仅需要建言者的仗义执言，同时也依赖于决策者的从善如流。员工建言只有被积极地回应或是采纳，才能发挥上下同心的作用。但是，古今中外的众多典故和身边的经历告诉我们，管理者有时会"充耳不闻"，好的建议不一定必然得到他们的欣赏、重视或采纳。建言是一个双向的活动，只有当一个"敢讲"、一个"肯听"时，员工的观点和智慧才能真正帮助管理者做出更好的决策。

管理者对员工建言通常会做出三种回应：第一，认可员工的建议并直接加以采纳和应用，例如听取员工的建议直接更换某一老旧设备。第二，认可员工的建议但未直接采取行动，而是向更高一级的管理层反映问题和建议。例如，员工就改善公司轮班制度向管理者提出建议，由于涉及面较广，管理者将这一建议提交更高管理层。第三，对员工的建议不予回应或者直接否定。我们将前两种回应视为建言被采纳。诚然，并非所有建言对组织而言都是有益的，建言带来的不确定性和风险可能会影响组织和团队的正常运行，存在实施上的诸多困难，但我们这里要讨论的是，即便是一项高质量的建言，也并非一定能够获得管理者的支持和青睐。建言要获得支持，除其内容本身之外，还需要具备一些积极的条件。综合以往的研究成果，我们认为这些积极的条件包括：① 包容的管理者；② 恰当的建言者；③ 深思熟虑的建言方式。

包容的管理者。所谓的包容包括两个方面：对于不确定性的包容和对于不同意见的包容。尽管管理者普遍承认员工建言对组织的发展非常重要，然而当他们真正面对建言时态度可能会大相径庭。很多时候，采纳建言对于管理者来说是一项挑战，其不仅需要克服建言本身所包含的不确定性，而且需要克服对新事物和不确定性与生俱来的抗拒及犹豫。员工不愿意建言的另一个重要原因是害怕得罪管理者，事实上，这并不是杞人忧天，管理者经常将员工针对任务和流程的改进建议视为对自己管理水平的质疑，尽管员工的本意可能并非如此。这一问题在管理者的自我效能感较低时更加突出，当对自己在管理团队方面的才能缺乏信心或是遭受挫折时，他们往往认为员工的建言是在揭短，让他们倍感难堪，并对其权威构成挑战和威胁（Fast, Burris, & Bartel, 2014）。

恰当的建言者。 管理者不会对所有下属都一视同仁，在团队和组织中，一部分员工相比其他员工具有更高的建言"正当性"，这种"正当性"与员工自身的先赋特征（例如教育水平、职务等）和社会结构特征（例如在社会网络中的位置）有密切的关系。当员工的"正当性"较高时，管理者会倾向于认为该员工的建议是值得倾听和采纳的。这个过程看似合理，因为具有优势特征的个体很可能能够提出质量更高的建议。然而，我们经常遇到的情况是，即便同样的建言内容，管理者也会倾向于认为具有更高"正当性"的个体提出了更好的建议（魏昕、张志学，2014）。可见，对于建言质量的判断更多时候是管理者的一种主观感受，而不是一个客观的评价。这种可能性提醒我们，在员工建言过程中管理者很容易产生偏差。这一问题对组织中不占据优势特征的员工来说无疑是不利的，即便他们有好的建议，也很有可能因为"不够格"而被埋没。由于这一现象的存在，处于边缘的个体可以通过联合其他同事来"放大建言"，使得自己在管理者眼中更具建言"正当性"。但是，从根本上解决这一问题仍然在于管理者自身的改变。管理者应当适当下放对是否采纳建言的决策权，而通过团队的集体讨论能够有效减轻管理者自身主观偏误的影响。

深思熟虑的建言方式。 促进变革从来都不是一件容易的事情。对于一个重要或敏感的话题，员工还需要思考用何种方式向管理者提出才有可能获得更好的说服效果。聪明的建言方式应该是"一边摇动船，一边保持其绝对稳定"。那些拥有更多情绪管理知识的员工能够在建言中更加自如地运用情绪管理策略，获得上级更积极的回应与评价。建言行为往往存在一种微妙的两面性，当员工提出未来可能存在一种更好的方案时，事实上也同时暗示现有方案已经不是最优的了。因此，管理者往往会将这种提议视为员工对现状的不满。好的建言技巧和情绪管理知识能够帮助员工通过微妙的措辞和情绪流露与控制，来避免管理者的负面思考和归因。最新的一些研究成果在这一方面已经探索出了一些具体的建言技巧。例如，对于我们前面提到过的不具备"正当性"的员工而言，更加委婉和间接的建言方式更加有效；而具备"正当性"的员工的最优策略则是直截了当地提出其诉求和期望。可以看出，并没有一种最优的策略，员工需要结合自身的特点来选择恰当的方式建言，并意识到好的建议并非总是能够立即脱颖而出。正如 Kassing（2002）的描述，"当员工决定建言时，他们需要将所有的政治、关系和组织方面的悟性全部展现出来"（p. 187）。而作为管理者，更应当意识到在评价、判断和分析建言时可能存在的诸多干扰因素，并意识到群体决策方式的引入可能是未来组织管理中一种更优的选择。

9.5 建言对组织绩效的影响

从引导案例可以看出，有效的上下级建言沟通是保证组织健康运行、事业成功的一个必要的前提条件。一直以来，人们都对建言在组织中的有效性具有非常积极的预期，认为激发员工建言有利于推动团队创新、提升组织绩效。推动这一预期形成的一个因素是人们对组织沉默危害性的认识（Morrison & Milliken，2000）。当员工普遍不愿提出自己的想法时，组织沉默可能带来两个方面的结果：一方面，组织会因为信息得不到有效的整合而影响决策质量，另一方面，员工会因为无法表达自己的真实想法而导致工作态度不积极、状态下滑。Perlow 和 Repenning（2009）曾对一家创业公司进行跟踪研究并发现，创业成员之间为了维持良好的合作关系而避免指出对方的问题，对问题的沉默导致经营问题不断积累和升级，而经营不善的压力又疏远了合作双方的关系，加剧了成员间的沉默。这一过程产生了沉默的螺旋现象，最终导致创业失败。这些发现为理解建言的组织有效性提供了非常宝贵的证据，但也引发了新的问题：组织沉默可能对企业产生负面影响，是否意味着员工建言对组织绩效具有提升作用？事实上，对这一问题的回答并没有那么简单。

首先，我们要理解激发员工建言并不必然带来预期的效果，如果管理不善，建言行为还有可能产生消极影响。这种可能性已经得到了研究的支持，如 Detert 等（2013）通过区分不同的建言流向，说明建言行为可能会带来截然不同的后果：那些指向团队内部管理者的建言通常来说有利于团队绩效，但指向同事和其他团队的建言对于团队有效性则是一种负面作用。同时，建言有效性还取决于管理者是否具有可用于实施建言的资源或权力。当管理者没有足够的资源或权力时，员工的建言往往无法得到回应，因此他们会丧失对组织的信心与承诺。在这种情况下，员工建言只会导致越来越多的离职，这时激发建言反而会产生负面影响。

其次，建言产生预期的后果需要成员间能够进行深入互动，从而能对不同观点、假设和可能的解决方案进行讨论及整合。从决策角度来看，组织和团队中观点的多样性是建言产生积极作用的一个重要原因。团队中的每个成员往往专攻于不同任务，每个人都能够接触到不同的信息源，团队成员的不同观点可以让其他人联想到一些相关的、可用的知识和经验，从而刺激新想法的产生。只有有效整合每个人的不同观点，团队才有可能产生创新的解决思路。这一观点获得了 Li 等（2017）研究结果的部分支持，他们发现，团队成员的促进性建言越多，创新绩效就会越高，并最终提升团队的生产绩效。同时，抑制性建言越多，团队内的监督就做得越好，进而提升团队的安全绩效，但是抑制性建言的多少对团队创新并没有显著影响。

不同类型的建言对组织绩效会不会产生不一样的影响？过去人们普遍的猜测是，促进性建言在提升组织绩效方面的作用要大于抑制性建言。然而，Liang、Shu 和 Farh（2019）尝试改变大家的这一认知。他们发现，促进性建言与抑制性建言在团队创新过程中具有互补的作用，二者的合理配比尤为重要。具体来说，创新活动具有一种双元性或者辩证性，它既需要团队成员的发散性思维来拓展新的可能性，同时又需要团队成员充分利用现有的条件去进行整合，保证创新想法的落地执行。因此，促进性建言与抑制性建言能够在创新过程中各司其职、共同促进。这种想法得到了研究结果的支持，他们发现，促进性建言和抑制性建言均会对团队创新绩效产生积极作用，但二者的影响路径存在差异——促进性建言加速了团队成员的知识共享和利用，而抑制性建言则激发了团队内的反思过程。此外，不同类型建言的有效性与其出现的"时机"有关。在团队项目初期，由于团队成员需要不同的观点去激发大家的创新性思维，因此在思维发散阶段促进性建言的作用更加明显；而在项目后期，团队创新的主要关注点开始转向如何执行和落实之前的创新性想法，因此促进性建言的作用开始下降，而抑制性建言愈发重要，问题导向的讨论有助于团队准确、有效地将之前确定的创新方案变成具体的创新成果。这项研究最终发现了一个有趣的结论，即在一个团队中，较高水平的促进性建言加上中等水平的抑制性建言，更有可能导致最佳创新绩效，这是因为抑制性建言存在边际效应递减的倾向。可以看出，建言与创新的关系不仅与其类型和内容有关，也与其"度"和"时机"存在重要关联。

一些敏锐的读者可能已经发现，上述对团队建言的讨论中，主要讨论的是团队总体建言水平的问题，而没有涉及"分布"的问题。随着工作团队的日益复杂化、动态化和分散化，成员之间的差异性也不断增大，不同人的建言对团队的贡献可能会有所不同。因此，管理者有必要理解团队中谁在主导建言以及哪种建言模式可以产生积极影响。例如，Sherf 等（2018）将团队中每一个成员对其他所有成员的建言情况绘制出来，发现建言在团队成员中的分布是不均匀的。对于一个团队而言，我们需要格外关注处于中心位置的建言者对团队绩效的影响。倘若处于团队网络中心位置的建言者能够善于从不同的观点中进行反思，那么他的建言行为就可以提升团队绩效，而当这样的员工具有说话强势、做事激进等社会主导型人格特质时，这种建言结构将会对团队绩效产生不利影响。所以，管理者应该善于观察团队成员的建言行为，积极引导、管理团队中的建言结构，防止团队中的建言主导权被性格或能力有缺陷的成员掌握，从而对其他人的行为产生影响。

最后，我们在管理员工建言的过程中，不仅需要从静态的角度去关注团队建言的作用，同时还应该关注建言在被提出之后如何在组织中进行流转、管理者如何管理和筛选建言、建言如何影响组织决策等更为复杂的问题。例如，Li 和 Tangirala（2022）发现，不同的建言行为在企业应对危机过程中的角色不太一样，抑制性建言在危机初期的破坏阶段具有关键作用，而促进性建言在危机之后的恢复阶段更为重要。这是因为抑制性建言可以帮助团队管理错误从而有效减缓、阻止危机初期的绩效下滑。而促进性建言则可以通过促进团队创新帮助企业更快地恢复绩效。Satterstrom、Kerrissey 和 DiBenigno（2021）最近发现，那些被采纳的建言往往经历过先被拒绝，而后通过集体的努力，被不断重新选择、改进、发展等复杂的环节，最终被集体所认可。遵循同样的思路，管理者应该尝试以过程视角去审视建言过程，理解建言过程中复杂的人际互动过程，从而可以在恰当的时间节点通过管理建言行为对团队运行施加影响。

9.6 对管理者的启示

经过二十多年来的努力，组织中的建言问题已经成为一个具有清晰脉络的科学问题，这一领域不断积累的框架体系、理论观点和科学证据正在为企业和团队管理提供重要的指导意见。对员工智慧的依赖在当今时代愈发凸显，管理者将会逐渐意识到员工的建言事实上是组织诊断的一个重要工具，通过对建言的观测和分析，管理者能够了解和掌握组织的健康水平，并以此为基础采取有效的干预手段。

首先，员工建言的主要驱动因素在于管理层提供了利于建言的条件和线索，这表明建言水平是可以通过管理措施提高的。我们将影响员工建言的因素分为远端因素和近端因素，其中，将个体建言信念背后的文化制约因素视为远端因素（如前面提到的中国人受文化熏陶而表现出特有的内隐建言信念），而将由组织直接引发的促进或阻碍建言提出的因素视为近端因素。对于远端因素，管理者需意识到摒弃这些信念是一项较为长期的任务，需要通过培育开放性组织文化来不断对抗这种固有信念和文化的干扰。例如，创新设计公司 IDEO 在全球范围内培育统一的创新文化就提供了很好的案例。相较于远端因素，管理者应当重点关注组织内影响员工建言的重要情境因素，这一类因素能够通过多种措施予以改善。例如，无论是前面讨论过的风险 – 收益框架还是不确定性框架，都表明组织应当努力创造开放包容、信息透明、人际关系简单的组织环境，这些努力能够破除员工建言最为直接的心理障碍。例如，Edmondson（2018）针对这一话题提出了三点建议，这些建议得到了众多企业的认可并被付诸实践：第一，组织应当创造一种学习基调，即强调过程中的获得与成长；第二，管理者应当展现出一种"我也会犯错"的姿态，从而使员工敢于在发现组织存在的问题时及时反馈和纠正；第三，管理者应当形成向下属征询意见的习惯，多向下属征询意见能够使其感受到领导愿意听取意见的态度，同时培育建言有用性的认知。除了打造健康的组织环境，我们还看到了组织和团队结构设计的重要性。建言旁观者效应的发现就表明，团队在设计工作任务时，应当着重考虑如何降低责任扩散的风险。通过提供有利的组织环境来克服员工建言的障碍是组织充分激发员工智慧的一条可行之路。

其次，我们应当意识到对管理者进行培训的重要性。员工建言本质上是一种双向的沟通过程。该领域的研究已经揭露了管理者在面对员工创新输入时的矛盾心态。一方面抱怨员工在参与决策方面不够活跃，而另一方面当员工真正畅所欲言时，管理者又显得不够包容与开放。因此，组织在推动开放的建言文化的过程中应"双管齐下"，员工与管理者单方面的努力都无法促成开放文化的形成，只有当管理者建立起一种积极的认知，即认为开放的态度比权力的掌控感更加有效，真正做到从善如流，避免给员工一种"叶公好龙"的印象时，员工的建言才能真正服务于更好的管理决策。

再次，组织对如何甄别、筛选好的建议应当予以高度重视。正如我们在前述研究中的发现一样，错误的筛选、评判机制和流程都会造成建言对组织结果的负面效应而不是积极效应。从目前的研究来看，我们认为有效的建言管理体系需要注意两个方面：① 建议在组织中的流转与传播。一个好的建言管理机制应当有一个专门的平台来传播、评价和筛选建议，能够通过平台的放大作用推动好建议的传播，同时让拥有资源的部门与管理者参与进来，实现从建议提出到实施的闭环管理。② 多种建言类型的平衡管理。一些企业鼓励员工提出建设性意见，但是不愿意听到反对意见和尖锐的问题，这事实上不利于企业的自我反思和平衡发展。此外，团队处于不同的阶段时应当学会有针对性地鼓励不同类型的建言。例如，在项目团队的早期，应当多组织头脑风暴类的会议，避免错过更多的可能性。员工建言这一领域的知识体系仍在积累和完善当中，相信不久的将来针对如何建立有效的建言管理体系会出现更加系统性的指导方针。作为企业管理者，也应当在不同语境当中积极思考如何平衡建言与企业运作流畅性和稳定性之间的关系。

最后，数智时代的到来可能会对建言管理问题提出新的挑战并提供难得的机遇。近年来，数字信息与智能技术的发展驱动了工作模式的变化，越来越多的企业尝试采用线上以及线上线下混合的模式办公，这一转变意味着员工的办公场景更加多元化。同时，随着数智时代下平台企业的发展而进一步深化的零工经济，使得虚拟工作模式不再仅仅局限于正式组织之间以及组织与其内部员工之间，也拓展到组织与个体零工之间。大数据分析、移动办公、远程协助等基于数智技术的虚拟工作模式不仅仅是为了解决地理分散性问题，更多的是为了掌握信息资源优势、提升工作效率等。可以预见，不管是工作方式的变化，还是雇佣关系的变化，都无疑会带来员工建言行为模式的变化。在这一局面下，企业管理者应当与组织研究学者进行积极的对话和探索，相信这一领域的未来依然充满机会，学界与业界将通过共同的努力使建言的管理问题愈发科学化，相关的研究成果也可以进一步反哺企业管理实践。

本章小结

员工的价值不仅体现在他们所拥有的劳动力上，还体现在他们能够产生具有创新性的观点和想法上。

威权思想和过高的权力距离约束了中国员工的行为，使得他们不敢、不愿畅所欲言。

员工在建言前通常会经历非常矛盾的心理过程，这加大了企业对员工建言的管理难度。

管理者需要了解建言行为在工作中的日常表现形式，并能够理解影响员工决定是否建言的不同原因，增进对员工建言现象的理解，从而有针对性地激发员工建言。

相较于激发员工建言而言，管理员工建言是一个更加复杂、涉及面更广的问题。

员工建言能否产生积极效果，不仅与其类型和内容有关，也与其"度"和"时机"存在重要关联。

在理解建言的心理机制的基础上，管理者应通过合理的干预措施，有针对性地改善组织的建言氛围和建言文化。

管理者应当意识到其在听取和采纳员工建言方面所扮演的角色，主动反思自身的局限性，通过积极提升自我来改善员工建言状况。

需要建立一套科学的建言管理体系，以有效地促进员工建言转化为组织绩效的提高。

重要术语

员工建言　组织公民行为　风险-收益框架　不确定性机制　建言旁观者效应

内隐建言信念　建言采纳　建言有效性

复习思考题

1. 员工建言为何对中国企业有重要的实践价值？

2. 如何理解不同类型的建言行为？这些概念有什么相同和不同的地方？你能根据这些概念举出现实中的例子吗？

3. 如何理解员工建言的多种解释机制？它们对于我们理解员工建言行为有何帮助？除了这些已经讨论过的机制，你是否想到其他可能的解释？

4. 建言采纳是管理员工建言的一项核心任务。如果将建言行为理解为一个双向的沟通过程，你认为还有什么途径能够促进建言的采纳？

5. 员工建言为什么不会必然对企业产生积极的影响？在实际工作中，管理员工建言需要注意哪些方面的问题？你能不能从过程视角提出一个员工建言管理的实施方案？

中国实践

江苏菲达宝开电气公司设立"改善办"

江苏菲达宝开电气公司曾是一家小型的国营开关厂，2003年进行了改制重组，如今已发展成为提供高端装配零部件、智能物流和自动化产品的国家高新企业。从2014年开始，公司设立了"改善办"，即设置奖励制度鼓励员工建言，并建立专门针对员工合理化建议的全流程管理机制。通过这一举措，公司每年因实施合理化建议而获得的改善收益达100万元以上，有力地保证了公司能够为客户不断提供优质的产品和服务。

从"意见箱"到"改善办"

过去，公司通过"意见箱"征集员工建言，然而这种方式对建议的回应速度很慢，缺乏一套完整的机制体系来保证员工的建议得到回应。员工积极性普遍不高，"意见箱"流于形式。在这次改革中，公司重新树立了以人才资本为核心的管理理念，明确提出"员工智力资源不能有效使用为企业最大浪费"。为此，公司设立了"改善办"，并将其作为一个专职部门来对员工的合理化建议进行事务性管理，实现从建议收集到筛选、分派、实施，直至关闭的全过程跟踪，设立合理化建议看板，随时随地动态展示建议流程，展示合理化建议。

丰富的建议渠道

"改善办"的首要工作是扩展建议渠道，将过去单一的方式升级为看板渠道和信息化渠道相结合的方式。看板渠道是传统的实体投递的方式，公司内5个区域设置了合理化建议看板，员工填写建议卡之后将其插入合理化建议看板即可，由各看板负责人收集建议并汇总提交"改善办";信息化渠道就是员工通过微信等社交网络渠道进行建议提交,部门汇总后交"改善办"统一处理。建议渠道的扩展从根本上提升了员工建言的积极性。一方面,员工能够随时随地更加及时和方便地提交自己的想法和建议;另一方面,由于有的建议适合通过公开的方式呈递,而另外一些建议则更加适合用私密的方式向上汇报,因此,通过实体和信息化渠道的同时开放,员工在建言提出时的选择权增加了,顾虑和担忧减轻了。

全流程跟踪

"改善办"作为合理化建议的"中央处理器",负责对所有建议进行筛选并分派各相关部门处理实施,同时也对部分建议提出意见,向公司总经理报告后决定是设立改善项目还是暂不实施。实施部门负责人需定期向"改善办"回复建议实施计划、实施进度及实施结果,直到建议实施完毕后"改善办"才终止流程,并开展奖励等工作。为了划分不同建议的优先级别,"改善办"还将建议卡分为两种颜色:与安全类相关的用橙色卡片,必须优先处理;其他类建议则用黄色卡片。通过优先级的划分,突出了"安全第一"的理念,也在无形之中鼓励了员工在安全方面的着重思考和努力。

设立奖励机制

为了鼓励员工参与到提供合理化建议的队伍中,公司专门制定了一系列的奖励机制。首先,无论实施效果和落地效果如何,建议只要被公司采纳就给建言者发放奖励。对于实施以后取得积极效果的建议,经"改善办"复核,会被评为"优秀合理化建议",建言者将获得相应的奖励;对于确实为公司带来成本节约的建议,有显著经济效益的,将按成本节约项目申报,审核批准后给实施人和建言人发放项目奖励。而对部分建议,公司会设立专人专设的改善项目并参与项目评比,一般项目奖励 1 000 元,优秀改善项目奖励 3 600 元。

成果卓著

"改善办"成立第一年就收到合理化建议 900 条,当年公司共有 800 多名员工,相当于人均为公司贡献超过 1 条合理化建议。之后几年建议数量稳步增长,至 2019 年公司共收到合理化建议 2 818 条,经筛选后有效建议达 2 341 条,人均合理化建议 2.84 条,几乎实现了合理化建议项目的全员参与。建议内容涵盖了安全、环保、质量、工艺改进、效率提升、成本节约等各个方面。由合理化建议生成改善项目 22 个,其中一般项目 8 个、优秀项目 14 个。部分建议还在当地工会会议上入选"十大优秀合理化建议"。

通过合理化建议工作的开展,公司在安全、环保、生产、质量、工艺等方面实现了管理水平的明显提升。据初步统计,每年由于实施合理化建议而获得的改善收益达 100 万元以上。此外,公司的质量和安全控制水平也在不断提升,陆续通过各种质量认证,成为卡特彼勒、沃尔沃、亚马逊、顺丰、波司登等国内外知名企业信赖的合作伙伴,连续多年获得当地"功臣企业"称号。

资料来源:《这家企业,员工合理化建议有专职"管家"》,中工网,2020 年 6 月 3 日,https://www.workercn.cn/32851/202006/03/200603071513294.shtml(访问日期:2023 年 2 月 2 日);菲达宝开电气公司官方网站,https://www.baokai.cn/(访问日期:2023 年 2 月 2 日)。

思考题

1. 从流于形式的"意见箱"到人均合理化建议达 2.84 条,菲达宝开电气公司通过什么措施激发了员工提出合理化建议的热情?

2. 菲达宝开电气公司如何保障从建言提出到执行落地的全过程管理?它在合理化建议管理方面的经验能否推广到其他企业?在推广性方面有何挑战?

3. 根据本章谈及的内容以及你个人的理解,菲达宝开电气公司还能从哪些方面进一步提升"改善办"的工作?

参考文献

段锦云、周冉、古晓花,2014,《正面自我标签对建议采纳的影响》,《心理学报》,46(10):1591—1602。

魏昕、张志学,2010,《组织中为什么缺乏抑制性进言?》,《管理世界》,10:99—109。

魏昕、张志学,2014,《上级何时采纳促进性或抑制性进言?》,《管理世界》,1:75—87。

Burris, E. R. 2012. The risks and rewards of speaking up: Managerial responses to employee voice. *Academy of Management Journal*, 55(4): 851–875.

Chamberlin, M., Newton, D. W., & Lepine, J. A. 2017. A meta-analysis of voice and its promotive and prohibitive forms: Identification of key associations, distinctions, and future research directions. *Personnel Psychology*, 70(1): 11–71.

Darley, J. M., & Latane, B. 1968. Bystander intervention in emergencies: Diffusion of responsibility. *Journal of Personality and Social Psychology*, 8(4, Pt.1): 377–383.

Detert, J. R., & Edmondson, A. C. 2011. Implicit voice theories: Taken-for-granted rules of self-censorship at work. *Academy of Management Journal*, 54(3): 461–488.

Detert, J. R., Burris, E. R., Harrison, D. A., & Martin, S. R. 2013. Voice flows to and around leaders: Understanding when units are helped or hurt by employee voice. *Administrative Science Quarterly*, 58(4): 624–668.

Edmondson, A. C. 2003. Speaking up in the operating room: How team leaders promote learning in interdisciplinary action teams. *Journal of Management Studies*, 40(6): 1419–1452.

Edmondson, A. C. 2018. *The Fearless Organization: Creating Psychological Safety in the Workplace for Learning, Innovation, and Growth*. New Jersey: John Wiley & Sons.

Farh, J. L., Zhong, C.-B., & Organ, D. W. 2004. Organizational citizenship behavior in the People's Republic of China. *Organization Science*, 15(2): 241–253.

Fast, N. J., Burris, E. R., & Bartel, C. A. 2014. Managing to stay in the dark: Managerial self-efficacy, ego defensiveness, and the aversion to employee voice. *Academy of Management*

Journal, 57（4）: 1013-1034.

Folger, R., Rosenfield, D., Grove, J., & Corkran, L. 1979. Effects of "voice" and improvement on experienced inequity. *Journal of Personality and Social Psychology*, 37（12）: 2253-2261.

Hirschman, A. O. 1970. *Exit, Voice, and Loyalty: Responses to Decline in Firms, Organizations, and States*. Cambridge: Harvard University Press.

Hussain, I., Shu, R., Tangirala, S., & Ekkirala, S. 2019. The voice bystander effect: How information redundancy inhibits employee voice. *Academy of Management Journal*, 62（3）: 828-849.

Kassing, J. W. 2002. Speaking up: Identifying employees' upward dissent strategies. *Management Communication Quarterly*, 16（2）: 187-209.

Katz, D. 1964. The motivational basis of organizational behavior. *Behavioral Science*, 9（2）: 131-146.

LePine, J. A., & Van Dyne, L. 1998. Predicting voice behavior in work groups. *Journal of Applied Psychology*, 83（6）: 853-868.

Li, A. N., & Tangirala, S. 2022. How employees' voice helps teams remain resilient in the face of exogenous change. *Journal of Applied Psychology*, 107（4）: 668-692.

Li, A. N., Liao, H., Tangirala, S., & Firth, B. M. 2017. The content of the message matters: The differential effects of promotive and prohibitive team voice on team productivity and safety performance gains. *Journal of Applied Psychology*, 102（8）: 1259-1270.

Li, C., Liang, J., & Farh, J. L. 2020. Speaking up when water is murky: An uncertainty-based model linking perceived organizational politics to employee voice. *Journal of Management*, 46（3）: 443-469.

Liang, J., & Farh, J. L. 2008. Promotive and prohibitive voice behavior in organizations: A two-wave longitudinal examination. Paper presented at the Third Conference of the International Association for Chinese Management Research（IACMR）, Guangzhou: China.

Liang, J., Farh, C. I., & Farh, J. L. 2012. Psychological antecedents of promotive and prohibitive voice: A two-wave examination. *Academy of Management Journal*, 55（1）: 71-92.

Liang, J., Shu, R., & Farh, C. I. 2019. Differential implications of team member promotive and prohibitive voice on innovation performance in research and development project teams: A dialectic perspective. *Journal of Organizational Behavior*, 40（1）: 91-104.

Maynes, T. D., & Podsakoff, P. M. 2014. Speaking more broadly: An examination of the nature, antecedents, and consequences of an expanded set of employee voice behaviors. *Journal of Applied Psychology*, 99（1）: 87-112.

Milliken, F. J., Morrison, E. W., & Hewlin, P.F. 2003. An exploratory study of employee silence: Issues that employees don't communicate upward and why. *Journal of Management Studies*, 40(6): 1453–1476.

Morrison, E. W., & Milliken, F. J. 2000. Organizational silence: A barrier to change and development in a pluralistic world. *Academy of Management Review*, 25(4): 706–725.

Organ, D. W. 1988. *Organizational Citizenship Behavior: The Good Soldier Syndrome*. Lexington, MA: Lexington Books.

Perlow, L. A., & Repenning, N. P. 2009. The dynamics of silencing conflict. *Research in Organizational Behavior*, 29: 195–223.

Satterstrom, P., Kerrissey, M., & DiBenigno, J. 2021. The voice cultivation process: How team members can help upward voice live on to implementation. *Administrative Science Quarterly*, 66(2): 380–425.

Sherf, E. N., Sinha, R., Tangirala, S., & Awasty, N. 2018. Centralization of member voice in teams: Its effects on expertise utilization and team performance. *Journal of Applied Psychology*, 103(8): 813–827.

Wei, X., Zhang, Z. X., & Chen, X. P. 2015. I will speak up if my voice is socially desirable: A moderated mediating process of promotive versus prohibitive voice. *Journal of Applied Psychology*, 100(5): 1641–1652.

第 10 章

多元文化背景下的个体行为

学习目标

1. 思考不同观点对文化的理解
2. 认识常见的几种文化判断陷阱
3. 掌握影响文化能力和技巧的三种观点
4. 学会采用不同的文化观点分析人的行为

本章通过一个案例来说明文化对个人行为的影响。案例分为两部分，在阅读案例的每一部分时，读者可尝试代入不同的人物角色，想象自己会如何应对，然后思考文中不同的观点和理论会怎样解读和回应。

引导案例

第一部分：文化差异？

洪玮最初在一家小型服装厂当缝纫工人。20世纪70年代，那家位于香港老旧社区工业大厦内的服装厂只有18台缝纫机，工厂按订单要求生产服装。随着纺织业的蓬勃发展，该工厂于90年代初在广州增设新厂房。在这短短的20年间，洪玮见证了该工厂从一家只能根据服装公司提供的设计和规格生产服装的"原始设备制造商"（OEM），逐步发展为根据自己的设计制作产品的"原始设计制造商"（ODM）。

公司业务的快速扩张也为洪玮提供了升职机会。凭借数十年的努力和经验，洪玮从生产线主管晋升为缝纫室经理，再到生产经理，最终成为广州新工厂的厂长。在他的领导下，工厂上下一心，从来没有遇到无法解决的问题。同事们都很佩服洪厂长的专业技能，最让他们印象深刻的是，洪厂长只要在工厂里走一走，偶尔停下来听听机器的声音，就能判断生产过程是否顺利。"天道酬勤"一直是洪厂长的座右铭，他相信勤劳的人定能得到回报。

考虑到2000年年初全球纺织品和服装出口行业格局的变化，这家服装制造商继续向东南亚扩张。洪厂长参与筹备和管理位于柬埔寨金边的工厂。柬埔寨人以热情与温和著称，在他们的文化中，微笑待人非常重要，而说话粗鲁大声或表露愤怒则是禁忌。可是，洪厂长刚开始在柬埔寨工作时，却发现自己很难不大声粗鲁地说话，更别说脸上要挂着笑容了。他很关心生产速度和质量，但生产效率一直没有达到他预期的目标。他发现金钱并不能买来效率：工人们宁愿休假也不愿意加班来赚取额外的报酬；午饭时间，工人们宁愿和其他同事一起坐在户外的空地上边用手抓饭吃边聊天，也不愿意坐在桌椅齐全的食堂里抓紧时间用餐，特地为工人们设计的食堂设施完全没有被使用过。

工人的要求也令洪厂长感到困惑。每年四月是柬埔寨的新年，对于当地人来说这是一个重要的喜庆节日，有很多传统习俗和庆祝仪式。在这个假期开始前的星期五，一些工人希望洪厂长能够批准他们在车间跳舞庆祝。洪厂长怒了，他认为，第一，星期五是工作日，工作日当然应该工作。第二，车间是用作生产的，放满了设备的车间不应用于生产以外的用途。因此，他直截了当地拒绝了工人们的请求，并强调在那个星期五他们应该在放假前集中精力完成工作，这样大家就都可以享受周末的欢乐时光了。星期五当天，洪厂长注意到工人们虽然没有跳舞庆祝，但整天走来走去、去洗手间、跟其他工人聊天，或者坐在工位上发呆等下班，工作完全没有效率。下班后，工人们虽然还是会客气地打着招呼，祝他新年快乐，但他却有一种莫名的感觉。在这喜庆的时刻，他内心深处感到愤怒和困惑。他觉得当天发生的事情只是冰山一角。

几十年来，他在香港和广州的工作都非常顺利，为什么在金边的情况却截然不同？是他忽略了什么吗？那就是人们所说的文化差异或文化鸿沟吗？是他缺乏文化能力吗？他感到无助和困惑。作为厂长，他知道国际劳工组织（International Labour Organization，ILO）在柬埔寨具有很大的影响力，他担心在他眼中微不足道的一些问题，在工人们眼中却是需要向国际劳工组织投诉的重大议题。如果工人们投诉，国际劳工组织可能会向工厂下发他最不愿意看到的"关键问题报告"（Critical Issues Reports）。该报告一旦发出，那些主要来自北美和欧洲地区的服装买家将会立即收到国际劳工组织的通知，并可能会马上叫停工厂的所有订单。如果这样的事情真的发生了，他和服装制造商高层在过去数十年间建立起来的信任可能会顷刻间崩塌，他的名声和事业都会岌岌可危。因此，洪厂长迫切地想要找到出路。

案例来源：根据梁觉文分享的关于服装制造业的运营经验整理得到。

思考题

1. 洪厂长遇到了哪些挑战？
2. 哪些因素造成洪厂长面临的境况？
3. 洪厂长有何选择？

10.1　有关文化的主要观点

洪厂长的故事在跨文化管理中并不罕见。这类故事突出了文化差异和文化冲突，主人公在海外的任务往往以失败而告终，并以"患病"或"家庭事务"为由结束任务提前回国。以这类故事作为引子，传统的跨文化管理观点可能会列出不同的文化维度，然后进行跨文化比较，强调不同国家或地区文化在这些维度上的不同。他们还可能将每个国家或地区的文化提炼成一篇又一篇独立的文章，逐条列出文化属性和实践（Chao, Okazaki, & Hong,

2011）。这些有关文化差异的讨论让读者对文化有了一定的了解，并为改进跨文化管理做出了贡献。然而，这种传统的观点只代表了一个不断发展的文化故事里的小片段。如果文化故事只停留在文化差异的讨论上，那么每个文化群体仿佛都是一个静止、离散、没有互动的实体（Kashima，2009）。它让读者以为每一种文化都有稳定不变的特征，以为同一文化中的个体都是同质的，而且不同文化有清晰界定的固有鸿沟。它还意味着，在每一种特定的文化互动中，都有一种正确的回应方式。

然而，在跨文化的情况下，文化往往不是绝对的而是概率性的。就算人们已经了解了全球数百个地区和次地区之间所有的文化差异，那些认知也不一定能转化为行为，行为也不一定能保证成功。从认知到行为，再到成功，它们之间还有什么因素？本章将回答这个问题，先概述传统观点中强调"文化差异"的论述，然后以此为起点进行深入阐释，以动态的观点了解多元文化。

10.1.1　传统的文化观点

传统的文化观点看重文化的独特性和文化之间的差异性。Hofstede（1984）的开创性研究为理解不同国家或地区的文化奠定了重要基础。他根据 IBM 员工在不同地理位置的数据，用文化维度来区分不同的地域文化。最著名的维度是权力距离，即社会成员接受权力不平等分配的程度，以及个人主义与集体主义，即社会成员将自己的利益置于群体（集体）利益之上的程度。尽管他强调，文化维度的变化是相对的，旨在区分不同的地区而非个人行为，但他的理论却启发了一个世代的文化研究，尤其是地区文化对人类行为的影响（Wyer，2009）。

这些研究包括考察全球文化维度，如个人主义与集体主义、权力距离、文化紧密度与松散度，调查个人建构和信仰的文化差异，如独立我与互依我、分析性思维与整体性思维以及社会公理（比如，Leung & Bond，2004；Oyserman，Coon，& Kemmelmeier，2002）。此外，这些研究还涉及各种各样的结果，如情感表达、决定和选择、社会知觉、冲突解决实践和罪责判断（Zemba，Young，& Morris，2006）。这些有关文化差异的主题皆可独立成书，对其进行详尽的讨论超出了本章的范围，这里的关键是要知道，传统观点的重要性在于它为日后理解文化及其对个人行为的影响创造了先决条件。

在这些传统观点出现之前，组织心理学对个人行为的理解大部分都是基于西方的样本和理论，往往依赖一个没有验证的假设，以为任何从西方研究得出的结论都普遍适用于其他地区，从而忽略了不同文化群体之间的潜在差异（Wyer，2009）。尽管现在的个人行为研究仍深受西方理论的影响，但是大家也开始对之前被视为理所当然的一些普适性假设产生怀疑，并愈发意识到文化敏感度和文化知识的重要性（Thalmayer，Toscanelli，& Arnett，2021）。

现以罪责判断为例说明传统观点对文化的看法。当有负面事件发生时，人们时常会问："为什么？"不管是车祸、食物中毒、重要项目竞标失败，还是项目没有达标，人们都会想要知道"为什么会发生这样的事情"和"谁应该负责及受到惩罚"。罪责判断具有重要的社会调节功能，它规范可取的行为，禁止不可取的行为，从而稳定社会秩序（Chao，Zhang，& Chiu，2008）。罪责判断涉及个人责任和集体责任两个方面。

罪责判断通常从个人责任的角度来理解。在经典归因模型中，人们做出罪责判断时会衡量个人及环境因素分别对负面结果的相对影响。罪责会随着个人影响的增大而增加，随着环境影响的增大而减少。个人责任的范围从偶然的关联到有意图的违规不等。人们会根据以下条件归因个人责任：①焦点人物与负面事件的关联程度；②焦点人物是否直接造成负面结果；③焦点人物能否预见后果；④行为是否合理；⑤是否有意图造成伤害。个人责任的焦点主要集中于个体与负面结果是否有直接关系。有研究显示，人们在评估责任归因时倾向于关注个人因素对负面结果的影响而低估了外部力量的影响，这种归因被称为基本归因谬误（Ross，1977）。

除了与负面结果有直接因果关系的人，那些没有直接关联但与实施不当行为的人有间接关联的个体也可能被认为有罪，这就是集体责任。西方文化倾向于视个人为自主的，而东方文化则倾向于认为个人会受到集体的约束。因此，西方文化在归因责任时主要关注一个人是不是"坏苹果"，而东方文化则倾向于将责任从个人扩展到有关联的各方，并追究集体责任。集体责任反映在"连坐"的概念中。连坐的做法是基于人们认为群体中的个人有义务监督彼此行为的理念，如果群体中有人出现过失，则反映了群体中的其他人未能提前采取遏制行动，因此，就算群体中的其他人没有直接参与不当行为，也会受到同样的责备和惩罚（Menon et al.，1999）。

传统的文化观点看重跨文化差异，探讨文化差异的研究一致发现，集体责任在东方盛行，而在西方则没有那么常见。当通过文化维度（如集体主义–个人主义）来解释东西方差异时，这一发现更为直观：集体主义文化将错误行为视为社会监督不力和集体管理失败的结果，而个人主义文化则将罪责视为个人自主选择的问题。通过专注于文化差异，传统文化观点强调，那些曾经被视为普遍性的认知和心理过程（比如基本归因谬误）很可能会受到文化价值的影响，那些一直以为是普适性的想法其实并不基本也不普适（Thalmayer et al.，2021）。换言之，文化对了解认知和行为扮演着十分重要的角色。

强调文化差异的传统观点为理解文化提供了重要的基础，它们通过提供思想和行为的建筑模块让人们对文化的认知有所增加，有助于减少面对陌生文化时的不确定性。有关文化差异的知识和不同文化维度的群体分类展现了在特定文化中可以接受的一般行为标准。传统的文化观点启发了教育、辅导、军事和商业组织的跨文化培训实践（Landis & Bhawuk，2020）。

10.1.2 常见的文化判断陷阱

传统的文化观点在文化维度的概念以及文化群体的分类方式上存在分歧，例如，到底应该用"紧密文化与松散文化"维度、"集体主义与个人主义"维度，还是用"独立我与互依我"维度去了解文化？尽管存在分歧，它们还是有一个共通点，那就是它们通常把文化等同于国家，并强调各国群体之间的差异。在这些传统观点中，文化通常被理解为一系列互相关联的国家民族特征（Wyer，2009）。如上所述，这些传统文化观点帮助人们减少了面对陌生文化时的不确定性，给他们带来"我知道了"的感觉，但同时也具有不可忽略的缺点。那么，"我知道了"会有什么缺点呢？在回答这个问题之前，必须澄清"我知道了"本身并不是问题所在。问题在于，主观地觉得"我知道了"有时会让人误以为"我已经知道了一切"，觉得不需要多考虑，进而导致对未知的领域视而不见。在跨文化的工作和管理中，除了文化差异，还有什么是未知的呢？事实上，一个文化群体内的个体差异和不同文化之间的差异一样大。文化是概率性的而非绝对的。尽管研究人员和从业人员在理论上会意识到文化的非绝对性，但在实践中往往会忽视这一点，很容易落入以下三大文化判断陷阱。

10.1.2.1　区群谬误

通过传统观点来理解文化，读者们往往很容易得出这样的结论：在群体层面观察到的差异可以用来推断个体层面的个人行为表现。这其实是在理解统计数据时普遍犯的错误，被称为区群谬误（Robinson，1950）。一个典型的例子就是出生地和识字率之间的关系。一般来说，相较于拥有较少外籍人口的城市，有较多外籍人口的城市识字率一般较高，外籍人口和识字率之间在城市层面是一种正向关系；但如果单纯依靠这种数据在个体层面进行推断，很可能得出一个错误的结论，误以为与一个城市的本地人相比，外籍人士更有可能识字。然而，出生地和识字率在城市层面的关联性并不适用于个体层面。比如，外籍人口可能大多生活在本地人识字率高的大城市，这种情况下出生地和识字率在个体层面可以完全没有关联，甚至是负向关联。因此，在文化群体层面观察到的价值差异（如个人主义与集体主义）并不表示在个体层面群体内的一个成员与价值认同之间的关系。

10.1.2.2　文化归因谬误

过于强调不同文化群体的差异也可能掉入文化归因谬误的陷阱之中。试想一下，你在某处听到这样的说法：美国文化更倾向于个人主义，中国文化更倾向于集体主义；美国人倾向于将错误行为的责任归于个人，中国人则更强调集体责任。根据这些信息，人们很可能会做出推断，认为由于美国文化比中国文化更注重个人主义而不是集体主义，因此在罪责判断上存在差异，进而将群体之间观察到的差异归因于整体文化维度，如个人主义与集体主义。这种推断即为文化归因谬误（Matsumoto & Yoo，2006）。这种推断是错误的，原因在于，除了个人主义与集体主义，这两个国家还存在其他维度上的许多差异，比如人口密度、地理特征、气候、历史等。此外，整体文化维度不一定存在于个人的脑海中，一个人不会在日常生活中思考他自己或他所属的群体究竟属于哪个文化维度。文化维度是学术的理论构建，是用于简化和区分复杂的价值观、信仰和习俗的系统。再者，对于哪一个文化维度是现实生活经验的核心，到底是个人主义与集体主义、权力距离、文化紧密度与松散度、独立我与互依我，还是分析性思维与整体性思维，目前还缺乏共识。将观察到的两个群体之间的差异归因于一个特定的文化维度是错误的。换句话说，文化维度有助于了解文化差异，但它并不能用来对个体行为进行因果推断（Kashima & Haslam，2007）。

10.1.2.3 文化连贯谬误

传统的文化观点通常给人们"我知道了"的感觉，认为文化是连贯的系统，支配着所有生活领域中的个体思维、感觉和行为。再次想象一下，你在某处听到这样的说法：美国文化趋向于个人主义，美国人看重独立我，权力距离较低，倾向于应用分析性思维，等等。你或许也听过这样的说法：美国人更倾向于将结果归因于个人而不是集体，所以他们在进行因果推断时一般更关注个体特征，从而产生基本归因谬误；他们一般会根据个人喜好做出选择，比较直言，喜欢竞争并注重自我利益。以上的信息让人们很自然地推断出文化之间存在系统性差异，而文化内的特质是连贯的、高度相关的，因为这些文化特质是出自共同的文化传统。的确，目前学术上已有证据显示文化存在系统性差异，但是，认为文化特质是连贯的、高度相关的看法被实证结果驳回了（Kashima，2009）。实际上，各种文化特质之间的关联性往往很弱。例如，在群体层面，一个经常被贴上个人主义标签的国家（如美国）在群体归属感和对阶级制度的认可上其实是相当集体主义的。在个体层面，一个人在一个领域（如亲属群体中）是集体主义的，不一定在另一个领域（如非亲属群体中）也是集体主义的（Oyserman，Coon，& Kemmelmeier，2002）。缺乏文化连贯性就意味着，个人并非麻木地按照文化规范做出反应，不同的群体也无法被整齐地划分成一个个文化维度。个人行为反映了文化因素和其他非文化因素，如环境（是在办公室还是在家）、互动伙伴（与其他人是否有竞争）以及他们的心理体验（是否处于压力之下）的动态相互作用。

总体而言，尽管传统的文化观点加强了文化认知，但是过于偏重文化差异，会给思考带来一定的局限。区群谬误会导致在跨文化互动中增加对来自其他文化的人的刻板印象和偏见。文化归因谬误则夸大了文化群体之间的差异，并将那些差异错误地归因于文化维度，加剧了在跨文化背景下"我们－他们"的两极对立思维，阻碍了跨文化交流。文化连贯的错误假设也会导致人们忽视会影响个人行为的其他因素。就以洪厂长为例，如果他单单专注于文化差异，可能会觉得自己跟那些本地员工存在无法弥合的文化鸿沟。他可能不会尝试和工人沟通，也不会考虑在他眼中琐碎而在工人眼中则是重大议题的问题，甚至可能会觉得是工人们在无中生有、小题大做。在这样的情况下，他可能会继续麻木地将自己的想法强加于那些工人，进一步增加自己和工人之间的矛盾，造成冲突升级。倘若冲突升级，他可能会觉得自己无法适应，最后只能做出退出的选择。单单依靠文化差异去了解其他文化会让人觉得"我知道他们是这样的"，但是却不了解怎样去应用那些文化认知。如果不解决认知应用的问题，人们可能会误以为文化是固定不变的，并将那种固定不变的理解麻木地应用于充满动态的现实。因此，下一节我们会重点讨论该问题。

10.1.3 动态的文化观点

动态的文化观点是把文化概念化为一群人共同的思考、感受和行为方式的知识表征。这种表征在个体之间是呈概率性分布的，在不同的条件下，群体之间和群体内部都存在差异。群体既可以在国家层面进行区分，也可以基于地理位置、历史、教育和社会经济背景等进行区分。与传统的文化观点类似的是，动态观点也看重不同族群文化之间的差异。然而，它超越了传统的理论，解答了族群之间的文化差异可能在何时出现或消失的问题。它还能让人意识到，跨文化的互动不仅具有挑战性，而且能带来回报，促进创造力和创新，减少判断偏差。文化对个体行为的影响受"知识启动"的基本原则支配，包括可得性、可提取性和可应用性（Higgins，1996；Hong et al.，2000）。本章在以下部分先定义这些基本原则，然后再讨论它们与多元文化和个人的关系。

10.1.3.1 可得性

可得性是指个人在其认知中是否拥有某种文化的知识，这些知识可以是关于日常事务、习俗和传统的，如用餐礼仪和成年仪式，也可以是用来支配个体行为的规范和价值观。这种知识不仅存在于个人的思想中，亦会在群体成员之间共享。一个群体共享的知识可能与另一个群体共享的知识不同，不同群体之间的知识差异就是文化差异。有不同的理论探讨文化差异存在的原因，如客观环境条件或传染病威胁（Talhelm，2020）。一般的共识是，不同的文化知识是为了帮助个人和群体适应其所在的社会和生态环境而产生的。

在人的认知系统中不难找到自己文化群体的知识，然而，人的认知系统中一般不会有太多其他文化群体的知识。即使有一些知识，也会被自己的文化视角所影响，无论是否有客观证据支持自己的想法，当人们主观相信自己的想法已在群体中广泛分享时，那些想法就会成为群组中共同建构的现实。人们可以通过自身经验、细心观察、聆听他人或者接受培训直接获得其他文化的知识，也可以通过电影和新闻媒体等间接了解其他文化的知识。一般人会被文化差异所吸引，因为那些差异偏离了常规的生活模式（Tadmor et al.，2018）。但是想要深入理解多元文化背景下的个体行为，仅依赖文化差异的知识是不够的，更重要的是要意识到这些知识是概率性而不是确定性的。知识可得性是理解文化的基础，可提取性和可应用性是另外两个关键因素，它们决定了文化知识的使用。

10.1.3.2 可提取性

可提取性是指检索认知系统中可得知识的难易程度和速度。知识的可提取性会因与事物接触的强度和使用频率的不同而有所不同。在一个群体中被广泛使用和分享的文化知识往往在其成员中有较高的习惯可提取性，不太常用的知识也可以因情境的提示而提高暂时可提取性。知识的可提取性与个人和情境之间具有动态的相互影响，例如，在进行罪责判断时，东方人和西方人都知道他们需要考虑相关各方与不当行为的关联，无论是哪种文化，人们都有一些集体责任的知识。然而，与西方相比，将责任归于集体在东方是一种比较惯性的做法，因为集体在东方人的日常生活中具有比较重要的影响（Menon et al.，1999），因此，东方人比西方人更有可能追究集体责任。从传统的文化观点角度来看，罪责判断的文化故事在道出文化差异后便完结了，而动态的文化观点则会进一步考虑文化和个人与情境之间的相互作用，尽管集体责任在西方文化中并不是一种惯性做法，所以不会有太高的习惯可提取性，但是在某些情境的提示下，这种不太常用的文化知识也有可能会被"暂时提取"。例如，当置身于一个需要高度相互依赖且团结的项目团队中，而团队的成功又取决于成员之间的有效协调时，东方人和西方人都可能会担心团队中的个人过失影响团队士气，导致成员摩擦和团队解体。在这种情况下，东方人和西方人都会同样产生集体责任归因的倾向，原有的东西方文化差异随之消失。

10.1.3.3 可应用性

可应用性是指文化知识是否适合在特定情境下使用。只有当知识与情境相匹配时，文化知识才可以应用，并影响判断和行为。例如，在进行罪责判断时，一如前述，集体责任归因存在相对清晰的东西方文化差异，但个人责任归因并没有绝对的文化差异（Zemba，Young，& Morris，2006）。这是因为拥有不同文化背景的人，对个人做出罪责判断时，皆会应用类似的个人因果判断思维逻辑，所以个人的责任归因并没有显示出文化差异。这说明对东西方文化差异的认知只有在做出集体归因时才可应用，在对个人责任进行归因时并不适用。

总体而言，动态的文化观点说明了文化差异并不是绝对的，而是概率性的，也强调人对文化的认知是不完整的，文化差异在特定的情境下会变得显著，但是在一些情境下会消失，人们可以在不同的时候应用适当的文化认知，即进行文化框架转换（Hong et al., 2000）。世界上有两百多个国家和地区，它们既有独特的文化和习俗，同时也有共通点。即使在同一个国家和地区内部，也会有次区域性的文化特点（Talhelm，2020）。动态观点强调的文化的概率性质旨在提高对于自己知识局限的认知，提醒人们把生活中的每一次文化经历视为收集"数据"的机会，以更新原有不完整的知识，并确定在哪些情况下原有的知识可以被激活和应用，或需要修订。不断更新和修正认知的过程是必需的，该过程在不确定性的文化迷雾中给予人们一定的确定性。动态的文化观点表明，文化学习存在试错的空间，其认知并不是绝对的，试错是文化学习所必需的。前文提到的特地为工人们设计却完全没有被使用过的食堂设施就是一个试错的例子。在了解到工人们的习惯以及管理层对工人们吃饭后沾了食物的手可能会影响产品质量的关注后，洪厂长提出对食堂的空间加以改建，增大用作生产的空间，同时在工人们吃饭的户外，增设多个洗手的水龙头并放置生产剩下的小废布，使工人们吃完饭后可以方便而有效率地清理干净再投入生产。在得到"工人们的习惯"和"管理层的关注"的认知后（可得性），假如洪厂长未来再参与建造工厂，他便可以提取这种认知（可提取性），之后再看看该认知能否在新的国家和地区应用（可应用性）。该认知可以提醒他在设计工厂时，要考虑当地的日常生活习惯，既照顾到管理层的关注，又满足工人们的需要，同时还要避免资源错配。

认识到多元文化的动态性，文化学习的问题就不再只是"他们与我们到底有什么不同"或者"与那些人一起工作会有多困难"。动态观点的出现引导决策者去思考那些可能会阻碍或促进跨文化交流的因素，并将上述问题转化为"我们会否、何时以及如何与他们合作，从而在多元文化环境中获益"。

引导案例

第二部分：文化挑战？

洪厂长已经在柬埔寨工作了十多年。尽管最初经历了不少困难，但通过学习、体会失败和从失败中汲取经验教训，他最终还是掌握了重要的管理技巧，有效地领导和团结柬埔寨工人，增进了柬埔寨工人和中国同事及中国高管之间的了解。他再一次成为同事们寻求建议的人选。他不断从自身的经历中学习，也从倾听和指导他人的过程中学习。

据洪厂长回忆，在他被调到柬埔寨几年后的一个下午，一位中国的生产经理李经理敲开他的门，向他诉说了自己的沮丧心情和辞职的打算。原来，在洪厂长被调到柬埔寨后不久，李经理也被调派到柬埔寨。她怀着满腔热忱投入工作，期待能一展抱负。"勤奋"和"直率"是李经理的个人特质。在她看来，柬埔寨的文化提倡尊重上司。因此，她认为自己很受尊重，工作进展得也很顺利，直到有一天她突然意识到事情原来已经变得很糟糕了。

那是灾难性的一天，李经理在检查生产情况时发现一名年轻女工工作表现不达标，对此，她严厉地责问那名女工。该女工说她一直在努力，也尽力做到了最好。然而李经理却不认同她的说法，指出她所说的最好水平其实很糟糕，她连一个普通工人的最低标准都达不到，并表示很难理解为什么这么基本的工作她都做不好。受到批评的年轻女工差点哭出来，觉得李经理是在歧视她，看不起她是柬埔寨人，以不合理的标准故意批评和攻击她。她准备向工会和人事部投诉，也打算拨打那个贴在工厂墙上可以直接向国际劳工组织投诉的电话。

那名女工的反应令李经理感到震惊。首先，该女工表现不达标是一个不可否认的事实。他们的工厂安装了射频识别（RFID）系统，这套先进的生产追踪系统会提供实时数据以监控每一个工作站和部门检查点的生产过程。从数据中可以清楚地看到，那名女工的表现显然远低于标准。李经理知道这是客观事实，她觉得没有也不会有其他解释的余地。其次，她自问对女工说的话与国籍、文化甚至个人都无关，她是针对表现而不是针对个人。无论那名表现不佳的女工是哪里人，她都会说同样的话。在她看来，这纯粹是专业问题，是那名女工个人表现的问题。

李经理随即指示该女工的生产线直属主管——来自柬埔寨的索主管——去跟她谈谈，并向她解释根据生产追踪系统的数据，她的生产进度的确落后了。索主管与那名女工交谈后，该女工表达了对情况的理解和自己对于提高工作效率的积极性。然而好几天过去了，她的工作表现并没有任何改善的迹象。

索主管沮丧极了，作为工厂的资深员工，她很难理解为什么那名女工一直说会努力改进，却没有付诸行动。索主管对那名女工严词斥责，她想不通为什么这些年轻人连这么基本的工作都无法完成。她觉得这一辈的年轻人已经无可救药了。而那名女工觉得自己已经尽了很大的努力，并且认为自己被索主管的言辞冒犯了，于是决定去投诉。

思考题

1. 目前又出现了哪些新的挑战？有哪些潜在因素造成了目前这个状况？
2. 洪厂长、李经理和索主管有哪些选择？

10.2 文化能力

当与具有不同文化背景的人一起工作时，个人所拥有的知识、能力和技能的程度就是文化能力。"文化能力"这个术语在临床心理学文献中具有悠久的历史，它最初的重点是强调临床医生需要在临床环境中有敏锐的文化触角，为来自不同民族、种族背景的患者提供符合其文化的服务。随着商业组织的劳动力和客户越来越多样化，文化能力的概念也在管理和组织心理学领域引起了关注，并被称为文化智商（Ang，van Dyne，& Koh，2006）。

10.2.1 文化智商

文化智商一般由四个部分构成：认知、元认知、行为和动机。认知文化智商是在个人知识系统里不同文化习俗和规范知识的可得性，它帮助人们了解来自特定文化的人一般会如何应对某些情况。元认知文化智商指的是监测知识获取和应用的高阶认知过程，它有助于控制和调节思维，也就是"文化认知的认知"。它使人们警惕常见的文化判断陷阱。行为文化智商是指一个人能否在不同的环境中表现出适当的语言（如用词）和非语言（如情感表现）的行为。动机文化智商是指对获取其他文化知识的兴趣和欲望。动机文化智商可以影响文化知识的可得性、可提取性和可应用性。动机是否为文化智商的一个组成部分在学术领域是有争议的，因为动机可以影响对文化的学习，但它并不是一种知识或技巧。尽管有争议，但文化智商的四维概念化是最常见的（Rockstuhl & van Dyne，2018）。

文化智商已经获得了很多关注，并在传播媒介上得到普及，提高文化智商变成了大家力争的目标，因为它影响着重要的个人和组织结果。例如，房地产公司有来自不同文化背景的客户，文化智商与销售人员的业绩正相关。在外派人员中，有较高文化智商的人可以更好地适应当地环境并具有更好的工作表现。在海外学习的旅居者中，文化智商与文化适应也有正向关系。在人际交往中，有较高的元认知文化智商的人有更好的跨文化合作关系，可以促进想法的分享以及提升团队创造力与创新。在组织和整个社会中，如果人们在利益和偏好方面存在分歧，很容易就会产生冲突，但有较高的文化智商则有助于争议的解决（比如，Chen，Liu，& Portnoy，2012）。

文化智商一词带有正向的意思，因为它与一系列正面的个人和组织结果有关。文化智商一般通过自我报告来测量。自我报告的测量方法很容易让人误以为文化智商是一种与生俱来的个人特质，只要自觉具有文化智商就等于在跨文化的情境下会表现卓越，这给文化智商笼罩上了成功的光环（Gelfand，Imai，& Fehr，2008），然而，动态文化观点提醒人们要谨慎对待文化是概率性的事实,具有文化智商的人并不一定每每表现卓越,文化认知需要不断更新和修正,也有不断试错学习的空间。考虑到文化认知的概率性,下一步要理解的不是一个人自觉有没有文化智商,也不是怎样去甄选具有文化智商的员工,而是什么因素会增加或减少在多元文化背景下去培养人们的文化智商的胜算,以下是多元文化理论的三个概要。

10.2.2 社会认知理论

社会认知理论提出人们是"认知吝啬者",他们经常用省力的程序处事以保存认知资源(Fiske,1980)。在执行省力认知程序时,人们依靠容易获得的信息来引导他们的判断和反应。如前所述,认知文化智商指的是关于文化习俗和规范的知识,人们拥有关于自己所属文化群体的知识,而关于其他文化群体的知识一般无法迅速获得或提取,即使在认知里有关于其他文化的知识,其也可能是由人们对其他文化群体的刻板印象所形成的。刻板印象可能反映了部分现实,但却过于简化。具有高认知文化智商的人拥有关于自己文化和其他文化的知识,并且意识到当中的差异,将人群分类。该分类过程可以带来好坏参半的后果:一方面,社会分类有助于简化世界,让人们毫不费力地理解和应对社会环境;另一方面,当人们试图对一个群体中的某个个体做出判断时,群体分类可能会增加判断的偏差,导致区群谬误,误以为群体层面观察到的就等于个体层面的一切,在认知中不懂得区别对待属于一个群体的人,进而产生错判(Brewer,2007)。从社会认知的角度来看,案例中的李经理用了省力的认知程序处理工人表现的问题,觉得只要让和那名女工"同声同气"的索主管去处理就可以解决工人表现的问题,而没有尝试多去了解问题的根本所在和解决问题的确切方案。同样,索主管把工人的表现归因于"年轻人"的问题,让她觉得对于无可救药的一辈有一种习得性无助的感觉。

当人们处于紧张、疲惫或感知到压力时,他们特别会用省力程序处事,这更增大了判断出错的可能性(Tadmor et al.,2018)。那怎样才能降低误判的可能性呢?从社会认知的角度来看,个人在处事时需要有动机和认知资源才能从默认的省力程序转到高力度程序。内在和外在因素都可以影响采用高力度程序的动机。认知闭合需要就是一个好例子。认知闭合需要越高的人在面对问题时,如果认为自己现有的知识已足够回答问题,便倾向于用封闭心态处事,依靠默认的省力程序;然而,当他们意识到自己所拥有的知识并不足以处理事情时,他们就会有动力应用高力度程序去寻找能够帮助他们解决问题的方案。应用高力度程序就等同于运用元认知文化智商,它可以提升对自己知识局限性的认知,有助于判断那些已获得和已提取的文化知识(如刻板印象)是否适用于特定的跨文化情境。接触多元文化的经历可以降低认知闭合,提高人们对其知识局限性的认知,从而打破应用省力程序处事的常规,促使个人应用高力度程序。但是仅有动机去运用元认知文化智商是不够的,动机需要有足够的认知资源配合,才能使高力度处事程序发挥作用。当人们客观或主观地觉得没有足够的认知资源时,他们就不可能执行高力度程序。

高力度元认知程序有助于跨文化交流，但它并不是默认的处理模式，那么有什么方法可以增加高力度元认知程序的应用呢？近年来的研究表明，通过鼓励个人花时间慢慢进行自我反思，同时提供引导性的指示，可以帮助他们认识到自己知识的不足和局限性，使他们从大局出发且换位思考去了解不同的替代观点，并考虑如何整合各方不同的利益，以促进对高力度程序的应用；使他们在面对挑战时有更平衡的视野，减少受潜意识或直觉影响而产生的偏见。

10.2.3　社会身份认同理论

人们同时拥有个人身份和社会身份（Tajfel & Turner, 1979）。个人身份是指个人独特的自我意识，它将"我"与"他人"区分开来。社会身份是个人的自我感觉，来自人们对自己在不同社会群体中的成员资格的认识，以及对该群体价值和情感的认知。社会身份将"我们"与"他们"区分开来，并将重点放在群体为成员的共通性和与群体外的区别上。社会身份认同可以来自基于人口属性的群体成员身份，如国籍、种族、性别、语言、地理位置和年龄，也可以来自其他特征，如教育背景（如工科、文科）、工作级别（如前线人员、高管人员）和组织（如大学、企业）。社会身份认同可以塑造跨文化背景下的人际关系，每当一个有特定群体身份认同的人与有另一个群体身份认同的人互动时，就会为互动双方带来跨文化的情境。

跨文化的情境会突显个人的社会身份认同，影响人际互动，在这种时候，个人倾向于关注群体内的相似性，放大一个文化群体内的成员所具有的共同特征，强调非成员与成员之间的差异（Hogg & Terry, 2002）。在突显个人社会身份认同的情境下，个人决策和视觉很可能会落入文化归因谬误的圈套之中，将观察到的任何群体间差异都归因于固有的群体特征。此外，人们也会通过其所在群体的视角来解读社交世界，他们的社会身份认同越突出，就越有可能从其群体成员的角度来理解世界，并关注群体的结果，而不是个人的结果，从群体成员的身份中获得自我认知。这种情况下，人们最大的动机是用正面的眼光看待自己和自己所属的群体，其首要任务并不是去增加与外群体成员的跨文化互动（动机文化智商），不是采取慎重的元认知程序处事（元认知文化智商），也不是去学习其他文化的知识（认知文化智商），更不是去适应外群体的习俗和惯例（行为文化智商），他们关注的是内群体社会身份的高下，特别是当内群体与外群体的地位和目标存在分歧时。

社会身份不仅影响人们如何理解他们所在的社会，还能塑造他们的情感。例如，当一个人观察到另一个人受到不公平的对待或伤害时，如果他认为自己与受害者有共同的社会身份，便会产生更强烈的情绪反应，比如更愤怒，还可能对加害者采取行动；相反，如果他认为自己与加害者有共同的社会身份，则往往对同样的行为无动于衷（Gordijn et al., 2006）。此外，对于同一个人来说，情绪体验也会在不同的情况下有所不同，这取决于当下他哪一方面的身份更为突出。例如，在一个多元文化的工作小组中，当员工收到来自另一文化背景的领导者的负面反馈时，他们的反应可以非常不同。如果按照"我们–他们"的文化分界来解读负面反馈，员工可能会产生消极的反应，比如觉得"他们"（领导者）很傲慢，看不起"我们"。

但是，如果员工按照与该领导者的共同群体身份来解读负面反馈，则可能会产生更积极的反应，例如会觉得"我需要做得更好才能做出贡献，达成我们团队的目标"。

更加复杂的是，每个人都拥有多个社会身份，这些社会身份可以促进也可以阻碍跨文化合作。当多个社会身份（如工人、柬埔寨人、管理人员、中国人等）一致地将人群分开时，就会形成所谓的人口断裂线（Lau & Murnighan, 1998）。例如，与案例情境中的企业类似，对于当地人来说，外资企业的管理层通常更有经验，技术知识更丰富，年龄更大，并且是外国人，通常具有更高的地位。相比之下，本地工人通常是低技能的，往往有较低的工作职级和地位。这些社会类别一致地将工人和管理层分类，加深群组之间的鸿沟，使"我们"与"他们"产生更强烈的对比。强烈的断层线会加剧人与人之间的冲突，给生产表现带来不利影响。因此，在李经理意识到那名女工对她的反应可能是社会身份认同导致的后，便指示索主管去处理工人表现的问题这一做法也不无道理。然而，对李经理来说，意料不到的是索主管和该女工的冲突是基于另一个她没有预期到的社会身份认同，即年老一辈和年轻一辈之间的身份冲突。李经理、索主管和女工之间的互动表明，身份认同是流动的，不同的身份认同可以导致冲突，但是通过跨类别的共同点（如共同目标）或者突出共同的内群体身份（如"我们"这个群体）可以促进合作，提升认知的灵活性，增加人与人之间的同理心，有利于打破人口断裂线的类别边界，从而减少"我们"与"他们"的区分和群体间的偏见。

总而言之，从社会身份认同观点的角度来看，社会身份既可以是一种负债，也可以成为人们的资产。社会身份可以提高也可以降低跨文化成功的概率，跨文化的成败取决于如何管理相关各方的社会身份，以及如何与他人相处。强调共同的内群体身份和跨类别属性可以挑战先入为主的群体界限，以促进更为积极的跨文化结果。

10.2.4　心智理论

心智是人们拥有的一套信念，这些信念可以帮助他们理解周围的环境，并影响其态度、判断和行为（Dweck, 2012）。心智的基本前提是每个人对一个人的特质持有不同的理解，这些特质可以是关于人格、道德、智力或谈判技巧的，也可以是关于人口统计特征，如性别、种族或民族文化的。有些人具有定型心智，认为这些个人特质是固定的、不可改变的；有些人却具有成长心智，觉得这些个人特质是可以发展和改变的。定型心智和成长心智是同一刻度的两端，因此一个人具备很强的成长心智则意味着其对定型心智持有更弱的信念。同一个人在认知上可以同时具有定型心智和成长心智，社会环境和个人经验会强化一方面的心智，并在特定的时间和情境下让其中一种心智更容易被提取出来从而进一步获得应用，引导个人的认知和行为（Kung et al., 2018）。

成长心智使个人采取"掌握导向"，专注于学习。面对挫折时，成长心智促使个人制定促进学习的策略，把失败看作学习过程的一部分，失败就是提醒人们需要付出更多的努力和完善学习策略。具有成长心智的人往往坚持不懈，在面对挑战时，较少出现习得性无助或焦虑的反应。更重要的是，管理者的心智对下属也会产生很大的影响，与定型心智相比，具有成长心智的管理者往往对下属表现出的变化比较敏感，不会用他们固有的第一印象去做绩效评估，当下属表现不好时，他们更有同理心，倾向于提供辅导和支持，以改善和发展下属的技能（Heslin，Vandewalle，& Latham，2006）。在本章的案例中，当工人表现不达标时，与一个具有定型心智的管理者相比，一个具有成长心智的管理者更会尝试了解问题的根本所在，到底是这个工人不努力、不认真，还是她没有动力，抑或是她的技术水平不够？如果是技术水平问题的话，可以怎么培训？

心智对个人和组织结果具有重要的影响（Dweck，2012），如学术和工作参与、绩效和随时间变化的绩效轨迹、谈判成败和建言行为。在不同的领域都会有不同程度的成长心智或定型心智。例如，一个人可能强烈认为个性是无法改变的，而能力是可以随着时间而改变的；另一个人可能认为文化特质是固定的，但谈判技巧是可以改变的。由于在不同的领域里可能有不同的心智，因此一种心智只会在特定的领域才可以被应用于影响认知和行为。例如，关于智力的心智影响学习表现与策略，而文化心智则影响跨文化互动，但不影响文化内的互动。文化心智与当前的讨论十分相关。

文化心智指个人认为文化群体的特质是固定不变的，还是可以发展和改变的（Chao，Takeuchi，& Farh，2017）。文化群体的特征可以由不同的价值观（如个人主义－集体主义）、人格（如尽责性和外向性）甚至社会建构的本质（如阶级及职业）构成。不管客观现实如何，个人的主观心智足以影响人们怎样建构和了解他们所处的社会环境和经历。与成长文化心智相比，定型文化心智有助于简化世界，将文化群体及其相关属性归为互不重叠的类别，有利于将复杂的社会现实归类为简单的群体，让人们更有效地处理信息；但是，过于简单化的分类处理可能会对跨文化互动产生负面影响。例如，接触过不同文化的人可以得到这些文化的知识，并且应该能够通过应用这些知识来恰当地处理问题（Hong et al., 2000）。具有成长文化心智的人确实比较容易了解和适应不同文化和生活环境，也可以促进跨文化的合作关系，获得更积极的结果。相反，具有定型文化心智的人看到的是无法跨越的文化鸿沟，在跨文化的环境下感到更加焦虑，他们不仅觉得很难信任与自己文化不同的人，在应对不同的跨文化情境时也觉得很难掌握文化知识的应用。在本章的案例中，李经理对自己很受尊重的误判、对女工的处理方法和事后的反应都在某种程度上表露了定型文化心智的特征。

非黑即白的分类思维（例如好－坏、对－错、赢－输）是定型心智的特征。信任是合作的关键，要信任别人，就先要对别人抱有正面的期望。以定型心智处事的人认为信任不同文化背景的人是"做不到"的事情；以成长心智处事的人则觉得跨文化情境下的信任可能是一件"尚未能做到"的事情。"尚未能做到"的信念允许探索的空间，在跨文化情境下具有成长心智并不意味着对他人的盲目信任；相反，它有助于促进发散性思考，让人们可以应用"把饼做大"的策略，设法满足各方需要，还可以让他们得到那张饼的更大部分，为双方带来积极的结果，同时也增加自己的收益（Kung et al., 2018）。

总的来说，具有定型心智和成长心智的人都可以拥有不同文化的知识（认知文化智商）；然而，与具有成长心智的人相比，具有定型心智的人由于对其他文化群体缺乏信任而减弱了跨文化接触的动机（动机文化智商），非黑即白的分类思维模式也让他们不会多去斟酌跨文化经验（元认知文化智商），因此他们也不会在行为上去适应另一种文化（行为文化智商）。然而，可以就此断定定型心智是"坏"的，成长心智是"好"的吗？

心智的影响要视情况而定，没有绝对的好坏之分。一般来说，成长心智可以通过增加互信来促进跨文化互动，但它对于同一文化内互动的影响却非常有限（Kung et al.，2018）。此外，成长心智只有得到机构和社会环境的支持才能促进积极的结果。尽管定型心智会导致更多的判断偏见和更低的跨文化效率，但如果具有定型心智的人能够并愿意换位思考，从别人的观点出发，那么他们也能在跨文化的情境下，利用其文化知识得到正面的结果。换位思考是指从不同的角度考虑问题，这种思维模式可以通过练习得以提升（Yao，Chao，& Leung，2019）。因此，当人们觉得被自己的心智或思维模式束缚时，可以通过与他人交谈来扩大自己的视野，寻求替代观点，这样可能会对判断和决策有所帮助。

综合来看，心智理论并不意味着心智有好坏之分，而是旨在提升对心智的影响作用的认知，从而配合适当的策略去解决当前的问题。只有加深对心智何时以及如何带来利益或伤害的理解，学习如何更好地管理自身以及他人的心智，人们才能从挫败中学习，最终走向成功。

本节通过介绍三组不同的理论去了解阻碍或促进跨文化经验的因素。社会认知理论关注的是个人作为认知吝啬者默认的省力处事倾向及其对判断的影响，并强调应用高力度程序处事的重要性。社会身份认同理论看重如何管理社会身份，使之成为跨文化互动下的资产，而不是负债。心智理论揭示了人们认为理所当然的信念如何在不知不觉中影响判断和决策，并识别出人们的心智何时以及如何帮助促进跨文化互动的成功。这三组理论的重点不同，却相互补充。此外，它们一致强调应用高力度认知程序的元认知去帮助进行换位思考之后再做出判断的重要性，还强调了学习动机和心智思维对跨文化互动的影响。

洪厂长的故事拉开了文化探索的序幕，李经理和索主管的故事让人们对社会认知理论、社会身份认同理论和心智理论这三大理论产生了更深的思考。假如你是洪厂长，根据对这些理论的理解，对于李经理和索主管所遇到的问题，你会给出什么建议？

10.3 从理论到实践：培养文化能力和技巧

洪厂长听完有关工人的表现后，到工厂里走了走，然后提议李经理和索主管到他的办公室与她们分享一些应对的建议。对于李经理，洪厂长先肯定了她用客观的技术性指标作为管理工具的公正性。同时，洪厂长也建议李经理尝试以同理心去了解工人的关注点，将身份认同或者文化异同转化为推动团队向前的动力，让那名女工知道如果她继续落后，工厂便需要把她的大部分工作转交给其他人，以确保大家能够达成生产目标。正如文中所说，身份认同是流动的,不同的身份认同让那名女工抗拒听从管理层对她的评价,而克服身份认同障碍的其中一种方法就如洪厂长所提议的,要突出共同的内群体身份和强调共同目标,以减少"我们"与"他们"的区分。对于索主管,洪厂长认同她为工人与工厂之间的沟通所做出的努力。同时,洪厂长建议她从成长和培训的心智角度考虑,通过培训在技术层面帮助工人提升表现。他建议索主管带那名年轻女工到其他工位上去观察有经验的工人是如何完成工作的,并且为她安排适当的培训,让她意识到自己的操作步骤缺少了什么。最终,那名年轻女工掌握了她所需的工作技能。洪厂长怀揣着成长心智去培养李经理和索主管的跨文化管理能力,也怀揣着同样的心智提议为工人安排培训。

至此,该工厂年轻工人生产力的问题似乎已圆满解决。但是,新的挑战随即出现:在竞争激烈的劳动力市场上,工厂的管理人员和工人经过培训获得能力的提升后,往往会选择寻找其他地方的工作机会。如何留住训练有素的员工?如何保持当地员工对该工厂的忠诚?洪厂长感到没有一种方法是放诸四海而皆准的。在柬埔寨的多年经验会如何帮助他应对这一挑战以及其他许多尚未到来的挑战?文化能力和技巧是通过试错的经验去培养,在学习过程中免不了会被那种默认的省力处事倾向影响,也无法避免由不同的社会身份认同所引发的挑战,故犯错和误判是学习的一部分,更重要的是,心智会影响人们怎样去理解这些错误和解决问题的策略。洪厂长和他身边的故事表明,培养文化能力和技巧是一个终身学习的过程。

本章小结

传统的文化观点强调文化之间的差异性,提出了多个描述文化特征的维度,为理解文化提供了基础,在培训和实践中被广泛采用。

通过传统观点理解文化,人们倾向于用群体层面观察到的差异来推断个体层面的个人行为表现,这就是区群谬误。

过于强调不同文化群体的差异可能导致文化归因谬误,即把所观察到的群体之间的差异归因于一个特定的文化维度。

传统的文化观点通常给人们"我知道了"的感觉,让人们误以为文化是连贯的系统,支配着所有生活领域的个人思维、感觉和行为。

动态的文化观点强调文化的复杂性、文化与人和环境之间的相互作用,以及文化的概率性质。

可得性是指个人在其认知中是否拥有某种文化的知识,这种知识不仅存在于个人的思想中,亦会在群体成员之间共享。一组人共享的知识可能与另一组人共享的知识不同,不同群体之间的知识差异就是文化差异。

可提取性是指检索认知系统中可得知识的难易程度和速度。知识的可提取性会因与事物接触的强度和使用频率的不同而有所不同。在一个群体中被广泛使用和分享的文化知识在其成员中有较高的习惯可提取性,不太常用的知识也可以因情境提示而暂时提高可提取性。

可应用性是指文化知识是否适合在特定情境下使用。当知识与情境相匹配时，已得和已提取的文化知识会影响人们的判断和行为，人们可以在不同时间应用适当的文化认知，即进行文化框架转换。

文化智商一般由四部分构成：认知、元认知、行为和动机。

社会认知理论关注个人作为认知吝啬者默认的省力处事倾向及其对判断的影响，并强调应用高力度程序处事的重要性。

社会身份认同理论看重如何管理社会身份，不同的社会身份认同既可以是一种负债，也可以成为跨文化互动下的资产。

心智观点揭示了人们经常认为理所当然的信念如何在不知不觉中影响判断和决策，并识别出人们的心智何时以及如何能够帮助促进跨文化互动。

文化是动态的，人们不应该用刻舟求剑的态度去解读文化难题。文化学习是一个持续试错和更新的过程，在这个过程中，人们去测试、验证不同的信念和想法。

重要术语

传统的文化观点　文化差异　文化判断陷阱　区群谬误　文化归因谬误　文化连贯谬误　动态的文化观点　可得性　可提取性　可应用性　文化框架转换　文化智商　社会认知理论　社会身份认同理论　定型心智　成长心智

复习思考题

1. 传统的文化观点有什么优点和缺点？
2. 传统和动态的文化视角怎样影响洪厂长、李经理和索主管对年轻女工行为的看法？
3. 社会认知理论、社会身份认同理论和心智理论怎样帮助人们理解洪厂长、李经理、索主管和年轻女工的反应？这些理论可以带来哪些解决问题的方案？

参考文献

Ang, S., van Dyne, L., & Koh, C. 2006. Personality correlates of the four-factor model of cultural intelligence. *Group & Organization Management*, 31（1）：100–123.

Brewer, M. B. 2007. The social psychology of intergroup relations：Social categorization, ingroup bias, and outgroup prejudice. in A.W. Kruglanski & E.T. Higgins（Eds.）, *Social Psychology：Handbook of Basic Principles*（pp. 695–715）. The Guilford Press.

Chao, M. M., Okazaki, S., & Hong, Y. 2011. The quest for multicultural competence：Challenges and lessons learned from clinical and organizational research. *Social and Personality Psychology Compass*, 5（5）：263–274.

Chao, M. M., Takeuchi, R., & Farh, J. 2017. Enhancing cultural intelligence: The roles of implicit culture beliefs and adjustment. *Personnel Psychology*, 70（1）: 257–292.

Chao, M. M., Zhang, Z. X., & Chiu, C. Y. 2008. Personal and collective culpability judgment: A functional analysis of East Asian-North American differences. *Journal of Cross-Cultural Psychology*, 39（6）: 730–744.

Chen, X.-P., Liu, D., & Portnoy, R. 2012. A multilevel investigation of motivational cultural intelligence, organizational diversity climate, and cultural sales: Evidence from US real estate firms. *Journal of Applied Psychology*, 97（1）: 93–106.

Dweck, C. S. 2012. *Mindset: How You Can Fulfill Your Potential*. London: Robinson Publishing.

Fiske, S. T. 1980. Attention and weight in person perception: The impact of negative and extreme behavior. *Journal of Personality and Social Psychology*, 38（6）: 889–906.

Gelfand, M. J., Imai, L., & Fehr, R. 2008. Thinking intelligently about cultural intelligence: The road ahead. in S. Ang & L. van Dyne（Eds.）, *Handbook of Cultural Intelligence: Theory, Measurement, and Applications*（pp. 375–388）. Armonk, NY: M.E. Sharpe.

Gordijn, E. H., Yzerbyt, V., Wigboldus, D., & Dumont, M. 2006. Emotional reactions to harmful intergroup behavior. *European Journal of Social Psychology*, 36（1）: 15–30.

Heslin, P. A., Vandewalle, D. O. N., & Latham, G. P. 2006. Keen to help? Managers' implicit person theories and their subsequent employee coaching. *Personnel Psychology*, 59（4）: 871–902.

Higgins, E. T. 1996. Knowledge activation: accessibility, applicability, and salience. in E. T. Higgins & A. W. Kruglanski（Eds.）, *Social Psychology: Handbook of Basic Principles*（pp. 133–168）. New York: The Guildford Press.

Hofstede, G. 1984. *Culture's Consequences: International Differences in Work-Related Values*. Beverly Hills, London and New York: Sage.

Hogg, M. A., & Terry, D. J. 2002. *Social Identity Processes in Organizational Contexts*. New York: Psychology Press.

Hong, Y., Morris, M. W., Chiu, C., & Benet-Martinez, V. 2000. Multicultural minds: A dynamic constructivist approach to culture and cognition. *American Psychologist*, 55（7）: 709–720.

Kashima, Y. 2009. Culture comparison and culture priming: A critical analysis. in R. S. Wyer, C.-y. Chiu, & Y.-y. Hong（Eds.）, *Understanding Culture: Theory, Research, and Application*（pp. 53–77）. East Sussex, UK: Psychology Press.

Kashima, Y., & Haslam, N. 2007. Explanation and interpretation: An invitation to experimental semiotics. *Journal of Theoretical and Philosophical Psychology*, 27（2–1）: 234–256.

Kung, F. Y. H., Chao, M. M., Yao, D. J., Adair, W. L., Fu, J. H., & Tasa, K. 2018.

Bridging racial divides: Social constructionist (vs. essentialist) beliefs facilitate trust in intergroup contexts. *Journal of Experimental Social Psychology*, 74: 121–134.

Landis, D., & Bhawuk, D. P. S. 2020. *The Cambridge Handbook of Intercultural Training* (4th ed.). Cambridge, UK: Cambridge University Press.

Lau, D. C., & Murnighan, J. K. 1998. Demographic diversity and faultlines: The compositional dynamics of organizational groups. *Academy of Management Review*, 23(2): 325–340.

Leung, K., & Bond, M. H. 2004. Social Axioms: A model for social beliefs in multicultural perspective. in M. P. Zanna (Ed.), *Advances in Experimental Social Psychology*, 36: (pp. 119–197). Elsevier Academic Press.

Matsumoto, D., & Yoo, S. H. 2006. Toward a new generation of cross-cultural research. *Perspectives on Psychological Science*, 1(3): 234–250.

Menon, T., Morris, M. W., Chiu, C., & Hong, Y. 1999. Culture and the construal of agency: Attribution to individual versus group dispositions. *Journal of Personality and Social Psychology*, 76(5): 701–717.

Oyserman, D., Coon, H. M., & Kemmelmeier, M. 2002. Rethinking individualism and collectivism: Evaluation of theoretical assumptions and meta-analyses. *Psychological Bulletin*, 128(1): 3–72.

Robinson, W. S. 1950. Ecological correlations and the behavior of individuals. *American Sociological Review*, 15(3): 351–357.

Rockstuhl, T., & van Dyne, L. 2018. A bi-factor theory of the four-factor model of cultural intelligence: Meta-analysis and theoretical extensions. *Organizational Behavior and Human Decision Processes*, 148: 124–144.

Ross, L. 1977. The intuitive psychologist and his shortcomings: Distortions in the attribution process. in *Advances in Experimental Social Psychology* (Vol. 10, pp. 173–220). Elsevier.

Tadmor, C. T., Hong, Y., Chao, M. M., & Cohen, A. 2018. The tolerance benefits of multicultural experiences depend on the perception of available mental resources. *Journal of Personality and Social Psychology*, 115(3): 398–426.

Tajfel, H., & Turner, J. 1979. An integrative theory of intergroup conflict. in W. G. Austin & S. Worchel (Eds.), *The Social Psychology of Intergroup Relations* (pp. 33–47). Monterey, CA: Brooks/Cole.

Talhelm, T. 2020. Emerging evidence of cultural differences linked to rice versus wheat agriculture. *Current Opinion in Psychology*, 32: 81–88.

Thalmayer, A. G., Toscanelli, C., & Arnett, J. J. 2021. The neglected 95% revisited: Is American psychology becoming less American? *American Psychologist*, 76(1): 116–129.

Wyer, R. S. 2009. Culture and information processing: A conceptual integration. in R. S. Wyer,

C. Chiu, & Y. Hong (Eds.), *Understanding Culture: Theory, Research, and Application* (pp. 431–455). East Sussex, UK: Psychology Press.

Yao, D. J., Chao, M. M., & Leung, A. K. 2019. When essentialism facilitates intergroup conflict resolution: The positive role of perspective-taking. *Journal of Cross-Cultural Psychology*, 50(4): 483–507.

Zemba, Y., Young, M. J., & Morris, M. W. 2006. Blaming leaders for organizational accidents: Proxy logic in collective-versus individual-agency cultures. *Organizational Behavior and Human Decision Processes*, 101(1): 36–51.

第3篇
人际关系、团队与网络

第 11 章

人际关系与冲突处理

> **学习目标**
> 1. 了解中国社会中人际关系的基本理论和特点
> 2. 学习用理性的视角看待冲突并且辨别不同类型的冲突
> 3. 学习如何对冲突的结果扬长避短
> 4. 明白如何使用双重利益模型来选择处理冲突的策略
> 5. 学习信任、互惠规范的含义并理解信任的重要性
> 6. 学习建立信任和修复信任的具体策略

引导案例

京东方内部的中韩人员冲突

2003年1月,京东方以3.8亿美元成功收购了韩国现代显示技术株式会社(Hydis)的薄膜晶体管液晶显示器件(TFT-LCD)业务。这让中国企业第一次掌握了TFT-LCD的核心技术,也让京东方拿到了进入液晶显示领域的入场券。收购完成后,Hydis派出120多名韩籍工程师到北京,同京东方的中国同事一起紧锣密鼓地开始了第五代液晶屏生产线的建设。

工作开始没有多久,中韩双方就在选择产线核心区域洁净间的施工方时产生了巨大的分歧。韩方坚持要选择韩国企业来施工,中方则坚持采用中国施工方。韩方在当时负责整个建设项目,出现任何问题韩方都要承担责任,所以他们坚持要用其信得过的韩国企业,对中国的施工方不了解也不信任。但是中方认为,虽然项目总工程师是韩国人,却也不能完全由韩方决定所有的事情,建设产线的过程是非常重要的学习过程,让中国施工方参与进来中方才能更切实地掌握相关的设计和施工技术。僵持之下,中方提出由中国电子行业有实力和信誉的国字头企业来参与该项目,韩方最终答应让这些企业做报告,韩方提问审核,以保证不出任何差错。最后,中国电子工程设计院等四家专业的中国企业全面参与到洁净间的施工项目中。

在重大项目之外,中韩双方在日常工作和生活中也遇到了各种挑战。在工作中,有的京东方员工抱怨个别韩国工程师不愿意教中国徒弟。中方的技术骨干是这样回应的:"第一,你要在感情上跟人家接近了,人家才愿意教你。中国老师不也是这样吗?第二,你得提高自己的水平,能够把问题问到点子上。你没问到的知识点,人家怎么能想起来给你讲呢?"在生活中,120多名韩籍工程师到中国后,他们和家人能否适应这里的生活,是否愿意在中国不同城市奔波,等等,都是亟待解决的问题。为了解决这些问题,京东方给韩籍工程师安排了

周到的后勤服务，帮他们的子女联系国际学校并且负担中小学的学费。后来，合同到期时，Hydis 按照韩国法律进入企业回生管理程序，却有 95% 的韩籍工程师选择留在北京，成为京东方的员工。直到今天，在京东方的食堂里还保留着具有韩国特色的辣白菜等食物，让韩籍员工能尝到家乡的味道。

资料来源：根据作者团队在京东方的调研访谈资料整理得到；路风，《光变：一个企业及其工业史》，北京：当代中国出版社，2016 年版。

思考题

1. 京东方能成功说服 Hydis 采用中国企业作为施工方的原因是什么？
2. 如果当时 Hydis 不妥协，而是坚决要采用韩国企业施工，京东方应该怎么办？
3. 京东方可以通过哪些手段来和 Hydis 建立起互相信任的合作关系？
4. 个别韩国工程师不愿意传授知识，如果你是这名中国学徒，会如何应对？

如何正确地理解和管理冲突，是企业家和管理者都必须直面的一个问题。从京东方的案例可以看出，组织之间的合作可能会对关键问题产生分歧，组织内部的日常管理也面临人和人之间的矛盾。将这些冲突粗暴地归纳为文化差异、性格差异、说服技巧等都是片面的。在本章中，我们将会围绕着冲突和信任这两个话题展开，帮助读者科学地认识和管理冲突、建立互相信任的人际关系。

11.1 人际关系的基本理论

人类是社会性动物，只要有人的地方，就存在社会关系。人际关系天然存在，也至关重要。联合国的《世界幸福指数报告》每年都会对全球上百个国家的居民进行调研以了解人们是否感觉到幸福。研究者发现，影响个人幸福感的一个重要因素就是从人际关系中获得的社会支持感。即使再内向的人也需要和人交往，需要和别人建立一定的联系，这是刻在我们的基因之中的。在商业社会中，很多人热衷于或者反对"搞关系"，但从学术角度，准确理解一个社会现象首先需要我们用科学的眼光来看待它。

黄光国（Hwang，1987）的经典研究将中国社会中的人际关系总结归纳为三类。第一类是工具型（instrumental）关系，核心是资源互换，例如常见的商业买卖。在工具型关系中，人们的行事准则是公平原则，也就是人们在交换资源的过程中付出和回报是公平合理的。第二类是情感型（expressive）关系，核心是满足对方的需求，例如亲密的恋人关系。在情感型关系中，人们的行事准则是需求原则，只要是对方需要的，我们都愿意付出，甚至不求回报。第三类是混合型（mixed）关系，顾名思义，这种关系混合了前两者的属性，它既不是纯粹的利益往来，也不是简单的情感支持，而是同时包含两种属性。在这种社会关系中，人们的行事准则是人情和面子原则。人情和面子原则指的是，人们不一定要求对方立刻拿出资源与自己进行交换，但是会维护情感上的交流，同时期待着对方记住这份"人情"并且在将来某个时间、某个地点用某种方式来卖个"面子"进行偿还。这种交往方式比直接的工具性交换更加隐晦和间接，又比单纯的情感性共有更加实际和功利。例如，西方学者在研究关系时使用的是"relationship"或"tie"等词语，但是关系一词的汉语拼音，也就是"guanxi"，现在已经被《牛津英语词典》收录，成为一个正式的英文单词。中国社会人际关系的特殊性就在于，关系并不是非黑即白的，而是存在一个巨大的、复杂的中间区域：人们要和那些不是自己的亲人、熟人但也不是陌生人的人打交道，而这个打交道的过程常常既包含功利的交换也包含情感的连接（Chen，Chen，& Huang，2013）。

在组织层面，人际关系则突破了两个个体之间微观的联系，表现为两个组织或者组织代表之间宏观的联系。在中国的商业环境中，我们可以把这些关系粗略地分为两类：一类是商业类关系，例如和客户、供应商、竞争对手等与商业经营直接相关的对象之间的关系；另一类是政府类关系，例如和地方政府、监管部门、国有银行等与政府息息相关的组织之间的关系。研究发现，维持好这两种关系对企业绩效具有显著的正向作用。政府类关系对企业绩效的影响力度对国有企业较大，对非国有企业较小。更有趣的是，商业类关系对企业绩效一直都非常重要，但是随着制度环境越来越完善，政府类关系的重要性随着时间的推移慢慢在下降，这也提示企业未来要把更多的重心放在与产品和服务相关的商业类关系上（Luo，Huang，& Wang，2012）。

人际关系除了存在不同类别，在质量上也会有高低好坏之分。朴素的观点会认为，冲突是人际关系出现问题的表现，因为冲突常常伴随着矛盾，而信任则是人际关系健康和谐的体现，因为信任是解决冲突的润滑剂。这一观点体现了大众朴素的理解，但其十分片面，因为看似负面的冲突也可能带来有益的结果，而看似正面的信任也包含着巨大的风险。在接下来的两个小节里，我们会分别围绕这两个话题展开，探讨人际关系中存在的机会与挑战，理解在面对冲突时应如何扬长避短，以及如何维护互信的人际关系。

11.2 冲突

11.2.1 冲突的含义与分类

提到冲突，人们常常会立刻联想到纠纷、破坏等负面词汇。这种直觉的联想很正常，因为传统的冲突理论也曾经认为冲突的本质是有害的，它代表了组织内部的功能失调，所以管理者应该通过各种手段，例如优化组织结构、规范权力和职责等来减少冲突，提升管理绩效。后来，管理学者逐渐意识到，有人的地方就有冲突，有差异的地方就有冲突，所以冲突几乎是不可避免、无处不在的，而冲突似乎也并非像大家以往直觉上认为的那样百害而无一利。

冲突的本质其实是一个过程。当人们感觉到对方可能会对自己在意的事情产生消极的影响时，冲突就产生了。人们之所以常常联想到纠纷、破坏等负面词汇，其实源于很多人处理冲突时所选择的方式而已，并非冲突本身。学者们认为，有的冲突是良性的、功能正常的冲突（functional conflict），对团队和组织运作有建设性的作用；有的冲突则是恶性的、功能失调的冲突（dysfunctional conflict），会阻碍工作目标的达成。但是，这两种冲突并没有清晰的界限，甚至同一个冲突面对不同的情境、时期、对象时，都有可能在性质上发生转变。所以，这种分类给我们最大的启示就是，冲突本身并非一定是负面的，我们应该从中性的角度来理解。

针对冲突中内容的不同，学者们将其分为三类，以便于管理实践的操作。第一类是任务冲突（task conflict），即冲突聚焦于任务的内容和工作的目标，例如团队成员对于工作内容产生不同的观点、想法和意见。第二类是关系冲突（relational conflict），即冲突聚焦于人际关系，例如团队成员之间互相看不惯对方的能力、态度、为人处事等。第三类是过程冲突（process conflict），即冲突聚焦于如何完成任务的过程，例如针对一个项目中的工作方法、使用的工具、完成的手段等产生分歧。很多学者倾向于将过程冲突视为任务冲突的一种，因为如何完成任务也隶属于任务这个大的范畴，而且很多实证研究也重点区分了前两种冲突之间的差异，所以我们也遵循这个逻辑，重点对比关系冲突和任务冲突。

研究发现，关系冲突几乎总是对绩效产生负面影响。这是因为关系冲突自然而然就会产生人和人之间的紧张关系、敌意甚至对立，所以会降低相互之间的尊重、信任和沟通的有效性，进而降低最后的工作绩效。在极少的情况下，关系冲突或许会对团队产生某些正面作用，例如提升团队创造力，但这并不常见。所以，管理者应该尽可能减少关系冲突。

任务冲突对绩效的作用更加复杂。一方面，冲突的程度高低很重要，因为中等程度的任务冲突往往会对团队绩效尤其是创新这样需要不同观点的绩效目标有提升作用（De Dreu, 2006）。如果任务冲突的程度过低，很可能是团队中大家人云亦云或"万马齐喑"。但如果任务冲突的程度过高，那么协调和处理这些分歧的成本就会陡然上升，影响到工作任务的正常开展。所以，中等程度的任务冲突是一个很好的平衡点，既保证了团队成员的集思广益，也将这些差异控制在可以协调的范围内。

另一方面，任务冲突和关系冲突之间的关联很重要。在实际工作中，人们在工作意见上的冲突很有可能转变成针对彼此的关系冲突。这两种冲突关联性越强，任务冲突越无法对团队绩效产生正面影响；相反，如果能够将这两种冲突的关联性减弱，任务冲突对团队绩效的积极效果就会显现出来（De Wit, Greer, & Jehn, 2012）。所以，管理者应该用各种方法引导团队成员做到"对事不对人"，这样才能最大限度地扬长避短，让任务冲突不要转化为关系冲突，从而发挥其自身的积极作用。

那么，要如何减弱两种冲突的关联性呢？团队成员之间建立信任以及采用正确的冲突处理方式是两种重要的方法（Simons & Peterson, 2000）。当团队成员互相之间较为信任时，就会认为对方对自己存在善意和诚实，他们即使针对对方的工作内容提出反对意见，双方也常常会就事论事，不会上升到人格层面，从而阻断了两种冲突之间的转化。另外，如果团队成员在面对任务冲突时有高超的沟通技巧，能够心平气和地讨论，而不是提高音量争辩，也会在一定程度上降低任务冲突向关系冲突转化的可能性。

将人和事分开，确保冲突聚焦于任务本身，而不是聚焦或者转移到人身上，这的确是处理冲突时非常重要的一个原则。但是，西方社会中人们更多地采用直线思维，所以本来就更习惯于就事论事，这是他们的文化习惯；相反，东方社会中人们更多地采用整体思维，所以将事情上的分歧和人情上的矛盾放在一起来看，本来也是东方社会的文化习惯。这就提醒中国的企业管理者们要意识到这一点，那就是将人和事分开是中国社会里大家并不习惯和擅长的方式，所以更需要管理制度、文化引导、沟通培训等措施来慢慢建立这样的氛围和习惯。

11.2.2　管理冲突的五种策略

当冲突产生时，人们应该如何处理它？双重利益模型（dual concern model）认为，人们应该根据在冲突中对自己利益的关注（concern for self）和对对方利益的关注（concern for others）这两个维度的高和低来选择五种不同的冲突处理策略（Pruitt & Rubin，1986）。简单来说，对自己利益关注的高和低代表了在冲突中维护自身利益意愿的强和弱，而对对方利益关注的高和低则代表了在冲突中维护双方良好关系意愿的强和弱。根据两个维度的高低组合，我们可以看到五种可选的冲突处理策略。图 11.1 是对双重利益模型和五种冲突处理策略的展示。

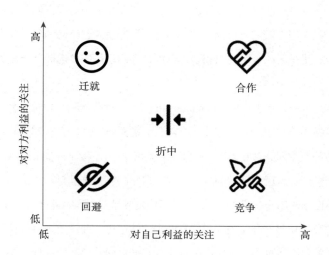

图11.1　双重利益模型与五种冲突处理策略

第一种策略是竞争（competing）。对自己利益的关注度高、对对方利益的关注度低时，人们通常选择尽可能捍卫自己的立场和观点，努力说服对方接受自己的方案，用一切可能的方式达到自己的目的。当理性判断可以舍弃关系来获得重要的利益时，人们应该勇敢地在处理冲突时和对方竞争，不惧怕维护自己利益所遇到的阻力。但是，使用这种策略往往伴随着强势的态度，所以一旦缺乏成熟的沟通技巧，往往会火上浇油，让双方之间的冲突升级、陷入僵局，甚至出现具有破坏性的双输结果。

第二种策略是迁就（accommodating）。对自己利益的关注度低、对对方利益的关注度高时，人们常常会选择退让，尽量满足对方的需求，根据对方提出的方案做出调整，从而舍弃相对不那么重要的利益来维护相对更重要的关系。但是，如果一味地迁就顺从，自己的利益必然会持续受损，而且对方也可能会在将来得寸进尺，所以选择这种策略时，一定要确保事情本身如何解决对自己的利益影响不大。何时应该针锋相对，何时应该勇于退让，人们需要做出理性分析，而不是按照自己的性格和直觉行事。

第三种策略是合作（collaborating）。当对自己利益和对方利益的关注度都高时，人们往往想同时达到维护利益和维持关系这两个目的，那么此时就需要采取一种"解决问题"的思路来化解冲突。双方产生冲突的原因到底是什么？双方最大的摩擦点在哪里？双方最根本的利益诉求是否真的不可调和？对于这些问题，双方需要敏锐地思考，透过冲突的现象识别问题的本质，通过坦率的沟通来交换信息，甚至偶尔还需要一些创造性思维来跳出固有的思维框架，找到双方都满意的解决方案。合作的目的就是双方的利益诉求都能最大限度地得到满足，同时也不破坏良好互信的关系。这种冲突处理策略从理论上来讲是最值得提倡的，但是人们在实际工作中常常偏离这个理性的最优解。

第四种策略是回避（avoiding）。当对自己利益和对方利益的关注度都低时，说明这个冲突所涉及的人和事对人们的影响都不大，那么介入冲突本身就不是一个理智的选择，所以可以选择回避。在冲突可能爆发前就提前回避，或者在冲突中对双方的矛盾点避而不谈，防止事态进一步升级。但人们需要警醒的是，回避并不能使问题自动消失，反而往往会发酵和累积，所以除非的确是无关紧要的人和事，否则，人们还是应该选择公开坦诚地沟通，直面冲突、解决问题。

第五种策略是折中，或者妥协（compromising）。当对自己利益和对方利益的关注度都处于不高不低也就是中等水平时，双方往往有部分利益重叠，同时又有部分利益相悖。双方达成一个彼此妥协的方案时，并没有明显的赢家或输家，而是各让一步来解决问题。需要注意的是，折中不同于迁就，因为迁就的核心是放弃自己的利益来满足对方的利益，而折中的核心是牺牲掉利益相悖的部分来解决冲突，而且折中常常是双方同时进行的。

只要按照对自己和对方利益关注度的高低来理性选择，理论上来讲五种策略并没有优劣之分。但在现实的组织管理中，重要性很难用高和低这样非黑即白的标准来简单划分，而且我们在大多数冲突中需要面对的是人和事都有一定重要性的场景。所以，面对这些对自己和对对方的利益都有中等到高水平的重要性时，我们应该尽可能选择合作的策略。合作并不是理想化地号召冲突双方在针锋相对中突然变得亲密无间，而是提醒人们在处理冲突时保持理性，减少情绪，不要想着惩罚对方，将问题与对方这个人区分开来，聚焦于问题本身，然后邀请对方一起收集、处理、合并双方的信息来找到解决方案。

如果尝试合作之后仍然找不到双方都满意的结果，那么可以退而求其次选择折中的策略。

合作和折中的主要区别在于，合作并不需要牺牲自己预先设定的利益目标，而折中则需要对自己的部分利益做出妥协。妥协并非软弱，而是一种中庸之道的体现，在中国是一种非常精妙的处世艺术。例如，任正非在内部的工作会议中常常把"开放、妥协、灰度"三个词并列在一起阐述，认为这是华为快速发展的秘密武器。他认为，妥协其实是非常务实、通权达变的智慧，凡是人性丛林里的智者，都懂得在恰当的时机接受别人的妥协，或向别人做出妥协，因为人的生存靠的是理性，而不是意气。他还说，人们往往在冲突中陷得太深，不在乎得失也要挣得一个脸面，这就是意气，而懂得妥协的人，才是有大智慧的人。

11.2.3 中国特色：冲突回避

尽管我们鼓励大家尽可能采用合作的方式来处理冲突，但在现实的中国社会和企业组织中，人们往往偏好回避冲突。东亚社会强调和谐的人际关系，而直面冲突、解决冲突往往就会打破这种和谐的局面，所以人们会本能地选择回避，选择"多一事不如少一事"（Leung et al., 2011）。可是，有的时候回避并不会让问题消失，反而会使其发酵和升级为更大的危机，不但无法维护表面和谐的关系状态，甚至还会破坏双方之间的关系，造成双输的局面。那么，为什么东亚社会偏好这种回避的冲突解决方式呢？

第一，从宏观上来讲，东亚社会的文化表现为高权力距离。权力距离体现了一个社会中人们对于权力分配不平等的接纳程度。在高权力距离的文化中，企业组织中的员工往往更加尊重上级的权威，服从领导的指令，不愿意公开表达自己的情绪和看法。在这种环境下，如果出现意见相左的情况，下属往往会选择回避，从而不破坏上下级之间森严的权力等级。在2000年之前，韩国的大韩航空事故频发，被大众视作世界上最危险的航空公司之一。一系列的调查结果显示，文化对事故的发生也负有责任。在多次事故中，副机长或工程师其实已经发现了事故的苗头或异象，但是在机长对他们的观察给予否定后，他们就选择了沉默，不去继续质疑和反驳机长的判断，最后导致无法挽回的悲剧。与中国类似，韩国是典型的高权力距离的国家，而在飞行员的训练过程中，他们又加入了严格的军事化管理，进一步强化了飞行员之间老少尊卑的权力距离，使得后来在执行飞行任务时副机长对机长更加唯命是从。在调查结果公布后，大韩航空对整个飞行员的训练系统进行了改革，尤其注重去除这种等级文化的影响（比如要求机组成员之间以英文名字相称），最终经过改革，大韩航空的事故率显著降低。

第二，从微观上来讲，东亚组织的员工常常抱有负面预期。负面预期指的是人们担心直面冲突会得罪对方、破坏双方关系的一种心理预期。在组织中，下属会担心自己如果直言不讳可能会让上司不悦，从而影响到自己的职业发展。正是出于这种顾虑，人们有话不敢直说，而是以回避的方式来面对（Wei, Zhang, & Chen, 2015）。那么，这种担忧是否符合实际情况呢？研究发现，人们其实往往放大了这种负面预期。如果选择坦诚交流，只要抱着真诚的态度和采用简单的沟通技巧，对方往往不会有非常负面的反应。

如何帮助组织成员扭转这种负面预期呢？换位思考被证明是一种有效的方式。换位思考是指我们在思考问题时站在他人的角度，去理解对方所处的环境、提出的诉求、强调的立场，等等。在日常的情境中，换位思考可以帮助人们增进彼此间的理解和信任；在冲突的情境中，换位思考更可以降低对另一方过度的负面预期。在负面预期的臆想减少后，人们也就更愿意采取正面、直接的方式来沟通并处理冲突了。

11.2.4 处理冲突时筹码的三种来源

在解决冲突的过程中，争吵、辩论、针锋相对往往不可避免，因为我们希望用自身的影响力来说服对方做出让步，从而捍卫自己的观点和利益。筹码（leverage）代表了自己的影响力和工具，因为在最理想的状况下我们可以用少量的筹码赢得大量的利益。那么，对方为什么愿意让步，或者说，我们的筹码来自哪里？20世纪90年代，三位美国学者提出了一个三要素框架，认为人们在冲突中的筹码，也就是自身的影响力，一般来自利益（interests）、权利（rights）或是力量（power）这三个方面（Ury，Brett，& Goldberg，1993）。利益代表的是我们可以满足对方利益诉求的能力；权利代表的是法律、制度、道德等有形或无形的规则赋予我们的优势；力量则是自身硬实力的体现，是无视对方利益和我方权利如何，客观存在的可以改变对方结果的能力。

为了了解这三种筹码的来源，我们用本章开头京东方的案例来做详细的分析。中韩双方在建设产线时，就施工方的选择产生了冲突，中方要求使用中国企业，而韩方坚持使用韩国企业。首先，如果诉诸利益，即采取满足对方深层次需求的手段来解决争端，那么双方需要交换信息来理解对方深层次的利益诉求是什么，然后通过满足对方的需求来解决争端。在现实中，中方通过沟通发现韩国坚持使用韩国企业的深层次原因是对质量的顾虑，因为他们害怕使用不熟悉的中国企业对施工质量造成影响，自己需要承担责任。于是，中方就提出使用有质量保证的中国企业，并且回应韩方的所有疑虑，用各种手段让对方相信质量不会成为问题，从而从根本上消除其对质量的疑虑，满足对方深层次的需求，从而解决了争端。

现在，我们假想如果当时双方诉诸权利，即以社会准则和法律条款为依据来解决争端可能出现的情况。中方可能会提出，按照国际合作的惯例，双方都应该参与，韩方垄断所有施工流程是不合理的。而韩方可能同样也有理由，按照合同要求，韩国对施工方的人选具有话语权，所以应该按照合同行事。此时，双方会使用规矩、道德、传统、法律等有形或无形的规则来获取筹码。

再换个思路，如果当时双方诉诸力量，就可能会采取一切可以影响对方的行动，无论此类行动是否合规。比如，中方可能会向京东方高层提出异议，直接利用京东方是韩方母公司的事实来强行用行政手段对韩方发号施令。而韩方如果坚持己见，可能会无视中方的建议，利用自己项目管理者的身份或者技术专家的身份直接使用韩国施工方，甚至可以威胁说中方如果不同意就暂停项目施工。此时，中韩双方都具有可以直接改变事情进展和对方结果的力量。

以上的分析可以印证利益、权利、力量框架的几个重要结论。第一，从利益到权利再到力量，人们花费的时间和成本往往会随之增加。例如，采用权利手段诉诸法律往往比采用利益手段进行沟通和谈判要更费时费力，而采用力量手段往往会引发更严重、更持久的冲突。所以，我们应该尽可能采用利益手段来解决冲突。第二，权利和力量手段尽管可以为我们提供一些看上去强有力的论点，但是采用它们得到的解决方案往往是不可持续的，因为双方的力量悬殊常常动态变化，一旦出现变化就会推翻之前的解决方案；相反，利益手段满足了双方的核心利益诉求，从根本上解决了问题，所以更具可持续性。第三，当争端的一方从利益手段升级为权利手段甚至力量手段时，另一方往往也会跟随，这就会造成冲突升级。显而易见，对于比较弱势的一方，应该始终采用利益手段；对于比较强势的一方，尽管其拥有权利和力量上的优势，仍然应该尽可能采用利益手段，因为这样可以得到更加低成本、可持续的解决方案。

11.2.5 冲突处理中的情绪与威胁

愤怒的情绪会让人们在处理冲突时更有可能做出不理性的行为，例如意气用事、拒绝客观上最好的解决方案最后导致自己更差的结局。之所以会生气，常常源自双方交流过程中自己遭受不公对待、不受尊重等和沟通相关的因素，所以我们首先要做到在沟通时注意采用平等和尊重的原则以避免激怒对方。其次，要尽可能保证自己头脑清醒、不被情绪干扰，并且做到情绪上的充分准备。在思考如何解决冲突、和对方沟通时，不仅要准备好证据、观点、策略这些理性的信息，也要思考自己可能被激怒的场景和原因，计划好自己和对方气愤状态下的处理对策，做到在情绪上的充分准备。

当然，很多时候人们并非真的生气，而是假装生气来获取谈判筹码、逼迫对方让步。研究发现，在冲突处理中表现出愤怒的情绪偶尔可以奏效，但大多数时候会适得其反（Van Kleef & Côté, 2007; Hunsaker, 2017）。例如，当我们本身就是筹码更多、力量更强的一方时，当冲突中竞争和合作都存在而不是只存在其中一种要素时，当情绪的接收方来自习惯于表达情绪的欧美文化时，当情绪的表达方来自本身更不习惯于表达情绪的东亚文化时，表达愤怒就更有可能奏效，使得对方妥协和让步。原因在于，在这些情境下，愤怒情绪的表达更有可能被视作合乎情理的，从而被解读为我们很强势或者快要逼近我们的底线，所以对方才会妥协和让步。相反，当我们本身就是更弱势的一方时，当冲突内容和道德相关时，当整个过程中情绪被滥用时，表达愤怒就更有可能无效甚至适得其反。原因在于，在这些情境下，愤怒情绪的表达更有可能被解读为自私自利、不符合逻辑、缺乏善意、明显是在用情绪作为策略等。最后需要注意的是，将表达愤怒的情绪作为一种策略往往潜藏危机，因为人们在假装生气时，这种虚假的情绪会非常容易转化为真实的情绪，从而导致冲突升级、决策更加非理性（Campagna et al., 2016）。

11.2.6 第三方介入的冲突处理方式

在现实生活中遇到商业冲突时，可以采取多种不同的具体处理手段，其中被大家研究和使用最广泛的四类是谈判、调解、仲裁和诉讼。在后面的章节中，读者会重点学习谈判的相关内容，所以本章不再赘述。接下来我们会重点分析后面三种手段，而它们的一个共同特点就是引入了第三方：调解员、仲裁员或者法官。

11.2.6.1 调解

调解（mediation）是指中立的第三方参与进来，帮助冲突双方针对纠纷展开沟通、共同解决问题的冲突处理方式。中立的第三方被称为调解员，通过引导、协助、调停等活动来帮助冲突双方进行沟通，从而推动矛盾化解、找到解决方案。调解员并非必须具备与该冲突相关的专业知识和决策能力，因为调解员负责的是整个过程，而做出决策、选择结果的权力仍然属于冲突双方。调解是我们私人生活和商业活动中处理冲突非常常见的一种方式，例如家庭纠纷调解和劳动争议调解。

调解之所以有效，是因为调解员常常有效地提升沟通质量，将冲突双方的注意力引导到问题本身，也让冲突双方有机会互相倾诉苦衷、解释原因、表达歉意、提出需求，等等，从而有助于达成高质量的和解。同时，调解过程常常可以关注到冲突双方直接沟通时容易被忽略但重要的一些问题，如人际关系、公平正义、情感、认同、尊重等。例如，冲突主体在被调解的过程中更能感觉到程序上的公平和透明，从而对实现双赢有一定的帮助。所以，调解提供了一个相对私密、有利于合作、帮助双方真诚交流甚至消除误解的平台。一般来说，无论调解后双方签署的协议能否彻底解决问题，调解这个过程本身都能在很大程度上帮助缓解双方的对峙、防止冲突的升级。

11.2.6.2 仲裁

仲裁（arbitration）是指由冲突双方协商将争议提交具有公认地位和相应资质的仲裁人或仲裁机构，由该第三方对冲突内容进行调查研究、分析判断并做出裁决的冲突处理方式。仲裁的一个特点在于，当冲突双方选择仲裁时，无论最后的仲裁结果对自己是否有利，都应该承诺遵守并执行仲裁结果。企业和企业之间如果将仲裁作为冲突处理方式，优势是仲裁结果的效力可以得到相应的保障；劣势同样是结果不确定、流程复杂降低了解决冲突的效率并且仲裁的范围有限，等等。在中国，仲裁一般具有以下特点：由冲突双方自愿选择；仲裁方独立进行，不受行政机关、社会团体和个人的干涉；仲裁方根据事实、符合法规、公平合理地解决纠纷；仲裁依法受国家监督，国家通过法院对仲裁协议的效力、仲裁程序的制定以及仲裁裁决的执行提供保障。如遇有当事人不执行裁决结果，法院可以在法律规定的范围内进行干预。原则上一裁终局，即使当事人对裁决不服，也不能就同一案件向法院提出起诉。仲裁活动的司法性也是中国司法制度的一个重要组成部分。

除了国内的仲裁机构，如果中国企业在海外经营时遇到商业纠纷并且决定要使用仲裁机制来处理，也有很多国际仲裁机构可供选择。2021年，一份国际仲裁机构问卷的调查结果显示，最受全球企业青睐的前五家国际仲裁机构是国际商会（ICC）、新加坡国际仲裁中心（SIAC）、香港国际仲裁中心（HKIAC）、伦敦国际仲裁法院（LCIA）、中国国际经济贸易仲裁委员会（CIETAC）。在跨国仲裁中，以往中国企业常常收到并不满意的仲裁结果，其中有部分原因在于，开展国际化经营时没有提前对当地的政治、法律、社会、文化等因素进行充分的调研，所以避免此类恶性的、功能失调的冲突最好的办法就是提前做好全面、充分的准备工作。

11.2.6.3 诉讼

诉讼（litigation）是指冲突双方诉诸法律，通过国家审判机关即人民法院，依照法律规定进行判决从而解决争议的冲突处理方式。在冲突管理领域，有一个概念叫作替代性争端解决方式（alternative dispute resolution），是指让有冲突的双方在不进行诉讼的情形下达成共识的争议解决程序及技巧。例如，谈判、调解、仲裁都属于替代性争端解决方式，因为它们都没有走到对簿公堂的阶段。诉讼必然会出现胜诉的一方和败诉的一方，所以一旦诉诸法律，冲突双方就走到了完全的对立面，没有任何回旋的余地。这种状况对企业的发展来讲常常是非常不利的，一方面是因为消耗的金钱、时间和资源，另一方面是因为陷入法律纠纷或多或少会损害企业形象和信誉，甚至失去潜在的合作伙伴和发展机会。所以，诉讼常常是解决冲突的最后一道屏障，不到万不得已我们并不提倡采用这种方式。那么，当人们出于各种原因最终决定选择该手段时，一般是因为采用其他替代性争端解决方式都无法解决问题，或者看重诉讼的客观公正性、强制保障力和执行力等优点。

11.3 信任

11.3.1 信任的含义和分类

信任是人际关系和冲突管理领域最为重要的话题之一，因为信任既可以构建和谐的人际关系，也可以防止任务冲突转变为关系冲突。在现代商业社会中，信任的重要性已经被反复验证过了。例如，团队成员之间的信任对团队的绩效具有显著的正向提升作用，而且这个作用的效果好于同类型的其他因素（De Jong, Dirks, & Gillespie, 2016）。"信"这个字在中文里自古便存在，说明信任这个概念并非舶来品。以《论语》为例，"信"字总共出现了38次，与其他很多关键词相比出现的频率是比较高的，比如下面的几个例子。

子以四教：文，行，忠，信。

子曰：老者安之，朋友信之，少者怀之。

子贡问政。子曰：足食，足兵，民信之矣。子贡曰：必不得已而去，于斯三者何先？曰：去兵。子贡曰：必不得已而去，于斯二者何先？曰：去食。自古皆有死，民无信不立。

第一句中的"信"强调的是个人诚实守信的品质，因为孔子认为知识、言行、忠诚以及诚信是教育中最重要的内容。第二句中的"信"强调的是人际交往中的信任，希望朋友之间进行交往时可以相互信任。第三句中的"信"强调的则是信任对治理社会和国家的重要性。孔子认为治理国家需要粮食充足、军备充沛、老百姓对执政者信任，而三者中最不可或缺的是信任。可见，两千多年前的中国哲学家就对信任的含义具有多维度的认知，它既是一种高贵的品质，又是人际交往中的态度，更是宏观的集体层面保证社会运转不可或缺的要素。

当代管理研究对信任最为公认的定义是：信任是一种建立在对他人的意图或行为抱有的正面预期基础之上的接受脆弱性的意愿（Rousseau et al., 1998）。简单来说，信任的核心含义包括两个方面：第一，信任是人们愿意暴露自身脆弱性的一种意愿，因为信任天然伴随着风险：当我们信任别人时，也同时面临着信任被辜负的风险。第二，选择愿意接受这种风险的前提是我们对信任对象具有积极正面的预期，这种认知允许我们做出这种冒险的决策。可见，管理学家并没有把信任和个人品质联系在一起，信任无关道德，它就是一种基于认知产生的愿意承担风险的心理状态。

为了进一步理解信任的内涵，学者们将信任分为两种类型：认知信任（cognitive trust）和情感信任（affective trust）。认知信任是基于对合作伙伴的能力、诚信等各方面特质综合分析后所产生的，它更多的是一种理性思考的结果；情感信任则是基于和合作伙伴之间的情感与联系所产生的，它更多的是一种夹杂了大量个人情感的感性态度（McAllister, 1995）。例如，你有一位直线下属，他在专业领域的知识和技能都很充足，虽然你并不欣赏他的性格，但你愿意让他来负责重要的项目，那么这就属于基于认知的信任。你有另一位下属，他跟着你干了很多年，尽管工作能力一直没有长进，但是你对他的忠诚度非常有信心，愿意把一个高度机密的项目交给他来处理，那么这就属于基于情感的信任。

西方社会一直都倾向于把情感和现实区分开来，因此他们对某个人的认知信任和情感信任的关联度可以很低（Chua, Morris, & Ingram, 2009）。美国人可以从理性出发信任一位同事的专业能力，但是从感性出发并不与其发展私交。然而，在中国社会，这两种信任的关联度明显更高，也就意味着两种信任可以相互转化：基于认知的信任可以增进两人的情感连接，而长期的个人关系又可以改变对其理性的评价。对于中国的企业管理者来讲，首先要意识到信任的本质存在认知和情感这两种类型的差别，明白自己对商业伙伴的信任属于哪一种，其次要清楚应该通过建立友好的关系还是展示自己的可信度来逐步建立信任。

11.3.2　中国特色：亲疏有别

费孝通经典的"差序格局"理论对中国社会的社会结构有这样的比喻：就像把一块石头丢进池塘里，水面上产生一圈圈的波纹，每个人都是其社会影响所推出去的圈子的中心。这样的社会结构强调每个个体自我中心的伦理价值观，也强调血缘关系、亲疏远近的重要性，还强调社会在用传统的人际关系和伦理维持社会秩序。尽管亲疏有别是人类社会关系的共性，但是家人和陌生人之间的差别在中国社会要远远大于西方社会。马克斯·韦伯就曾经用普遍信任（universalistic trust）来形容西方社会中人们对熟人和陌生人差别并不大的信任倾向，而用特殊信任（particularistic trust）来形容中国社会中人们对家人和陌生人截然不同的态度。这一观点也得到了最近的实证研究的支持：尽管中国社会人们的普遍信任在全世界处于较高水平，但是这往往指向自己的家人、朋友和熟人（Delhey，Newton，& Welzel，2011）。中国人普遍倾向于和自己熟悉的圈内人进行社交活动，但这种社交模式反过来又降低了人们对陌生人的普遍信任，成为一个正反馈的循环。所以，那些有意识地走出社交舒适圈的个人、有意识地鼓励陌生团队之间交流的组织，都可以有效地扩展信任的外延，让信任的对象跨越传统的熟人社会，推动那些依靠普遍信任而不是家族关系的商业关系可持续发展（Yao et al.，2017）。

阿里巴巴在2004年，也就是其成立五周年时，开始形成被称为"六脉神剑"的企业价值观，诚信就是其中之一。2019年，阿里巴巴在成立20周年时，将企业价值观更新为"新六脉神剑"，而其中诚信这一点被更具体地称作"因为信任，所以简单"。阿里巴巴认为，世界上最宝贵的是信任，最脆弱的也是信任。如果你复杂，世界便复杂；如果你简单，世界也简单。我们常说"物以类聚，人以群分"，所以当我们用简单的互信方式来建立人际关系时，我们吸引到的合作伙伴也会是类似的人，那么彼此的合作就会变得更加简单纯粹、高效健康。在中国社会中，大家都需要提醒自己要学会走出熟人的交友圈，尝试和新同事、新客户建立简单的互信关系，这会带来可持续的和谐关系和经济效益。

11.3.3 信任博弈与互惠规范

信任是一种态度，而这种态度也会表现在行为上。1995年，三名经济学家设计了一种博弈的范式来研究信任行为，后来被大家称为信任博弈（Berg，Dickhaut，& McCabe，1995）。在信任博弈中，A和B两人参与。首先，A得到10元，并且需要决定从10元中拿出多少交给B。非常关键的是，A决定拿出的任何金额都将会乘以3之后再交到B的手中。然后，B需要决定是否要从得到的金额中拿出一部分返还给A，如果是，返还多少。此时返还的金额不会再乘以任何数字，而是原封不动地交给A。可以看出，A扮演的角色是信任者（trustor），即付出信任的一方，而B扮演的角色是被信任者（trustee），即得到信任的一方。A决定给出的金额数量一定程度上体现的是信任程度，而B决定返还的金额数量一定程度上体现的是互惠程度。信任博弈的规则和双方的收益如图11.2所示。

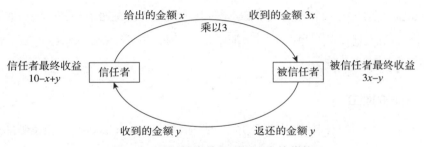

图11.2 信任博弈的规则和双方的收益

从理论上来讲，信任往往可以促进双赢，所以如果想要让总的金额变多，增加双方以及自己的最终收益，A 就必须给出尽可能多的金额，最理想的情况下是给出全部的 10 元。尽管实验参与者都很清楚这一点，但并非所有人都如此操作，这是因为信任是需要冒险的，需要承担万一对方辜负自己的信任、返还很少甚至完全不返还任何金额的风险。这就是信任的定义中强调的信任天然附带的风险。实验结果发现，收到 10 元乘以 3 的 B 常常会决定对半分配这 30 元，所以冒险给出全部 10 元的 A 最终往往都能获得丰厚的返还，让自己最终的收益超过原来的 10 元。因此，承担风险付出的信任从概率上来讲往往是可以带来回报的。

很多扮演 A 的实验参与者常常决定只给出很少的一部分金额。这是因为人们既想要尝试信任以增加收益，但同时又畏惧风险，所以采取了折中的保守策略。实验结果发现，这种情况下扮演 B 的实验参与者大概率不会返还很多，甚至绝大部分都不会对半分配自己收到的金额。这是因为 B 清楚游戏规则，也知道来自 A 的信任可以帮助双方共赢，但 A 最终却没有选择信任。所以，当对方期待着能够获得信任但自己却没有给予信任时，结果往往是比较糟糕的。

从上面的例子可以看出，人们在面对来自他人的信任时常常选择投桃报李，在面对他人的不信任时常常选择以牙还牙。这样的行为模式很大程度上体现了互惠规范（norm of reciprocity）。互惠是指人们对他人的善意和友好报以同样正面的回应，而对他人的敌意和伤害给出同样负面的回应。而互惠规范强调的是，人们实施这种互惠行为的动机常常来自社会规范：行为动机并不一定来自正式制度和法律条款，而是非正式规范和社会习俗。所以，当得到信任时，人们往往会选择礼尚往来，甚至"滴水之恩，涌泉相报"，这几乎是刻在人类基因之中的行为特征。这也是为什么从统计学意义上讲，信任博弈中高信任带来高回报，低信任带来低回报。

信任博弈后来衍生出了很多不同的版本。研究者也发现，当我们使用多轮博弈而不是单次博弈时，参与双方有真实身份而不是采取匿名方式时，以及所乘的倍数比 3 更大时，扮演 A 的实验参与者往往会有更强的动机表现出高信任行为。这些研究发现给我们的启示是，在商业社会中，双方共同的目标是建立长期合作关系而不是进行一锤子买卖时，双方互相了解对方的历史和声誉时，双方都清楚互信可以为彼此带来更大的收益时，信任往往更容易萌芽。信任博弈和互惠规范给我们的另外一个重要启示是，信任行为就像任何的风险投资一样，往往风险越高，收益越大。但这并不是告诉我们在商业社会中应该盲目冒险、天真地分享自己的商业机密，而是说当我们理性地认知到信任可以带来更大的收益时，在我们充分获取了对方值得信任的信息后，可以勇敢地选择冒险，而不要被人类厌恶风险的本性所束缚，错失建立良好互信关系的机会。

11.3.4　信任的建立

别人为什么觉得我们是值得信任的？人的可信度（trustworthiness）一般体现在三个方面：能力（ability）、友善（benevolence）和诚实（integrity）（Mayer, Davis, & Schoorman,

1995）。要和对方建立信任，也要有效地展现出自己在这三个方面的特质。

首先，能力是指个体在某个领域的知识、技能和经验，它代表的是人们在这个领域里具备的专业度和影响力。当一个人是该领域的专家时，他所承担的任务存在的不确定性就会降低，我们自然会更有可能对其产生信任。例如，领导愿意信任某位下属，将一个重要的项目全权交给他去办理，非常有可能是因为他在项目相关的这个领域具有卓越的能力和丰富的经验，让领导对于他不会出错这一点很有信心。需要注意的是，能力一定是特指某个领域的能力，基于能力的信任也一定适用于这个具体的领域。

其次，友善是指个体除自利动机以外还想要对别人友好的程度，它代表的是人们总体的亲和程度。当人们表现出友善的态度时，会显得更加友好、有亲和力、没有攻击性，所以能让对方感知到的风险程度降低，自然就更加容易产生信任。例如，如果一位领导对下属表现出友善的态度，其中并不是或者并不仅仅是因为希望下属完成工作任务，而有很大一部分是人与人平等交流中友善的一面，那么这种友善就更容易转化为可信度。在初次见面的陌生人之间，友善常常是建立可信度最为重要的一个维度。

最后，诚实是指个体的行为符合对方认可的一些重要的价值观。诚实的核心含义在于言行一致、信守承诺，所以此类人的行为就更具有可预测性，从而让对方感知到的风险降低，做出值得信任的评价。例如，在买卖交易类的商业谈判中，初出茅庐的谈判者往往更倾向于使用虚假承诺（false promises）这种具有争议性的策略，也就是明明知道自己不会兑现承诺也要为了达成交易而做出虚假的承诺，但是有经验的谈判者对这种做法往往持非常谨慎的态度，因为此类行为会极大地损害自己的诚信和声誉、得不偿失。

在人与人以及企业与企业的交往中，我们可以主动展现自己专业的能力、友善的态度以及诚实的品质，来提升对方感知到的我们的可信度。例如，通过高超的沟通技巧展现自身友善的一面，使用第三方的背书来展现自己言行一致、信守承诺的诚信品质。

罗马并非一日建成，信任亦然。即使充分地展现了自身的能力、友善和诚实，这也只是建立信任的第一步。建立信任的过程体现出一个有趣的特点：在双方认识之初，人们更偏向于认知信任，即理性地考察对方的这些不同品质来决定对方的可信程度，这是人们趋利避害、权衡利弊的本能。但是，当双方开始有反复的接触、不断的互动时，人们不会每次都像批改试卷那样对照每一个点加分和扣分，而是更多偏向于情感信任，以双方之间的感情来应对日常的交往（Lewicki, Tomlinson, & Gillespie, 2006）。让我们回顾本章开头的京东方案例，在面对员工抱怨个别韩国工程师不愿意向中国徒弟传授知识时，京东方的技术骨干说道：第一，需要和对方培养感情；第二，需要提升自己的水平，把问题问到点子上。这两点正呼应了根据情感和认知来建立信任的基本原则。

11.3.5 信任的修复

俗话说，破镜难重圆，当我们辜负和破坏了别人给予的信任时，想要修复它自然会面对很大的挑战（Lewicki & Brinsfield, 2017）。应对信任受损，大家首先想到的策略就是道歉，但道歉是否有效取决于三个方面。首先，道歉的效果取决于信任受损的原因。如果是因为能力问题导致的信任受损，例如因为自身经验不足导致工作失败、辜负委派任务给我们的领导的信任，那么道歉就会有效，同时，将来提升能力并展现自己的胜任力就可以有效修复信任；但如果是因为诚实问题导致的信任受损，例如因为撒谎而被合作伙伴发现进而质疑我们的诚信，那么道歉的效果就会大打折扣，这时在某些场景下选择默不作声反而可能更有效。

其次，道歉的效果取决于对方的自我构念（self-construal），即如何理解自己和他人的关系。互依型自我构念（interdependent self-construal），即把自己和别人看成一个整体的人，例如东亚集体主义文化中的个体，对道歉的接受程度更高；独立型自我构念（independent self-construal），即把自己和别人看作独立个体的人，例如北美个体主义文化中的个体，对道歉的接受程度更低。这或许可以部分解释为什么大量日本企业在面对丑闻时必然会选择集体公开道歉。

最后，道歉的效果取决于道歉是否遵循了一个科学合理的框架。研究发现，一次有效的道歉应该按照以下顺序包含六个要素：① 表达歉意，即正式表达"对不起""我们非常抱歉"等口头或书面的歉意；② 给出解释，对出现的问题给出解释，告知对方问题发生的原因，同时不要让对方感觉到自己是在推卸责任；③ 承认负责，无论是全部责任还是部分责任，都需要勇于承担自己所需承担的那部分责任；④ 声明悔过，表达自己在将来不希望再出现类似问题的意愿；⑤ 提议修复，解释清楚接下来会通过什么样的方式来解决问题、修复信任；⑥ 请求原谅，希望得到对方的谅解。如果很好地遵循这个顺序并较好地完成，道歉的效果会事半功倍。

道歉只是短期策略之一，而想要系统性地从长计议还需要进行结构性的安排。结构性的安排是指从政策、程序、合同、监控等方面加以改进，目的是对出现问题的地方进行处理，降低将来出现类似问题的概率。这种策略主要针对的是减少不信任而不一定是针对恢复信任，并且这种策略的有效性取决于能够在多大程度上引发对方感知到自己的悔改程度，例如在自己自愿提出而不是被对方要求整改时，这种策略当然就更有效。除此之外，很多人会选择重新界定，对整个信任受损的起因、经过、结果等方面进行解释和辩护，从而改变对方对整个事件的认知、对对方意图的判断以及对未来类似场景的期望值。还有人选择保持沉默，但这种策略对于因能力问题引发的信任破坏没有道歉的策略有效，对于因诚信问题引发的信任破坏且对方没有证据时没有否认的策略有效。总之，出现信任危机并不可怕，我们希望通过遵循科学的规律，结合有效的道歉和结构性的安排，最终可以"破镜重圆"，让人际关系重回正轨。

本章小结

人际关系的本质是资源互换和情感支持，而中国社会中的人际关系常常是两者的混合，所以人情和面子成为中国社会人际交往的重要准则。

冲突的本质是一个过程，这个过程可能会阻碍工作目标的达成，但有时会对团队和组织运作有建设性的作用，我们需要学会如何扬长避短。

冲突存在不同的类别，它可能聚焦于任务本身，也可能聚焦于人际关系，而这两种不同的冲突具有截然不同的结果。

双重利益模型根据人们对自己和对对方利益关注度的高低确定了五种不同的冲突处理策略：竞争、迁就、合作、回避、折中。

中国人有回避冲突的习惯，这与高权力距离的文化和高负面预期的心理具有紧密关系。

处理冲突时自身的筹码和影响力来源于三个方面：利益、权利、力量，而我们要学会尽可能围绕利益来展开。

信任的本质是一种建立在对他人的意图或行为抱有的正面预期基础之上的接受脆弱性的意愿。

信任分为认知信任和情感信任，而这两种信任在中国社会中常常混淆在一起。

人们对熟人的信任往往高于陌生人，但两者之间的差别在中国社会尤其明显，这也造成了中国社会中人际交往和信任范畴的特殊性。

信任博弈显示，信任本身包含着风险，但是在互惠规范的作用下，信任的风险往往可以带来额外的收益。

对于信任的建立，需要展现自身的可信度，这体现在三个方面：能力、友善、诚实。

对于信任的修复，短期策略强调科学有效的道歉，而长期策略强调结构性的安排。

重要术语

冲突　任务冲突　关系冲突　双重利益模型　信任　可信度　信任博弈　认知信任　情感信任　互惠规范

复习思考题

1. 你的团队中有两名下属因为工作上的冲突导致关系紧张，你作为团队主管，会如何应对这样的局面？

2. 你观察到团队中很多成员遇到冲突常常避而不谈。你希望创建一个相互信任、真诚沟通的工作氛围，你应该怎么做？

3. 你们公司和一位重要的供应商产生了一些商业纠纷，涉及的金额很大。如果自己尝试解决，在五种冲突处理策略中你们应该如何选择？如果要引入第三方，在三种不同的手段中你们应该如何选择？

4. 出于内部运营出错和外部物流受阻等多方面的原因，你们公司没有向一位重要的客户按时交付一批订单。你们应该采取什么行动确保不失去对方的信任？

中国实践

外资企业里的中外冲突

一家日本公司在中国从事电子设备的生产，在一个利基市场上具有优势。公司同时采用自动和手工生产线，整个过程包含25道工序，若手工完成这些工序需要25个人。公司基于日本总部的政策制定了自己的政策和管理制度。公司有四位高管：两个中国人和两个日本人。公司所有10个部门的经理都是中国人。由于中日双方在生产和管理文化上存在差别，公司内出现了三类主要的冲突，而中日双方的管理者不断磨合，成功地解决了这些冲突。

第一，如何确保产品质量？日本文化以"工匠精神"或者"匠人魂"的心态对待产品质量，认为工匠的素质体现在他们的产品中，"产品即人品"。因此，他们努力确保生产出最高质量的产品。在该公司里，虽然采用日本式管理方式可以解决技术和产品质量问题，但中国员工觉得日方的做法过于烦琐，因此采用了更为简便的方式。但是日方经理通过具体事例，让中国员工了解到当问题比较复杂时，简便的方式非常容易出差错。日方的做法在公司内逐渐推广开来并得到了广泛的认可。

第二，怎样处理与客户的关系？面对客户时，中国企业会尽力满足客户需求，而日本式管理则强调平等对待客户需求。中国客户可能要求合同签订后立即生产、一周后供货，但日本企业计划性特别强，不会突然调整生产计划。如果其他的供应商最近降价了，中国客户会在合同签订后要求自己的供应商也降价，而日本客户通常不会提出如此强势的要求。面对中国客户，这家公司最近进行了本土化调整，采用了中国式的管理方式。

第三，当着眼于解决与人相关的激励、报酬和培训等问题时，中日双方的管理文化都有优势。该公司在制定激励政策时，最初尝试采用中国式的激励方式，根据生产数量来支付薪酬，结果发现，虽然工人的产量增加了，产品的合格率却下降了。随后，管理者尝试采用日本式的激励方式，不根据业绩支付薪酬，然而却发现不仅员工的产量减少了，合格率也下降了。最终，该公司综合采用中国式和日本式的激励方式，以小组为单位对产品质量进行奖励：若小组的产品通过质量控制测试并达到标准，小组中的每个工人都会获得大量奖励。产品质量获得奖励的等级越高，工人们获得的奖励就越多。这种激励方式使得该公司产品的合格率迅速超过其日本总部的生产团队。

资料来源：改编自 Ma, L., Chen, A., & Zhang, Z. X. Task success based on contingency fit of managerial culture and embeddedness, *Journal of International Business Studies*, 2016, 47（2）：191–209。

思考题

1. 造成中日双方在管理中存在冲突的原因有哪些？
2. 中日双方为什么能够有效地化解冲突？
3. 这个案例对于到海外经营的中国企业有哪些启发？

参考文献

Berg, J., Dickhaut, J., & McCabe, K. 1995. Trust, reciprocity, and social history. *Games and Economic Behavior*, 10（1）：122–142.

Campagna, R. L., Mislin, A. A., Kong, D. T., & Bottom, W. P. 2016. Strategic consequences of emotional misrepresentation in negotiation: The blowback effect. *Journal of Applied Psychology*, 101（5）：605–624.

Chen, C. C., Chen, X. P., & Huang, S. 2013. Chinese guanxi: An integrative review and new directions for future research. *Management and Organization Review*, 9（1）：167–207.

Chua, R. Y., Morris, M. W., & Ingram, P. 2009. Guanxi vs networking: Distinctive configurations of affect-and cognition-based trust in the networks of Chinese vs American managers. *Journal of International Business Studies*, 40（3）：490–508.

De Dreu, C. K. 2006. When too little or too much hurts: Evidence for a curvilinear relationship between task conflict and innovation in teams. *Journal of Management*, 32（1）：83–107.

De Dreu, C. K., & Weingart, L. R. 2003. Task versus relationship conflict, team performance, and team member satisfaction: A meta-analysis. *Journal of Applied Psychology*, 88（4）：741–749.

De Jong, B. A., Dirks, K. T., & Gillespie, N. 2016. Trust and team performance: A meta-analysis of main effects, moderators, and covariates. *Journal of Applied Psychology*, 101（8）：1134–1150.

De Wit, F. R., Greer, L. L., & Jehn, K. A. 2012. The paradox of intragroup conflict: A meta-analysis. *Journal of Applied Psychology*, 97（2）：360–390.

Delhey, J., Newton, K., & Welzel, C. 2011. How general is trust in "most people"? Solving the radius of trust problem. *American Sociological Review*, 76（5）：786–807.

Hunsaker, D. A. 2017. Anger in negotiations: A review of causes, effects, and unanswered questions. *Negotiation and Conflict Management Research*, 10（3）：220–241.

Hwang, K. K. 1987. Face and favor: The Chinese power game. *American Journal of Sociology*, 92（4）：944–974.

Leung, K., Brew, F. P., Zhang, Z. X., & Zhang, Y. 2011. Harmony and conflict: A cross-cultural investigation in China and Australia. *Journal of Cross-Cultural Psychology*, 42（5）：795–816.

Lewicki, R. J., & Brinsfield, C. 2017. Trust repair. *Annual Review of Organizational Psychology and Organizational Behavior*, 4：287–313.

Lewicki, R. J., Tomlinson, E. C., & Gillespie, N. 2006. Models of interpersonal trust development: Theoretical approaches, empirical evidence, and future directions. *Journal of Management*,

32(6): 991–1022.

Luo, Y., Huang, Y., & Wang, S. L. 2012. Guanxi and organizational performance: A meta-analysis. *Management and Organization Review*, 8(1): 139–172.

Ma, L., Chen, A., & Zhang, Z. X. 2016. Task success based on contingency fit of managerial culture and embeddedness. *Journal of International Business Studies*, 47(2): 191–209.

Mayer, R. C., Davis, J. H., & Schoorman, F. D. 1995. An integrative model of organizational trust. *Academy of Management Review*, 20(3): 709–734.

McAllister, D. J. 1995. Affect-and cognition-based trust as foundations for interpersonal cooperation in organizations. *Academy of Management Journal*, 38(1): 24–59.

Pruitt, D. G., & Rubin, J. 1986. *Social Conflict: Escalation, Stalemate and Settlement*. Random House: New York.

Rousseau, D. M., Sitkin, S. B., Burt, R. S., & Camerer, C. 1998. Not so different after all: A cross-discipline view of trust. *Academy of Management Review*, 23(3): 393–404.

Simons, T. L., & Peterson, R. S. 2000. Task conflict and relationship conflict in top management teams: The pivotal role of intragroup trust. *Journal of Applied Psychology*, 85(1): 102–111.

Ury, W. L., Brett, J. M., & Goldberg, S. B. 1993. *Getting Disputes Resolved* (2nd ed.). San Francisco: Jossey-Bass.

Van Kleef, G. A., & Côté, S. 2007. Expressing anger in conflict: When it helps and when it hurts. *Journal of Applied Psychology*, 92(6): 1557–1569.

Wei, X., Zhang, Z.-X., & Chen, X.-P. 2015. I will speak up if my voice is socially desirable: A moderated mediating process of promotive versus prohibitive voice. *Journal of Applied Psychology*, 100(5): 1641–1652.

Yao, J., Zhang, Z. X., Brett, J., & Murnighan, J. K. 2017. Understanding the trust deficit in China: Mapping positive experience and trust in strangers. *Organizational Behavior and Human Decision Processes*, 143: 85–97.

第 12 章

团队工作的过程与成效

> **学习目标**
> 1. 掌握团队的定义与关键要素的基本特征
> 2. 了解团队的分类和团队的构成
> 3. 认识团队工作过程中的认知、情感、行为维度
> 4. 懂得团队内外部情境的影响作用
> 5. 理解团队工作成效的界定
> 6. 思考数智时代的团队工作特征

引导案例

"健康码"诞生背后的团队故事

2019 年年底,新冠肺炎疫情在武汉暴发,并在 2020 年年初迅速扩散到全国。短短几个月内,全国人民共同见证了一座城市的停摆,也见证了数字技术带来的抗疫火种和中国人民"惊人的集体行动力与合作精神"。

新冠病毒"人传人"的特性被证实后,新冠肺炎引起了社会各界的高度重视,全国各地也都加强了疫情防控。但春节假期后,各地复工复产的需求迫在眉睫,"一刀切"的疫情防控政策必定会严重影响社会生产活动。如何进行"流动治理",在允许正常人口流动和复工复产的同时做好疫情防控是一个不小的挑战。这一现实问题的倒逼使健康码应运而生。

作为湖北以外的新冠肺炎"重灾区",浙江省迅速启动了重大突发公共卫生事件一级响应。在了解到基层使用纸质流调表的低效和不便后,杭州市余杭区政府于 2 月 4 日提出了建设数字化方案的需求,且在当天就快速组建了一支包含 10 名成员的协同开发团队。在这 10 名团队成员中,既包括来自大型企业阿里巴巴的员工,也包括来自小型科技企业"码全科技"的骨干成员。这一即时组成的团队迅速了解了政府的诉求,并在短短 12 小时之内就开发出了"余杭绿码"的原型。此后,在杭州市"企业员工健康码"数字平台的框架下,"余杭绿码"正式发布并上线运行。在后台访问压力大和审核效率不高时,阿里巴巴的团队发挥了技术赋能作用,帮助修改开发架构并改善性能。健康码被成功开发并迅速上线之后,便开始在全省乃至全国推广开来。相当长一段时间内,健康码基本实现了全国范围内的覆盖和使用,并且形成了以省级健康码为单位、以国家级平台为中介转换的架构。

健康码诞生的过程是数字技术应用时代团队迅速组建和敏捷运作的典型案例。在应对各类现实管理困境的过程中,越来越多的企业和组织能够借助各类数字技术和产品,依据所面

临的需求和问题,迅速组建相应的项目制工作团队,并向团队提供其达成工作目标所需的资源,使得越来越多的团队能够实现即时组建、跨边界配合、敏捷运作,从而在较短的时间内迅速达成团队目标。

资料来源:根据相关资料整理得到。

思考题

1. 开发健康码的"团队"跟以往传统意义上的团队有何不同?
2. 对于健康码的研发团队而言,其在团队组成和团队运作过程中有哪些主要特征?这样的团队有什么优势?
3. 为什么案例中的团队能够高效地运作?可能会面临怎样的挑战?

12.1 团队的定义及关键要素

12.1.1 团队的定义

团队是完成组织相关任务的基本单元,作为组织设计的重要形式之一,团队长期以来都是组织管理研究的重要议题。过去学界研究大多沿用工作团队的经典定义,将团队视为由一组为了实现共同目标而相互协作的个体所组成的正式群体(比如,Cohen & Bailey, 1997)。具体而言,工作团队:① 由两个或两个以上的个人组成;② 为执行组织的相关任务而存在;③ 有一个或多个共同目标;④ 表现出任务的相互依赖性;⑤ 团队成员之间进行社会互动;⑥ 保持和管理边界;⑦ 嵌入一个设定的组织情境中(Kozlowski & Bell, 2003, p. 415)。

12.1.2 团队定义的关键要素

从组织系统的角度来看,团队可以被认为是嵌入多层组织系统中的一个元素。团队所处的组织系统自上而下地对团队的运作设置了一定边界。而就每一个团队本身而言,其从组建到运作,再到在更广义的组织情境中产生作用和影响,是一个自下而上、不断涌现的过程。这一自下而上的涌现过程往往随着时间的推移而不断延展,以团队中每一个成员的认知、情感、行为为出发点,在"团队"这一具体情境下,从团队成员间不断的互动中逐渐产生。基于此,在理解工作团队时,有四个概念性问题至关重要:① 多层次的嵌套结构;② 情境的约束和动态塑造过程;③ 任务或工作流程的相互依赖程度;④ 时间的动态影响。下面将简要介绍这四个关键的概念性要素。

多层次的嵌套结构。"团队"作为多个成员组成的集体,其本身并不是行为的主体。所谓团队的行为实际上表现为组成该团队的各个成员的具体行为,而在某一特定团队中成员们的行为特征又能够反过来体现团队整体的特性。因此,想要理解团队层面的现象,离不开对团队所包含、所隶属的多层次嵌套结构的观察和理解。具体而言，个人、团队和组织（甚至更宏观的层次，如产业层次、国家层次、文化层次等）是一一嵌套的。这种多层级的嵌套和耦合的结构特性凸显了采用多层次视角来理解和研究团队现象的必要性。然而，不管是在相关研究还是在团队管理的实践中，多层次的视角和思维方式在理论、测量和数据分析的过程中都经常被忽视，当人们试图将个人特质的影响作用归因于团队集体（例如团队能力、团队个性、团队学习）特性时，这些问题会尤为凸显。人们所观测到的团队成员们的行为和特质在多大程度上是团队成员个体水平上的行为和特质、在多大程度上反映了团队作为一个整体的特性，是在了解团队现象过程中需要深入剖析的一个关键问题。

情境的约束和动态塑造过程。团队是嵌入组织情境中的具体元素，因此团队的工作过程与成效在一定程度上受到其所处的组织情境的影响。一般来说，以技术水平、组织结构、领导力、文化和氛围为特征的更广泛的组织情境，往往影响或者制约着团队的工作过程和表现。与此同时，团队也为组成团队的个人提供了一个类似的情境边界。成员们在"团队"这一有界限的情境中互动，并受到这一情境边界的约束。而需要注意的是，在这个过程当中，团队成员们所属的"团队"这一边界情境，在一定程度上也是由团队成员们各自的属性、成员之间彼此的互动过程来不断塑造的。一般性的团队情境特征，例如团队层面的规范性期望、共同的认知以及团队层面共享的信息和知识，往往都是在团队成员之间的互动过程中产生的。也就是说，团队成员各自的特质以及团队成员彼此之间的互动过程，既受到其所处的团队特性的制约，同时也不断动态塑造着新的团队情境特征。

任务或工作流程的相互依赖程度。成员之间任务或工作流程一定程度上的相互依赖性，往往是区分"团队"与一般性的"工作群体"（work groups）的重要特征。一般而言，为了达成某一既定的团队目标，团队成员之间需要借助于特定的技术，将集体目标拆分为各个团队成员的子目标。因此，这些被依托的技术的特性则在较大程度上决定了各子目标的具体内容以及工作流程的具体走向，这往往也间接决定了团队中各成员的工作内容，并塑造了团队成员之间相互联系和互动的节点，使得团队中每一个成员的投入、输出和工作目标联系起来。因此，对于不同的工作团队而言，其工作流程的走向及其所决定的团队成员之间的相互依赖程度，对团队的工作过程与成效往往都会产生至关重要的影响，所以在团队相关的研究和管理实践中，都有必要对此加以考虑。

时间的动态影响。团队的组成、运作和不断发展是有周期性的。随着时间的推移，团队会经历组建、成熟并不断发展变化和消亡的各个阶段（Morgan, Salas, & Glickman, 1993）。也就是说，团队层面的概念和各类现象都不是静态的。大多数团队层面的现象（例如团队效能、共享心智模式、团队绩效）都是从个人层面聚合到团队层面，并随着时间的推移不断展开、动态发展的。此外，随着时间的推移，团队现象的发展和演进不仅可能是线性的，也可能是周期性或偶发性的。但需要注意的是，在时间对团队发展的动态影响这个话题上，目前的关注度不高，探讨也不够深入，因此人们对此缺乏充分理解。事实上，几乎所有的团队现象都不是静态的,而是随着时间的推移不断动态发展的,缺乏对动态过程的探讨,将难以真正理解团队工作的过程与成效。

12.2 团队的分类

在面临现实问题时,组织可以采用各种不同类型的工作团队,不同类型的工作团队也会采用不同类型的工作方式来解决现实问题或改善团队绩效。与团队有效运作和团队工作成效相关的许多重要因素往往因团队类型而异,因此,区分不同的团队类型,理解不同类型工作团队的特征和不同类型工作团队之间的差异是十分必要的。

比较常见的一种分类方式是依据团队的功能将工作团队分为六个类型:生产团队(production teams)、服务团队(service teams)、管理团队(management teams)、项目团队(project teams)、行动和表演团队(action and performing teams)以及顾问团队(advisory teams)(Sundstrom et al., 2000)。生产团队是由按照生产周期生产有形产品(如汽车组件)的一线核心员工构成的,就自主程度而言,生产团队又可以进一步划分为主管领导型、半自治型、自我管理型三种。主管领导型或半自治型生产团队通常有一个专职的、全职的、级别更高的主管,自我管理型生产团队则有更大的自主权来进行生产决策。服务团队由那些经常与客户进行重复交易且满足客户不同需求的人员组成(如列车乘务员团队、维修团队、销售团队),也正是客户的不同需求使得交易的性质时常发生改变,高效的服务团队能够及时调整工作策略以适应变化。管理团队由负责指导和协调其权限下的下级单位的高级管理人员组成,其成员通过联合规划、政策制定、预算编制、人员配备和后勤保障来协调各自职权范围内的工作单位,一般属于企业的战略制定和执行层,对企业管理有较大的决策权和控制权。项目团队是在一段任务期限内,为执行明确的、专门的、有时间限制的项目专门组建起来的临时团队(如新产品开发团队、工程项目团队),一般跨职能组建,团队成员往往来自不同的部门或单位,并且会在任务或者项目完成后解散。行动和表演团队由具有某些领域专业知识的专家组成,这些专家角色互补、相互依赖并合作参与复杂的、有时间限制的特定任务或者表演活动,这些任务或活动往往涉及观众、对手或具有挑战性的环境(例如军事团队、外科手术团队、谈判团队、乐团等)。顾问团队是被管理者临时召集来讨论困境并提出建议或问题解决方案的团队,这种团队虽然不直接参与生产过程,其工作却与生产过程并行,因此有时也被称为平行团队(Sundstrom et al., 2000)。

另外一种分类方式是依据团队的复杂程度进行划分。Kozlowski 等(1999)提出了团队的五个特征:任务、目标、角色、过程重点及绩效要求,并以此来区分简单团队和复杂团队。简单来说,复杂团队的任务是外部驱动、动态变化着的,并且具有明确的工作流程,团队中的每个人都要为团队的共同目标做出一定的贡献,团队成员角色之间和职能之间划分清晰,每一种角色都需要有专门的知识和技能,与此同时,还要求团队成员有适应目标变化和突发事件的能力，以及能够随着时间的推移而不断提升自己的能力。复杂团队的工作过程以任务为导向，更关注基于任务的角色、基于任务的互动和绩效协调。与之相反，简单团队的任务是面向内部的、静态的，并且因为缺乏明确的工作流程而不够结构化。简单团队也并不要求个体对团队目标做出具体贡献，同时团队成员的角色较为混乱，因此往往出现团队成员知识、技能同质化的情况。简单团队的工作过程更关注社会角色、社会互动、社会规范行为和冲突等社交要素，而非团队任务本身。

对工作团队进行分类，是我们有效识别和不同类型团队工作过程与成效有关的关键事件或要素的重要前提和基础动作，而了解哪些事件或因素制约和影响不同类型团队的工作过程与成效，不但有助于取得理论进展，更重要的是，能帮助身处业界的实践者们提出更具针对性的、在实践中行之有效的团队干预措施。

12.3 团队的构成

如前所述，既然团队"由两个或两个以上的个人组成"，那么显而易见，究竟由什么样的人来共同组成一个工作团队，则会对团队工作的过程与成效产生显著的影响。因此，在团队相关的研究和实践中，人们总是力求找到在不同任务和环境中组建团队的"最佳方式"，以促成团队成员之间的良好互动过程并实现团队目标。与之相关，学者们和实践者们也在积极探讨针对不同构成状态的团队而言，应当为之配备怎样的领导风格和领导行为，以求尽可能地减少由团队构成特征所带来的潜在风险，并放大团队构成特征对团队工作过程与成效的积极作用。有关团队构成的研究与讨论，最经典也最关键的一个研究问题就是，在组建团队时，究竟是保证团队成员之间较高的相似性（即较低的多样性水平）比较好，还是力求实现团队成员之间的多样性比较好？可见，对于团队构成相关的话题而言，了解团队成员多样性的特征及其作用机理是一个关键。

学者们进一步将团队成员之间的多样性区分为表层多样性（surface-level diversity）与深层多样性（deep-level diversity）两种。其中，团队成员之间较高水平的表层多样性是指成员之间在年龄、性别、种族等表面性的、能够被人较容易分辨的特征上存在较大差异；而团队成员之间较高水平的深层多样性则是指成员之间在性格特质、态度和信仰、价值观等较为不易被直接察觉的特征上存在较大差异（Harrison et al., 2002）。团队构成以及团队成员差异性这一话题之所以能够长久地引发探讨，是因为团队成员之间的差异性对于团队工作过程在不同时间段、不同方面的影响是较为复杂的。具体而言，一方面，团队成员之间的多样性，不论是表层多样性还是深层多样性，往往都会在一定程度上损害团队成员之间的行为融洽性。这是因为当团队成员之间存在较大差异时，他们对于事物的看法和态度，以及处事的基本方式等，都将存在一定的分歧，这也就导致团队成员差异性较大的团队在情感和行为方面的团队运作过程（接下来会进一步介绍）会面临一定阻碍，从而也会影响团队整体效能的发挥

（Harrison et al., 2002）。另一方面，当团队成员之间有足够的多样性时，团队作为一个整体在认知方面的行为过程又能够得到较大程度的补充，即恰恰是团队成员之间较高程度的差异性，使得团队作为一个整体能够享有更多的信息和知识，这也就为团队层面的集体决策和创新创造打下了基础（Bell et al., 2011）。

有关团队的构成，另一个与团队多样性相关的、值得关注的现象是团队断裂带（team faultline）。团队断裂带是指团队成员之间基于彼此特征的相似性（如在年龄层、性别、种族、区域等方面）所形成的团队中的"小团体"。例如，在同一个团队当中，团队成员们可能会进一步在日常工作和互动的过程中形成"本地人"与"外地人"两个小团体，就像是在团队整体当中暗自划分出了一条被人们假设出来的无形的界限。与团队多样性对团队工作过程与成效的复杂效应不同，目前针对团队断裂带的研究，学者们普遍发现，团队断裂带在绝大多数情形下都会对团队工作的过程与成效产生负面影响（Meyer et al., 2014），因为团队断裂带的形成往往使得团队成员之间，尤其是处于不同小团体的团队成员之间降低了交互和信息交流的质量，从而使得团队整体难以有效运作、提升效能。但Ellis、Mai和Christian（2013）的研究也发现，团队断裂带的存在，也会使得团队成员之间，尤其是处于不同小团体的团队成员之间，反而能够意识到相互理解对方思维和立场的重要性，进而促进团队绩效和创造力的提升。

由此可见，团队构成总体而言仍是较为复杂的现象，其对于团队工作过程与成效的影响往往不是一概而论的，需要学者和实践者们结合具体的管理情境和任务要求，分析和寻求团队组建的有效方式。

12.4 团队工作过程中的认知、情感、行为维度

采用团队的工作组织模式已经成为完成组织任务的主要手段。企业和组织依托于其中的各个团队来开展复杂的、相互依赖的工作，如开发新产品、进行审计、提出并执行解决方案，等等。有效的团队工作过程是提升团队有效性的关键因素。团队工作过程是指团队成员之间通过彼此互动和协作，使得团队能够将输入转化为团队成果、实现团队目标的一系列认知、情感或行为（Marks，Mathieu，& Zaccaro，2001）。接下来，本章将分别介绍团队工作过程中认知、情感、行为维度的代表性表现形式。

12.4.1 认知维度

在团队工作过程中的认知方面，本章将主要介绍共享心智模式和交互记忆系统两个构念。

共享心智模式（shared mental models）是指为团队成员所共同拥有的、有关团队任务环境中关键要素的系统性知识。这些任务环境中的关键要素主要包括设备、任务、人员、团队协作四个方面。也就是说，团队共享心智模式水平较高的具体表现为团队成员们大多都知道：① 自己所在的团队在工作中会涉及哪些主要的设备和工具；② 团队需要完成怎样的任务、实

现怎样的目标、达成怎样的绩效，以及在此过程中会遇到怎样的困难和问题；③ 团队成员有哪些、大家有怎样的特点，作为团队的一员，团队成员应当具备怎样的知识和技能、大多有怎样的工作习惯，等等；④ 对于自己所在的团队而言，团队成员们公认的行之有效的团队协作方式是怎样的。

当然，团队的共享心智模式并不是一成不变的，时常更新、迭代的共享心智模式往往能够助力团队效能的不断迭代和发展。例如，Uitdewilligen、Waller 和 Pitariu（2013）的研究指出，共享心智模式更新，即将新的共享心智模式和新的任务情境相匹配，才是影响团队适应的关键，只有在共享心智模式更新的情况下，团队的互动模式才会随之改变并促进绩效提升。而在共享心智模式的前因变量上，社会互动可能是一个重要的影响因素，团队成员之间的互动越多，就越有可能在成员之间形成一个有效、全面的共享心智模式。充分且有效的互动为团队成员提供了对团队目标和相关任务、工作习惯和团队协作模式以及每个成员的专长形成共同理解的机会和条件（Levesque，Wilson，& Wholey，2001），从而有助于共享心智模式的形成及不断更新。

交互记忆系统（transactive memory systems）是一种由团队共同完成对信息的编码、存储和检索的机制（Lewis & Herndon，2011）。简单来说，对于交互记忆系统水平更高的团队而言，团队成员大多都了解自己所在的团队中"谁知道什么"。由此可见，交互记忆有多个维度，既包含团队中个体知识储备的集合，也包含团队成员关于彼此知识的认知。Moreland（1999）指出，团队成员关于彼此知识的认知包含三个维度：准确性、一致性和复杂性。交互记忆的存在有助于提升团队成员对彼此专业程度的认可，当团队成员对彼此的专长有准确的认知时，他们可以在团队决策制定中更好地吸收不同的信息，做出更好的分工安排和其他团队决策。

我国学者张志学等（Zhang et al.，2007）以中国 104 家高技术企业中的 104 个工作团队为样本，对团队特征、交互记忆系统和团队业绩之间的关系进行检验。研究结果表明，团队任务的互赖性、合作性目标、团队支持创新的氛围与其交互记忆系统之间呈正相关关系，而交互记忆系统与团队业绩显著相关；结构方程分析表明，交互记忆系统是上述三个团队特征与团队业绩之间的中介变量。由此可见，管理者应该鼓励团队成员通过交流发现各自的专长，以便在必要的时候得到支持；组织要将团队成员承担的工作任务设计为彼此依赖、需要相互协作的；还要将工作目标设计为合作性的，让团队成员理解他们对目标的达成是互利而非竞争的；最后，要促进团队成员引入新的想法、尝试新的工作方法，这种氛围更有可能会促使交互记忆系统的产生。

12.4.2 情感维度

团队工作过程中的情感维度往往也被认为是团队工作过程的动机维度，在本章中，我们重点介绍团队凝聚力和集体效能感两个构念。

团队凝聚力（team cohesion）较被广泛接受的定义是 Goodman、Ravlin 和 Schminke（1987）提出的团队对于团队成员而言的吸引力程度。团队凝聚力与团队绩效表现具有显著的正向关系。也就是说，凝聚力较强的团队往往也会有较好的绩效表现。但需要注意的是，团队凝聚力和团队绩效表现之间的正向影响也是相互的，即团队在前期的高绩效表现会使团队成员产生对团队的积极情感以及对集体成就的自豪感，使团队对于其成员而言的吸引力增加，而较强的团队凝聚力又可以反过来促进团队合作，提高团队成员面对失败或困难时的工作动机，进而提升团队的绩效表现水平。Mathieu 等（2014）的研究表明，团队凝聚力与团队绩效表现之间互为因果的循环正向影响的确存在，凝聚力对团队表现的影响显著大于团队表现对凝聚力的影响，并且凝聚力对团队表现影响的效应量随着团队成员在一起工作的时间变长而逐渐增加。

集体效能感（collective efficacy）是指团队成员对于团队整体实施联合行动以完成团队目标任务的能力的共识。也就是说，团队集体效能感反映了团队成员所共有的、对于团队整体通过分配、协调、整合资源以成功、有效地响应情境需求的能力和信心。集体效能感是一个团队层面的构念，反映了团队成员共有的信念水平（反映了"总体而言，团队成员对团队整体的信心水平如何"），尽管与团队中每个成员个体的工作效能感（反映了"我对自己的信心水平如何"）高度关联，但它们仍有显著区别。而当团队中的工作任务相互依赖的程度较高时，团队集体效能感对团队绩效的预测能力比团队成员每个个体的自我效能感对团队绩效的预测能力更强（Bandura，1997）。

12.4.3 行为维度

在团队工作过程中的行为维度中，本章将主要介绍配合（coordination）、协作（cooperation）与沟通（communication）三个方面。

团队工作过程中的配合行为主要关注管理团队工作流程时所涉及的各类相互依赖的工作活动中的行为（Kozlowski & Bell，2003）。

团队工作过程中的协作行为主要是指团队中成员们为了完成彼此相互依赖的工作任务而做出个人贡献的过程（Wagner，1995）。

在探讨团队配合行为与团队协作行为的研究中，一个不可忽视的元素和过程即为团队中的沟通行为。团队成员之间良好、有效的沟通往往能够起到推动团队任务进展和塑造团队工作范式两方面的作用。其中，有关推动团队任务进展方面作用的实现主要基于团队成员能够在沟通过程中充分了解和交换工作任务相关的信息，并在相互沟通的过程中形成针对问题的解决方案。而在塑造团队工作范式方面，良好有效的沟通则能够使团队成员在此过程中不断建立和修正团队协作的模式，使之能够不断支撑团队工作的开展和团队效能的提升。

12.5 团队工作的内外部环境及影响

12.5.1 团队工作的内外部环境

"没有人是一座孤岛",同样,工作团队也并非处于一个完全真空的环境当中,它们往往嵌入一个更广泛地充斥着各种影响要素的环境中,并与所处环境的许多要素不断地进行动态交互。

长期以来,团队工作成效的概念模型一直考虑到团队所处的环境背景,权威的定义也大多承认团队环境(team context)是团队的一个基本属性(Maloney et al., 2016),并且强调环境与团队的相互作用。

团队环境关注的是团队在嵌套结构中的位置,并突出了团队在这一嵌套结构中所扮演的双重角色:团队既是团队成员个体所嵌入的环境,又能作为一个单元嵌入更广泛的环境系统中。团队环境不仅会影响团队成员和团队本身,还会影响到团队与环境中其他单元的互动。

研究者引入团队边界(team boundary)这一概念来区分团队内部和外部的各种环境要素。以团队边界作为分水岭,可以将团队环境区分为外部环境和内部环境。团队外部环境是指位于团队边界之外的影响团队的外部刺激,或与团队互动的外部参与者或实体,它们大多不受团队控制且通常处于比团队更高的层次上(Maloney et al., 2016)。如果对团队外部环境再进行更细致的划分,则可将其分为外部微观环境和外部宏观环境(Zellmer-Bruhn & Gibson, 2006)。外部微观环境指的是为特定团队需求量身定制的外部环境的各个方面,其因团队而异,通常更接近于团队边界(如组织支持);而外部宏观环境指的是在不同团队之间变化不大的外部环境特征,往往距离团队边界更远(如国家政策、经济环境)。团队内部环境则是在团队边界以内影响团队成员如何思考、如何对待他人,以及如何与他人合作的环境要素、条件或特征(如地理分布、团队任务、团队类型等)。团队环境还有一个关键的维度,就是与团队的距离,即相较于团队来说,该环境特征或要素是处于近端还是远端,直观上,越是近距离的环境特征或要素,对团队的影响就越大。

但很多时候,人们往往很难清晰地判断一些环境要素到底是出现在团队边界之内还是边界之外,因此对团队内外部环境的界定总是比较模糊。一般而言,距离团队边界较远的宏观环境要素(如国家文化、经济政策、营商环境等)往往能被识别得更清楚,而距离团队边界较近的一些要素(如领导、支持)有时就比较模糊,更难辨别它们是出现在团队边界的内部还是外部。

团队环境往往影响到团队工作的过程与成效,因为它不仅会影响到团队成员之间的交流与协作,还会影响到工作团队与外部实体的互动,例如工作团队不仅会受到组织给其带来的影响,还要为组织提供产出,组织既是团队的创建者,也是团队工作成果的接受者(Maloney et al., 2016)。对团队环境的关注和研究有助于我们了解工作团队是如何运作的、团队运作的具体过程，以及如何使得工作团队运作得更有效率，这也正是近年来越来越多的学者和业界从业者开始将目光聚焦于团队环境相关问题的原因。

12.5.2 团队环境的影响

投入－协调－产出（input-mediator-output，IMO）模型是一个非常经典的团队效能模型（Ilgen et al.，2005），它可以帮助我们了解一个工作团队的运作过程，以及相关要素影响团队成效的过程机制。IMO模型中的第一部分是投入（input），投入包括个人、团队和组织三个层面：个人层面的投入是指团队成员个人对团队共同目标的付出和贡献，包括知识、技能和竞争力等；团队层面的投入指的是团队成员搭配合作的方式；组织层面的投入是指源于组织的支持和压力。协调（mediator）环节包括流程（process）和紧急状态（emergent state）两个方面：流程是指团队成员所采取的行动，是投入转化为产出的一种方式，包含多个步骤；紧急状态指的是认知、动机或情感状态，包括团队成员的信仰、情绪或者态度。产出（output）则是指团队工作产生的那些受到认可的团队工作结果，可能是具象的（如产品的数量），也可能是抽象的（如团队成员的满意度和忠诚度）。

在回顾大量研究的基础之上，结合团队效能的IMO模型，Maloney等（2016）总结出了团队环境（主要是外部环境）影响团队工作过程与成效的六种不同的作用机制。第一种是直接影响，即外部环境的要素直接影响到IMO模型三个部分（投入－协调－产出）的要素，外部环境通过直接影响投入、流程和紧急状态或产出，自然而然地影响到团队的成效，这也是外部环境对工作团队最常见也最重要的作用方式。第二种是约束或者调节作用，外部环境的变量调节了IMO模型中几种不同的关系，具体来说，来自外部环境的因素改变了模型中投入与结果之间、投入与中介之间、中介之间以及中介与结果之间的关系强度。第三种是互动作用，团队或者团队成员与外部实体（即团队外部环境中的个人、团队或组织）的互动，中介了IMO模型中投入与结果的关系。简单来说，外部环境通过团队或者团队成员向外部实体学习、与外部实体沟通、从外部实体那里收集信息、与外部实体分享知识、与外部实体进行协作等互动方式，参与到工作团队的运作过程之中，进而影响团队成效。第四种是一致性影响，团队的某个或某些要素与外部环境中的同一个要素达成一致的情况，可能会影响团队工作过程与成效，比如当团队文化和部门文化或者组织文化达成一致时，团队文化可能会得到加强。第五种是与一致性影响相对的差异性影响，即同一要素在团队层面和外部环境中的差异或者不一致（如组织承诺和团队承诺的不一致）会对工作团队产生影响。第六种是外部环境的变化能够作为团队工作的一种结果，工作团队的存在是为了达成组织目标，因此团队的许多工作结果都会对外部环境（如组织）产生直接影响。

12.6 团队工作成效的不同界定形式

作为由个体组成的执行工作任务的单元，与其他工作与组织特征一样，团队最受学界和管理者关注的问题是能否更好地履行工作职能，带来良好的个人、团队和组织影响，即团队工作成效的问题。团队工作成效是一个多层次、多维度的概念。基于团队的基本特征和基本职能，团队工作成效可以被分为两个宽泛的大类：① 由团队交互产生的可见的产出或产品；② 对团队成员造成的影响。其中，可见的产出又可分为三类成果：① 产量（quantity），即团队产出的数量；② 效率（efficiency），即相对于某标准而言的产量，例如单位原材料生产的产出；③ 质量（quality），即产出的价值，例如团队决策的质量、产品的合格率等（Mathieu & Gilson，2012）。不同的工作任务对这类可见的成效的要求侧重点也不一样，但是它们都可以作为衡量成效的标准。

团队工作成效的研究变量既包含了个体层面的个人工作态度、学习行为、组织公民行为等结果变量，也包含了团队层面的心理安全、凝聚力、共享心智模式等结果变量。这两类团队工作成效既可以作为不同的结果变量同时检验，在相当一部分研究当中，对团队成员造成的影响还作为中介机制解释了团队结构等前因对产出的影响，两者有相当密切的关系。不论是可见产出还是对成员的影响，对成效进行测量时考虑其时效都是非常有必要的。可见产出的改变往往需要一定时间的积累，而对成员造成的某些影响相较于其他团队工作成效结果在时效性上则更强，因此团队工作成效相关的研究在研究设计与测量中必须考虑时效问题。

总而言之，团队的成效通常被认为是多方面的，强调内部（即成员的满意度、团队的生存能力）和外部（即生产力、绩效）的标准（Hackman，1987）。在实践中，团队工作成效被广泛定义，并以各种方式进行评估。因此，它缺乏理论构建的精确性，人们必须查看特定类型团队的规范，以确定其基本含义（Goodman，Ravlin，& Schminke，1987；Mathieu & Gilson，2012）。

12.7 数智时代的团队工作

数智技术广泛而深刻地应用于经济社会、产业社会，以前所未有的程度改变着人们的生产和生活方式。与以往科技革命和产业革命中的新兴技术给人类带来的影响不同，数智技术在当今的生产和生活中所扮演的角色已经不再仅仅局限于作为人们的工具，而是在此基础上能够发挥更大的作用。一方面，以信息通信技术（information communications technology，ICT）为主的数智技术使现代的工作场所不再仅仅局限于固定的办公场所。这些信息通信技术支持员工在任何可以实现在线连接的地方远程工作。在这一改变的背后，包括企业社交媒体（如 Slack、Microsoft Teams、钉钉、飞书等）和协作办公软件（如 Dropbox、OneDrive、坚果云等）等在内的数智技术不仅作为通信或协作工具，同时也在很大程度上成为支撑组织和工作运转的数智化基础设施（Henfridsson & Bygstad，2013）。另一方面，以人工智能技术为主的数智技术凭借其强大的计算智能、感知智能和认知智能，被越来越多地融入工作流程中，协助人类完成工作任务，甚至在某些时候可以替代人类工作者独立完成一些特定的工作。在这一改变的背后,以人工智能为代表的数智技术并不仅仅局限于作为人类的工具实现工作的自动化(automation),而且能够作为人类的工作伙伴实现对人类智能的增强(augmentation)。

无论是作为数智化基础设施还是作为协作伙伴,数智技术在组织中的深度嵌入必然会给组织的结构和运作带来巨大改变,而在组织的构成和运行中发挥核心作用的团队也必然会受到数智技术的变革性影响。以信息通信技术为例,许多现代工作团队依赖强大的信息通信技术促进团队成员之间跨越空间、时间限制,进行交流与合作,使团队能够在更大程度上跨越物理的限制实现虚拟或者远程运作(virtual or remote work),从而可以更加灵活地组织人力资本、迎合多样的工作需求,获取更大的竞争优势。以人工智能技术为例,人工智能或智能型机器人作为"合作者"加入团队工作中,意味着团队中会出现一种新型协作模式,即人与人工智能或智能机器人的协同工作模式或人机协同工作模式(human-AI/robot collaboration)。这种新型协作模式的涌现从根本上改变了团队成员的构成模式,即团队不再仅仅局限于由人类工作者组建,而是可以由人与人工智能或智能机器人以"人机混合"的形式组建。那么在数智增强的背景下,团队的配置和管理究竟呈现出哪些新趋势以及面临哪些新挑战呢?我们认为可以从以下几个方面分析:

第一,数智技术重构了团队的互依共享结构。数智技术作为数智化的基础设施为团队开展远程工作创造了条件。线上与线下工作相结合的混合型工作模式凭借其极大的灵活性成为多数企业管理者所青睐的一种新型工作模式。①近年来,中国国内的很多企业也与世界接轨,开始更多地运用这一新兴的工作模式,一些头部的大企业还推出了自己的远程协作办公工具,如阿里的办公套件钉钉 + Teambition,字节跳动的飞书,腾讯的企业微信、腾讯会议等,以方便线上线下员工的沟通交流并进行统一规范的管理。例如,一项针对在线旅游服务公司携程旅行网员工的大型随机对照实验发现,混合工作(实验操纵为奇数生日员工周三、周五线上线下混合工作,偶数生日员工全天线下工作)提高了员工线上沟通交流的频率,提升了员工自我报告的生产率和工作满意度,并且使员工流失率降低了35%(Bloom, Han, & Liang, 2022)。混合工作允许团队中的不同成员在办公室或家中完成不同的任务,因此可以最大化提升生产率。混合工作代表了在面对面沟通和不用去办公室的便利之间进行权衡,综合来看,最终可以产生5%的生产率增益。而混合工作的灵活性和便捷性也能让员工感到团队和组织对自己的授权与关心,因此会处于不断受到激励的状态(Iqbal, Khalid, & Barykin, 2021)。除此之外,混合工作还可以降低企业的成本,通过灵活安排部分岗位员工远程工作,降低企业的运行成本和员工的通勤成本。最后,混合工作的实践也促进了相关配套技术的发展与改进。

第二,数智技术改变了团队的人际互动模式。数智技术的发展是组建虚拟团队(virtual teams)这一特殊工作形式的基本前提。在现代企业中,许多组织和团队正大规模运用数智技术将团队的人际互动模式往虚拟化、在线化的方向推进。例如,在企业中得到广泛应用的社交媒体(如Slack、GroupMe等)和协作编辑套件(如Google Drive、Microsoft Teams等)已

---

① 资料来源:https://hbr.org/2021/01/thriving-in-the-age-of-hybrid-work(访问日期:2023年2月2日)。

经具备了强大的信息交互和视频会议功能，这为构建虚拟团队提供了技术支持和便利条件。数智技术的广泛使用促使大量工作者从限于正式组织内部工作转变为在更大的社区中作为松散联系的成员工作，如许多行业中出现的虚拟办公室员工等。当团队成员能够通过在线连接进行联系和组织，团队中的人际互动将大部分甚至全部依托于数字化平台、通过实时可视的方式实现时，团队成员可能长时间内都无须面对面互动就可以完成团队任务、达成团队目标。这种从前或许难以想象的工作状态在未来很可能成为常态。

第三，数智技术革新了团队的构成和组建方式。随着新一代人工智能技术的飞速发展，人与人工智能或智能型机器人的协同工作模式作为一种新型工作模式越来越多地出现在诸如智能制造、智慧医疗等场景中，并将成为未来工作的一种重要模式。例如，肿瘤医院的放射科医生能够与智能机器人协同审读 CT（电子计算机断层摄影）影像并做出精确诊断；现代化汽车生产车间中，装配生产线上的工人与机器人协同操作完成汽车的装配。当团队中的一个或多个成员是依靠计算机算法和程序运转的智能机器人时，人与机器人之间的沟通、协调、合作等过程无疑变得更加复杂，有关人际交互的传统理论和假设（如社会交换、社会学习、社会比较等）很可能不再适用于人机交互的情境。而人机协同工作之所以充满挑战，不仅在于人类很多时候难以理解智能机器人的心智模式以及管理对智能机器人行为的预期，也在于智能机器人很多时候难以准确识别和理解人类的行为动机。正因为如此，人机协同型团队（human-AI teams）的构成和组建以及针对不同成员的管理俨然成为现代团队管理者所面临的一项全新的挑战。

第四，数智技术重新划定了团队的组织运作边界。前面已经提到，团队是完成组织相关任务的基本单元。然而，面对动荡复杂、快速变化的环境，许多关键任务超出单个团队的能力范围，往往需要多团队打破固有的边界协同合作，汇聚不同的知识和技能，以达到快速响应并有效完成工作任务的目的。例如，在企业新产品研发、复杂军事行动以及医疗急救场景下，多团队合作愈发频繁。这种多个团队合作完成工作任务的组织形式被称为"多团队系统"（multiteam system，MTS）。我国火箭和卫星发射指挥控制中心的工作就是多团队系统的典型代表。在火箭或卫星发射升空的过程当中，负责基地监控的团队、气象监控的团队、技术团队、指挥决策团队等多个子系统倾力合作，才能共同推动系统目标的实现。随着数智技术的不断发展，多团队系统被运用到更广泛、更多元的情境中，从而使企业和组织能够更迅速地对外部环境和市场需求做出相应的动态调整，使得多团队系统作为一个整体而具有更强的动态性。在同一个多团队系统当中，系统内部的子团队结构和各个子团队内部的结构均能实现更为敏捷灵巧的动态变化，以响应外部复杂环境的不同需求。然而，这也为组织带来了新挑战，即需要在边界更加动态化的情境中实现多团队系统的高效协同运转。

第五，数智技术重新定义了团队的生命周期。数智技术在组织当中的充分、有效应用也使得团队临时组建、项目制运作以响应即时市场需求成为现实。在本章引导案例中，健康码的快速研发和推广就是一个典型的例子。我们在实践中看到越来越多的团队成员已经可以频繁地跨越团队边界，团队的"有界性"似乎在不断被打破。在这一趋势下，Edmondson（2012）所提出的"团队化"（teaming），即一种随着项目需求变化而不断重组团队的动态协作形式，逐渐受到学界和业界的重视。面对高度复杂性的项目，许多团队常常需要进行快速组队，即针对项目需求，从平台上或其他组织中吸引、选取和使用合适的工作者来实现"即插即用"，通过数字化团队协作工具（比如钉钉、Microsoft Teams 等）的技术支持共同组成团队来更快、更好地协作完成任务。

本章小结

工作团队中的四个重要概念：① 多层次的嵌套结构；② 情境的约束和动态塑造过程；③ 任务或工作流程的相互依赖程度；④ 时间的动态影响。

依据团队的功能，我们可以把工作团队分为六个类型：生产团队、服务团队、管理团队、项目团队、行动和表演团队以及顾问团队。

团队构成对团队工作过程与成效均具有复杂影响。表层多样性是指成员之间在年龄、性别、种族等表面性的、能够被人较容易分辨的特征上存在较大差异。深层多样性是指成员之间在性格特质、态度和信仰、价值观等较为不易被直接察觉的特征上存在较大差异。团队断裂带是指团队成员之间基于彼此特征的相似性（如在年龄层、性别、种族、区域等方面）所形成的团队中的"小团体"。

团队的共享心智模式是指为团队成员所共同拥有的、有关团队任务环境中关键要素的系统性知识。这些任务环境中的关键要素主要包括设备、任务、人员、团队协作四个方面。

团队的交互记忆系统是一种由团队共同完成对信息的编码、存储和检索的机制。

团队凝聚力和集体效能感对团队的绩效能够产生积极的影响。

团队环境往往影响到团队工作的过程与成效，它不仅会影响到团队成员之间的交流与协作，还会影响到工作团队与外部实体的互动关系。

一些特殊的团队系统和运作模式也需要加以关注：线上线下混合型团队、虚拟团队、人机协同型团队、团队系统、快速组队的团队运作形式。

重要术语

团队　团队多样性　团队断裂带　团队工作过程　团队工作成效　团队边界　虚拟团队　多团队系统　高层管理团队

复习思考题

1. 对于企业运作和团队工作而言，数智时代的到来会给团队内外部情境带来怎样的变化？

2. 此类与数字化兴起相伴的内外部情境变化会给团队的定义、特征、生命周期带来怎样的变化？

3. 这些变化将如何塑造团队工作的过程从而影响团队工作成效？

中国实践

"人机协作"团队的应用

人机协作的例子在现实世界中并不罕见，其中较为典型、目前应用也较为广泛的方面是机器人流程自动化（robotic process automation，RPA）在团队组建中的应用。在团队的组建中，机器人流程自动化的应用多表现为在团队中为团队成员配置人工智能，充分发挥人工智能和虚拟程序在运算、记忆、准确操作等方面的突出优势，使得团队中的其他成员能够从重复、烦琐、大批量的工作任务中腾出时间，从而投入更具反思性和创造性的工作中，进而提升团队的运作效能。京东的智能客服和人工客服就是一个人机协作的例子，基于提前设定好的程序，智能客服可以快速回答顾客购物时询问的一些重复性的基础问题（例如产品参数、优惠活动、保修政策等），而更为复杂的、个人化的问题（如基于个人情况的产品推荐等），顾客可以通过呼叫人工客服予以解决。

除了帮助团队成员完成大量重复性、计算性的工作，现代数智技术的发展和应用也使得机器人能够帮助团队成员在极端环境中完成相应的工作任务。例如，浙江大学航空航天学院交叉力学中心李铁风教授团队联合之江实验室，与合作单位开展跨学科交叉研究，成功研制了无需耐压外壳的仿生软体智能机器人，并于2019年12月首次实现了在万米深海自带能源软体人工肌肉驱控和软体机器人深海自主游动。这项研究为深海探测作业、环境的观察和深海生物的科考提供了新的解决方案，有望大幅提升深海智能装备和机器人的应用能力，能够为将来极端环境下"人机协作"式科研团队的工作开展提供有力的支持。

资料来源：根据相关资料整理得到。

思考题

1. 机器人流程自动化给人类员工带来的好处有哪些？可能会带来哪些不利之处？
2. 人机协作的工作环境对人类员工有哪些要求？
3. 数智技术究竟是替代人类劳动还是增强人类的效能？
4. 请列举你所了解的其他人机协作的应用，思考其给产业、企业或者个人带来的变化。

参考文献

Bandura, A. 1997. *Self-Efficacy: The Exercise of Control*. New York: Freeman.

Bell, S. T., Villado, A. J., Lukasik, M. A., Belau, L., & Briggs, A. L. 2011. Getting specific about demographic diversity variable and team performance relationships: A meta-analysis. *Journal of Management*, 37(3): 709–743.

Bloom, N., Han, R., & Liang, J. 2022. How hybrid working from home works out. National Bureau of Economic Research, Working Papers, 30292.

Cohen, S. G., & Bailey, D. E. 1997. What makes teams work: Group effectiveness research from the shop floor to the executive suite. *Journal of Management*, 23(3): 239–290.

Edmondson, A. C. 2012. *Teaming: How Organizations Learn, Innovate, and Compete in the Knowledge Economy*. San Francisco: Jossey-Bass.

Ellis, A. P., Mai, K. M., & Christian, J. S. 2013. Examining the asymmetrical effects of goal faultlines in groups: A categorization-elaboration approach. *Journal of Applied Psychology*, 98(6): 948–961.

Goodman, P. S., Ravlin, E., & Schminke, M. 1987. Understanding groups in organizations. in L. L. Cummings & B. M. Staw (Eds.), *Research in Organizational Behavior* (Vol. 9, pp. 121–173). Greenwich, CT: JAI Press.

Hackman, J. R. 1987. The design of work teams. in J. Lorsch (Ed.), *Handbook of Organizational Behavior* (pp. 315–342). New York, NY: Prentice Hall.

Harrison, D. A., Price, K. H., Gavin, J. H. & Florey, A. T. 2002. Time, teams, and task performance: Changing effects of surface-and deep-level diversity on group functioning. *Academy of Management Journal*, 45(5): 1029–1045.

Henfridsson, O., & Bygstad, B. 2013. The generative mechanisms of digital infrastructure evolution. *MIS Quarterly*, 37(3): 907–931.

Ilgen, D. R., Hollenbeck, J. R., Johnson, M., & Jundt, D. 2005. Teams in organizations: From input-process-output models to IMOI models. *Annual Review of Psychology*, 56: 517–543.

Iqbal, K. M. J., Khalid, F., & Barykin, S. Y. 2021. Hybrid workplace: The future of work. in B. A. Khan, M. H. S. Kuofie, & S. Suman (Eds.), *Handbook of Research on Future Opportunities for Technology Management Education* (pp. 28–48). Hershey: IGI Global.

Kozlowski, S. W. J., Gully, S. M., Nason, E. R., & Smith, E. M. 1999. Developing adaptive teams: A theory of compilation and performance across levels and time. in D. R. Ilgen & E. D. Pulakos (Eds.), *The Changing Nature of Work Performance: Implications for Staffing, Personnel Actions, and Development* (pp. 240–292). San Francisco, CA: Jossey-Bass.

Kozlowski, S. W. J., & Bell, B. S. 2003. Work groups and teams in organizations. in W. C.

Borman, D. R. Ilgen, & R. J. Klimoski (Eds.), *Handbook of Psychology* (Vol.12): *Industrial and Organizational Psychology* (pp. 333–375). New York: Wiley.

Levesque, L. L., Wilson, J. M., & Wholey, D. R. 2001. Cognitive divergence and shared mental models in software development project teams. *Journal of Organizational Behavior*, 22(2): 135–144.

Lewis, K., & Herndon, B. 2011. Transactive memory systems: Current issues and future research directions. *Organization Science*, 22(5): 1254–1265.

Maloney, M. M., Bresman, H., Zellmer-Bruhn, M. E., & Beaver, G. R. 2016. Contextualization and context theorizing in teams research: A look back and a path forward. *Academy of Management Annals*, 10(1): 891–942.

Marks, M. A., Mathieu, J. E., & Zaccaro, S. J. 2001. A temporally based framework and taxonomy of team processes. *Academy of Management Review*, 26(3): 356–376.

Mathieu, J. E., & Gilson, L. 2012. Criteria issues and team effectiveness. in S. W. J. Kozlowski (Ed.), *The Oxford Handbook of Organizational Psychology* (pp. 910–930). New York, NY: Oxford University Press.

Mathieu, J. E., Tannenbaum, S. I., Donsbach, J. S., & Alliger, G. M. 2014. A review and integration of team composition models: Moving toward a dynamic and temporal framework. *Journal of Management*, 40(1): 130–160.

Meyer, B., Glenz, A., Antino, M., Rico, R., & González-Romá, V. 2014. Faultlines and subgroups: A meta-review and measurement guide. *Small Group Research*, 45(6): 633–670.

Moreland, R. L. 1999. Transactive memory: Learning who knows what in work groups and organizations. in L. L. Thompson, J. M. Levine, & D. M. Messick (Eds.), *Shared Cognition in Organizations: The Management of Knowledge* (pp. 3–31). Mahwah, NJ: Erlbaum.

Morgan, B. B., Salas, E., & Glickman, A. S. 1993. An analysis of team evolution and maturation. *Journal of General Psychology*, 120(3): 277–291.

Sundstrom, E., McIntyre, M., Halfhill, T., & Richards, H. 2000. Work groups: From the Hawthorne studies to work teams of the 1990s and beyond. *Group Dynamics: Theory, Research, and Practice*, 4(1): 44–67.

Uitdewilligen, S., Waller, M. J., & Pitariu, A. H. 2013. Mental model updating and team adaptation. *Small Group Research*, 44(2): 127–158.

Wagner, J. A. 1995. Studies of individualism-collectivism: Effects on cooperation in groups.

Academy of Management Journal, 38（1）: 152–173.

Zellmer-Bruhn, M., & Gibson, C. 2006. Multinational organization context: Implications for team learning and performance. *Academy of Management Journal*, 49（3）: 501–518.

Zhang, Z.-X., Hempel, P. S., Han, Y.-L., & Tjosvold, D. 2007. Transactive memory system links work team characteristics and performance. *Journal of Applied Psychology*, 92（6）: 1722–1730.

第 13 章

谈判的理念与策略

学习目标
1. 理解谈判的科学性
2. 理解利益、议题、目标、最佳备选方案等核心概念
3. 学会用科学的思路来理解谈判
4. 掌握影响谈判结果的各类因素，摒弃对谈判的常见误解
5. 基于影响谈判结果的各类因素，分析常见的谈判策略
6. 学会根据实际需要选用恰当的策略

引导案例

中国化工集团收购瑞士先正达公司

2017年6月，中国化工集团完成了与瑞士先正达公司的谈判，以430亿美元的价格收购先正达。这一金额开创了中国企业海外并购交易价格的新纪录。中国化工集团是在2004年由若干国有企业合并而成的中央企业，专注于化工、基础化学品、石油加工等领域，其规模已进入《财富》杂志发布的世界500强大企业的行列，但仍然希望进一步提高行业地位、增加利润。先正达成立于2000年，由两家企业内的相应部门合并而成并在欧美多地证券交易所上市，总部设在瑞士巴塞尔。先正达在植物保护（即植物的病虫害防治）、除草剂、大豆种子、玉米种子、草坪和园艺等领域都是世界上最重要的企业之一。

这一交易的背景，是2015年前后全球农业化工领域的大洗牌：因为若干重要农产品价格低迷，国际上农药和种子市场非常不景气，农业化工领域全球的六大巨头（孟山都、先正达、杜邦、拜耳、陶氏、巴斯夫）业绩压力加大，于是开始通过合并来降低成本、提升效益。陶氏与杜邦合并，拜耳收购孟山都，开启了全球农化产业大洗牌的浪潮。

中国化工集团并不是第一个提出要收购先正达的。巴斯夫表达过收购先正达的兴趣，而最积极推进的当属孟山都。孟山都认为，自己收购先正达后可以成为一家提供综合、增值解决方案并可持续选择的新公司，而且新公司会有一个可行的资本结构，增大产业突破创新的范围并加快速度。2015年，孟山都提出以总价470亿美元的价格收购先正达，不过先正达则还价为620亿美元。最终，出于收购方式、反垄断的监管审查、双方的业务重叠、先正达的利益相关方看法、收购价格等多方面的原因，双方谈判破裂，孟山都退出。

孟山都退出后，中国化工集团与先正达的谈判迅速推进。双方在2016年2月签订收购合

约,之后进入审批阶段。这一交易先后获得包括美国外国投资委员会(CFIUS)在内的11个国家的安全审查机构、20个国家及地区的反垄断机构的审查和批准。经过两次交割(2017年5月第一次交割,2017年6月第二次交割),先正达正式成为中国化工集团的一部分。

资料来源:根据中国化工集团网站、先正达公司网站相关资料整理得到。

思考题

1. 先正达原来的股东为什么愿意把公司卖给中国化工集团?
2. 通过上述信息或者搜索更多资料回答先正达原来的股东为什么没有以更高的价格将公司卖给巴斯夫。
3. 中国化工集团收购先正达的目的是什么?
4. 这场并购谈判过程中,网络上的评论是否看好这一交易?你当时是怎么想的?

中国化工集团收购先正达这样的跨国并购谈判案例,经常成为公众关注的热点,让谈判进入公众视野。不仅如此,近年来的中美贸易谈判、国家医保局主导的药品和耗材准入谈判以及"带量采购"谈判,也都与众多企业和个人息息相关。谈判在组织管理乃至人们的日常生活中扮演着非常重要的角色。

然而,人们对谈判却有很多误解。绝大多数人在没有经过科学的谈判训练前,都不是有效的谈判者。众多研究发现,人们对谈判有一些常见而且可预测的误解,会采取一些无效行动,也会因此无法达到谈判的目的。谈判的失败有多种体现方式:可能是在达成协议明明有利可图的时候却离开谈判桌,或者达成一个还不如离开谈判桌的糟糕协议;更常见的是损失了与谈判对手共同创造价值以"双赢"的机会(学者们称之为"把钱留在谈判桌上");再或者是因为努力不足而在总的价值中得到的份额太小。为了避免这些失误,首先需要准确理解谈判的核心概念。

13.1 谈判的核心概念

谈判(negotiation)就是谈判者(个人或组织)在追求己方利益的过程中需要赢得其他利益相关方的合作,为此与其他相关方共同商讨、争取实现己方目标的行动过程。在组织管理工作中,管理者经常面对谈判任务,如与董事会讨论企业战略行动、与投资者争论企业估值、与上下级讨论部门预算、与直接上下级就薪酬待遇讨价还价、与客户进行销售细节的争执等。几十年前,明茨伯格跟踪研究多位经理人员的工作,发现管理者大致花费20%的工作时间在谈判上。管理者如果无法采取单方面行动来达成自己的目标,就必须为获得他人的合作而付出努力,这个过程就是在进行谈判。而且,谈判不仅发生在商业场景下,也发生在日常生活中,如夫妻间讨论谁去洗碗、朋友们商量一起去哪里旅行、同学们针对小组作业分工的讨论,都属于谈判。因此，每个人都经历过很多次谈判。

几十年来，谈判也逐步成为管理学关注的重点，积累了丰富的成果（Bazerman et al., 2000；Brett & Thompson, 2016）。这些谈判的研究成果通过以下核心概念来构建谈判的分析框架。

13.1.1 利益：参加谈判的目的

人们往往认为，谈判者在步入谈判现场时，应该知晓自己参加这场谈判的目的。这一点似乎是不言自明的。然而，遗憾的是，实际情况却并非如此：人们有时并不知道自己为什么要来参加谈判，无法准确地理解自己在谈判中希望达到什么目的，也不知道如何来定义在当前的谈判中是否实现了己方的诉求。

谈判者的目的可能多种多样，于是学者们用"利益"（interests）一词来统一刻画其追求。利益就是谈判者参加谈判的核心诉求，是谈判者在当前谈判中追求的目标。比方说，在最常见的农贸市场谈判中，买菜的顾客与卖菜的小贩针对黄瓜的价格进行谈判。那么，买菜的顾客所追求的目标就是以尽可能便宜的价格买到黄瓜。如果最终谈判成功，交易的价格达到顾客的预期，那么该顾客就实现了自己在这场谈判中的目标，即利益。反之，如果最终交易的价格让顾客勉强接受了，或者因为谈判破裂没有实现双方买卖黄瓜的交易，该顾客就没有在这场谈判中实现己方的利益。

比如，在举世瞩目的中美贸易谈判中，中国的利益诉求大致是维持健康的中美贸易关系，促进中国经济发展和经济结构的不断调整、提升，通过经济上的密切合作来维持当前有利于中国的国际发展环境，等等。美国的利益诉求可能包括继续向中国销售农产品，减少与中国的贸易逆差，促进美国制造业就业，等等。不过，美国禁止向中国若干企业销售芯片的行动却不利于减少逆差，增加关税的行动没有达到促进制造业就业的目的。到 2022 年，美国已经开始严肃地讨论是否要在中国没有任何让步的情况下，单方面地取消部分额外关税了。美国在与中国的贸易谈判中到底在追求什么样的利益，可能其自身仍在摇摆不定。

那么，谈判者应该追求什么样的利益呢？当我们分析其他谈判者时，如何预测其最可能追求什么样的谈判利益呢？我们应该去关注其背景、环境、自身发展等各方面因素（Brett & Thompson, 2016）。谈判各参与方的核心利益与其所处环境密切相关。比如，中国化工集团收购先正达，最有可能是为了在中国这个农业大国向农业强国迈进的过程中，借力先正达所拥有的先进技术，高效地服务中国的农业发展；先正达的股东愿意将公司卖给中国化工集团，应该是在合理的价格之外，看到了先正达在中国这个农业大市场下良好的发展前景。

13.1.2 议题、议题的立场及类型

谈判者要实现己方利益，其具体途径就是要签署符合己方利益诉求的协议或合同（agreement），而协议的具体条款就代表了谈判者实现己方利益所需统筹考虑的议题（issues），或者

叫事项。要在实质意义上推动一场谈判,必须聚焦在具体的议题上。比如,中美贸易谈判中包含中国销往美国商品的关税、美国销往中国商品的关税、两国对来自对方国家投资的限制措施、大豆贸易的额度、知识产权保护措施,等等。而在一场企业并购的谈判中,必然要包含交易价格、支付方式、交割日期、管理层安排、近期战略、申请监管部门批准、任务分配,等等。极少数谈判是单一议题的,绝大多数谈判都包含了多个议题。

在每个议题上,谈判各方都可能有多种选项,这些选项代表了谈判各方在具体议题上可能达成一致采纳的立场(positions)。在所有议题上各个立场的组合,就决定了一份谈判协议对各谈判方最终的利益。可以用函数打个比方:如果把任何一方谈判者的利益理解为一个函数,那么各个议题就代表了该函数的诸多变量,而每个议题上的立场就代表了各个变量的取值——所有这些变量的取值放在一起,就决定了函数值。当然,谈判各方虽然有相同的变量,函数本身却不同,对外人经常也是保密的。

利益的实现有赖于在所有议题上立场的组合,这对理解谈判极其重要。很多谈判者在谈判过程中往往专注于某些议题上的立场,在这些立场的取舍、高低上与谈判对手据理力争、寸步不让。这样的行为来自对己方利益的片面理解,很可能忽视了通过不同议题各个可能立场的取舍实现己方利益的组合机会。因此,有关谈判的经典作品即建议谈判者"关注利益,而非立场"(Fisher & Ury, 1981)。从立场到利益的转移,核心是理解谈判议题。如果缺乏对议题的理解,关注利益的讨论就是无本之木。议题是谈判者实现己方利益的具体关切点,也因此成为谈判过程中各方在讨论立场时的聚焦之处。

谈判议题分为三大类,代表了议题的不同立场在实现谈判各方利益时出现的三种情况。第一,分配性议题(distributive issues)是指谈判各方利益完全对立的议题,在这样的议题上采取不同立场时,谈判各方的总利益是固定不变的。分配性议题最容易被谈判者所理解,因为它与人们日常的生活经验密切相关。比如,在买一件衣服时的讨价还价过程中,买方与卖方谈判的议题一般只有价格这一项,而最终价格不管多高,这个议题都不影响双方的整体利益:买方少支付 100 元,卖方就少收入 100 元。如果把双方的整体利益看作一张饼,此时,饼的大小(size of the pie)是不变的,因为谈判双方的偏好方向完全相反(卖方希望价格高、买方希望价格低),而且该议题对双方利益的影响完全相同(1 元钱的价格变动对双方利益的影响是相同的)。

第二,整合性议题(integrative issues)是指谈判各方利益偏好方向不同并且对各方利益影响幅度不同的谈判议题。这样的议题就提供了双赢谈判的基础,有利于谈判过程中达成创造更多价值的协议。比如,买卖双方针对付款期限的谈判中,买方希望推迟付款,因为这笔货款在买方手中有相当于每年 12% 的利息;而卖方希望对方尽快付款,因为这笔货款在卖方手中有相当于每年 4% 的利息。此时,买卖双方的偏好方向对立,双方都希望这笔货款的时间价值能够转化为己方的利益;但是双方面对的利率是不一样的,买方投资的利率明显高于卖方,那样的话,如果双方签署的协议中确定尽可能晚付款,买方就节约了这笔货款在对应时长里的时间价值，其金额比卖方所损失的对应的资金时间价值大，双方总体的收益就更高。实际上，在谈判中达成双赢，最常见的策略就是谈判各方在整合性议题上共同努力、互相帮助。

第三，匹配性议题（compatible issues）是指谈判各方偏好方向相同的议题。匹配性议题可能让很多人感到吃惊，因为它与人们在未接受正规谈判训练前的看法差别太大。实际上，现实的谈判中经常出现匹配性议题。比如，房子的业主与物业公司之间虽然经常出现矛盾，但是如果双方在某场谈判中涉及社区居住的议题时，其实都倾向于改善社区的居住环境、提高居民满意度，因为这样既符合业主在社区居住的利益，也符合物业公司获得业主认可、持续经营的利益。应用好匹配性议题，有助于谈判各方达成协议、在协议中创造价值以及协议得到较好的执行。

13.1.3 分配型谈判和整合型谈判

分配型谈判（distributive negotiations）指的是一场谈判中谈判各方的利益总和是固定的，不存在任何"把饼做大"（expanding the pie）或者说"创造价值"（creating values）的机会。整合型谈判（integrative negotiations）指的是一场谈判中谈判各方的利益总和是可变的，因此存在把饼做大、创造价值的机会。

基于前面讨论的三类谈判议题，我们可以看出：分配型谈判只存在于一种情况下，即该谈判中包含的所有谈判议题均为分配性议题。换句话说，一场谈判中如果包含整合性议题或者匹配性议题，该谈判就存在创造价值的机会，就属于整合型谈判。现实世界中，纯粹的分配型谈判其实非常少，因为几乎所有谈判都存在把饼做大的机会。不过，多数人的头脑中都存在"固定馅饼偏差"（fixed pie bias），认为对方的利益与己方的利益完全相悖，把整合型谈判误解为分配型谈判，错失把饼做大的机会。

准确理解谈判类型，对于谈判者非常重要。如果当前的谈判属于分配型谈判，那么谈判者的动机就非常简单了，核心就在于努力去分配价值（distributing values），也就是在给定的价值总量内尽可能多地主张属于己方的部分，即口语中所谓的"分饼"（slicing the pie）。当然，更多情况下，谈判属于整合型谈判。那么谈判者在分配价值的同时，一定不能忽视与谈判对手合作来创造价值，也就是"把饼做大"。此时谈判既有合作的一面，也有竞争的一面。现实中的谈判鲜有纯属分配型的情况，毕竟谈判经常包含整合性议题和匹配性议题，而且谈判者往往可以拆分谈判议题来创造双赢的机会；至少谈判过程的愉悦、继续合作的机会等，都可以在谈判各方中创造利益上的共同点。

13.1.4 目标、底线和谈判区域

谈判者在追求利益的时候，必然要兼顾理想情况与现实情况。理想情况指的是谈判进行得极其顺利，能达成预期中最好的协议，该协议代表了谈判者的目标。一般来说，目标是谈

判者可能达成的最好协议，是谈判者最大限度地实现其利益的结局。虽然谈判者一般难以达成自身目标，但是对目标的准确理解有利于指导谈判中的行动。

谈判的现实情况却可能非常艰难，谈判者可能在勉强接受对方提出的方案与彻底退出谈判间犹豫不决，这就意味着对方提出的方案接近了己方的底线。底线或者底价（reservation，reservation price，or bottomline）也叫免谈点（breaking point），代表了谈判者可能接受的对己方最差的方案。当谈判者面对比己方底线更差的方案时，理性的选择应该是终止谈判、接受谈判破裂的结局。底线的作用也说明，谈判者追求的目标应该是己方的利益而不是达成协议：如果可能达成的协议对己方来说比底线还差，理性的行为就应该是放弃该协议。

对任何一个谈判者来说，目标与底线都分别代表了谈判者在谈判前对己方利益实现范围的认知：如果谈判者认真准备，其认知中可能实现利益的最佳情况与可以勉强接受的最差情况之间的范围，代表了谈判者从自己的角度看来可能达成协议的区域，被称为预期范围。在一场谈判中，所有参与方都在其内心中有各自的预期范围（虽然并不一定清晰，很可能只是模糊的范围）。

谈判可能达成协议的空间（zone of potential agreements，ZOPA），或者叫谈判区域（bargaining zone），就是所有参与谈判者的预期范围内重叠的部分，即"交集"。绝大多数情况下，谈判区域是由各方谈判者的底线所决定的。以最简单的双边买卖谈判为例，如果买方的底线是 1 000 元（超过 1 000 元则不会购买），而卖方的底线是 900 元（低于 900 元则拒绝卖出），谈判区域就是 900~1 000 元这个区间。只要两方谈判者在谈判过程中没有犯认知上的错误，他们最终的成交价就会在这个范围内。当然，有时谈判区域还可能不存在，即各方的预期范围不存在交集。

13.1.5　最佳备选方案

最佳备选方案（best alternative to a negotiated agreement，BATNA）指的是一旦谈判破裂，谈判者无法与当前的谈判对手达成协议时，谈判者在努力实现己方利益时的诸多外部选项（outside options）中，能够最大化己方利益的那一个（Fisher & Ury, 1981）。BATNA 对理解谈判、准备谈判、实施谈判极其重要，因为它为谈判者提供了离开谈判桌的"底气"，体现了谈判者"致人而不致于人"的程度。

BATNA 并不像底线那样为众人所熟知，但它却是比底线更重要的概念。这可以从这两个概念之间的关系上体现出来。首先，对于任何一个谈判者来说，BATNA 都相对更客观：当一场谈判正在进行时，其 BATNA 是固定、不可变的。当然，在谈判进行前，谈判者可以努力去改进己方的 BATNA，所以 BATNA 的"客观"是相对的，而不是绝对的。但是底线显然更加主观，因为谈判者可以自行决定当前的谈判必须达到什么样的最低成果，否则就决定退出。其次，对任何一个谈判者来说，其底线都要比 BATNA 更好地实现己方利益，否则该谈判者就犯了认知上的错误，达成协议可能还不如离开谈判桌。最后，底线主要由 BATNA 决定，是在相对客观的 BATNA 基础上，再加上谈判者主观上的愿望、决心等，最终决定的。正因为如此，这两个概念有时会被互换使用乃至混淆，不过 BATNA 显然比底线更重要。

13.2 影响谈判结果的因素

几十年的谈判研究发现，有三类因素影响谈判结果，分别是谈判者的个人特点、谈判环境因素和谈判者行为。这里所说的谈判结果，一般包含三个方面：一是谈判者个人获得的收益，比如个人利益的实现程度或者在总收益中的占比；二是谈判者与对手在创造价值上的共同表现，即在多大程度上创造了价值；三是谈判者与对手的心理感受，即主观价值，比如是否愿意在后续工作机会中继续合作。

13.2.1 谈判者的个人特点

很多人在面对谈判时最容易想到的问题便是："我是一个优秀的谈判者吗？"或者"我的谈判风格是怎样的？"在准备谈判时往往也会关注"这个谈判对手是什么风格的？"……这些问题都涉及谈判者的个人特点。研究表明，谈判者的个人特点确实会对谈判结果产生影响。

对谈判风格进行归类、测量并分析谈判风格对谈判结果的影响，在早期谈判研究中占据非常重要的地位。脱胎于竞争－合作的经典框架，有一种分析框架从"对自身利益的关注程度"与"对谈判对手利益的关注程度"的角度，把谈判者的风格分成了五种。研究表明，不同谈判风格的谈判者确实在具体行动、赢得谈判对手的合作以及满足己方和对方利益这些方面体现出差别。不过，更简化的框架则直接考虑谈判者的社会动机（social motive），即在关注自身利益（egoistic）与关注合作者利益（prosocial）等方面的强弱。研究也发现，更加关注合作者利益的谈判者一般会采取更具合作性的策略，也会达成双赢的协议，但必须在其不轻易让步的条件下才成立。

性别是谈判者彼此接触后最先掌握的信息之一。有意思的是，在人们接受正规的谈判培训之前，通行的成见往往认为有效谈判行为与男性化的角色行为类似，比如要强势、关注利益、给对方施加压力、果断、敢于冒险等。实证研究结果表明，这些假想的看法其实并不成立。不过，人们的行为必然受到自身认知的影响，所以这些成见客观上造成了人们往往认为女性在谈判中是弱者；更重要的是，不仅男性谈判者这么看，女性谈判者一般也这么看。结果，女性谈判者会遇到对方更苛刻的提议、更大的威胁，最终往往也得到更差的谈判结果。然而，一旦女性谈判者准确理解了谈判的本质，不再把自己当成谈判里天生的弱者，她们在谈判中就不再吃亏了。同时，还有研究表明，女性在谈判中更注意倾听，能够更准确地发现创造价值的机会，更关注谈判对手的利益诉求，更注重谈判行为是否违反伦理标准，因此女性谈判者在创造价值上的表现一般优于男性，而且其对手也在谈判后更愿意跟她们继续合作。这说明，女性在分配价值上是谈判成见的受害者，实际上她们并不是谈判中的弱者；相反，女性其实是谈判创造价值过程中的强者（Ma & McLean Parks，2009）。

谈判者的人格、认知和情感等方面的个性特点也影响谈判结果。如果谈判者的头脑中存在"固定馅饼偏差",即认为谈判对手与己方的利益是完全相悖的,那么谈判者就更容易在谈判中采取竞争性的策略,不利于把饼做大(Brett & Thompson, 2016)。谈判者的行为动机、人格特质、认知能力、情商等个人特点,也都与谈判结果有明显的关系(张志学、姚晶晶和黄鸣鹏,2013)。

13.2.2 谈判环境因素

前面已经阐述了 BATNA 是谈判者最核心的权力来源;事实上,BATNA 确实显著地影响谈判结果。大量实证研究已经发现,如果一方拥有比自己的谈判对手更好的 BATNA,那么该方谈判者就会在谈判中设定更高的己方目标,为达成己方目标而更努力坚持,更少被对手的情绪所影响,在讨价还价过程中给对手的更少、要求得更多,更可能在谈判中使用威胁,更可能利用他人作为达成己方目标的手段;最终结果,拥有更好 BATNA 的谈判者在全部收益中占比更高,而且更可能实现自己想达成的谈判目标(Brett & Thompson, 2016; Kim & Fragale, 2005)。因此,谈判者的 BATNA 对其谈判结果有非常大的影响。

在一场典型的买卖谈判中,很多人都认为买方在谈判中占据优势地位,因为客户可以对供应商予取予求。或者,在一场求职者与用人单位针对聘用合同的谈判中,用人单位可能被认为占据优势地位,因为雇主更有权力。这反映了人们对谈判者的角色在谈判中作用的分析。实际上,这样的看法并不一定成立:今天多家中国企业想购买生产芯片的光刻机却买不到,杰出的人才有众多潜在的雇主来真诚邀请。如果说谈判者的角色能够影响谈判结果,那很可能是因为该角色中蕴含了来自 BATNA 的力量。毕竟,对于没有独特优势、行业内到处都可以买到的产品,其买家在谈判中更有优势;与众多具有相近资质的人竞争有限岗位的求职者,其潜在雇主在谈判中更有优势。

如果说 BATNA 代表了谈判中的"底线思维",那么谈判局势中另外一个重要因素就是"贡献思维",即谈判者能够为对方利益做出的贡献,也就是为谈判的整体价值创造能够做出的贡献。各方愿意接受己方 BATNA 的程度代表了谈判各方谁更不怕谈判破裂,是合作的底线;而各方对谈判协议的贡献代表了为合作上不封顶,可以去努力扩展其广度、深度和高度。特别是在谈判中 ZOPA 比较大的时候,谈判相对更容易达成协议,也因此可能达成在价值创造上表现不够好的协议;此时,谈判者因自身的特点、所处的形势而为谈判创造价值所做的贡献,就会影响谈判结果,贡献越大的谈判者自身收益也越大(Kim & Fragale, 2005)。这个逻辑就类似于谚语所说的"天助自助者":为谈判创造价值多的一方也能得到更大的收益。比如,中美贸易谈判中,中方面对美方的各种威胁努力"补短板",就代表了努力令己方的 BATNA 更优、降低"求对方"的程度;而中方努力为人类的知识积累、技术进步做贡献,就是"建长板",代表了努力令其他各方通过中方而获益、增大中方为他方(包括美方)所做的贡献,自然也会增加中方在谈判中的筹码。

谈判者来自哪个国家、谈判者与谈判对手是否来自同一个国家，也会影响谈判结果。比如，来自中国与美国的谈判者都会从竞争、合作的角度理解谈判，代表了相同的认知；但是在此之外，中国谈判者还从层级、关系角度理解谈判，而美国谈判者则从经济利益和冲突角度理解谈判。这样的认知自然也会影响谈判者的行为（Zhang, Liu, & Ma, 2021）。跨国谈判（经常被称为跨文化谈判）中各方彼此了解的基础更薄弱，因此建立共识要比同一国内的谈判更困难一些，在价值创造方面的表现也更差（Liu et al., 2012）。当然，扩展国际业务的中国企业因为身处中国独特的环境，在跨国并购谈判时所希望并购的目标企业特点，自然与很多发达国家的企业不同。比如，中国企业特别青睐于并购具有持续研发能力的企业或者具有国际范围内品牌价值的企业（Ma et al., 2017）。实际上，如果谈判者能够准确把握自己和谈判对手的利益诉求、关注的议题，则完全可以把跨国谈判当成国内谈判来处理（Brett, 2014）。

13.2.3 谈判者行为

相较于谈判者的个人特点、谈判环境因素，谈判者最能掌控的其实是自身的行为。因此，谈判者行为对于谈判结果的影响，对管理者显然更重要。谈判者的首次出价、讨价还价、信息交换等方面的行为，都会影响谈判结果。这充分说明优秀的谈判者并非天生的，而是通过科学的训练培养的。

谈判者的首次出价往往会成为谈判者之间重要的参照点，因此锚定效应（anchoring effect）的效果会显现出来，令最终成交的协议与首次出价高度相关（张志学、王敏和韩玉兰，2006；王敏、张志学和韩玉兰，2008a）。首次出价指的是在谈判各方所有抽象的陈述之外，真正涉及核心谈判议题的讨价还价过程中，任何一方提出的具体立场和建议。尤其是在单一议题（比如交易价格）的谈判中，首次出价的锚定效应极大。虽然在不同条件下锚定效应会有大小之别，但它都客观存在且效果明显。

锚定效应的本质在于首次出价为谈判各方提供了一个重要的参照基准；因此，首次出价除了其水平高低，其他方面的特征只要能够影响参照点作用的大小，自然也会决定其对最终成交价格的影响。比如，首次出价越精确，该价格对最终成交价的影响就越大。这是因为，精确的首次出价能够让其他谈判方感觉这个出价具有非常充分的理由，或者这个出价是经过精确计算而得出的，因此谈判对手更可能认可该首次出价，结果首次出价的参照作用就更大，与最终的谈判结果之间的关联就更密切。

谈判各方在讨价还价的过程中，如果向谈判对手提供的理由更有说服力，其出价、还价往往也会对最终的谈判结果产生更大的影响。谈判是双方或者多方互动的过程。如果某一方能够更准确地理解对方的想法，显然可以改进己方的处境。因此，换位思考（perspective taking），即努力把自己放到对方的处境中去，按照对方的限制条件与追求目标来思考，提前设想对方可能采取的行动、对方在各谈判议题中的相对重要性和偏好方向，显然有助于谈判者取得更好的谈判结果（张志学、王敏和韩玉兰，2006；王敏、张志学和韩玉兰，2008b）。

谈判要想达成双赢的协议，一般都需要谈判者之间进行有效的信息交换，而这就需要一定水平的信任。谈判者如果能够在面对面互动的过程中交换实质信息，如己方在各议题上的偏好方向、各议题对己方利益的相对重要性，这些信息显然就可以用于共同决策（joint decision-making），以寻找双赢的解决方案。谈判者如果能够与自己的谈判对手进行有效的信息分享，双方就更有可能创造价值。信息分享指的是分享双方在事项上的优先级、偏好和本质上的利益追求，因为这些方面的信息在共享后有助于谈判双方共同努力来达成双赢的协议；显然，谈判者在信息分享过程中不应该分享己方的BATNA、底价、企业经营的实际成本之类的私密信息。在认知上具有共赢动机倾向的谈判者更有可能做到信息分享（韩玉兰、张志学和王敏，2010）。

提问也有助于促进信息分享。谈判者如果针对当前谈判中各方的核心利益诉求、各议题对各方利益的影响等向自己的谈判对手来提问，就会鼓励其披露一些信息，也有助于谈判的双赢。这是因为如果谈判各方发现某议题属于匹配性议题，自然就便于达成对所有各方最优的协议；如果谈判各方了解某议题对谈判各方的重要性不同，就可以去"交换"，以某一方比较小的利益损失去换取另外一方特别大的收益，这样在所有谈判者中，谈判所创造的总价值就更大了。当然，这样的行动需要谈判者信任其谈判对手，即相信对方能够照顾到己方的利益，因此不会在掌握了己方在某些议题上的偏好方向、各议题对己方利益的相对重要性等关键信息后做出损害己方利益的行为。

在信任不足时，谈判者可能采用其他的沟通方式来交换信息，也有助于达到逐步增进彼此之间的理解和双赢的目的。比如，谈判者可能同时提出多个潜在的解决方案。一般来说，谈判者提出多个潜在的解决方案时，这几个方案必然同时融合多个谈判议题，而且带来相同或相近的己方利益，所以提出者自身对这几个方案并没有明显的倾向性；于是，提出多个方案供对方选择、排序或者评价，就有利于谈判各方更好地理解各谈判议题对彼此的相对重要性，并据此提出双赢、多赢的解决方案。这种策略被称为多议题要约（multi-issue offers）策略。研究表明，这种策略有利于在信任不足时帮助谈判各方逐步建立起对谈判议题更准确的理解，并最终更好地在谈判中创造价值（Yao et al., 2021）。

13.3 有效谈判策略

理解了影响谈判结果的各类因素，谈判者就可以根据自身的谈判目的，在有科学依据的研究结果的指导下调整自身的谈判行为，争取得到有利的谈判结果。对任何一个谈判者来说，自己即将面对的谈判对手是谁、对方会采取什么行动乃至双方的互动过程，都不在自己的控制范围内。但是"君子求诸己"，谈判者至少可以做好自己该做的事情，这样就增大了实现己方利益的可能性。

13.3.1 谈判前的准备工作

虽然影视作品里表现谈判的时候往往呈现的都是正襟危坐、唇枪舌剑的场景，但其实谈判需要花最多时间的工作都在谈判前,即所谓的"工夫在诗外"。高明的谈判者要在谈判前研究己方和对方的真实利益以及如何将其体现在对应的议题上,努力改进己方的 BATNA,努力研究各议题对双方的重要性,并决定是否先开价,如果开价的话开多少、以什么理由,如果不开价的话应该如何根据对方的价格来还价,等等。

深入研究己方利益。谈判者要想在谈判中实现己方的利益,其前提一定是要充分认识、理解己方的利益,首先一定要弄明白"我到底要什么?",否则,自己努力追求的目标如果并不能实现己方的利益诉求,南辕北辙,肯定无法通过谈判实现己方的利益。想象一下这样一个最常见的场景:当甲公司希望取得乙公司的订单时,甲公司本质的利益诉求是什么呢?很多人往往只关心拿到乙公司的这笔订单可以实现甲公司的销售收入,但实际上甲公司推动这场谈判的利益很可能远远不止销售收入,比如可能包含下面的某项或多项利益诉求:在实现乙公司这笔订单的同时赚取合理范围内尽可能多的利润(一般来说甲公司不会愿意做赔本的买卖);通过与乙公司的合作提升甲公司的技术水平,以及服务客户甚至可能是一种新的类型或者行业的客户的能力;通过乙公司的订单提升甲公司的行业声誉;乃至通过该订单实现与乙公司的长期合作,成为乙公司的战略供应商或者战略合作伙伴,双方一起去开拓最终用户市场,等等。那么,这些可能的利益诉求中,甲公司到底应该追求什么呢?任何参与类似工作的管理者都需要结合企业自身发展的需要及行业形势、谈判对手特点等,进行深入的理解、准备,这样才能在后续谈判中做有利于己方的事情。

谈判者需要在谈判准备过程中仔细、深入、准确地理解己方利益,听起来简直像废话一样,但现实的商业谈判中却经常能看到反例。比如,TCL 收购法国汤姆森(Thomson)公司时,TCL 的核心动机是将双方的电视机业务合并从而成为世界第一的彩电生产企业,并且希望利用汤姆森在欧洲和北美的品牌来扩大其市场。后来这场交易给 TCL 带来了巨额亏损,除电视技术的革命恰巧发生在那一时间点、令该交易更难成功之外,一个重要的原因是对规模的追求无法避免利润上的损失,TCL 没有能力扭转汤姆森的亏损,规模多大也无法持续;而且,当时汤姆森的品牌在欧美市场上恰恰在走下坡路。因此,对谈判利益的错误理解,导致 TCL 推动这场谈判从开头就注定是错误的。反之,京东方在收购 Hydis 时,非常清晰地界定了其诉求在于掌握足以起步的液晶技术和专利,借此进入液晶生产领域。后续,这场谈判为京东方进入液晶生产领域提供了保证,并见证了此后二十年间京东方成为国际液晶行业最重要的厂家之一。因此,准确理解己方的谈判利益诉求,才能确保谈判者知道自己为什么而努力,确保"不在错误的道路上越走越远"。

深入研究对方利益。对方为什么愿意与自己谈判?在某协议条件下,对方为什么愿意跟自己达成协议?该协议是如何让对方满意的?与人们在日常生活中的行为习惯一样,站在对方的立场考虑问题或者说"换位思考"并不容易,谈判者也经常忽略谈判对手的利益诉求。

有一个经典的谈判模拟练习是这样的:你要购买的标的在价值上具有不确定性,在 0~100 元中间的任何一个价位上具有相同的概率;而该标的到你手里以后,可以增值 50%。

你必须在不确定性揭晓前报价,但是对方可以在不确定性揭晓后决定是否接受你的报价。那么,你报价多少呢?严谨的分析表明,这种情况下你应该彻底不报价,因为对方既然可以在不确定性揭晓后决定是否接受你的报价,就可以推断出你在概率上会损失 25% 的价值。就这个案例而言,谈判者就不应该报价,或者只能报价为 0。但是这个结论必须从对方利益的角度进行分析后才能得出。所以谈判前必须分析对方的利益;否则,谈判者很可能采取错误的行动。

研究对方的利益,就需要深刻理解谈判对手所处的环境、受到的限制、其当前在谈判以外的追求,等等,借此理解当前的谈判对谈判对手来说意味着什么。比如,分析美国在中美贸易谈判中的行动,就必须结合美国政府当时的需要、即将进行的选举等。

将利益分解为诸多议题,并准确分析各谈判议题及其对己方和对方的相对重要性。谈判双方的利益需要体现在具体的谈判条款中。为此,谈判者需要分析在各具体条款上己方所希望达成的协议是什么,各条款之间分别可以如何进行取舍,这些条款的组合最终为己方在当前谈判中带来多少利益,等等。同时,需要从谈判对手的角度去研判:对方的本质利益诉求中,这些议题分别有多重要?有哪些谈判议题对对方的利益有极其明显的影响,但是对我方来说并不重要?反之,有哪些谈判议题对我方的利益极其重要,但是估计对对方来说可能并不重要?一旦发现了这样的谈判议题,就有利于双方一起去创造价值,并尽可能在分配价值上占据先机。

正如目标设定理论所揭示的那样,谈判者如果能够为己方的利益设定难度较高、非常具体的目标,谈判者也会更好地实现己方利益。目标就是在假定谈判过程非常顺利、谈判对手非常配合己方利益诉求的情况下,己方所期望能够签署的谈判协议给己方带来的利益。难度较高的谈判目标,就像"跳起来摘桃子",谈判者秉持乐观的现实主义精神,更可能在谈判中获得更大的利益。"取法乎上,仅得为中",谈判者设定的目标并不一定能够实现;但是,目标定得高一些,最后实现的结果,平均来说也会更好一些,比目标定得低的情况下实现的利益会更大。而且,越具体的目标,其引导行为的作用越大,最终与谈判结果的相关性也越强。

持续改进己方的 BATNA。这一策略代表了最本质的商业和管理行动,而且最能体现谈判者的管理水平。在面对潜在客户进行谈判时,很多销售人员都感到不自信,认为甲方有更大的权力;其实,努力去改进己方的 BATNA,销售人员就不再会感到与客户谈判是困难的了。改进己方的 BATNA,本质上就是提升本公司、个人的能力和水平,提供给自己的谈判对手更大的价值,用自身的市场地位、对合作伙伴的贡献来为谈判奠定基础。就销售谈判而言,至少下面三种做法可以改进己方的 BATNA、提升一家公司的谈判地位。第一,在给定的产能下,如果公司开拓了更多的客户,就有了更多的潜在买家。此时,当前所面对的买家的潜在合同对本公司的重要性就下降了,"我求对方"的程度就下降了。第二,如果公司已经在研发、设计上具有独特优势,公司所提供的产品是市场上最能满足客户需求的产品,该公司就在客户面前没有劣势，就如同不同时代中英特尔、高通公司的芯片，此时，往往不是"我求你买"，而是"你求我卖"了。当然，任何一个行业里可能只有少数几家公司才能达到这样的地位。第三，也是更常见的，如果公司在生产制造环节有足够的创新，令其所提供的产品或服务的性价比具有优势，那么该公司就是客户所有潜在供应商中最具优势的一家，同样也不至于因为身为乙方而被动。

在一个比较简单的分配型谈判中，某一方改进了 BATNA 显然就会令其谈判对手处于不利地位。于是我们能够看到，现实商业谈判中很多谈判者设法令自己的谈判对手无法准确地比较各不同选项，从而也就无法清晰地建立、改善其 BATNA。很多买新车的顾客都有这样的经历：自己在确定了要购买的品牌、类型、型号、内饰、颜色以及购车的大致日期等诸多具体事项后，希望在多家经销商（即 4S 店）进行具体的比较时，各 4S 店给出的优惠往往各不相同，有的会赠送一些装饰，有的会赠送几次保养，而且，各 4S 店给出的优惠一般只在一定期限（如一周）内有效，而下一阶段会有什么优惠则不确定，也不预告。这样，潜在的顾客就难以比较这些优惠到底对应了多大的价格或者利益上的好处，从而也就无法决定整体上在哪家店购买更划算。通过这样故意保持模糊的做法，各 4S 店可以避免过分透明的价格令顾客在同行之间进行清晰的比较，也避免了行业整体利润空间的缩小。

在充分研究谈判局势的基础上，确定谈判中的目标、底价和谈判策略。基于上述各种充分的准备工作，谈判者应该比较准确地分析并确定己方的目标和底线，也大致估计谈判对手的目标和底线。此外，谈判者还应该比较充分地了解谈判对手对当前谈判的准备情况、大概掌握了哪些信息，等等。此时，除了"我希望达成什么样的谈判结果"（目标）、"我最差能接受什么样的谈判结果"（底线），还应该分析"我估计谈判各方最可能达成什么样的谈判结果"，即对谈判结果有比较符合现实的估计。在确定谈判目标和底线时，一定要综合考虑己方和对方关切的所有谈判议题，通过这些议题之间的不同组合来尝试如何尽可能高水平地满足己方利益和对方利益。做出这些评估的目的，就是为谈判者既设定较高的目标，又为己方留下足够的回旋余地。

基于这些评估，谈判者还可以考虑己方的谈判策略。谈判策略包括在谈判过程中的很多策略，比如：是否出价；如果出价的话，什么样的出价最有利；以什么样的理由来阐述己方出价的合理性；对方最有可能基于什么样的理由和依据来阐述其立场；对方可能如何反驳己方的理由，以及己方应如何回应；什么样的外部环境可能改变谈判各方的力量对比（即影响各方的 BATNA）；等等。这些准备工作有助于谈判者在谈判进行过程中随时根据对方的行动和形势变化来调整己方策略。

13.3.2 谈判过程中的技巧

当谈判各方终于面对面的时候，你来我往的谈判过程就开始了。这个过程中，彼此的行动自然也会影响谈判结果，所以谈判者应该在这个过程中考虑采取哪些有利于实现己方利益的行动。

是否出价、出价或者还价多少。谈判中是否应该率先出价？这是学生们在学习谈判时最常提出的一个问题，而且对这个问题最常见的回答因为并非建立在学术研究基础之上，所以非常容易产生误导。几乎所有非学术的谈判著作都称"不要先出价，否则对方会抓住你的底线，你将处于被动地位"。这样的看法显然有极其明显的逻辑漏洞。首次出价显然不一定等同于底线，甚至根本不必去接近底线，所以率先出价与暴露底线之间没有任何关联。事实上，因为首次出价与最终成交价之间高度的相关性，如果谈判者能够提出对己方有利的首次出价，则必然会在后续谈判中占据主动并达成对己方有利的谈判结果。

因此，问题的焦点就转变为"谈判者能否提出对己方有利的首次出价"，而对这个问题的回答就取决于谈判者所掌握的信息和准备情况。如果谈判者掌握了比自己的对手更充分的信息，在前面的谈判准备阶段已经进行了深入分析和准确评估，谈判者就应该首先出价；而且，为了更好地实现乙方利益，首次出价可以比己方的谈判目标更高一些，并在首次出价时给出明确的理由来阐明己方出价的合理性。阐明己方出价的合理性，是为了说服谈判对手，让其觉得这个出价应该被接受，或者至少在未来的讨价还价过程中应该得到充分考虑。首次出价比己方的谈判目标更高一些，是为了留下后续让步的空间，让谈判对手感到其在谈判过程中有明显的收获，促成了己方的让步。

当然，有时因为行业惯例，谈判中的某一方不便先出价；也可能因为条件限制，该方在信息获取和准备上必然处于劣势，无法提供一个符合实际情况、符合己方利益的首次出价。这样的情况下，谈判者就更需要保持清醒的头脑，要根据己方所掌握的信息，针对若干关键但信息缺失的节点，分别准备好对应情况下己方大致的目标、底线以及己方出价时可以用的理由。然后，一旦谈判对手出价，谈判者就应该立即还价，并尽力说明己方还价的合理性。这样，谈判者就可以争取让己方的还价在双方讨价还价的过程中起到更明显的参照作用，以便令锚定效应对己方更有利，也就是削弱对方提出的很可能对己方不利的首次出价的锚定效应。

追求己方利益有舍有得，尽可能与对手进行"议题交换"。谈判者"我全要"的想法为的是满足己方利益，却可能让谈判对手感到愤怒。谈判既然代表了谈判者需要其他方的合作才能满足己方利益，那么要实现彼此的利益显然就需要参与各方的共同努力。也就是说，谈判者要想满足己方利益，必然要努力去赢得谈判对手的合作，自然就需要关注谈判对手的利益。"有舍有得"才能达成谈判协议，"我全要"可能令谈判破裂。

有舍有得的具体操作，就是针对不同议题进行交换（或者叫"串换"）。比如，在一个双边谈判中，一旦谈判双方认识到某些议题对彼此的重要性不同，就非常便于在这些议题之间进行交换，各方都在对己方最重要的议题上尽可能实现己方利益最大化，而在对己方次要的议题上让步以令对方取得更大的利益。这样交换的结果，谈判双方都可以因此而获得更高水平的利益，达成创造价值（把饼做大）的目标。这样不仅可以签署对双方都更有利的协议，而且这样的协议也更容易得到双方的自愿遵守,双方后续持续合作的可能性也更大。在谈判中采取这样的做法就达到了"己欲立而立人,己欲达而达人"的效果。

同时给出谈判对手多个对己方等价的方案,请对方从中选择。谈判中的信任有利于有效的信息沟通;在缺乏信任时进行信息沟通就需要用其他方法,而多议题报价的方法有助于谈判各方在不直接说明己方偏好时逐步改进所提出的方案(Yao et al., 2021)。这种情况下的常见做法是,在谈判中己方当前报价的附近,同时制订出多个等价方案(它们对己方的利益实现程度是相同的),然后把这几个方案提供给对方,请对方从中选择,或者至少就这几个方案对对方利益的实现程度如何做出评价。这样的情况下,谈判对手没有任何利己的动机来说谎,也无须防范彼此之间的信息披露。通过这样多议题方案之间的交流,谈判各方虽然没有直接说明各自的偏好、重要性,但是从对这些方案的对比中事实上间接地交换了这些有用的信息,有助于各方一起创造价值。

在谈判中存在重要不确定性时可以签署条件性协议来促进合作与双赢。条件性协议也称相机合同(contingency contract),指的是谈判各方在协议中约定,未来什么情况出现后,各方在利益上可以如何进行调整。条件性协议常见于投资中的对赌协议,比如被收购企业在收购协议签署后的某个时点,其业绩指标达到何种程度时,相关各方如何兑现各自的利益。比如摩根士丹利入资蒙牛、达能收购乐百氏、宁波均胜收购德国普瑞等交易谈判中,都出现了条件性协议。条件性协议有很多优点:它可以推动谈判的进行,避免了谈判各方试图说服对方接受自己对未来情形的预测,有助于管理各方决策和判断中的偏差,也解决了信任不足的问题,因为它可以检测对方诚实与否。此外,条件性协议可以通过各方分担风险来降低风险,而且增强了各方努力合作、令企业经营情况更好的动机。当然,条件性协议需要一定的条件,包括谈判各方会持续交往、协议条款必须明确可测量、对应条款必须是可执行的,等等。

总之,谈判是利益上相互依赖的各方实施的共同决策、互相帮助的行动,各方在利益上既有相同、相似的诉求,自然也存在矛盾。谈判者要想准确地理解影响谈判结果的因素,就必须用到这些扎实的、基于学术的概念,并根据现实需要选用恰当的策略,这样才能在竞争–合作这对矛盾的动机中寻求比较恰当的平衡。

本章小结

谈判者要想达成对己方有利的协议,必须赢得谈判对手的合作。

谈判者追求的是利益,一般不应拘泥于某一具体议题上的立场。

谈判者的利益需要通过在所有相关议题上各自立场之间的组合来实现。

谈判议题分为分配性议题、整合性议题和匹配性议题。

利用好三类性质的议题,有助于谈判各方创造价值。

谈判结果受到谈判者个人特点、谈判局势和谈判行为的共同影响。

有效的谈判技巧要求谈判者在谈判前做充分的准备（如详细分析各议题）并在谈判过程中做正确的事（如恰当地交换信息）。

重要术语

分配型谈判　整合型谈判　最佳备选方案（BATNA）　谈判目标　谈判底线　谈判议题　固定馅饼偏差　创造价值（把饼做大）　分配价值（分饼）

复习思考题

1. 谈判中要了解对方的利益诉求，你可以问对方什么问题？
2. 谈判时先出价好，还是等着对方出价后还价好？
3. 谈判中要达成"双赢"，需要了解谈判议题的哪几种核心类型？
4. 谈判中各自让步、"二一添作五"的做法能带来双赢的结果吗？为什么？
5. BATNA 与谈判底价的关系是怎样的？

中国实践

并购后的先正达

谈判对有些企业的发展来说，不仅是一场交易，还可能代表了重要的战略转型。2017年，中国化工集团与先正达结束谈判、完成交割，先正达成为中国化工集团旗下的一员。虽然当时互联网上唱衰的声音很多，但实际上先正达的创新能力和中国化工集团的央企身份相结合，令重组后的先正达在植物保护、育种、可追溯性管理、生态保护等方面不断开拓。在这场收购谈判前，先正达在全球植保领域的份额为18%，种子业务的份额为7%～8%，但是在中国市场上，这两个份额分别为6%左右和1%。显然，与中国化工集团携手之前的先正达，并未做好中国市场的开拓与发展，所以其显然可以在成为一家中国企业后在中国这个巨大的市场上赢得更高的市场地位。中国农业需要用仅占世界7%的耕地去养活占世界22%的人口，这些人不仅要吃饱，还要吃好，因此农业化工领域具有广阔的发展前景。果然，中国化工集团旗下的先正达越来越好，2021年全年实现营业收入282亿美元，同比增长23%。

中国化工集团对先正达进行了一系列的资产重组与整合。2019年6月27日，新的先正达在上海自贸区注册成立，其植保业务包括了此前先正达中国植保、安道麦中国、扬农化工等几家公司的对应业务，增长非常明显；其种子业务包括了此前先正达中国种业、中种集团、荃银高科、三北种业等的对应业务，销售规模位居行业前列，覆盖玉米、水稻、蔬菜、小麦四大作物品类，为中国的粮食安全和副食产品的丰富做出了贡献；其作物营养业务（即通常所说的"化肥"）以中化化肥为运营平台，涵盖全产业链；其现代农业技术服务平台在努力用好与物联网相关的各种先进技术，为消费者提供高品质的食物，为种植者卖出好价钱，为产业链收集大数据，帮助各方互利共赢，引领农业发展的现代化和数字化创新。

我国最新发布的新基建规划让先正达看到了人工智能时代充分进行研发积累的好机会。先正达针对田间作物和经济作物推出了两个现代农业技术服务平台系统，基于卫星遥感、精准气象、智能传感器等现代信息技术，建立作物生长模型，为33万种植者、330万公顷农田的耕种提供了科学合理的农事建议。先正达还与大疆农业合作，共同开展智慧农业方面的技术研发，并共同开发植保无人机的安全喷药技术和培训课程，测试无人机喷药。

先正达与中国化工集团的谈判，还在微观层面带来前所未有的机会。2021年5月25日，一艘满载巴西大豆的货船抵达中国广东新沙港。这艘船上的大豆属于先正达，因为先正达早期向巴西种植者提供了农业投入品，最终以易货贸易的方式获得了巴西种植者的大豆，然后把大豆直接运到中国。中国每年需要消费1亿吨左右的大豆，其中绝大部分都需要进口。先正达以这样的方式部分满足了中国的大豆需求，也拓展了自身的业务，还为巴西的种植者提供了销售和种植方面的资源。

不仅如此，母公司层面后续的重组令新的先正达有了更大的业务范围和更广的业务平台。2021年，中国化工集团与中国中化集团联合重组（后者源自中华人民共和国成立初即成立的中国化工进出口总公司）。两家公司合并后成立的中国中化控股有限公司规模更大，年营业额超过1万亿元，员工超过22万人，总部设在河北雄安新区。在2022年8月《财富》杂志发布的世界500强榜单中，中国中化控股排名第31位，在化学品行业榜单上排名第1位。在更大的央企平台上，重组后的先正达在中国市场上有了更多的发展机会。

2022年（即交易达成五年之后），先正达在整合了此前中国中化集团、中国化工集团旗下的农业业务后，成为植保全球第一、种子全球第三、作物营养全国第一、数字化农业服务全球领先的一个新巨头。2022年7月，先正达发布了拟在科创板上市的招股说明书，拟发行不超过27.86亿股新股，计划募资约650亿元。如果顺利上市，该项目将成为10年来A股最大规模的IPO项目，这也代表了先正达在投身中国市场后的巨大发展。

资料来源：根据相关资料整理得到。

思考题

1. 先正达在这场谈判后加入中国化工集团阵营并实现了长足发展，那么谈判的外部环境因素起到了什么作用？

2. 从这场谈判的具体协议上看，谈判双方具体在哪些谈判议题上达成了双赢？

3. 在双方谈判后的合作过程中，中国化工集团与先正达分别从哪些方面为对方做出了新的贡献？

参考文献

韩玉兰、张志学、王敏，2010，走向双赢：《动机倾向和信息分享质量在整合性谈判中的作用》，《心理学报》，42（2）：288—303。

王敏、张志学、韩玉兰，2008a，《谈判者第一次出价对谈判破裂的影响：角色的调节作用》，《心理学报》，40（3）：339—349。

王敏、张志学、韩玉兰，2008b，《"将心比心"能促进双赢吗——换位思考在买卖谈判中的作用？》《经济管理》，30（1）：43—48。

张志学、王敏、韩玉兰，2006，《谈判者的参照点和换位思考对谈判过程和谈判结果的影响》，《管理世界》，1：83—95。

张志学、姚晶晶、黄鸣鹏，2013，《和谐动机与整合性谈判结果》，《心理学报》，45（9）：1026—1038。

Bazerman, M. H., Curhan, J. R., Moore, D. A., & Valley, K. L. 2000. Negotiation. *Annual Review of Psychology*, 51: 279–314.

Brett, J. M. 2014. *Negotiating Globally: How to Negotiate Deals, Resolve Disputes, and Make Decisions Across Cultural Boundaries* (2nd ed.). San Francisco, CA: Jossey-Bass/John Wiley & Sons.

Brett, J., & Thompson, L. 2016. Negotiation. *Organizational Behavior and Human Decision Processes*, 136: 68–79.

Fisher, R., & Ury, W. 1981. *Getting to Yes.* New York, NY: Penguin.

Kim, P. H., & Fragale, A. R. 2005. Choosing the path to bargaining power: An empirical comparison of BATNAs and contributions in negotiation. *Journal of Applied Psychology*, 90（2）：373–381.

Liu, L. A., Friedman, R., Barry, B., Gelfand, M., & Zhang, Z. X. 2012. The dynamics of consensus building in intracultural and intercultural negotiations. *Administrative Science Quarterly*, 57（2）：269–304.

Ma, L., & McLean Parks, J. 2009. Differences that make a difference. in S. Hilligsøe & H. S. Jakobsen (Eds.), *Negotiation: The Art of Making Agreement* (pp. 129–151). Copenhagen, Denmark: Academica.

Ma, L., Brett, J., Wang, H., & Zhang, Z. X. 2017. Negotiating with Chinese outbound foreign direct investors. *MIT Sloan Management Review*, 59（1）：89–90.

Yao, J., Brett, J., Zhang, Z.-X., & Ramirez-Marin, J. 2021. Multi-issue offers strategy and joint gains in negotiations: How low-trust negotiators get things done. *Organizational Behavior and Human Decision Processes*, 162: 9–23.

Zhang, Z.-X., Liu, L. A., & Ma, L. 2021. Negotiation beliefs: Comparing Americans and the Chinese. *International Business Review*, 30（5）：101849.

第4篇
领导力与组织运作

第 14 章

复杂环境下的领导力

学习目标

1. 认识领导力以及中国环境的特征
2. 理解中国文化对领导力的发展如何产生影响
3. 掌握领导力的本质
4. 了解环境与领导力之间关系的内涵
5. 熟悉现有的各种领导力类型
6. 学会使用相关理论知识分析领导行为及其有效性

引导案例

传统贸易企业LD公司的转型

LD公司是一家提供物联网智能产品和服务的企业。公司创始人陈总带领公司从传统的贸易型企业转型为具有自主研发能力的科技型企业，打破行业常规闯出一条新的发展之路。2001年年初，LD公司还只是电子商城中的一个柜台，十来个人的规模，主要经营一些小的电子元器件。但是陈总很看好电子产品市场，经过多方比较，他选择了当时世界500强芯片公司德州仪器的某款产品作为突破口。但是，该产品的开发和使用所需的技术难度高，需要提供技术支持。因此，在销售产品的同时，LD公司还需要负责教客户怎么使用产品。

当时，技术门槛阻挡住了大部分的传统贸易企业，它们做不到在售卖产品的同时为客户提供技术服务。而陈总认准了这个方向，并义无反顾地投身其中。他在全国范围内开展了推广活动。首先从潜在使用者入手。陈总与三十多所高校合作，为实验室提供实验盒供学生使用；将使用方法列入高校的选修课程，例如电工技术、电子技术等课程之中；还参与编写教科书，甚至开设新课程。其次，广邀业内工程师参加研讨会，每年在全国二十多个城市进行产品展示和分享培训，由此逐渐打开了半导体相关的电子产品市场，更重要的是培育了新的产品规则。LD公司是业内第一家派技术支持工程师和客户一起开发和调试程序的企业。

这样推广产品的成本非常高。无论是高校计划还是培训计划，没有人能确保回报。但是陈总及其他高管选择了这条与客户一起成长的"非常规"道路。投入两年后，该产品实现了盈利。德州仪器十分认可陈总的努力，让LD公司成为其长期合作商。

元器件贸易如火如荼，虽然利润非常可观，但是LD公司在高速成长期还是遇到了很多问题，例如应收账款的管理、供应商不稳定、员工不满意，等等。这时，陈总做出了一个重要决定：刻意减缓销售速度，让节奏慢下来。这期间，在陈总的主导下，LD公司首先高薪引入某著名芯片公司的高管——一位新加坡籍的职业经理人，请他带领公司向现代化企业迈进。其他措施还包括着力于筛选安全客户，同时建立起内部管理控制系统，如薪酬系统、应收款管理系统、业务流程分析等；进行数字化管控，如 ERP（企业资源计划）、MRP（物资需求计划）等，提升内部管理水平。

2008 年左右，订单很多，利润也非常高，这时陈总及高管团队却屡次开会讨论，决定要将 LD 公司的发展方向从代理半导体元器件转型为独立自主研发产品。陈总入行多年，深知技术和产品更新换代的周期性，而且现场支持工程师的反馈为公司的发展方向提供了重要启示。客户具有很多芯片功能之外的需求，例如保证芯片正常运行的工况需要稳定安全。为了能够更好地满足客户需求，也为了能拥有自己的核心技术和产品，在陈总的推动下，LD 公司开启了自主研发无线传感模块之路。LD 公司每年投入研发的资金都有数千万元，自建模块生产线又额外投入数千万元，经过几年的积累，LD 公司的无线传输技术和产品的成熟度已领先于市场需求。当客户发现自己对无线产品的需求时，LD 公司已经能够为其提供成熟的产品了。LD 公司逐渐成为物联网产品研发、技术应用、服务落地的一站式合作伙伴，目前其自主研发的产品已覆盖无线领域，包括 5G、RF、LoRa、NB-IoT、Cat.1、Wi-SUN、Wi-Fi、BLE、ZigBee 等成熟而全面的无线技术方案。

思考题

1. 你觉得陈总选择代理德州仪器产品的原因是什么？
2. 推广这款产品对陈总来说有哪些困难？他是怎么做的？
3. 在 LD 公司发展的过程中，陈总做了哪些重要决策？
4. 从本案例看，你觉得企业的高层管理者需要具备哪些特质才能有助于企业的发展？

领导者在企业的经营与发展中起着极大的作用，而领导力则展现了领导者影响企业的过程和能力。由于企业领导者直接以推动企业的运营业绩和目标达成为目的，其领导力的有效性与企业内外部环境具有紧密的关系。这就意味着，领导力除具有一些普适性的特征之外，也因其发展的环境背景特征，特别是企业所处的社会文化背景不同而有所差别。过去 20 年来，中国学者在领导力领域的探索取得了丰硕的成果，不仅对国际主流理论做出了贡献，也提出了具有中国特色的领导力理论。本章在解释领导力本质、回顾主流领导力文献的基础上，对中国企业所处的易变性、不确定性、复杂性、模糊性（VUCA）环境和文化环境进行描述，介绍这两种环境下的领导力相关理论，并提出一些理论发展方向和实践思考。

14.1　领导力的本质

领导力（leadership）是组织管理领域非常重要的一部分内容，其相关的研究已经开展了近一百年的时间。领导力概念的范畴较广，可以分别从特质、行为、影响、互动模式、角色关系、行政职位等角度进行界定。有学者认为，领导力是一种影响他人的能力和过程，是通过影响他人使他人努力实现共享目标的过程（Yukl, 2012）。这包括两个方面的内涵：影响他人和实现目标。影响他人意味着领导者与下属之间的一种相互行为，既可以由领导者也可以由下属主导施加影响。上下级之间的相互影响是为了不断地改变，指向双方都期待实现的共同目标。领导力可以促使人们为了一个共同的目标而聚集起来。为了实现这个目标，领导者和下属各负其责，积极主动地去寻求变化。因而本质上，领导力意味着影响力。

领导者对下属的影响包括直接影响和间接影响两种方式。直接影响是领导者通过与员工发生直接的人际互动来传递信息施加影响。间接影响一般有三种传递方式：① 通过领导者树立行为模范来施加。模范的影响作用层层传递给其无法直接接触的较低层级员工。② 通过领导者设计正式的规划和管理体系以及结构的形式来施加。③ 通过领导者对组织文化的塑造而产生。组织文化涉及员工应该持有的共同信念和价值观，由领导者将其明确下来并借助组织的力量传递下去。

领导力的有效性体现在很多方面。最常见的是对"目标"的客观解读，包括组织或团队的目标达成情况，例如营业收入、利润、利润率、市场份额、生产率、股票价格等，以及团队工作过程质量，例如团队凝聚力、合作程度、团队冲突等。另一种有效性评价方法是下属的工作行为表现，例如他们的销售额、产量、差错率等；此外还有下属对领导者的态度，例如对领导者的遵从、尊敬、满意度等。还有一系列评价方法涉及对领导者自身工作过程的评价，例如决策质量、职业晋升状况、连任状况等。需要注意的是，这些评价方法的有效性有的在领导者施加影响后马上就可以测量，而有的则需要滞后测量。

虽然"领导"被认为和计划、组织、控制一道同属于管理的四项基本职能，但领导者和管理者还是具有很大差别的。正如 Bennis 和 Nanus（1985）所说，管理者是正确地做事，而领导者则是做正确的事。Kotter（1990）具体提出：领导者设定愿景和战略，关注未来，而管理者则基于此制订和执行计划，关注当下；领导者通过共享愿景凝聚下属，强调激励；而管理者则通过沟通和控制将下属组织起来，强调约束；领导者追求变化，而管理者则保持稳定。总之，领导者把握方向，注重灵活性、变化、适应；而管理者则注重执行，强调稳定、秩序以及效率。

14.2 主流的领导力研究和观点

领导力领域的研究文献围绕"什么样的领导是有效的"这一问题展开了长期的探讨。其从特质理论、行为理论、关系理论、权变理论、价值导向理论和复杂理论等视角解读并探讨了实现领导有效性的方法。按时间划分，早期（20 世纪 30—40 年代）以特质理论为主；中期（20 世纪 50—90 年代）以行为理论、关系理论和权变理论为主；后期（2000 年后）以价值导向的领导力理论以及复杂环境导向的领导力理论为主。

特质理论认为具有某些领导特质的人是天生的领导者。研究者相信领导者与非领导者的区别在于他们身上具备一些个人特质，其决定了他们的成功。他们初期对领导者的表面特质，如样貌、精力、社会背景因素等展开研究，后来聚焦于能力、个性、动机等深层特质，例如智商、进取心、自信、成就动机等。虽然研究者的初衷是想确认领导者必备哪些特质，以便选拔和训练领导者，但研究得出了一百多项特质，却无法证明哪项特质可以严格区分领导者和非领导者。学者和业界对领导者特质的兴趣不减，并一直持续到今天。例如，IBM 甚至推出了"三环模式"评价领导力素质："对事业的热情"为环心，"致力于成功"为第一环，"动员执行"为第二环，"持续动力"为第三环，这三环都围绕环心运转。

由于特质理论的解释效力不足，学者们从 20 世纪 50 年代开始转向研究领导者在工作中具体做什么，以及哪些行为是有效的。领导行为理论派别的核心观点认为，领导有效性与领导者具体的行为方式有关。因此学者们致力于寻找哪些类型的领导行为有助于效率提升。从 40 年代末开始，学者们将领导行为分为任务导向和人际导向两个维度 [例如俄亥俄州立大学关于关怀（consideration）和定规（initiating structure）的研究，密歇根大学关于员工导向（employee-orientation）和生产导向（production-orientation）的研究]，认为领导者的主要目标是实现人员有效性和任务有效性。直至 80 年代，学者们侧重于从不同方面提出很多不同类型的领导行为，如交易式领导力（transactional leadership）、变革式领导力（transformational leadership）、愿景式领导力（visionary leadership）、仆人式领导力（servant leadership）、授权式领导力（empowering leadership）等。这些具体方法满足员工能力发展、被尊重、自主性等需求，从而实现任务目标和领导的有效性。例如，交易式领导者会借由明确的任务及角色的需求来引导与激励下属达成组织目标；变革式领导者展现出"远景激励""感召激励""智力激发"和"个性化关怀"四大关键行为，通过使下属认识到任务的重要意义来激励其超越个人利益，为实现集体目标而努力。同期，学者们还提出了领导成员交换（leader member exchange）理论，其是指领导、成员之间基于关系的社会交换。它以领导者与下属之间的关系质量为核心，属于关系型领导力。这种视角强调人与人之间丰富的关系，注重领导者与下属的社会属性。

领导行为理论和关系理论具有一定的解释效力，但是学者们也观察到在不同情境下领导行为的有效性存在差异，从而提出了权变的观点。权变的观点认为领导行为的有效性依赖于情境，需要与所处的情境相匹配。例如，费德勒（Fiedler）的权变理论认为，领导行为需要与上下级的人际关系质量、任务结构的特点、领导职位权力这三类情境相匹配。后续还出现了赫西和布兰查德（Hersey & Blanchard）情境领导理论、路径－目标理论、弗罗姆－加哥（Vroom-Jago）权变模型等权变理论，它们都是围绕工作中的具体情境设计不同的领导行为方式。权变理论的核心观点是，领导行为需要结合其所处的情境综合判断才能得出其有效性程度。

20 世纪 90 年代到 21 世纪出现了一些新的领导力模式。由于长期而言，领导者的行为能够充分反映其内在的价值倾向,因此这些新的领导力并不仅仅停留在行为层面,而是更多地展现出特质性的价值导向和领导者个人的修为,例如道德领导力(ethical leadership)(与规范相符合的个人行为和人际关系)、真实领导力(authentic leadership)(了解并且按照自己的真实价值观、信念有所行动,同时也帮助他人这样行动)、谦卑领导力(humble leadership)(涉及自知局限、欣赏他人、追求进步的行为)。福耀玻璃的曹德旺就展现出了道德领导力。根据胡润慈善榜的统计,截至2022年,曹德旺个人捐款已累计达到110亿元。他认为:"拥有财富,也是背负责任。""作为企业家,我始终认为我的成功不是我个人的,我的成功应该成为国家的一笔财富,不能作为我的个人财产。"具有谦卑领导力的领导者能够拿自己的错误当反面教材,能够开放地沟通而非试图说服别人、证明自己。这些领导力背后所体现的价值导向在上下级长期互动的过程中能够清晰地传递给下属。下属会确信这样的领导者值得信赖,其道德准则、行为动机值得尊敬。相比上一阶段的领导行为理论,这一阶段的领导力体现出领导行为表现具有价值倾向或道德偏好,更加具有时间的一致性与稳定性,员工所受到的影响也就更具有持久性。

此外,由于领导者所面临的组织环境呈现出越来越复杂、动态、模糊的特点,领导者面对这样的环境不但需要维持稳定的价值导向,还需要实施更复杂的具体应对行为。虽然权变的观点考虑了环境因素对领导力有效性的作用,但是这些环境因素被确定为组织内的员工、任务、结构等相互独立的几个方面。内外部组织环境的复杂化直接对领导者提出了挑战。为了应对环境中各种力量的综合作用,学者们提出,领导者需要转变思维模式,以及运用复杂性领导力和矛盾领导力。转变思维模式是领导者能够应对瞬变的环境,带领组织获得成功的先决条件。复杂性领导力和矛盾领导力则聚焦于由环境中的多方因素构成一个整体所产生的复杂状况及其应对。

2000年之后,中国学者开始就领导力问题开展诸多的实证研究,是在既有的领导力研究范式框架下探讨各种类型领导力的中间机制和边界条件。他们使用中国样本验证了这些领导力在中国环境下的适用性。在此过程中,学者们的一些研究观点或发现也反映出中国文化的特点。例如,中国员工很看重与领导之间的关系,领导的行为更可能会通过影响上下级关系而影响员工,例如变革式领导力会通过提高领导成员交换关系而影响员工绩效(Wang et al.,2005)。其实,变革式领导力可以理解为在单一目标指向下兼具不同甚至对立的行为焦点,例如为了取得变革成功,变革式领导者会针对员工个体和团队整体分别采取不同的行动(比如,Dong et al., 2017;Wang & Howell, 2010)。同时,也有少数华人学者开展了本土化的领导力研究,例如水样领导力、家长式领导力、矛盾领导力、辩证领导力、谦卑领导力等,下文将着重介绍。

由以上领导力研究的发展过程可以发现,除了特定变革环境下诞生的变革式领导力、权变视角和复杂环境下新领导力的探索,其他领导力的有效性似乎与组织环境并无太大关联,或者说这些领导力在不同环境下可能都具备一定的有效性。当前的中国组织环境日益显现出

VUCA 的特征,对传统企业产生了巨大的威胁。同时,中国的社会文化与西方文化存在显著差异,这一定程度上也会决定领导者和员工的价值及行为偏好。因此,中国领导者需要采用各种方法来有效应对。下面对中国企业所处的环境进行简单的梳理。

14.3 中国企业的环境特征

任何企业都无法孤立存在。企业外部的环境对企业具有重要的影响。环境为组织提供了生存和发展所必需的各种条件,同时也对组织的活动提出了相应的要求,起到了约束或制约的作用。

14.3.1 中国环境的VUCA特征

中国企业当下的外部环境呈现出 VUCA 的特点。在全球化背景下,环境中的各种因素发生持续的变动。例如,宏观经济增长的波动性增强,政治因素对经济和产业发展的影响力度变大,自然资源因为过度使用而愈发匮乏,技术更新迭代的频率加快,各类信息的传播范围变广、传播速度加快,劳动力构成日益多元化,等等。这些环境因素复杂且多变,模糊且不确定,大大提高了维持组织竞争优势的难度。

面对环境带来的挑战,作为组织管理中的核心力量,领导者首当其冲,而中国企业的领导者经受着更为严峻的挑战。例如,社会和环境对中国企业产生的影响越来越持续,并成为组织生活的一部分。如果追求组织的可持续发展,就需要在保证经济绩效的同时兼顾对环境和社会的责任,这大大增加了组织的管理难度。此外,自然资源和环境容量的有限性进一步对传统中国企业提出了更高的要求。中国企业需要在资源使用方面提高效率,甚至改变生产或业务模式。当前数字经济的迅速发展对传统中国企业的生存和发展进一步提出巨大的挑战。使用信息技术实现业务和管理的升级、用数字化重新赋能企业,成为使中国企业恢复和提高竞争力的绝佳契机;但同时,数字化也给中国组织内部带来了颠覆性的改变,例如信息技术与传统技术的整合、业务流程的重塑以及管理工具数字化带来的人文伦理问题。最后,90后、00 后作为新生代员工进入中国企业并逐渐成为中坚力量,他们的做事方式和价值观念极具个性化,表现出叛逆甚至反传统的特点。如何有效管理这些新生代员工对中国管理者提出了更高的要求。

14.3.2 中国环境的文化特征

中国环境中还存在一个具有独特性的要素——文化。延续了五千多年的中国传统文化影响着每一个人。领导者在具体的管理工作中会使用现代组织管理理论所提炼的管理技能和实践方法,或者自己摸索总结。这些实践会反映出领导者对人际互动和社会群体的人文理解及管理思想,而这些又往往来自传统社会文化的深厚积淀,并渗透在领导者的具体工作行为之中。例如,在西方文化下成长起来的个体具有鲜明的平权、自主等文化价值特征,更可能表现出授权式、参与式领导行为；而在东方文化下成长起来的个体具有阶层性、关系差序性等文化价值特征，更可能表现出威权式、施恩式领导行为。

中国传统文化思想以儒家思想和道家思想为典型代表。儒家学说中的"仁"和"礼"是儒家思想的核心，体现出重视人与人之间的关系和个体的伦理道德规范，强调修身的重要性（陈来，2020）。其中，儒家学说主导的关系论包含两个特点：一是重视等级和纪律，突出上位者的权威，反映出忠孝合一的"君臣父子"思想；二是重视人际关系之间的相互性，尤其注重人际关系的处理，尊重他人是获得他人尊重的前提，这体现出儒家思想中人际关系之间"社会交换"的互惠性和利他性，即"互惠互报"（Yang，1957）。儒家学说主导的伦理道德观念关注自身的道德修养，即克己复礼，以修其身（陈来，2020），强调上位者对自己的德性规范，追求"修身齐家治国平天下"的德治思想，并突出上位者作为下位者的道德模范所起到的重要表率作用以及所产生的潜移默化的影响，即"道德教化"（汤勤福，2012）。此外，对领导者而言，谦卑（谦逊）是成为"君子"的重要条件，具体表现在三个方面：一是温和有礼的自身修养，谦谦君子"有才而不骄，得志而不傲"；二是与他人交往的"立人达人"，如孔子所提出的"己欲立而立人，己欲达而达人"（《论语·雍也》）；三是对待未知的开放态度，坚持"敏而好学，不耻下问"（《论语·公冶长》）。

道家学说认为"阴阳"是推动自然现象规律变化的根本因素，并且提倡采用对立统一的视角看待世界。作为道家学说的核心，阴阳观反映出道家的朴素辩证主义，包含三个重要内涵（Fang，2012；Li，2014）：第一，阴阳观强调事物的双元性，认为任何现象都由两个相反相成的元素，即阴和阳组成，缺一不可，由此强调道家采用整体的视角看待任何事物和现象，认识并接受矛盾的普遍性和一体性。第二，阴阳观暗含事物之间的关联性，提出矛盾对立双方相互依存的关系，任何一方都无法脱离另一方而单独存在，即矛盾不但相克而且相生，不但相悖而且互补，不但对立而且统一。由此，道家认为矛盾现象或事物之间存在着普遍且恒久的相互对立和依赖关系。第三，阴阳观强调矛盾的动态性。道家认为事物和现象是不断变化的，组成矛盾双方的两个对立元素会在现象发展的过程中始终此消彼长、相互转化，实现动态平衡。因此，道家强调采用动态的眼光看待和分析现象，基于变化规律认识事物，平衡矛盾，解决问题。

当代学者基于道家学说发展出东方辩证思想，认为事物是不断变化、动态灵活的，其中的矛盾性是永恒存在的，对立的两极和谐共存；事物之间是普遍联系的，强调在认识和理解事物时既要关注事物本身，又要整体考虑其所处的环境所带来的影响，体现了整体的观点（Peng & Nisbett，1999）。

总结来说，儒家思想基于其"仁""礼"核心，塑造了中国人独特的等级观（高权力距离）、人际观（关系）和美德观（克己修身），成为中国影响最为广泛的传统文化思想，对"家长式领导力"和"谦卑领导力"的出现及发展具有深远的意义。而道家思想追求探索和认识自然规律，其阴阳论形成了中国哲学区别于西方哲学的矛盾观，是中国特有的看待事物的对立统一视角、动态平衡视角和大局意识，对"水样领导力""矛盾领导力"和"辩证领导力"的形成及发展具有重要的影响作用。

14.4 适应VUCA环境的领导力

美国学者（Uhl-Bien, Marion, & McKelvey, 2007）基于知识时代下环境快速变动的前提发展出复杂性领导力（complexity leadership）的概念。复杂性领导力是一种行动组合的复杂交互，以便更好地利用复杂适应系统（complex adaptive systems, CAS）中的动态能力，包括执行性领导力（administrative leadership）、适应性领导力（adaptive leadership）和赋能性领导力（enabling leadership）。执行性领导力指的是个人承担正式的管理职责而计划和协调组织活动的行动；适应性领导力是在社会系统中涌现的一种能产生适应性结果的交互式动力；赋能性领导力是通过创造赋能性条件刺激适应性领导力涌现和发挥作用的CAS动力，这种领导力体现出领导者带领组织适应环境的适应力。

在VUCA环境下，高层领导者的思维模式对企业的成功起着重要作用。思维模式（mental models），是人们对世界上的特定系统和对其期待的行为所持的理论，影响人们如何诠释经验、应对他人和环境。达夫特（2011）提出从四个关键的方面培养领导者的思维。

第一，独立思考。指的是根据自己的信仰、想法和思考，而非事先建立起来的规则、常规或别人限定的类别来质疑假设、解释数据和事件。独立思考的人愿意提出自己的意见和想法，并根据自己的想法而不是别人的想法来决定行动方针。优秀的领导者不会遵循他人的做事规则，而是会按照自己的信念，采取对组织最有利的方法和措施。

第二，开放式思维。指的是摒弃我们已经习惯性地认为正确的各种类别的思维模式，把成见放在一边，暂时搁置自己的意见，以开放的态度接受新想法。当人们根据过往的经验认为自己对某事已完全了解时，就可能会拘泥于过去的某种事实，拒绝考虑其他可能性或从不同角度看待问题，从而表现出一种"不作为"。领导者应该忘掉许多习惯性的想法，这样才能以开放的态度接受新想法。

第三，系统思维。指的是着眼全局而不只是各个独立的部分，学习加强或改变整个系统模式的能力。一个复杂系统（如一个组织）可以被分解成几个部分，如企业中的营销、人力资源、生产等，使每个部分都能很好地运转，从而解决问题。但是，每个部分的成功叠加起来并不一定能保证整个系统的成功，关键在于整个系统的各部分之间形成有效的关联。系统思维使领导者在相对长期的框架下关注整个系统的运转方式，以及那些与整体效果有关的节奏、流程、方向和关系网络。对系统思维的培养可以通过认识因果关系的循环，使领导者合理配置资源，以及学会通过强化反馈来影响整个系统。

第四，自我控制。领导者在成长和学习的过程中进行自我控制，可以使自己的领导才能得以充分发挥。自我控制包含个人视野、面对现实的能力和保持不断创新的紧迫感这三大要素。能够自我控制的领导者对理想的未来有清晰的目标，并为实现这一目标而努力。面对现实的能力是指坚持事实。领导者期望通过事实的引领作用对自身、对组织系统以及对管理工作形成更深刻的认识。自我控制的领导者还承认并正视现实与理想之间的距离，并且勇敢面对，这样可以激励他们坚定信心、勇往直前，不断缩小差距，推动现实不断向理想靠近。

14.5 根植于中国文化的领导力

自 2000 年以来，学者们对根植于中国文化的领导力进行了广泛探讨，迄今为止主要涉及家长式领导力、谦卑领导力、水样领导力、矛盾领导力、辩证领导力。

郑伯埙等学者基于中国传统文化中的儒家与法家伦理建立了家长式领导力。Farh 和 Cheng（2000）将家长式领导力界定为：在人治的氛围下所显现出来的具有严明纪律与权威、父亲般的仁慈及道德廉洁性的领导方式。在这个定义之下，家长式领导力包括三个重要的组成部分，即立威（authoritarianism）、施恩（benevolence）及树德（morality）。立威行为体现了家长式领导者严厉的一面，强调领导者在组织中的地位不可动摇，不能容忍下属的公然挑战和质疑，要求下属对自己绝对服从和忠诚；施恩行为则体现了家长式领导者仁慈的一面，他们关心下属的想法，帮助下属解决困难，个别、全面而长久地关怀下属的个人福祉；树德行为体现了家长式领导者为了成为下属眼中无私奉公的典范，会尽可能地避免可能会招致道德质疑的事情和做法，公私分明，以身作则。这三个行为维度分别对应下属的感恩图报、认同效法与敬畏顺从。家长式领导力是一种类似父权的作风，拥有清晰而强大的权威，但也具有照顾、体谅下属以及道德领导的成分。

中西方文化对谦卑存在不同的理解，中国传统文化中的道家思想和儒家思想仍然是中国谦卑文化的核心来源。鉴于此，冯镜铭、刘善仕和吴伟炯（2021）基于文化内涵，参考《易经》、道家学说和儒家学说对谦卑的诠释，以"对自我谦卑–对他人谦卑–对未知谦卑"的框架建构了中国本土化谦卑领导力。对自我谦卑表现为"以阳居阴"的行为，要求领导者"闻过改善"，即认识到自身的缺点和过错以后马上改正，并且"得志不骄"，即取得成功或身处高位时不骄纵，保持低调；对他人谦卑表现为"立人达人"，指领导者需要在人际交往（通常是领导者与下属的交往）中谦以待人；对未知谦卑表现为"敏而好学"，要求领导者在对待未知事物（主要体现为新知识或新观点）时以开放的态度行事。

道家学说中"上善若水"的观点对领导者的特征有直接的启示。黎岳庭等（Lee et al., 2008）用水的特征来类比领导者，提出水样领导力或者道家大五领导力（Daoism big-five leadership）。第一，利他（altruistic）。所有的生物机体都依赖于水，没有水谁都无法存活，但是水却无所索取。领导者应该利他，对所有的外物都施以帮助。领导者的终极目标应该是无私地服务于他人，而不是获得个人利益或者他人的感激。第二，谦逊（modest & humble）。水总是从高处流向更低的地方。虽然它滋养万物，但从不与人竞争。谦逊对领导者来说非常重要，因为谦逊的领导者能够接纳人们各种各样的目标，获得人们的信任，从而吸引具有各类才能的人聚集在他周围。第三，适应性和灵活性（adaptable & flexible）。水可以在容器中变成任何形状。这种适应性和灵活性是领导者的智慧所在。好的领导者可以根据环境和状况随时自我调整。可能并没有什么万能的管理方法，最佳原则就是灵活应变，在当下找到最合适的方式。第四，透明和清晰（transparent & clear）。水自身干净透明。人们天生纯真而诚实，是社会环境和竞争使他们变得浑浊。领导者可以做到对下属诚实、透明。诚实、透明是现代管理中所关注的重要的道德成分。第五，柔软温和且坚韧有力（soft & gentle but persistent & powerful）。滴水可以穿石，经年以后，最坚硬的岩石也会变成山谷。领导者的风格也可以柔软温和且坚韧有力。柔软使领导者可以忍耐各种各样的环境，从而积蓄力量。

基于道家的阴阳学说，张燕等（Zhang et al., 2015）提出了矛盾领导力。道家的阴阳强调环境复杂多变，各方实体具有多种多样的需求。领导者身处其中，首要的努力就是在各方实体之间寻求最佳平衡。其中以对立冲突的需求最难把握。因此，矛盾领导力立足于组织中的对立需求，以中国传统哲学中对阴阳对立、互补、转化关系的阐释为理论基础。它指的是看似对立实则关联的，可以同时和长期满足对立需求的一组领导行为。由于领导者所面临的需求挑战在不同场景中差异很大，领导者在不同的场景中所平衡的矛盾内容也不尽相同。矛盾领导力进而可分为团队层次上基于人员管理的一组领导行为（Zhang et al., 2015）和战略层次上基于组织长期发展的一组领导行为（Zhang & Han, 2019）。

在具体的员工管理过程中，矛盾领导行为就是为了应对来自组织和员工的对立需求而展现出来的一组领导行为。从组织结构来看，领导者处于高层级位置，是施加影响的中心主体，需要带领团队达成要求的任务目标；而对于员工个体来说，他们处于相对低层级的位置，也希望能利用自己的专长施加影响，并满足自己的各种需求。因此，矛盾领导行为有以下的具体表现：整合自我与他人中心，既保持距离又拉近距离，既同等对待下属又允许个性化，既强制达到工作要求又允许灵活性，既维持决策控制又允许自主性。这样的领导行为既可以增加员工的主动性行为、创造力和创新行为，也可以推动团队创新。

在组织层面的管理中，最高领导者或者创始人首先会确定企业存在的意义，这会影响他们对企业的行为逻辑。例如，企业可以被看作实现盈利或股东价值最大化的工具，也可以被看作员工共同成长和发展的平台，还可以被看作为社会提供服务的载体。根据对企业的不同理解，最高领导者既可以选择关注企业的长期健康发展，也可以选择只考虑企业的短期收益。如果是后者，领导者的行为逻辑将会是不断寻找容易快速变现的方法、评价企业的盈利能力和判断终结企业的必要性。如果是前者，领导者将会更加注重企业能否发展得更为长久，甚至成为"百年老店"。在这种思维框架下，他们会更多地考虑企业决策和行为在跨期情境下的有效性，以及企业生存环境的发展变化对企业本身的影响。

基于组织长期发展的矛盾领导行为就是为了应对组织试图长期发展的过程中所遇到的矛盾——现在和未来的矛盾以及组织和社会环境的矛盾（Zhang & Han, 2019）——而提出的一组领导行为。从时间维度来看，组织的核心问题是当下的生存，一些行动在短期框架下是最优的，但不能保证在长期框架下也是最优的。从组织-环境关系维度来看，组织与环境之间存在竞争性需求，例如组织和股东受益的行动并不一定对整个商业生态系统是有益的，即组织的利益和需要与组织外部单位和经济系统的目标存在冲突。为应对现在-未来的矛盾，高层领导者需要维持业务的短期效率，同时为长期业务发展做准备；高层领导者还需要维持组织的稳定性，同时提高管理灵活性以支撑业务的短期和长期需求。为应对组织-环境的矛盾，高层领导者需要同时关注股东和利益相关者群体，并保证能在"顺势"的同时"造势"。在领导者这样的努力下，企业在长期绩效表现，例如研发投入、创新等方面较为突出，以支持其长期持续发展。

这些矛盾领导行为与既有领导力的描述差别很大，它们都具有双向行为特征（Zhang et al., 2015; Zhang & Han, 2019）。领导者采用长期的动态视角通过这样的方式来满足对立需求。在长期的框架下，他们表现出既对立又互补，还可以相互转化的行为。这些双向行为相互联系统一，保持动态平衡，从而实现对矛盾的动态管理。

王辉等（2023）基于东方文化中的辩证思维提出了辩证领导力。辩证思维是个体关于矛盾和变化的隐性理论及认知方式，包含矛盾、变化和联系三个基本原则（Peng & Nisbett, 1999）。辩证领导力综合概括并细致阐释了东方辩证思维在领导行为上的体现，指企业高层管理者以动态的眼光看待环境中的变化和下属的差异，以全局观念领导企业的协调、运作和发展，以矛盾整合的方式调整企业战略和管理员工的领导行为（王辉等，2023）。根据辩证思维的矛盾、变化和联系三个基本原则，辩证领导行为涉及适时调整、因人而异、恩威并施、权衡矛盾、注重协调、全局管理。具体而言，适时调整指能够基于企业内外部环境的变化，对企业战略、目标和行动方针做出适时调整；因人而异指对待下属的管理方式会因时、因地、因人而异；恩威并施指领导者在领导下属时平衡地采用看似矛盾的领导风格，如奖励与惩罚；权衡矛盾指领导者在相互矛盾的企业目标、战略和行动之间进行权衡，根据具体形势的变化不断调整，从而实现动态平衡；注重协调指领导者注重企业内各个部门、环节之间的关联，推动各环节协同合作；全局管理指领导者在分析和应对企业所面临的问题时，综合考虑相关的各个方面，从企业全局的角度出发权衡利弊，采取合适的应对方法。

以上五种中国本土领导力体现了深远的文化内涵，具有鲜明的中国特色，并且在中国文化环境下展现出有效性。其中，对家长式领导力和矛盾领导力的探讨还展现出其鲜明的跨文化适用性。家长式领导力在亚洲国家（如韩国、印度尼西亚、印度、巴基斯坦等）、横跨欧亚两洲的土耳其，以及北美洲的墨西哥比较常见（比如，Scandura & Pellegrini, 2008）。学者们在多个国家，如德国、荷兰、西班牙、新西兰、巴基斯坦、韩国等对基于人员管理的矛盾领导行为开展研究（比如，Shao, Nijstad, & Täuber, 2019），体现出其高度的跨文化普适性。

在中国文化情境下发展起来的这些领导力概念能否应对当前高度复杂的组织环境呢？根据上文所阐述的，东方阴阳观强调了对世界动态变化的、联系的、整体的认知，总结出复杂多变的现象中不变的规律。矛盾领导力和辩证领导力将这些观点应用到组织管理的具体方面，从矛盾角度和辩证角度呈现出对事物的认知以及所做出的应对。因此，这两类领导力应该可以适用于当下复杂多变的组织环境。

综上，在当下 VUCA 的组织环境中，中国领导者可以运用中国传统文化中的观点和思维，了解、顺应和驾驭环境中内在不变的规律，带领企业与环境共同演进。

14.6 领导力理论发展的未来与对实践的意义

虽然领导力的研究成果非常丰富，但是其理论发展仍然具有广阔的空间。首先，领导力研究分层、分事项的趋势渐显。现有的领导力类型绝大多数并没有考虑领导者层级，而是从不同层级领导者的通用特征展开探讨。例如，任务导向或人际导向的领导力在各个层级的领导者中都或多或少有所体现。还有一些领导行为，例如愿景式领导力、基于组织长期发展的矛盾领导力属于高管层面领导者所展现的领导力。然而，学者们对战略领导力的探讨相对较少。为了更清晰地认识不同层级领导者的卓越表现，未来有必要分析其工作中各自面临的任务和困难，从而总结出不同层级的领导者所侧重的领导特征。这一研究方向对实践中的领导者，特别是从基层逐步晋升到中层甚至高层的领导者有很重要的启示。基层领导者更倾向于任务执行、事务协调、人员激励、团队建设等工作，而越到高层级，领导者就越需要脱离具体事务，培养大局意识，注重整体效率，并且对企业的发展具有前瞻性的把握。有些基层领导者在工作中表现得非常优秀，也能很好地带领团队，但是到高一层级就难以胜任，这里的关键问题就在于高层角色对领导者的要求发生了重要转变。所以基层领导者需要关注自身相关素质和能力的培养，以期未来胜任高层级的领导者职位。

其次，针对组织内的特殊事项，领导者可能也需要实施专门的领导行为。例如，基于人员管理的矛盾领导行为就是专门针对人员管理中领导者所遇到的矛盾；针对组织双元性（ambidexterity）问题，学者们也专门设计了双元领导力（ambidextrous leadership）。组织环境中还存在很多专门化的问题有待学者们去探索相对应的优异的领导力表现。在实践中，领导者可能会遇到比较复杂的专门事项或者环境。例如，在全球化管理中，领导者需要考虑母公司和子公司所在国文化、制度等各方面的不同要求，进行多方面的权衡。再如，在项目管理团队中，由于项目的短期性，领导者在项目团队中的作用和影响力机制不同于传统的永久性团队。时间对资源的组织效率、项目质量的控制和团队凝聚力等都形成制约作用。领导者要想在这些专门事项下发挥其影响力并确保有效性，从思维到行动都需要进行重要转变，调整既有的固化认知，接纳并整合新的条件，寻找恰当的行为方式。

对高层领导者的特质理论研究具有发展潜力。高层领导者不只是对直接下属产生影响，更重要的是对整个企业和所有员工都产生影响。他们并不是通过直接的互动对普通员工产生影响，而是通过将信念、价值倾向等融入演说、制度设计之中而影响广大员工。这些方面也将会成为刻画企业特征的重要部分。学者们对高层领导者特质类研究的探讨还比较少，未来可以从高层领导者战略谋划、推动实施、大局意识、危机意识、前瞻意识等方面挖掘其独有的特点。实践中的高层领导者在掌管企业大局、进行战略决策时，应放下小我，例如压制自己的个人需求，建构大我，将企业的成功设立为自己个人追求的目标，持续不断地学习，使自己有能力带领企业不断前进。

数字经济的增长和人工智能技术的发展对企业环境产生怎样的影响仍不明确。数字技术可能会使企业内部的组织方式发生颠覆性的变化，包括改变生产工具、生产方式和生产流程，传统的组织管理方法将面临巨大的挑战。例如，网络技术的发展使信息传递呈多点发散且无界的状态，与自上而下的信息控制机制相悖。如何既维持领导者传统的管理职能，又顺应并利用技术带来的便利是领导者需要思考的问题。数智时代呼吁更具前瞻性、探索性、包容性的领导力出现。在实践中，领导者首先要了解数智化本身的特征，例如组织内信息的共享性、即时性、透明性；其次要了解算法背后的设计逻辑，例如是自上而下的控制型设计还是自下而上的涌现型设计；最后，要梳理这些与传统组织结构和管理流程中的冲突之处，思考其可能相容、整合的方法，以进一步提升管理效率。

本章小结

领导力是领导者通过影响他人而使他人努力实现共享目标的能力和过程。领导力既体现领导者影响他人的能力，也是为完成任务和达成目标而与他人互动的过程。领导力即意味着影响力。

领导力的有效性体现在很多方面。首先体现在对"目标"的客观解读上，包括组织或团队的目标达成程度和团队工作过程的质量等；其次体现为下属的工作行为表现以及下属对领导者的态度；最后体现在领导者做出决策的质量、本人的职业发展等方面。

领导者与管理者存在很大的差别。领导者把握方向，注重灵活性、变化和适应变化等；管理者则注重执行，强调稳定、秩序和效率。

领导力研究可以分为特质理论、行为理论、权变理论、价值导向理论、复杂环境导向理论五个主要部分，这些理论从不同的角度探讨领导力的特征以及效果。

中国企业所处的环境既包括中国传统文化的特点，又包括 VUCA 的特点，从而使得中国企业的领导力具有不同于西方企业领导力的特征，发生作用的机理也有所差别。

在 VUCA 环境下，高层领导者的思维模式对企业的成功起着重要的作用。思维模式是人们对世界上的特定系统及其期待的行为所持的理论，影响人们如何诠释经验、应对他人和环境。面对 VUCA 环境，领导者需要培养独立思考、开放思维、系统思维和自我控制的能力。

儒家学说既重视等级和纪律并突出上位者的权威，又重视人际关系的处理和对他人的尊重，还关注自身的道德修养，主张与人为善，而且对待未知持开放态度，并坚持学习。因此，中国文化下出现了"家长式领导力"和"谦卑领导力"的概念。

道家学说强调采取整体的视角看待任何事物和现象，认识并接受矛盾的普遍性和一体性；主张矛盾对立双方相互依存的关系，相悖而互补；道家的阴阳观强调矛盾的动态性。这些思想使得"水样领导力""矛盾领导力"和"辩证领导力"概念和理论出现。

家长式领导指的是兼具严明纪律与权威、父亲般的仁慈及道德廉洁性的领导方式。家长式领导包括立威、施恩和树德三个成分。

谦卑领导力从对自我谦卑、对他人谦卑、对未知谦卑三个方面展现领导者为人处世的态度。

水样领导力包括利他、谦逊、适应性和灵活性、透明和清晰、柔软温和且坚韧有力五个方面。

矛盾领导力指看似对立、实则关联的，可以同时和长期满足对立需求的一组领导行为。由于领导者所面临的需求挑战在不同场景中差异很大，领导者在不同场景中所平衡的矛盾内容也不尽相同。矛盾领导力分为基于人员管理的领导行为和基于组织长期发展的领导行为。

基于人员管理的矛盾领导行为有以下具体表现：整合自我与他人中心，既保持距离又拉近距离，既同等对待下属又允许个人化，既强制达到工作要求又允许灵活性，既维持决策控制又允许自主性。矛盾领导行为既可以增加员工的主动性行为、创造力和创新行为，也可以推动团队的创新。

基于组织长期发展的矛盾论的行为有以下具体表现：维持业务短期效率，同时为长期业务发展做准备；维持组织的稳定性，同时提高管理灵活性；既关注股东也关注利益相关者群体，并保证能在"顺势"的同时"造势"。

辩证领导力指企业高层管理者以动态的眼光看待环境中的变化和下属的差异，以全局的观念领导企业的协调、运作和发展，以矛盾整合的方式调整企业战略和管理员工的领导行为。

数智时代要求更加具有前瞻性、探索性、包容性的领导力。领导者要了解数智化本身的特征，了解数智技术的工作原理和设计逻辑，梳理组织结构和管理流程中与数智化运作相冲突的方面，以便运用数智技术提升管理效率。

重要术语

领导力　领导特质理论　领导行为理论　中国传统文化　矛盾领导力

复习思考题

1. 什么是领导力？
2. 领导力理论的发展脉络是怎样的？

3. 影响领导力形成的中国传统文化有哪些？你觉得还有其他哪些文化要素影响领导者的思想和行为？

4. 基于中国文化的领导力有哪些？你如何评价？

5. 组织外部环境的发展变化有什么规律？对领导者提出了哪些要求？

中国实践

公司规模大了，陈总怎么办？

LD公司在规模较小的时候发展成了一种"温暖的大家庭"，老板陈总就是大家长，为员工做了很多。正如他所说，员工都是他的兄弟姐妹或者儿子女儿。

在日常的工作和生活中，陈总并没有把自己视为老板。他常常请员工到家里聚餐。他太太做很多好吃的给大家。与员工一起因公出差，他常和大家一起吃路边摊。即使他工作很忙，也仍然没有指定专职司机。更重要的是，陈总在很多方面都会关照员工。当员工遇到生活困难时，只要陈总知道了，就总是尽力帮忙。员工总会有一些基本需要。首先是买房问题，年轻人存款不足，陈总就无息借给他们。陈总还会提出具体的选房建议。当员工或其家人生重病时，陈总会帮忙联系更好的医生。当员工的小孩要上学了，陈总帮他们进入更好的学校。当发现有员工心情不好时，陈总还会带他出去吃饭，安慰他。陈总还曾经陪员工练习开车，带他们去买车。陈总还每年组织员工举办集体婚礼。

员工也当公司为家，一心为公司着想。一组员工因公出差结束后买了回程票，其中一个员工临时决定延长现场服务时间，其他员工都在火车站尽力卖掉那张多余的回程票。他们甚至从未想过要退票，因为退票要支付退票费。另外一组员工到北京参加贸易展。他们用一个大箱子带了很多资料，有50公斤左右，但到北京后仍然选择乘坐地铁前往会展中心。负责拎箱子的年轻小伙儿在地铁站中上下楼梯时累得眼泪都要掉下来了，但是他们并没有选择去打车，即使知道可以报销。陈总的秘书在分娩7天后就开始为他写工作报告了。她产假只休了42天，就随陈总公务出差。在一次集体婚礼上，一个新娘代表她的新郎讲话，因为他无法发声。他在婚假期间不顾同事劝阻，协助同事坚持到凌晨3:30才停止提供技术支持服务从客户那边赶回来，然后5:00带着新娘去化妆，以至于累到失声。LD公司就是这样一个大家一起努力工作的大家庭。

随着公司规模达到1 000人以上，陈总采用了规范的管理系统，将员工福利制度化，包括提供购房贷款、举行集体婚礼等。规范管理无疑是有效的，但同时员工们也感到失去了一些亲密感或者人际关系的关照，家庭的感觉淡化了。如何在规范的管理系统之下还能满足员工的情感需要，并维持其归属感是LD公司规模变大后遇到的问题。

思考题

1. 陈总的一系列做法反映了他的哪些特点？
2. 陈总的行为对员工会产生哪些影响？
3. 一家公司规模小的时候和规模大的时候在领导方式上是否需要有所变化？其中有什么规律可循？

参考文献

陈来，2020，《儒家文化与民族复兴》，北京：中华书局。

达夫特，理查德，2011，《领导学》，杨斌等译，北京：电子工业出版社。

冯镜铭、刘善仕、吴伟炯，2021，《中国情境下谦卑型领导的本土化开发研究》，《管理评论》，33（9）：211—223。

汤勤福，2012，《〈论语〉选评》，上海：上海古籍出版社。

王辉、王颖、季晓得、纪铭，2023，《辩证领导行为及其对企业创新能力和绩效的影响：一项基于中国传统文化的领导行为研究》，《心理学报》，55（3）：374—389。

Bennis, W., & Nanus, B. 1985. *Leaders: The Strategies for Taking Charge*. New York: Harper & Row.

Dong, Y., Bartol, K. M., Zhang, Z. X., & Li, C. 2017. Enhancing employee creativity via individual skill development and team knowledge sharing: Influences of dual-focused transformational leadership. *Journal of Organizational Behavior*, 38（3）: 439–458.

Fang, T. 2012. Yin Yang: A new perspective on culture. *Management and Organization Review*, 8（1）: 25–50.

Farh, J. L., & Cheng, B. S. 2000. A cultural analysis of paternalistic leadership in Chinese organizations. in Li, J. T., Tsui, A. S., & Weldon, E.（Eds.）, *Management and Organizations in the Chinese Context*（pp. 84–127）. London: Macmillan.

Kotter, J. P. 1990. *A Force for Change: How Leadership Differs from Management*. New York: Free Press.

Lee, Y. T., Han, A. G., Byron, T. K., & Fan, H. X. 2008. Daoist leadership: Theory and application. in Chen, C. C. & Lee, Y. T.（Eds.）, *Leadership and Management in China*（pp. 83–108）. Cambridge: Cambridge University Press.

Li, P. P. 2014. The unique value of Yin-Yang balancing: A critical response. *Management and Organizational Review*, 10（2）: 321–332.

Peng, K., & Nisbett, R. E. 1999. Culture, dialectics, and reasoning about contradiction. *American Psychologist*, 54（9）: 741–754.

Scandura, T., & Pellegrini, E. 2008. Paternalistic leadership: A review and agenda for future research. *Journal of Management*, 34（3）: 566–593.

Shao, Y., Nijstad, B. A., & Täuber, S. 2019. Creativity under workload pressure and integrative complexity: The double-edged sword of paradoxical leadership. *Organizational Behavior and Human Decision Processes*, 155: 7–19.

Uhl-Bien, M., Marion, R., & McKelvey, B. 2007. Complexity leadership theory: Shifting leadership from the industrial age to the knowledge era. *Leadership Quarterly*, 18（4）: 298–318.

Wang, H., Law, K. S., Hackett, R. D., Wang, D. X., & Chen, Z. X. 2005. Leader-member exchange as a mediator of the relationship between transformational leadership and followers' performance and organizational citizenship behavior. *Academy of Management Journal*, 48（3）: 420–432.

Wang, X. H., & Howell, J. M. 2010. Exploring the dual-level effects of transformational leadership on followers. *Journal of Applied Psychology*, 95（6）: 1134–1144.

Yang, L. S. 1957. The concept of pao as a basis for social relations in China. In Fairbank, J. K.（Ed.）. *Chinese Thought and Institutions*（pp. 291–309）. Chicago: University of Chicago Press.

Yukl, G. 2012. *Leadership in Organizations*. Hoboken, New Jersey: Prentice Hall.

Zhang, Y., & Han, Y. L. 2019. Paradoxical leader behavior in long-term corporate development: Antecedents and consequences. *Organizational Behavior and Human Decision Processes*, 155: 42–54.

Zhang, Y., Waldman, D. A., Han, Y. L., & Li, X. B. 2015. Paradoxical leader behaviors in people management: Antecedents and consequences. *Academy of Management Journal*, 58（2）: 538–566.

第 15 章

企业的专业化管理

学习目标

1. 理解专业化管理的内涵
2. 理解专业化管理与企业化管理、关系式管理的异同
3. 理解专业主义的内涵
4. 认识企业专业化管理的一般实践
5. 认识关系对专业化管理的负面影响
6. 理解从关系式管理向专业化管理变革，推行逆关系实践的道理
7. 认识有效推行逆关系实践的条件

引导案例

曹德旺的逆关系实践和专业化管理

1987 年，为了在宏路镇正式开办福耀而举行招工考试时，哪怕知道会和不少人结下梁子，曹德旺还是打定主意不招关系户，只看个人能力。这为福耀后来的规范化、专业化管理奠定了良好的基础。

[曹德旺叮嘱负责招工考试的办公室主任]"是，不论成绩好坏。凡写了条子来的，统统不招。"我反复强调。"可是曹总，我真替你捏一把汗。"办公室主任一脸担心，"董事长，翁县长那天把1—10号的准考证拿去了，他还特意叫我跟曹总您讲1—10号是他的。"办公室主任像是怕我不懂这意思，接着说："意思是不论考好考坏这10个人都要进。""没有关系，不要替我担心，这10个，也一样，不能收，不论考好考坏。"（曹德旺，《心若菩提》，第135页）

福耀的成功离不开严明的纪律性，以及完善的企业管理制度，并要求员工严格按照制度来执行。

我决定自己下车间调研，自己采集工厂的各项生产指标，制订出一个目标。同时，为了改变公司的行政管理人员不喜着正装的习惯，即便是夏天，下工厂我也穿西装打着领带。在我看来，这也是企业管理的一部分，是企业形象的一个重要展示。（曹德旺，《心若菩提》，第218页）

我拿出自己写的生产作业指导书，以及设计的产品质量统计表，希望他能按照指导书所设计的目标进行管理。我拿出一份质量检验报表，"你[指白总]把这个报表，分给每个岗位的每一个工人，让他们填写"。要求以实现目标作为主旨，以统计、分析、评估、纠正等方法作为手段，保证产品质量与成本进入目标状态⋯⋯从第二天开始，他[指白总]就蹲在车间

里看着,按照我建议的方法指导着每个工序的员工……这让福耀的生产水平大大地向前迈进了一步,甚至超过了当时世界最好的生产水平……我立刻找来各工厂的厂长、车间主任、班组长,教他们使用统计、分析、事后分析等管理工具,使得福耀的生产水平逐步全面地提高……福耀第一次的管理革命,就这样在白总手上得以成功地推行。这次改革的成功,为后来福耀的发展,奠定了坚实的基础。(曹德旺,《心若菩提》,第220—221页)

资料来源:改编自曹德旺,《心若菩提》,北京:人民出版社,2014年版。

思考题

1. 曹德旺为何要采取"规避"的逆关系管理方式?
2. 纪律性、规范性、标准化等对专业化管理有何作用?
3. 阅读完本章内容后,再回头阅读引导案例,请你思考:曹德旺通过逆关系实践之避,以及纪律性、规范性来提升的企业专业化管理,和本章所讲的专业化管理有何异同?如果今天由你来执掌福耀,你将如何进一步促进企业的专业化管理?

"平地起家,筚路蓝缕。"这是当今驰骋国际市场的绝大多数中国企业的成长写照。它们一路走来,有两项工作一直在持续进行着:不断提升企业化管理水平,不断提升专业化管理水平。本章聚焦于第二项工作:企业的专业化管理。

本章首先对专业、专业化管理等相关概念进行界定,比较专业化管理与企业化管理、关系式管理之间的异同。接着讨论企业化管理与专业化管理存在张力情况下的企业专业化管理的四种一般实践。最后,结合中国社会文化情境,讨论关系式管理与专业化管理之间的冲突、关系对专业化管理的负面影响,并提出"逆关系实践",以提升企业的专业化管理水平。

15.1 专业化相关概念的定义

15.1.1 专业与专业化管理的定义

专业(profession)的概念众多,学者们主要从知识、伦理/价值观等方面对其进行定义和讨论。Larson(1977)认为专业"是拥有独特权力和声望的职业(occupation),其独特的权力和声望来源于与社会系统的核心需求和价值紧密相关的、只有内行才懂的知识体系,以及献身于服务公众的信念"(p.87);Evetts(2003)将专业视为"拥有技术和隐性知识的职业群体"(p.397)。本章采用Abbott(1988)开创性著作《专业系统:论专业技能的劳动分工》(*The System of Professions: An Essay on the Division of Expert Labor*)中的定义,即专业是指"那些成功宣称可以控制某个工作领域的职业"(p.21)。早期的研究认为,专业和专业人士具有独特特征:通过高水平的能力测试和资格认证;通过学习和社会化掌握抽象的专业知识,是知识权威;受公众尊重和信任,具有高社会地位;高度自治,以及具有明确的道德准则和利他价值观。专业人士的这些特征建立了专业的合法性和可信性。

专业人士应该具备的工作态度被称为"专业主义"（professionalism），主要包含以下五个方面（Hall, 1968；贾良定、南京大学"中国企业专业化管理研究"课题团队，2020）：

一是知识专业性。专业人士拥有一套专业的知识体系。这需要经过长期的（如医生需要10年左右）或较长时期的（一般专业也要至少经过3年）专业系统学习，获得证书，有的还需要获得从业或执业资格证书。

二是专业实践力。仅仅掌握知识是不够的，专业人士还需能够运用知识分析问题，对症下药，解决问题。如果可能，还要通过研究和总结，形成一般性知识，补充已有的专业知识。这是专业人士的治疗（treatment）、诊断（diagnosis）和推理（inference）能力，是获得专业管辖权的根基（Abbott, 1988）。

三是专业自主权。专业人士掌握着解决人类社会问题的知识和能力，公众把解决问题的权力委托给专业人士。公众相信和尊重专业人士的判断及决策，专业人士凭借系统知识和实践能力，做出不受非专业人士或其他外部因素控制和干扰的判断及决策。

四是为公众服务。专业人士必须真诚地、可信赖地、无私地为公众和社会服务。专业人士要遵守普遍主义原则，对事不对人，不搞特殊主义，不搞关系主义。公众与专业人士之间存在隐性的社会契约（Susskind & Susskind, 2017）。这是保持专业管辖权的承诺，专业人士必须信守诺言。

五是专业使命感。专业人士认同自己的专业，喜欢并热爱自己所从事的专业工作，从中发现价值和意义。爱岗敬业，工作并非只是谋生的手段，还是愿意为之付出的事业。专业使命感是内在动机，也需要外部环境的支持。

专业化（professionalization）指一个普通的职业群体逐渐符合专业标准，成为专业性职业群体并获得相应的专业地位的动态过程，同时也是职业发展成熟的标志（赵曙明，2008；贾良定、南京大学"中国企业专业化管理研究"课题团队，2020）。为了区分专业和职业，本章统一使用专业、专业人士和专业化管理等术语。

早期专业人士的雇佣形式主要是独立执业，典型的专业人士有医生、律师或会计师等。那时，专业人士的身份主要是由专业身份衍生的；专业人士的声誉来自专业地位，作为专业和社会之间"隐性契约"的一部分，专业地位赋予了专业人士对某些实践和领域的管辖权主张。专业人士在不同程度上受资格认证、成员协会和同行监管的约束（Anteby, Chan, & DiBenigno, 2016；Susskind & Susskind, 2017；赵康，2001）。

尽管独立从业者曾经是专业人士的主要雇佣形式，但越来越多的专业人士在组织中工作。20世纪中期，随着"福利国家"思想的发展，很多在公共组织中工作的专业人士出现了，如教师、社会工作者等。20世纪末，随着全球市场经济和管理的发展，越来越多的专业人士，如软件工程师、网络设计师等在企业中工作。从历史的角度看，传统的专业在不断分裂的基础上发展，新的专业不断出现。表15.1总结了不同社会状态下出现的专业。

如今更多的职业要求获得专业地位，近三分之一的职业需要专业认证，而1950年这一比例仅为5%（Kleiner & Krueger, 2010）。医院、学校、公共部门的专业人士日益运用新公共管理和精益管理等方式管理专业人士（Wright, Zammuto, & Liesch, 2017）。企业中的专业人士越来越多，专业主义是一种任何人都可采取的工作态度。企业与专业及专业人士之间的竞争与合作加剧（Wallace, 1995）。企业如何管理专业人士，如何进行专业化管理？这是本章重点关注的问题。本章所讲的企业的专业化管理，既包括一般企业中对专业实践的管理，也包括承受企业管理问责、监督、财务绩效等压力的专业服务组织中的管理。

表15.1　不同组织形式的专业及专业人士概念

	经典专业 （classical profession）	公共组织 （public organization）	企业中的专业 （corporate profession）
社会状态	（前）工业化社会	福利社会	企业化社会
典型专业人士	医生、牧师、教师、律师等	教师、社会工作者、公务员等	经理、商务专家、知识工作者等
组织形式	自由职业者，如独立执业的医生、会计师等	公共组织，如医院、慈善机构等	知识密集型企业，如咨询公司、创新型企业等
知识基础	隶属于专业的、抽象的、封闭的知识体系	隶属于组织的、本土化的、多样化的知识体系	行业内共同的、联合创造的知识，并专注于创新能力
合法化基础	公共利益	公共利益和组织利益	市场价值

资料来源：根据相关资料整理得到。

15.1.2　企业化管理、专业化管理与关系式管理的比较

15.1.2.1　企业化管理与专业化管理的比较

随着预算控制、管理监督和组织变革的兴起与传播，医疗保健、高等教育、法律和会计等专业服务正在经历转变，这些转变动摇了从业者提供"专业"服务和充当"专业人士"的基础。专业人士为公众服务的价值观似乎正受到威胁。比如，即使在医疗保健组织中工作的医生也面临被监管的压力、建立和实施创新项目的压力，他们需要在财务限制的背景下调整决策过程，并与多个利益相关者合作。乍一看，专业管理似乎受到管理主义的"入侵"。

现有研究认为专业化管理与企业化管理之间的关系有如表15.2所示的几种类型。

表15.2　不同类型的专业化管理

	纯粹的专业化管理	受控的专业化管理	企业的专业化管理
价值理念	为公众服务	组织价值最大化	利益相关者价值最大化
组织模式	职业道德共同体	科层制层级组织	层级组织的混合体
权威基础	社会信任	基于组织角色的职位权威	专业型管理人员
治理模式	职业道德自我约束、专业协会外部规制等形式	目标管理、绩效评估、质量审计等企业管理模式	市场治理、利益相关者评价等社区治理

资料来源：根据相关资料整理得到。

一是纯粹的专业化管理（pure professional）。这种模式认为专业化管理与企业化管理是对立的。专业化管理是以专业人士的知识技能为基础、基于社会信任获得制度权威、以为公众服务作为核心专业价值观的同行与社区管理方式；企业化管理通常被视为对各种角色和职位的控制、基于（有形）结果的权威及以效率和利润作为核心价值。一些管理实践将这两种管理置于对立面。例如，Hood（1991）认为基于企业绩效和效率的"六西格玛"管理破坏了专业化管理的公平。Freidson（2001）将专业逻辑与管理逻辑和市场逻辑分开，认为每个逻辑都代表一个控制系统。他认为专业应当由专业人士自我控制，反对管理和市场控制。Raelin（1986）则从根本上进一步强调了企业文化和专业文化之间的"文化冲突"。

二是受控的专业化管理（controlled professional）。当企业和组织开始控制专业工作时，专业工作受到严格的管理控制，以效率和盈利能力作为管理目标，这大多是在一些企业环境中的专业。例如，管理层和管理者本身也变得越来越专业。管理者通过MBA和MPA项目、管理协会和职业管理的专业化发展，成为"职业经理人"。再如，在以盈利为目的的医疗服务保健等领域，管理者可能会成为"医疗管理者"，其职责旨在规范组织环境内的专业工作，提高专业人士的行动效率，然而，有的时候管理控制反而降低了专业人士的服务质量。

三是企业的专业化管理（corporate professional）。这种模式强调专业工作与企业管理原则有意义的融合。当企业环境变得更占主导地位，并且管理既尊重又限制专业自主性时，专业化管理是混合的，比如，专业与管理之间的合作、专业绩效管理、混合逻辑管理等。一些学者看到了"商业化医疗"的新逻辑，新的管理方式和治理结构提高了医疗效率，达到了事半功倍之效（Pache & Santos，2013）。一些医疗保险企业提供的专业服务既符合传统的专业质量标准，包括专业服务的及时性、专业度和人性化，也符合质量标准，如速度和效率（Adler & Kwon，2013）。从这种意义上说，专业服务质量不仅是专业本身的目标，也是组织目标之一。服务质量变得具有综合性，结合了企业目标和专业目标，成为企业管理和专业管理的核心。

综上，纯粹的专业化管理不受企业管理的影响，但随着社会状态的变化，越来越有必要利用企业管理重塑专业工作，管理成为专业工作的一部分，企业的专业化管理"不是管理控制专业，而是有意义地管理专业工作"（Noordegraaf，2015，p.7）。企业的专业化管理，是在专业工作中嵌入组织能力、身份、角色和价值观等企业管理方式，达到企业目标和专业目标的有效融合。

15.1.2.2 专业化管理与关系式管理的比较

尽管专业人士以及专业职业一直被认为具有高度的自主性和自我控制，但是我们不能忽视这样一个事实：它们不是在真空中单独发挥作用的，而是嵌入复杂的社会网络之中的。中国企业的专业化管理不可避免地受关系式管理的影响。"关系"的显著特征是以私人小团体为中心的具有总体性特征的一种特殊主义（particularism）。根据"关系"构建的社会场域或工作场域形成了以个人为中心的"差序格局"。

关系式管理与专业化管理最大的冲突是：前者遵从特殊主义，后者奉行普遍主义。其一，普遍主义认为，人与人之间具有边界性，两人之间的权利与义务关系仅存在于每种职业或专业中，一旦转换，将是新的权利与义务关系，其边界是清晰的、有限的、不可渗透的。费孝通形象地将其比喻为"有些像我们在田里捆柴，几根稻草束成一把，几把束成一扎，几扎束成一捆，几捆束成一挑。每一根柴在整个挑里都属于一定的捆、扎、把。每一根柴也可以找到同把、同扎、同捆的柴，分扎得清楚不会乱"的"团体格局"（费孝通，2012，第41、42页）。特殊主义则认为，人与人之间具有总体性，两人之间一旦存在关系，则这种关系将存在于任何场合，其边界是模糊的、无限的、可渗透的。费孝通形象地将其描述为"好像把一块石头丢在水面上所发生的一圈圈推出去的波纹。每个人都是他社会影响所推出的圈子的中心"的"差序格局"（费孝通，2012，第42、44页）。其二，普遍主义认为，制度中所形成的角色特征由隶属于特定专业的一群人的共性所产生，其中的人/组织普遍接受这些特定的行为准则并且按照其一般性的规范要求行事。相反，特殊主义强调，制度安排具有个人私情性和特殊性。制度中所形成的角色特征基于某些特定人群（例如处于权力中心的行为者）的利益取向而产生，并且制度规范对制度框架中的行为者所产生的影响也随着行为者与这些特定人群关系的亲疏远近而发生改变。企业化管理、专业化管理和关系式管理的区别如表15.3所示。

表15.3　企业化管理、专业化管理和关系式管理

	企业化管理（hierarchy）	专业化管理（professionalism）	关系式管理（guanxism）
规制性支柱（regulative pillar）	基于角色的职位权（role-based authority）	基于资格的自主权（professional autonomy）	基于连带的相依性（tie-based interdependence）
规范性支柱（normative pillar）	角色利益（role-based interests）组织中心主义（organization-centralism）	公共利益（public interests）普遍主义（universalism）	圈子利益（in-group interests）特殊主义（particularism）
认知性支柱（cognitive pillar）	理性（rational）角色胜任力（role-based competence）	理性（rational）专业化知识（specialized knowledge）	感情的（emotional）特殊连带（particular social tie）

资料来源：根据相关资料整理得到。

专业人士拥有专业知识和能力，公众把判断和决策的权力交给专业人士，专业人士必须信守诺言：真诚地、可信赖地、无私地为自己的服务对象提供服务，不能徇私，不能把个人利益和小团体利益置于公众利益之上，不能以损害社会或公众利益为代价做事。但是，关系主义与之矛盾（贾良定、南京大学"中国企业专业化管理研究"课题团队，2020）。关系主义认为，为个人和小团体利益可以舍弃社会和公众利益。在没有任何利益冲突的时候，专业人士可以正常地做出判断与决策；一旦存在利益冲突，关系主义导向的专业人士就无法做出真诚、可信和无私的判断与决策。

15.2 企业专业化管理的一般实践

由于如今大多数专业人士在企业或组织环境中工作，组织可能在专业化管理方面发挥更突出的作用。当企业管理原则与专业管理原则结合在一起时，企业的专业化管理实践涉及如何管理知识、如何管理身份、如何建立地位和权威、选择何种价值观以协调企业中的各项工作。

15.2.1 企业专业化管理实践之一：专业知识管理

专业人士在特定领域内掌握着比外行人更多的知识。专业和专业工作包括专业知识的创造、沟通及应用，专业的兴起源于运用知识能够解决问题，完成工作任务。专业人士掌握的专业知识是专业人士和客户之间权力不对称的基础，专业人士掌握客户没有的知识，这是专业人士提供服务的基础，也是专业人士提供稳定的社会秩序的基础（Parsons，1939）。从这种意义上说，专业知识是封闭的。正如 Abbott（1988）所言，"专业的关键特征是拥有能够解决专业实践问题的抽象知识体系"（p.9），只有抽象化的知识体系才能重新定义问题和工作任务，并抵御其他职业的入侵，有了这种抽象能力的职业才能够称为专业。抽象的知识体系依赖于时间和空间——抽象的有效性保证专业能够在特定的历史和社会背景下与其他制度主体竞争。抽象的知识应该是不断发展变化的，只有发展的知识体系才能防止过度常规化，从而保持专业知识的相对抽象性。

在企业环境中，由于对效率的追求，专业知识的专有性受到持续冲击，如知识标准化、技术智能化、外包等。例如，如果企业引入商品化的专业知识，企业中的专业人士必须找到"同化并利用商品化的知识"的方法（Abbott，1988，p.28）；此外，如果企业细分专业任务并将某些任务重新分配给低端劳动力来寻求效率，专业人士就必须重组其剩余工作以增加其对企业价值的贡献。对造纸厂生产工程师的研究表明，这些技术专家为工厂操作员提供技能培训，以凸显体力劳动与他们自己抽象的智力任务之间的知识边界（Vallas，2006）。

在企业环境中，知识创新是由专业人士和企业共同完成的。专业人士更新知识、更好地利用知识、实施创新并与外部利益相关者共同创造知识，比如，医生能够将他们的医学专业知识与以下几种人士共享：① 其他医生和护士；② 支持人员，包括控制员、审计员和安全专家等；③ 患者及家属；④ 市场、政府监管机构等内部利益相关者。从共享过程看，专业知识不再是封闭的，而是与更多的利益相关者建立联系，共同创造知识。

当然，在企业环境中，专业人士创造知识巩固管辖权的工作也可能失败。例如，人力资源管理专业是一个典型的从企业内部发展起来的专业，在其一百多年的历史中经历了多次知识更迭及管辖权变更。最近的战略人力资源项目在20世纪80年代形成，旨在基于市场竞争、利润导向的企业战略，提升人力资源部门对企业战略优势的贡献。然而，很多企业实施的战略人力资源项目失败了（Heizmann & Fox，2019）。这主要是因为人力资源专业人士试图将管辖权从面向人的问题转向一组抽象的、具有更高价值的知识体系，如培养人力资源管理通才、专注于战略实施、辅助企业领导和组织发展项目等。但这些需求与人力资源专业本身的专业抱负无关，且深受企业管理控制的影响，企业和人力资源部门没有发展出更多的知识体系来应对新的岗位需求（Sandholtz，Chung，& Waisberg，2019）。

15.2.2 企业专业化管理实践之二：身份管理

专业身份（professional identities）是专业人士关于自我定义的信念、价值观和成为职业群体成员意味着什么的一系列假设，是工作行为的核心驱动力。传统上，专业人士的专业身份主要是通过较长时间的学徒教育发展起来的，如医生、牧师等专业的学徒制。当初入职场的徒弟开始他们的第一份工作时，资深的专业师傅施加强大的规范性和强制性控制，以帮助新入职的徒弟打造符合其专业目标和工作需求的身份。如今，大多数专业人士在组织的管理控制下工作，组织可能在专业人士身份管理方面发挥更突出的作用。由于组织身份和专业身份并不总是一致（DiBenigno，2020），组织可能有动力管理专业人士，采取身份策略将新入职的员工塑造成其所需的专业人士。例如，组织试图塑造新员工的内心情感世界，使其与组织身份保持一致，不仅规定他们应该做什么，而且规定他们应该如何深层次地感受其工作行为。

当"陌生的"或并不协调的价值观和身份渗透到专业工作中时，如何管理多种工作价值观和身份的问题日显重要。企业的专业化管理中，身份管理涉及专业和组织双重身份管理。可从如下几个方面进行探讨：

其一，专业身份"驻守"在专业内，由专业内的资深前辈和同行控制。对会计师事务所的研究表明，会计师们认为他们是自我驱动、自我监督、自我激励的专业人士，不需要企业化的目标管理和监督方式。再如，当大学教育受到绩效管理影响时，管理便从洪堡模式转向"麦当劳式"，学术身份中的教学和研究身份被"学术资本主义"取代，声誉好、社会地位高的大学资深教授以及教学岗的教师更愿意坚守"为公众服务"的专业价值观。

其二，专业人士将他们的身份与企业环境的需求保持一致，以应对不匹配的身份期望。例如，运用绩效评估、产出控制等管理实践来管理大学教师时，绩效的量化衡量迫使个体教师发展"企业家精神"，更积极地寻求外部资金的支持，这培养了某种自我，并且他们期望大学具有同样的创业精神（Osborne & Gabler，1992）。

其三，身份管理融合专业身份和组织身份，专业人士具有"多重身份"。比如，那些担任管理职位的学者，已经部分内化了管理改革所推动的"审计"或"结果导向"文化，但他们同时继续坚守他们的学术精神（Teelken，2015）；高校的青年教师既有意愿也有能力与外部环境展开博弈，能够平衡专业主义逻辑和管理主义逻辑，在生产学术知识和提升组织绩效的过程中构建学术身份（韩双淼、谢静，2022）。

15.2.3 企业专业化管理实践之三：地位管理

地位是特定阶层内个体或群体的位置和排名。在企业组织内部，地位分层是持续存在的。专业人士根据其角色分工的不同，享有的地位也不同。例如，在医疗保健组织中，医生处于专业阶层的顶端，他们的地位和权力来自其使命的合法性，以及他们将专业知识应用于特定病例的独特能力。护士提供全面的以病人为中心的护理工作，这需要较少的技术或专业知识，从地位上看，其从属于医生。医疗保健管理者更倾向于扮演外交官的角色，以确保组织的顺利运行，并推动医生的工作。尽管研究表明，医疗专业主义的主导逻辑可能受到医疗保健组织和管理中更广泛的外部环境变化的威胁，但医生仍然保持着重要和强大的首席地位（Battilana，2011）。

尽管专业内和专业间的地位分层持续存在，但专业人士是"制度主体"，是"当代最有影响力的制度制定者"（Scott，2008，p.223），可以在组织内实现地位转换。劳动力发展政策为专业内及专业间管辖权的变化提供了机会，某些专业有可能通过涉足新的工作领域来扩展职权，而另一些专业则通过替代旧专业来提升地位。

其一，在面临更广泛的制度环境变革时，那些地位较高的专业人士继续寻求在同行中保持持续的专业影响力。比如，英国国家卫生服务部门推出了一项劳动力发展政策，旨在重新配置专业人员角色和关系，从而加强对医疗保健工作和劳动力的整合，以降低成本，这给组织中医生的独特地位带来了机遇与威胁。有话语权的"精英医生"通过"理论化""定义""构建规范网络体系"等制度性工作，构建围绕地位、身份、成员资格和等级制度等的日常工作管理体系，宣称他们能够通过隐性知识和过往经验来降低新政策中的风险，能够"监督"新职业的执行情况，通过执行、审计和监控确保对新规则的遵守。最终，新政策产生的专业任务配置，根本没有那么彻底地重新配置专业内部职责，甚至还提高了专业精英的社会地位。

其二，在面临更广泛的制度环境变革时，低地位的专业人士可以通过制度工作提升其在专业系统中的地位。英国医疗服务系统中，护士顾问是一类新兴的混合型管理人员，其职责旨在提升质量，为患者带来更好的服务，对提供的护理质量负有临床和管理责任，其在组织中的地位高于普通护士、低于临床医生。当组织面临绩效和财务压力时，护士顾问能够以一种混合了管理和专业逻辑的方式推动管理政策的实施，以此提高其在组织中的地位（Currie & Spyridonidis，2016）。

其三，在地位与权威不对称的情况下，低地位专业人士通过情感共鸣、同行宣传、向上级主管汇报等策略达成组织目标。在许多情况下，企业赋予地位较低的专业人士职能权威，监督和指导地位较高的专业人士履行特定的职能（或一组职能），其总体目标是促使高地位人士，如安全检查员、算法审计员、金融基金审计员等遵守组织政策、协议和标准。在这些组织环境下，专业地位和职能权威之间可能会出现错位或不对称的情形。但是，地位和权威之间的不对称对前者体现其权威并引发后者的服从提出了严峻挑战，这可能不会引发高地位专业人士的遵守，反而会加剧冲突，从而影响组织目标的实现（DiBenigno，2020）。"情感共鸣"是低地位专业人士能够利用其与高地位专业人士共享的"非专业"社会身份来增加信任，削弱高地位专业人士的专业群体归属感，并引起高地位专业人士合规行为的策略

(DiBenigno，2020）。"同行宣传"是低地位专业人士通过玩笑、幽默的话语等间接和隐含地行使他们的职能权力，从而引起高地位专业人士合规行为的策略（Karunakaran，2022a）。但是，低地位专业人士可以"绕过"高地位专业人士，直接将其不合规行为告诉上级主管。这种策略虽然也能奏效，但会激化组织中的矛盾（Karunakaran，2022a）。

15.2.4　企业专业化管理实践之四：价值观管理

专业价值观是专业定义和发展的一套关于"什么是正确工作行为"的信念，有助于专业人士理解专业工作的价值和意义（王彦、贾良定和宁鹏，2020）。专业嵌入方方面面的社会关系中，需要与不同的利益相关者打交道。专业价值观对专业人士处理各种关系至关重要，可以帮助专业人士向利益相关者展示其独特的工作价值，从而有助于专业工作获得合法性。对美国服务设计师的研究表明，设计师在为客户设计产品的过程中，利用共同合作、同理心、整体设计的服务理念，使得服务设计师的工作与其他专业不同，从专业竞争中脱颖而出（Fayard, Stigliani, & Bechky, 2017）。

当然，专业人士有时会发现他们的价值观与主要利益相关者严重不一致。企业中经常实施的管理控制措施，强调利润、优先考虑任务标准化而非专业自主性，损害了专业人士的价值观。专业人士如何处理专业与组织的价值观冲突，是专业化管理的重要内容，包括以下几种方式：

其一，专业人士在面对价值观冲突时，有可能会放弃他们的价值观，这是令人沮丧且通常不可持续的解决方案。对美国 Technocorp 工程公司人力资源部的民族志研究表明，当人力资源部门遵循企业目标削减部门预算时，战略人力资源计划难以实施，人力资源部员工会放弃为企业制定有价值的战略，以响应预算削减计划（Sandholtz, Chung, & Waisberg, 2019）。对法国大厨的研究表明，厨师会屈从于餐厅顾客的价值观，导致他们在制作菜肴的过程中，"在自己的专业素养方面做出妥协"（Fine, 1996, p.1279）。专业人士放弃自己的价值观，令人非常沮丧和痛苦。厨师们认为，迎合顾客的烹饪偏好来放弃他们的质量价值观会让他们觉得"这不是我的风格"（Fine, 1996, p.1280）。人力资源专业人士对他们无法以符合其意愿的方式行事表示沮丧（Sandholtz, Chung, & Waisberg, 2019）。因此，专业人士必须找到一些方法，既能遵从他们的价值观，又能面对价值观不一致的利益相关者。这一问题至关重要。

其二，专业人士抵制管理实践的侵扰以捍卫专业价值观。研究表明，专业人士可以利用他们的专业知识和合法性来挑战那些破坏专业价值和成就标准的管理实践。例如，Chatelain-Ponroy 等（2018）发现，法国大学教育改革转向绩效管理期间，大学教师对为公众服务的承诺和对绩效管理的承诺之间存在很强的负相关关系。这是因为绩效工具会引发教师焦虑，对教师绩效的评估和测量，使得教师的个人动机变为外部驱动。教师的个人奖励与绩效结果紧密相关，受绩效管理的教师可能会专注于外部定义的目标而忽视更大的社会利益，甚至变得愤世嫉俗并实施不道德的行为，严重损害公共服务精神。这个时候，在当前教学系统中表现良好的大学具有足够的竞争力，它们已经在这个系统中赢得了声誉和国家项目资金支持，更愿意维持为公众服务的专业价值观，并限制大学管理层增加管理主义实践，以符合其利益。当专业价值观和管理实践冲突时，专业人士的道德情感不允许他们放弃专业价值观，他们能够识别冲突问题，并开展相应的制度维护工作来捍卫专业价值观。

其三，专业人士不是抵制管理实践，而是通过更积极的方式重组专业主义和管理主义的矛盾元素来进行有意义的管理。例如，进入管理岗位的专业人士可以设计管理实践，使组织目标与专业价值观相一致。Wright、Irving 和 Selvan（2021）对澳大利亚急诊科的研究表明，医院管理层的实践有效地确定了急诊科的患者护理程序以及政府的及时性目标，但他们并没有将这些管理主义实践强加给一线专业人士，相反，一线的医生和护士通过维护、兼容和整合等价值观工作，采纳管理实践并与专业价值观协调，实现了医院的效率目标及更好地护理病人的专业价值观。这表明专业价值观可以在管理实践中发挥作用，专业人士"以管理的方式专业地行事成为日常工作……这保证了服务质量的多样性"（Wright, Irving, & Selvan, 2021，p.18）。Chan 和 Hedden（in press）的研究发现，当专业人士面对与利益相关者价值观不一致的矛盾时，专业人士辨别利益相关者的价值观，并相应地掩盖、调整或放大利益相关者的价值观，来调整自己的价值观，采纳管理实践，协调与利益相关者的互动。这些研究表明，专业人士在面对不一致的价值观时，可能不会完全抵制或改变价值观，而是追求更加融合的方法，提升专业人士自身对绩效文化和问责制的承诺以及负责任地服务社会的能力。

综上，当代组织一线的专业人士将处理价值观冲突作为日常工作的一部分，他们能够以安全、高效和高质量的方式满足不同利益相关者的需求，将高效和高质量的管理价值观作为专业价值观的组成部分。如今，越来越多的生物技术公司、制药企业、养老基金和财富基金聘请伦理学家作为顾问，既寻求伦理方面的建议，又寻求商业或投资决策的指导方针。数字经济中，可靠性故障（如人为错误、服务中断、质量控制失败等）在平台服务企业中尤为突出。因此，提高专业化管理制度保障，如服务水平协议、专业行为准则、行业协会建设等，能够通过经济性和/或社会性制裁，限制平台企业的不当行为（Karunakaran，2022b）。

总之，一项专业的工作在企业环境中运作时，就会受制于企业目标的约束或得到其支持。但正如 Cohen（2016）所观察的那样，"随着市场逻辑的崛起和管理控制概念的日益突出，专业人士和企业之间总能获得一种平衡，虽然这种平衡有的时候并不稳定"（p.4）。从这种意义上说，"企业的专业化管理"是一个新概念。企业的专业化管理承认绩效、创新和问责等管理主义的重要性，包括管理主义和专业主义的张力、困境和矛盾。这很重要，因为社会条件产生了新的要求，只有通过更有组织的、相互关联的、负责任的和以利益相关者为基础的专业行动才能满足。这些企业化的专业行动不应被专业人士视为"异类"，而是"日常"。这不是"变异"的而是"重新配置"的企业专业化管理。也许"所有的企业终将变成专业服务公司"（Peters，1992，p.11），不仅企业的员工是"知识型员工"，企业的资源和最终产品也是知识。

15.3 企业从关系式向专业化管理的转变

15.3.1 关系对专业化管理的负面影响

15.3.1.1 关系阻碍专业化管理的表现

在中国推行专业化管理,一个不容回避的问题就是关系对专业化管理的侵蚀。关系主义的社会传统强调将小团体的利益置于个人利益、社区利益和社会利益之上。因此,关系重小团体利益,而专业则重社会大众利益;关系重人情,而专业重领域知识。关系对专业化管理的负面影响主要体现在以下几个常见的方面:首先,招亲不招贤,用亲不用贤。一个社会或者组织如果只强调关系,那么无关系方即使拥有足够的专业知识,也很难进入组织,从而无法发挥其作用。其次,外行领导内行现象。当一个社会或者组织仅重关系而不重专业知识时,就会出现外行领导内行的现象。组织并不缺乏内行,但是他们的专业知识无法发挥其应有的价值。最后,奉行关系主义是造成我国专业人士"污名化"的一个重要原因。专业人士作为社会公众利益的代表,如果他们信奉关系主义,就无法很好地处理各种人际关系,其决策公正性就会受到影响。例如"砖家""叫兽"等称呼,就与其没有管理好关系和专业之间的关系有关。很多专业人士也因维护家人、朋友的利益而不顾社会正义,最终落得锒铛入狱的下场,令人惋惜。当今中国社会的多种现象,使人们不断反思关系对专业化管理的负面影响。我们不禁要问:组织和管理者应当如何做,才能在中国关系主义的情境下建立好专业化管理?要回答这一问题,首先需要明确上述情形发生的内在机制。

15.3.1.2 关系阻碍专业化管理的内在机制:利益冲突下的关系偏袒

利益冲突指的是这样一种情况:具有一定公共职位(企业管理者、专业人士)的人在进行决策、执行决策以及处理公务时受到私人利益或者小团体利益等因素的干扰,影响了他们对公共责任的履行(Davis & Stark, 2001)。本章主要关注的是关系与专业化要求之间的利益冲突。当企业管理者或专业人士在执行公共权力的过程中遇到自己所代表的公共利益与和自己有关系的人的利益发生冲突时,他们就处于利益冲突的情形之中了。

现有研究对由关系所引发的利益冲突为何会产生负面影响进行了充分的研究。研究发现,处于利益冲突中的人,既可能有意识也可能无意识地偏袒关系方。这种偏袒可以体现在多个方面。例如,研究发现,相较于关系疏远方,那些和管理者有亲近关系者更有可能获得更高的薪酬、更好的职业晋升机会、更全面的信息、与领导者更多的私人交往机会、在组织中更受尊重的对待等。还有研究发现,专业人士在面对利益冲突时,更有可能对关系方进行利益输送。如果说故意的偏袒可以通过教育、培训包括强调精英主义等多种方式进行纠正的话,上述方式对无意识的偏袒作用很小。即使是社会不公正相关主流文献,也大都提出减少由歧视等机制带来的不公平,鲜有讨论如何减少由关系偏袒带来的不公平问题的研究。然而,有趣的是,中国历来的逆关系实践,为从关系式管理到专业化管理的路径提供了本土化的、特殊的发展路径,也填补了上述研究空白。

15.3.2 从关系式管理到专业化管理的路径和方式：逆关系实践

通过对中国企业专业化管理路径的观察和总结，我们发现逆关系实践是中国企业从关系式管理走向专业化管理的主要路径之一。逆关系实践是指管理者增强对与自己无关系或者疏远关系员工的包容性和公正性的一种行为策略。逆关系实践不仅可以在一定程度上对抗管理者在进行决策、执行程序以及与下属日常交往过程中由关系偏袒所带来的组织不公正问题，还能促进组织有效地建立专业化管理。通过访谈、观察以及文本数据的总结，本章提出逆关系实践，并将其理论化为三个主要维度：逆关系实践之避、逆关系实践之让、逆关系实践之敬。

15.3.2.1 逆关系实践之避

所谓逆关系实践之避，指的是管理者在面对实际或者潜在的利益冲突时应当采取回避策略。具体来讲，管理者应当避免亲近关系者在自己的管辖范围内任职，以避免未来出现利益冲突的情形。除此之外，管理者在涉及自己亲近关系方的相关决策时也应当主动回避，由其他人代为决策或者投票。

由于长期受到儒家关系主义负面影响的困扰，中国一直以来都在寻求方法来对抗其负面影响。在国家治理的历史上，西汉在"七国之乱"后，开始反思地方势力裙带主义和任人唯亲带来的坏处，提出人类历史上第一个相对完善的关系回避制度——"三互法"，使中国成为世界上第一个提出关系回避制度的国家（Webber，1951）。自那以后，历朝历代开始不断完善和调整关系回避制度，需要回避的关系类型越来越多（师生关系、同乡关系等），回避的方式也越来越多样（例如宋朝的"别头试"制度，明朝的南官北调、北官南调制度等）。回避制度的建立，在客观上对中国社会尤其是国家治理选贤任能起到了促进作用（王士伟，1993）。时至今日，中国的国家治理依然延续着回避制度。近年来，越来越多的公共组织、国有企业、事业单位甚至私营企业也开始实施回避制度。Tsui、Zhang 和 Chen（2017）记录了民营企业中的各项回避制度。例如，李宁在公司发展壮大的过程中，把自己的家人和亲戚都"请"出了公司。刘忠旺也在企业中实施了"去家族化"的措施。还有一些著名企业家也在实行关系回避。例如，董明珠不惜得罪自己的亲哥哥，也不给某些供应商开绿灯。曹德旺在《心若菩提》一书中也提到，那些"递条子""打招呼"的人大部分会在简历筛选或者面试中被直接筛掉，没有机会进入公司。

逆关系实践之避可以帮助企业在一定程度上建立公正的程序，有助于具有高专业技能的人而非仅有亲近关系方进入企业，并在企业各个层级的管理岗位上发挥作用，从而建立企业的专业化管理。

15.3.2.2 逆关系实践之让

逆关系实践之让，指的是管理者在分配具有积极效价的资源时，要率先照顾疏远关系或者无关系方的利益；而在分配具有消极效价的资源时，要让亲近关系方先承担。具体来讲，面对升职、优先权等机会，管理者应当使关系疏远一方先获得。对薪酬的多少或者涨薪的幅度等，管理者应当让关系疏远一方获得的更多。除此之外，降薪、困难的任务等先安排给与自己关系亲近者。逆关系实践之让能够有效对抗管理者在进行决策时无意识的偏袒行为，使不同的关系方都能够在组织中获得同等的对待。

与逆关系实践之避相同，逆关系实践之让也具有非常深厚的中国传统印记。儒家经典《礼记》强调"见利而让"。对"让"阐述最为完备的是《荀子·修身》中的"劳苦之事则争先，饶乐之事则能让"这一句，其充分体现了古代具有完善人格的人是如何对待"圈内"人和"圈外"人的。上述绝非中国人对完美官员或者士人形象的美好愿望，而是在中国历史发展过程不断被实践的行动。在企业管理实践中，也不乏逆关系实践之让的例子。郭德纲在一次节目中被问及在自己的公司德云社里如何对待自己的儿子郭麒麟时讲到，"好事都是最后一个给他，而坏事都是第一个责罚他"。重庆力帆的尹明善同样如此，同样的岗位、同样的级别，家人的薪资要比外人更低。徐小平当年在新东方实施禁烟令，第一个处罚的就是俞敏洪的母亲。如此事例，不胜枚举。

逆关系实践之让可以帮助企业在一定程度上实现公正的分配结果，有助于具有高专业技能的人而非仅有亲近关系方在企业中获得成功，享受企业发展的成果。逆关系实践之让增加了组织对专业化人才的吸引力，提升了企业的专业化管理水平。

15.3.2.3 逆关系实践之敬

逆关系实践之敬，指的是管理者在与下属的日常交往过程中，相较于亲近关系方，与疏远关系或者无关系方交往的频率更高，且以一种更加关注和顾及其需求、尊严和建议的方式交往。相较于在决策时进行关系回避，或者面对资源分配时的让利，逆关系实践之敬的影响可能相对较小。但是由于它主要发生在上下级的日常交往过程中，发生频率更高，更容易被下属觉察到，因此也是管理者不得不注意的方面。

逆关系实践之敬同样具有非常深厚的中国传统。"敬"与"让"并列，都是儒家非常强调的君子之德。《曲礼上》指出，"夫礼者，自卑而尊人"。中国人在强调对"圈内"和"圈外"区别对待的同时，也强调君子应"贵人而贱己，先人而后己"（孙隆基，2015）。体现在日常用语上，对外人的亲属，往往采用"令""贤"和"尊"等尊称，如令堂、贤郎；而对自己的亲属则采用"犬""贱"等贱称，例如犬子、贱内。体现在礼仪和日常行为上，越是与自己关系疏远的人，越应当尊重和客气，为此不惜委屈自己或自己人。现实中，不乏逆关系实践之敬的例子。三国中的刘备，将自己的儿子阿斗摔在地上，却非常重视和珍惜赵云，从而成就了一段佳话。慧聪网创始人郭凡生面对在自己公司中工作的好朋友的女儿，"不认、不见、不管、不问"，显得比其他员工都要疏远。

逆关系实践之敬能够帮助企业建立一种交往公正的氛围和文化，使那些虽然与管理者没有亲近关系却有足够才能的专业人士能够感知到企业的重视和尊重，从而促使他们为组织的发展献计献策，促进企业的专业化管理，提升企业的持续竞争力。

15.3.3 实施逆关系实践的注意事项：天时、地利、人和

虽然我们强调逆关系实践是组织在从关系式管理走向专业化管理过程中的重要路径之一，但是这并不意味着逆关系实践就是唯一的道路。更重要的是，如果实施不当，逆关系实践可能会给组织和管理者带来很高的成本，最终影响企业的专业化管理。在此，我们提出在实施逆关系实践过程中，要注意结合天时、地利、人和，保证逆关系实践在促进企业专业化管理的过程中行之有用、行之有效。

15.3.3.1 天时：抓住时机，稳步转变

选择适当的时机来推行逆关系实践是非常重要的。作为重要的组织变革形式，逆关系实践的推行在人们对由关系带来的负面影响有充分的认识后才合适。此时，组织引入逆关系实践，顺水推舟也顺理成章。因此，当企业面临危机，努力寻求改变时，是引入逆关系实践的绝佳时机。除了危机，千载难逢的重要机遇，例如国际化，也可能使企业意识到改变的重要性，从而增大逆关系实践成功的可能性。部分民营企业选择在二代接班前推行逆关系实践，这样一方面能够减少"前朝元老"对新领导班子的阻碍，另一方面还能加快企业专业化管理的步伐。当然，上市也是部分企业选择推行逆关系实践的重要时机。例如，刘忠旺和李宁都分别在上市前将自己的大部分亲戚"请"出了公司或者管理层。

15.3.3.2 地利：注重差异，因地制宜

需要承认的是，并非所有的企业都应当推行逆关系实践，不同的企业实施逆关系实践的成本和收益也大不相同。企业在进行抉择时，需要考虑组织自身的情况，不能生搬硬套所谓的最佳实践。一般情况下，大企业相较于小企业更加适合推行逆关系实践。企业在发展初期或者规模较小时，通过天然的关系纽带维系企业稳定和相互信任是很多企业的选择。但是随着企业的成长，"外人"不断来到企业，实施逆关系实践就变得很有必要，因为企业需要向作为大多数的"外人"释放他们受到重视的信号，这样才能激发大多数人的工作和奉献动机，有助于高绩效的达成。另外，国有企业相较于民营企业可能更加适合推行逆关系实践，因为人们对国有企业有更高的公共期望，而民营企业管理者面对的利益冲突则相对较小。上市公司相较于非上市公司也更加适合推行逆关系实践，因为上市公司需要对更多的利益相关者和多样化的股东负责，企业专业化管理更加有助于上市公司的发展和兴盛。

15.3.3.3 人和：高层领导垂范和力挺

无论企业如何变革（包括逆关系实践这种看似不起眼实则角力激烈的变革方式），都有可能会因为损害了在组织中具有优势地位人群的利益而招致他们的反对和抵抗。如果企业高层没有对管理者提供支持，变革将难以推行。逆关系实践会损害管理者亲近关系方的利益，他们有可能是反对最为强烈的一方。在执行和实施逆关系实践的过程中，各层级管理者往往会受到来自亲密关系方（家庭成员、亲戚、同乡、故友）的压力，从而使自己在私人生活领域产生额外的损失和风险。此时，企业高层需要以身作则，从我做起，率先践行逆关系实践

（避、让、敬），给各层级管理者带来信心。同时，企业高层也应当在物质和精神上对各层级管理者提供支持，给予鼓励和补偿。最后，企业高层还应当对各层级管理者如何处理上述问题进行有针对性的培训，给他们一个相互学习和交流的平台，以使各层级管理者更好地掌握处理逆关系实践带来的问题的方式方法，获得工作场所和私人生活的双重幸福。只有这样，各层级管理者才能坚定不移地推行和实施逆关系实践，不断建设企业的专业化管理。

总之，专业化管理是现代组织和市场经济的重要特征之一。四十多年的改革开放，中国努力建设以现代企业为主体的市场经济，创造了经济奇迹，企业的专业化管理也有一定程度的发展。然而，中国是关系社会，传统的关系理念与专业主义有本质上的区别。那么，在这种关系社会中改革创新，中国企业是如何发展专业化管理的？本章从专业化管理与企业化管理之间的张力出发，总结了专业知识管理、身份管理、地位管理、价值观管理等四种企业专业化管理的一般实践；从专业化管理与关系式管理之间的张力出发，提出了中国情境下的逆关系实践——"避、让、敬"，并讨论了逆关系实践行之有效的条件。

本章小结

专业（profession）指"那些成功宣称可以控制某个工作领域的职业"。

专业人士应该具备的工作态度称为"专业主义"（professionalism），主要包含以下五个方面：知识专业性、专业实践力、专业自主权、为公众服务、专业使命感。

专业化管理是以专业人士的知识技能为基础、基于社会信任获得制度权威、以为公众服务作为核心专业价值观的同行与社区管理方式。

企业化管理通常被视为对各种角色和职位的控制、基于（有形）结果的权威及以效率和利润作为核心价值。

关系式管理与专业化管理最大的冲突是前者遵从特殊主义，后者奉行普遍主义。

专业人士意味着在特定领域内掌握着比外行人更多的知识。在企业环境中，由于对效率的追求，专业知识的专有性受到持续冲击，知识创新是专业人士和企业共同完成的，专业人士创造知识巩固管辖权的工作也可能失败。

如今，大多数专业人士在组织的管理控制下工作，组织可能在专业人士身份管理方面发挥更突出的作用。专业人士也需要进行"多重身份"管理。

在面临更广泛的制度环境变革时，那些地位较高的专业人士继续寻求在同行中保持持续的专业影响力，地位较低的专业人士也可以通过制度工作提升自身在专业系统中的地位。

专业人士在面对价值观冲突时，有可能会放弃他们的价值观，有可能抵制管理实践的侵扰以捍卫专业价值观，还有可能通过更积极的方式重组专业主义和管理主义的矛盾元素来进行有意义的管理。

在中国推行专业化管理，一个不容回避的问题就是关系对专业化管理的侵蚀。

关系阻碍专业化管理的内在机制是利益冲突下的关系偏袒。

逆关系实践是指管理者增强对与自己无关系或者疏远关系员工的包容性和公正性的一种行为策略，包括三个主要维度：逆关系实践之避、逆关系实践之让、逆关系实践之敬。

在实施逆关系实践的过程中，要注意结合天时、地利和人和，保证逆关系实践在促进企业专业化管理的过程中行之有用、行之有效。

重要术语

专业　专业主义　专业化管理　企业化管理　关系式管理　逆关系实践
逆关系实践之避　逆关系实践之让　逆关系实践之敬

复习思考题

1. 专业化管理与关系式管理、企业化管理有何异同？
2. 如何通过知识管理、身份管理、地位管理和价值观管理来推行专业化管理？
3. 关系对专业化管理会产生怎样的负面影响？
4. 从关系式管理向专业化管理转变，为什么需要实施逆关系实践？
5. 请举例说明逆关系实践在企业管理中的表现。
6. 逆关系实践的有效实施需要什么样的条件？

中国实践

格力的企业专业化管理体系

20世纪90年代初，格力只是一家默默无闻的小企业，经过二十多年的发展，2015年起跻身世界500强企业之列。可以说，格力的发展是基于格力自己的专业化管理体系。这一体系的目标是实现格力、消费者、经销商、供应商、社会等利益相关者价值最大化。实现目标的路径主要是可靠的产品、可靠的服务。夯实路径的主要基础是"文化、路线、品牌、队伍"四要素。

（1）"少说空话，多干实事"的文化。朱江洪在任的二十多年里，格力办公楼的大堂里一直挂着他亲手书写的各包含八个大字的条幅："忠诚、友善、勤奋、进取"，以及"少说空话，多干实事"。格力的文化是"实"的文化，是苦干实干、实事求是的文化。朱江洪一方面以身作则，实践双八大字的"实"文化；另一方面在各种场合，向管理者、员工不断地阐释双八大字所包含的"实"文化之含义。

（2）"科技创新、技术立企"的路线。格力成立初期，销售人员的薪水最高，导致许多技术骨干争着进销售部门，对企业风气建设产生了不良的影响。为了平衡这一关系，1994

年，朱江洪大幅度调低销售人员提成比例，并将大部分人力、物力、财力向科技领域倾斜，以科技创新引领企业发展。1996—2009 年，格力共有重大投资近 20 项，涉及投资超过 53 亿元，其中，直接用于技术改造的投资达 10 亿元以上，占总投资的约 20%。

（3）"用产品说话"的品牌。要想更好地控制产品质量，就需要严格控制零部件的质量。由于大部分零部件由外协厂家供应，为了控制这些采购来的零部件的质量，格力不惜提高成本，成立"筛选分厂"。1995 年下半年，一家由 300 多人组成的筛选分厂宣告成立。它一不生产零件，二不装配产品，它的工作就是在重要零件上线装配之前将其买回来并逐一检验筛选，不合格的剔除，退回原厂，并按情节的严重程度给予协作厂一定的经济处罚，倒逼协作厂家重视产品质量。后来，这家筛选分厂也成了格力质量管理的一大特色。格力的信条是，最好的服务就是没有服务，可靠的产品质量就是最好的服务。

（4）不断进行具有专业精神和工匠精神的队伍建设。格力的"匠心制造"，是由一支专业的管理队伍和工匠队伍实现的。在格力"实"文化的教育下，在科技立企和产品立牌的行动中，格力的一批批骨干诞生了，他们拥有专业化的管理知识和业务知识，以吃亏、吃苦、肯干的精神提供性能优、安全可靠的产品和服务，实现格力、消费者、经销商、供应商、社会等利益相关者价值最大化。

资料来源：改编自朱江洪，《朱江洪自传：我执掌格力的 24 年》，北京：企业管理出版社，2017 年版。

思考题

1. 请理解表 15.1（含表 15.2 和表 15.3）的内容，并解释格力的专业化管理体系。

2. 请阅读《朱江洪自传：我执掌格力的 24 年》，谈谈朱江洪为何要采取纪律性、规范性、标准化等专业化管理措施。

3. 请结合本章的内容，讨论格力的专业化管理应如何进一步丰富。

参考文献

费孝通，2012，《乡土中国》，北京：北京大学出版社。

韩双淼、谢静，2022，《研究型大学青年教师学术身份构建过程研究》，《中国高教研究》，4：71—77。

贾良定、南京大学"中国企业专业化管理研究"课题团队，2020，《我们为什么需要专业主义？》，《上海商学院学报》，21（1）：4—13。

孙隆基，2015，《中国文化的深层结构》，北京：中信出版社。

王士伟，1993，《中国任官回避制度的历史经验与现实构想》，《中国社会科学》，6：139—153。

王彦、贾良定、宁鹏,2020,《专业价值观的构建:历史、实践与理论》,《中南大学学报(社会科学版)》,26(2):87—96+107。

赵康,2001,《专业化运动理论——人类社会中专业性职业发展历程的理论假设》,《社会学研究》,5:87—94。

赵曙明,2008,《我国管理者职业化胜任素质研究》,北京:北京大学出版社。

Abbott, A. D. 1988. *The System of Professions*: *An Essay on the Division of Expert Labor*. Chicago: University of Chicago Press.

Adler, P. S., & Kwon, S. W. 2013. The mutation of professionalism as a contested diffusion process: Clinical guidelines as carriers of institutional change in medicine. *Journal of Management Studies*, 50(5): 930–962.

Anteby, M., Chan, C. K., & DiBenigno, J. 2016. Three lenses on occupations and professions in organizations: Becoming, doing, and relating. *Academy of Management Annals*, 10(1): 183–244.

Battilana, J. 2011. The enabling role of social position in diverging from the institutional status quo: Evidence from the UK National Health Service. *Organization Science*, 22(4): 817–834.

Chan, C. K., & Hedden, L. N. in pressing. The role of discernment and modulation in enacting occupational values: How career advising professionals navigate tensions with clients. *Academy of Management Journal*.

Chatelain-Ponroy, S., Mignot-Gérard, S., Musselin, C., & Sponem, S. 2018. Is commitment to performance-based management compatible with commitment to university "publicness"? Academics' values in French universities. *Organization Studies*, 39(10): 1377–1401.

Cohen, M. D. 2016. Jobs as Gordian knots: A new perspective linking individuals, tasks, organizations and institutions. in L. E. Cohen, M. D. Burton, & M. Lounsbury (Eds.), *The Structuring of Work in Organizations. Research in the Sociology of Organizations* (pp. 33-48). Bingley, UK: Emerald Insight.

Currie, G., & Spyridonidis, D. 2016. Interpretation of multiple institutional logics on the ground: Actors' position, their agency and situational constraints in professionalized contexts. *Organization Studies*, 37(1): 77–97.

Davis, M., & Stark, A. 2001. *Conflict of Interest in the Professions*. Oxford: Oxford University Press.

DiBenigno, J. 2020. Rapid relationality: How peripheral experts build a foundation for influence with line managers. *Administrative Science Quarterly*, 65(1): 20–60.

Evetts, J. 2003. The sociological analysis of professionalism occupational change in the modern world. *International Sociology*, 18(2): 395–415.

Fayard, A. L., Stigliani, I., & Bechky, B. A. 2017. How nascent occupations construct a mandate: The case of service designers' ethos. *Administrative Science Quarterly*, 62(2): 270–303.

Fine, G. A. 1996. Justifying work: Occupational rhetorics as resources in restaurant kitchens. *Administrative Science Quarterly*, 41(1): 90–115.

Freidson, E. 2001, *Professionalism: The Third Logic.* Cambridge: Polity Press.

Hall, R. H. 1968. Professionalization and bureaucratization. *American Sociological Review*, 33(1): 92–104.

Heizmann, H., & Fox, S. 2019. O Partner, where art thou? A critical discursive analysis of HR managers' struggle for legitimacy. *International Journal of Human Resource Management*, 30(13): 2026–2048.

Hood, C. 1991. A public management for all seasons? *Public Administration*, 69(1): 3–19.

Karunakaran, A. 2022a. Status-authority asymmetry between professions: The case of 911 dispatchers and police officers. *Administrative Science Quarterly*, 67(2): 423–468.

Karunakaran, A. 2022b. In cloud we trust? Co-opting occupational gatekeepers to produce normalized trust in platform-mediated interorganizational relationships. *Organization Science*, 33(3): 1188–1211.

Kellogg, R. 2014. The effect of uncertainty on investment: Evidence from Texas oil drilling. *American Economic Review*, 104(6): 1698–1734.

Kleiner, M. M., & Krueger, A. B. 2010. The prevalence and effects of occupational licensing. *British Journal of Industrial Relations*, 48(4): 676–687.

Noordegraaf, M. 2015. Hybrid professionalism and beyond: (New) Forms of public professionalism in changing organizational and societal contexts. *Journal of Professions and Organization*, 2(2): 187–206.

Larson, M. S. 1977. *The Rise of Professionalism: A Sociological Analysis.* Berkeley: University of California Press.

Osborne, D., & Gabler, T. 1992. *Reinventing Government: How the Entrepreneurial Spirit is Transforming the Public Sector.* Reading, MA: Addison-Wesley.

Pache, A. C., & Santos, F. 2013. Inside the hybrid organization: Selective coupling as a response to competing institutional logics. *Academy of Management Journal*, 56(4): 972–1001.

Parsons, T. 1939. The professions and social structure. *Social forces*, 17(4): 457–467.

Peters, T. J. 1992. *Liberation Management: Necessary Disorganization for the Nanosencond Nineties.* New York: Knopf.

Raelin, J. A. 1986, *The Clash of Cultures: Managers and Professionals.* Boston: Harvard Business Press.

Sandholtz, K., Chung, D., & Waisberg, I. 2019. The double-edged sword of jurisdictional entrenchment: Explaining human resources professionals' failed strategic repositioning. *Organization Science*, 30 (6): 1349-1367.

Scott, W. R. 2008. Lords of the dance: Professionals as institutional agents. *Organization Studies*, 29 (2): 219-238.

Susskind, R., & Susskind, D. 2017. *The Future of the Professions: How Technology will Transform the Work of Human Experts*. Oxford, U.K.: Oxford University Press.

Teelken, C. 2015. Hybridity, coping mechanisms, and academic performance management: Comparing three countries. *Public Administration*, 93 (2): 307-323.

Tsui, A. S., Zhang, Y., & Chen, X. P. 2017. *Chinese Private Enterprises: Evolution and Challenges for Leadership*. London: Palgrave Macmillan UK.

Vallas, S. P. 2006. Empowerment redux: Structure, agency, and the remaking of managerial authority. *American Journal of Sociology*, 111 (6): 1677-1717.

Wallace, J. E. 1995. Organizational and professional commitment in professional and nonprofessional organizations. *Administrative Science Quarterly*, 40 (2): 228-255.

Webber, M. 1951. *The Religion of China: Confucianism and Taoism*. New York: Free Press.

Wright, A. L., Irving, G., & Selvan, T. K. 2021. Professional values and managerialist practices: Values work by nurses in the emergency department. *Organization Studies*, 42 (9): 1435-1456.

Wright, A. L., Zammuto, R. F., & Liesch, P. W. 2017. Maintaining the values of a profession: Institutional work and moral emotions in the emergency department. *Academy of Management Journal*, 60 (1): 200-237.

第 16 章

企业家精神与企业文化

学习目标
1. 认识企业家精神的内涵和动力
2. 理解企业家的身份认同
3. 熟悉企业文化的内涵与功能
4. 掌握企业文化的形成与维持
5. 领会企业家对企业文化的影响

引导案例

"格力之父"

家用空调行业是中国竞争最为激烈的行业之一,而格力是其中为数不多的国有控股企业。从濒临破产的"三无工厂"到千亿元规模的行业巨头,格力辉煌成就的幕后,是执掌其二十多年之久却素来低调、被业界称为"格力之父"的朱江洪。

1970 年,朱江洪于华南理工大学毕业,但因父亲被打为"反革命"而被分配至偏远的广西百色,成了一名普通工人。在厂里,朱江洪从不拒绝脏活、累活,而是虚心向工友学习实践技术,车、刨、钻、铣、磨样样精熟,在一线生产中逐渐锤炼出理工科的技术头脑。1982年,工厂濒临倒闭,推行民主选举,朱江洪几乎以全票当选厂长。他临危受命,利用五年时间,使工厂不仅扭亏为盈,更是成为行业翘楚,产值超 3 000 万元。

基层经验培养了朱江洪深厚的务实精神。接手"烂摊"工厂时,他提出领导干部要吃苦在前,享受在后,与员工同甘共苦。有一回突击任务,他也穿着工作服,像个老师傅一样亲自扛货,下楼时动作不如年轻人轻快,还遇到员工在身后大喊"前面的师傅走快点"。

朱江洪的务实不仅体现在工作作风上,更贯彻在格力发展的战略决策之中。朱江洪当过质检员,对"产品质量"有着深刻的认识。他认定一个理:好产品一定有人买。为了打造格力品牌,明确"精品战略"路线,他严把质量关,搞整顿,不走过场。为此,他成立了被员工称为"质量宪兵队"的全面监督小组,亲自出任"队长"。因质量问题,他一改常态,变得"心狠手辣",罢免了多位中层领导。在任期间,他还建成了全球规模最大的专业空调研发中心以及制冷技术研究院,每年技术研发的资金投入超过销售收入的 3%,使得格力成为中国空调行业研发投入最大的企业。专注于研发创新、执着于质量提升,朱江洪领导下的格力致力于把一个领域的产品做精、做深,甚至"做绝"。专业化发展的组织承诺与精品定位的战略选择,使得格力在行业竞争的惊涛骇浪中屹立不倒。

朱江洪在任的二十多年里，格力文化的核心，一如朱江洪的为人之道，便是一个"实"字：苦干实干、实事求是。面对复杂多变的竞争环境，朱江洪认为，格力应该持有定力，推进以做强主业为核心的转型升级，"不忘初心，方得始终"。

资料来源：改编自朱江洪，《朱江洪自传：我执掌格力的24年》，北京：企业管理出版社，2017年版。

思考题

1. 朱江洪具有哪些特点？
2. 格力的竞争优势是什么？其是如何形成的？
3. 文中提及："他认定一个理：好产品一定有人买。"在不同的时代，"好产品"的定义不同。今日的格力如何在激烈竞争的家电领域重新定义"好产品"？

引导案例展现了支撑中国企业发展甚至中国经济发展的企业家精神，从中可以看出从事实业的企业家通过身体力行体现出的企业家精神，以及其对企业运营管理和企业文化的影响。

德鲁克（2019）在《创新与企业家精神》一书的结论中称，创新与企业家精神能让任何社会、经济、产业、公共服务机构和商业机构保持高度的灵活性与自我更新能力。社会的经济活动主要是由企业行为构成的，因此企业发展的质量直接影响了一个社会宏观经济发展的速度和可持续性。面对快速变化的环境，企业的目标、结构、制度和人员都需要经常进行调整，但企业即便像一些人所想象的那样是一个生物有机体，也无法自动对外部变化做出反应，相反，随着企业业务范围和规模的扩大，企业必须通过建立复杂的组织和系统来形成企业大脑，处理繁杂的业务，而这样的大脑逐渐形成自成一体的内循环系统，进而使得企业更加不可能及时感知和适应外部的变化。

企业大脑的控制者是谁？本质上是企业的决策者。他们的认知水平在相当程度上决定了企业的适应能力。能够推动企业适应外部变化的企业家，需要具备一些独特的心理和行为特征，使得企业中的大多数成员也形成相似的特征。本章将从这个角度看待企业的运作和发展，讨论企业家精神、企业文化以及二者对企业发展的作用。

16.1　企业家及其身份认同

16.1.1　企业家的定义

彭罗斯（Penrose，2009）认为，推动企业成长的因素是企业管理而非外部环境，企业的领导者制定企业政策来协调内部的各项活动，决定如何有效地利用资源，产生企业独特的服务或能力，最终推动企业的成长。安索夫在《企业战略》一书中指出，企业对现有技能和资源的把握以及确保经营项目之间产生协同，是推动企业成长的力量。德鲁克认为，企业高层加强企业的创业和创新精神，决定了企业的成长。钱德勒认为，由经理人和组织结构组成的企业管理协调机制影响了企业的成长，同时企业的成长来自对技术变革的适应和市场的扩大。他指出，管理协调比市场协调具有更高的效率，也使得现代企业由家族式企业向经理人企业转变。

社会的经济活动单元是工商企业，更具体来说，由商业人士指导企业从事的各种商业活动繁荣了社会经济。伴随着中国经济的高速发展，自20世纪80年代末以来，人们通过媒体越来越广泛地了解到企业经营者及其所掌管的企业，并且将企业的成功或失败归因于企业的领导者（Meindl, Ehrlich, & Dukerich, 1985）。由于失败的企业在多数情况下无法引起人们的兴趣，那些看似成功的企业领导者便通过各种媒体报道和传播而为人所周知，并且津津乐道。社会大众甚至学界倾向于将比较成功的商业人士称为企业家。

英文"entrepreneur"一词的中文翻译为"企业家"。根据德鲁克（2019）的整理，法国经济学家萨伊指出，企业家将资源从生产力和产出较低的领域转移到生产力和产出较高的领域。萨伊发现，当时经济学家并没有区分资本所有者和对企业组织进行组织及经营的管理者，于是便造出"entrepreneur"一词代表后者。英文"entrepreneur"一词也可指创业者，但创业者并非都是企业家，只有创造出新东西的企业经营者才被称为企业家。

企业家不同于商人和投资人，他们必须"创造"出新的东西，这就涉及一系列的活动，包括精心调研和决策，招募人员或建立团队，确定组织结构，制定合理的规章制度，确立产品的研发、测试和销售模式，确保企业运营所需的资金，等等。所以，企业家要实现创新，就要从事有组织的运营和管理，并且随着企业内外部环境的变化不断调整组织方式和运营模式。上述任何一项任务完成得不好，企业就会陷入困境之中。

企业家也不同于发明家。一些人士能够基于自己在科学或工程领域的专长提出新的观点、方法或者流程，能够提升本领域某些产品或服务的效能。他们通过展示创新的工作给产业带来的前景而获得资金支持，但可能出于研发失败、脱离市场需求或者产品达不到预期的效果等原因，无法将发明成果变成满足市场需求的产品。这种情况在美国以及近年来的中国都很常见。这些发明家最终无法将产品推向市场，往往只能围绕已有的技术设计新的产品方案再次融资。如果一直没有成功，这些发明家就是所谓的连续创业者，还称不上企业家，因为他们没能创造出新的商业化产品，也没能推陈出新。

总之，企业家是以有组织的、系统的方式在某个或某些实业领域从事创新性工作的企业领导者，他们所做的事情是与众不同的"创造性的破坏"，而非只是重复他人已经做过的。企业家不仅选择社会和经济发展中所需解决的问题作为事业的突破口，而且会建立组织并进行有效的管理，在运营企业时会将变化视为常态，从而不断调整组织，高效地利用资源以实现企业的目标。企业家是将经营企业作为目标与使命的企业最高领导者，他们通过识别外部环境、调动现有资源为客户提供产品或服务。成功的企业家不满足于对现有事物加以改进或修正，而是试图创造出全新且与众不同的价值和满意度，试图将一种物质转换成资源，将现有资源投入新型的且更具生产力的结构中。此外，企业家必须依靠完善的管理，让企业拥有健全的组织，拥有能够独立生产和发展的能力。

16.1.2 企业家的身份认同

企业家的精神在很大程度上取决于企业家对自己个人的定位，这就涉及企业家的身份认同问题。

身份认同，指的是一个人把自己看成一个什么样的人，是人们对"我是谁"这个问题给出的回答。身份认同理论（identity theory）来源于角色理论，认为个体将自己定义为扮演某种角色的人，并将角色的意义和期待内化为自我的一部分（Stryker，1980），形成指导个人行为的标准（Burke，1991）。因此，确定了身份认同的人会努力表现和保持与角色相关的意义和期望。尽管每个人在社会中都具有多重身份，但个人会在特定的社会情境下激活最显著的那个身份，从而展现出与身份相应的感知、思想和行为。例如，在面对孩子时，会展现出作为父母的身份；在面对下属时，会展现出作为上司的身份。在构建自我身份认同的过程中，工作是重要的情境之一。但如果个人只是把工作当成谋生的手段，就很难用工作相关的身份来定义自己。

西方的很多企业领导者在继任时，企业已经存在了，因此他们大多是职业经理人。中国的现代企业是从20世纪80年代起才建立的，企业的创始人往往身兼企业的管理者和经营者等多个角色。尽管改革开放后中国巨大的市场为商界人士提供了很多机会，但是从事实业需要进行产品研发和创新，企业领导者要承担非常大的风险，而且需要忍受产品研发周期长、见效慢等低收益。能够坚持在实业领域长期耕耘，最终通过创新产品获得市场认可的人，一定具备坚定的企业家身份认同。

企业家一旦确立了自己的身份认同，便会确立与此身份认同密切相关的认知和行为准则，并在行动中践行这套准则，把与企业有关的活动当作个人身份认同的一部分。同样，企业家的身份认同会影响企业家的战略决策。

中国的企业经营者具有商人、投资者和实业家三种身份认同（张志学、王延婷，2022）。商人是指拥有自己的商铺或者企业，通过买卖和交易商品获得利润的人。投资者是指将稀缺的个人和企业资源分配到某些特定企业中以赚取更多利润的人。商人和投资者都试图通过识别和利用商业机会来实现利润最大化。实业家在特定的行业中生产出满足市场需求的产品，并持续进行研发，改善产品的质量和技术。由此，我们提出了实业家身份认同的概念，其是指企业领导者将自我的身份定位于运营和管理生产特定产品的实业企业，而非仅仅通过交易或者投资来获取利润。具有实业家身份认同的企业领导者，也就是本章所界定的企业家。

从企业经营的角度看，企业家运营企业需要完成两大任务：一是外部适应，即关注外部环境，分析市场、技术、政策的变化，从而进行战略调整。二是内部整合，就是对企业的关键任务、组织结构、控制系统、企业文化进行协调和搭配，支持战略的落地和目标的达成

（Nadler & Tushman，1980）。具备企业家精神的经营者，将所面对外部环境的变化当作常态，为此需要持续监测变化，并进行内部资源的调配和整合。领导者的视野、思维、决策等认知能力是决定企业成败的关键因素（Eisenhardt & Martin，2000；Helfat & Peteraf，2015；Teece，Pisano，& Shuen，1997）。有学者认为，领导者可以通过感知、捕捉和配置三个过程建构企业的动态能力。他们在机会变得明显之前就充分感知到机会的存在，在感知到机会的基础上有选择地聚焦于特定业务并制定商业模式，重新配置组织资源，打破企业已有的惯例和规则、消除员工的惰性，完成从战略到组织的创新变革。从这个角度来看，企业家的任务包括"感知与抓取"和"重构与编排"两个方面（Helfat & Peteraf，2015；Teece，Pisano，& Shuen，1997），这与前面提及的外部适应和内部整合是一致的。也就是说，企业家必须带领企业完成对外和对内两大任务，对外就是"适应与调整"，即监控变化、发现机会、制定战略、明确模式，对内就是"重构与编排"，即搭建组织、调动资源、消除惰性、营造文化。

所以，企业家需要不畏艰难，拥抱变化。稻盛和夫曾说，企业经营并没有那么容易。如果你真想把企业搞好，让员工自豪，让他们感受到工作的喜悦，那么你就要把全部心血倾注到事业上，并做出自我牺牲，为员工的幸福和企业的发展殚精竭虑；没有这样的奉献精神，就不要当经营者。中国企业起步晚、基础差，需要企业家带动全体员工忘我奋斗，发扬忘我与卓绝的企业家精神。早在2000年，任正非就坦言，十年来自己天天思考的都是失败，对成功视而不见，也没有什么荣誉感、自豪感，有的只是危机感。当国人开始羡慕华为的成绩时，任正非说，华为二十年的炼狱，只有自己和家人才能体会。

具有实业家身份认同的企业领导者，才是本章所界定的企业家。他们心无旁骛地经营企业，因企业的产品或服务满足了社会的需求而体会到事业的意义，并从中感受到使命与责任。其中的很多人具有实业家的身份认同，表现在三个方面：一是感知到工作的意义，企业的领导者因企业的业务满足客户和社会的需求而感到自豪；二是致力于终身学习，企业的领导者保持开放的思想，并持续学习；三是坚定地追求组织目标，企业的领导者专注于组织目标，拒绝机会主义（张志学、王延婷，2022）。

16.2 中国故事：卢作孚[①]的使命担当[②]

近代中国的实业家卢作孚经营企业的理念、策略和行动体现了具有服务社会、便利人群、开发产业、富强国家等内涵的企业家精神。

2019年3月10日，习近平总书记在参加十三届全国人大二次会议福建代表团审议时指出："做企业、做事业不是仅仅赚几个钱的问题。实实在在，心无旁骛做实业，这是本分。"

[①] 卢作孚（1893—1952），中国近代著名爱国实业家、教育家、社会活动家，民生公司创始人，中国航运业先驱。

[②] 本部分内容改编自张志学，《实业报国 使命担当——卢作孚与民生公司》，《企业管理》，2019年第10期。

2020年7月21日,习近平总书记在京主持召开企业家座谈会并发表重要讲话:"优秀企业家必须对国家、对民族怀有崇高使命感和强烈责任感,把企业发展同国家繁荣、民族兴盛、人民幸福紧密结合在一起……"他以清末民初的张謇和抗战时期的卢作孚等实业家为例,鼓励当代企业家以他们为典范。

16.2.1 宜昌大抢运

1938年秋,在素有"长江咽喉、入川门户"之称的湖北宜昌,民生公司总经理卢作孚指挥船队,冒着日军的炮火和飞机的轰炸,抢运了大量工业设备、物资和人员到四川,从而保存了中国民族工业的命脉。

当时大量人员及工厂设备、军需物资等只能沿着长江向大后方撤退,大批人员和物资聚集在宜昌沿江码头。距川江的枯水期只有40天,此后水位会不断下降,大型船只将无法开航。危急之时,卢作孚在现场动员、指挥全体员工投入抢运工作。除倾尽民生公司的所有力量外,还紧急征用了1 200多只民用船只,用于运输轻型物资,终于在枯水期到来之前抢运了150多万人员和100多万吨物资入川。仅抢运入川的学校就有复旦大学、武汉大学、山东大学、航空机械学校、中央陆军学校等数十所。

在大抢运中,民生公司担负了90%以上的运力,公司有16艘船舶被炸沉炸毁、69艘船舶被炸伤,117名员工牺牲、76名员工伤残。在付出如此惨重代价的情况下,民生公司只收取平时运价1/10的运费,对许多难民更是实行免费运输。

宜昌大抢运是由中国民营企业牵头并作为主要力量创造的世界战争史上的奇迹,其英勇悲壮的程度和历史作用并不亚于第二次世界大战期间的敦刻尔克大撤退。在生死存亡的紧急关头,卢作孚放弃商业利益,号召员工将生死置之度外,全力以赴协助国家抗战。

16.2.2 民生为本,实业报国

卢作孚做过教师、编辑,当过官员,办过企业。他搞乡村建设被誉为"中国乡村建设三杰"之一,办实业办出了中国近代史上卓越的民生公司。他先后临危受命担任国民政府四川省建设厅厅长、交通部常务次长、中国粮食管理局局长等职务,每次完成使命后便回归实业。他一生克勤克俭,将个人的使命定位在国家、民族的富强和对民生的关怀上。

1925年,卢作孚创办了民生公司,其以一艘小客轮艰难起航。公司取名"民生",表示其不单纯是一家经营航运的企业,而是从事一项发展民族实业、为人民谋福利的事业。创业之初,卢作孚就明确了自己和公司的使命定位:服务社会、便利人群、开发产业、富强国家。他曾明确表示:"我们做生产事业的目的,不是纯为赚钱,更不是分赃式地把赚来的钱分掉,乃是要将其运用到社会上去,扩大帮助社会的范围。""一个人的成功不是要当经理或总经理,也不是要变成拥有百万、千万财富的富翁,而要看他的事业是否切实帮助了社会,成功了社会。"

1933年,民生公司运送乘客数十万人。卢作孚说:"假如公司很好地帮助了几十万人,而几十万人当中有许多人在做帮助别人的工作,公司就间接地帮助了社会。"他认为,中国文

明或现代化应包括两个方面：一是物质的现代化，二是现代的社会组织。中国要想富强，必须让人民过上现代集团组织的生活，要遵循现代集团组织的标准、规范，并接受现代化的训练。每个人既创造现代的社会环境，同时又接受现代社会环境的影响。他强调必须通过技术和管理救中国，"我们要鼓起勇气，坚定信心。凡白种人做得来的，中国人也能做出来，只要学会他们的技术和管理，便能做出同样的事业，而且后来居上"。

卢作孚注重员工训练。员工在上岗之前就已经接受了非常周密的训练，每个岗位都有严格的工作规定和完善的考核制度，目的是把优秀人才招入公司工作。为了提高员工的文化素养，民生公司从1932年10月起创办朝会制度，即每周一上班前，总公司员工集中在大礼堂召开学习报告会，有时还会邀请社会各界名流做演讲。

16.2.3 国难当头，挺身而出

1930年8月，卢作孚在全国考察五个多月后，撰写了《东北游记》一书以唤起民众的危机意识。他决心干好产业，为抗日救国做准备。他做了如下安排：兴建西部科学院，大规模推动文教事业；在企业运营中实施"集零为整，统一川江"战略，将公司机构从合川迁到重庆，开始增资扩股，并购长江上的其他公司船只；在年轻人当中物色优秀人才进入民生公司实习，为抗战爆发做好人才储备。民生公司用了六年多时间一统川江航运。

面对外国企业的联合打压，民生公司实施精细化运营，形成价格竞争优势，争取货源；加强管理，提高服务质量；改善设施，创造良好的承运环境。外国公司陆续退出了川江航运市场，民生公司大量接收倒闭的外国公司船只，并获得了拥有先进运营经验的人才。

民生公司1926年开始运营时轮船总吨位只有70.5吨，1936年发展到18 563吨，轮船总吨位超过所有外国公司在川江上的轮船吨位总和，为成功实施宜昌大抢运做好了准备。当时有人议论，战争开始民生公司就会垮掉。卢作孚则说："国家对外战争开始了，民生公司的任务也就开始了！"

16.2.4 卢作孚的精神遗产

作为自己创办的公司的总经理，卢作孚最初在民生公司并没有股权。朋友们凑了一笔钱给他入股，股东大会感谢他的贡献额外赠给他一些干股，但他和家人从未领过红利。他去世前留下遗书，要求家人将其所持有的民生公司的股票交给国家。虽然是民生公司的总经理，但他家人坐公司的轮船也须买票，并正常排队等候上船，他也从未让家人单独用过他的公务车。

毛泽东在1953年12月的政协会议期间曾说：中国的民族工业不能忘记四个人，重工业的张之洞、轻工业的张謇、化学工业的范旭东和交通运输业的卢作孚。黄炎培说：卢先生奋斗越努力，事业越发展，信誉越增加。他不矜夸、不骄傲，而是不断地刻苦奋斗。他是一个吃苦耐劳、大公无私、谦和周到、明决爽快、虚心求进的人，是富于理想又勇于实践的人。厉以宁认为，卢作孚先生是我国近代企业文化建设的最早倡导者之一，他所创立的民生公司

是 20 世纪 20 年代至 40 年代期间企业文化建设的一个卓有成效的范例。张瑞敏说：卢作孚先生在我心目中可谓高山仰止。他于兵荒马乱的年代竟然不可思议地创办了一流的企业。在民族危难之际，他拼上倾注着自己心血的企业，谱写了一曲中国版"敦刻尔克"的救亡曲；而在巨富面前，他那种"生而不有，为而不恃"的淡定超然，又无人企及。

16.3 企业家精神的内涵和驱动力

16.3.1 企业家精神的内涵

综合德鲁克、彭罗斯等人的观点，企业家精神是指个人所具有的组织已有资源创造出新的产品、发现新的机会，以及提出新的商业模式的才能和行为。企业家精神与企业家是分离的。这个概念现在已经被广泛用于形容个人所具有的创新的欲望、倾向和能力。本章所讨论的企业家精神集中于企业的创始人、拥有者或者高管组织和利用资源创造出新的产品或者服务模式的能力。

彭罗斯（Penrose，2009）将企业家精神看作一种进取心，认为其是在有获利能力的条件下希望尝试的心理倾向，表现为采取投入精力和资源以求获利的行动。在她看来，企业寻找扩张机会的决定表明了其进取心，要求企业家具有想象力和洞察力，并在制定扩张决策之前进行调查研究。然而，很多商人虽然希望获得高利润，但并不愿意进行必要的投入。彭罗斯认为，有些人具有永无止境地追求更大利润或者更高声望的野心，愿意从事新的经营活动。缺乏进取心的企业家只满足于做好本领域的工作，即便企业具有必要的能力，也不愿意考虑更多的发展。

企业家的一些特征是构成企业家精神的重要成分。彭罗斯提出企业家的以下特征对企业的成长具有战略意义。首先，企业家的想象力和远见对企业的发展非常重要，当企业需要付出主要努力开发新的市场或者从事新的生产时，企业家的想象力、对时机的感知以及在机会在哪里和如何把握上所拥有的本能性认知，都起着至关重要的作用。其次，筹措资金的能力。企业在创建和扩张过程中，需要获得外部资本的支持，这需要企业家获得投资者的信任，说服他们进行投资。再次，追求进取的雄心，表现在企业家需要不断提升产品质量、降低成本并改良技术。最后，企业家需要具备良好的判断力，依赖企业内的信息和咨询部门，通过专业顾问组织提供有效信息，做出准确的判断。

16.3.2 成就动机与企业家精神

成就动机是驱动企业家精神的核心动力。卓越的企业家通常集敏锐、富有勇气、执着、勇于探索等特质于一身，这才使他们不同于一般人。企业家的显著特征是带领企业以有组织的方式进行创新，进而造福社会。相比西方市场上的创业者和企业家，中国企业家带领企业由弱到强所经历的困难要大得多。

成就动机（need for achievement）由心理学家亨利·默里（Henry Murray）提出，指个

人渴望获得重要成就、掌握技能、实现控制或达到高标准的愿望。低成就动机的人倾向于回避风险，完成很容易的任务或者做很容易的事情。他们也会选择特别难的任务，从而为自己的失败找到借口。高成就动机的人则选择具有挑战性但通过努力能够完成的任务。具有高成就动机的人表现为迎接挑战并具有很强的独立性。麦克利兰（McClelland, 1958）发现个人的"成就动机"对其成功创业具有显著影响，他还发现国家的成就动机分数与该国之后的经济增长呈非常明显的正相关关系（McClelland, 1961），表明成就动机是驱动社会发展的精神动力。

优秀的企业家通常具有高成就动机。他们为自己设立高标准，并为达到该标准不断努力；而一旦达到标准，个人又设立更高的标准，并持续奋斗。高成就动机的企业家会通过事先评估确定具有挑战性的目标，并努力调动组织内外的各种资源而达成目标。他们的最大乐趣在于专注于将事情做到最好，在没有达成目标之前甚至寝食难安。他们中有人通过持续的自我奋斗成为领域内的顶尖专家，有人推动一个组织甚至行业走向新高，最终推动社会的发展。

16.4 当代中国的企业家精神

如前所述，企业家精神与企业家的身份是可以分离的：具备企业家精神的人，并不限于企业家，而是可以在各个领域都表现得简单、执着、义无反顾，不断奋斗、追求创新。在实业领域，企业家精神表现为对科学精神和理性的尊重、对宏观环境和微观需求的敬畏、对研发和产品的投入，以及对客户价值的创造。具备这种精神的企业家往往能够心无旁骛地提升企业的产品和能力。在中国改革开放最初的年代，伴随着遍地商机，通过商业经营发财致富的人很容易成为热点人物。随着时间的推移，在实业领域默默耕耘、追求创新的企业家及其领导的默默无闻而又扎扎实实的企业，更多地为人所知。

企业家在带领企业发展的过程中会遇到各种困难，企业家精神也表现在对困难的认知和克服上。中国企业家在认识和接受外部困难及约束的同时，坚定地不断改变现状，克服困难。这种"认命变运"的信念构成了当代中国特殊的企业家精神（Au, Qin, & Zhang, 2017）。学者们发现，中国企业高管对认命变运的认可程度远远高于能动论和宿命论；学者们更进一步发现，企业高管越是相信认命变运，他们在企业战略决策过程中，越是注重企业的创新、前瞻以及敢为人先，企业的财务表现越好，创新业务的总收入占比越高。在企业的外部环境处于高度动态变化时，认命变运的信念与企业的创新、前瞻和敢为人先的导向之间的关系更加显著。也就是说，相信认命变运的企业家，以坚韧的领导力带领企业前行，接受自己不能改变的，改变所有可以改变的。

中国的宏观环境在不断变化，也呼唤与时俱进的企业家精神。在过去的四十多年中，中国企业从巨大的市场、不断增加的基础设施建设投资和廉价的劳动力中获益。面对相对短缺的产品和服务以及巨大的市场需求，早期的企业家可以通过复制国内外已有的市场取得巨大成功，而无须在创新上进行巨大投入。随着中国经济从高速度向高质量发展的转换，创新意识正在成为企业的基本生存意识。人民群众对美好生活的向往从未停止，也日益见多识广；激烈的市场竞争裹挟着国内外各种所有制、各种规模的企业，无论出身和血统如何，没有创新能力的企业都会丧失竞争优势、节节败退。为此，中国的企业家必须转变思维方式和理念，全力投入于促进企业创新上。

企业要进行创新，就要通过合适的组织结构、管理和薪酬体系把投入转化为产出，其中组织结构系统首当其冲。然而，长期沉浸在中国制造氛围中的中国企业，其组织结构和系统大多关注的不是创新而是制造效率，很难快速而顺利地转向创新模式。其次，在战略层面上，资源调配的取舍体现了组织能否有效地将有价值的资源用于创新。过去，很多企业为了即时获利，进行了非相关多元化的部署，没有建立起围绕创新的战略资源配置。最后，创新依赖于系统性的组织学习和知识管理工具，例如相应的业务流程、人才储备、产学研机制等，这对很多中国企业来说都被认为是"重要但不紧急"的。

企业家精神表现在企业家能够识别市场需求，并开发出创新性的产品满足用户需求上。为了达成这一目标，企业家既要通过各种手段了解不断变化的市场和用户，具备洞察用户需求和发现新机会的能力，还要能够获取必要的资源把洞察和机会转变为产品和服务。为此，企业家需要近距离观察行业特点、监测和留意行业变化、主动预测趋势和采取行动。企业家不仅需要在企业中组建拥有产品开发知识、技能和能力的团队，提供资源支持他们的开发活动，还需要建立支持创新的组织文化。领导者需要让组织成员认识到，创新驱动战略是实现企业发展的唯一选择。为此，企业家需要推动企业做出系统性的组织变革，包括围绕创新重塑组织结构和系统，投入资源到创新上去，建立知识管理工具箱，在不同层面建立组织学习惯例。最后，企业家需要在企业中提供相关领域的知识以及与创新相关技能的培训，以帮助员工发挥其创造力。

概括来说，企业家要具备改变理念的决心、投入创新的热情和勇气、领导组织变革的能力、培养具有创造力员工的意愿以及对持续投资创新的坚持。这些都是当代企业家精神的内涵。

企业家精神与企业家身份虽然是分离的，但在一点上是交会的，那就是识别变化。当前，中国面临经济结构转型、关键和核心科技突破、全球化经济与政治的不确定性、强国及其盟友的打压和围堵等百年未有之大变局。如此巨大的变革时期，中国需要新的企业家精神：不仅要善于识别变化，更要有比以往更强烈的危机感和紧迫感，彻底放弃机会主义和投机心态。这就意味着，企业家需要敏锐地察觉外部环境的变化、洞悉行业发展趋势，从而快速调整企业的经营策略。同时，企业家需要迅速地将从行业和环境洞察中发现的机会转化为企业的经营活动，聚精会神地打造并提升企业的组织能力，凝聚并激励全体员工协力达成既定的目标。此外，企业家要以更广阔的视野看待自己的事业，既通过企业的创新活动满足市场和客户的需求，也为实现中华民族伟大复兴出力。当下正值中国社会处于迈向高水平现代化的进程之中，企业家以其敏锐的洞察力和卓越的运筹与创新能力，可以勇敢地以企业化的方式解决中国社会现存的各种问题，充当"社会企业家"的角色，带动中国社会和商业文明提升，推动中国社会进步。

此外，当下也正是新技术推动数字经济全面展开的时机。企业家需要意识到数字经济对于中国提高人均绩效、实现国家中长期目标的战略意义。同时，要推动企业实现组织结构、工作流程、人员素质等方面的变革，以便快速通过数字化和智能化提升企业的竞争力。数智时代的企业家精神体现为企业家能够识别大趋势，提升自己的数智素养和能力，推动企业组织的变革和人员素养的提升，尽快借助数智技术提升企业的运营效率。在提升企业竞争力的同时，尽可能融入生态体系中，与相关企业共同创造价值，推动中国经济健康发展。此外，数字经济对于中国和世界都是崭新的领域，尽管国家和地方政府着力推进并支持企业转型，企业在运营过程中一定还会遇到制度和规则上的障碍，这就需要企业家体现自身的价值，积极向政策制定部门反馈和建言献策，推进法律与政策环境的完善，履行"社会企业家"的职能。

16.5　企业文化及其作用

16.5.1　企业文化及其构成

一家有明确目标的企业需要调动其成员共同完成诸多任务，而当成员成功地达成目标时，他们所坚持的信念、价值观和行为模式都将被当成准则坚持下来。随着企业成员不断获得成功，这些信念、价值观和行为模式就成为群体成员身份的一部分，也理所当然地成为企业的一部分，新加入企业的成员必须遵循这些信念、价值观和模式，这就形成了企业文化。

企业文化是企业在进行外部适应和内部整合过程中发展出来的共享的基本假定，这套假定被证明行之有效，并被传达给新成员，影响他们的感知、思考、判断和行为。企业文化被认为是天经地义的价值观、规范、假定和象征，塑造员工的行为。

关于文化的结构或者成分，学者们的论述大同小异。沙因和沙因（2020）认为可以从三个层次对企业文化进行分析。第一层次是人工饰物，包括可见或可触及的结构和过程、可以观察到的行为、行为管理和仪式、组织流程、组织章程、指导员工开展工作的描述、组织结构图等。不过，仅仅通过人工饰物去推断企业的深层假设是不准确的，只有与企业成员深入交流才能理解这些人工饰物所代表的理念和价值观。第二个层次是人们信奉的信念和价值观，包括理想、目标、价值观和意识形态等，这些反映的是企业在解决问题过程中所形成的关于对与错、是与非的看法。第三层次是人们认为理所当然的基本假设，这些假设包括一些信仰和价值观，界定了企业要做什么、如何做，为组织成员提供了基本的认同感，决定了他们的感知、思想和行为。

人们也用冰山模型和荷花模型来说明企业文化的三个层次。在冰山模型中，露出水面的部分是看得见的行为和做法，代表的是表层文化；水面下看不见的部分包括知觉、态度、信念和价值观等，代表的是深层文化。荷花模型也是由沙因提出的，其认为浮在水面上的花朵和叶子代表文化的外显形式，包括组织的架构和各种制度、程序等；荷花的茎代表各种公开倡导的价值观，包括使命、目的、行为规范等；最下面的根代表各种被视为理所当然的、下意识的信念和价值观。

沙因和沙因（2020）提出了一个关于企业文化的比喻。他们用一个拿着铁锹的农民站在荷花池旁边的图来做比喻。池塘上面的花朵和叶子仍然代表了文化中的人工饰物，而那个农民代表企业的领导者，他表示这个池塘只用最好的有机肥料，并认为荷花的叶子和花朵表明了他的期望，也就是他所相信的价值观。水面下的根代表了企业默认的文化假设。农民所选择的种子、水质和肥料相当于企业的文化基因，培植出了看得到的花朵和叶子。如果他希望培植出不同颜色的花朵，就必须改变这些东西。

企业文化集中体现在企业的核心价值观上。企业的核心价值观是指企业在追求经营成功过程中所推崇的基本信念和奉行的目标，这是企业中全体或多数员工一致赞同的关于企业意义的看法。当企业或者企业中的个人在企业的运营过程中面临矛盾或处于两难选择时，核心价值观为企业或个人做出选择提供了根本的判断依据。

核心价值观也蕴含在企业的愿景、使命和战略中。企业愿景描述了企业长期的战略发展方向和目标，界定了企业未来的图景，包括企业对社会的影响和贡献、在行业中的地位、与利益相关者之间的关系等。企业使命描述企业的根本性质和存在的理由，明确企业在社会经济发展中所应承担的角色和责任，说明企业的经营领域、经营思想。企业使命是在企业愿景的基础上界定企业经营的范围或层次，明确企业在哪些领域为社会做贡献，从而为企业目标的确立与战略的制定提供依据。随着外部环境的变化，企业会对愿景和使命的表述进行调整，企业的战略也会发生变化。然而，企业的核心价值观是相对稳定的。例如，华为公司的愿景是"丰富人们的沟通和生活"，使命是"聚焦客户关注的挑战和压力，提供有竞争力的通信解决方案和服务，持续为客户创造最大价值"。2018年，面对数字化和智能化给人类的工作和生活带来的影响，华为将愿景和使命修改为"把数字世界带入每个人、每个家庭、每个组织，构建万物互联的智能世界"。华为的核心价值观是"以客户为中心，以奋斗者为本，长期艰苦奋斗"。尽管不同时期的表述有所不同，但支撑华为成长和发展的核心价值观并没有发生变化：要在竞争中获得成功，就必须克服组织当中以自我为中心和以上级为中心的本性，以客户为中心，表现为质量好、服务好、成本低、优先满足客户需求；必须克服企业内部的裙带关系和论资排辈，以绩效贡献作为评价员工的标准，为此坚持奋斗者为本；必须对抗组织和个人因年龄增长而意志力减弱、成长放缓的趋势，坚持终身学习和持续成长，长期坚持艰苦奋斗。

16.5.2 企业文化的作用

企业文化的作用是巨大的。1995年，彭罗斯在《企业成长理论》第三版的前言中指出，企业文化作为一种不太官僚的行政组织形式，通过提高组织成员之间的信任和合作，将组织成员的利益捆绑在一起，会比财务控制和契约更有效地保证组织成员同心协力（彭罗斯，2007）。因此，企业文化通过建立高度的信任促进个人对企业价值观的认同、激励个人实现目标的动机以及维持企业内部有效的关系网络，大大提升了企业的凝聚力。

企业文化对企业目标的达成具有重要的作用。每个组织都要有明确、具体而独特的目标，这个目标应当被企业的管理者和员工所了解和认同，从而产生共享性。不过，员工因知识背景、教育训练、价值观、性格特点等不同而产生了多样性。如果组织里的每个人都按照自己的自由意志和价值偏好行事，组织的目标就难以达成。解决目标的共享性和人员多样性之间的矛盾，可以采用结构性方案。组织通过制度、规则和工作流程规定了每个人应当如何工作，相当于将每个人放到了精心编制的管理网格中，员工在规定的边界内做事。这就是组织的科层结构，其中的制度和规则对个人起到了指导和限制的作用，同时也维护了组织的稳定、公平和秩序。然而，组织的制度越多、越细，员工的自主性就越小。而且，当企业处于激烈的变化之中时，员工会面临前所未有的情况，无法依据制度和规则做事。因此，单纯依靠制度是解决不了企业所面临的新问题的。

填补企业内外部环境变化所造成的"制度空白"，需要依靠企业文化（张志学、张建君和梁钧平，2006）。企业文化是组织在进化过程中适应外部环境和整合内部资源而演化出来的一些共同价值观。这些价值观被认为是天经地义的，对员工的约束力比刚性的制度更强。部门和部门之间出现了缝隙，如果按照制度、规定，两个部门都会说不是自己的责任，但是如果有好的企业文化，人们就会觉得这是自己的事，从而自愿地填补这个缝隙。一家企业如果拥有强大的文化和共享愿景，员工将会自愿地填补变革过程中因制度不规范而留下的各种缝隙。

企业在执行制度和施加文化影响时所采用的方式并不一样。虽然企业文化对员工的影响是巨大而且深入的，但企业不可能像执行制度和规则那样强制要求员工认同企业文化和价值观，员工根据企业的要求完成自己的任务，也会观察上司和周围的同事对于企业文化和价值观的态度，进而会模仿并选择是遵从还是违背，时间久了，或者像其他同事那样将企业文化内化于心，或者对企业文化置若罔闻。这符合凯尔曼（Kelman，1958）提及的态度改变的过程。人们对于某种新的理念并不了解，只是出于周围人的要求或者影响表面遵从，后来因为遵从这种理念给自己带来了好的结果，便不再质疑这种理念并且开始给予认同，最后将其内化为个人的理念，不仅完全接受，而且在没有任何外在压力的情况下通过行动自觉地表现出来。最终，遵从与否取决于个体得到的环境反馈。

16.6 企业家精神与企业文化

所有的组织都需要面对如何对待外部环境以及如何处理内部与人相关的问题，因此，企业的创始人在带领企业成员解决企业的外部适应和内部整合的问题过程中逐渐构建企业文化（沙因和沙因，2020）。外部适应的问题包括：确定企业的使命，确保对核心任务和主要任务以及企业的显性与隐性职能有共同的理解，基于使命和企业战略而对阶段性目标具有明确的共识，确定为了完成工作任务、实现目标所需采纳的结构、系统和流程，确定目标达成的测量标准以及测量什么、如何测量等，在目标没有达成的情况下以何种方式诊断问题和解决问题，需要采取哪些补救措施或修复策略，等等。内部整合的问题包括：创建企业内共同的语言和概念使得企业成员能够降低沟通成本，界定组织边界和准入标准、确定雇用什么样的人进入企业以及如何区分内部人和外部人，确定围绕影响力、权威和权力的分配制定什么样的规范，确定成员之间彼此信任的规范、组织成员之间的亲密程度或者应当保持的"职业距离"，建立制度规定什么人或什么行为可以得到奖励或惩罚、何时给予奖励或惩罚，以及如何解释企业出现的不受控制或不可预测的问题。企业的创始人将自己的价值观和理念嵌入上述问题的解决方案当中，并逐渐让其他的成员理解和接受，由此逐渐就解决上述问题达成共识，企业文化在这一过程中便形成了。

企业在发展过程中，创始人或者继任的领导者可以持续将他们的信念和价值观植入企业当中。主要的植入机制就是领导者采用一些手段及工具训练组织成员如何感知、思考和行动，包括：领导者定期关注、衡量和控制哪些领域，领导者如何应对重大事件和组织危机，领导者如何分配资源，领导者有意识的角色塑造、传递的信息以及所教导的内容，领导者如何实施奖励，领导者如何招聘、选拔、晋升和辞退员工。在新的组织中，设计、结构、建筑、仪式、故事和正式陈述都是文化的创建者和加速器，当组织步入稳定阶段时，这些因素便成为制约新的领导者的机制。当这些机制与上述的主要机制一致时，对于企业文化便起到了强化和稳定的作用，一旦与主要机制不一致便会被忽略或引发组织内部的冲突。此外，企业还可以运用次要的强化和稳定机制来体现其价值观，这些机制包括：组织设计和结构，组织系统和程序，组织的仪式和典礼，物理空间和建筑物的设计，重要事件和人物故事，关于组织哲学、信条和章程的正式陈述。

企业是否具有强文化，主要在于领导者是否为企业目标而非个人目标做出承诺。一旦领导者拥有私利，周围的高管能够感知到，便会自觉不自觉地阻断文化的传递，也会消减企业为强化企业文化所做的若干努力。其原因在于个人利益是离散的，而企业文化是共享的，二者是不协调的。正因为如此，具有鲜明文化的企业，其领导者是无私、公正、无偏的。

学者们针对中国企业中领导行为与企业文化之间的关系开展了很多研究。为了避免与本书中"复杂环境下的领导力"一章（第14章）重复，这里介绍一项关于中国企业的领导行为与企业文化之间关系的研究，以进一步体现企业家精神的内涵。学者们发现，中国企业领导者有善于冒险、注重建立关系、关爱员工、描述愿景、监督企业运营五种彼此正向关联的行为。与此对应，企业文化则包括和谐与员工导向、客户导向、系统管理控制、创新和结果导向五个维度。一些企业领导者只关注企业绩效，将注意力放在寻找市场机会并开发具有竞争力的产品上，忽视了对企业价值观的提炼和固化，导致企业文化不够清晰。如果领导者注重制度建设，将企业的价值观制度化，将企业的工作流程系统化，就会为企业建立良好的基础设施，从而使企业形成清晰的强文化：企业内部各个层级的管理者与最高领导者共享愿景或信念，企业文化在企业内部得到快速扩散（Tsui et al., 2006）。

本章小结

企业家是指那些以经营企业为己任的人，他们与商人、生意人或者投资人有所不同。

实业家身份认同是指企业领导者将自我的身份定位于决心运营和管理生产特定产品的实业企业，而非仅仅通过交易或者投资来获取利润。

企业家精神是指个人所具有的组织已有资源创造出新的产品、发现新的机会以及提出新的商业模式的才能。

从企业经营的角度看，企业家需要带领企业实现外部适应和内部整合，也就是所谓的"感知与抓取"和"重构与编排"两个方面。

成就动机是指个人渴望获得重要成就、掌握技能、实现控制或达到高标准的愿望。企业家的成就动机是驱动企业家精神的核心动力。

企业家在面对约束和困难时，敢于克服困难、改变现状，从而达成目标。这种"认命变运"的信念会给企业带来好的业绩和持续的创新。这是当代中国企业家精神的一种体现。

企业文化是企业在进行外部适应和内部整合过程中发展出来的共享的基本假定，这套假定被证明行之有效，并被传达给新成员，影响他们的感知、思考、判断和行为。

企业文化包括人工饰物、人们信奉的信念和价值观以及人们认为理所当然的基本假设三个层次。

企业文化集中体现在企业的核心价值观上，而核心价值观又蕴含在企业的愿景、使命和战略中。

企业文化能够使员工自愿地填补变革过程中因制度不规范而留下的工作缝隙。

企业文化对员工的影响是通过遵从、认同和内化三个阶段实现的。

企业领导者的行为和信念对企业文化的形成具有重要影响，因此企业高管所拥有的企业家精神与企业文化的形成具有密切的关系。

企业家注重通过建立系统和流程，将来自企业内部或者从外部引入的优秀实践制度化，从而有利于塑造强大的企业文化。

重要术语

企业家　企业家精神　企业文化　愿景　使命　价值观

复习思考题

1. 企业家与商人有什么不同?
2. 企业家精神有哪些要素? 中国的企业家精神有哪些特殊性?
3. 列举三位你认为最具企业家精神的中国企业家,他们的共同特征有哪些?
4. 企业文化由哪些要素构成?
5. 企业文化的作用是什么?
6. 企业家精神与企业文化具有什么样的关系?

中国实践

企业家推动数字化转型

开启智能化变革

从德国于 2011 年提出以"连接、集成、数据、创新、转型"为核心特征的"工业 4.0"开始,世界主要大国纷纷开启了制造业转型之路。中国作为世界第一制造业大国,在 2015 年提出制造业转型升级规划。要在这场制造业转型中获得优势,亟须借鉴世界先进企业的成功经验,并结合中国实际进行智能化制造的创新。

三一集团是中国最大、世界第三的工程机械装备制造企业。尽管其多个类别的机械在国内市场的占有率超过 40%,但由于外部市场、客户、技术、商业模式都在快速变化,三一集团还是下决心通过全面的数字化来应对变化。其认为通过建立数据收集、处理、分析、决策的数据驱动决策闭环,可以提升企业整体的运营效率。数字化是实现收入增长及成本降低的有效工具,可以通过数字化营销进行新市场的拓展,通过智能制造降低企业的运营成本,通过大数据驱动的精准决策来提升运营效率。此外,数字化可以使企业离客户近、离制造现场近、离管理现场近,进而为新的商业模式转型创造条件。

从 2018 年开始,三一集团在组织变革、人才培养、软硬件技术和系统开发等方面都经历了重大变革和突破。三一集团建成的灯塔工厂奠定了其在智能制造领域的优势地位,为国内企业抵抗行业周期低谷、为中国从"制造大国"向"制造强国"的转型积累了宝贵的经验。

数字化意识的形成

工程机械行业的发展与宏观经济环境、基建投资、房地产投资密切相关。2008 年,国家为应对金融危机投入四万亿元进行基建,三一集团迅速提升产能。2011 年,三一集团旗下的三一重工的销售额、利润达到历史最高水平,但随后出现断崖式下滑,2015 年首次出现亏损，2016年亏损得更多。随着行业的复苏，2017—2021年，三一重工的销售额和利润恢复增长，并不断创造新高。三一重工过去十多年的"深V走势"让集团高层刻骨铭心：繁荣时扩张，萧条时收缩，再扩张、再收缩……如何穿越行业周期和宏观经济周期、规避行业波动带来的经营风险，成为三一集团高层思考的核心问题。

早在2008年，为了提升服务品质，三一集团便开始将数据采集装置安装到设备上，从而掌握了发动机工况、关键部件工作时长、工作状态等信息。集团可以远程"确诊"设备故障并提出维修或维护方案，也可以在机械设备出故障之前就进行维修提示，避免或减少了停工停产所造成的损失。因此，三一集团的大数据平台能够反映"中国基建晴雨表"，其"挖掘机指数"准确地反映了全国的工程项目和行业情况。三一集团也感受到"数字化"的巨大价值。

面对近年来国内外环境的变化，企业实施数字化转型是提升产能和效率、保持发展的必由之路。然而，企业数字化转型除了面临资金、技术等挑战，员工能否认识到转型的必要性、能否提升自我素养，成为最关键的因素。

实施智能制造

2018年，工程机械行业市场需求旺盛，但各类产品缺货严重。根据以往的经验，三一集团需要投资新建车间、购买设备、扩大人员招聘。但这种"产能追逐市场"的做法很可能让集团不久之后再次陷入危机。三一集团做出通过数字化进行工艺变革的战略选择。然而，三一集团在全国拥有的众多产业园都是传统的机械制造车间，进行智能升级需要巨大的投入，同样存在风险。

面对压力与风险，董事长梁稳根提出了"要么翻身，要么翻船"的口号，三一集团开始实施转型。其通过生产设备的互联，运用数字化手段分析每台设备、每个人的生产状况，通过合理的调整，让某产品的产能实现了2倍的提升。从2019年6月起，三一集团在全国多地推进52家智能制造灯塔工厂和智能产线改造项目，累计投资243亿元（设备125亿元+基建118亿元），已建成投产31家，突破100多项关键性智能制造技术。2020年8月，亚洲面积最大的单体厂房泵送18号灯塔工厂建成达产，成为业内"最聪明的厂房"。2021年，位于北京昌平的智能制造灯塔工厂建成投产，年人均产值达到世界先进水平。通过各种软件系统、自动化设备、视觉识别设备、管理系统，引进和自主研发大量世界先进的工业自动化方案，三一集团以灯塔工厂为核心正式启动了数字化转型。

领导者的推动

数字化是三一集团管理层最核心的共识，其认为大胆、有效的数字化战略将是成功企业和失败企业的最大区别。

早在2015年，董事长梁稳根就开始关注数字化的最新动态。他去日本、德国等国考察先进工业制造，阅读了大量的相关书籍、资料，并同相关领域的专家学者交流。他坚持每天抽出至少1.5个小时学习，旨在提升认知，把握数字化转型的方向。由于推行数字化意味着否定已有的系统和做事方法，在实施过程中很多高管口头上认可数字化战略，但都不愿意在自己的部门推行数字化。为了转变三一集团高管的理念和行为，梁稳根在集团层面"言必谈数字化"，筛选价值高、有内涵的数字化相关文章与书籍，让高管团队进行充分的"洗脑式学习"。例如，2022年5月，梁稳根要求集团所有关键岗都必须学习《智能商业》和《在线》等书籍，组织集团主要领导逐一分享学习心得（集团全体领导线上评价打分），并要参加考试，考试不合格的领导必须停岗学习，合格后才能返岗。2022年6月，他要求建立三一集团的数字化培训体系，并编写自己的教材，让所有三一人熟练掌握算法、场景数据化等知识和概念。集团及时了解数字化的工作进展，发掘亮点，发现问题和风险并予以及时解决。2020年，集团某子公司高管因灯塔工厂推动不力被调离。

三一集团调整组织架构保障了智能制造的落地。集团专门设置高级副总裁岗位负责数字化战略执行相关领导工作；在集团层面成立智能制造总部和智能研究总院两个一级部门，各子公司及各业务部门也都成立了数字化专项小组。此外，集团总部通过广泛采集数据，对各单位进行画像考评，促使其高度重视数字化工具的应用。集团强力推进员工数字化技能的培训，鼓励工艺和技术人员学习机器人编程语言，外派员工脱产学习机器人编程，与培训基地联合办学，加大机器人编程人才的引进力度。集团要求所有工艺人员及制造车间主任必须掌握机器人编程语言，通过等级资格认证的工程师不仅能够实现加薪，还能获得现金奖励。2020年，集团在三一工学院建成"智造基地"，面向全集团开设机器人理论及实操脱产培训课程，业务场景覆盖集团各子公司，如机器人焊接、搬运、码垛、涂装以及多机协同离线编程、在线仿真等，通过参数优化实现能耗最低、路径最优、节拍最省、质量最佳，既完成了人才的快速"造血"，又激发了技术人才的主动探索。

目前，三一集团的17个产业园区、60多个车间、5 600余只水电油气表、8 300余台工厂生产设备、53万台客户设备以及十几万种物料，都已经通过物联网接入数据中台。三一集团打造的开放工业互联网平台，已接入21个行业的生产设备。三一集团还利用智能制造的经验和资源，帮助600余家中小企业进行数字化转型。

资料来源：改编自陈立军，《三一集团数字化转型的思考与实践》，载张志学、马力主编，《中国智造：领先制造业企业模式创新》，北京：北京大学出版社，2022年版，第115—121页；王政、张建君，《数智化时代制造大厂的"绝地求生"》，载张志学、马力主编，《中国智造：领先制造业企业模式创新》，北京：北京大学出版社，2022年版，第89—114页。

思考题

1. 三一集团董事长的企业家精神体现在哪些方面？
2. 数字化转型中三一集团的文化具有哪些特点？
3. 你认为三一集团的文化会在哪些方面发生变化？

参考文献

德鲁克，彼得，2019，《创新与企业家精神》（珍藏版），蔡文燕译，北京：机械工业出版社。

彭罗斯，伊迪丝，2007，《企业成长理论》，赵晓译，上海：上海人民出版社。

沙因，埃德加；沙因，彼得，2020，《组织文化与领导力（第五版）》，陈劲、贾筱译，陈德金校，北京：中国人民大学出版社。

张志学、王延婷，2022，《企业家的身份认同与企业发展》，载张志学、马力主编，《中国智造：领先制造业企业模式创新》（第230—249页），北京：北京大学出版社。

张志学、张建君、梁钧平，2006，《企业制度和企业文化的功效：组织控制的观点》，《经济科学》，1：117—128。

Au, E. W. M., Qin, X., & Zhang, Z. X. 2017. Beyond personal control: When and how executives' beliefs in negotiable fate foster entrepreneurial orientation and firm performance. *Organizational Behavior and Human Decision Processes*, 143: 69–84.

Burke, P. J. 1991. Identity processes and social stress. *American Sociological Review*, 56(6): 836–849.

Eisenhardt, K. M., & Martin, J. A. 2000. Dynamic capabilities: What are they? *Strategic Management Journal*, 21(10–11): 1105–1121.

Helfat, C. E., & Peteraf, M. A. 2015. Managerial cognitive capabilities and the microfoundations of dynamic capabilities. *Strategic Management Journal*, 36(6): 831–850.

Kelman, H. C. 1958. Compliance, identification, and internalization: Three processes of attitude change. *Journal of Conflict Resolution*, 2(1): 51–60.

McClelland, D. C. 1958. Methods of measuring human motivation. in J. W. Atkinson (Ed.), *Motives in Fantasy, Action, and Society* (pp.7–42). Princeton, NJ: D. Van Nostrand Company, Inc.

McClelland, D. C. 1961. *The Achieving Society*. New York: Free Press.

Meindl, J. R., Ehrlich, S. B., & Dukerich, J. M. 1985. The romance of leadership. *Administrative Science Quarterly*, 30(1): 78–102.

Nadler, D. A., & Tushman, M. L. 1980. A model for diagnosing organizational behavior. *Organizational Dynamics*, 9(2): 35–51.

Penrose, E. 2009. *The Theory of the Growth of the Firm* (4th ed.). New York: Oxford University Press.

Stryker, S. 1980. *Symbolic Interaction: A Social Structural Version*. Menlo Park, CA: Benjamin/Cummings.

Teece, D. J. Pisano, G., & Shuen, A. 1997. Dynamic capabilities and strategic management. *Strategic Management Journal*, 18(7): 509–533.

Tsui, A., Zhang, Z. X., Wang, H., Xin, K. R., & Wu, J. B. 2006. Unpacking the relationship between CEO leadership behavior and organizational culture. *Leadership Quarterly*, 17(2): 113–137.

第 17 章

企业的组织学习

学习目标
1. 了解国外组织学习的主要理论观点
2. 掌握国内组织学习的时空理论的主要思想
3. 了解国内知名企业采用组织学习的时空理论中六种基本学习模式的实践做法

引导案例

初创民营银行的组织学习

民营银行 M 处于初创时期,其高管团队正在位于北京的会议室里讨论如何制定企业的学习战略,以在当前众多银行占据市场的环境下找到自己特有的生存空间,谋求迅速有效的发展。作为银行业的新进入者,一方面,他们需要学习和采用行业里已有的国有银行及民营银行成熟的经营管理制度、流程和方法,这样既有利于取得合法性,又有助于节省经营管理上试验和试错的时间及成本。另一方面,为了在市场竞争中获得独特的优势并尽可能在经营管理的某些方面实现赶超,他们还需要向内认清自己轻装上阵、潜力巨大的优势,向外研究市场和客户的特性及需求,尽量为客户提供创新和超预期的服务,从而得到发展和壮大。M 银行创始人在进入银行业之前,曾经营过一家大型的民营制造业企业,取得了很好的成效,当然也有一些教训。因此,在一些通用的经营管理措施方面,高管团队也需要从这家民营企业经营管理的经验和教训中学习。除此之外,考虑到目前银行在日益发展的数智技术和移动互联网环境下面临的挑战和机会,高管团队还要从今后的这些发展趋势中学习,并采取相应的措施,从而为未来的可持续发展提供必要的知识和资源。

思考题

1. 像 M 银行这样的初创银行通常会面临哪些困难?
2. 如何评价 M 银行创始人开展的组织学习?

M 银行的案例反映了新企业在初创期发展的过程中,面对已经有一定规模和实力的同行们,需要制定全面系统的组织学习策略,以获得生存和实现可持续发展。那么,组织学习在国外和国内有哪些理论及观点?企业在实践中如何开展组织学习?为此,本章将首先简要介绍组织学习在国外的发展和观点,然后详细阐述国内组织学习的时空理论的相关思想和方法,最后对国内知名企业北汽福田汽车股份有限公司采用组织学习的时空理论中六种基本的学习模式的实践做法进行具体分析。

17.1 组织学习在国外的发展概述

17.1.1 组织学习的内涵

当今复杂多变的政治、经济、社会和技术等环境对组织发展提出了新的要求，组织只有建立动态和系统的思想理念、不断提高自身的学习和适应能力，才能在现代社会环境中取得良好的绩效，建立和保持竞争优势，从而实现可持续及健康和谐的发展。20世代80年代以来，组织学习（organizational learning）和学习型组织（learning organization）受到国外学术界的重视，国外一些组织也开始尝试提升组织学习能力、建立学习型组织的实践。

人们主要从认知和行为两个角度提出组织学习的概念。认知角度关注的是知识的获得、理解的加深等，行为角度关注的是组织行为的改变。譬如，施里瓦斯塔瓦将组织学习定义为组织的知识库形成和发展的过程（Shrivastava，1983），这个定义只涉及认知的改变。把组织学习定义为行为改变的代表人物是斯威林格和威尔德斯马，他们对组织学习的定义是，组织学习是组织行为改变的过程（Swieringa & Wierdsma，1992）。还有一些学者将组织学习定义为认知和行为共同改变的过程。譬如，休伯认为如果通过信息的处理过程，组织的潜在行为会有所改变，那么组织学习的过程就发生了（Huber，1991）。

相应地，关于学习型组织，不同学者也提出了不同的定义。阿吉里斯和肖恩认为，学习型组织是有利于其所有成员学习，并持续地改进自身的组织（Argyris & Schön，1978）。彼德·圣吉认为，学习型组织是这样一个地方，人们持续地提高其能力上限，创造真心向往的结果，培养全新的和扩张性的思维模式，努力实现共同抱负，并持续地学习如何学习（Senge，1990）。

17.1.2 组织学习的模型

自组织学习和学习型组织的概念被提出后，研究者们就开始建立和发展不同的组织学习模型。西尔特和马奇早在1963年就指出经验是学习的基础。阿吉里斯和肖恩第一次提出了"组织学习"这一概念，并从学习发生的过程角度提出组织学习的全过程模型（Cyert & March，1963）。他们认为，组织学习由发现（discovery）、发明（invention）、执行（production）和推广（generalization）这四个过程组成，组织要作为一个整体成功地学习，必须完成这四个阶段。"发现"包括发现组织发展的潜在问题或环境中的机遇，在"发明"阶段，组织应该着手找出解决问题的方法，并在"执行"阶段得到有效实施，然而，即使成功实施了新的方法也不足以保证学习发生在组织水平上，组织必须从学习中获益，学习必须传到组织内所有相关的区域。学习不仅应从个体水平上升到组织水平，还必须贯穿组织边界，扩展到其他组织，这就是"推广"。阿吉里斯根据组织学习的深度将组织学习的方式分为单环学习（single loop learning）和双环学习（double loop learning）（Argyris & Schön，1978）。单环学习是将组织运作的结果与组织的策略和行为联系起来，并对策略和行为进行修正，以使组织绩效保持在组织规范与目标规定的范围内，而组织规范与目标本身则保持不变。双环学习是重新评价组织目标的本质、价值和基本假设。双环学习有两个相互联系的反馈环，它们不仅要发现与良好绩效有关的策略和行动的错误，还要发现规定这些绩效的规范的错误。马奇区分了探索式学习（exploratory learning）和利用式学习（exploitative learning）（March，1991）。休伯明确地指出了组织学习的过程（Huber，1991）。野中郁次郎和竹内弘高将知识分为隐性知识（tacit knowledge）和显性知识（explicit knowledge）（Nonaka & Takeuchi，1995）。隐性知识是存在于组织个体的、私人的、有特殊背景的知识，依赖于个人的不同体验、直觉和洞察力。显性知识是能在个体间更系统地传达的、更加明确和规范的知识。他们从组织学习如何创造不同类型的知识并在不同群体水平之间进行转化的角度提出组织学习的四种模式和过程：① 组织学习是从个体间共享隐性知识开始的（社会化）。隐性知识在团队内共享后经过整理被转化为显性知识（外在化）。② 团队成员共同将各种显性知识系统地整理为新的知识或概念（合并）。③ 组织内的各成员通过学习组织的新知识和新概念，并将其转化为自身的隐性知识，完成知识在组织内的扩散（内在化）。④ 拥有不同隐性知识的组织成员互相影响，完成了社会化的过程。

在组织学习经典模型的发展过程中，越来越多的研究强调了经验对学习的基础性作用（Huber，1991）。诸多研究强调了自身经历的重要性。例如，"做中学"（learning by doing）会显著丰富组织知识，提高组织能力和绩效（Argote，Beckman，& Epple，1990）；学习曲线（learning curve）明确了在制造行业单位中生产成本会随着产量的增加而下降，且产品质量随着产量的增加而提高（Yelle，1979）。此类研究均关注了组织内部过往经历及其经验积累对学习的作用。由于自身经验总是有限的，因此一些研究开始强调从他人经验中学习，即关注替代学习（vicarious learning）对自我发展的重要性（Baum & Ingram，1998）。这类研究不仅丰富了学习的来源，而且比较了自身和他人的成败经历对自身从中学习和后续绩效提升等的有效性（Kc，Staats，& Gino，2013）。阿戈特和迈伦－斯派克托在回顾不同理论的基础上，提出了组织从经验中学习的过程模型和研究框架，强调了组织学习是一个持续的过程，是一个任务经验转化为知识，进而改变组织环境、影响未来经历的过程（Argote & Miron-Spektor，2011）。此外，关注不同性质（成功和失败）的经历对学习影响的研究还突出了事件发生频率对学习过程的影响，如从稀有事件中学习的过程、结果及其特定影响因素等（Starbuck，2009）。

20世纪90年代，麻省理工学院的彼德·圣吉提出了学习型组织的概念，并出版了专著《第五项修炼：学习型组织的艺术与实务》（*The Fifth Discipline: The Art and Practice of Learning Organization*）。该书自1990年出版以来，在社会上引起很大的反响，掀起了学习型组织的热潮。他提出，建立学习型组织需要进行五项修炼：个人自我超越（personnel mastery），改善心智模式（improve mental model）、建立共同愿景（build shared vision）、开展团队学习（team learning）、进行系统思考（system thinking）。在此基础之上，罗宾斯等人概括出学习型组织的五大特征：有一个人人赞同的共同构想；在解决问题和从事工作时摒弃旧的思维方式和常规程序；作为相互关系系统的一部分，成员们思考所有的组织过程、活动、功能和与环境的相互作用；人们之间坦率地相互沟通；人们摒弃个人利益和部门利益，为实现组织的共同构想一起工作（Robbins & Judge，2009）。从此以后，组织学习和学习型组织也引起了实践界的关注。实践界有代表性的管理者是壳牌石油公司原企业规划部主管阿里·德赫斯，他根据公司的实践写了《长寿公司》（The Living Company）一书。下面重点介绍彼德·圣吉的《第五项修炼：学习型组织的艺术与实务》和阿里·德赫斯的《长寿公司》。

17.1.2.1 彼德·圣吉的《第五项修炼——学习型组织的艺术与实务》

彼德·圣吉认为，一个组织要成为学习型组织，必须开展五个方面的工作：个人自我超越，改善心智模式，建立共同愿景，开展团队学习，进行系统思考（Senge，1990）。

1. 个人自我超越

自我超越要求组织中的每个人首先要学习如何不断厘清并找到自己内心真正的愿望和追求，然后集中精力，全心投入，不断创造和实现自我，这样每个人才会成为真正的终身学习者，组织也才会成为真正的学习型组织。彼德·圣吉认为，组织整体对学习的意愿与能力根植于每个成员对学习的意愿与能力；每个成员内心的真实渴望是学习型组织的力量源泉和精神动力。

2. 改善心智模式

心智模式是根深蒂固地存在于人们的心中，影响人们如何认识这个世界，以及如何在这个世界上采取行动的各种假设、成见，或者图像、印象。心智模式不容易被自己和别人察觉到，但是它对人们的行为影响是巨大的。心智模式是人在长期的工作和生活环境中形成的。尽管它在很大程度上能指导我们的认识和行为，但是当环境发生改变时，过去的心智模式就不利于我们适应新的环境。所以我们需要在必要的时候改变自己的心智模式。从个人学习的角度来说，要改善我们的心智模式，首先就要学会看到它。所以，彼德·圣吉认为，将镜子转向自己，是心智模式修炼的开始。通过这种方法，我们学习发掘内心世界的图像，使这些图像浮上表面，并被严加审视。它还包括进行一种有学习效果的、兼顾质疑与表达的交谈——这种交谈能使我们有效地表达自己的想法，并以开放的心态容纳别人的想法。

3. 建立共同愿景

组织学习不仅需要个人进行学习，还要求成员们分享个人的学习成果和心得等，包括分享信息、知识、成功的经验甚至失败的教训。要做到这些，就要求人们建立共同的愿景和目标，以鼓励共同学习和成长。在一个组织中，仅有领导者个人的愿景是不够的，领导者必须通过一种有效的方式，建立一个能够让大家都向往的、激动人心的目标，这种共同目标能够凝聚大家的力量。有了共同的、衷心渴望实现的目标，大家就会努力学习、追求卓越，不是因为他们被要求这样做，而是因为他们衷心渴望如此。彼德·圣吉认为，共同愿景的建立，需要所有成员的参与，需要运用共同的"未来景象"技术，在所有成员主动而真诚地奉献和投入（而非被动地遵从）中建立起来。

4. 开展团队学习

组织学习的基本单元是团队。组织学习还需要人们学会如何在一起工作和交流，以提高整个团队的学习能力和智慧。研究表明，经常地，在一个管理团队中，尽管大家都认真参与，每个成员的智商都在 120 分以上，但是团队集体的智商最终只有 62 分。当然，在运动、表演艺术、科学界以及企业中，也存在团队的集体智慧高于个人智慧的情况，这时团队拥有很好的整体配合并采取行动的能力。要做到这些，就必须掌握团队学习的方法，"深度会谈"①（dialogue）就是其中之一。"深度会谈"要求团队中的所有成员都说出心中的假设，真正一起思考。它能使团队中的各种想法得到自由交流，能产生远比个人认识更深入、更有意义的见解。

5. 进行系统思考

组织要更好地学习，还必须具备系统思考的能力。任何一个人、一个团队和一个组织，都处于不同层次的复杂动态变化的系统之中，这些系统中的各种因素及其活动都会相互影响和不断演变。我们身为群体中的一小部分，置身其中而想要看清整体变化，有时会特别困难。我们有时也习惯于对问题进行思考和分析，但很难从根本上解决它。组织在学习的过程中，必须运用系统的而非片段的思维方式，才能看清事物变化的内在特征，认清整个变化的形态规律，并了解应如何有效地掌握变化，开创新局。经过 50 年的发展，系统思考已发展出一套思考的架构，既具备完整的知识体系，也拥有实用的工具。

17.1.2.2 阿里·德赫斯的《长寿公司》

壳牌公司的两位高层决策人员和两位外聘的商业教授共同挑选了 40 家公司作为研究对象（最后详细研究了 27 家），一起分析与这些公司有关的出版物（案例和研究报告），最后总结出它们成功生存下来的共同特点。阿里·德赫斯将这些研究写成《长寿公司》一书，介绍了长寿公司的四个秘诀：对环境敏感，具有很强的凝聚力，同时又很宽容，且拥有偏保守的财政政策（De Geus，2002）。

1. 对环境敏感

长寿公司总是对自己周围的环境非常敏感，而且还能对周围环境随时做出反应。研究发现，这些长寿公司虽然经历过很多变幻莫测的事情，譬如战争、大萧条、技术与政治变迁等，但它们似乎总是很善于调整自己，永远能因时、因地制宜，与周围的世界是非常和谐的。

2. 具有很强的凝聚力

他们通过个案研究发现，当公司处在不断变迁的环境中时，组织成员间强有力的联结对

---

① 彼得·圣吉《第五项修炼——学习型组织的艺术与实务》中译本中将其称为"深度汇谈"。

组织的生存至关重要。长寿公司都很有凝聚力,主要表现在:组织成员对公司有强烈的认同感,而且无论他们之间存在哪些差异,他们(有时甚至包括供应商)都认为自己是这个整体的一部分。这些公司会采用各种有效的方式来增强成员的这种整体感,经理从内部提拔,将自己看成长盛不衰的公司的服务员,都关注组织整体的健康发展。

3. 公司是宽容的

长寿公司强调多元化,对各种边缘化的行为总是宽宏大量,并鼓励创新。他们认为,在公司本身很有凝聚力的前提下,某些擦边行为、大胆的尝试以及一些古怪新奇的想法等,都会有利于公司多考虑一些可能性并具有选择的余地,对其长远发展是有好处的。另外,长寿公司总是鼓励分权,避免使用集权化的管理,这样才能保障前面所说的多元化和多样性。

4. 财政政策偏保守

长寿公司注重成本、非常节俭。它们能以一种很古老的方式思考金钱的意义,特别注意保持一定的节余。在手中有钱的情况下,公司就有了非常大的灵活性和独立性,可以做出竞争对手不可能做出的选择,从而赢得竞争的成功。

17.2 组织学习在中国:组织学习的时空理论

中国的组织学习研究从开始发展至今,从不同角度探索组织学习理论的研究都取得了一定程度的进展。其中,陈国权从学习的来源出发,提出了组织学习的时空理论(陈国权,2016);从学习的目标出发,提出了面向时空发展的组织学习理论(陈国权,2017)。首先,组织学习来源存在时间视角和空间视角。其次,组织不仅会从过去的经验中学习,而且会从当前的现状和未来可能的情景(scenarios)中学习——因为时间是无尽永前的;组织不仅会从自身经验中学习,而且会从外界其他组织乃至自然界的万事万物中学习——因为空间是无界永在的。因此,组织学习的来源涉及时间和空间两个视角,组织学习的实现是时间视角的某些方面与空间视角的某些方面组合的结果。"前事不忘,后事之师""千里之行,始于足下""人无远虑,必有近忧"分别揭示了关注过去、现在和未来的重要性;"知己知彼,百战不殆""不知彼而知己,一胜一负""不知彼,不知己,每战必殆"同时强调了关注内部和外部情况的重要性。更进一步,"不谋万世者,不足谋一时;不谋全局者,不足谋一域"同时强调了关注更长时间(过去、现在、未来)和更大空间(内部、外部)对组织发展的重要意义。

基于此,组织学习的时空理论从动态和系统的视角,从组织学习的来源出发,提出组织学习的来源存在时间视角和空间视角的观点,并建立组织学习的时空理论模型。基于过去、现在和未来的时间视角以及内部和外部的空间视角,该理论构建了组织学习的六种基本模式,并通过排列组合建立包含 64 种组织学习方法的组织学习方法库,进而结合组织外部客观环境和内部状况,分析这些学习方法的适用环境,然后提出组织选择的学习方法可能随着发展阶段的推移而变化的观点,以期从组织学习的来源角度丰富组织学习领域的理论研究,推动组织学习实践的发展。

17.2.1 组织学习的时空理论模型

以企业从创立之初到之后数十年甚至上百年的发展历程为时间轴,并将其划分为过去、现在和未来——这是从时间视角划分组织学习来源的三个细分阶段。其中,"现在"是一个时间区间,是指企业目前的经营活动、当下经历的事件或正在解决的问题等所覆盖的时间段,其长度可以是一个项目周期、一个季度,甚至一个财务年度或更长,而非特指某个固定时刻。"过去"是指从"现在"到以前(任意)的时间段,包含过往的各种事件。"未来"是指从"现在"往后(任意)的时间段,包含今后可能发生的各种事件。图17.1a显示了组织学习来源的时间视角。

从空间视角来说,组织学习的来源包含内部和外部两个方面。以企业为例,内部来源包括企业内各层次的管理者和员工或由这些人组成的所有部门和团队等。显然,组织中的每个人和每个部门都具有自身独特的知识和经验等资源,组织可以从内部的这些知识和经验中学习。对于企业来说,外部一般包括所有其他相关组织,如政府、供应商、合作伙伴、分销商、客户、同行企业、所在的社区、间接相关的其他企业和组织等。在更广义的层面上,外部包括组织内部以外的一切,既包括前面所列举的各种由人所形成的社会组织,也包括社会组织之外其他类别的群体或事物,甚至包括自然界的事物及有关现象。显然,组织外部具有丰富的知识、经验和现象等资源,组织可以从中学习。图17.1b显示了组织学习来源的空间视角,其中空间视角的外部边界是虚线(因其范围难以确定,故用虚线表示)。

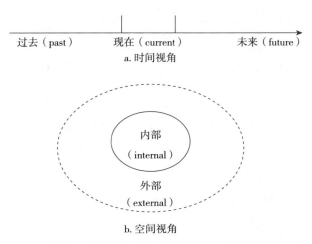

图17.1 组织学习来源的时间视角和空间视角

17.2.1.1 组织学习来源的时空模型和基本学习模式

从时间(过去、现在和未来)和空间(内部和外部)两个维度可以构建组织学习的六种基本模式,绘制组织学习来源的时空模型和基本学习模式图(见图17.2),并定义每种基本学习模式。

基本学习模式 PEL（past external learning）：通过回顾组织外部过去发生的事件获得相应的经验、教训和知识，提出改进自身的方案和/或采取适当的行动。

基本学习模式 CEL（current external learning）：通过分析组织外部的现状、机会和挑战获得相应的知识，提出改进自身的方案和/或采取适当的行动。

基本学习模式 FEL（future external learning）：通过想象组织外部未来可能出现的情景获得相应的知识，准备改进自身的预案和/或采取适当的行动。

基本学习模式 PIL（past internal learning）：通过回顾组织自身过去发生的事件获得相应的经验、教训和知识，提出改进自身的方案和/或采取适当的行动。

基本学习模式 CIL（current internal learning）：通过分析组织自身的现状、机会和挑战获得相应的知识，提出改进自身的方案和/或采取适当的行动。

基本学习模式 FIL（future internal learning）：通过想象组织自身未来可能出现的情景获得相应的知识，准备改进自身的预案和/或采取适当的行动。

空间视角	过去 past	现在 current	未来 future
外部 external	PE-learning 从外部过去经验中学习 基本学习模式PEL	CE-learning 从外部现状中学习 基本学习模式CEL	FE-learning 从外部未来的情景中学习 基本学习模式FEL
内部 internal	PI-learning 从内部过去经验中学习 基本学习模式PIL	CI-learning 从内部现状中学习 基本学习模式CIL	FI-learning 从内部未来的情景中学习 基本学习模式FIL

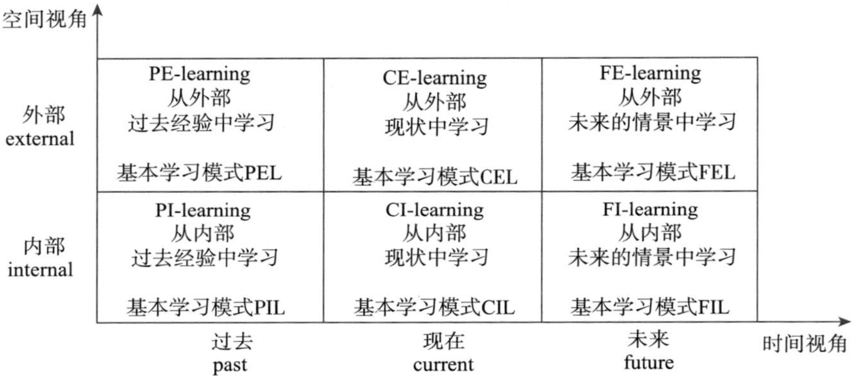

图17.2　组织学习来源的时空模型和基本学习模式

组织学习的六种基本模式在可获得性（availability）和实现难度（difficulty）上存在较大差异。相比未来，组织更直接地受到当下和过去发生事件的影响，更易于将识别、分析优势和劣势的注意力集中于现在的情况和过去的经历，从而开展相关的学习活动。相比外部，组织主要受到内部的影响，更易于关注和聚焦于组织内部而非其他外部组织，进而更多地开展相关的学习活动。从自身现在的状况中学习（CIL）和从过去的经历中学习（PIL）以及从外部过去的经历中学习（PEL）更为直接，对组织资源和投入的要求较低，是企业在实际管理活动中可能更易采用的学习模式。从自身未来可能出现的情景中学习（FIL）和从外部可能出现的情景中学习（FEL）以及从外部现在的状况中学习（CEL）对企业的学习具有更高要求，需要企业将更多的资源和注意力从日常的生产经营活动转移到对潜在问题、机会、挑战和外部世界的识别和分析上——这体现了组织应对环境变化的更高愿景和更强的危机意识，因此CEL、FIL 和 FEL 在管理实践中的实施难度更大。基于每种组织学习基本模式的本质及其对组织学习意愿和能力的要求，六种基本模式的实现难度存在差异（见图 17.3）。

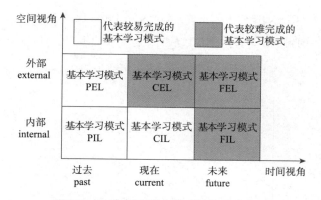

图17.3 组织学习基本模式的实现难度

17.2.1.2 基于不同组织学习基本模式排列组合的组织学习方法

从上述六种组织学习基本模式出发,通过数学上的排列组合,组织学习的时空理论建立了 64 种组织学习方法,并归纳了这些组织学习方法适用的环境和条件。

未采用任何一种组织学习基本模式。若组织未采用六种基本模式中的任何一种,则排列组合为 $C_6^0 = 1$。这是很少出现的特殊情况。

一种组织学习基本模式单用。若单独采用六种基本模式中的一种,则排列组合为 $C_6^1 = 6$,即共有六种情况——图 17.2 中的 PIL、CIL、FIL、PEL、CEL 或 FEL。

两种组织学习基本模式并用。若并用六种基本模式中的两种,则排列组合为 $C_6^2 = 15$,即共有 15 种情况,分别为 PIL-CIL、PIL-FIL、PIL-PEL、PIL-CEL、PIL-FEL、CIL-FIL、CIL-PEL、CIL-CEL、CIL-FEL、FIL-PEL、FIL-CEL、FIL-FEL、PEL-CEL、PEL-FEL 或 CEL-FEL。

三种组织学习基本模式并用。若同时采用六种基本模式中的三种,则排列组合为 $C_6^3 = 20$,即共有 20 种情况,分别为 PIL-CIL-FIL、PIL-CIL-PEL、PIL-CIL-CEL、PIL-CIL-FEL、PIL-FIL-PEL、PIL-FIL-CEL、PIL-FIL-FEL、PIL-PEL-CEL、PIL-PEL-FEL、PIL-CEL-FEL、CIL-FIL-PEL、CIL-FIL-CEL、CIL-FIL-FEL、CIL-PEL-CEL、CIL-PEL-FEL、CIL-CEL-FEL、FIL-PEL-CEL、FIL-PEL-FEL、FIL-CEL-FEL 或 PEL-CEL-FEL。

四种组织学习基本模式并用。若同时采用六种基本模式中的四种,则排列组合为 $C_6^4 = 15$,即共有 15 种情况,分别为 PIL-CIL-FIL-PEL、PIL-CIL-FIL-CEL、PIL-CIL-FIL-FEL、PIL-CIL-PEL-CEL、PIL-CIL-PEL-FEL、PIL-CIL-CEL-FEL、PIL-FIL-PEL-CEL、PIL-FIL-PEL-FEL、PIL-FIL-CEL-FEL、PIL-PEL-CEL-FEL、CIL-FIL-PEL-CEL、CIL-FIL-PEL-FEL、CIL-FIL-CEL-FEL、CIL-PEL-CEL-FEL 或 FIL-PEL-CEL-FEL。

五种组织学习基本模式并用。若同时采用六种基本模式中的五种,则排列组合为 $C_6^5 = 6$,即共有六种情况,分别为 PIL-CIL-FIL-PEL-CEL、PIL-CIL-FIL-PEL-FEL、PIL-CIL-FIL-CEL-FEL、PIL-CIL-PEL-CEL-FEL、PIL-FIL-PEL-CEL-FEL 或 CIL-FIL-PEL-CEL-FEL。

六种组织学习基本模式并用。若同时采用六种基本模式,则排列组合为 $C_6^6 = 1$。

整体上,以六种组织学习基本模式为基础,结合组织对是否采纳每种基本模式的选择,可以建立 64 种（$= C_6^0 + C_6^1 + C_6^2 + C_6^3 + C_6^4 + C_6^5 + C_6^6 = 1+6+15+20+15+6+1$）组织学习方法，并绘制组合时采用的组织学习基本模式数量与组合形成的组织学习方法数量的关系图（见图 17.4）。

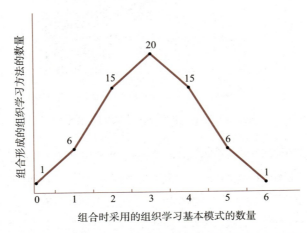

图17.4　组合时采用的组织学习基本模式数量与组合形成的组织学习方法数量的关系

从时间视角分析，任何组织都是一个动态的系统，都可将其连续发展历程视作时间的函数。心智模式（Senge，1990）等概念揭示了组织的过往经历对其日后发展动态及趋势的影响。每个组织都要经历三个时间阶段——过去、现在和未来。鉴于此，基于时间视角的学习强调组织应尽可能地同时采取涵盖过去、现在和未来的学习模式，基于动态视角分析，找到提升组织绩效和可持续发展能力的管理方法及措施。

从空间视角分析，任何组织都是一个独特的系统。资源基础观（resource-based view）（Barney，1991）认为，企业拥有的有价值的、稀缺的、不能完全模仿的、难以替代的资源，是其获得可持续竞争优势的重要来源。因此，任何企业都要充分发现和了解自身的独特性，从自身特有的知识和经验中学习，从而获得良好的绩效，建立可持续的竞争优势。此外，任何组织都是一个开放的系统，需要从外部获取资源来促进自身的发展。资源依赖理论（resource dependency theory）（Pfeffer & Salancik，1978）揭示了外部环境及其他主体通过资源对组织内部发展的影响和作用。组织只有不断地从外部获取信息和资源以提高自身的能力，才能更清晰地识别发展环境、确定正确的战略方向。综上所述，组织发展状况是内部情况与外部环境共同作用的结果。鉴于此，基于空间视角的学习强调组织应尽可能地同时关注组织内部和外部，基于系统视角分析，找到提升组织绩效和可持续发展能力的管理方法及措施。

同时，多种组织学习基本模式并行意味着组织会将很多资源投入组织学习活动中，所涉及的维度越多，所需的资源就越多。这在一定程度上给组织同时实施这些学习模式带来了挑战。

17.2.1.3　组织学习方法选择的影响因素

1. 外部环境

组织在每个阶段的发展都嵌入外部环境中，组织的日常运行状态、经营策略以及未来发展方向不仅会受到政府、供应商和顾客等各利益相关者的影响，而且会受到行业及地域市场和政策状况的影响。同时，为顺应市场需求，组织更要遵循政治、经济、社会和技术等大环境及其运行规律。上述这些外部环境呈现出复杂性和动态性等特征。复杂性体现为外部环境中影响组织经营管理和运作模式等方面因素的数量，因素越多，组织所处的外部环境就越复杂。动态性体现为外部环境中影响组织经营管理和运作模式等方面因素的变化速度，变化速度越快，组织所处的外部环境动态性就越强。外部环境中的各类主体及其呈现的复杂性和动态性等共同对组织学习方法的选择提出了客观要求。外部环境在对组织提出要求的同时，也为组织学习方法的选择提供了资源和机遇。因此，组织所处的外部环境对其学习方法的选择提出了客观要求；为应对环境变化、更好地实现组织目标，组织需要根据外部环境的特征选择恰当的学习方法。

2. 内部因素

组织内部拥有的决策时间、注意力和资源都是稀缺的（Cyert & March，1963），总量在一定的时空范围内也是有限的。同时，不同组织的学习能力也存在差异（Argote，Beckman，& Epple，1990）。鉴于此，组织对 64 种学习方法的选择并非随机、任意和不受限制的，而是由其学习意愿和学习能力等内部因素决定的。整体上，组织的学习意愿和学习能力等内部因素共同影响了组织学习内部实现的可行性，是组织基于自身情况选择恰当学习方法的内部条件。

每一种学习方法都由六种基本学习模式经排列组合而成，它们所包含的基本学习模式的类型和数量是不同的。实践中组织对学习方法的选择受到外部环境的客观要求和内部实现的可行性的共同影响：当外部环境高度复杂而富有动态性且组织自身具有很强的学习意愿和能力时，组织可能具备同时采用六种基本学习模式的条件；当外部环境简单而稳定且组织自身的学习意愿和能力都较低时，组织可能仅采用一种基本学习模式，甚至不开展组织学习及相关活动，仅维持组织的稳定状态。图 17.5 显示了组织外部环境的客观要求和内部实现的可行性与组织学习方法的对应关系。

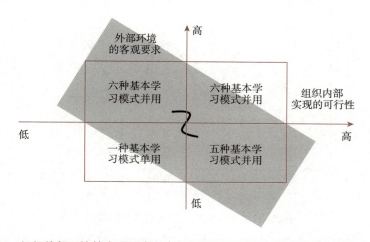

图17.5　组织外部环境的客观要求和内部实现的可行性与组织学习方法的对应关系

17.2.1.4 组织发展不同阶段学习方法的动态变化分析

组织的成长与发展是有机的，每个发展阶段其资源、组织结构、领导力和人力资源等都呈现出不同的特点。由于新成立的组织没有可以回顾的历史，因此组织在成立时采用的学习方法将不包括从内部过去经验中学习（PIL）。基于前文的分析，组织对学习方法的选择受到外部环境的客观要求和内部实现的可行性的共同影响。一方面，组织的外部环境中包含的复杂性和动态性等方面在不同的发展阶段可能呈现出不同的特征，这在客观上促使组织在不同阶段对学习方法的选择需要动态地变化；另一方面，组织的学习意愿和学习能力等影响组织学习内部实现可行性的因素也可能在不同的发展阶段存在差异，因此组织在不同发展阶段选择的学习方法可能呈动态变化趋势。

基于研究现状、对企业实践的观察和分析，组织所选择学习方法的变化可以分为波动型、上升型、下降型和稳定型等。

1. 波动型

波动型组织学习方法变化是大多数企业的实际情况。一般来说，组织在成立之初主要会考虑外部某些组织过去已有的经验和实践、自身当前的状况以及自身未来发展中可能会遇到的变化，因此可能会同时采用三种基本学习模式——PEL、CIL和FIL。成立后，组织在创业发展初期需对市场、产品等投入大量精力，在一定时间段内可能减少基本学习模式的数量，以增加对日常经营活动的投入。在组织逐渐步入正轨后，随着内部资源的扩充以及忽视学习导致的不利事件的发生，组织会进一步增加基本学习模式的数量，进行更为广泛的学习，甚至会达到五六种基本学习模式并用的状态。这种状态持续一段时间后，由于兼顾内外部和各时间段的学习过度占用组织资源，影响了主营业务的发展，因此组织很可能减少所采用的基本学习模式的数量。整体上，波动型组织学习方法变化是指按照一定的周期规律来回调整不同组织学习方法的情况，具体学习方法的选择由组织外部环境的客观要求和内部实现的可行性共同决定。图17.6描绘了波动型组织学习方法变化的情况。

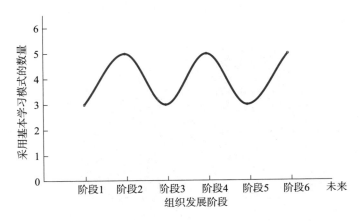

图17.6　波动型组织学习方法变化的情况

2. 上升型

上升型组织学习方法变化反映了如下情形：组织成立时只采用单一学习模式；随着组织逐渐认识到从内部和外部及从过去、现在和未来中学习的重要性，以及外部环境要求的提高，组织内部的学习意愿和学习能力等逐渐提高、资源逐渐增加，组织同时采用的基本学习模式数量也持续上升。其中一种可能的情形是，在成立之初，由于认识不足、意识不强、能力有限，组织仅从自身内部的现状或外部组织的过往经验中学习，即仅采用从内部现状中学习（CIL）或从外部现状中学习（CEL）的基本学习模式；随着自身的不断发展，组织逐步增加从自身过去经验中学习（PIL）的基本模式，并运用情景规划（scenarios planning）方法预想自身的未来，增加从自身未来可能的情景中学习（FIL），乃至从外部现状中学习（CEL）和从外部未来可能的情景中学习（FEL）的基本模式。整体上，上升型组织学习方法变化反映了组织所采用的基本学习模式的数量随着发展阶段的推移而单调上升的趋势，是一种存在于企业实践中比较特殊的情况。图17.7描绘了上升型组织学习方法变化的情况。

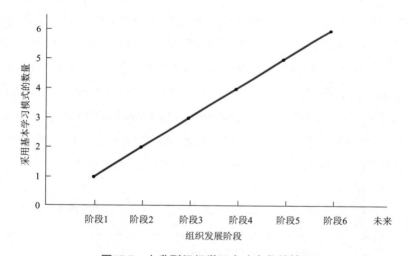

图17.7　上升型组织学习方法变化的情况

3. 下降型

下降型组织学习方法变化反映了如下情形：在成立时考虑周全，同时采用除从自身内部过去经验中学习（PIL）之外的其他五种基本学习模式；但是，随着自身的不断发展，组织逐渐将资源投入日常生产经营活动中，陆续减少了基本学习模式的数量，甚至仅采用单一学习模式或不进行组织学习。整体上，下降型组织学习方法变化反映了组织所采用的基本学习模式的数量随着发展阶段的推移而单调下降的趋势，也是一种存在于企业实践中比较特殊的情况。图17.8描绘了下降型组织学习方法变化的情况。

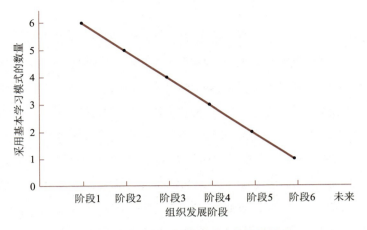

图17.8 下降型组织学习方法变化的情况

4. 稳定型

组织在各个发展阶段采用的基本学习模式的数量保持不变，甚至采用的具体基本学习模式可能也不发生变化。这里有两种可能的情况。第一种情况是，该类组织主要将资源投入已有的经营管理和运作方式中，未根据自身发展的实际情况和外部环境的变化调整学习方法。第二种情况是，该类组织在成立时经过深思熟虑找到了某种可长期有效使用的经营管理和运作方式，并从中不断取得良好的成效，因此一直保持某种类型的学习方法。当然，该类组织保持某种类型的学习方法不变也可能有其他方面的原因。基于组织的学习方法，稳定型组织可大致分为低水平稳定型组织和高水平稳定型组织。低水平稳定型组织是指组织一直只采用少量几种甚至单独一种基本学习模式的情况，高水平稳定型组织是指组织一直采用多种甚至五六种基本学习模式的情况。图17.9描绘了稳定型组织学习方法变化的情况。

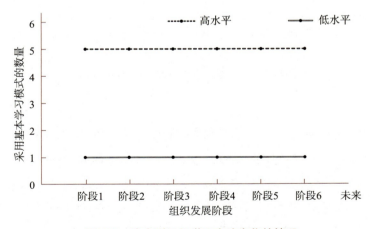

图17.9 稳定型组织学习方法变化的情况

以上阐述了组织学习方法在不同发展阶段变化的四种类型（波动型、上升型、下降型和稳定型）的内涵和特征。随着研究的不断深入，还有其他类型有待发现、分析、归纳和总结。

17.3 组织学习在中国实践案例：北汽福田汽车股份有限公司组织学习案例

许多中国企业在组织学习方面进行了大量的实践。这里以北汽福田汽车股份有限公司（以下简称"福田"）为例，基于对福田的访谈、实地调研以及查阅档案记录和企业文件等，阐述其进行组织学习的六种基本模式。

福田于 1996 年在北京成立，在商用车行业处于世界领先地位，员工达数万人，累计产销汽车突破 1 000 万辆。2017 年，福田汽车"商用汽车产业链资源汇聚及研发创新平台"项目成功入选工信部制造业"双创"平台试点示范项目；福田汽车工业互联网项目——"商用车辆智能制造试点示范项目"入选工信部智能制造试点示范项目名单。2018 年，福田进行了大规模组织变革，取得了良好的成效，包括绩效提高、服务改进、员工精神面貌焕然一新，并重返国内商用车行业第一的位置。

福田进行组织学习的来源包含组织学习的六种基本模式（如图 17.10 所示），下面详细阐述其在各种基本学习模式中的实践。限于篇幅，本部分不对其组织学习方法选择的影响因素等展开说明。

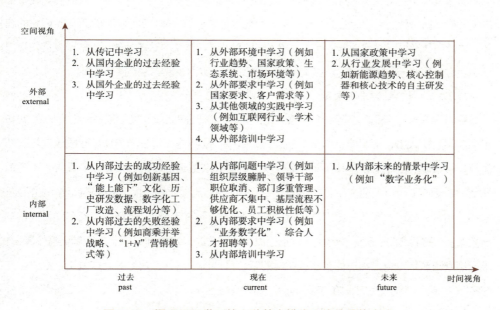

图17.10　福田组织学习的六种基本模式实施的具体方式

17.3.1　从外部过去的经验中学习

福田一把手向全体员工推荐了《一生的旅程》《一网打尽：贝佐斯与亚马逊时代》《以奋斗者为本：华为公司人力资源管理纲要》等传记书籍，鼓励员工阅读这些书籍，并从中学习迪士尼、亚马逊、华为等标杆企业的宝贵经验。

在学习标杆企业的宝贵经验方面，福田学习了国内企业华为"以奋斗者为本"的文化，并将其改进为"成就客户价值，创建奋斗者家园"的使命，将供应商、合作伙伴、客户等外部利益相关者都囊括在福田奋斗者的范围内。

福田还向国外企业 IBM 学习，购买了 IBM 的集成产品开发模式（IPD），并根据自身产品特点，不断改进，形成独特的产品开发体系。此外，福田还在其数字化改造后的工厂推行稻盛和夫的 MCU［微型经营（成本）单元］管理，有效地管控成本。

17.3.2　从外部现状中学习

17.3.2.1　从外部环境中学习

福田从外部环境中的行业趋势、国家政策、其所在的生态系统、市场环境中学习，并最终决定进行大规模的数字化转型。在行业趋势方面，"十三五"期间，汽车行业提出了"电动化、智能化、网联化、共享化"的"新四化"战略，从传统能源向新能源转变的趋势越来越明显。在国家政策方面，国家强调要促进制造业的数字化、网络化和智能化，即实现制造业升级，并将创新驱动作为基本方针之一。2020 年，工信部发布《关于工业大数据发展的指导意见》，大力促进大数据和工业的融合。在福田所在的生态系统中，由于外部竞争愈发激烈，价值链上的供应商、整车制造商、经销商等从新车中获得的利润大幅下降，需要寻找新的增长点。在市场环境方面，新时代的客户对服务、个性化等的要求越来越高，客户群体年龄呈现出年轻化的趋势，更倾向于通过互联网平台查询、比较汽车信息并进行购买。这些外部环境的改变促使福田从中学习，并进行大规模的数字化转型，涉及组织的软实力和硬实力的各个方面。

17.3.2.2　从外部要求中学习

福田作为国有企业，在国家多个重大场合都承担并圆满完成了关键任务。譬如，在 2019 年国庆阅兵仪式中，福田旗下的各个品牌，如欧曼、欧辉等，将生产车辆设计成致敬方队礼宾车、群众游行主题彩车、和平鸽和联欢晚会的烟花装置运输车等。福田欧曼设置了十多道质量门，新增了两百多项产品质量标准，用来保证制造流程质量。福田欧曼还组建了由研发、采购、质量、生产、服务等部门员工组成的跨部门专项保障小组，制订了"彩车项目专用车质量保证实施计划"，确保按时保质保量完成生产。又如，2020 年 1 月，新冠肺炎疫情暴发，福田接到工信部对自己提出的负压救护车的紧急排产需求后，迅速组织生产复工，组成生产突击队，24 小时双班生产，将 30 天的生产周期压缩至 10 天，赶制负压救护车支援湖北抗疫一线，保障了抗疫一线的医疗救治能力。

商用车的产品属性要求企业考虑客户的用车场景，不断优化汽车的设计制造，为客户的盈利保驾护航。因此，福田成立了营销总公司，创新性地提出浸入式调研的方法，用"扫街"的方式研究客户的个性化需求，具体化客户的用车场景，并提出"场景化"的产品研发模式。具体来说，福田的员工每天清晨到各地市场和商用车车主深入交谈，将商用车车主的需求转化为产品定义，调查车主需要花费多少时间拉载货物、途经什么地理特征的区域、货物保存具有哪些特殊要求等因素，根据这些因素识别了两百多种场景，研发部门再根据这些场景进行对应的产品开发。这种研发模式使得福田深入研究客户需求，在不同的用车场景下不断完善产品细节，打造更有针对性的产品，提供更细致的服务。

17.3.2.3　从其他领域的实践中学习

现在已经进入互联网时代，福田作为传统汽车企业，也在努力转型，以更好地与互联网时代融合。福田学习了互联网企业简单高效的文化。最明显的改变就是，高层领导者在开会时改为身着牛仔裤等休闲装。此外，福田一把手还调研了字节跳动科技有限公司，关注"今日头条"业务的发展现状，学习到"自驱型组织"和"分布式智慧"的管理理念。因此，福田一把手在组织内部强调有效授权、合理授权，让事业部、基层员工实现自我驱动。福田一把手还经常检查领导者对员工授权的"度"，即其是否根据外部环境、组织支持、员工内在能力等在"集权"和"授权"之间保持平衡，并给予需要高度授权的事业部和员工更多资源，创造更好的环境。

为了宣贯组织变革相关的新思想，福田参考《哈佛管理评论》《清华管理评论》等杂志，创办了《福田管理评论》。一方面，高层领导者经常在《福田管理评论》上发表文章宣传思想，另一方面，高层领导者会确定每个月的主题，通常是企业发展的思想和理念，宣传部负责组织各部门领导者根据该主题撰写稿件，将这些思想和理念落实为具体的行动。《福田管理评论》也成为高层领导者和基层员工了解及监督各部门计划执行的渠道，各部门领导者会在上面定期发布部门计划。

17.3.2.4　从外部培训中学习

福田定期组织管理者和员工参加外部培训，例如政府、行业协会等举办的会议、论坛和培训，还经常和华为、阿里巴巴等云服务提供商交流。在外部培训场合，福田可以深入了解同行企业采取的行动、其他行业企业的优秀实践、行业发展趋势、政策指导方向等，同时也能反思自身组织实践中存在的问题，从而促进技术、管理的学习、改进和升级。

17.3.3　从外部未来的情景中学习

17.3.3.1　从国家政策中学习

福田设立了重点项目办公室（也称政府项目办公室），负责研究国家的方针政策，紧跟国家政策脚步，把握技术发展趋势。重点项目办公室还负责申请国家的课题研究项目，不仅能够获得一定的经费支持，还能够在实施项目的过程中通过和高等院校、研究机构等学术组织的合作，为福田积累前沿的科学技术。

17.3.3.2　从行业发展中学习

汽车行业正在从使用传统能源向使用新能源转变，许多乘用车企业已经将新能源汽车作为重点研发和销售的产品，行业发展趋势有利于新能源汽车市场占比的提高。再加上考虑到今后可能出现的传统能源资源短缺、价格上涨等情况，福田加快了新能源相关的产业布局和技术布局，包括纯电动汽车、氢能源汽车和混合动力汽车的研发。福田在和供应商多年的交易中意识到，如果所有的零部件都从供应商那里购买，其在产品预算、质量等各个方面都会受到供应商的制约。因此，福田在整车服务器、电极控制器、电池控制器等核心控制器、电喷和整车控制等核心技术以及动力电池上进行自主研发，从而掌握核心技术，具备核心竞争力。

17.3.4 从内部过去的经验中学习

17.3.4.1 从内部过去的成功经验中学习

福田一把手曾说，"福田的核心就是创新基因，其一直引领整个行业的变革"。福田一直是一家有自我驱动力的创新企业，员工也都继承了其创新基因。因此，福田在进行数字化转型时，其员工能够较快地认识到数字化转型的重要性和必要性，从而认可和支持组织的数字化转型。福田一直以来强调的"能上能下"文化也使得员工在数字化转型的过程中，能够接受公司的干部人才结构改革，理解对自身职位的调整。

福田整合历史研发数据，开发了工程师使用的软件。福田的工程师在设计汽车时，可以看到其他工程师在设计时使用过的零部件，并能根据价格、销量等排序分析，从而更好地实现设计制造的规模效应，提高成本优势。

在福田的数字化转型中，很重要的一项举措是对工厂进行数字化改造。福田首先对山东潍坊的传统工厂进行数字化改造，推出山东潍坊超级卡车工厂 1.0 版本，后来在工厂运行过程中不断积累经验、解决问题，逐步将其升级为 2.0 版本。随后，福田新建了湖南长沙超级卡车工厂，一方面学习借鉴山东超级卡车工厂 2.0 版本中成熟有效的数字化生产技术，另一方面引进新的技术，通过软、硬件一体化设计，达到更高的自动化率和数字化率，并且实现"一件一码"、自动纠错等功能。福田在工厂中还开展了精益制造的树标杆活动，将某一工厂内的优秀实践经验推广到其他工厂，实现经验的可复制化。譬如，山东超级卡车工厂整理了《现场管理手册》《设备管理手册》《故障案例手册》等标准化手册，还针对不同角色的行为，总结了"班长的一天""车间生产主任的一天"等行为准则。这些手册、准则不仅为员工提供了生产操作和行为规范的范本，也为管理者监督检查员工行为提供了参考。对于复杂的生产操作，工厂还会请操作熟练的员工录制标准的作业视频，帮助其他员工更直观地进行学习。

福田在向 IBM 公司咨询后还对流程进行了重新梳理和划分，提出"端到端"流程体系变革的工作计划，将流程细分为"从客户需求/期望到产品规划流程""从产品开发到客户需求验证流程""从计划到交付流程""从线索到回款流程"和"从客户问题到解决流程"。

17.3.4.2 从内部过去的失败经验中学习

由于商用车市场逐渐趋于饱和，加之乘用车市场蓬勃发展，福田曾在 2015 年前后进军乘用车市场，希望通过其在商用车领域的经验和实力，在乘用车领域也能够占有一席之地，增加企业利润。然而，种种原因导致福田乘用车业务大幅度亏损，对乘用车业务的巨额投资也导致对商用车业务的研发投入不足，商用车业务利润下滑，市场占有率下降。福田新一代领导班子上任后，从过去的失败经验中学习，放弃了商乘并举（即商用车和乘用车并重发展）的战略，提出了"聚焦价值，精益运营"的核心运营理念。福田不仅放弃了乘用车业务，还精简了商用车业务，取消了低利润、亏损的产品线，从而更好地将资源集中在高效、盈利的产品线上。

福田曾经采用"1+N"的营销模式，即设置1个营销运营管理部，负责管理各个品牌的销量和绩效，设置N家营销公司，负责各自品牌的市场运营。但是这种营销模式使得福田旗下的各个品牌由于战略不清晰，相互竞争，经常出现压价、抢占市场的情况，不利于整个组织的发展壮大。福田从这一失败经验中学习，将营销运营管理部重新命名为营销总公司，为各品牌的营销公司提供战略定位、资源分配和经营管理等服务，从而在市场战略和产品战略上对各个品牌进行区分，不仅消除了内部竞争，而且能够更好地支持各个品牌的发展，提升整个组织的竞争力。

17.3.5　从内部现状中学习

17.3.5.1　从内部问题中学习

针对企业沟通效率低、组织层级臃肿的问题，福田首先对组织层级进行大幅精简。福田最基层的科室层级造成了"部门墙"，流程难以被打通，而且科室业务过于单一，不利于员工拥有多元化的技术和能力。因此，福田从这一造成负面影响的组织实践中学习，取消了科室这一层级，同时还取消了中高层的总监、总助等职位，削减了大约50%的领导干部。

层级削减、中高层管理职位取消，随之而来的就是受到影响的领导干部如何安置的问题。为了妥善解决这一问题，福田采取了以下两项措施。第一，将原本的"管理＋专业"两条晋升通道扩展为"管理＋专业＋项目群"三条晋升通道。针对原本的"专业"这一晋升通道能够到达的职位上限不如"管理"这一晋升通道，使得员工纷纷转入"管理"晋升通道，导致"管理"晋升通道拥堵，技术人才缺乏这一现象，福田提高了"专业"晋升通道所能达到的职位上限，使其和"管理"晋升通道齐平，并增加了和产品创造流程相关的"项目群"晋升通道，有效地缓解了"管理"晋升通道中的拥堵情况，"专业"晋升通道和"项目群"晋升通道也因此有了更多的后备力量。第二，考虑到领导干部的"面子问题"，福田对转移晋升通道的干部采取"平转"的方式，保持一段时间内待遇不变，之后再对其重新考核评估。同时，成立专家中心，根据这些领导干部的经验、能力、行业地位等进行专家称号评选，发放专家津贴。

针对制造部门、采购部门和质量部门存在多重管理的问题，福田将这三个部门有机整合在一起，取消各自部门的副总裁这一职位，新设了供应链副总裁，对这三个部门进行统筹管理，促进产供销的协调统一。

针对供应商分布不集中、质量良莠不齐的情况，福田提出压缩供应商体系，提高供应商准入条件，加强对供应商产品的质量审核，从而实现规模经济，降低了采购成本。

福田还建立了流程改善平台，员工可以实名反馈问题，帮助福田自下而上地优化流程。譬如，曾经有员工提出，入职时发放的笔记本电脑等办公设备，采购次数是一个月一次，因此员工入职时很可能遇到办公设备库存不足的情况，导致员工办公不便，降低了新员工的工作满意度，提高了员工离职率。福田在流程改善平台接收到这个问题后，便迅速对流程进行优化，提供一站式服务，有效解决了这一问题。

针对员工积极性低的情况，福田改变了原来薪酬体系中组织绩效和个人绩效界限分明的设置，通过抓关键人才的绩效，将各层次纵向的绩效、各部门横向的绩效相互关联，强调利益共同体的概念，从而将个人绩效、部门绩效、组织绩效紧密结合，大大激发了员工的积极性。福田还鼓励事业部一把手将事业部作为经营体承包下来，并将员工的激励权下放给领导者，从而促进了领导者对员工的授权，也增强了领导干部的活力。

17.3.5.2 从内部要求中学习

福田乘用车业务造成的亏损要求其在商用车业务上增大盈利空间，新一代领导班子对数字化转型的重要性和必要性理解得较为深刻，因此大力推动了福田的"业务数字化"，加深了对云、大数据、车联网系统等的使用。随着车联网系统的成熟，福田利用收集的大量数据进行大数据分析，为供应商和客户提供有偿服务。譬如，福田可以根据零部件维修的大数据，提供预测性维修，在一些重点区域建立前置仓，布局常用配件。当系统自动分析出客户驾驶的车辆可能出现故障时，就会提醒客户前往最近的服务站维修，从而加快维修服务的速度、提高质量。零部件维修的大数据还能帮助供应商有针对性地改进其零部件设计，减少不同用车情景下不同零部件的损坏。又如，通过车联网系统，福田可以为车队提供动态监控的服务，车队不仅能够知道车辆的实时定位，进行高效调度，还能够分析不同司机的驾驶习惯、车辆使用情况等，进行车队安全管理。福田还开发了"福田E家"应用程序，整合了车型信息、线上下单等购车功能，并为客户提供驾驶行为分析、故障诊断、维修保养等个性化服务，在方便客户使用的同时，也更好地协同了经销商、维修商、供应商等生态系统中的企业，使各方都能够第一时间响应客户需求。

在组织变革的过程中，福田逐渐意识到，传统汽车制造业中只拥有较为单一技能的员工已经无法满足组织变革尤其是数字化转型后的要求，因此，福田开始招聘拥有机械、电力电子、控制、数据、管理等各方面技能的综合人才，并扩大信息技术团队、供应商质量工程师（SQE）的队伍，以支持组织数字化转型和其他重大项目的开发。

17.3.5.3 从内部培训中学习

福田各部门内部每周都会组织进行知识分享，鼓励员工之间、部门之间交流协作，分享彼此的知识、技能和经验，并从中学习。福田高层领导者也经常在企业内部发表讲话、分享心得。福田有完善的试岗、轮岗、转岗制度，并鼓励老员工发挥"传帮带"作用，使员工能够掌握不同部门的知识、技能和经验。福田大学还提供线上和线下课程，员工每年都需要完成一定的课时，以更好地应对变化的职业要求。

17.3.6 从内部未来的情景中学习

福田设想其未来拥有的数据资源会越来越多，这些数据可以用来带动整个产业链的发展，并为福田创造新的利益增长点，即实现"数字业务化"。为此，福田成立了全资子公司智博，主要负责提供传感器、智能控制系统等产品，以及全资子公司智科，主要负责提供车联网相关的数据服务、数字化平台的开发管理等服务。

从上述分析中可以看出，福田进行组织学习的来源包含组织学习的六种基本模式，在每一种基本学习模式中都有丰富的实践。福田良好的组织学习很好地助力了其高速发展。

本章小结

首先，本章对组织学习在国外的发展进行了概述，讨论了组织学习的内涵和模型。然后，本章重点阐述了国内组织学习的时空理论模型，包括组织学习来源的时空模型和六种基本学习模式、基于不同组织学习基本模式排列组合的组织学习方法、组织学习方法选择的影响因素、组织发展不同阶段学习方法的动态变化分析。最后，本章对北汽福田股份有限公司采用组织学习的时空理论中六种基本学习模式的具体实践进行了案例分析。

重要术语

组织学习　时空理论　组织学习的六种基本模式　基本学习模式 PEL　基本学习模式 CEL　基本学习模式 FEL　基本学习模式 PIL　基本学习模式 CIL　基本学习模式 FIL

复习思考题

1. 请列举国外组织学习的主要理论。
2. 请阐述组织学习的时空理论的主要观点。
3. 请以某一家企业为例，阐述该企业采用组织学习的时空理论中六种基本学习模式的具体做法。

参考文献

陈国权，2016，《组织学习的时空理论》，《技术经济》，35（8）：15—23。

陈国权，2017，《面向时空发展的组织学习理论》，《管理学报》，14（7）：982—989。

Argote, L., Beckman, S. L., & Epple, D. 1990. The persistence and transfer of learning in industrial settings. *Management Science*, 36（2）：140–154.

Argote, L., & Miron-Spektor, E. 2011. Organizational learning: From experience to knowledge. *Organization Science*, 22（5）：1123–1137.

Argyris, C., & Schön, D. A. 1978. *Organizational Learning: A Theory of Action Perspective*. Reading, MA: Addison-Wesley.

Barney, J. 1991. Firm resources and sustained competitive advantage. *Journal of Management*, 17（1）：99–120.

Baum, J. A. C., & Ingram, P. 1998. Survival-enhancing learning in the Manhattan hotel industry, 1898–1980. *Management Science*, 44(7): 996–1016.

Cyert, R. M., & March, J. G. 1963. *A Behavioral Theory of The Firm*. Englewood Cliffs, NJ: Prentice-Hall.

De Geus, A. 2002. *The Living Company*. Boston, MA: Harvard Business Press.

Huber, G. P. 1991. Organizational learning: The contributing processes and the literatures. *Organization Science*, 2(1): 88–115.

Kc, D., Staats, B. R., & Gino, F. 2013. Learning from my success and from others' failure: Evidence from minimally invasive cardiac surgery. *Management Science*, 59(11): 2435–2449.

March, J. G. 1991. Exploration and exploitation in organizational learning. *Organization Science*, 2(1): 71–87.

Nonaka, I., & Takeuchi, H. 1995. *The Knowledge-Creating Company: How Japanese Companies Create the Dynamics of Innovation*. New York: Oxford University Press.

Pfeffer, J., & Salancik, G. R. 1978. *The External Control of Organizations: A Resource Dependence Approach*. New York: Harper and Row.

Robbins, S. P., & Judge, T. 2009. *Organizational Behavior* (13 ed.). Upper Saddle River, NJ: Prentice Hall.

Senge, P. M. 1990. *The Fifth Discipline: The Art and Practice of the Learning Organization*. New York: Currency Doubleday.

Shrivastava, P. 1983. A typology of organizational learning systems. *Journal of Management Studies*, 20(1): 7–28.

Starbuck, W. H. 2009. Perspective-cognitive reactions to rare events: Perceptions, uncertainty, and learning. *Organization Science*, 20(5): 925–937.

Swieringa, J., & Wierdsma, A. F. 1992. *Becoming A Learning Organization: Beyond the Learning Curve*. London: Addison-Wesley Longman.

Yelle, L. E. 1979. The learning curve: Historical review and comprehensive survey. *Decision Sciences*, 10(2): 302–328.

第 18 章

企业的组织形态

学习目标
1. 理解企业组织形态的本质
2. 掌握企业不同组织形态的基本特点与适用条件
3. 分析影响组织形态的因素
4. 探讨数智时代企业组织形态的新发展
5. 认识不同的组织形态对组织发展的影响

引导案例

海尔的"人单合一"与"小微"平台

2021年9月17日,第五届人单合一模式引领论坛在青岛举行。时任海尔集团董事局主席张瑞敏介绍了人单合一管理模式的理念:让员工"人人都是CEO"而非"螺丝钉",员工在与用户的不断交互中观察用户的个性化需求,瞄准需求背后蕴藏的市场机会,员工不再被动接受指令,而是成为创客,主动自组织为小微、生态链群,在平台的支持下开展创新以满足用户需求,所产生的创新增值将在平台上与员工进行共享,实现创造价值与分享价值的融合。

海尔创立的人单合一管理模式已经引发全球关注。世界各地已自发成立十大人单合一研究中心,74个国家和地区的30多万家企业注册成为人单合一联盟成员。2021年9月17日,欧洲管理发展基金会设立人单合一认证中心,并于同日正式向富士通(西欧)颁发了首张人单合一认证证书。这标志着中国企业创造了首个管理模式国际标准,并开创了中国企业从接受国际标准认证到输出国际标准认证的新时代。

海尔从最早的冰箱生产企业发展到智能生态圈运营者,涉及组织商业模式以及形态的转变,其中人单合一管理模式是这一转变的组织基础。人单合一管理模式有多重指向,但可以被理解为一种特定的组织形态,即一种对海尔如何与用户进行互动以及集团内部人与人之间如何合作的全新设计。人单合一首先提出员工应该把主动为用户创造价值而不是服从组织内上级的指令作为核心追求。张瑞敏提出"人人都是CEO"的口号,来通俗易懂地形容组织的每个员工要自主决策,自己通过为用户创造价值来获得薪酬。

为了把这样的理念落地到实践中,海尔又提出了"小微平台"的概念,即对于那些真正做到通过为用户创造价值而获益的员工,海尔集团具有向其提供支持和资源的机制。如果员工能够真正为客户创造价值,那么就拥有现场决策权、用人权和分配权,可以自己在组织内挑选人员组成一个团队,名为"小微",这样海尔就变成了一个孕育和支持很多个"小微"

的生态系统,称为"链群组织"。海尔集团提出了一个倒三角形的组织机制,以支持上述"人单合一"和"小微平台"的理念落地。这一机制首先改变了传统组织的金字塔结构,把自上而下依靠权力来运作的组织逻辑转变为依靠员工为客户创造价值、组织成为为员工提供资源和支持的赋能平台的逻辑。

让这样与众不同的组织架构真正落地,需要考虑很多因素,首先是员工的观念,即如何才能改变员工依赖组织的指令而不是客户的需求来工作的观念。海尔有一个周六例会的制度,每一次例会实际上是促进员工观念转型的大讨论。其次,环境因素也会影响组织架构的转型,实际上,海尔之所以探索新的组织架构,就是为了应对信息技术的快速发展,以及客户需求的个性化和快速变化。海尔的组织形态改革,激发了其内部的创新创业热情,因此在其创业生态圈中相继涌现了卡奥斯、三翼鸟、卡萨帝、雷神等创业团队和品牌。

资料来源:参考相关网络资料整理得到。

思考题

1. 当我们设计组织的形态时,应该关注的核心问题有哪些?
2. 应该考虑哪些关键因素?
3. 如何看待不同类型的组织架构对组织的影响?

18.1 企业组织形态的本质及挑战

企业组织形态是指包括企业内部纵向的权力等级关系与沟通过程,以及横向的沟通合作过程在内的人和部门之间的关系之和。涉及组织形态的基本概念包括组织的架构、管理幅度、职权划分等(芮明杰,1999)。这些问题的核心是组织中人与人之间应当如何合作。正式组织建立几百年来的主导形态是层级结构,其核心是把权力作为组织内部成员之间合作的主导因素,以工作流程的确定性和高效率为目标。这种组织架构盛行于工业革命之后、大型制造组织主导之时。后来还出现了矩阵组织、事业部制等新形式,这些新组织形态的核心都是强调权力的核心作用,只是权力在组织内的分布有所变化。

近年来,信息技术的快速发展不仅改变了人类的工作和生活方式,更深刻地影响着人们的社会互动与商业实践活动。组织成员获取知识与信息的途径和范围不断扩展,由此推动了员工个体持续的知识增进和能力提升,进而促使人们的工作行为和价值判断发生变化。这使得企业组织除了追求效率,还注重创新。然而,创新活动的组织很难通过权力的强制性调配实现,高创新性的知识组织及其员工更需要宽松的、自我导向的工作环境,传统的层级结构在知识组织面前显得笨重而难以有效支撑创新的目标。同时,信息和网络技术的发展进一步加强了人们之间的非正式联系,人与人之间被前所未有地联结起来,这瓦解了权力赖以存在的基础:信息不对等。传统的层级在信息社会新的生活方式冲击下面临重重挑战,组织在不断探索新的形态来适应时代的发展。

研发机构、高等院校、高科技企业等是典型的层级结构难以适用的知识型组织。高等院校的核心业务——教学和科研——都非常依赖于每一个员工具备的知识和能力，所以高等院校的核心资源是分布在每一个员工身上的。这样一来，高等院校的核心竞争力就在于能否把极其分散的知识资源有效地整合起来，并贡献于知识传递和知识创造过程中。目前，高等院校普遍采用的知识资源整合方式就是把知识分科，然后把相同或者类似学科的人放在一起组成院系，由院系来负责教学和科研，然后通过正式的组织设计将每个院系作为特定的考核单元。这种组织设计尽管能让高等院校运转起来，但在某种程度上阻碍了跨学科的合作。随着人工智能和互联网等新兴技术的发展，教育的形态正在发生深刻的变化，跨学科和跨部门的合作需求日益扩大，例如近几十年来全世界的高等院校关注的多学科之间的交叉融合，都要求其探索人与人之间新型的合作模式。

为了提升组织应对快速变化的外部环境和客户需求的能力，近几十年来出现了注重员工自主决策的新兴组织形态，如自组织、网络组织以及20世纪90年代以来在全世界引起极大关注的流程再造等。尽管这些新兴组织形态在一定程度上促进了组织内部员工之间的跨部门合作，也提升了组织应对环境变化的能力，但其在根本上依然沿袭层级组织的权力配置体系，因此无法彻底解决组织形态在新时代所面临的问题，创新组织形态设计是未来组织理论和实践的一个关键议题。

图18.1可以说明层级组织运作方式在组织实践中遇到的跨部门合作挑战：如果职员J希望和职员L以及职员N共同解决一个客户的问题，他应该如何与L和N沟通？如果一个客户需求的满足要求职员J、L、N通力合作，他们应该如何快速形成合作团队？如果这是一个以客户为中心的组织，希望快速回应和满足客户的需求，应该如何提升效率？在层级机制之下，合规的沟通方式是：J请示E，E请示B，B请示A，A组织B、C、D开会讨论，然后E联系G和I，之后再将任务布置给L和N。显然，这个过程复杂烦冗，但其本身属于层级组织中的合法操作。法国古典管理理论学家法约尔提出"法约尔桥"（Fayol bridge）来解决层级组织中的横向沟通问题，指出J、L、N可以在其上司知晓情况的前提下，自行进行沟通合作，在学术层面提供了一种既保护了层级机制的有效性又增加了横向沟通灵活性的方案。在实践中，法约尔桥这一沟通机制并没有广泛存在，即使当代社会组织面临的外部环境复杂多变，很多组织依然受制于层级机制之下横向合作的缺乏。面向未来，组织需要从根本上寻求解决方案，能够让J直接与L和N快速地建立起合作关系，迅速响应客户的需求。

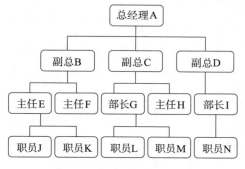

图18.1　层级组织的沟通合作

18.2 组织内人与人合作的两种机制

组织形态的核心是人与人之间的合作，正式组织出现几百年来共有两种机制指导着人与人之间合作方式的设计：层级（权力）机制和网络（自组织）机制。

18.2.1 层级（权力）机制

德国社会学家马克斯·韦伯在 20 世纪早期提出并发展了层级组织理论，他强调了层级机制中劳动分工的等级化、详细的规则与制度、非个人关系等层级机制的一般特征。英国经济学家罗纳德·科斯 1937 年在其经典论文《企业的性质》中提出"企业组织"形式（Coase，1937）。其后美国经济学家奥利弗·威廉姆森进一步将这种组织形式命名为层级模式（hierarchy）（Williamson，1975）。层级机制的核心思想是运用规则将组织人员的雇佣关系长期固定，以避免人员频繁流动带来的成本。其冲突消减的主要方式是行政的规章制度和基于权力的上下级命令。实际上，在正式的企业组织出现之前，层级治理模式很早就存在于国家的治理中，历史上的奴隶社会和封建王朝都有非常森严的等级治理机制，直到今天所有国家也都采用这一治理模式。但封建社会及之前的层级治理，其权力来源是超自然的"天意"，而今天的资本主义和社会主义国家的权力来源则更多地体现了人类理性设计的成分。

从社会秩序形成的角度来看，层级机制的特点是通过理性科学的设计制定完备的行动框架来约束人的行为，从而达到稳定的组织秩序。但层级治理也有明显的缺点，如由于人的有限理性，通过理性设计的制度、法律和机制具有不完备性。

18.2.2 网络（自组织）机制

网络机制的核心是成员之间自发组织开展合作，即自组织。自组织最初出现在系统理论中，协同学的创始人、德国理论物理学家赫尔曼·哈肯对自组织的定义是：如果系统在获得空间的、时间的或功能的结构过程中，没有外界的特定干预，我们便说系统是自组织的（哈肯，1988）。系统理论中对自组织的研究多以自然现象为对象，近年来学者们将其引入组织管理中，认为组织中个体之间通过互动进而形成秩序和实现发展的过程也有自组织特性。后来还发展出网络机制的一般理论，认为组织的需求不确定性、任务复杂性、人力资产专属性以及交易的频繁性会导致组织产生特定的结构嵌入性（structural embeddedness），这种结构嵌入性进一步促进了网络机制的形成。

自组织机制特别强调演化过程，演化过程中会与系统外进行物质、能量和信息的交换，并且需要提供特定的环境条件。同时，外界环境不能规定或限制系统内部的结构和功能。自组织的出现是以无特定的外界干扰为前提的，在外界的不适当干扰下，组织内个体参与自组织的积极性会下降，组织的自组织功能会弱化，甚至消失。

层级和网络作为组织的两种机制，各有其优点和缺陷（见表 18.1），单独采用某一种机制都无法实现组织的有序发展，必须根据组织发展的不同阶段和实际情况，将两种机制有机融合在一起。

表18.1 层级机制和网络机制的比较

关键特征	层级机制	网络机制
规范基础	制度	关系
权力基础	大集体暴力垄断权	小团体自治权
行为逻辑	权力逻辑	价值逻辑
秩序来源	法律	小团体的道德监督
适合的环境	低频率互动、低行为及环境不确定性，但交换双方的行为易于观察、衡量并统计	高频率互动、高行为及环境不确定性，但交换双方的行为不易观察、衡量并统计，需要双方相互信任
追求的目标	集体的一致性、稳定性	可持续发展，创新
灵活性	低	高

18.3 不同组织机制下的组织形态

基于层级和网络两种机制，实践中出现了多种不同的企业形态，表18.2列举了一些代表性形态及其优缺点。

表18.2 层级机制和网络机制下的不同组织形态对比

组织形态		适用背景	设计原则	优点	缺点
职能导向	直线制	环境稳定，企业规模小，职工人数少，生产和管理工作简单	各职位按垂直系统直线排列，统一指挥，不设专门的职能机构	结构设置简单，权责分明，信息沟通方便，便于统一指挥、集中管理	缺乏横向沟通联系，无职能分配，易导致管理无序
	职能制	环境稳定，部门依存度低，只有单一或少数几种产品	将专业技能紧密相连的业务活动归类组合到一个单位内	部门内的规模经济可降低管理费用，能提高专业人员技能，避免人员的重复配置	应变缓慢，缺少横向联系，员工对组织目标的认识有限
	直线职能制	环境相对稳定，部门依存度较高	以直线为基础，在行政负责人之下设置相应的职能部门，从事专业管理	既能统一指挥，又能发挥专业管理的长处，效率高	集权式组织，信息传递路线长，反馈慢，参谋与直线之间的关系不易处理
	事业部制	环境相对不稳定，部门依存度高，有较复杂的产品类别和较广泛的地区分布	在总公司的领导下，按产品和地区划分事业部，每个事业部独立核算，有自主经营权	专业化生产提高效率和质量，降低成本，可满足不同类型顾客的要求，高层管理目标明确	层级多，机构重叠，管理人员和费用增加，事业部之间的联系松散、利益分散
	矩阵制	环境不确定性高，部门间依存度高，注重创新，对环境迅速做出反应	由横、纵两套管理系统组成，横向按产品组合，纵向按职能划分	有利于具体问题的解决，对环境的适应性强，灵活性和机动性强	资源管理复杂性高，结构稳定性差，权责不清

（续表）

组织形态		适用背景	设计原则	优点	缺点
流程及网络导向	细胞组织	环境尤其是顾客的需求多样化，以满足顾客需求和快速应变为目标，多项目或多产品开发、生产	将复杂产品按照其设计、工艺和制造资源和能力的相似性分类，然后对分类的每种部件按以上四个标准进行整合，整合后的队伍将负责这个部件的全部项目和产品全流程、全生命周期的业务	能使每个项目和产品的所有部件都利用本组织最好的资源，提高了流程创造价值的能力	对接口和产品标准的要求高，产品的相似度高，可能需要整合外部资源，模式转换成本高，有些产品的分类困难
	模块化组织	产品和服务能分解为不同的模块，有适合的外部资源以便合作	将产品或服务划分为"标准的"模块，利用外部资源更有效地生产某些模块，关注模块间的组合和分配	快速应变且节约成本，通过联合来增强产品或服务的竞争力，可通过模块间的不同组合方式来提高组织的能力	有些产品和服务在模块分解时存在困难，对模块间的组合界面和合作者的忠诚度要求高
	虚拟组织	全球化使竞争空前加剧，组织需要通过联合来共同应对竞争者和环境的挑战	界定组织与外部合作者之间的边界，通过技术来连接人、资产和想法，每个合作者都关注其最擅长的领域，随着机会的来临和消失而联合及分散	能有力地捕捉市场需求及其变化，使组织的产品得以延展，从而实现一站式服务，机会溜走后不受组织间承诺的约束	对组织间的沟通、协调和信任的要求很高，可能影响本组织成员对组织的认知
	网络组织	外部环境快速变化，客户需求个性化、多样化，组织很难设立一套固定不变的应对客户需求的解决方案	通过在组织内所有员工之间建立隐性的连接（即组织内任何两个员工之间可以随时组成一个临时团队），来回应客户临时、个性化的需求	快速应变，激发组织内员工的活力和积极性、创造性	无法脱离层级机制的束缚而建立人与人之间的合作关系，有些理念难以有效落地

18.3.1 层级机制下的组织形态

经历了几个世纪的发展，层级组织发展出多种形式，包括直线制、职能制、直线职能制、事业部制、矩阵制等几种主要形态。组织发展几百年的历史表明，没有哪一种组织形态是完美的，组织在不同的环境和发展的不同阶段，往往会采用不同的形态。表 18.2 列出了每一种形态的优缺点，直线制常见于规模较小和处于发展早期的组织，职能制多适用于专业化知识要求较高和任务相对复杂的组织，矩阵制结构则因其更能激发员工的创造性而适用于科研和创新型组织。目前，企业中使用最多的是直线职能制和事业部制。直线职能制（见图 18.2）综合了直线制和职能制两种形态的特点，相较于直线制增加了职能机构，但是这些职能机构并不具备职能制形态中的直线指挥权力,而主要作为管理者的参谋和助手。这种组织形态既具有集中统一指挥的特点,又吸纳了专业化分工的长处,能同时保证效率和效果。其主要挑战是部门之间横向沟通合作难,随着层级的增加,信息传递路线不断延长,对环境的应变能力差。基层员工的积极性和主动性也受到权力结构的限制。

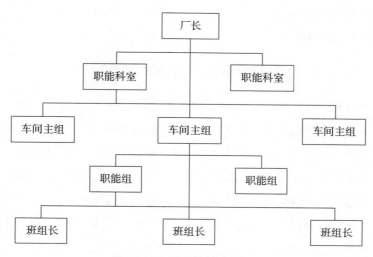

图18.2　直线职能制组织形态

事业部制组织形态设计的基本逻辑是按照组织所在的地区或者经营领域来设立相对独立的子机构,称为事业部(见图18.3)。事业部一般独立核算、自负盈亏,这有利于最大限度地调动其积极性,同时还可以把组织最高层从烦琐的日常事务中解放出来,专注于组织整体和战略性事务。事业部制组织形态的主要缺陷是不同事业部之间往往有资源的重复配置,因此管理费用高,且不同事业部之间的协作难。这种组织形态多见于大型和巨型组织中。

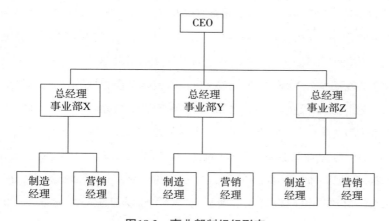

图18.3　事业部制组织形态

事业部制最早由通用汽车公司前副总裁阿尔弗雷德·斯隆于1916年提出并在通用汽车公司中进行实践。近年来,由于互联网的快速发展以及客户需求的快速变化和多元化,出现了基于事业部制组织形态的新变种,例如企业实践中出现"三台"架构,即前台、中台和后台。前台是直接接触客户的业务部门,需要快速适应变化,聚集了来自不同领域的成员;中台是专门为前台业务提供支持的平台,如法务、财经、人力资源以及数据服务等;后台则为提供战略性支撑的部门。这种平台型架构最大的突破是拉近了传统直线职能制中职能部门和业务部门之间的距离,鼓励职能部门对业务部门承担服务职责,只要业务部门有需求,就应该匹配人力和资源来提供支持。

中国故事:华为的军团组织

2014年6月6日,《纽约时报》报道了谷歌的一种组织形态,该组织由科学家、工程师和营销专家组成,瞄准做世界第一的目标,快速形成客户解决方案。受到谷歌的启发,华为从2021年开始成立军团,核心目标是缩短客户需求和解决方案、产品开发维护之间的连接,快速响应客户需求并缩短产品迭代周期。在不到一年的时间里,华为成立了20个军团,例如煤矿军团、海关和港口军团、智慧公路军团、数据中心能源军团和智能光伏军团。这些军团组织可以实现短链条的运作,提高决策效率,是一个集成了销售、需求管理、行业解决方案开发、生态合作以及服务等功能的综合性作战团队,类似于"前台"。华为内部的职能平台就成为支撑这些军团作战的"中台",包括人力资源、财务、后勤服务等。

资料来源:根据相关资料整理得到。

18.3.2 层级组织的优势与挑战

层级组织自出现至今,一直处于不可替代的位置。尽管对层级组织的诟病从来没有停止,但直到今天,全世界绝大部分组织都还是遵循层级机制的原则来维持组织秩序。这与层级组织高效和有序的特点不无关系。首先,层级组织内部有一套非常细致完整当然也很复杂的正式程序,组织中的任何一个人要和另外一个人合作,都有一套既定的程序可以遵循,这使得不管多么庞大的组织都可以实现有序运转。其次,层级组织通过劳动分工可以有力提升组织的效率,能够在短期内充分调动组织的资源和人力,高效率地达成特定的组织目标。

然而,在当前复杂多变的环境中,层级组织结构面临重重挑战。第一,层级组织结构建立在严格的规章制度的基础上,通过制度规范将人与人连接起来,这会削弱组织成员之间的信任。有学者指出:越以规章制度来监管人与人之间的交往,他们之间的信任度就越低(福山,2001)。层级组织结构通过规章制度一方面使得组织运行有章可依,而另一方面也破坏了建立在情感基础上的信任关系,难以在组织内部建立关系融洽、相互合作的团队(王建斌、张丽芬,2015)。

第二,层级组织结构抑制了员工的创新精神。层级组织结构以效率最大化为核心,利用组织的规章、制度以及上级监督等手段,实现对成员的外在控制。组织成员缺乏独立性和自主权,降低了他们工作的积极性。随着外部环境不确定性和复杂性的提升,组织需要更多的知识型员工,让他们享有充分的独立和自主,进而被更强烈的工作动机驱动,实现更高的目标和更宏伟的愿景（德鲁克，2006）。

第三，层级组织结构依据职能、职位分为不同的层级和部门，这种劳动分工提高了组织生产力，但高度的专业化也引发了组织内不同部门间沟通和协作的不畅。组织成员长期在某一岗位承担一定的职责，仅仅关注本层级、本部门的事务，不能综观组织全局，不利于建立跨部门的共享心智模式和沟通方式。长期如此，成员容易形成机械性思维，无法解决新领域中的新问题。从组织成员个人的角度来看，组织成员仅仅从事某一领域的工作，导致技能单一、思维局限，不利于个体的多元化发展。

第四，层级组织构建了细致而全面的组织规章制度，然而冗长的流程使其很难快速有效地做出反应。大量的文书、档案和程序使组织与消费者的互动过程变得十分烦琐复杂。同时，其决策过程也因正式流程而变得缓慢，无法快速有效地响应业务变化、满足顾客需求（孟宪国，2003）。

管理学者和实践者都对层级体系的弊端有深刻的体会，在过去几十年也试图寻找能够优化或替代层级组织结构的方案。随着网络化（特别是互联网社交如微信等）的不断深入，人与人之间的社会连接变得空前丰富多彩，而且这种连接都是有目的的群体行为，这和组织通过结合一群人的力量实现特定目标的模式十分类似，因此，组织已经不再是社会中主要的群体性活动场所，这也使得组织成员的群体生活体验在得到空前改善的同时，还提出了很多新的诉求，例如更加关注自身工作的价值和意义，对自主性的要求更高，对传统的层级规范感到不适应，等等。实际上，在网络化的社会中，组织成员的运作能力已经和过去有了很大的不同，很多在层级体系下的基层员工，可以动用身边的社会资源实现其上司无法实现的目标，这种个人作用突破层级的现象也在不断蚕食层级体系的运行基础。网络机制则可以很好地应对这些挑战，对层级机制形成有效的补充。

18.3.3 网络机制下的组织形态

企业可以被看作一个穿行着物流、信息流和能量流，由相互依赖、松散耦合的部件组成的系统，因此，可以用"节点"和"连接"这两个基本的网络概念描绘从个人到群体再到组织等不同层次的互动关系。组织可以看成由活性节点及节点间连接构成的立体多核模型，在组织运行期间围绕特定目标实现信息共享与无障碍沟通，进而达成围绕愿景和使命的主动合作（许进、席西民和汪应洛，1993）。事实上，主流的组织理论都蕴含着网络思想，正式的层级组织也可以被视为一种由不同参与者及其之间权力关系连接的网络。

早期关于组织内网络的研究主要关注的是非正式网络，即个体之间的网络化连接并不是组织的正式安排。组织内非正式网络在一定程度上可以应对层级组织无法快速响应社会变化的挑战，但非正式网络基本上还是组织层级结构的附属，只关注在正式的权力关系之外如何建立适当的非正式连接，无法从根本上解决由权力带来的对创新和自主性的限制，满足人们在追求创新时的灵活性需求。海尔等传统制造业企业近年来突破层级体系建立网络化、平台化企业的探索，以及西交利物浦大学建立扁平化网络组织的探索，是创新层级组织架构的尝试。这些实践探索更加强调组织员工的自主性，更加强调角色如何为客户创造价值而不是岗位如何嵌入一个层级体系中，鼓励员工之间的自由合作，更加关注如何通过合作形成共生共赢的组织生态。

这些实践探索致力于在层级的正式关系之外建立正式的网络化合作关系，具体形态包括虚拟组织、细胞组织、模块化组织和网络组织等（见表18.2的详细介绍）。这些形态追求的重要目标是能够快速灵活地响应外部环境的变化和客户的新需求，同时在组织内部支持员工按照需要快速组建团队。其中，虚拟组织主要利用信息技术来突破组织边界，在组织间按照各自的优势形成虚拟合作网络。例如，国内人力资源外包公司汇思集团，每年与上万个家庭建立虚拟合作关系，为客户提供人力资源的一站式外包服务。细胞组织也叫卓越中心，是为了聚焦于某一特定领域的能力提升并追求卓越而组建的临时团队，其主要目的是通过流程的规范化梳理实现高标准基础上的智能化和自动化，并最终实现卓越。这种结构多见于多项目大型复杂产品的制造，例如航天制造领域。模块化组织是一种应对复杂系统的分解方法，早期主要是产品设计和制造的模块化，近年来开始关注组织架构的模块化。海尔的"市场链"再造即为一种典型的组织架构模块化案例。

网络组织是一种较为彻底的网络机制下的组织形态。它并不是针对层级组织的一种非正式安排，而是一种不同于层级机制的人与人之间的正式互动机制。组织中的非正式网络无处不在，例如，同一个组织里有不少同事是好朋友，想要做什么事情，只要打一个电话大家就会一起合作。这种形式尽管也是不经过层级机制的跨团队合作，但是这种非正式的合作方式并不能算作网络机制。这种合作只能局限于非常熟悉的同事之间，而且万一合作出现问题，也不会受到正式制度和规则的保护。网络组织要解决的问题，恰恰是通过合法化的方式来实现不同团队成员之间的直接合作。

有时，跨团队合作也可以通过领导出面组织协调会，不同部门的人员坐到一起讨论来实现。通过这种方式确实能够实现跨部门合作，也确实是当前大多数组织实现跨团队合作的方式，但是，这种合作依靠的是层级机制，其弊端是无法快速地对合作的需求做出反应，很难满足信息化时代快速应变的需要。

中国故事：西交利物浦大学的网络组织形态

作为知识型组织，西交利物浦大学采用了扁平化的网络组织架构，为学校师生的学术活动打造友好、高效的服务平台（见图18.4）。平台的中心是领导和高管团队，负责学校战略和日常运行。底层是四大服务中心，保障教学和科研活动的顺利开展，其中，学术事务中心负责教学、科研和研究生事务，行政事务中心负责校办、财务、人力资源、校园发展与管理、对外联络和服务等事务，学生事务中心负责招生就业以及学生日常管理，信息中心负责品牌与市场、图书馆和管理信息系统等事务。四大服务中心的共同职责是配合高层管理团队为全体师生及其教学与科研活动创建友好、高效的服务平台，以利于他们按照学术规律自由、创新性地开展活动。在学术上，为了实现学科交叉、互动创新，学校鼓励成立跨学科、跨系的研究中心或研究所，促进学科互动、共生、合作、融合和交叉创新。教学中心、系是教学和科研的主要协调单元，保证教学和科研活动的日常运行。各跨学科和跨系的研究中心是根据研究者兴趣和需要形成的学科群间的研究协作单元。

首先，这一结构的突出特征是各研究中心、系与四大服务中心构成的服务支持平台之间没有直接的行政管理关系，行政权力和学术权力界限清晰、良性互动。服务支持平台运用行政权力保证各种服务友好和高效，学术体系利用其学术权力按科学规律组织其活动。其次，为保障研究者的学术自由并支持研究者之间的互动、师生互动、不同专业间学生的互动，学校创造机会和搭建平台，如设立跨越所有机构的研究中心，全校的教师可以自由地参与到这些研究中心中，自主地形成团队，而不需要等待领导者的指令。最后，对于学生的需求和问题，学校鼓励学术和行政相关部门快速合作形成问题解决方案。

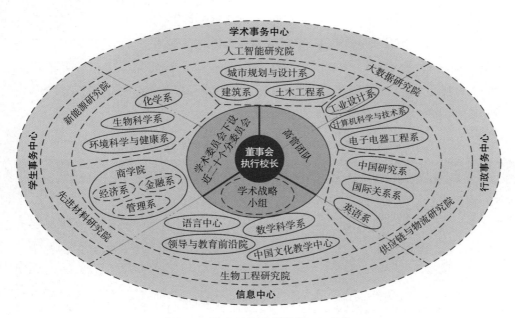

图18.4　西交利物浦大学的组织结构

在网络环境下，平台（platform）近年来成为被研究者广泛关注的一种组织形式。早期的研究将平台作为产品研发过程中特殊的组织设计，随着平台界面及所处环境开放程度的不断提高，平台逐渐被视为能够自我演化的生态系统（Tiwana, Konsynski, & Bush, 2010）。进一步的研究还包括整合的平台组织理论框架、平台架构构成和价值创造及平台组织网络边界等。

18.3.4　网络组织的优势与挑战

层级组织中的成员依靠各自的岗位形成与组织中的其他成员互动的基本身份，每个员工都有特定的岗位，每个岗位都有特定的任务，岗位与岗位之间都有明确的汇报关系和规则，岗位及其互动关系构成了层级组织的核心，一个层级组织的结构图也就是所有岗位及其关系的总和。在网络组织中，员工的基本身份不是岗位，而是角色。和岗位相比，角色更具有开放性和动态性，角色的价值体现在与组织中其他角色的互动和合作中，只有合作才会产生价值，与不同的角色合作也会有不同的价值，因此，在角色不受特定层级体系约束的情况下，角色的价值具有很强的灵活性，并且受到员工自身主动性的影响很大，越主动的员工，越能通过和更多的员工建立有价值的互动提升自身角色的价值。

网络组织的运行机制是基于角色的平台互动模式与共生生态。与层级组织依靠最顶层制定目标并通过一级一级向下传递和落实来实现目标自上而下的运行方式不同，网络组织要激发所有员工的积极性和主动性，更多的是一种自下而上的运行方式。员工受到愿景和使命的指引，结合自身的角色，来自主地决定如何与别人建立合作和连接，通过合作形成互利共赢的局面，从而实现组织目标。

尽管平台化与网络化是时代的趋势，也是很多组织追求的形态，但是不同平台的组织机制并不相同，以本章中提出的海尔、华为和西交利物浦大学三个平台为例，其组织机制并不相同。表18.3 的对比显示，华为的"三台"架构背后的组织机制以层级为主，海尔的"小微"首先利用网络机制形成团队，然后逐步基于层级机制稳定下来，西交利物浦大学的平台则更多地依赖网络机制来随时快速形成短期团队。

表18.3 海尔、华为与西交利物浦大学的平台架构对比

	西交利物浦大学	海尔	华为
导向	流程	职能与流程	职能与流程
目的	鼓励随时互动合作	快速抓住市场需求	完成关键领域的突破
机制	无数临时网络	有限连接，先网络后层级化	层级化，特定的连接
自主性	高	中	低
员工	角色	从角色到层级	层级

当前，尽管对网络组织的探索已蔚然成风，但是依然面临着很多根本性的挑战和问题，如大多数关于组织网络的研究无法摆脱层级组织体系的基本逻辑和解释体系，只能在既有的岗位、权力、层级等概念的基础上进行调整和补充，像海尔所倡导的人单合一、小微企业等创新之所以看起来离经叛道和充满风险，主要原因是大众在用传统的层级体系思维来理解这些新的现象。尽管学者们也提出了平台化、共生系统等新概念，但依然难以把这些新概念有效地整合为一套解释网络组织运行的体系。

学术界和实践界对一些基本问题的回应依然缺乏说服力：如何突破当下网络组织研究持有的层级化假设，立足于新的组织管理实践去探索新的、并列于层级的、真正促进人与人之间新的合作方式的组织形态？在层级和网络组织并行的组织中，二者各自起到的作用分别是

什么？这两者如何和谐共存并相互促进？两者间的冲突如何消解？这些问题都是未来组织形态理论和实践中需要探索的新问题。

18.4 组织形态的演化逻辑

任何有效的组织形态的设计都不是一蹴而就的，而是在实践中不断探索和改进的结果。关注这个演化过程可以帮助我们了解不同形态的产生背景、影响因素及有效性。本章从两个视角来分析组织形态演化的逻辑：在实践领域职能导向与流程导向的合流，在研究领域层级与网络的共舞。

18.4.1 组织实践中职能导向与流程导向的合流

在实践层面，16 世纪中叶出现的以简单的横向和纵向一体化为特征的组织形式是组织形态的最初表现方式。18 世纪 60 年代，工业革命的发生使大量的工人集中起来进行分工生产，并在此基础上逐渐出现了直线制组织形式。其后，泰勒把这种生产领域的分工引入管理中，开始设置职能部门。组织理论之父韦伯从权利的角度绘制现代组织的蓝图，导致层级形态的诞生。此时，职能制走向成熟。在这两种形态之后，法约尔又结合二者创立了直线职能制。直线职能制在现代组织中得到广泛的应用。在此后很长的一段时间里，甚至到今天，仍有很多企业采用职能制结构或在此基础上构建组织结构。现在看来，职能制组织之所以在整个 19 世纪居于主导地位，与当时相对封闭的市场和环境的相对确定性不无关系。

到了 20 世纪前后，随着环境和市场不确定程度的提高以及企业组织规模的飞速扩张和数量的激增，出现了"基于契约的合作形式"的组织，这种新兴的现代企业形式在第二次科技革命的推动下得到快速发展，并在铁路、钢铁和汽车等行业得到普遍应用。这一时期企业的基本形态主要有 H 型、U 型、M 型、矩阵制以及多维立体组织结构等。H 型结构即母子集团公司；U 型结构是一种中央集权式结构；到 20 世纪 20 年代，斯隆对美国通用汽车公司庞大臃肿的职能制结构进行了改革，并构建了世界上第一个事业部制分权组织，即 M 型结构。这一时期的组织形态都是在这三种基本形态基础上的复合，矩阵制是在 M 型结构的基础上构建了一条横向通道；而多维立体组织结构是 M 型结构与矩阵结构的混合。这一时期管理功能方面的进化基本上奠定了现代组织架构的基本框架。

20 世纪 80 年代以后，流程又成为组织结构领域最流行的术语，这一阶段提出了基于流程的众多新型组织形态。自哈默于 1990 年在《哈佛商业评论》上首次提出"流程"这一概念以来，西方企业中流行的"细胞组织"（cell management）和"卓越中心"（centre of excellent，COE）等都是实施流程管理的形态。这些基于流程的管理方法的一个共同特征是打破传统职能制对组织的分解，主张组织按流程来重新组合，以便更好地进行横向沟通和协作。阿南德和达夫特所定义的壳组织（hollow organization）、模块组织（modular organization）以及虚拟组织（virtual organization）则把基于流程的协作进一步扩大到组织之间（Anand & Daft，2007）。现在的组织正在进行职能与流程的整合，以求实现职能的效率和流程的专注，网络组织和平台化等是其典型的组织形态。组织形态的演化如图 18.5 所示。

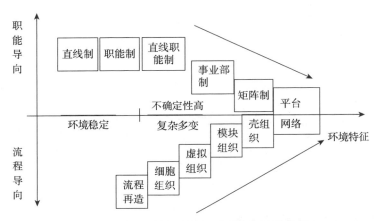

图18.5 组织结构设计的两种思路与演化路径

资料来源：张晓军、席酉民，《基于和谐管理理论的组织演化研究》，《科学学与科学技术管理》，2009年第2期。

18.4.2 组织设计中层级与网络的共舞

尽管网络和层级两种机制具有根本性的不同，但二者也存在密切的互动。自组织产生以来，对两种机制的研究就从未停止，且不断深化，目前已形成了众多流派，有代表性的包括古典组织结构理论、人际关系组织结构理论、权变组织结构理论、社会学范式组织结构理论、交易成本及代理理论以及网络范式组织结构理论等。

其中，泰勒、法约尔和韦伯等人开创性的古典组织结构理论以不断提高组织的生产效率为目标，倚重科学理性的普适性组织管理原则及"最佳"组织结构安排。以梅奥和巴纳德为代表的学者通过强调组织中个人间的沟通和相互影响对古典理论发起了挑战，并提出了人际关系组织结构理论。人际关系组织结构理论强调情感和人的需求在组织结构变化过程中所起的重要作用，其本质是组织成员间的非正式连接。和主张组织存在"最佳"结构设计的古典组织结构理论及科学管理理论不同，权变理论认为组织是一个动态的系统，因此必须根据系统内外部的变化持续改进自身的结构设计。包括组织生态理论、制度理论及资源依赖理论等多个理论在内的社会学流派则认为，影响组织结构变动的决定性因素是外部环境而非管理者本身。后来，学者们开始将经济学范式引入组织研究，尝试通过人及组织间均衡的经济关系探索与微观组织结构相关的决策行为。其中，代理理论和交易费用理论是对组织结构研究影响最大的组织经济学理论（Powell，1990）。

随着20世纪90年代后商业模式、信息技术及工作方式的不断演进，来自内外部环境的动态性和复杂性促使组织逐渐呈现出网络化结构特征。广义的网络是一种普遍存在的结构特征，由"节点"和"连接"构成。节点可以是个体、组织中的团体、组织，也可以是其他实体；连接则拥有从物理连接到人际关系等多种形式。由于组织内节点和连接的多样性，各理论范式在聚焦不同类的网络关系后，对网络组织结构做出的定义也各不相同。比如，社会网络视角认为网络组织是一种跨越正式边界的整合的社会网络；经济学视角认为网络组织是通过市场机制而非指挥链连接在一起的一些公司或专业部门（Miles & Snow，1992）。复杂理论则更强调网络自身的结构特征，如统计特性、稳定性及演化特征等。

尽管在过去几个世纪里组织结构经历了诸多变化，学界对结构的研究也有多个视角，但组织自身实践和学者的研究都基于一个机制：层级机制。近年来，关于网络组织的研究多以改变层级为基本出发点，但即使是网络组织的研究，也无法完全摆脱层级的影响。面向未来，学者和实践者逐渐认识到网络和层级两种机制并不一定是相互排斥的；相反，二者之间或许可以通过融合来促进组织更好地发展。

网络组织并不是要颠覆层级，而是要与层级共舞。网络组织或者网络机制与层级机制共存才能共生，如果没有层级，也可能无法产生网络。网络组织更多的是强调跨团队的合作，但这里的前提是要有一个一个的团队，而团队的建制很多时候就是沿袭层级机制发展而来的。即使在网络化的机制中，也需要由不同层级的人承担不同的职责，例如，中层管理者需要更多地做一线员工的支持者和赋能者，更多地关注团队中的每一个员工是否清晰地理解组织的愿景和使命并与自己的工作建立起联系。

既不存在完全没有网络机制的组织，也不存在完全网络化的组织。不管是网络机制还是层级机制，都只是我们在认识和理解组织中人与人之间的互动时的一种标签，现实的组织并不一定存在于某种极端的形态之中，而是两种机制的混合体，只是有些组织层级非常明显，而有些组织则更多地采纳网络化的机制。即使在同一个组织中，有些部门的工作也会更加网络化，而有些部门的工作则更加层级化。

以上实践层面的职能导向和流程导向以及理论层面的层级与网络，尽管不是一一对应的关系，但都基于业务和团队之间的优先性和相互关系回应组织中人与人之间如何合作的问题。职能导向更多的是先确定团队，然后基于团队的结构来确定业务流程，这在层级组织中经常发生，所以也更多的是层级机制下的产物。流程导向倾向于先确定业务流程，然后基于业务流程来确定团队结构，这也是网络机制的基本关注点。从组织形态的漫长演化历程可以看出，过去几百年组织理论和实践一直在关注组织中的业务与团队之间的协同问题。而当下职能导向与流程导向的合流，以及层级机制与网络机制的共舞，则清晰地显示了组织致力于把业务和团队放在同等重要的位置，并给予更多灵活性和多元化的发展趋势。

18.5 企业组织形态的影响因素

图 18.6 向我们展示了组织结构发展的历程，所有这些形态的出现都并非偶然，而是受一些共同因素的主导，包括组织外部环境、内部条件、战略以及人的因素。图 18.6 展示了组织形态主导因素的整合模型。需要指出的是，这里将影响组织结构的因素分列出来，并不意味着这些因素是单独对组织结构产生影响的，例如，已有学者研究表明，组织的技术与规模会共同对其结构产生影响。组织设计的权变理论认为，组织形态应该随着企业的发展而不断变化，应该随着组织内外部环境的变化而调整。因此，梳理组织形态设计应主要考虑的因素对于设计适应的组织形态十分重要。

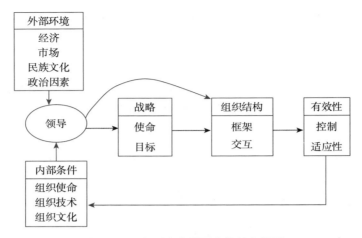

图18.6 组织形态主导因素的整合模型

18.5.1 组织外部环境对结构的影响

组织的外部环境是指存在于组织边界之外并对组织具有潜在或部分影响的所有因素,主要包括经济、市场、民族文化、政治因素等。经济状况对结构影响的研究结论主要有:经济扩张可能会导致分权,紧缩时则反之;市场竞争越激烈,集权度会越高。研究民族文化对组织结构影响的学者倾向于将民族文化与组织文化看作并列的组织结构主导因素,并指出对于结构中的某些问题(如权威),民族文化更重要,而另一些问题(如创新),组织文化更重要。虽然众多研究者的研究结论并不一致,但一般的看法是,民族文化的差异会造成结构的差异,在这一领域的研究中,跨国组织是最重要的载体。最后是关于政治因素(宏观)对组织结构影响的研究,主要关注不同意识形态和所有制形式与集权模式和参与性之间的关系。

18.5.2 组织内部条件对结构的影响

对组织结构有影响的内部因素主要包括组织使命、组织技术和组织文化三个方面,此外还包括规模和生命周期等。此处组织战略和人也属于内部因素,但由于这两个方面对结构独特而重大的影响,本章将单独进行论述。

18.5.2.1 组织使命对结构的影响

从组织的外部来看,其输出就是这个组织存在的目的,是组织向市场和消费者提供的最终产品或服务。这也决定着企业所处的行业、使用的技术和需要的结构。以制造业和信息业来说,它们之间的组织结构必然存在很大的差距。制造业的组织结构主要关注如何改进产品流程以适应快速多变的环境和多样化的顾客需求,本质在于组织柔性的提高;信息业主要关注知识的转移、积累、共享和创新,所以在结构方面主要强调沟通与协作,以及成员间良好关系的建立与维护。

18.5.2.2 组织技术对结构的影响

关于组织技术对结构的影响,已有的研究主要从两个层次出发进行考察,即组织水平的技术和部门水平的技术对结构的影响。在组织的技术层面做出开创性研究的是英国的产业社会学家伍德沃德的调查。她在对100家制造业企业进行调查分析的基础上,将其分为三个技术组群,并根据这三个技术组群技术复杂性的差异总结出其对管理层级、管理跨度以及规范化程度等组织结构诸多方面的影响。其后,计算机一体化成为一种新的制造技术,其对组织结构的影响也成为一个重要的研究课题。研究者的主要结论是,这种新的制造技术与传统的大量生产相比,在结构层面表现出扁平化、网络化和有机化的趋势。在对服务业的研究中,研究者指出服务技术的特点对组织结构和控制系统的明显影响是,要求负责核心技术的员工与顾客建立密切联系。此外,与产品技术相比,服务技术使组织的边界更加模糊,地域分布广泛,正式化程度降低,雇员技能提高。在部门水平技术研究方面,佩罗根据技术的多样性和可分析性将其分为例行性、技艺性、工程性和非例行性四类,一旦部门技术的类型明确,那么适当的结构就确定了,这里的结构类型主要从有机性和机械性两个方面考虑。此外还有从部门中工作流程的依存性出发对部门协调的研究以及高级信息技术对组织结构的影响研究等方面。

18.5.2.3 组织文化对结构的影响

组织文化是指一个组织中所有成员所共享并作为公理传承给组织新成员的一套价值观、指导信念、理解能力和思维方式。组织文化与组织结构有着天然的联系,按照兰森等人的观点,组织结构应该包括已有的角色和规则的框架以及成员在对结构的认识中的交互,而组织成员的信念和思维方式必然会对这种意义生成过程产生重要影响,进而影响结构的变化趋势。同时,组织的结构系统又是塑造组织文化和伦理价值观的重要工具,这些结构系统包括伦理委员会、内幕揭发机制和伦理训练计划等。作为组织结构形成时所处的环境,文化是一种内部权变性变量,它影响偏好,并与其他环境因素共同作用影响组织结构。

18.5.3 组织战略对结构的影响

组织结构是帮助管理者实现目标的手段,而目标又产生于组织的战略,所以结构应服从于战略。在影响组织结构的所有因素中,战略是最为直接的决定因素之一,它不仅决定着一个组织的初始结构形态,而且随着自身的转变会对组织结构产生持续的影响,甚至大的组织变革把所有的现有结构推倒重来也大多是由战略的转移所造成的。最早对战略和结构间关系进行研究的是钱德勒,他通过对美国100家大公司50年的追踪考察得出结论:公司战略的变化先行于并且导致了组织结构的变化。他还指出,不同类型的战略应对应于各自的结构形式,如简单的战略只要求一种简单、松散的结构形式来执行,组织的复杂性和正规性程度也很低;探索性战略要采用有机式结构;防御性战略需要机械式结构等(详见本章"中国实践"部分)。

18.5.4 组织中的人对结构的影响

18.5.4.1 人性假定对组织结构的影响

讨论人与组织结构的作用，首先有必要从对人性的假定说起，管理理论中人性假定的变迁经历了经济人、社会人和文化人三个阶段。在经济人假定阶段，人是自私自利的，物质是人的最终追求，人生来懒惰且不喜欢承担责任，在这样的假定下，组织结构自然要考虑对下属的严格监督，并且过多地关注物质激励手段；到了社会人假定阶段，社会和心理需求成为人的激励来源，这不仅为组织内部的广泛沟通奠定了基础，而且把精神激励作为另一种重要的手段；文化人假定的基本内容是，文化和观念体系对人的行为具有决定性的影响，这也是20世纪80年代后组织文化理论大行其道的理论根源之一，并演绎出文化与结构之间互动影响的关系。此外，有学者提出组织中人的智能体行为模型，该模型认为：① 人是组织管理的核心要素，人的最大特长是其智能属性，这种智能属性使得人、团队、组织等各种规模的智能体都具有学习、管理、创新等各种智能属性；② 在竞争激烈，充满变化、不确定性和复杂性的环境中，组织的生存和发展在于充分重视及发挥组织成员的智能性，或者说充分发挥其自身的智能属性；③ 智能体经济、社会、文化等方面的属性是挖掘自身智能属性的基本途径。这一模型为组织的创新和人的能动性提供了理论支撑，为组织结构的扁平化和组织学习提供了理论依据。

18.5.4.2 智能属性下人与结构的互动

现实中的组织形态是人的智慧与社会演化共同作用的产物，所以，人也是组织结构的重要决定因素之一，这种决定作用一直贯穿于组织结构的产生和不断变化的全过程。但是，这里有必要指出，结构并不只是设计的结果，结构的演化应该看成个体认知过程、权力依赖和情境约束之间复杂互动的结果，在这个互动过程中，结构被看成反映和促进人的意义生成（sensemaking）的工具，而人与结构的这种互动作用正是二者关系的深刻阐述。具体来说，人与结构的互动主要体现在两个层次上，第一个层次主要是领导者对结构的构建与影响。结构虽然不是纯粹设计的结果，但其中含有重要的设计成分，而这个设计者主要是组织的领导者，其始终起着决定性作用。此外，领导者所表现出的个体持久的心理特征（如态度）也会对组织产生影响。卢因等人的综合模型表明，CEO 的态度是组织结构的一个决定性因素，这里的态度包括对成就的需要（need for achievement）、权谋主义（machiavellianism）、控制幅度（locus of control）、平等主义（egalitarianism）、信任（trust in people）、对模糊的容忍度（tolerance for ambiguity）、冒险倾向（risk propensity）和道德水平（level of moral reasoning）等八个方面。第二个层次主要是组织成员（执行者）对结构及其变革的理解。这一层次的互动是成员认知与彼此之间的互动交织上升的过程，组织文化在这个过程中扮演重要的角色。这一层次的作用往往在变革环境下才能更好地显现出来，而在当今复杂多变的商业环境下，这种成员对组织结构的心理认知过程将变得极为重要。

综上所述，组织结构的构建与变化受到以上四个方面的影响，这里的组织结构引用兰森等人的定义，即包括框架和交互的格式化以及二者之间的互动贯通（interpenetration），其中框架指组织内角色和程序的正式构造，交互的格式化指交互的规则和程序。而结构会对组织有效性产生重要影响。组织的有效性引用乌奇、哈格和艾肯等的标准，包括控制有效性（effectiveness of control）、适应性（adaptability）和成员激励（member motivation）三个方面。

本章小结

企业组织形态的本质，是解决组织内人与人之间如何合作的问题。

怎样把一群人协调起来，在调动每个个体的积极性和创造性的同时通过合作形成合力，是互联网时代组织的一个根本议题。

企业中人与人之间的合作有两种机制：层级（权力）机制和网络（自组织）机制。

层级机制中人与人合作秩序的来源是权力，以规范和效率为基本特点。

网络机制基于价值的创造把不同背景的人黏合在一起，将快速有效地回应外部客户需求作为基本追求。

层级机制下的主要组织形态包括直线制、职能制、直线职能制、事业部制、矩阵制等。

网络机制下的主要组织形态的具体形态包括虚拟组织、细胞组织、模块化组织和网络组织等。

过去几百年组织形态的演化规律是从职能导向和流程导向两个维度展开并逐步融为一体，以及从最早的层级机制主导到今天的层级与网络双机制共舞。

组织的外部环境是影响组织形态及其演化的重要因素，具体的环境因素包括经济、市场、民族文化、政治因素等。

对组织结构有影响的内部因素主要包括组织的使命、组织技术和组织文化三个方面，此外还有规模和生命周期等因素。

战略是组织形态最为直接的决定因素，它不仅决定着一个组织的初始结构形态，而且随着自身的转变会对组织结构产生持续的影响。

组织中的人会影响组织形态，特别是人对形态本身的理解以及基于理解的行动会反过来塑造组织的形态。

重要术语

组织形态　层级机制　网络机制　权力　价值共创

复习思考题

1. 组织的形态主要解决什么问题？设计一个组织的形态时有哪些基本的原则需要考虑？
2. 为什么不同的组织会有不同的形态？有没有一种组织形态优于另一种组织形态？为什么？
3. 你如何看待很多企业的形态一直处于变化之中？是什么因素驱动它们不断调整形态？
4. 分析你关注的若干企业的组织形态，判断它们是基于什么样的组织机制设计而来的，同时分析这样的形态是不是适合的形态，并给出你的理由。

中国实践

海尔的组织架构随战略的演化

海尔的组织架构从 1984 年以来几经变革，每一次变革都是由组织的新战略引起的。在 1984—1991 年的名牌战略阶段，海尔的核心目标是提升产品质量，完善内部规章制度（例如著名的张瑞敏砸冰箱事件等），因此采用了典型的正三角层级结构。在 1991—1998 年的多元化战略阶段，海尔成为集团化公司，业务迅速扩大，因此采用事业部制组织架构。在 1998—2005 年的国际化战略阶段，海尔建立"三位一体"的本土化模式，出口创牌，实施网状市场链组织结构。在 2005—2012 年的全球化品牌战略阶段，海尔特别注重对客户的快速回应，同时，因为互联网技术的快速普及，海尔在这一阶段提出"人单合一"的新模式，并将组织架构从传统的正三角层级结构转变为"倒三角"平台化结构，激发每一个员工的主动性来满足市场需求。2012—2019 年是网络化战略阶段，海尔彻底转型为平台化组织，并在组织内部打造创业团队（小微），创立了海创汇作为孵化平台，孕育了一批内部的创业品牌。2019 年以后，海尔提出生态品牌战略，立志于建立创新创业的生态圈，组织架构则以小微＋链群＋平台为基本构成，以构建非线性、自演化的生态体系为目标。

思考题

1. 你认为海尔组织架构的演变体现了本章所讨论的哪个主题？
2. 海尔的组织架构演变给其带来的影响有哪些？
3. 你认为海尔能够不断改变组织架构并获得成功的原因有哪些？

参考文献

德鲁克，彼得，2006，《管理的实践》，北京：机械工业出版社。
福山，弗朗西斯，2001，《信任：社会美德与创造经济繁荣》，海口：海南出版社。
哈肯，H.，1988，《信息与自组织》，成都：四川教育出版社。
胡国栋，2021，《海尔制：物联网时代的新管理范式》，北京：北京联合出版公司。
孟宪国，2003，《基于流程和战略的组织设计》，北京：中国标准出版社。
芮明杰，1999，《管理学：现代的观点》，上海：上海人民出版社。
王建斌、张丽芬，2015，《行政层级制的行动逻辑及伦理困境》，《中南大学学报（社会科学版）》，1：140—145。
席酉民、王亚刚，2007，《和谐社会秩序形成机制的系统分析：和谐管理理论的启示与价值》，《系统工程理论与实践》，3：12—20。
许进、席酉民、汪应洛，1993，《系统的核与核度（I）》，《系统科学与数学》，13（2）：102—110。
张晓军、席酉民，2009，《基于和谐管理理论的组织演化研究》，《科学学与科学技术管理》，2：129—136。

Aiken, M., & Hage, J. 1966. Organizational alienation: A comparative analysis. *American Sociological Review*, 31: 497–507.

Anand, N., & Daft, R. L. 2007. What is the right organization design? *Organization Dynamics*, 36(4): 329–344.

Coase, R. 1937. The nature of the firm. *Economica*, 4(16): 386–405.

Miles, R.E., & Snow, C. C. 1992. Causes of failure in network organizations. *California Management Review*, 34(4): 53–72.

Powell, W. W. 1990. Neither market nor hierarchy: Network forms of organization. *Research in Organizational Behavior*, 12: 295–336.

Tiwana, A., Konsynski, B., & Bush, A. A. 2010. Research commentary—Platform evolution: Coevolution of platform architecture, governance, and environmental dynamics. *Information Systems Research*, 21(4): 675–687.

Williamson, O. E. 1975. *Markets and Hierarchies: Analysis and Antitrust Implications*. New York: Free Press.

第5篇
数智时代的组织管理

第 19 章

组织控制及其新形态

学习目标
1. 认识组织控制的定义和重要的理论框架
2. 熟悉不同形式的组织控制的具体机制
3. 了解组织控制对员工和组织的影响
4. 理解数智时代的复合组织控制

引导案例

保持五年"王者"的外卖骑手

52 岁的"老男孩"阿明是一位外卖配送员,也就是大家口中所说的"骑手"。去年他成为其所在外卖平台送餐的所有骑手之中的"全国早餐夜宵王",月平均收入两三万元。阿明笑称,一年 365 天,自己有 364 天都在跑单,就算疫情来袭也没有打乱他跑单的节奏。

之所以专攻早餐夜宵单,一个重要原因是平台对早餐夜宵单的配送费定价、给骑手的等级分都比普通单高,而骑手的等级是决定其收入的关键因素。熟悉平台规则的阿明每周用 4 天左右的时间,靠着跑早餐夜宵单就能冲到"王者"(骑手等级中的最高一级),成为"王者"的速度远超身边的同行。不过,想要提升单量,光靠高等级并不够,服务质量也是影响平台派单的重要因素之一。阿明总是尽全力规范自己的话术和装备,做到不超时、不违规,这样也能得到平台系统的优先派单,让自己的多项奖励翻倍。

不仅如此,阿明还发现,早餐夜宵单也有"小高峰",而这些小高峰的订单通常指向一个个居民区门口的早餐铺、烧烤店。他对常驻跑单区域的每一个早餐夜宵铺门儿清,对每个片区的总出单量也非常了解。为了提升配送速度,最好避开上下班早晚高峰。因此,他每天 5:00 起床,5:30 开始接单,尽可能在早高峰 9:00 前更快更好地配送更多单,晚上则从 21:00 开始跑到凌晨一两点。在这个时间段和跑单区域,他每天都能达成自己定的 30～40 单的早餐夜宵单跑单目标。

在等餐的间隙,阿明也会和其他骑手聊聊最近接了什么特别的单子、碰到出餐特别慢的商家怎么办等问题。其他骑手大多比他年轻,他也从不吝于把自己的跑单技巧传授给他们。有些骑手抱怨平台的时效规定过于严苛、规矩烦琐、罚款名目众多,阿明笑着说:"人家管理这么大一个平台,没有规矩怎么能行?再说,现在总比去工厂里做工要自由吧?"

资料来源:改编自《52 岁跑单月入 2 万的"老男孩"不分昼夜赶超百万后浪,首次公开保持 5 年王者的秘籍!》,"饿了么蓝骑士"公众号,2020 年 7 月 23 日,访问日期:2023 年 4 月 28 日。

思考题

1. 阿明的工作方式有哪些独特之处?
2. 外卖骑手能否在工作中拥有自主性和创造力?

在阿明的心目中,平台上的工作比过去常见的工作自由,收入又高,他愿意主动遵守平台的各项规则,按照平台的指引开展工作,争取得到更多的好评、更高的等级,以便未来得到平台推送的更多、更优质的订单。阿明似乎没有意识到,平台正是通过这样的指引、评价和奖惩约束,影响了他的工作行为,让他心甘情愿按照平台的期望高效地完成工作。这种新型的组织控制模式,在当今的中国组织中已经屡见不鲜。在本章中,我们将对组织控制的经典模式进行回顾,介绍数智时代新兴的算法控制并讨论更为复杂和动态的多重控制并存的场景,以及员工如何应对各种经典或新兴的组织控制模式。

19.1 组织控制的经典模式

19.1.1 定义与理论框架

控制是管理最基本的问题和最核心的职能之一,是支持管理目标实现的重要机制。史密斯和坦嫩鲍姆(Smith & Tannenbaum,1963)将控制定义为个体、群体或组织主动发起的,旨在影响另一个个体、群体或组织行为的过程。组织控制则是由组织的控制者发起(通常是组织中具备权威的科层管理者,如主管),指向组织内的被控制者(如员工或工作团队)及其工作活动的管理过程。从控制的内容来看,组织中的控制包括财务控制、风险控制、绩效控制等。其中,财务控制是指财务部门或人员依据财务法规、制度和目标等对财务活动进行指导和约束,以确保财务目标实现的活动(汤谷良,2000)。风险控制是组织在风险和收益期望既定的前提下,确保其经营过程符合目标期望的过程(丁友刚、胡兴国,2007),与风险计划、风险应对等环节一起构成组织的风险管理体系。而针对员工绩效的组织控制(以下简称"组织控制")是组织管理的核心话题之一,也是本章关注的主要内容,它是指组织为了实现绩效目标,对员工的绩效进展进行检测、评估,并提供奖惩对其进行调整的过程(Ouchi,1977)。一些学者也指出,组织控制是一个辩证、动态的过程,它不仅包含管理者实施持续的控制措施来最大化员工的产出,也包含员工为了维护自身的自主性和利益等不断采取应对行动(陈龙,2020)。

组织控制学者就组织控制的具体表现形式提出了不同的分类框架。其中,最有影响力的包括爱德华兹(Edwards,1979)基于劳动过程理论从控制的功能角度发展出的管理控制理论和奥奇(Ouchi,1979)关注控制目标与机制的理论框架。劳动过程理论最早由马克思在《资本论》中奠定,其核心观点是资方通过高压和专制的手段控制劳动过程,以将工人阶级的劳动最大限度地转化为利润。基于这一立场,爱德华兹认为,劳动过程就像"斗争的场域",为了应对劳动者抗争、实现劳动价值的最大化,管理者通过引导(direction)、评价(evaluation)和约束(discipline)三种功能来对劳动者施加控制。其中,引导指管理者向劳动者指定劳动任务、识别劳动需求、组织劳动秩序、确定生产进度和安排劳动时间的机制与方式。评价指管理者用来纠正生产错误、评价劳动者的劳动表现和识别劳动者个人或群体的劳动资格与不良表现的监督评价程序。约束指管理者对劳动者进行惩罚和监管,以实现生产协作、强制劳动者遵守雇主对劳动过程的引导。这一框架被广泛应用于分析各种不同形式的组织控制。

与爱德华兹提出的三种控制功能不同,奥奇关注控制的目标和机制,并提出了两个相关的组织控制分类框架。由于在组织中劳动者的工作行为与工作结果可以被直接观察、监测和计算出来,奥奇首先提出行为–结果框架,指出组织控制是在组织内部监控行为以及评估结果的过程,即组织控制分为行为控制(behavior control)与结果控制(output control)。使用行为控制的管理者监督和介入员工的工作过程,以员工对组织活动的贡献程度(如工作态度、知识等)为依据评估并实施奖惩,且利用标准化的规则与程序来影响员工的工作行为。使用结果控制的管理者较少介入员工的工作过程,以可衡量的有形成果为依据对员工进行绩效评估与奖赏,进而控制阶段性的工作结果。然而,一些学者进一步指出,当绩效难以量化且工作任务复杂时,组织无法以行为控制和结果控制来直接影响劳动者,这种情况下还可以采用投入控制(input control),即加强对劳动者胜任资格的控制,通过设定明确的人员甄选标准,采取培训、人员分配与规划、奖励等措施实现组织控制。

虽然行为–结果框架较为完善,但它忽略了组织施加控制所需付出的成本,以及组织控制需要动态调整的特点。考虑到组织在监管成本较高、难以监测评估行为或结果的时候需以更加隐性的方式实施控制,并回应市场变化,奥奇在1979年扩展行为–结果框架,提出了著名的组织控制系统理论,将组织控制系统分为市场控制(market control)、科层控制(bureaucracy control)、社群控制(clan control,也称文化控制)三种类型。具体来讲,市场控制以市场价格为主要的组织决策信息,利用行业、供应商、客户等市场资料来评价企业内部劳动者的绩效。市场控制形式下管理者不需要关心劳动者的工作技能、工作态度等,而是纯粹以市场机制来达到评价和控制的目的。但这种控制要求企业产出能以可衡量的价格来表示。科层控制通过建立系统的规则及程序,如工作作业标准、绩效考核制度等来规范员工行为和控制各部门运作。这种控制的实现需要明确的任务规定、严格的监管规则以及清晰的权威层级。社群控制指通过价值观、组织规范、仪式等组织文化要素来约束组织成员行为的过程。这种控制方式强调通过社会化过程来强化员工的工作伦理、价值观和组织目标,是一种隐性但强有力的组织控制方式。奥奇的组织控制系统理论是迄今为止影响最广的组织控制理论。

19.1.2 发展脉络

如果经典的组织控制理论框架是以横向视角对组织中的各种控制模式进行分析和归类,

那么梳理控制形式的历史演变就是以纵向视角探究组织控制的变革和发展。主流的管理学观点认为，自19世纪以来，组织的控制系统经历了简单控制、技术控制、科层控制、规范控制等具体形式的变迁与交替（Kellogg，Valentine，& Christin，2020）。控制系统的设计是对生产实践中的矛盾与冲突的回应，因此，随着生产关系的演变，企业的主要控制形式也会不断演变。其中，简单控制（simple control）指管理者对劳动过程的直接干预，如对工人采取奖励、惩罚、威胁甚至开除等措施。随着工业革命的兴起，机器取代人力，大规模工厂化生产取代个体工场手工生产，使得技术控制成为可能。技术控制（technical control）是工厂的管理者通过调整或革新生产设施（如生产线）及其操作模式来约束劳动者的形式。技术控制能淘汰无法适应技术变迁的劳动者，从而保证劳动所创造价值的最大化。

进入后工业时代，从事生产制造以外的多样化工作（如服务工作、知识工作等）的员工成为组织控制的主要对象，科层控制开始发挥重要作用（Cardinal，Kreutzer，& Miller，2017）。科层控制是指官僚化组织以纵向多层级的结构和明确的规则系统为基础来实现劳动控制的形式。应用科层控制，组织对劳动行为的规范和对劳动结果的评估都有明确的规则、规章可循，所以组织应依靠系统性的规则来影响劳动者个体与集体的行动。因此，与简单控制和技术控制相比，科层控制强调基于系统的、理性的法定规则进行层级监控。科层控制通过工作描述、规章制度、任务清单、员工行为脚本等来引导员工的行为，将组织成员的行为调节到与组织目标一致；通过管理者的直接观察和主观判断来评价员工的绩效；通过晋升机会、工资、福利、不同责任水平的工作和工作条件等奖励与惩罚措施来约束员工行为。当科层控制对员工施加正面的影响，例如组织通过提高薪酬、晋升或给予更多的工作职责或自由度等形式奖励或激励员工时，员工更倾向于服从控制，并展现出高绩效、创新、组织公民行为等积极的行为。然而，如果科层控制让员工处于受限的工作环境中，他们就会采取一些直接或间接的手段寻求重建自由。他们会利用各种各样的技术知识、文化资源和战略机构来反抗控制，形式包括恶意遵从、故意损害组织利益、不服从，甚至暴动等。这些反抗可以是正式或非正式的、象征性或物质的、集体或个人的、公开或隐蔽的，也可能会随着行业、经济、政治和社会文化的变化而变化。

现代组织中的工作场景和工作职能越来越复杂、充满不确定性，这使得仅仅采用正式的、单一的、强制性的、以管理者为核心的科层控制模式不足以满足有效实施组织控制的需求。因此，通过内化员工，影响他们的身份、情绪、态度和信念等方面来实现的规范控制（normative control）逐渐得到理论界和实践界的关注（Barley & Kunda，1992）。相比科层控制，规范控制不直接控制员工的行为，而是调节员工的情绪和思想，通过"赢得他们的心"来激发和指导员工付出努力。规范控制的形式十分丰富，例如，组织通过符号、仪式、语言和故事建立强文化，以有利于组织的信念和情绪取代那些与组织目标不相符的员工的想法和感受。研究发现，员工通过服从规范控制会增加对组织的认同，产生更高的绩效，并表现出更少的反生产行为。而有些员工则通过采用讽刺、怀疑、幽默和犬儒主义等方式构建及保护

"企业自我"之外"真实的自我"来反抗规范控制。

除了主流观点所提出的一系列控制形式的演化，也有学者强调，不同形式的控制，如科层控制和规范控制，在组织中一直被采用，只是随着外部环境的变化在不同时期分别起到更突出的作用。例如，当经济扩张时，以科层控制为代表的理性控制在组织中更加普遍；而当经济收缩时，强调对员工认知和感受进行管理的规范控制的应用则会激增。

在组织内外部环境复杂又多变的今天，经济、技术、文化等力量之间的相互作用也促成了组织控制的新变化，使其呈现出更多元和动态的形式。一方面，新的组织形态（如平台企业）、新的工作方式不断涌现，组织中的人员构成更多样、人员流动性更强，而传统的控制形态可能无法适用于这些新的组织与工作。另一方面，外部环境的迅速变化要求组织不断调整内部生产和管理活动，而原有的对这些活动进行管理的控制方式及心态也需要做出调整和改进。特别是随着数字技术的蓬勃发展，算法控制（algorithmic control）成为一种新的组织控制形态。

19.2 算法控制

19.2.1 算法的特征

算法控制是组织使用算法技术对员工进行控制的一种新型控制方式。算法被定义为将输入的数据转化为所需结果的计算机编程程序（Gillespie，2014），具有全面性（comprehensive）、即时性（instantaneous）、互动性（interactive）、模糊性（opaque）四个特征（Kellogg，Valentine，& Christin，2020）。

第一，相较于其他控制技术和手段，管理者利用算法能收集和处理更为全面的数据及信息。例如，摄像头和音频设备可以记录员工的身体动作及言语，为员工的表现提供证据；智能手机能够获取员工的行动轨迹；文本数据、基于视频的识别技术和自然语言处理算法可以对员工的电子邮件或线下沟通情况进行实时监控，以评估员工的情绪、生产力和离职意向等。

第二，算法处理数据速度快，能够提供实时反馈。鉴于数字技术具有自动收集和生成信息的双重能力，利用算法可以即时计算、保存并与员工和管理层实时交流信息，将反馈和评估持续不断地融入生产过程之中。

第三，算法平台允许多方参与。算法具有强大的计算能力和丰富的交互界面，能促进参与交流的各方之间的互动。例如，管理层可以通过算法来监督员工的线上聊天情况，并以交互方式提示员工或给予警告，他们也可以根据员工输入的信息进一步调整团队结构和工作流程。

第四，算法具有模糊性，具体表现包括：首先，算法收集的数据以及用于分析数据的算法程序是不能公开的；其次，鉴于技术的复杂性，大多数员工并不完全了解收集的数据内容以及分析数据的过程；最后，在机器学习的背景下，算法难以被破译，即使对于受过培训的计算机专家来说也是如此。

19.2.2 算法控制的具体机制

基于算法高效、全面、及时的特征，算法控制成为近年来应用越来越广泛的组织控制手段。算法控制也是一种理性控制，因为它也是通过制定和执行清晰的规则对员工实施管理。Kellogg、Valentine 和 Christin（2020）认为算法控制通过六种具体机制来实现（简称"6R"机制），即组织使用算法推荐（recommending）和算法限制（restricting）来引导员工的行为，通过算法记录（recording）和算法评级（rating）来评价员工的行为，通过算法替换（replacing）和算法奖励（rewarding）来约束员工的行为。

在引导方面，算法推荐指组织通过算法提供建议，促使员工选择算法设计者偏好的方案。一方面，算法不会用明确的指令要求员工按照某种程序来行动，而是使用机器学习自动发现数据中的模式，从而向员工提供由算法预选的选项和机会。另一方面，算法推荐的具体行动方案可以让员工选择采用启发式决策办法，让他们自主选择采用该方案。算法在呈现其所偏好的方案的同时，也会通过算法限制（即限制员工获得的信息或只允许特定的行为、限制其他行为），对员工的决策和行为进行引导。由于算法具有即时性和不透明性，因此其对信息的选择性展示是持续的且难以被察觉到的。

在评价方面，算法记录指通过使用计算程序来监控、汇总和报告来自内部和外部的各种细粒度的实时数据，量化、比较和评估员工工作任务的频率和长度、输出的质量等，比如算法通过实时定位追踪外卖骑手和网约车司机的服务进程。在此基础上，管理者可以及时发现问题，并向员工提供即时反馈，要求员工对自己的行动进行即时的调整。算法评级则是基于各种内部和外部信息对员工绩效进行定量和定性的聚合性评价。虽然在实践中普遍使用客户评估衡量员工服务绩效，但是任务达成的量化数据（如时效）仍旧可以通过算法记录获得。通过对员工绩效的持续分析，管理者还可以用算法来预测员工未来的工作表现，确认他们在哪些技能上需要提高，等等。

在约束方面，算法替换意味着算法可以迅速甚至自动地解雇表现不佳的员工，用新员工来替代他们。算法对绩效不佳的员工是残酷的，它可以立即对不接受系统指派和违规的员工进行处罚，甚至通过关闭账号等手段将他们直接从系统中移除。在解雇员工的同时，算法极大地降低了招聘成本、提高了招聘效率，可以在短时间内从更大的范围内招募到新员工，有效地保证了组织人力资本的数量和质量。算法奖励指算法系统动态地对实施符合算法预期行为的员工进行实时奖励，即时地为他们提供更多的优质工作、更高的薪酬或更高的工作灵活性。游戏化的工作设计也用来鼓励受到算法控制的员工的工作，让他们获得积极的工作体验，进而自觉推动组织目标的实现。

19.2.3 算法控制的结果

虽然算法控制的应用日趋广泛，但无论是在学术界还是在管理实践中，关于算法控制在组织中产生的影响的认识还处于探索阶段，尚未有较为完善和系统的理论。目前，算法控制在组织中的影响大致包括对组织的影响以及对员工个人的影响两大类。

19.2.3.1 对组织的影响

在算法控制对组织的影响方面,现有研究普遍认为用算法来管理实践对组织具有积极的作用。一方面,算法控制依据更为客观和全面的数据,使得技术理性最终得以管理"人的情感",能大大提高决策准确性和管理效率。例如,数字技术的应用使得全面、及时地采集和更新员工的信息(比如员工人格、教育背景、个人技能和动态变化的工作状态等)成为可能,通过对员工个体的人才画像,管理者可以更有效地识别学习和培训需求,更好地就人力资源的识别、储备和开发做出决策。当然,尽管算法控制在组织管理中的一个目标是改进决策,使决策更加客观公正,但是,由于算法的设计与开发都有人的参与,用于训练和强化算法的机器学习的历史数据模型也有存在人类偏见的可能性。有学者指出,我国多家在线招聘公司使用的推荐算法就可能因从历史案例中获取数据用于强化学习而存在结构性偏见(例如男性优于女性等),进而导致招聘过程中出现歧视问题。

另一方面,相较于传统的组织控制形式,算法控制可以更精准、及时地规范和指导员工工作的流程,更准确地记录和奖励员工的行为,纠正不符合预期的工作行为,减少工作中的错误。例如,百度等互联网公司会通过管理平台对程序员的代码提交量进行统计分析,查看程序员提交的代码数量,并将其作为工作量的考核指标。同时,它们会将代码的提交量展示到排行榜上进行排名,定期对排名靠前的程序员给予奖励。由于算法的这些精准管理,公司也因此降低了劳动力管理成本。中国的共享经济平台上拥有大规模的劳动力,平台可以通过自动化和数字化的管理方式大大提升其对劳动者的管理效率,并以此实现劳动价值的最大化和成本最小化。

虽然现有文献更多关注算法控制给组织带来的积极影响(比如,Kellogg, Valentine, & Christin, 2020; Meijerink et al., 2021),但也有研究注意到算法控制可能会给组织的某些结果带来消极影响。例如,魏巍、刘贝妮和凌亚如(2022)发现,算法控制产生的算法污名加剧了员工的离职倾向,进而削弱了组织的劳动力黏性。算法控制还会干扰组织的社会结构,减少员工之间的联系,因此破坏员工协作和工作场所氛围(Benlian et al., 2022)。此外,很多学者也指出,算法控制引发了利益相关者对算法和平台伦理的质疑,因此呼吁以一种考虑更多相关者利益、创造多赢局面的方式来设计算法,并在使用算法时加强组织问责、提高透明度(Benlian et al., 2022)。

19.2.3.2 对员工个人的影响

关于算法控制对员工个人影响的研究发现显示,算法控制虽然会通过增加员工感知到的公平、为员工提供更丰富的资源等方式对员工产生积极影响,如提高员工绩效(Galière, 2020; 裴嘉良等, 2021)、促进创新(马君、赵爽, 2022)、降低其离职倾向(Cram et al., 2022)等,但其带来的问题也很突出。第一,算法控制被认为降低了员工的工作满意度和工作幸福感,也因此会对他们的工作绩效产生不利影响。一方面,信息技术的应用大大减少了人与人之间的社会互动,尽管数据驱动下的算法沟通可能会更精确地辅助沟通,却降低了沟通准确性、丰富性和员工的工作意义感，无法满足人们的社会需求，从长期来看会降低员工的绩效水平，还会导致更高的员工离职倾向。另一方面，虽然数字技术对于提升奖惩系统有效性有重大意义，但是它过于重视经济成本，忽视了员工在激励过程中多样的价值观和偏好，导致奖惩决策的"自动化"和"去人性化"（谢小云、左玉涵和胡琼晶，2021）。

第二，算法控制会降低员工的自主感，增加他们的工作压力，进而引发员工的一系列抵抗行为。例如，在应用信息化手段实施控制的现代实践中，组织用来监控员工行为的数字控制手段会增大员工感知到自身被"工具化"的可能性（即员工在工作过程中感受到自身的人性特征被削弱，被利用来实现工作目标，而个人的主观能动性、情感、福祉却被忽略的一种状态），这种"工具化"感知可能会增加一系列抵抗控制的行为，或产生心理层面和行为层面的消极后果，最终也会阻碍组织的可持续发展。此外，精准管理也意味着标准提高，工作强度进一步加大，因此，数字技术主导的算法控制也导致员工长时间工作或经常在非社会的工作时间工作，产生更大的压力，并使得他们出现旷工、离职等负面行为。此外，数字化的电子设备和网络信息工具给员工塑造了一种"全景监狱"式的工作环境，进一步降低了他们的自主性感知。例如，优步之类的软件利用全球定位系统和移动通信设备记录所有员工的地理位置、工作行为和顾客的身份信息，且能给出即时、匿名的评价与反馈，以此保持与员工的实时联络并维持对其全方位的控制和管理。

然而，需要指出的是，尽管数字技术和人工智能等可以实现精准及高效的控制，但人的主观能动性仍然发挥着不可忽视的作用，员工在与算法控制的"斗智斗勇"中，形成了自己的一套"逆算法"劳动实践和协商技巧，从而丰富了"人"的逻辑在与技术逻辑相对抗过程中的自主性和主动性（孙萍，2019）。Kellogg、Valentine和Christin（2020）用算法激进主义（algoactivism）来描述员工对算法控制的反抗策略，具体分为四个层次：通过实际行动进行个人抵制；利用在线论坛或平台组织进行集体对抗；提出关于算法公平性、问责制和透明度的讨论框架；围绕员工隐私、管理监督、歧视和数据所有权进行法律动员。

19.3 数智时代的复合组织控制

组织中也常常出现多种控制模式并存的现象，例如，理性控制和规范控制在实际的运用过程中经常相互交织。但过去实施多种控制模式的主体通常是单一组织，即雇主。无论是研究还是实践，都惯于以管理者为主体，探讨如何设计和实施控制。然而，近年来，随着数智技术的日益发展以及商业模式和组织形式的演化，在许多场景中，组织边界正在逐渐被突破，组织控制文献中的"管理者核心论"（manager-centric）受到了挑战，组织控制呈现出复合性的特点：

第一，新的控制模式，如算法控制，与经典的控制模式，如科层控制、规范控制等，在彼此的互动中不断演化，不仅使得前者的效力得以增强，也使得后者的功能和重点发生了转变。

第二，针对不同层级的员工、从事不同类型工作的员工，组织可能采用不同的控制模式，以实现控制效果的最大化。

第三，控制主体并不总是单一的，有时可能存在多个主体同时对员工实施组织控制，这些控制主体既包括传统意义上的雇主，也包括诸如平台等"影子雇主"。

第四，由于控制模式的演变、控制主体的多元，组织边界得以被突破，控制主体与被控制主体之间的关系变得更具有动态性。

在本节中，我们将对数智时代的复合组织控制进行讨论。根据控制主体和控制模式的变化，复合组织控制可以分为两类：① 雇主作为单一控制主体，对员工实施了多种控制模式，既包括经典的控制模式，也包括新兴的控制模式；② 雇主与"影子雇主"作为多个控制主体，根据各自的优势，实施不同的控制模式。

19.3.1 单一主体的多重控制

在大多数企业中，企业作为单一的控制主体，依然在清晰的组织边界内对员工进行控制和管理，但逐渐在不同层级、不同工作性质的员工中运用不同的控制模式。在对基层、承担标准化任务的员工进行管理时，算法控制发挥了越来越重要的作用，甚至替代了很多经典的控制模式，如科层控制的功能；而在对层级较高或承担非标准化任务的核心员工进行管理时，则更加重视规范控制的作用。我们以新零售代表企业之一的便利蜂为例，介绍一个组织内部如何对不同的员工实施不同的控制模式。

19.3.1.1 对基层员工的算法控制

便利蜂是一家以数字驱动的互联网企业，其对便利店行业常用的运营和管理实践进行了颠覆。具体而言，便利蜂对包括生产、物流、门店和消费者在内的全链路实施数字化，最大限度地减少便利店日常经营决策中关于"人"的不确定因素，实现"系统管店"。便利店的主要品类包括面包、饭团、酸奶等日配品，这些产品保质期短，需要在当天或者短期内尽量估清。传统的便利店通常由店长根据经验和当日客流量决定何时打折以及折扣的力度有多大。不同的店长由于经验不同、能力不同，做出的决策产生的经营效果也不同。并且，店长和店员需要清晰地掌握商品价格的变动，并根据销售情况、保质日期等频繁地调整商品的陈列。

有别于传统便利店对店长决策和店员工作量的倚重，便利蜂将所有决策权集中于"中央大脑"——一个由数据驱动的便利店操作系统。这一系统会根据昨日同期库存、当日销售情况动态调整价格，来高效地消化库存。并且，系统自动对电子价签上的价格进行调整，并向店员发布调整商品陈列的指令，减轻了店员在工作中的认知负担。通过算法控制，便利蜂做到了"千店千面"的个性化选品陈列以及动态的价格调整。

通过"中央大脑"决策、基层员工只负责执行决策的模式，算法已经在很大程度上实现了对基层员工和一线管理者的替代。这种由算法驱动的运营模式意味着更高的标准化水平，可以高效复制，加快门店扩张。便利蜂成立后在极短的时间内便成长为便利店行业的巨头之一，并实现了对大规模门店的全直营管理。

但是，这样的算法控制模式也带来了新的问题：对基层员工而言，在这样一个"人机结合"的体系中自己成了一个附属的"工具"，当遇到算法难以全面精准监督、需要员工主动承担的任务时，员工便会缺乏主动性。例如，便利蜂对门店店员的要求是"亲切待客"和"准确执行"，前者涉及人与人之间的动态互动，很多时候需要员工主动地发挥创造性。但在现行的运营模式下，以零工群体为来源的店员习惯了只完成算法推送到自己手上的任务，缺少对创造力的训练；并且对门店乃至组织并没有形成强烈的认同感，缺少规定动作以外的主动性。不仅如此，店员在算法的严密控制之下，也不可避免地感受到被异化和工具化，似乎组织需要的只是自己用"手"来完成各种烦琐任务。因此，他们在工作中极易产生倦怠感，离职率居高不下。

19.3.1.2　对核心员工的规范控制

企业的核心员工所从事的工作往往是非标准化的，组织难以运用算法控制的手段对这些员工进行准确的指导、评估和约束，而是更多地以规范控制的举措来塑造他们的价值观、打造组织认同感，进而影响他们的工作行为和绩效。

以便利蜂为例，成立之初的员工有一些是来自互联网行业，有一些是来自传统的便利店行业。前者已经对数据分析、AB测试等互联网常用的量化工作方法非常熟悉，后者却缺少根据数据做决策的思维方式，在工作中习惯于根据经验按部就班地进行。便利蜂的几位主要创始人均来自互联网行业，他们认为该公司最重要的组织文化就是"缜密量化、拥抱变化"。在日常工作中，从高层管理者到项目经理，无一不在强调组织文化的重要性。比如，来自便利店行业的员工提议采取某种促销方式，理由是"过去一直这样做，效果很好"，但项目经理要求必须汇报清楚促销前后的销量对比、店铺的其他变动因素、该商品销量占门店总收入的比例，等等。公司还规定，总部员工必须定期参加数学考试，这进一步强化了"量化"这一规范。

此外，公司还要求研发人员、数据分析师等员工必须懂业务和流程，这样才能更好地做到"缜密"。研发人员入职时要有一周的时间在门店工作，以便了解业务；日常做项目时，也需要不定期地去门店了解具体业务和流程。一位研发管理者提到，他所领导的团队曾经完成了一项重要的流程创新，而这项创新的灵感正是通过对数据的挖掘、对流程的梳理、对门店一线人员"最佳实践"的访谈得来的。他们通过数智技术将最佳实践固化到工作流程中，而这些最佳实践隐含了组织所倡导的规范。换而言之，技术在一定程度上提升了规范控制的效果。这也是在许多处于数字化转型阶段的企业中越来越普遍的一种举措。例如，在疫情和后疫情时代，远程办公的需求持续增长，以数智技术手段实施的规范控制，例如在线打卡等，也逐渐成为激励远程办公的员工、提升团队凝聚力和创造力的重要保障之一。

19.3.2 多元主体的多重控制

随着平台等组织形式的兴起,组织控制的主体开始变得多元。以一个典型的平台场景——外卖配送平台为例,许多专送骑手在配送工作中受到平台的算法控制,但在法律关系上并不是平台的雇员,平台成了他们的"影子雇主"。同时,专送骑手们隶属于数量众多的第三方配送服务公司。这些公司采用科层制的体系对骑手进行管理——骑手之上逐层由配送站点的站长、队长、督导、城市经理、大区经理等进行管理。因此,平台与科层作为双重控制主体,对骑手进行控制。

这种模式在我国其他类型的平台,如网约车、快递、家政等平台中也屡见不鲜。超越单一组织边界的多元控制主体并存,将牵涉更为多样和动态的交互关系,也对员工在工作中的心理状态和行为结果产生了更为复杂的影响。

19.3.2.1 多元控制主体之间的互动

作为跨组织的多元控制的实施主体,平台与科层大多数情况下具有一致的目标,但二者的利益并不总是一致,因此形成了既协作又冲突的关系。一方面,平台与科层的共同目标是使员工高效、优质地完成工作任务,为了实现这样的目标,平台对科层进行赋能,向后者提供数字化管理工具并帮助改进管理实践,从而提升其控制的效能及效率;科层也向平台反馈数据和管理中的问题,促进平台算法的优化,以更好地控制员工在工作中的行为。另一方面,平台为了保证自己的主导地位,对科层进行诸多限制;科层也试图对抗平台,使得自身利益最大化。

1. 平台对科层的赋能

(1)平台为科层提供数字化工具,提高其管理精度和效率。例如,在外卖配送行业,配送服务公司的科层对骑手的管理是围绕着平台开发的线上系统展开的。这套系统将骑手的工作流程数字化,包括对其工作步骤进行细分、对每个步骤进行指导、全面记录过程中的行为,也将骑手的考核数字化。这简化了科层管理者的工作,提高了绩效管理的效率和精度。又如,在家政行业,一些平台也构建了线上系统,供规模不一的家政公司使用,将这些公司旗下的家政人员的详细数据记录在系统中,根据用户需求,匹配出离客户最近、评价最好的家政人员,并对其服务流程、绩效进行标准化,使得家政公司的科层管理者能更高效地完成对家政人员落地执行的管理。

(2)平台向科层分享部分数据并提供分析建议,以优化其管理实践。例如,外卖平台每日通过系统收集各配送站点的数据,并将与运营有关的数据分享给配送站点以上的科层管理者,以便及时确定日常管理问题。并且,平台的渠道经理会定期组织配送服务公司的城市经理、站长等科层管理者进行讨论,提出相应的改进建议。类似地,网约车平台也为使用平台的出租汽车公司的科层管理者提供服务分析和数据分析的支持,提升他们对司机的管理能力,强化司机的服务规范性。

2. 平台对科层的限制

尽管平台对科层进行赋能，但为了维持自身的主导地位，平台也会对科层进行限制，包括削弱其权力、压缩其发展空间等。

（1）在削弱其权力方面，平台会通过对工作流程的制定和修改、对绩效评估和薪酬福利等核心激励手段的掌控，来减弱科层对员工的控制力。例如骑手、司机的薪酬是根据平台的规则、基于平台系统中的绩效数据计算而来的，平台也使用系统直接审核和发放薪酬。并且，平台对科层管理者使用系统的权限进行了不同程度的限制，以削弱其权力。

（2）在压缩其发展空间方面，平台一方面通过改变结付方式、加大惩罚力度等，挤压科层管理者所代表的控制主体的盈利，另一方面也试图限制科层管理者所代表的控制主体的发展规模。例如，外卖平台会调整各家配送服务公司的配送区域，将利润较高的区域和利润较低甚至亏损的区域平均分配，使得每家公司"肥瘦均等"；设置每家配送服务公司市场占有率的上限；频繁替换配送服务公司，提高它们之间的竞争强度、降低配送成本；等等。

3. 科层对平台的反馈

科层管理者会主动发起对平台的反馈，以共同改进对员工的管理效果。

（1）科层管理者会向平台上报数据，反映平台制定的各个绩效指标的完成情况。科层管理者也会根据日常管理的情况向平台反映具体问题，例如某些员工在工作中持续出现违规或其他偏差行为，有些是平台系统难以捕捉的，而科层的反馈使得平台能够及时了解这些具体问题，便于对工作进行安排和调整。

（2）科层管理者会就不合理的规则和考核指标向平台提出改进建议。比起平台，科层对员工在日常工作中的问题和感受具有更直观的了解，会逐级向平台提出各种改进建议。

4. 科层与平台的对抗

科层管理者也可能采取一系列行动来对抗平台，争取自己的利益最大化。

（1）平台根据系统记录的数据衡量科层管理者的管理效果，以此为基础进行支付、结算等，并影响未来对科层的赋能或限制举措。因此，一些科层管理者试图美化数据，例如在系统中利用自己的权限操纵对员工的工作分配，以提高整体绩效，给公司创造更多收入。

（2）科层管理者会采取行动维持运营优势，对抗平台对他们的限制。例如，前面提到，外卖平台会根据算法的结果，定期对站点进行重新规划或调整。但原来业绩较好的站点的管理者为了维持本站点的优势，往往会通过各种关系，尽量规避站点调整，与平台进行对抗。

（3）在工作过程中，一些科层管理者或员工逐渐发现了平台算法的某些漏洞，部分科层管理者会默许或者指导员工违规，利用漏洞来欺骗平台的算法系统。例如，一些外卖和快递站点的科层管理者会默许配送员以违规的方式逃避平台对超时的惩罚，以免影响站点的整体绩效。

19.3.2.2 多元控制主体的多重控制

1. 平台的算法控制

平台最重要的特征之一就是通过算法来对工作进行组织、对平台参与者实施控制

（Möhlmann et al.，2021）。具体到我国的平台场景，近来的一项针对外卖平台和网约车平台工作者的研究发现，平台对工作者的算法控制包括三个方面：① 规范指导，是指平台以算法来规范工作过程，向工作者提供任务分配、服务标准、决策信息等资源，指导他们以特定的速度和要求来完成特定任务；② 追踪评估，是指平台以算法实时追踪和记录工作者在工作中的地理位置、任务进度和工作态度等，并在获取基于顾客主观评价和客观指标的数据后自动评估他们的绩效；③ 行为约束，是指平台通过算法设置一系列的奖励或惩罚机制，使得工作者按照有利于实现既定目标的方式来管理自己的行为，达到平台所期望的良好结果（陈龙，2020；裴嘉良等，2021）。

2. 科层管理者的科层控制

在平台场景中，科层控制在引导、评价和约束这三方面的许多经典实践已经被算法控制所取代，例如，员工的工作绩效已不再由科层管理者评价，快递运达时间、违规与否、顾客满意度等指标由平台算法记录，但科层管理者在管理任务、指导和发展员工、激励员工方面，仍然发挥了重要的控制功能。

（1）科层管理者在日常工作中对任务进行管理，或者解决一些突发状况。这些问题往往是算法难以解决或预测的，需要科层发挥补充作用，依据具体问题、现场情况和个人经验等做出即时的判断，采取相应的行动。例如，外卖和快递配送过程中有时会遇到特殊情况，例如暴雨等极端天气、车辆故障、事故等临时情况，平台的算法在短时间内难以快速做出反应和调整，这时站长就需要及时调整不合理的订单，或者从中协调，帮助员工处理问题。

（2）除了在管理任务方面对平台的算法控制进行补充，科层也在对"人"的管理上发挥了重要的补充作用。其中，指导和发展员工是平台算法难以有效实施的、需要科层管理者在工作中进行的，包括在日常工作中培训员工、督促员工遵守规则、重点关注绩效不佳的员工并进行有针对性的指导、从员工中培养和选拔基层管理者等。

（3）在平台算法实施的奖惩之外，科层管理者还会采用不同的方式对员工进行额外激励。例如，外卖站点的站长常常组织站点内的各小队之间比赛，数据好的小队成员可以得到免费饮料，惩罚违规员工做俯卧撑、抄写规则等。并且，优秀的骑手也有机会得到更高层级科层管理者的认可，例如在总部接受表彰或者在年会上获得奖励。

3. 科层管理者的规范控制

除了科层控制，管理者还会通过营造团队氛围和给予关怀来实施规范控制，使得员工产生组织认同，按照组织文化背后的价值观和规范行事。这些规范控制涉及人与人之间的大量互动，是平台的算法无法实施的。

（1）为了提高整体绩效，科层管理者会致力于营造良好的团队氛围，来激发员工的工作积极性和热情，最终提升团队的工作绩效。例如，在一些快递平台上，许多快递网点加盟商已经经营了一二十年，管理者为员工提供了有力的情感支持。外卖站点的站长或队长常常在每天的早会上鼓舞士气,在日常工作中和工作之余促进站点内部轻松和谐的关系。

(2)科层管理者也会通过关怀员工来管理他们的情绪和工作态度,使他们产生对所在团队或企业的认同,从而构成规范控制。对许多从事情绪劳动的平台从业者而言,工作中极易产生负面情绪或情绪耗竭,影响工作产出或离职意向。科层管理者会疏导员工情绪,适当地宽容他们的错误,有利于留住员工并提升他们的工作动机。

19.3.2.3 员工对多重控制的应对及结果

由于算法控制在即时性、全面性等方面的优势,并且平台与科层在多数情况下的控制目标具有一致性,因此员工在日常工作中以服从多元控制主体的多重控制为主,在完成平台规定的工作任务和目标的同时也实现了对科层控制的服从。但人们在算法控制下会产生负面感受、情绪耗竭和不公平感等,可能通过忽略或反抗算法控制来最大化自己的利益。

1. 服从多重控制

员工为了维持工作、获得更高的收入,主要采用服从的方式同时应对平台与科层的多元控制,在完成平台规定的工作任务和目标的同时也实现了对科层控制的服从。根据员工的服从程度和状态,服从多重控制的行为可以分为三类:

(1)遵守规则,即在工作过程中遵守平台算法与科层管理者的各项规定,在限定范围内达到工作要求,也接受由违规导致的惩罚。例如,对许多短视频平台的博主而言,平台以及博主所属的MCN(多频道网络)机构的运营规则是他们遵守的"铁律",违规行为一旦被算法识别,将面临封号乃至永久封禁的惩罚。

(2)在规定之外付出额外努力,以更高效的方式和更好的质量完成工作任务。例如,外卖骑手主动延长在平台上的在线时间,完成更多的工作任务;主动熟悉路况,缩短送餐时间;与商家、顾客等协商沟通,提高服务质量。

(3)调节自我认知,将规则内化,从内心深处认同平台和科层的控制。例如,一些员工会主动检讨自己的工作问题,认为平台和科层的规定或控制都是合理且必要的,并会赋予工作一定的意义,将平台上的工作视为一种实现意义的途径等。

2. 忽略算法控制

由于算法具有一定局限性,不能解决骑手在工作中的所有问题,为了更有效地解决问题,或获得对自己更有利的结果,或实现算法无法实现的目标,骑手会无视算法的指导、评价或约束。

(1)员工可能通过不使用系统功能来直接忽略算法控制。例如,在外卖和快递行业,有时平台算法会失灵,提供的路线导航不准确,有经验的骑手或快递员对自己所负责的区域比较熟悉,可能不遵循算法推荐的路线,而是依据自己的经验来规划路线。

(2)员工可能通过寻求科层支持来间接忽略算法控制。例如,当外卖骑手与他人发生冲突、出现交通事故、与商家协商不顺利时,自己无法解决,而这些事件的突然性、复杂性、互动性又是算法难以预测或及时处理的,此时,骑手会向所属站点的站长和队长求助,请他们帮忙协调。

3. 反抗算法控制

员工也可能为实现自己的个人目标而采取与平台算法规则或决策结果不符的反抗行为，包括：

（1）在算法规定的框架下进行申诉，期待改变或调整惩罚结果。这类行为是在遵守平台规则的前提下，对算法决策的结果进行质疑，反抗程度较低。

（2）在算法允许的范围内利用规则获利，例如操纵工作任务分配的数量和质量，或预防差评和投诉，以使得平台算法做出有利于自己的决策，最大化自己的利益。这类行为的反抗程度中等。

（3）欺骗系统，即阻止算法获取工作相关的数据，例如逃避系统定位，或者为算法提供错误数据，来改变算法决策的结果。这类行为的反抗程度最高。

需要注意的是，当存在多元控制主体时，员工就有了与其中一个控制主体结盟的可能性。正如我们前面所提到的，员工可能通过寻求科层的支持来间接忽略算法控制；他们对平台算法控制的反抗有时是在科层管理者默许和指导下发生的，而科层也借此实现了自己对平台的间接对抗。员工的间接忽略与科层的间接对抗共同构成了员工与科层的结盟，这种结盟是在过去单一控制主体的场景中没有出现过的，表现出以下特点：

第一，员工与科层管理者的结盟是基于共同的利益。他们在某些情况下产生了共同的目标，而这些目标可能与算法控制的目标不一致，此时科层和员工成为利益共同体。比如，外卖骑手希望尽可能地减少顾客差评，增加个人收入；同样，站内的管理者也希望减少站点内所有骑手的差评来保持良好的站点绩效和收益。

第二，结盟也建立在情感基础之上。比起人与算法，人与人有更天然的亲密感以及更便利和丰富的沟通渠道（比如面对面、短信、电话等），这增强了员工与科层之间的连接。不仅如此，员工和科层管理者作为参与者，相对平台而言都处于弱势地位，这激发了他们对彼此的共情，使得他们的结盟更有可能性。

第三，尽管存在结盟应对，科层管理者与员工在结盟中还是具有不同的行为方式，这是由他们对算法的依赖程度和应对算法的能力不同所决定的。科层管理者可以通过引导员工的行为来间接对抗平台，而员工难以引导科层管理者的行为来反抗算法控制。当员工意识到平台的算法控制带来的不利结果时，尽管有反抗的动机，但缺少资源，可能会向拥有更高权力的科层管理者寻求支持和帮助，以间接的方式忽略算法控制。

一个需要注意的问题是，算法控制的日益演化带来控制模式、控制主体和被控制主体之间互动方式的变化，也不可避免地会涉及控制的伦理问题。本书的"数据驱动的人力资源管理"一章（第21章）对数智时代的管理伦理问题展开了详细讨论。

本章小结

控制是个体、群体或组织主动发起的，旨在影响另一个个体、群体或组织行为的过程。组织控制则是由组织的控制者发起，指向组织内的被控制者的管理过程。

劳动过程理论的核心观点是资方通过高压和专制的手段控制劳动过程，以将工人阶级的劳动最大限度地转化为利润。基于这一立场，爱德华兹认为，劳动过程就像"斗争的场域"，为了应对劳动者抗争、实现劳动价值的最大化，管理者通过引导、评价和约束三种功能来对劳动者施加控制。

奥奇关注控制的目标和机制，并提出了两个相关的组织控制分类框架，即行为－结果框架和组织控制系统理论。

组织的控制系统经历了简单控制、技术控制、科层控制、规范控制等具体形式的变迁与交替。

算法控制是近年来组织使用算法技术对员工进行控制的一种新型控制方式，通过六种机制实现：算法推荐和算法限制，算法记录和算法评级，算法替换和算法奖励。算法的使用可以提高组织管理的效率和效果，但也会降低员工的自主感和满意度。

组织中常常出现多种控制模式并存的现象，主要包括单一主体多重控制和多元主体多重控制。单一主体多重控制模式下，企业作为单一的控制主体，可能对不同层级、不同工作性质的员工运用不同的控制模式。多元主体多重控制模式下，多个控制主体，如平台与科层，共同对员工实施控制。多元控制主体之间存在既协作又冲突的关系，例如，平台对科层赋能和进行限制，同时科层对平台做出反馈并与其进行对抗。员工可能服从多重控制，忽略算法控制或反抗算法控制。并且，当存在多元控制主体时，员工可能会选择与其中一个控制主体结盟。

重要术语

组织控制　科层控制　规范控制　算法控制　多重控制　员工应对

复习思考题

1. 组织控制经历了怎样的发展历程？
2. 算法控制包括哪些具体机制？
3. 算法控制会对组织和员工个体分别产生什么影响？
4. 多元控制主体之间会呈现怎样的互动模式？
5. 员工对多元控制主体的多重控制会采取哪些应对措施？

中国实践

平台与参与者的动态互动

美团外卖平台于 2013 年上线，成立之初业务模式并不成熟，对骑手的控制成本较高，因此采取了加盟模式，在各个城市与当地的配送服务商合作。配送服务商负责配送，也负责管理配送站点，包括招募、培训骑手等，并按月为骑手购买保险。为了更好地做到订单需求与运力供给的平衡，提升消费者体验，美团外卖"超级大脑"——实时物流配送智能调度系统于 2017 年投入使用。该系统可为骑手智能分配订单、规划路径。路径优化算法能在两三秒内返回一个区域的调度计算结果，每日路径规划次数超 50 亿次。系统利用算法，综合考量每个骑手工作时长的连续性、休息间隔等因素快速做出合理的排班规划。同时，系统对短期的订单规模和运力进行实时监控及预测，做出自适应调整，如延长预计送达时间、通过定价系统平衡供需等。例如爆单时，提高定价让消费者错峰下单，也激励骑手工作。整个配送过程中，骑手都在不断被监测并产生数据，这些数据大多来自手机、蓝牙设备、智能头盔等。通过对骑手运动状态、运动轨迹等数据的收集与学习，系统能够不断优化配送路径和时间。

由于平台系统使用算法技术能够更全面、即时地获得商家、顾客、骑手的位置以及骑手过往绩效等标准化信息，传统上由配送服务站点的管理者（如站长）所实施的管理职能，如工作任务的分配、行为指导、绩效评价和奖惩等，转为由平台系统来实现。但是，算法难以处理非标准化的信息和管理任务，配送站点的站长则在这些职能上发挥了重要作用，例如帮助骑手处理配送过程中出现的意外和纠纷、在极端情况导致订单积压时及时调整订单的分配、对骑手进行培训和关怀以及营造团队氛围等。平台与配送服务商的合作在早期带来了双赢的效果：配送区域、站点使用平台提供的数字化工具，能够更精细化地管理骑手的工作过程和结果；站点的反馈能够在一定程度上促进算法的改进，增强算法的全面性。

在业务发展初期，为了保留和增加运力，平台支付给配送站点的管理费、给骑手每一单的配送费都维持在一个可观的水平上。配送费通常由平台全部支付给配送服务商，后者从中抽成后再发给骑手。为了激励骑手多跑单，在每个骑手接单超过一定数量之后，配送费会进入更高的计价区间，即平台会上调该骑手后续每单的配送费。由于站长拥有一定的调整订单的权限，一些站点的站长便倾向于将优质订单派给那些配送费很快可以上升到下一个计价区间的骑手，使得他们能更快地"升级"配送费，为站点创造更多收入。但这些做法无疑会增加平台的支付成本。

由于业务模式日趋成熟、算法不断改进，平台对配送服务商的依赖程度显著下降，逐渐从它们那里"夺取"更大的控制权。并且，随着市场逐渐饱和，单量规模的增长速度不断下降，平台的战略重点从快速抢占市场逐渐转向控制成本，希望单量更加集中，因此加剧了对站点的限制甚至是频繁更替。例如，美团自2021年起开始改变支付模式，将支付给站点的管理费与支付给骑手的配送费解耦，并限制站长调整订单的数量，试图削弱站点的权力。此外，以往站长是由配送服务商招聘或选拔而来的，其薪酬和福利也由配送服务商来评定发放。而美团在一些城市开展了试点，越过配送服务商，直接对一些站点的站长进行额外的激励，希望增加自身对站长的影响力。

站点也不断试图争取更大的控制空间和利润空间。比如，美团的目标是保证运力和服务质量，特别是在高峰时段和极端天气时，要有足够多的骑手来接单、送单，但较多的骑手意味着配送站点人力成本的增加。不仅如此，骑手的流动性较高，频繁的招聘、培养新骑手进一步推高了人力成本。因此，站点的管理者会尽力减少骑手人数、最大化人效（即每个骑手完成的送单任务）；同时，通过控制骑手流失、有限度地招聘，来降低招聘成本。

与此同时，监管政策也逐渐显示出引导作用。在外卖配送平台这一商业模式发展的早期，监管政策相对缺位，平台在骑手权益上缺少投入。随着平台不断地压缩配送时间，很多时候骑手只能选择闯红灯、逆行，当出现事故时，大多难以顺利获得理赔。2021年7月16日，国家市场监督管理总局等七部委联合印发《关于落实网络餐饮平台责任 切实维护外卖送餐员权益的指导意见》，2021年12月24日，国家发展和改革委员会等部门发布《关于推动平台经济规范健康持续发展的若干意见》，这些指导意见要求包括网络餐饮平台在内的平台企业不得将"最严算法"作为考核要求，要优化平台派单机制，完善新就业形态劳动者与平台企业、用工合作企业之间的劳动关系认定标准，合理制定涉及劳动者权益的制度。在政策推动下，多家餐饮平台开始围绕骑手的安全、收益、保障等方面制订方案，例如提供大病帮扶、子女助学金，试点为骑手缴纳职业伤害保障金等。平台与参与者如何达成动态平衡，使得这一模式得到长远发展，依然是值得各方关注的重要问题。

资料来源：魏昕、董韫韬、李欣悦、曹甜，《算法时代的驭与御：平台和科层的双重控制及员工的应对》，待发表。

思考题

1. 平台与参与者之间的互动如何体现组织控制的具体机制？
2. 你认为哪些因素会影响平台与参与者之间的动态关系？

参考文献

陈龙，2020，《"数字控制"下的劳动秩序——外卖骑手的劳动控制研究》，《社会学研究》，35（6）：113—135。

丁友刚、胡兴国，2007，《内部控制、风险控制与风险管理——基于组织目标的概念解说与思想演进》，《会计研究》，12：51—54。

汤谷良，2000，《财务控制新论——兼论现代企业财务控制的再造》，《会计研究》，3：7—11。

马君、赵爽，2022，《算法管理与员工创造力的整合分析框架》，《科学学研究》，40（10）：1811—1820。

裴嘉良、刘善仕、崔勋、瞿皎姣，2021，《零工工作者感知算法控制：概念化、测量与服务绩效影响验证》，《南开管理评论》，24（06）：14—27。

孙萍，2019，《"算法逻辑"下的数字劳动：一项对平台经济下外卖送餐员的研究》，《思想战线》，45（6）：50—57。

魏巍、刘贝妮、凌亚如，2022，《平台算法下数字零工职业污名感知对离职倾向的影响》，《中国人力资源开发》，39（2）：18—30。

谢小云、左玉涵、胡琼晶，2021，《数字化时代的人力资源管理：基于人与技术交互的视角》，《管理世界》，37（1）：200—216+13。

Barley, S. R., & Kunda, G., 1992. Design and devotion: Surges of rational and normative ideologies of control in managerial discourse. *Administrative Science Quarterly*, 37（3）：363-399.

Benlian, A., Wiener, M., Cram, W. A., Krasnova, H., Maedche, A., Möhlmann, M., Recker, J., & Remus, U. 2022. Algorithmic management: Bright and dark sides, practical implications, and research opportunities. *Business & Information Systems Engineering*, 64：825-839.

Cardinal, L. B., Kreutzer, M., & Miller, C. C., 2017. An aspirational view of organizational control research: Re-invigorating empirical work to better meet the challenges of 21st century organizations. *Academy of Management Annals*, 11（2）：559-592.

Cram, W. A., Wiener, M., Tarafdar, M., & Benlian, A. 2022. Examining the impact of algorithmic control on Uber drivers' technostress. *Journal of Management Information Systems*, 39（2）：426-453.

Edwards, R. C., 1979. *The Transformation of the Workplace in the Twentieth Century*, New York: Basic Books.

Galière, S. 2020. When food-delivery platform workers consent to algorithmic management: A Foucauldian perspective. *New Technology, Work and Employment*, 35（3）：357-370.

Gillespie, T., 2014, *The Relevance of Algorithms. Media Technologies: Essays on Communication, Materiality, and Society*, Cambridge, MA: The MIT Press.

Kellogg, K. C., Valentine, M. A., & Christin, A., 2020. Algorithms at work: The new contested terrain of control. *Academy of Management Annals*, 14（1）：366-410.

Meijerink, J., Boons, M., Keegan, A., & Marler, J. 2021. Algorithmic human resource management: Synthesizing developments and cross-disciplinary insights on digital HRM. *The International Journal of Human Resource Management*, 32（12）: 2545–2562.

Möhlmann, M., Zalmanson, L., Henfridsson, O., & Gregory, R. W. 2021. Algorithmic management of work on online labor platforms: When matching meets control. *Management Information Systems Quarterly*, 45（4）: 1999–2022.

Ouchi, W. G. 1977. The relationship between organizational structure and organizational control. *Administrative Science Quarterly*, 22（1）: 95–113.

Ouchi, W. G. 1979. A conceptual framework for the design of organizational control mechanisms. *Management Science*, 25（9）: 833–848.

Smith, C. G., & Tannenbaum, A. S. 1963. Organizational control structure: A comparative analysis. *Human Relations*, 16（4）: 299–316.

第 20 章

工作设计及其当代特征

> **学习目标**
> 1. 认识工作设计
> 2. 理解工作设计的内容与发展
> 3. 理解中国特色的工作设计研究
> 4. 掌握工作设计的基本原理
> 5. 熟悉人工智能时代工作设计的问题与对策

引导案例

冬奥村里的智慧餐厅

2022年年初,充满科技感的北京冬奥会主媒体中心智慧餐厅吸引了各国运动员和记者的注意。这家智慧餐厅实现了制餐、出餐全流程自动化。顾客只需在餐桌上扫码点单,不用过多久美味佳肴就会通过空中云轨自动送达对应餐桌。

机器人厨师

机器人厨师凭借高超的厨艺征服了顾客的味蕾。在北京冬奥会的智慧餐厅里,智能饺子馄饨机、智能煲仔饭机、智能汉堡机、智能炒锅等120台制餐机器人有条不紊地烧制美味佳肴。机器人的厨艺丝毫不逊色于人类厨师,因为它们都是世界名厨的"徒弟"。它们通过计算机系统反复学习人类大厨的烹饪技艺、灶上动作、火候控制等,从而完美复现大厨水准。例如,通过对人类厨师灶上动作的深入研究,提炼出针对锅具的各种标准化动作,人类厨师的晃、颠、划、翻、推、拉、扬、淋等针对锅具的各种动作复现为机器人厨师的大翻、小翻、圆周晃、直线晃等机械动作。

相较于人类厨师,机器人厨师的出品更加稳定。传统餐饮模式下,因为不同厨师的技艺差别或同一厨师单次发挥的不稳定,餐品品质可能也不稳定,出现味道咸淡不合适、烹饪时间不够或太久等问题。然而,机器人厨师对于用料比例、烹煮时长等都有严格精准的把控,能够确保各操作环节精准无误。此外,机器人厨师的出餐效率也非常高,应对用餐高峰毫无压力。智能饺子馄饨机做一份饺子仅需10分钟,做一份馄饨仅需6分钟。配备的6个煮篓同时工作,每小时可出餐60份左右。智能汉堡机从加热面包、现煎肉饼到配搭生菜和酱汁,最后做出一个新鲜热乎的汉堡只需要20秒。当然,机器人厨师也并非无所不能,对于一些烹饪技艺非常复杂的精品菜肴还难以掌握。

机器人送餐服务员

机器人不仅承包了后厨工作,而且承担了服务员送餐的任务。北京冬奥会餐厅上方的透明玻璃轨道就是机器人的送餐轨道。制餐机器人将菜品装盘上传至空中云轨处，系统智能调度云轨小车接应菜品，将菜品自动送达对应餐桌上空，再通过下菜机，让美食"从天而降"。送餐机器人有效提高了传菜效率，节省了人力成本。这一人工智能送餐系统能够智能规划最优送餐路径，持续、高效地传菜。然而，尽管这一造型可爱、充满科技感的送餐机器人吸引了不少顾客，但与人类送餐服务员相比，它标准化的服务还是少了些"温度"，无法创造令顾客惊喜的互动体验。

机器人调酒师

顾客饱餐一顿后，也可以在智慧餐厅里小酌一杯。在智慧餐厅的角落里设有一个圆形吧台，但吧台里并没有酒保，取而代之的是一位机器人调酒师。它制作一杯香醇的鸡尾酒仅仅需要 90 秒。顾客下单后，机器人调酒师不紧不慢地挥动灵巧的机械手臂来取杯、冰杯、置杯；这一套轻柔的动作完成后，画风一转，机器人的手臂开始上下翻飞，把复杂的调配、摇酒等动作做得流畅俏皮。很快，色彩缤纷、口味独特的鸡尾酒便制作完成。机器人调酒师制作的鸡尾酒颜色与口感俱佳，备受顾客追捧。但有些遗憾的是，顾客无法跟机器人调酒师闲聊几句，向其诉说自己的快乐或烦恼。

事实上，智慧餐厅不仅出现在冬奥村里，而且早已"飞入寻常百姓家"，例如英国科技公司 Moley Robotics 的机器人厨房、海底捞智慧餐厅、京东 X 未来餐厅、阿里的"无人餐厅"、碧桂园的机器人火锅餐厅等。在这些机器人餐厅里，尽管制餐、送餐等工作绝大部分由机器人代劳，但一些相对复杂的工作仍需要人工完成，或需要人类协助机器人完成。

资料来源：贺秋，《探秘北京冬奥会主媒体中心智慧餐厅》，《餐饮世界》，2022 年第 2 期。

思考题

1. 制餐机器人相较于人类厨师有哪些优势和不足？
2. 送餐机器人相较于人类服务员有哪些优势和不足？
3. 机器人调酒师相较于人类调酒师有哪些优势和不足？
4. 对于餐饮组织来说，机器人替代人类厨师、人类服务员或人类调酒师的利弊分别是什么？

引导案例描述了北京冬奥会智慧餐厅里机器人如何替代人类完成制餐、送餐等工作，并分析了餐饮机器人相较于人类餐饮工作者的优劣。

"人人获得体面工作"是联合国制定的 17 项可持续发展目标之一，提供高质量的工作也被视作改善贫困及提高社会福祉的一项重要举措。如何设计一份体面、高质量的工作与组织中的工作设计息息相关。作为员工执行工作任务的基础，工作设计对员工的态度和行为都有重要影响,同时也是学界和业界都认同的促进组织成功的关键因素之一。经过良好设计的工作可以增进员工的工作动机、绩效以及身心健康,提高组织绩效(Humphrey, Nahrgang, & Morgeson, 2007; Parker, Morgeson, & Johns, 2017),进而促进社会和平、繁荣及可持续发展。大量研究也发现,低质量的工作不仅会引发离职、旷工、罢工等负面影响,对员工的心理健康和工作满意度也会产生不良影响(Parker, 2014)。

近年来,人工智能的发展对传统工作情境中的工作设计提出了新挑战。首先,人工智能的广泛应用对于现有员工的工作内容具有重要影响。现有研究针对"人工智能究竟是取代员工的工作还是充实员工的工作内容"这一问题进行了大量理论探讨。一方面,研究者认为,人工智能可以实现工作任务自动化以及具有强大的计算决策能力,可能威胁甚至取代人类员工。比如,人工智能可以减少员工重复性和规范化的任务,会给员工带来强烈的不确定感,使得员工害怕这一未知、新颖的技术,并认为人工智能有能力取代他们(Abdullah & Fakieh, 2020)。另一方面,也有研究者认为,人工智能可以拓宽员工的工作内容并且提供新的工作机会。比如,Wilson、Daugherty 和 Bianzino(2017)认为随着人工智能的普遍运用,工作场所中可能衍生出很多全新的工作岗位,如训练人工智能系统的培训者(trainer)、构建技术专家和组织领导者之间沟通桥梁的解释者(explainer)以及确保人工智能按照设计持续运行的维护者(sustainer)。此外,人工智能在工作场所的应用改变了传统的工作内容,如何设计人机协作的工作是工作设计领域的全新话题。比如,人类员工和机器人员工之间的任务分配需要考虑人机协作的目的,如减少生产周期的时间、保证生产安全等(Tsarouchi, Makris, & Chryssolouris, 2016)。总之,工作设计的研究和实践不仅需要深刻理解工作设计的内容以及对员工和组织的影响,还需要考虑人工智能时代所带来的新挑战。基于此,本章将首先对传统工作设计的相关内容进行梳理和介绍,随后,进一步阐述在人工智能时代组织工作设计所面临的新问题和新挑战。

20.1 工作设计的相关理论

20.1.1 工作设计的概念与发展

工作设计(job design)也被称为岗位设计或职位设计等,它是在工作调查和工作分析的基础上,对工作内容、工作职责、工作关系和工作结果进行调整与配置,以满足员工和组织的需要,从而提高工作绩效,高效达成组织目标的一系列管理活动(Oldham & Fried, 2016)。工作设计既要符合组织需要,也要考虑员工的个人需要。组织需同时考虑这两类需要,来设定各工作岗位的任务、责任、权力、活动范畴以及与其他工作岗位的关系。

工作设计的目的主要表现在三个方面(Griffin & McMahan, 1994):其一,在组织层面要有利于实现组织的发展战略和既定目标。通过对工作内容、职能和关系的合理设计,高效配置人力资源,达成组织目标。其二,在关系层面要处理好人与工作、工作与工作的关系,促进各个工作岗位上人与工作之间的匹配,以及工作与工作之间的协调与合作。其三,在员工层面要提高员工的工作效率和工作生活质量，充分发挥员工个体的工作潜能。合理的工作设计能够满足员工的内在需要，激发员工的工作动机，提高工作满意度和工作效率。进一步，合理的工作设计可以使管理人员和专业技术人员通过多重路径获得顺畅的职业发展，从而从个人发展的角度激励员工。

工作设计的思想早在亚当·斯密的《国富论》中就已有所体现。该书指出，将工作内容分解成一系列的小任务，每个工人只执行其中的一部分任务，能够提高工人的熟练程度，进而提高生产效率。到了 19 世纪末，被称为"科学管理之父"的弗雷德里克·泰勒通过时间和动作研究，将工作分解为 17 个典型要素，并进行了一系列工作和任务的合理化改革。自此，关于工作设计和工作效能的研究成为管理工程学的重要组成部分。随后，吉尔布雷斯夫妇通过应用心理学相关原理来进行动作研究，并发现工人的疲劳程度、工作单调程度等都会对工效产生影响。随着第二次世界大战期间各种新式武器的诞生，设计人员开始逐步将操作该武器的人员的生理和心理特点也纳入考虑，探讨如何使机器更好地适应人的能力限度和特性，这便是工效学的由来。随后，工效学在各国工业生产中得到了广泛应用和进一步发展。20 世纪 70 年代，哈克曼和奥尔德姆提出了工作特征模型（job characteristics model），从技能多样性（skill variety）、任务完整性（task identity）、任务重要性（task significance）、自主性（autonomy）和反馈（feedback）五个工作特征入手，来提高工作的内在激励性，进而提高员工的工作成就感和积极性（Hackman & Oldham, 1976）。随后，德梅鲁蒂等提出的工作要求－资源模型（job demands-resources model）、格兰特和帕克提出的关系型工作设计理论，以及由沃兹涅斯基和达顿最先提出、经由巴克和蒂姆斯不断发展的工作重塑理论等分别从不同角度丰富了工作设计的相关研究（Oldham & Fried, 2016）。综合来看，工作设计历经了"聚焦工作内容""聚焦工作特征""聚焦社会技术系统/自治工作组""聚焦个体的工作需求－控制/工作需求－资源/角色"以及"综合多视角/结合当代视角"五个发展阶段。

20.1.2　工作设计的内容

工作设计的内容一方面要符合企业的利益和目标，能够提高企业的产出和效率；另一方面要关注人的因素，满足员工的个人发展需要。工作设计主要包括工作内容的设计和工作职责的设计两方面的内容（Ilgen & Hollenbeck, 1992）。具体来说，工作内容的设计主要包括工作的广度、深度、完整性、自主性和反馈；工作职责的设计则主要包括工作责任、工作权利、工作方法、信息沟通和协作配合等。

20.1.3　工作设计的方式

工作设计的方式主要有四类：基于机械工作的（mechanistic approach）、基于动机/激励的（motivational approach）、基于知觉的（perceptual/motor approach）和基于生物的（biological approach）。由于每类工作设计方式关注的重点不同，它们的设计原则和所产生的结果、影响不尽相同，因此，其适用的情境和吸引的利益相关者也有所不同。下文将主要介绍前两种工作设计方式。

20.1.3.1 基于机械工作的工作设计

基于机械工作的工作设计的核心观点是通过研究工作的特点，确定最有效的工作方式和技术，从而提高工作效率。具体而言，最有效的工作方式是专业化的分工、最小化的空闲时间以及最大化的自动化（Morgeson，Campion，& Bruning，2012）。这一工作设计的源起可以追溯到劳动分工的思想。劳动分工导致了以专业化和简单化为特征的工作设计，即通过对任务进行分工，员工只需掌握某一具体的工作内容，从而减少了员工的学习时间、更换任务或工具的时间，提高了员工对特定任务的熟练度，进而提高了总体的经济效率。

泰勒所阐述的科学管理的原则（如表20.1所示），是基于机械工作的工作设计思想的代表性学说。科学管理旨在通过分析工作和优秀员工的工作习惯，建立"最佳实践"，取代员工对日常工作的自由裁量权，从而提高工作效率。泰勒（Taylor，1911）强调了四个关键的管理职责：① 积累在传统上由员工拥有的工作经验；② 将这些经验简化为一系列由书面程序规定的细分任务；③ 科学地挑选、培训员工，使他们遵循固定的程序开展工作；④ 将工作任务的决策部分（即规划和协调）从手工工作中剥离出来，由管理者承担。通过采用上述科学管理的方法，泰勒使得一家企业中原本需要120名工人完成的工作，只需要35名工人就可以完成。

表20.1　泰勒的科学管理原则

传统的做法	科学管理原则
员工们根据自身的工作经历积累经验	积累在传统上由员工拥有的工作经验
员工们按各自的经验来开展工作	将这些经验简化为一系列由书面程序规定的细分任务
缺乏科学的筛选、培训体系	科学地挑选、培训员工，使他们遵循固定的程序开展工作
几乎所有的工作和大部分责任都由员工承担	将工作任务的决策部分从手工工作中剥离出来，由管理者承担

在最大化生产效率和人力资源利用效率的目标下，基于机械工作的工作设计对工作进行了专业化和简单化的分工。因此，基于机械工作的工作设计使得工作对于员工而言更容易、所需培训时间更少、错误更少、效率更高（Morgeson，Campion，& Bruning，2012）。然而，过度使用基于机械工作的工作设计方法会对员工的工作态度和身心健康造成负面影响。例如，基于机械工作的工作设计方法可能会使员工被动处理高要求的重复性工作，导致员工的工作满意度和积极性很低。此外，相较于更为灵活多变的工作条件，在过度机

械、重复的工作条件下，员工的精神压力更大，患身心疾病的概率和缺勤率更高（Karasek，1979）。

基于机械工作的工作设计在企业实践中非常常见，尤其常见于专业工作和工厂。例如，Campion和McClelland（1991）描述了一家金融服务公司的文书处理工作流程：先由每个员工对文书进行分类编码，然后由计算机输入文件，这就是基于机械工作的工作设计。此外，公司按照匹配度、性格等标准筛选候选人，并淘汰不达标的候选人或员工，也是科学管理原则的重要体现。

20.1.3.2 基于动机/激励的工作设计

基于动机/激励的工作设计不同于注重效率的基于机械工作的工作设计，其关注的是员工的心理状态。它们重点探究如何让员工工作的内在动机/激励最大化，即在什么情况下，员工能拥有较高的自我驱动的工作动力。基于动机/激励的工作设计的核心观点是工作特征会对员工的心理状态产生影响，进而影响员工的工作表现（Hackman & Oldham，1975，1976）。因此，如何通过设计工作特征来激发员工的内在动机是这一类工作设计的核心思想。

哈克曼和奥尔德姆是基于动机/激励的工作设计思想的代表性学者，他们所提出的工作特征理论（Hackman & Oldham，1975，1976）是这一类工作设计研究的代表性理论。工作特征模型（如图20.1所示）阐述了五个重要的工作特征维度如何影响员工的三类心理状态，进而如何影响员工的工作表现。具体来看，工作特征的核心维度包括：① 技能多样性，指在完成工作时所需要的各种技能和能力的范围；② 任务完整性，指需要将工作作为"整体"来完成和可识别的程度；③ 任务重要性，指工作在多大程度上影响他人的生活和工作；④ 自主性，指在多大程度上可以自由、独立地安排和执行工作；⑤反馈，指在多大程度上能够获得直接且准确的关于工作表现的信息。技能多样性、任务完整性和任务重要性会影响员工对工作意义感的体验（experienced meaningfulness of the work），即员工在多大程度上感受到自己的工作是有意义的、有价值的。具体而言，当一项任务能够挑战和拓展员工的技能和能力时，员工会觉得该任务是有意义的；当员工完成一项完整的任务（而不是一项任务的其中一部分）时，其会体验到更强的意义感；当员工知道自己的工作结果有可能对他人的幸福产生比较大的影响（例如组装飞机）时，其会拥有更强的意义感。自主性会影响员工对工作结果的责任体验（experienced responsibility for work outcomes），即员工在多大程度上感受到自己对工作结果负有个人责任。具体而言，当工作的自主性越高时，工作结果就越多地取决于员工个人的努力和决定，那么员工对这项工作的成败将感知到更多的个人责任。反馈则会影响员工对工作结果的了解（knowledge of results），即员工在多大程度上了解自己在工作中的表现。具体而言，当员工得到越多关于自己工作有效性的信息时，他们就会对工作结果有越多的了解。员工的工作意义感、对工作结果的责任体验和对工作结果的了解又会进一步影响其内在工作动机、工作绩效、工作满意度、缺勤率和离职率等。此外，员工的成长需要强度（individual growth need strength，即对个人成长和发展的需求）会影响上述关系。具体而言，对于更加重视自己的进步和提升的员工来说，具有上述特征的、有激励潜力的工作会引发他们更积极的反应。大量的实证研究检验了该理论的有效性，但检验结果喜忧参半（Boonzaier，Ficker，& Rust，2001；DeVaro，Li，& Brookshire，2007）。例如，DeVaro、Li 和 Brookshire（2007）发现，任务多样性和自主性与劳动生产率和产品质量呈正相关关系，自主性与员工满意度呈正相关关系。然而 Boonzaier、Ficker 和 Rust（2001）的研究则表明，工作特征模型的有效性并不令人满意。

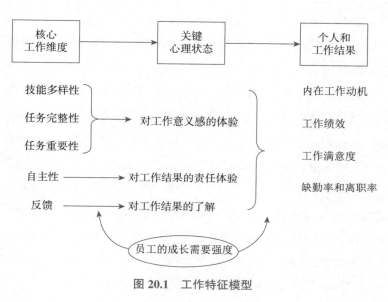

图 20.1 工作特征模型

与基于机械工作的工作设计不同，基于动机/激励的工作设计不再单一地专注于效率，而是将"人"纳入工作设计的考虑范畴，关注员工的心理状态。这种工作设计方式能够让员工拥有更大的动力去更好地完成工作，让员工觉得自己的工作更有价值和意义，从而进一步提高工作绩效和工作满意度，同时降低缺勤率和离职率（DeVaro，Li，& Brookshire，2007；Hackman & Oldham，1976）。但基于动机/激励的工作设计也具有一些潜在成本。对组织而言，首先，随着工作复杂程度的提升、技能多样性的增加，需要为员工提供更多的培训；其次，具备高能力、多技能的员工的薪资也会更高，这些都会增加组织的用人成本。对员工而言，复杂繁重的工作、较多的工作职责、较高的技能要求等也有可能导致其情绪耗竭、疲劳、犯错和压力大等（Morgeson，Campion，& Bruning，2012）。

在管理实践应用方面，结合 Hackman 和 Oldham（1976）的研究，Norris 和 Porter（2012）梳理了三种基于动机/激励的工作设计思想的实践策略：工作轮换（job rotation）、工作扩展（job enlargement）和工作丰富化（job enrichment）。工作轮换指将员工从一个工作岗位调到另一个工作岗位；工作扩展则是在现有工作任务上添加任务，扩大员工的工作范围。二者都是通过改变工作任务内容的方式拓展员工的技能和能力，从而带来积极的心理状态和良好的工作结果。工作丰富化指赋予员工在安排和计划自己的工作方面更多的责任，让员工感受到自己需要对工作结果负责，进而有更好的工作表现。此外，建立畅通的反馈渠道也是基于动机/激励的工作设计的实践表现形式之一，这有助于员工获得即时有效的关于其工作表现的反馈，进而能让其更深入地了解工作结果。

20.2 中国特色的工作设计

目前关于中国特色的工作设计的相关研究主要分为三类：第一，基于工作设计的相关理论模型，对中国样本进行检验，探讨该模型在中国情境下的适用性；第二，具体地探讨和对比某些工作特征在中国与其他国家的应用及不同影响；第三，从国家文化的角度，探讨文化对工作设计相关模型的影响。下文将分别从这三个方面进行具体介绍。

第一，研究使用中国样本，探讨了工作设计相关模型在中国情境下的适用性。工作设计相关模型（如工作特征模型）的开发和完善多建立在以西方文化为主的环境中（Fried, Levi, & Laurence, 2008），于是一部分中国特色的工作设计相关研究关注这些理论模型是否同样适用于中国情境。首先，一些研究验证了工作设计相关模型在中国情境下的适用性。例如，Liu 等（2022）将工作特征模型与自我决定理论相结合，探讨了工作特征通过影响员工的基本心理需求满足程度，进而对员工工作动机所产生的积极影响。他们还发现，员工的积极情绪特质会增强工作特征与基本心理需求满足间的正向关系，而员工的消极情绪特质则会减弱二者之间的关系。其次，一些研究也发现了工作设计相关模型在中国情境下的局限性。例如，Yang（2011）测量了中国员工的工作动机，发现虽然工作特征模型基本得到验证，但被中国员工视作最重要的工作动机——薪酬，并未被纳入该模型的考量中，这在一定程度上限制了工作特征模型在中国样本中的解释力度。Yan、Peng 和 Francesco（2011）发现工作丰富化并不一定总是对员工的工作满意度和绩效有正面影响。具体而言，他们在中国进行的纵向实地准实验研究发现，更丰富的工作仅提升了知识型员工的工作满意度和绩效，而对体力劳动者的工作满意度和绩效有负面影响。

第二，某些工作特征在中国及其他国家的对比研究。这类研究主要集中于对比工作特征（如自主性）在中国和其他国家的应用，以探讨在不同国家文化下工作特征对员工和组织的不同影响。具体来说，整体上大部分研究认为，中国与其他国家在工作特征的影响上大致相同。例如，Huang（2011）对比了中、日两国知识型员工的工作特征，发现虽然日本知识型员工的工作在激励型特征（如自主性、重要性、学习机会）上得分更高，但激励型工作特征通过提高工作满意度以降低离职意愿的理论模型在两国样本中得到了相似程度的支持。Slemp 等（2021）发现，中国和澳大利亚样本在相似程度上支持了工作重塑（job crafting）通过增强员工对工作的热情（包括和谐型热情和强迫型热情）影响工作投入和工作倦怠。然而，也有部分研究发现，中国与其他国家在某些工作特征上存在较大的差异，例如，Liu 等（2010）对比了中、美两国大学员工感知到的组织约束，发现两国之间的差异主要体现在人际约束（如缺乏他人帮助），而不是工作环境约束（如缺乏办公用品）上。具体而言，中国员工感受到更少的人际约束，而人际约束和工作环境约束对员工的负面影响在美国样本中更显著，这可能是由于美国员工更强调实现个人目标以及更需要对工作的控制感。

第三，从文化的角度探讨国家层面的文化对工作设计相关模型的影响。鉴于工作设计相关模型提出时仅考虑了个人及工作环境等因素的调节作用，有学者指出国家层面的文化特征也会影响工作设计与员工工作动机、满意度、绩效等变量之间的关系（Naseer et al., 2020）。中国文化具有集体主义（collectivism）、高权力距离（power distance）、高不确定性规避（uncertainty avoidance）、长期导向（long-term orientation）等特征，这些文化特征可能会增强或者削弱工作设计对员工及组织的影响。例如，工作特征模型中，五个工作特征维度得分高的工作有更高的灵活度和不确定性，高权力距离和高不确定性规避文化下（如中国）的员工在面对这类工作时可能会感受到更大的压力，从而带来一系列负面影响，如降低工作绩效和创新、减少组织公民行为，以及增加反生产行为等（Naseer et al., 2020）。一项涵盖 49 个国家超过 10 万名员工的研究也显示，相较于强调个人主义和低权力距离的文化，在集体主义和高权力距离的文化下（如中国），工作的内在激励特征（如挑战性、自主性）与员工工作满意度的正向关系较弱（Huang & Van de Vliert, 2003）。此外，Fila、Purl 和 Griffeth（2017）的元分析结果显示，工作要求–控制（支持）模型［job demand-control（support）model］在不同的国家文化下得到不同程度的支持，比如相较于集体主义国家（如中国），在强调个人主义的国家（如美国），工作要求和工作满意度的相关性更强。

20.3　人工智能背景下组织工作设计的新问题

作为当今最受学界和业界关注的新兴技术，人工智能正在全球范围内引发新一轮工业革命（Mitchell & Brynjolfsson, 2017），快速推动着全球经济发展和社会结构的变革（Vinuesa et al., 2020）。人工智能通常指代算法（algorithm）或机器人（robot）。"算法"通常被定义为"一种计算机程序，这种程序将输入数据转化为期望的输出结果，它通常比传统的技术系统更加包容（encompassing）、即时（instantaneous）、互动（interactive）和不透明（opaque）"（Kellogg, Valentine, & Christin, 2020, p. 366）。"机器人"被定义为"一种自动控制的、可以被重复编程的、多用途的实体，可以为人类或设备执行有用的任务"（International Federation of Robotics, 2017, p. 1）。

近年来，人工智能技术的战略地位日益凸显，中国、美国、欧盟等国家和地区均加大了对人工智能的研发投入，并将其视为经济发展和社会建设的新引擎。在这一大背景下，以算法、机器人为代表的人工智能技术被大量引入工作场所当中，对组织的各个场景进行赋能。人工智能已经在服务运营、生产制造、人力资源管理、营销与销售等八类组织场景中得到快速普及，并且在这些场景中都产生了显著的经济效益。例如，基于机器学习的神经网络算法已经被广泛应用于简历筛选、产品推荐、战略决策等场景中，服务机器人则在餐厅、酒店等场所承担着迎宾、推销、物品运输等工作。这些应用都极大地降低了组织的运营成本，促进了组织的价值创造。

尽管人工智能为组织带来了上述好处，它也对组织的工作设计提出了亟待解决的新挑战。一方面是对人工智能机器（以下简称"智能机器"）工作设计的挑战。智能机器具有自主认知和行动的能力，能够脱离对人类的依赖，单独完成许多工作任务。因此，组织需要考虑应该给这些智能机器安排什么工作任务、如何安排这些任务，以及这些安排可能会对组织和人类员工造成的影响。另一方面是对人类员工工作设计的挑战。智能机器的出现也对人类员工的工作设计提出了更大的挑战——不仅消除或重塑了人类员工的现有任务，还为员工创造了新的任务。面对这些变化，组织不得不重新确定人类员工的工作内容，并重建工作流程和评价方式。以上两方面的挑战都对工作设计领域提出了新的研究方向和问题。需要指出的是，研究者要认识到对智能机器的工作设计和对人类员工的工作设计并不是相互独立的，而是相互依赖、彼此牵连的——对智能机器的工作设计要考虑对人类员工的影响，反过来，对人类员工的工作设计要兼顾智能机器的工作效率。因此，研究者需要秉持系统的观点，在深刻认识人机之间的内在关系的基础上开展工作设计研究。

根据当前学界对于人机关系的两种主流观点——替代性观点（即人工智能会使人力资本丧失优势）和互补性观点（即人工智能与人力资本形成优势互补）（Krakowski, Luger, & Raisch, 2022），人工智能时代工作设计的研究问题可以划分为两类。第一，人工智能技术落地引发的失业风险问题。根据替代性观点，那些原本由人类承担的工作正在越来越多地被人工智能所承担，这对员工的心理产生了很大的负面影响，许多员工担心自己在不久的将来会被人工智能替代而失去工作（Yam et al., 2022）。第二，人类与人工智能的协同问题。根据互补性观点，越来越多的工作需要由人机协作完成，这就对组织当前的工作设计提出了新的要求，组织如何设计人机协作的工作来提高工作效率、提升组织成员福祉成为需要关注的重要问题。而对于"人如何适应人工智能"这一问题，正如前文所述，目前学者们多采用以替代性观点为主的被动视角进行探讨，而非以互补性观点为基础，采用以人为中心，以满足人的能力、需求和价值观为目的，调整人工智能和工作设计的主动视角（Parker & Grote, 2022）。如果组织能够在应用人工智能时辅以科学适宜的工作设计，在降低人工智能潜在风险的同时最大化人工智能带来的机会，则更可能使其产生事半功倍的效益。下文将分别从人工智能替代人类员工工作和人工智能与人类员工协作（人机协作）两个方面进行具体介绍。

20.3.1 人工智能替代人类员工工作

20.3.1.1 人工智能替代人类员工工作的现状

人工智能进入工作场所的核心特征是实现工作的自动化（Paolillo et al., 2022）。通过实现工作自动化, 人工智能能够帮助组织提高工作流程的效率、降低成本以及改善产品或服务等, 因此在工作场所中得到越来越广泛的应用（Benbya, Davenport, & Pachidi, 2020）。人工智能起初在工作场所中主要应用于简单重复的工作（如货物分拣、产品制造等）, 这些工作通常具有线性的、清晰连贯的工作步骤, 因此相对容易实现自动化。随着技术的发展, 人工智能逐渐能够识别与解决更加复杂的、情境化的问题, 因此也被进一步应用于复杂多变的工作, 如撰写文章、医疗诊断、自动驾驶等（Benbya, Davenport, & Pachidi, 2020; Paolillo et al., 2022）。总的来说, 人工智能进入工作场所是一个逐步深化的过程, 伴随着人工智能技术的发展, 无论是简单重复的工作还是复杂多变的工作, 都将越来越自动化。

工作实现自动化意味着人类员工的劳动不再是完成这些工作的必要条件。在如今的工作场所中, 人工智能已然实现了相当一部分工作的自动化（Paolillo et al., 2022; World Economic Forum, 2020）。由于人工智能既能实现机械重复的工作任务的自动化, 又能模拟人类的认知过程进行决策判断, 所以无论是体力劳动者还是知识工作者, "工作被人工智能替代"已经逐渐成为大部分人类员工所面临的潜在威胁（Benbya, Davenport, & Pachidi, 2020）。对于一个工作岗位, 如果岗位所包含的工作任务都能够实现自动化, 并且人类员工在该岗位上没有突出优势, 人类员工就可能面临被人工智能替代的风险。据预测, 到2025年, 约有8 500万个工作岗位会被人工智能替代, 其中涉及行政、财务、销售、人力、制造等多种职能岗位（World Economic Forum, 2020）。对于这些职能岗位上的员工来说, 如何通过技能培训等方法实现在劳动力市场上的再定位, 成为他们无法回避的问题（Paolillo et al., 2022）。

尽管大多数的工作都受人工智能技术的影响而变得更加自动化, 但不同的工作所面临的被人工智能替代的威胁程度并不相同（Paolillo et al., 2022; World Economic Forum, 2020）。根据Paolillo等（2022）计算的自动化风险指数（详见图20.2）, 教育培训类工作、社会服务类工作、管理类工作等所面临的被人工智能替代的风险低于种植畜牧类工作、房屋建造与维护类工作、餐饮服务类工作等; 物理学家、机器人工程师、经济学家等所面临的被人工智能替代的风险低于屠夫和肉类包装工。这种差异的形成主要是因为不同的工作所要求的工作技能与人工智能所具备的能力的匹配程度不同, 匹配程度越高的工作所面临的自动化风险越高, 人类员工被替代的可能性就越大（Paolillo et al., 2022）。相较于教育培训类工作、社会服务类工作与管理类工作, 种植畜牧类工作、房屋建造与维护类工作与餐饮服务类工作更加程序化, 所要求的工作技能更加符合人工智能的能力特征, 因此面临更高的自动化风险。以餐饮服务类、教育培训类工作为例, 对于餐饮服务类工作而言, 其所要求的订单管理、食物制作、成品配送等核心工作技能都在人工智能所拥有的能力范围之内（例如, 在麦当劳中, 自助点餐机能自动处理顾客订单与收费，厨师机器人能对食材进行加工，餐饮机器人能为顾客送餐），即餐饮服务类工作所要求的工作技能与人工智能所具备的能力匹配程度较高，因此餐饮服务类工作所面临的被人工智能替代的风险较高；对于教育培训类工作来说，尽管人工智能能够实现批阅作业、试卷等工作的自动化，但在与学生沟通、引导学生、进行个性化教学等核心工作上，人工智能暂且无法实现有效的自动化，这些工作在很大程度上仍然依赖于人类员工的劳动，即教育培训类工作所要求的工作技能与人工智能所具备的能力匹配程度较低，因此教育培训类工作所面临的被人工智能替代的风险较低。

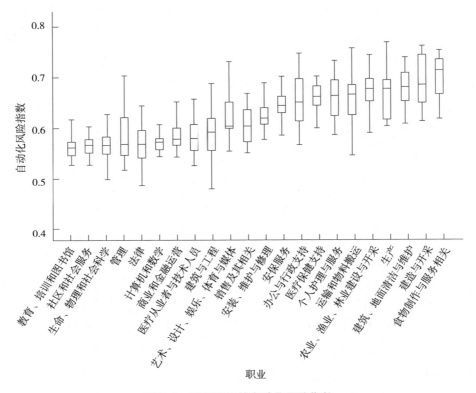

图20.2 不同职业的自动化风险指数

资料来源：Paolillo等（2022）。

20.3.1.2 人们面对被人工智能替代的反应

人工智能在部分工作上替代人类员工已然成为不可阻挡的趋势，因此人们对此的心理反应也成为一个重要议题。面对被人工智能替代的威胁，人类员工不得不提前通过技能培训等方式尽可能避免在未来失业，部分人类员工甚至已经失去了工作，遭受经济上的直接打击。因此，人们往往会对人工智能替代部分工作的现状与其发展趋势产生明显的抵触心理。例如，在Pew Research Center（2017）对美国民众进行的对工作自动化现状与趋势的态度的调查中，72%的美国人对工作自动化表达了担忧，是表达积极态度（33%）的两倍多。不仅如此，超过半数（58%）的美国民众认为，即使人工智能在某些工作上能够实现自动化且具有优于人类的工作表现，政府也应该对此进行限制，避免过多的工作被人工智能替代。

有趣的是，虽然人们心理上十分抵触人工智能，但当人们不得不在"被人替代"与"被人工智能替代"中做出选择时，还是会产生更加复杂的心理反应（Granulo, Fuchs, & Puntoni, 2019）。具体地，当人们作为旁观者时，更希望看到人类员工的工作是被其他人类员工替代，而不是被人工智能替代。这是因为人工智能的能力是可以无限复制的，被人工智能替代意味着人类员工目前所拥有的工作技能很可能无法在就业市场上找到工作，被替代的人类员工未来的经济状况将受到较大的威胁。因此，出于对被替代的人类员工的关心，当作为旁观者时，人们更希望人类员工是"被人替代"，而不是"被人工智能替代"。然而，当人们考虑自身工作被替代的情况时，则宁可选择被人工智能替代，也不希望自己被其他人类员工替代。这是因为当自身工作被其他人替代时，人们会倾向于进行社会比较，进而感到自我价值受到较大威胁，而被人工智能替代时人们自我价值所受到的威胁则较小。因此，出于对自我价值的保护，在考虑自身工作被替代的情况时，人们更希望是"被人工智能替代"，而不是"被人替代"。

综上所述，面对人工智能对工作的替代威胁，人类员工大多数时候都会产生消极的心理反应。因此，组织乃至整个社会应该重视员工对人工智能的消极心理反应，并采取措施缓解这一问题。

20.3.2 组织如何设计人机协作的工作

20.3.2.1 人机协作的现状

相比人工智能直接替代人类员工的工作，一个更为普遍的趋势是人工智能进入组织与人类员工组成人机团队共同协作承担工作任务，以激发协同优势（Wilson & Daugherty, 2018）。新近研究发现，通过将人类员工的知识、技能和能力与人工智能技术相整合，可以构建起竞争对手难以模仿的核心资源，从而为团队赢得竞争优势（Krakowski, Luger, & Raisch, 2022）。例如，在营销和医疗领域，人类独特的直觉和情境化理解力可以与智能算法的卓越计算能力形成优势互补——由算法给出大量方案，再交由人类结合情境特征依据直觉判断进行筛选，其决策效果往往比仅依靠人类或算法进行决策更好（Rawson et al., 2019; Wilson & Daugherty, 2018）。除了直接与人力资本进行耦合来构筑竞争优势、完成工作任务，人工智能也有助于促进人类群体内部的社会动态（social dynamics），提升人际互动，使得团队运作更加有效。例如，Traeger 等（2020）基于实验室研究发现，当社交机器人作为同伴与人类成员一起完成任务时，能够充当"社交催化剂"，增加人类成员群体内部的社会互动。

尽管人机协同的优势已经得到广泛证明和认可，诸多抑制性因素还是可能导致人机协同的无效率。最为突出的一个抑制性因素是人类对人工智能的厌恶。越来越多的证据表明，人类本能地对算法和机器人存在不同程度的厌恶。首先，就算法而言，人类存在算法厌恶（algorithm aversion），即人类不愿意使用不完美、有犯错风险的算法，即使在他们意识到算法的平均性能优于人类时（Dietvorst，Simmons，& Massey，2015），这种情况在算法被用于伦理决策时尤为明显（Bigman & Gray，2018）。其次，就机器人而言，人类对机器人产生厌恶的一个主要原因是由机器人过度拟人化引发的"恐怖谷效应"（uncanny valley effect），即机器人越像人，人们就越觉得它们毛骨悚然和令人厌恶（Mori，1970）。最后，某些特定人格特质的员工也可能无法很好地应用人工智能来实现较高的工作绩效。例如，Tang 等（in press）的研究立足于传统机器与人工智能之间的本质差异，探讨了在人工智能时代，尽责的员工是否还能在工作上保持较高绩效这一问题。具体来说，在以往的管理学研究中，员工的尽责性一直被认为是促进其工作绩效最重要、最有效的人格特质。然而，他们发现，尽责员工的高绩效表现或许只能发生在与传统机器协作的情境下，当在与人工智能协作的情境下时，相较于尽责程度较低的员工，尽责程度较高的员工在使用人工智能后的工作绩效反而可能会更低。这是因为，传统机器仅单方面接收员工的命令，能与尽责员工形成很好的互补，而人工智能通常高度自主并自有一套工作方式，这会与高尽责性员工的工作方式（即要求机器按照自己的规划开展工作）产生冲突，导致这些员工更容易感到工作角色模糊，进而降低工作绩效。

  整体来看，目前人机协作确实能够给组织、团队和员工带来诸多优势，这些优势不仅表现为协同优势所产生的工作效率和质量的提升，也表现在促进团队成员的社会互动方面。但与此同时，仍然有许多抑制性因素会导致人机协作的无效率，例如恐怖谷效应和算法厌恶。因此，管理者需要意识到，人机协作对于组织来说既是一个巨大的机会，能够在人工智能时代为组织构建起新的竞争优势，同时又伴随着诸多挑战，无视抑制性因素而盲目推崇人机协作可能会适得其反，导致组织效率降低。而科学、系统的工作设计则能够帮助组织优化人机协作过程，提升团队效率。因此，管理者需要深入理解工作、人类和人工智能三者之间的内在关系，厘清促进和阻抑人机协作有效性的因素，并在此基础上创造性地配置三者的交互模式和工作流程。只有这样，组织才能够"扬长避短"，最大化人机协作的价值，同时最小化人机协作的成本。

20.3.2.2 组织中人机工作设计的设想：基于工作特征模型的观点

  本小节将基于工作特征模型的观点，来探讨人机工作设计中的一个焦点话题——组织如何通过人机工作设计影响员工的工作特征，从而影响员工的相关心理和工作结果。下面将结合"人工智能逐渐承担人类员工的工作"这一社会趋势，给出一个围绕"人机任务相似性"概念的具体分析示例。在人工智能时代，一个最突出的趋势就是人工智能进入工作场所，承担起与人类员工相似的任务。例如，在餐厅，人类服务生和送餐机器人可能都会给客人送餐上菜；在招聘部门，应聘者可能会在几轮面试中分别遇到人类面试官和虚拟面试官。在这样的情境下，人类员工所承担的工作任务与人工智能所承担的工作任务之间就具有一定程度的相似性（即人机任务相似性）。这种相似性越高，意味着人类员工与人工智能承担的任务职能重合度越高，例如餐厅负责上菜的服务生与送餐机器人之间的任务相似性就较高；相反，相似性越低，意味着人类员工与人工智能承担的职能任务就越有差异，例如餐厅负责接待宾客的服务生与送餐机器人的任务相似性就较低。

那么，人机任务相似性到底会对人类员工的心理和工作结果产生什么影响呢？工作特征模型对于回答这一问题就特别有用。工作特征模型认为"核心工作维度"是影响员工"心理状态"和"个人和工作结果"的关键前因。结合这一观点，可以从两个方面来思考其对员工的影响：① 人机任务相似性会使人类员工的核心工作维度产生什么变化？② 这些变化会对人类员工的心理和行为产生什么影响？这些问题十分开放，可以结合现实中的观察和案例来尝试给出答案。例如，可以从"任务重要性"这一工作维度来思考，人机任务相似性会降低人类员工的任务重要性吗？这是否会进一步影响人类员工的工作意义感？这个问题目前并无定论：一方面，人机任务相似性可能会降低人类员工的任务重要性，因为当员工意识到人工智能与自己承担相同的任务职能时，可能会感觉自己的投入对于任务的成败无关紧要，从而认为自己的工作没有意义。另一方面，人机任务相似性可能会提升人类员工的任务重要性，因为人工智能将人类员工从一些繁忙但琐碎的任务中解脱出来，使得员工拥有更多时间和精力可以集中处理那些重要的任务，进而提升他们的工作意义感。这两派观点粗浅看来都言之有理，留待读者和研究者进一步探讨。类似地，读者也可以进一步思考，人机任务相似性对人类员工的工作自主性以及随后对工作结果又会产生什么样的影响？

通过上述示例可以看出，工作特征模型对于探讨"人机工作设计对人类员工心理和工作结果的影响"有所帮助，它为分析这一问题提供了一个系统的理论框架。除了分析人机任务相似性，工作特征模型也可以用于分析人工智能时代的其他诸多新兴工作设计，例如算法培训、算法监督、人机协作的产品生产等。总而言之，读者应注意到，经典的工作特征模型在人工智能时代并未落伍；相反，它与人工智能时代的人机工作设计是相辅相成的，前者为分析后者提供了有力的理论工具，而后者为前者的发展赋予了新的空间。

本章小结

工作设计在满足组织和个人需要的基础上，规定每个工作岗位的任务、责任、权力、活动范畴以及与其他工作岗位的关系。

工作内容设计涵盖工作的广度、深度、完整性、自主性和反馈五个方面。

基于机械工作的工作设计的核心观点是通过研究工作特点，确定最有效的工作方法和技巧，从而提高工作效率。泰勒提出的科学管理原则是其代表性理论。

基于动机/激励的工作设计关注员工的心理状态，探究如何通过设计工作特征让员工工作的内部动机/激励最大化。哈克曼和奥尔德姆是基于动机/激励的工作设计思想的代表性学者，他们所提出的工作特征理论是这一类工作设计研究的代表性理论。

人工智能实现了工作的自动化，为组织带来了积极效益，但也使得人类员工面临被替代的威胁。面对人工智能对工作的替代，人们绝大多数时候都采取抵制的态度。但当自身工作面临是"被人替代"还是"被人工智能替代"的困境时，人们更愿意选择"被人工智能替代"。

人机互补性视角下的人机关系研究主要关注人机协作团队的工作设计。现有研究表明，人机协作团队相比传统的人类团队具有独特的优势，同时也存在阻碍人机协作有效性的抑制性因素，如算法厌恶和恐怖谷效应。未来的研究需要考虑如何通过具体的工作设计手段来激发人机协作的优势和减少人机协作中的抑制性因素。

重要术语

工作设计　中国特色的工作设计　人工智能　人机协作

复习思考题

1. 工作设计的内涵是什么？它包括哪些方面？
2. 具有中国特色的工作设计主要体现在哪些方面？为何会在上述方面与西方不同？
3. 随着人工智能的引入，传统的工作设计会发生哪些变化？
4. 人工智能背景下，组织工作设计会面临哪些问题或挑战？
5. 在工作设计中引入人工智能，对组织和员工会产生哪些有益或有害的影响？

中国实践

"达芬奇"手术机器人

1999年，世界上第一台手术机器人——"达芬奇"机器人手术系统（Da Vinci robot-assisted surgical system）诞生。2006年，我国正式引进这一手术机器人。"达芬奇"手术机器人拥有可放大10倍的裸眼3D高清视野和灵活的双手，具有"重现、精准"的特征，可以协助人类医生高效完成微创手术。目前，"达芬奇"手术机器人已在国内完成近3万台手术，涉及胸外科、泌尿外科、妇产科、头颈外科、心脏外科等多个细分领域。

"达芬奇"手术机器人的引入颠覆了传统手术场景的设定，医生与机器人采取"主仆式"远距离操作模式协作执行手术。主刀医生无须长时间站在手术台前，只需要坐在控制台前像驾驶汽车一样指挥"达芬奇"手术机器人做手术即可。主刀医生用一只脚踩踏镜头键来移动镜头和查看手术视野，随后将机械臂移至手术目标区域，之后再用另一只脚激活能量平台，运转手术操作器械。手术台前的"达芬奇"手术机器人接收到指令后，灵活地在布满细小血管、神经组织的患者体腔内翻转剪切，精准完成分离、切除、止血、缝合等操作。助理医生则通过显示屏实时"监督"机器臂并进行一些辅助工作。

尽管"达芬奇"手术机器人能够减轻主刀医生长时间站立在手术台前的疲惫感，但人机协作的新型手术模式还是对医生提出了新的要求。医生必须参加严格的培训，对手柄、脚踏板等机器人部件的操作形成清晰、透彻的认知，才有资格进行临床手术。例如，只是将手指简单套进操作杆，就需要通过大量练习掌握力度、时机等。这些模拟练习可以通过"达芬奇"

手术模拟训练器进行。

与传统手术相比,"达芬奇"手术机器人能够有效提高手术精准度,降低失血量,减少对患者身体机能的损伤,减轻术后疼痛,促使患者快速恢复。相较于传统开放性手术所造成的长达二三十厘米的创伤切口,通过"达芬奇"手术机器人进行手术,最小创口不足一厘米,只需要一块小小的创可贴即可。这主要是因为"达芬奇"手术机器人具有自动滤除颤抖技术,能够消除人手颤抖的潜在风险。并且它拥有人类手臂无法企及的灵活性和活动范围。人的手臂只有五个自由度,而机器人手臂有七个自由度,可以旋转540°,轻松完成反关节操作。在一些人类双手难以触及的狭窄位置,"达芬奇"手术机器人也能游刃有余。此外,"达芬奇"手术机器人的"眼睛"相比人眼视野更加清晰,提供了类似IMAX电影的三维立体画面,可将视野放大10～15倍,有利于主刀医生更好地把握操作距离,辨认解剖结构。

"达芬奇"手术机器人有广阔的发展前景。随着5G时代的到来,使用"达芬奇"机器人手术系统进行远程手术更是指日可待。

资料来源:改编自《达芬奇手术机器人,巧在哪》,《浙江日报》,2020年8月14日。

思考题

1. 你认为随着"达芬奇"手术机器人的逐步应用,相较于传统手术模式,医生与手术机器人协作的新模式将发生哪些变化?
2. 与传统手术模式相比,手术机器人与人类医生协作手术的新模式有哪些优势?
3. 与传统手术模式相比,人类医生需要掌握的技能和能力有哪些变化?
4. 人类医生相比手术机器人有哪些不可替代的优势?

参考文献

Abdullah, R., & Fakieh, B. 2020. Health care employees' perceptions of the use of artificial intelligence applications: Survey study. *Journal of Medical Internet Research*, 22(5): e17620.

Benbya, H., Davenport, T. H., & Pachidi, S. 2020. Artificial intelligence in organizations: Current state and future opportunities. *MIS Quarterly Executive*, 19(4): 9–21.

Bigman, Y. E., & Gray, K. 2018. People are averse to machines making moral decisions. *Cognition*, 181: 21–34.

Boonzaier, B., Ficker, B., & Rust, B. 2001. A review of research on the job characteristics model and the attendant job diagnostic survey. *South African Journal of Business Management*, 32(1): 11–34.

Campion, M. A., & McClelland, C. L. 1991. Interdisciplinary examination of the costs and benefits of enlarged jobs: A job design quasi-experiment. *Journal of Applied Psychology*, 76: 186–198.

DeVaro, J., Li, R., & Brookshire, D. 2007. Analysing the job characteristics model: New support from a cross-section of establishments. *The International Journal of Human Resource Management*, 18(6): 986–1003.

Dietvorst, B. J., Simmons, J. P., & Massey, C. 2015. Algorithm aversion: People erroneously avoid algorithms after seeing them err. *Journal of Experimental Psychology: General*, 144(1): 114–126.

Fila, M. J., Purl, J., & Griffeth, R. W. 2017. Job demands, control and support: Meta-analyzing moderator effects of gender, nationality, and occupation. *Human Resource Management Review*, 27(1): 39–60.

Fried, Y., Levi, A. S., & Laurence, G. 2008. Motivation and job design in the new world of work. in C. Cooper & S. Cartwright (Eds.), *The Oxford Handbook of Personnel Psychology* (pp. 586–611). Oxford, UK: Oxford University Press.

Granulo, A., Fuchs, C., & Puntoni, S. 2019. Psychological reactions to human versus robotic job replacement. *Nature Human Behaviour*, 3(10): 1062–1069.

Griffin, R. W., & McMahan, G. C. 1994. Motivation through job design. in J. Greenberg (Ed.), *Organizational Behavior* (pp. 33–54). Routledge.

Hackman, J. R., & Oldham, G. R. 1975. Development of the job diagnostic survey. *Journal of Applied Psychology*, 60(2): 159–170.

Hackman, J. R., & Oldham, G. R. 1976. Motivation through the design of work: Test of a theory. *Organizational Behavior and Human Performance*, 16(2): 250–279.

Huang, T. P. 2011. Comparing motivating work characteristics, job satisfaction, and turnover intention of knowledge workers and blue-collar workers, and testing a structural model of the variables' relationships in China and Japan. *The International Journal of Human Resource Management*, 22(4): 924–944.

Huang, X., & Van de Vliert, E. 2003. Where intrinsic job satisfaction fails to work: National moderators of intrinsic motivation. *Journal of Organizational Behavior*, 24(2): 159–179.

Humphrey, S. E., Nahrgang, J. D., & Morgeson, F. P. 2007. Integrating motivational, social, and contextual work design features: A meta-analytic summary and theoretical extension of the work design literature. *Journal of Applied Psychology*, 92(5): 1332–1356.

Ilgen, D. R., & Hollenbeck, J. R. 1992. The structure of work: Job design and roles. in M. Dunnette & L. Hough (Eds.), *Handbook of Industrial and Organizational Psychology* (pp. 165–207). Palo Alto, CA: Consulting Psychologists Press.

International Federation of Robotics. 2017. The impact of robots on productivity, employment, and jobs. https://ifr.org/img/office/IFR_The_Impact_of_Robots_on_Employment.pdf.

Karasek, R. A., Jr. 1979. Job demands, job decision latitude, and mental strain: Implications for job redesign. *Administrative Science Quarterly*, 24（2）：285–308.

Kellogg, K., Valentine, M., & Christin, A. 2020. Algorithms at work: The new contested terrain of control. *Academy of Management Annals*, 14（1）：366–410.

Krakowski, S., Luger, J., & Raisch, S. 2022. Artificial intelligence and the changing sources of competitive advantage. *Strategic Management Journal*, 6：1–28.

Liu, C., Nauta, M. M., Li, C., & Fan, J. 2010. Comparisons of organizational constraints and their relations to strains in China and the United States. *Journal of Occupational Health Psychology*, 15（4）：452–467.

Liu, Y., Wang, S., Zhang, J., & Li, S. 2022. When and how job design influences work motivation: A self-determination theory approach. *Psychological Reports*, 125（3）：1573–1600.

Mitchell, T., & Brynjolfsson, E. 2017. Track how technology is transforming work. *Nature*, 544：290–292.

Morgeson, F. P., Campion, M. A., & Bruning, P. F. 2012. Job and team design. in Salvendy, G. （Ed.）, *Handbook of Human Factors and Ergonomics*（pp. 441–474）. John Wiley & Sons.

Mori, M. 1970. The uncanny valley. *Energy*, 7（4）：33–35.

Naseer, S., Donia, M. B. L., Syed, F., & Bashir, F. 2020. Too much of a good thing: The interactive effects of cultural values and core job characteristics on hindrance stressors and employee performance outcomes. *Human Resource Management*, 59（3）：271–289.

Norris, S. E., & Porter, T. H. 2012. Job design. in Rothwell, W. J.（Ed.）, *The Encyclopedia of Human Resource Management: Short Entries*（pp. 288–291）. John Wiley & Sons.

Oldham, G. R., & Fried, Y. 2016. Job design research and theory: Past, present and future. *Organizational Behavior and Human Decision Processes*, 136：20–35.

Paolillo, A. et al. 2022. How to compete with robots by assessing job automation risks and resilient alternatives. *Science Robotics*, 7（65）：eabg5561.

Parker, S. K. 2014. Beyond motivation: Job and work design for development, health, ambidexterity, and more. *Annual Review of Psychology*, 65：661–691.

Parker, S. K., Morgeson, F. P., & Johns, G. 2017. One hundred years of work design research: Looking back and looking forward. *Journal of Applied Psychology*, 102（3）：403–420.

Parker, S. K., & Grote, G. 2022. Automation, algorithms, and beyond: Why work design matters more than ever in a digital world. *Applied Psychology*, 71（4）：1171–1204.

Pew Research Center. 2017. Automation in everyday life. Retrieved on September 10, 2022, from https://www.pewresearch.org/internet/2017/10/04/automation-in-everyday-life.

Rawson, T. M., Ahmad, R., Toumazou, C., Georgiou, P., & Holmes, A. H. 2019. Artificial intelligence can improve decision-making in infection management. *Nature Human*

Behaviour, 3: 543–545.

Slemp, G. R., Zhao, Y., Hou, H., & Vallerand, R. J. 2021. Job crafting, leader autonomy support, and passion for work: Testing a model in Australia and China. *Motivation and Emotion*, 45（1）: 60–74.

Tang, P. M. et al. in press. When conscientious employees meet intelligent machines: An integrative approach inspired by complementarity theory and role theory. *Academy of Management Journal*, 65（3）.

Taylor, F. W. 1911. *The Principles of Scientific Management*, New York: Norton.

Traeger, M. L., Sebo, S. S., Jung, M., Scassellati, B., & Christakis, N. A. 2020. Vulnerable robots positively shape human conversational dynamics in a human-robot team. *Proceedings of the National Academy of Sciences*, 117（12）: 6370–6375.

Tsarouchi, P., Makris, S., & Chryssolouris, G. 2016. Human-robot interaction review and challenges on task planning and programming. *International Journal of Computer Integrated Manufacturing*, 29（8）: 916–931.

Vinuesa, R. et al. 2020. The role of artificial intelligence in achieving the sustainable development goals. *Nature Communications*, 11（1）: 1–10.

Wilson, H. J., Daugherty, P., & Bianzino, N. 2017. The jobs that artificial intelligence will create. *MIT Sloan Management Review*, 58（4）: 14–16.

Wilson, H. J., & Daugherty, P. R. 2018. Collaborative intelligence: Humans and AI are joining forces. *Harvard Business Review*, 96: 20–21.

World Economic Forum. 2020. The future of jobs report 2020. Retrieved on September 10, 2022, from https://www.weforum.org/reports/the-future-of-jobs-report-2020.

Yam, K. C., Tang, P. M., Jackson, J. C., Su, R., & Gray, K. 2022. The rise of robots increases job insecurity and maladaptive workplace behaviors: Multimethod evidence. *Journal of Applied Psychology*. Advance online publication.

Yan, M., Peng, K. Z., & Francesco, A. M. 2011. The differential effects of job design on knowledge workers and manual workers: A quasi-experimental field study in China. *Human Resource Management*, 50（3）: 407–424.

Yang, F. 2011. Work, motivation and personal characteristics: An in-depth study of six organizations in Ningbo. *Chinese Management Studies*, 5（3）: 272–297.

第 21 章

数据驱动的人力资源管理

学习目标
1. 理解传统人力资源管理的内容模块、主要目的和操作方式
2. 理解数智技术对我国人力资源管理实践的革新
3. 认识"人与技术交互"的逻辑
4. 掌握数据驱动的人力资源管理的实践设计原则

引导案例

百度人才智库：大数据智能化人才管理

随着互联网行业的高速发展，中国本土高科技公司在人力资源管理上面临诸多共同挑战。就百度而言，"招最好的人，给最大的空间，看最后的结果，让优秀人才脱颖而出"是公司一贯秉持的人才理念，然而，何为"最好"？何为"优秀"？怎么评估"结果"？传统的人才管理中主要依靠经验判断与简单的统计分析，存在很强的主观性和模糊性，也不够准确。除此之外，百度人力资源合作伙伴（HRBP）①与员工在日常沟通中可能存在关注不够及时、了解不够全面等问题，因此管理动作往往也具有滞后性。

以上这些人才和组织相关的管理痛点，不仅在百度，在众多科技企业中都具有普遍性。如何利用技术解决痛点？百度人才智库（Talent Intelligence Center，TIC）给出了答案。

百度人才智库的创立：管理的"不易"与"变易"

2014 年年底，人工智能和数据挖掘领域的世界级专家、美国计算机协会杰出科学家熊辉加入百度，带领同样资深的人才智库团队成员，针对百度人才管理痛点，立志运用世界领先的大数据分析技术为百度人才管理提供科学分析工具与智能决策支持。

传统人才管理须通过大量实践才能总结出合理规则，永远在解决问题，相对滞后。而百度人才智库通过数据挖掘提供预测性分析，预判问题的发生，从而未雨绸缪。百度拥有强大的大数据挖掘团队，对人力资源业务具有长期、深入的了解，此外还拥有积累到一定程度的内外部 ERP 和舆情系统等数据，这些都让百度人才智库在智能管理行业爆发前应运而生。

虽然依托最前沿的数据挖掘技术，但熊辉表示，现代数据科学家只有在把握定性原则等的基础上，才能更好地利用数据挖掘技术，从科学的角度进行定量分析。《易经》中的"不易"

---

① 人力资源合作伙伴指的是公司派驻到各业务单元的人力资源管理者，他们主要协助业务部门进行人才发掘、培养和配置。

和"变易"原则，对预测科学建模具有深刻的指导意义。预测是建立在"不易"——万物有不变的根本——基础上的，万物有"不易"才有预测的可能。把握"不易"后，要抓住"变易"。任何事物都有"不易"的开始，但是会不断变化，会有"变易"，所以做预测还要把握住变化的方向和趋势。就人力资源管理而言，"不易"的三个方面是对人才、组织和文化的管理。小型企业的成功主要在于领导者的能力；中型企业的成功主要在于组织的高效管理；大型企业的成功主要在于文化的建设。

战略实施：自下而上，用事实说话

在没有先例的情况下，人才智库团队从业务场景入手，与人才管理专家以及不同背景的百度员工多维沟通，以超过10万内部员工（历史＋在职）数据与海量多源外部公开数据为基础，从2015年起创建并提供了国内首套智能化人才管理综合解决方案。凭借人才智库科学的理论模型，百度能以更加量化客观的衡量手段，从人才、组织和文化三方面来践行"让优秀人才脱颖而出"的人才管理理念。

作为"空降"到传统人力资源部门的一支技术团队，人才智库仅在短短一年内就深入一线，与百度人力资源的所有职能团队无缝衔接，覆盖招聘（staffing）、HRBP、薪酬福利（C&B）、员工发展领导力培养（leadership development）等全部目标人群的重点业务，重复以及连续使用率超过90%。事实上，百度人才智库的成功主要依靠以下几种实践和管理方法：

（1）高管层和跨学科专家通力合作。多数企业中，IT技术团队参与制作管理工具都属于跨部门合作，而人才智库本身由人力资源部直接参与领导，与人力资源各职能部门统一管理，利益达成一致。处于人力资源部内部，让人才智库对各业务流程的精细环节了如指掌，像医生治病一样去诊断各业务线的痛点。

（2）用事实和数据说话的工程师文化提供优良土壤。大数据、人工智能和人力资源管理毕竟是截然不同的学科。让使用不同语言、具有不同思维的两类人能成为一个集体通力合作，一开始也并非易事。例如，以人才智库用机器学习进行员工挽留和离职预测为例，一开始HRBP对能否用人工智能进行员工挽留和离职预测及其准确性持保守和观望态度。早期阶段，HRBP照常继续使用常规人工标记和经验判断进行离职预测，而人才智库则利用大数据和机器学习进行预测。经过为期6个月的测试和实验，双方用A/B测试对比人工和机器学习的准确性，发现人工智能模型确实更胜一筹，因此打消了HRBP团队的疑虑。

（3）自下而上的运营推进。很多传统企业在推进新管理系统和工具时，最高效的方法是由上至下，以高管层以身作则使用新系统为起点，然后中层和前线管理者乃至员工才会使用。但在百度，受互联网思维影响，这一过程是自下而上的。只有新管理工具真的解决了员工和前线管理者当前的问题，提高了他们的工作效率，为他们节约了时间，才会被他们接纳、认可，从而影响到更高层级的员工和管理者去使用新工具。人才智库的人工智能解决方案在百度的推广和实施过程正是如此。

结果说话：精准把脉人才、组织和文化

人才智库研发的智能人才管理系统主要作用于人才、组织和文化三大方面，包含"智·风控""智·留辞""智·文化""智·选才""智·组织"和"智·人物"等六个功能模块。

人才方面，人才智库能够帮助公司极大地提升招聘效率，科学识别优秀管理者与人才潜力，预判员工的离职倾向和离职后的影响，并为有针对性的人才获取、培养与保留提供智能化支持。以人才流失预测和挽留分析为例，通过收集公司内外的数据，包括来自社交媒体和互联网的舆论信息及文本，人才智库建立了包括经济、职业发展和个人家庭原因等数万个动态特征的 90 天离职预测模型，针对目标人群的预测准确度达到 90% 以上。在 2015 年进行的一次离职预测中，人才智库分析出了离职指数最高的前 30 名百度员工，3 个月内其中 29 人向人力资源部提出离职申请。

相应地，人才智库还能计算出员工的离职影响力有多大，并分析出离职的各项原因。如果离职指数高的员工达到一定重要程度甚至不可或缺，且离职原因在公司可控范围内，人力资源部就能够及时进行干预，采取适当的激励和挽留手段。

组织方面，人才智库能够通过分析部门活力、人才结构和部门圈子，科学评估组织稳定性，揭示组织间的人才流动规律，为组织优化调整、进行高效人才激励与促进人才流动提供智能化支持。以"人才圈子雷达"为例，从感性上来说，人才圈子反映出的事实就是：找工作也须"门当户对"。比如人才智库通过数据挖掘发现，美国在线招聘的编程人员和媒体人才呈现出截然不同的层次特点。美国在线的程序员大都来自比较二线的 IT 公司，几乎没有谷歌、脸书这种一线公司的员工。而其媒体人才来自相对更高端的圈子，比如《华尔街日报》《金融时报》等。通过构建这样的社交职业生涯网络，以及对数百万份人才档案和招聘广告进行智能建模，人才智库就可以预测出特定行业和市场圈层的招聘热点，让公司人力资源部能针对大趋势做出应对。

人才智库将类似的模型应用到百度人才招聘趋势分析上，为招聘战略的制定提供了前瞻、有效的决策支持。例如，2015 年，人才智库通过对互联网上各公司超过百万量级的招聘文案进行分析，在当年年初就成功预测了大数据、人工智能相关人才将取代 O2O（在线离线/线上到线下）相关人才成为未来高科技公司的招聘热点，同时还准确预测了相关竞品公司在自动驾驶等领域的战略布局。

文化方面，人才智库能及时呈现组织内外部的舆情热点，智能分析外部人才市场状况，为管理者提升公司口碑、提振员工士气，为公司文化战略相关决策的制定提供智能决策支持。在百度，人才智库通过自主研发的人工智能模型提出了全新的组织创新文化量化评估指标——创新熵。创新熵基于客观的行为学数据对组织进行多维度解析，例如自由性、多样性、扁平化等。人才智库认为一个创新的组织文化应当在管理上具有扁平化、员工背景多样化等特征，而这些都是可以通过日常的数据分析和挖掘获得的。基于创新熵，百度的管理者能够更有效地发现那些具有创新土壤的部门和团队，并根据公司战略更好地对其赋能。

资料来源：改编自《百度人才智库：大数据智能化人才管理》，哈佛商业评论网站，2018年10月19日，https://www.hbrchina.org/2018-10-19/6550.html（访问日期：2023年2月2日）。

思考题

1. 百度的大数据智能化人才管理有哪些特点和新意？
2. 百度的大数据智能化人才管理在其他企业可以推广吗？
3. 有了人才智库系统，百度可以实现人力资源管理的"去人化"吗？

21.1 数字技术的发展与人力资源管理模式的更新

自工业革命以来，技术的每一次更迭都成为推动时代演进的重要力量。而在当今的数字化时代，数字技术的发展更是不断塑造着组织活动的新模式。根据Cascio和Montealegre（2016）对数字化时代阶段的划分，在20世纪50年代左右的企业计算（enterprise computing）阶段，大型主机的中心化信息处理提升了组织内关键业务的运行效率；在20世纪80年代至2000年的终端用户计算（end-user computing）阶段，个人运用电脑提升工作效率成为可能，信息技术对个体的普惠价值开始显现；在2000—2010年的战略计算（strategic computing）阶段，因特网的普及及其与企业信息系统的连通塑造了组织内和组织间的互联关系；而在21世纪10年代之后的泛在计算（ubiquitous computing）阶段，数字技术渗透于组织与社会生活的方方面面，物理空间和数字空间之间的壁垒越来越模糊，人们随时随地都可以通过数字技术接触和控制环境。这一"万物互联"的时代，数字技术已经成为员工工作和生活中不可剥离的一部分。

数字技术在经济与社会生活中的全面渗透，进一步推进了组织数字化转型的深入发展，尤其是人力资源管理模式的更新。在今天的组织数字化转型深化阶段，技术对组织的影响实现了从"片面、分散、业务为中心、忽视人"到"整体、系统、业务与人协同"（谢小云等，2022a，p.73）的转变。系统性、全面性和整体性的组织数字化转型使得组织的"人、财、物、事"全链路数据被大规模集成。特别地，当组织中人的特征、状态、行为过程被转换为数据节点时，人力资源管理的"选用育留"各环节都拥有了翔实、客观的数据基础，辅以大数据分析方法，人力资源管理者便可以获得更多超越感性经验的科学决策指导。由此看来，人力资源管理实践沿着从经验、主观到定量、循证的维度发展到了新高度，并出现了真正"数据驱动"的可能性。

数字技术对人力资源管理的裨益，集中体现在其庞大的数据体量、精准高效的运算能力、广泛互联的沟通模式对人力资源实践各环节效率的提升以及结果的优化上。但为了在人力资源管理实践中充分实现数字技术的上述潜能，管理者还需从员工视角出发，提升员工与这些数字化管理手段之间的融合（fusion）（Wilson & Daugherty, 2018）。谢小云、左玉涵和胡琼晶

（2021）关于数字化人力资源管理的研究提出了"人与技术交互"的视角，指出管理者和学者需要在技术与员工的二元关系中理解并充分发挥数字技术对人力资源管理的赋能作用。在本章接下来的内容中，我们将基于"招聘与选拔""培训与开发""监管与考核""奖惩与激励"以及"组织–员工关系"五大人力资源管理模块，结合传统实践的关键原则与主要目标，依次阐述数智时代人力资源管理新的实践内涵，突出数字技术在提升人力资源管理效能或革新人力资源管理方式中的积极作用，并进一步基于"人与技术交互"的视角（谢小云、左玉涵和胡琼晶，2021），关注员工的体验与反应，指出数据驱动的人力资源管理实践面临的关键挑战与设计原则。

21.2 招聘与选拔

招聘与选拔是组织人力资源的来源途径，其目的在于吸引与组织需求相匹配的人才。"匹配"（fit）在这一实践中起着至关重要的作用。其中，人与岗位的匹配（person-job fit）衡量的是人才能力素质与岗位职责要求之间的匹配；而人与组织的匹配（person-organization fit）则是更为广泛的概念，它反映了人才与组织在众多关键特征，例如价值观、愿景、双方需求和能提供的回报等方面的兼容程度（Carless，2005）。这两类匹配有助于提升组织对员工的吸引力以及员工的留任意愿，并最大化人才的"用武之地"，进而促进组织绩效的提升。

如何通过招聘与选拔来为组织吸引最匹配的人才？这是人才招聘与选拔过程中的关键挑战。根据信号理论（signaling theory）（Spence，1978），劳动力市场中的招聘者始终面临着信息不对称问题：候选人真实的胜任力和其他关键特征在招聘过程中往往是难以外显化的，因此招聘者只能根据候选人展现出的与其品质（quality）和意愿（intention）相关的线索推断其真实特征。然而，在外部市场的海量求职者中搜寻有意向的候选人，并进一步遴选出真正匹配的人才，无疑需要耗费大量的管理成本，也需要克服各类主观偏误。在传统的人力资源管理实践中，管理者常在接触候选人之前进行胜任力建模，即基于特定职位上绩效优异者的行为与特质构建该职位所需的胜任力模型（competence model）。根据胜任力模型，组织即可确定其所需人才的"画像"，并结合面试、笔试等多种测评方法进行人才甄选。而在数智时代，随着智能招聘方案和人工智能面试工具的出现，招聘与选拔的成本得以大幅降低，人才测评的信度和效度也得到了提升。

21.2.1 人才搜寻：对外部人才市场的全景监测与分析

为了搜寻有潜力的人才，管理者需要对外部人才市场进行监测和有效分析。然而，传统的人才市场调研的对象范围有限，且受制于调研者的主观经验和有限理性（bounded rationality），管理者往往难以对外部人才市场形成全面、及时、客观的了解。但随着组织智能人才系统的建立，越来越多的组织可以通过搜集互联网或社交媒体中的多维数据，通过大数据分析来洞察人才市场的全貌，并快速锁定具有一定匹配度的求职者。

在本章的引导案例中，百度的人才智库系统构建的"人才圈子雷达"便通过数据挖掘分析出了不同类型的人才在外部市场中所处的具体圈层。这类智能工具可以依据组织内部的需求，确定组织所需的人才在市场中的区位，精准地投放广告以吸引关键人才。更重要的是，通过掌握市场上的百万份人才档案和招聘广告，百度人才智库这类智能人才系统可以进行大数据建模，通过自然语言处理等方式计算出人才与组织需求之间的匹配程度。例如，备受国内企业关注的IBM公司的"沃森招聘"（IBM Watson Recruitment）[①]产品通过对社交媒体人才档案的自然语言分析，结合组织的岗位描述，能自动根据候选人的能力和雇主的需求计算出匹配程度，并进一步结合历史数据计算招聘成功的概率。通过对人才市场信息的建模，人工智能将管理者从筛选海量简历的重复性劳动中解放出来，并以较低的成本高效地识别合适的候选人，提升招聘效率。

21.2.2　人才测评：基于多媒介大数据分析的科学测评

在确定候选人与求职意向之后，管理者往往会综合应用多种测评方法甄选最合适的员工。其中，非结构化面试、评价中心和人格测评是传统人力资源管理中最常用的测评方法。在人事测评实践中，保障方法的信度和效度是主要考量。其中，信度衡量的是测评方法的可靠性和一致性，即测评工具能否反映候选人一致、稳定的行为模式与特质；效度衡量的是测评方法的有效性，即测评工具能否有效捕捉组织想要了解的信息。得益于人工智能测评工具和机器学习方法在测评中的应用，测评的信度和效度也出现了大幅提升的可能性。

在信度方面，传统的测评方法往往难以客观、全面地捕捉和记录候选人在测评过程中传达的所有信息。例如，在面试过程中，测评者可能只会观察和记录候选人关键的观点和最突出的行为表现，而对这些信息的评价和判断又受限于测评者的主观性。人工智能测评工具则能弥补上述缺陷。以我国人力资源科技公司北森研发的"AI闪面技术"[②]为例，这一测评工具能帮助管理者记录候选人的语音、语义、图像视觉等多维度信息，并从丰富的媒介中提取关键特征，进行科学定量的分析。这些特征包括候选人的口语水平、英语水平、情绪表现等标准内容，也包括其对加班、出差的态度等定制化的内容。以这一技术为媒介，管理者可以准确记录候选人的信息并加以客观的判断，从而提升测评的信度。

在效度方面，传统的测评方法难以快速了解候选人"冰山下的特质"，这也是前文中指出的信号理论描述的信息不对称问题所导致的。然而，随着机器学习技术在组织管理研究中得到关注，已有大量基于大数据的人格测评技术被开发出来（比如，Bleidorn & Hopwood, 2019；Wu, Huang, & Zhao, 2019）。例如，我国学者吴记等（Wu, Huang, & Zhao, 2019）开发了基于中文语料库的调节聚焦（regulatory focus）特征识别方法，其能通过个体在网站上的评论文本识别出其调节聚焦倾向。这些研究帮助我们在外显的行为表现（尤其是文本内容）

[①] 沃森招聘是IBM公司开发的、世界范围内较为先进的智能招聘工具，读者可在IBM公司官网上查看这一工具所运用的算法技术的详细信息。

[②] 北森的"AI闪面"是国内业界较为认可的人工智能面试系统，读者可在其官网上查看这一系统背后的技术细节。

与内隐的人格特质之间建立桥梁。北森的"AI 闪面"也应用了这类技术,通过语音分析、自然语言处理、计算机视觉技术,解构候选人的口语表达内容,并刻画其学习能力、同理心、坚韧性和抗压能力等方面的特质。这样的实践有利于提升测评的效度,以较低的成本将管理者真正关心的内隐特征外显化。

智能招聘与人工智能测评理论的发展与工具的应用使得组织的招聘与选拔能获取更加全面、客观的信息,提升人才搜寻的效率,以及人才测评的信度与效度。这些标准化和定量化的实践使得招聘与选拔更少地受限于管理者的有限理性,更多地为数据所驱动,帮助组织更有效地识别和吸引真正"匹配"的人才。

21.2.3 实践挑战与设计原则

然而,在实践中,数据驱动的招聘与选拔也会引发伦理、隐私等相关争议,管理者与智能工具的协同决策也是组织需要面对的新挑战。Köchling 和 Wehner(2020)的综述研究指出,已有的实证研究已经积累了大量关于人工智能招聘过程中的偏见和不公平问题的证据——即使算法的设计者本无意植入任何对特定群体的歧视或优待。例如,在人才广告投放算法中,相较于男性,女性更少看到理工科的工作广告(Lambrecht &Tucker, 2019);在人才简历搜索引擎中,就算控制其他相关变量,女性求职者的简历排名相较于男性也会偏低(Chen et al., 2018)。因此,人力资源管理者需要对人工智能在招聘与选拔环节中的介入采取审慎态度,尤其需要避免歧视问题和伦理争议。总的来讲,招聘与选拔的实践设计中有以下三点需要关注的原则:

1. 警惕隐私和伦理问题

虽然大数据分析技术能支持管理者从社交媒体或人才市场信息中挖掘出丰富的个体特征相关内容,但是对这些信息的使用需要在我国法律所限制的范围内,尤其是涉及个人隐私的社交媒体数据,管理者应该严格论证它的使用范围和程度。

2. 及时更新算法训练数据集

由于外部的人才市场和组织内部员工的工作表现始终在变化,因此,组织用以训练人才特征模型和胜任力模型的数据集也需要实时更新,以提升模型的精准度和解释力。

3. 构建人与人工智能的协同决策模式

数据驱动的招聘与选拔并不意味着管理者可以完全依赖系统给出的判断。虽然人工智能给出的信息相对客观、精准,但其还是无法完全替代管理者定性的观察和感知。更重要的是,人工智能的自动化决策可能出现违背伦理和公平的结果。此时,管理者应该以人工智能给出的信息与决策为参考,对其进行审慎的评估,并进一步发展出人 – 人工智能协同的决策模式。

21.3 培训与开发

组织培训与开发的目的是通过促进员工学习和人岗匹配、对员工知识技能的进一步激发,使之更好地为组织目标做贡献。从具体的内容来看,这个模块包含员工学习与员工职业生涯管理两个部分。而员工学习包括正式学习和非正式学习,前者指的是组织通过设计培训项目、课程等活动来增进员工的知识、技能、能力和其他特征(knowledge, skill, ability, and others, KSAO)的活动(Noe, Clarke, & Klein, 2014),它往往受到预算、员工的工作负荷、地理空间的限制。正式学习具有预先设定的较为明确的目标和实践框架,结构化程度比较高。而非正式学习更多的是在工作中学习(on the job learning),它受到的限制更少、更具有连续性,往往是不定时、自我驱动的(Tannenbaum & Wolfson, 2022)。

通过员工学习,组织能开发员工的 KSAO,从而使其更好地应对当前岗位的工作挑战。除此之外,组织还可以通过员工在组织内的岗位流动,也即通过职业生涯管理来拓展其能力,或更好地应用其知识和技能。职业生涯管理指的是根据员工的技能、素质和其他特征,有计划地为其匹配能促进其职业成长的岗位,充分调动员工的工作积极性。根据员工岗位流动的方向,岗位调动又可分为向上晋升、平级调动、向下降职三种。向上晋升往往伴随着薪资的提高,以及更全面、严格的能力要求。平级调动主要是为了通过多样的工作经历拓展员工的能力宽度。而降职则往往伴随着薪资的减少,因此可能会被员工视为一种惩罚措施。然而,在实践中,为了更长远的职业发展,临时性的降职轮岗以积累基层工作经验也是常见的。

不论是通过培训学习还是通过职业生涯管理进行人才开发,组织都要面临在标准化、一般化和个性化、定制化策略之间的选择。对同一部门或岗位的员工配置标准化、一般化的培训与职业生涯设计方法无疑能大大降低管理成本,但针对不同员工进行个性化、定制化的开发则有利于最大化人力资源的价值。而基于组织人力资源数据的人才分析(people analytics)实践能消弭这一矛盾。它通过对员工个体的"人才画像",以及基于组织整体的人才盘点,有效地为组织提供人才发展的"最优解"。

21.3.1 人才画像:集成多维数据对员工进行透视

人才分析是一种循证(evidence based)、定量(quantitative)、数据驱动(data driven)的新型人力资源管理实践(Gal, Jensen, & Stein, 2020)。不论是培训还是职业生涯管理,组织要开发个体的潜能,首先就要做到对人才进行透视,即精准地识别员工目前的知识技能水平和工作相关的背景信息,在此基础上配置培训项目或将其调往更加适合的岗位,而建立这种人才画像则是人才分析的关键功能之一。

人才画像已经被广泛应用于人才的培训与开发实践中。以亚信公司的人才培训方案为例(王婷,2018),该公司对员工核心特质、关键优势和不足等多维度信息进行收集和整合,并通过"360 度个人评价报告""述职分析报告"和"访谈记录"等方式为员工建立了人才画像。信息的广度和深度使得组织对员工有了更全面、细致的了解,也为组织识别员工技能短板、学习需求并配置培训项目提供了科学的依据,帮助管理者为员工提供定制化的、主动和被动的培训课程。相较于基于部门和基于岗位的培训与开发设计,人才画像可以大大提升管理的颗粒度,以及员工学习的有效性。

21.3.2 人才盘点:寻求组织排兵布阵的"最优解"

人才分析方法还可以进一步识别人才和岗位之间的匹配,为员工安排更适配其潜能的岗位,同时实现组织层面最好的"排兵布阵"。在传统的职业生涯管理实践中,管理者往往结合岗位分析和员工胜任力评估来决定员工在组织内的岗位调动。然而,通过人才盘点,组织可以整合贯通业务流程与人才特征的数据,精准计算人才特征维度和工作岗位需求之间的匹配度。现有的人才盘点技术甚至可以通过社会网络分析刻画或预测员工在组织内的人际关系,帮助管理者直观地了解组织内人才特征和互动关系的全貌。

组织的人才盘点对于组织组建新的团队具有明显的积极作用。谢小云等(2022b)提出了一种基于组织内全链路数据进行智能组队的思路。首先,组织可以基于数据构建面向员工知识专长和实时项目进程情况的标签系统。其次,组织可以基于不同的组队需求,确定组队策略,提取成员构成特征,并在标签系统中选取特征代理指标,形成员工推荐列表。以行动导向的团队为例,这类团队通常面向具有一定复杂性但时间限制明确的特定任务。此外,区别于创新导向的团队,行动导向团队的工作目标较为清晰,工作思路与方法也相对明确;团队内的工作过程较为收敛,更多聚焦于任务的分工、协调与具体实施。因此,基于过往共事经历的组队策略对于行动导向的团队而言或许格外重要。根据这一原则,组织可通过人才盘点系统中特定员工的过往共事经历和当前的互动网络关系强度形成行动导向团队组建的人员推荐列表,并甄别出专长符合要求且最有可能快速形成战斗力的人员列表。

21.3.3 实践挑战与设计原则

数字技术驱动的人才分析固然可以帮助管理者实现对人才的精准透视和最优排布,但需要警惕的是,它也存在降低员工学习和反思能力的风险。Gal、Jensen 和 Stein(2020)指出,当组织过度使用数字化工具进行管理,且员工无法充分理解这些工具内在的计算过程和运作逻辑时,员工可能会放弃对组织环境和自身行为的理解及反思,其学习能力也会因此而逐渐下降。综上所述,在组织利用人才分析进行培训与开发时,管理者有以下两点设计原则需要关注:

1. 重视定量数据与定性观察的结合

虽然人才分析实践为组织内的人才培训与开发提供了强大的数据支撑,但需要警惕的是,一旦管理者将这类定量的人才数据视为最客观可靠的事实,便会倾向于放弃对工作场所员工行为直接、细致的观察和解读(Duggan et al.,2020)。人力资源管理实践者需要认识到,员工的成长和发展需求并非都能被还原为系统中的数据节点,管理者对员工的直接沟通与观察仍然十分关键。其中,对于各类基于数字技术的人才分析决策,管理者需要与员工进行适度的沟通并做出解释,使其理解背后的逻辑,并更有效地实现自我发展。

2. 在员工个人成长和组织绩效提升之间获得平衡

在人力资源管理实践中,培训与开发的目的是双重的:通过促进员工的学习和发展,实现组织绩效的提升。这两者之间并非总是兼容的:员工的技能成长、竞争力提升可能会促使其寻求组织之外的工作机会。人才分析实践虽能提供科学的、数据驱动的人才发展方案,但如何平衡上述两大目标,仍然是管理者需要用更加艺术的方式解决的问题。

21.4 监管与考核

监管与考核的目的在于有针对性地提升员工的个人绩效。其中,监管侧重于约束和规范员工行为,同时为考核收集信息、提供依据;而考核侧重于通过绩效评估与反馈显示出员工当前工作产出与标准之间的差距,并进一步提升员工的绩效水平。因此,这两大实践是高度关联的。

在传统的人力资源实践中,管理者常通过360度评价、领导下属评价、平衡计分卡等工具收集信息,结合员工的客观行为和绩效产出,作为考核的依据。而在这一过程中,如何确保信息的完备性和客观性是管理者需要面对的挑战。在收集相关信息之后,管理者在绩效评价上又会受到各类认知偏倚的影响。其中,晕轮效应指的是评价者受到被评价对象某一方面特别突出的特征的影响,据此进行主观推断和泛化,并做出有偏的总体评价。例如,在进行绩效打分时,因为员工平时表现得活跃、积极而忽视其真实的工作产出,便是晕轮效应的体现。首因效应(primacy effect)指的是被评价者受到"第一印象"的影响,忽略了被评价者在整个互动周期中的整体表现。近因效应(recent effect)和首因效应相反,反映的是最新发生的事件对评价者的影响。在绩效考核中,员工在前期工作表现一般,但在临近考核的关键节点突然提高工作投入、提升工作质量,考核主体因此对其做出优秀的评价,便是受到了近因效应的影响。

近年来,大量组织采用数字化监管与考核系统,有利于管理者获取更完备、客观的信息,并排除认知偏倚,做出更加公正的判断。数字化监管(electronic monitoring)指的是组织利用信息科技来观察、记录、分析与工作绩效直接或间接相关数据的管理措施(Ravid et al., 2020)。相较于传统的监管与考核方法,它往往具有侵入性(pervasiveness)、同步性(synchroneity)、不透明性(opacity)等显著特征(Ravid et al., 2020)。它致力于最大化数字技术的自动记录与判断,最小化管理者在这一过程中的参与,进而革新了传统的依靠面对面观察、主观评价的监管与考核方式。

21.4.1 数字化监管与考核:具有侵入性、同步性、不透明性的监管新实践

具体来说,数字化监管的侵入性表现在监管对象的数量、持续的时间、所触及信息范围的广度等方面。在传统的员工行为监管与信息收集之外,数字化监管还可以采集员工的生物统计学信息、文本信息和网络足迹信息等更广泛的信息,记录员工在组织中的工作流程、耗时和每一个工作步骤的表现。例如,2021年9月,国美公司曾因为监控员工办公时段内的网上"摸鱼"行为(浏览腾讯、抖音、爱奇艺等娱乐网站)而陷入舆论争议。具体地,国美以

"摸鱼"的流量和网站来源为依据,在公司内部张贴告示惩戒相关员工。诚然,这一数据能真实有力地反映员工在工作场所进行的娱乐活动,但这也可能是这些员工第一次正面感受到数字化监管"无孔不入"的侵入性,因此引发了广泛讨论。

同步性描述的是数字化监管的时间维度,即监管的频率和周期时长。高同步性体现为实时、持续地采集绩效相关的数据,并即时地给员工以反馈,以及时提升其当下的绩效水平。例如,在阿里巴巴的犀牛智造工厂内①,智能工作台即时收集缝纫机的起停时间、员工剪线和断线的操作以及线的张力数据等,并通过工作设备上的数据接口将数据集成到调度系统中。每一个员工在完成特定工序之后都会拍击工作台侧边的按钮,系统实时检测员工完成这一动作的频率,计算出该员工在这一工序上的当下工作效率。基于这一数据,工厂可以实时地调配合适的员工到其最高效或是工厂最需要的工序上。

不透明性指的是员工能否得知组织数字化监管何时、以何种方式收集哪些信息。组织管理者在设计数字化监管和考核规则时,可能不会事先与员工沟通监管的具体内容、范围和方式。但不透明性和员工的公平感知密切相关,高度不透明的监管可能会引发员工的负面反馈。在国美的案例中,正是因为员工未被事先通知自己在公司办公区域的网络流量记录正在被监控,国美的惩戒告示才引发了员工的激烈反应。

数字技术的介入使组织监管的程度和性质都发生了深刻的改变。Stanko 和 Beckman(2015)在美国海军中针对数字化监管的具体表现和结果进行了田野研究。他们的研究发现,为了对员工进行严格的工作 – 非工作边界控制(boundary control),美国海军依靠追踪操作记录、推送提醒或者警告、控制信息接入权限等方式对员工的行为活动进行实时的引导和限制。在传统的监管实践中,管理者往往通过设定工作流程和明确组织规章等方式确保成员对工作和非工作事项的注意力分配,但是借用数字技术,美国海军对其员工进行了时时刻刻(moment-to-moment)的注意力控制。他们的研究很好地展现了数字化监管不同寻常的彻底性。

21.4.2 实践挑战与设计原则

虽然数字化监管与考核为人力资源管理提供了强大的技术赋能,但新近的组织管理研究发现,它可能引发一系列员工对抗行为。从员工端来说,员工可能会采取一系列算法激进主义(algoactivism)(Kellogg, Valentine, & Christin, 2020)行为反抗数字化监管。组织内的典型算法激进主义行为包括"不合作",阻挠组织的数据采集(例如拒绝接入公司热点)和"逆向工程",解码数字化监管的机制,从而"投其所好"地表现自己(例如自动播放公司规定必须学习的课程,但同时进行不相关活动)。然而,组织也会识别上述行为,并不断收紧监管,从而有可能形成组织 – 员工之间的博弈升级与控制收紧。数字化监管要尤其警惕监管引发的员工体验变化与行为反馈,并避免上述对抗与博弈升级。总的说来,数字化监管与考核

---

① 详见《绝密计划:我在阿里打黑工》,"浅黑科技"微信公众号,2020年10月14日,访问日期:2023年4月28日。

在实施时需要注意以下三个原则，以规避员工可能产生的抵触情绪和反抗行为。

1. 重视员工对被监管范围的知情权

《中华人民共和国个人信息保护法》第十四条第一款规定："基于个人同意处理个人信息的，该同意应当由个人在充分知情的前提下自愿、明确作出。法律、行政法规规定处理个人信息应当取得个人单独同意或者书面同意的，从其规定。"由此看来，员工对被监管范围的知情权是法律的要求。同时，事先告知监管范围，也能规避前文国美案例中员工发现被监管时的震惊与抵触。

2. 扩大员工在监管系统设计中的参与权

数字化监管系统之所以会引发员工的抵触，重要原因包括它可能会在监管者和被监管者之间竖起群体对立的高墙，而提升员工在监管系统中的参与度则有利于缓解这种对立，也有利于提升员工对监管系统的接受度和承诺度。

3. 必要时提供获取监管信息的权限

虽然数字化监管在实施过程中常引发员工的负面反应，但已有研究发现，当被监管者拥有接触记录（access to data）的权限时，数字化监管不会引发两个群体之间的对抗（Patil & Bernstein，2022）。因此，为员工开放获取监管数据的部分权限，让监管系统也服务于员工自身，有利于减轻其带来的负面后果。

21.5 奖惩与激励

奖惩与激励的主要内容是薪酬管理，其目的在于通过薪酬和福利激励员工工作，吸引和留住员工，并进一步提升组织绩效，进而实现组织目标。奖惩与激励对员工的态度、动机、行为具有最直接的影响。在合法的基础上，奖惩与激励实践需要遵循公平性、激励性和动态性三大原则。

公平性是薪酬管理过程中最受关注的关键原则，它与员工的满意度、公平感密切相关。薪酬管理有失公平则可能导致其失去应有的激励作用，引发员工不满甚至离职。而组织薪酬管理的公平性是多维度的。其中，外部公平（external equity）指的是组织的薪酬相对于同行业内其他组织的薪酬的公平性，它有利于吸引和留住员工。内部公平（internal equity）指的是员工与组织内部其他员工所得报酬相比是公平的。而个体公平（individual equity）指的是个人所得的薪资报酬与其在工作中所付出的努力相匹配。根据社会比较理论，当员工认为自己的投入产出比率（得到的报酬相较于在工作中的投入）与组织内其他比较对象的投入产出比率相同时，其能获得公平感知；反之，员工会因为不公平感知而消极怠工甚至出现反生产行为。

激励性原则指的是同一组织单元内的员工薪酬需存在差异，避免平均主义"大锅饭"现象，从而使得薪酬设计能发挥激励作用。根据锦标赛理论，组织内部某一阶层的薪酬水平会同时激励该阶层与更低一阶层的员工，尤其对于低一阶层的员工，与晋升相联系的工资增长是他们工作的重要动力。我国企业的薪酬差距对组织绩效和组织创新的正向激励作用得到了一系列研究的支持（比如，刘春、孙亮，2010；孔东民、徐茗丽和孔高文，2017）。

动态性原则则体现为组织根据不断变化的内外部环境，对薪酬体系进行即时的、适应性的调整，从而保障组织能承担相关成本，也匹配员工在工作中所付出的努力。薪酬激励体系时间上的滞后越长，就越有可能使员工产生不公平的感知，甚至引发离职。

提升奖惩激励的公平性、激励性和动态性是具有挑战性的。由于公平感知带有强烈的主观色彩，组织为了规避其潜在的负面影响，可能会采取薪资保密政策。但已有研究表明，这可能会引发员工对组织意图的猜疑（Belogolovsky & Bamberger, 2014）。薪资的动态调整和差异结构设计更是需要大量的数据支撑和管理成本。然而，数字化薪酬（E-compensation）系统能很好地实现上述目标，它可以实现自动化的、敏捷的、基于数据事实的奖惩实践。

21.5.1　数字化薪酬系统：通过信息的实时集成提升激励效果

已经有大量相关研究和调研数据表明，数字化薪酬系统在人力资源管理过程中发挥着积极作用，包括降低错误率、提升薪酬管理效率、节省薪酬开支等（Stone et al., 2015）。而它在提升奖惩激励公平性、激励性和动态性方面的积极效果也十分显著。在公平性方面，它能通过系统的信息收集和高效的计算制定与员工的工作产出相匹配的薪资水平，从而促进个体公平；也能通过组织层面对不同工种的工作分析，优化薪资报酬在组织内部的分配，从而促进内部公平（Dulebohn & Marler, 2005）。而对于外部公平，数字化薪酬系统能通过打通外部市场（如薪资水平的市场调研数据、基准数据）和组织内部薪酬体系相关信息（如岗位描述、员工历史薪资、员工绩效数据）之间的壁垒，基于这些数据优化员工薪资与外部劳动市场价格的横向匹配度，从而提升外部公平（Fay & Nardoni, 2009）。

数字化薪酬系统还可以通过整合内部和外部的薪资信息，及时调整薪资报酬以最大化激励作用，实现高度敏捷的奖惩设计。动态性的奖惩在我国各大平台的动态定价（dynamic pricing）中体现得最为直接。滴滴、美团、饿了么等平台广泛采用的动态定价，可以依据天气、路况和供需情况即时调整平台劳动者每一单的报酬。在这种策略的作用下，用餐高峰、交通高峰或者恶劣天气等供需失衡的场景中，也会有大量劳动者收到高于平常报酬的激励，从而积极投入工作。

随着组织管理研究对数字化奖惩激励的关注，学界也提供了将人工智能应用到奖惩激励中的众多思路。例如，Gupta 等（2020）针对逾 14 万条推特内容进行文本挖掘，发现对自身薪资满意与不满意的员工的推特句型结构和用词偏好存在显著差异。这类机器学习方法能帮助管理者采集非介入式数据（unobstructive data）进行分析和决策，并为组织了解薪资满意水平、调整薪资结构提供参考。

21.5.2　实践设计原则

虽然数字化的奖惩激励可以实现高度公平且具有传统薪酬系统不具备的敏捷性，但它的"铁面无私"可能会给员工造成其没有人情味的感知。在人力资源管理实践中，奖惩激励的根本目的在于激发员工的工作动机和潜能，从而提升其对组织绩效的贡献。公平与敏捷固然是重要的设计原则，但 Stone 等（2015）的研究指出，过度标准化、自动化的薪资决策可能会使组织与员工之间的关系更加交易导向而非关系导向，人力资源管理的效能甚至组织的整体效能甚至会随之降低。因此，数字化薪酬设计在实践中需要考虑以下两个原则：

1. 提升奖惩激励实践中的人性关怀

管理者需在数字化奖惩实践中加入人性化沟通与协商策略。在这一过程中，管理者可以针对奖惩决策的过程与结果进行释义和双向沟通，提升员工的公平感知。

2. 建立薪酬管理的全局意识

如前所述，奖惩激励实践需遵循公平性、激励性和动态性三大原则。纵然数字化薪酬系统能分别从不同方面促进奖惩激励的公平性、激励性和动态性，管理者还是需要进一步考虑这三个方面之间的协同。以外卖零工的自动化奖励为例，纵然饿了么和美团平台能通过动态定价策略极大地确保奖励的动态性，但这种策略究竟是提升和激励效果更多，还是让骑手焦虑和不安更多，仍需实践和理论研究进一步检验。只有建立全局意识，才能趋利避害，最大化技术的赋能作用。

21.6　组织-员工关系

组织-员工关系指的是组织与员工之间包括法律关系、社会交换关系、心理契约关系等多种内涵在内的关系。它的范畴比另一相关概念"劳动关系"更广。依据《中华人民共和国劳动法》，劳动关系指的是用人单位与劳动者基于劳动合同的经济契约关系。而组织-员工关系则涉及法律和法律之外的多种关系层面。组织-员工关系管理的实践内涵也非常广泛，包括组织文化的塑造、员工关怀措施、员工保障制度等，而其主要目标即是在合法的基础上保障员工的公平感、满意度和员工个人福祉。

在管理组织-员工关系时，组织常面临一个"灵活性"悖论：一方面，组织寻求随时终止用工关系的灵活性，因此临时工、合同工被大量应用，以控制用人成本；另一方面，由于临时工、合同工等通常需要完成特定工作与任务，组织需要另外通过培养具有高水平承诺度的员工来实现组织运行上的灵活性。这两方面的优劣权衡是组织-员工关系管理长期面临的问题（Pearce et al., 1995）。

从雇主角度出发，组织-员工关系的管理主要考虑的是员工对组织的贡献（contributions）以及组织用以激励员工贡献所给出的奖励（inducements）之间的关系（Tsui et al., 1997）。从这一角度来说，组织与员工之间是社会交换关系。根据交换关系的平衡程度，Tsui 等（1997）进一步区分了四种不同类型的组织-员工关系：基于短期经济交换的准契约关系（quasi spot contract）；基于长期的、开放式交换的双向投资关系（mutual investment）；组织对员工长期投资，但员工仅做短期承诺的过度投资（over investment）关系；员工被要求履行广泛责任，而组织仅仅做出短期投资与承诺的投资欠缺（under investment）关系。

由此可见，组织-员工关系管理的核心议题在于组织与员工之间投资与回报的对比，即组织究竟需要让渡多大程度的控制与雇佣关系灵活性，来实现双方持久的共同发展？尤其在当今零工经济蓬勃发展的时代，随着新型雇佣关系的出现，组织对"员工"（骑手、网约车司机等）的控制更多的是经由 App（应用程序）和算法技术的中介，员工与组织间的契约关系与双向承诺更加弱化，因此组织–员工关系管理面临更高的复杂性。当各类新兴技术增强了组织对员工的管控时，组织与员工之间力量对比的天平会进一步向组织倾斜。Kellogg、Valentine 和 Christin（2020）指出，数字技术其实已经革新了组织控制的内涵，开启了算法控制（algorithm control）的新时代。

21.6.1 算法控制：塑造数智时代的新型组织–员工关系

作为组织–员工关系的核心，组织控制一直是人力资源管理的研究者和实践者长期关注的议题。以劳动过程理论（labor process theory）（Edwards，1979）为代表的学派认为，组织控制主要包括三个维度：① 通过明晰任务开展的流程和标准来引导工作者的工作行为，实现导向作用；② 通过对工作结果的评估来实现任务纠偏与优化，实现评估作用；③ 通过奖惩工作者来强化对其行为和结果的控制，促使他们内化组织目标，变得更加服从，实现规训作用，并最终形成对工作者管控的闭环（Edwards，1979）。正如我们在第 20 章中所介绍的，Kellogg、Valentine 和 Christin（2020）基于这一理论与当代的数字技术管理实践提出了数智时代组织控制的新形态：在算法技术的加持下，组织控制演变为更具全面性、即时性、互动性、模糊性的算法控制，具体体现为算法推荐、算法限制、算法记录、算法评估、算法替代、算法奖励六大形式。

算法控制使得组织对员工的控制更加深入，员工在双边关系中的主动权更小。2022 年 2 月，"行为感知系统"事件曾引起网友热议。① 在网上流传的一张某公司行为感知系统后台图片中，公司可查看有离职倾向员工的详细情况。图片清晰地显示了某员工访问求职网站 23 次、投递简历 9 次、含关键词的聊天记录达 254 条，令人震惊。公司进而通过这些数据预测员工的离职倾向，并向人力资源人员发出预警。可以看到，借助这类技术，组织甚至可以提前预知和预防员工终止组织–员工关系的意向，为组织灵活运营争取了更大的主动权，同时却将员工置于更加被动的地位。

21.6.2 实践设计原则

需要注意的是，Stone 等（2015）指出了数字技术在人力资源管理中的应用造成的员工与组织之间的数字距离（artificial distance）问题：组织管理措施变得去人性化，员工成为被动的接受者，管理者与员工之间的人际互动被系统与员工之间的人机互动所取代。这种数字距离闭塞了员工与管理者之间直接双向沟通的通道。在这种情况下，数字化使得员工和组织之间缺少情感联系与承诺，组织–员工之间的关系愈加失衡。为了减少这些负面影响，数智时代组织–员工关系管理在实践中应注重以下设计原则：

1. 坚持以人为中心的管理原则

过度依靠数字技术，会让人力资源管理出现以技术为中心而非以员工为中心的危险倾向（Stone et al.，2015）。因此，管理者在实践中应认识到技术是手段，而非目的。人力资源管理

---

① 详见《投简历、登陆求职网站被公司监控？深信服官网已检索不到"行为感知系统BA"产品》，每日经济新闻，2022年2月13日。

的目的是激发员工潜能,并服务于组织绩效。因此,对技术的使用要以尊重员工的发展、以构建良性的组织 – 员工关系为前提。

2. 塑造技术向善的组织文化

根据技术的结构化理论,技术本身是中立的,其积极或消极效应取决于人如何使用或应对它。因此,在今天的人力资源管理实践中,管理者需要在组织内部树立技术向善的共识,一方面倡导对技术进行有节制、有边界的使用,另一方面引导员工对新技术的接纳与融合。

本章小结

数字技术渗透于组织与社会生活的方方面面,物理空间和数字空间之间的壁垒越来越模糊,人们随时随地都可以通过数字技术接触和控制环境。在"万物互联"的时代,数字技术成为员工工作和生活中不可缺少的一部分。

在组织数字化转型深化的阶段,技术对组织的影响实现了从"片面、分散,业务为中心,忽视人"到"整体、系统,业务与人协同"的转变。系统性、全面性和整体性的组织数字化转型使得组织的"人、财、物、事"全链路数据被大规模集成。

当组织中人的特征、状态、行为过程被转换为数据节点时,人力资源管理的"选用育留"各环节都拥有了翔实、客观的数据基础,辅以大数据分析方法,人力资源管理实践出现了"数据驱动"的特征。

庞大的数据体量、精准高效的运算能力、广泛互联的沟通模式大大提升了人力资源实践各环节的效率并优化了各个环节的结果。管理者需要推进员工与这些数字化管理手段之间的融合,在技术与员工的二元关系中理解并充分发挥数字技术对人力资源管理的赋能作用。

通过数据挖掘可以分析出不同类型的人才在外部市场中所处的圈层,依据组织内部的需求,确定组织所需的人才在市场中的区位,精准地投放广告以吸引关键人才。通过掌握市场中百万份人才档案和招聘广告,智能人才系统可以进行大数据建模,通过自然语言处理等方式计算出人才与组织需求之间的匹配程度。

智能招聘与人工智能测评理论的发展和工具的应用使得组织的招聘与选拔能获取更加全面、客观的信息,提升人才搜寻的效率,以及人才测评的信度与效度。

数据驱动的招聘与选拔也会引发伦理、隐私相关争议,组织用以训练人才特征模型和胜任力模型的数据集需要及时更新,以提升模型的精准度和解释力。

由于人工智能的自动化决策可能出现违背伦理和公平的结果,管理者应该以人工智能给出的信息与决策为参考对其进行评估,并发展出人 – 人工智能协同决策的决策模式。

人才分析是一种循证、定量、数据驱动的新型人力资源管理实践。组织要开发个体的潜能,既需要精准地识别员工目前的知识技能水平和工作相关的背景信息,又需要在此基础上配置培训项目或将其调往更加适合的岗位。建立这种人才画像是人才分析的关键功能之一。

通过人才画像,组织既可以基于数据构建面向员工知识专长和实时项目进程情况的标签系统，也可以基于不同的组队需求确定组队策略、提取成员构成特征，并在标签系统中选取特征代理指标，形成员工推荐列表。

数字化监管的侵入性表现在监管对象的数量、持续的时间、所触及的信息范围的广度等方面；同步性描述的是数字化监管的时间维度，即监管的频率和周期时长；不透明性指的是员工能否得知组织数字化监管何时、以何种方式收集哪些信息。

数字化薪酬系统在人力资源管理过程中发挥的积极作用包括降低错误率、提升薪酬管理效率、节省薪酬开支等。

数智时代的组织控制出现了新的形态，即算法控制。算法控制具有全面性、即时性、互动性、模糊性的特征，体现为算法推荐、算法限制、算法记录、算法评估、算法替代、算法奖励六大形式。

重要术语

数据驱动　人才分析　人才盘点　人才画像　数字化监管　算法控制

复习思考题

1. 数智时代人力资源管理内容模块出现了哪些新兴实践？
2. 数字技术在提升人力资源管理效能上发挥了什么样的积极作用？
3. 数据驱动的人力资源管理实践存在哪些关键挑战？

中国实践

钉钉如何激活个体价值？

诞生于2014年的钉钉通过信息技术让管理更加精确。2014年至今，经过多年的迭代研发，钉钉的软件版本号及其功能随着客户管理模式的升级而同步升级。

作为中国最大的企业服务软件平台，钉钉服务超过2 100万个组织、5亿用户以及50%以上的专精特新"小巨人"企业。钉钉服务的行业类型已覆盖互联网、医疗、教育、政务、制造、零售、金融等全部一级行业和全部96个二级行业。

钉钉每一次重要的产品迭代都基本反映了我国先进企业的管理升级方向。从钉钉年度大会的关键词也可见一斑。2019年，钉钉未来组织大会的年度关键词是"智能协同"；2021年，钉钉提出"数字生产力"；2022年9月，在秋季钉峰会上，钉钉进一步提出"数字韧性"的理念，这与近年来企业数字化转型以及疫情之下企业注重建立数字化生产力、强化企业抗风险能力相呼应。

2015年前后，企业开始进入数智时代的早期。通过数字化手段，运用互联网技术，企业与企业之间、团队与团队之间的信息交流和协作互动将会变得越来越高效。企业运用远程协同办公软件，可以解决很多在二三十年前无法想象的远程协作问题。这一时期，钉钉开始从封闭关系网络转向开放关系网络，打破过去对服务企业内部管理的关注，注重服务产业链的整体协同。钉钉3.0开始向个人用户开放注册。开放关系网络的建立和扩张使得个体之间的联结变得更加广泛、灵活。

在数字化智能时代，少数关键员工可以创造极大的价值，员工的个体价值在这个时代得到了最大限度的发挥。这其中有两方面的原因：一是智能化时代，技术快速迭代，领军人才的关键价值被高速发展的竞争环境放大了；第二，数字技术大大扩展了员工与用户的接触渠道，网络效应以指数形式放大了少数关键员工的价值。

数字化协作技术让我们可以更好地发现和发挥关键员工的价值。钉钉推出的组织大脑工具能帮助组织高效实现协作网络的可视化以及协作机制的科学设计。根据钉钉官方网站的介绍，组织大脑产品包括以下三个核心价值：

组织阵型可视化。基于数据的实时分析，洞悉组织结构现状，帮助业务管理者和人力资源部门设计匹配业务战略的组织阵型及岗位。

组织现状实时洞察。通过组织画像、管理者画像、人才分析、人才流动分析、组织异常治理、组织网络分析等，全面分析企业组织现状，提供数据洞察。

精准识别优秀人才。从战功、专业力、领导力、潜力、意愿、价值观、组织行为等多维度看清人才，让优秀的人才可量化、可看见，为用人决策提供量化依据，让人–岗匹配更精准，帮助企业精确识人。

在这些核心价值的指引下，组织大脑能通过人才档案、能力建模、组织分析、组织架构和盘点管理等具体功能，充分激活个体价值，实现数据驱动的、高度颗粒化的人才管理。

资料来源：李宁、赵海临，《明星员工是把"双刃剑"》，《中欧商业评论》，2019年第1期；《如何穿越商业周期？这里有一份2 100万个企业组织的经验总结》，中欧管理评论官方媒体账号，2022年9月22日（访问日期：2023年4月28日）；钉钉官方网站"组织大脑"产品介绍。

思考题

1. 人力资源管理者该如何从"可视化"的员工协作网络中发掘人才价值？
2. 可视化的协作网络所构成的非正式结构与组织的正式结构之间是否存在不一致？如果存在，人力资源管理者又该如何应对这种不一致？

参考文献

孔东民、徐茗丽、孔高文，2017，《企业内部薪酬差距与创新》，《经济研究》，52（10）：144—157。

刘春、孙亮，2010，《薪酬差距与企业绩效：来自国企上市公司的经验证据》，《南开管理评论》，13（2）：30—39+51。

王婷，2018，亚信：《践行数字化人才管理》，《哈佛商业评论》，11月1日，https：//www.hbrchina.org/2018-1101/6851.html。

谢小云、左玉涵、胡琼晶，2021，《数字化时代的人力资源管理：基于人与技术交互的视角》，《管理世界》，37（1）：200—216+13。

谢小云等，2022a，《组织在线化：数据驱动的组织管理新机遇与新挑战》，《清华管理评论》，5：71—80。

谢小云等，2022b，《排兵布阵：组织在线化时代的人才分析新实践》，《清华管理评论》，Z2：96—105。

赵曙明、张敏、赵宜萱，2019，《人力资源管理百年：演变与发展》，《外国经济与管理》，41（12）：50—73。

Belogolovsky, E., & Bamberger, P. A. 2014. Signaling in secret：Pay for performance and the incentive and sorting effects of pay secrecy. *Academy of Management Journal*, 57（6）：1706–1733.

Bleidorn, W., & Hopwood, C. J. 2019. Using machine learning to advance personality assessment and theory. *Personality and Social Psychology Review*, 23（2）：190–203.

Carless, S. A. 2005. Person-job fit versus person-organization fit as predictors of organizational attraction and job acceptance intentions：A longitudinal study. *Journal of Occupational and Organizational Psychology*, 78（3）：411–429.

Cascio, W. F., & Montealegre, R. 2016. How technology is changing work and organizations. *Annual Review of Organizational Psychology and Organizational Behavior*, 3（1）：349–375.

Chen, L., Ma, R., Hannák, A., & Wilson, C. 2018. Investigating the impact of gender on rank in resume search engines. in proceedings of the 2018 chi conference on human factors in computing systems（pp. 1–14）.

Duggan, J., Sherman, U., Carbery, R., & McDonnell, A. 2020. Algorithmic management and app-work in the gig economy：A research agenda for employment relations and HRM. *Human Resource Management Journal*, 30（1）：114–132.

Dulebohn, J. H., & Marler, J. H. 2005. E-compensation：The potential to transform practice. in Hal G. Gueutal & Dianna L. Stone（Eds.）, *The Brave New World of E-HR：Human Resources Management in the Digital Age*（pp. 166–189）, San Francisco, Calif.：Jossey-Bass.

Edwards, R. 1979. *Contested Terrain*. New York：Basic Books.

Fay, C. H., & Nardoni, R. E. 2009. Performance management, compensation, benefits, payroll and the human resource information system. in Michael J. Kavanagh et al.（Eds.）, *Human Resource Information Systems: Basics, Applications, and Future Directions*（pp. 338–360）, Los Angeles, Calif. [u.a.]：Sage.

Gal, U., Jensen, T. B., & Stein, M. K. 2020. Breaking the vicious cycle of algorithmic management：A virtue ethics approach to people analytics. *Information and Organization*, 30（2）：100301.

Gupta, S. K., Nadia, P. R., Sipahi, E., Teston, S. D. F., & Fantaw, A. 2020. Analysis of the effect of compensation on twitter based on job satisfaction on sustainable development of employees using data mining methods. *Talent Development & Excellence*, 12（3s）: 3289–3314.

Kellogg, K. C., Valentine, M. A., & Christin, A. 2020. Algorithms at work: The new contested terrain of control. *Academy of Management Annals*, 14（1）: 366–410.

Köchling, A., & Wehner, M. C. 2020. Discriminated by an algorithm: A systematic review of discrimination and fairness by algorithmic decision-making in the context of HR recruitment and HR development. *Business Research*, 13: 795–848.

Lambrecht, A., & Tucker, C. 2019. Algorithmic bias? An empirical study of apparent gender-based discrimination in the display of STEM career ads. *Management Science*, 65（7）: 2966–2981.

Noe, R. A., Clarke, A. D., & Klein, H. J. 2014. Learning in the twenty-first-century workplace. *Annual Review of Organizational Psychology and Organizational Behavior*, 1: 245–275.

Patil, S. V., & Bernstein, E. S. 2022. Uncovering the mitigating psychological response to monitoring technologies: Police body cameras not only constrain but also depolarize. *Organization Science*, 33（2）: 541–570.

Pearce, J. L., Tsui, A. S., Porter, L. W., & Hite, J. P. 1995. Choice of employee-organization relationship: Influence of external and internal organizational factors. *Research in Personnel and Human Resources Management*, 13: 117–151.

Ravid, D. M., Tomczak, D. L., White, J. C., & Behrend, T. S. 2020. EPM 20/20: A review, framework, and research agenda for electronic performance monitoring. *Journal of Management*, 46（1）: 100–126.

Spence, M. 1978. Job market signaling. in Peter Diamond & Michael Rothschild（Eds.）, *Uncertainty in Economics: Readings and Exercises*（pp. 281–306）. Cambridge, Massachusetts: Academic Press.

Stanko, T. L., & Beckman, C. M. 2015. Watching you watching me: Boundary control and capturing attention in the context of ubiquitous technology use. *Academy of Management Journal*, 58（3）: 712–738.

Stone, D. L., Deadrick, D. L., Lukaszewski, K. M., & Johnson, R. 2015. The influence of technology on the future of human resource management. *Human Resource Management Review*, 25（2）: 216–231.

Tannenbaum, S. I., & Wolfson, M. A. 2022. Informal（field-based）learning. *Annual Review of Organizational Psychology and Organizational Behavior*, 9（1）: 391–414.

Tsui, A. S., Pearce, J. L., Porter, L. W., & Tripoli, A. M. 1997. Alternative approaches to the employee-organization relationship: Does investment in employees pay off? *Academy of Management Journal*, 40（5）: 1089–1121.

Wilson, H. J., & Daugherty, P. R. 2018. Collaborative intelligence: Humans and AI are joining forces. *Harvard Business Review*, 96: 114–123.

Wu, J., Huang, L., & Zhao, J. L. 2019. Operationalizing regulatory focus in the digital age: Evidence from an e-commerce context. *MIS Quarterly*, 43（3）: 745–764.

第 22 章

企业的转型与变革

学习目标
1. 认识组织变革的主要概念与类型
2. 理解计划变革和持续变革的联系与区别
3. 理解数智化情境下组织变革的理论特征
4. 掌握不同类型组织变革的一些实施原则与技巧

引导案例

TCL的国际化

2004年1月29日凌晨,法国巴黎总统府,在中国国家主席胡锦涛和法国政府总理拉法兰的见证下,TCL公司董事长李东生与汤姆逊公司CEO查尔斯·德哈利签署共同成立TCL–汤姆逊电子有限公司的协议。TCL公司对此次合作蓄势已久,早在1998年进入越南市场时就有了加快国际化进程的想法,该梦想也造就了李东生在中国企业国际化历程中"敢死队队长"的形象。2004年前后,TCL先后收购施耐德公司、汤姆逊公司和阿尔卡特公司。然而,始料未及的是国际化道路如此艰难,TCL几乎陷入万劫不复的境地。

2004年的接连收购将TCL变成电视与手机业务的国际玩家,李东生开始驾驭这只中国商界前所未有的"双头怪兽"。合资之始,波士顿咨询公司顾问就告诫他,"如果一次收购在整合开始的24个月内无法显现协同效应,就必然失败"。2005年正是决定其命运的关键时刻,也是李东生的第四个本命年。按中国人的传统说法,这会是一个"坎儿"。2006年,TCL亏损19.3亿元,在A股市场上被戴上ST的"帽子"。当时媒体对TCL充满了批评和失望,李东生也被《福布斯》杂志评为"2007年中国上市公司最差CEO";在很多人眼里,TCL差不多已经一只脚踏入了"坟墓"。在这段时间里,关于TCL的负面消息超过了此前几年的总和。

痛定思痛,TCL必须迅速采取行动,开启凤凰涅槃式的组织变革。这在TCL的发展历史上被称为"向死而生""鹰的重生"。

资料来源:改编自薄连明、井润田,《TCL国际化复盘》,《商业评论》,2014年,总第144期。

思考题

1. TCL 组织变革的原因是什么？
2. 相对于 TCL 这样"向死而生"的被动式变革，你是否相信企业可以主动发起变革？为什么？

组织变革是一种以特定变革目标（如业务流程再造、薪酬方案调整、数字化转型等）为导向，旨在提升组织的环境适应性或改善员工行为绩效的活动。理论和实践表明，成功的组织变革需要变革推动者前瞻性地看清组织未来，激励员工共同创建和实施变革愿景。本章介绍了组织变革的主要概念与类型，重点讲述了计划变革和持续变革的联系与区别，阐述了数智化情境下组织变革的理论特征。在此基础上，希望帮助读者掌握不同类型组织变革的一些实施原则与技巧。

22.1 组织变革的概念与类型

一家企业无论诞生时设计得多么完美，在运行了一段时间之后都必须进行变革。"不变革则消亡"，组织变革是贯穿企业生命周期的永恒主题。那些追求基业长青的优秀企业在发展历史上也一定会经历三到四次类似 TCL "鹰的重生"般的组织转型。如今已诞生 110 多年的 IBM 公司的发展一直在经历这样血雨腥风的转型历史：20 世纪 40 年代末，电子计算机和磁带的出现使得 IBM 必须进行第一次转型，从穿孔卡片制造公司成为当时技术领先的计算机平台公司。第二次转型发生在 20 世纪 90 年代初，拥有丰厚利润的大型机业务使得公司轻视相对廉价的分布式计算系统，而郭士纳（Louis is Gerstner）等管理层通过裁员 3.5 万人使得 IBM 度过了此次危机。第三次转型发生在 IBM 百岁之际，它发现计算已经并非只在桌面电脑或大型机上进行，相反，其将成为一种通过大型数据中心产生并经由网络交付的服务。于是，IBM 将传统技术服务业剥离出去而专注于云计算和"商业分析"服务等领域。每一次转型与变革对于企业而言都是生死攸关，"不改是等死，要改是找死"，也有很多大公司（如柯达、诺基亚）是在没有及时变革的沉睡中消亡的。就像郭士纳的著作《谁说大象不会跳舞》（*Who Says Elephants Can't Dance？*）所言，组织变革成为企业发展后期保持环境适应性所必需的首要职能。

组织变革研究在 20 世纪八九十年代得到学者们的广泛关注，相关研究逐渐热门化，并呈现出不同的发展趋势。Armenakis 和 Bedeion（1999）综述相关文献，构建了组织变革的理论框架，包括变革情境、变革内容和变革过程三方面的因素。该理论框架认为，组织变革的情境体现在组织外部或内部因素变化方面，组织变革的内容体现在变革的实质方面，组织变革的过程体现在变革采取的行动方式上。以上三方面的框架（变革情境、变革内容和变革过程）成为学者们理解组织变革理论时最常采用的范式。

22.1.1 组织变革的概念与内容

组织变革是一种以目标为导向，旨在提升组织的环境适应性或改善员工行为绩效的活动。成功的组织变革需要变革推动者前瞻性地看清组织未来，激励员工共同创建和实现变革愿景。

组织变革的内容涉及组织变革的实质，目的是找出影响变革成败的关键因素以及这些因素之间的关联性。现实中，单一主题的变革内容几乎不存在，因为任何单一要素都很难支撑组织的成功运行。Nadler 和 Tushman（1980）提出组织一致性模型，认为组织变革涉及四个彼此关联的要素——"任务、个人、结构、非正式组织"，组织转型只有在战略与上述四要素（即核心任务和流程、正式的组织结构、组织成员和组织文化）取得一致（congruence）时才能发挥作用。通过找到组织构架四要素之间以及它们与战略目标之间的差距并不断采取措施弥补该差距，企业才能取得比竞争对手更好的绩效。例如，在传统家电产业的竞争时代，海尔围绕效率/成本领先战略，建立起高度适应的内在系统（包括"高度标准化的工作""强执行力的文化""等级化的科层结构"及"踏实认真的员工"）。自2014年海尔提出互联网时代的"三化"转型目标以来，其在核心任务和流程、正式组织结构这两个显性要素方面做出了突破性改变，并建立了与新型平台组织相适应的管理机制和工作流程。当然，要实现与组织平台化相适应的组织成员和组织文化转变更加困难，这体现在：如何将以往认真、踏实的海尔员工转变为平台组织上有创造力、敢于冒险的"创客"？如何将海尔以往高执行力的文化转变为与平台组织相适应的包容个性和试错的文化？这成为海尔实施互联网转型的最大挑战。

学者们根据变革内容将组织变革划分为表22.1所示的两种典型模式：一是渐进式变革（incremental change），二是激进式变革（radical change）。这里，渐进式变革是指组织通过实施小幅度的局部调整，力求在一个较为缓慢的过程中实现初态模式向目标状态的转变。这个变革过程强调分布到位、由点及面、以量变带动质变，主张慢步小跑地实现变革目标。此变革风格比较温和，复杂程度低，对员工和各方利益影响小，潜在阻力相对较小；缺点在于缺乏长远系统的规划，成效较慢，组织不易摆脱旧有体系及制度的约束。激进式变革是指组织在短时间内推进大幅度调整，以求彻底打破初态模式并迅速进入目标状态。这种变革过程类似于"休克疗法"，希望在短期内达到全方位的调整效果，主张彻底打破原有体系，力争通过重大的、根本性的改变以扭转组织的不利局面。激进式变革需要在短期内进行大规模调整，这必然会打破组织系统的稳定与均衡，加剧组织成员间的冲突，导致变革风险增大，甚至有可能导致组织分崩离析，加速组织消亡。因此，组织变革模式的选择必须在管理实践中灵活运用，当组织内外部的经营环境发生重大变化而且组织面临生存危机时，应该采取激进式变革；在日常的组织管理活动中，则应持续运用渐进式变革，保证组织系统平衡稳定的发展（井润田，2020）。

表22.1　渐进式变革与激进式变革的比较

渐进式变革	激进式变革
持续改进	突破框架
维持平衡	达到新平衡
影响组织局部	转变整个组织
贯穿于正常的结构与管理过程	创立新的结构和管理过程
产品改进	新产品创造新市场

22.1.2　组织变革的情境

组织变革通常发生在一个复杂、动态的环境之中，这些促使变革发生的情境因素可能包括社会、政治、经济、技术等。其中，技术创新往往是推动商业环境和组织变革的关键力量。19世纪末，火车作为交通工具的出现与普及改变了人们的出行习惯，也迫使管理者必须学会驾驭无法直接进行现场监督、需要跨区域协作的大型企业，此前即使在技术最先进的纺纱厂的管理中这也是不曾遇到的困难。相应地，企业规模开始从以前的数百人迅速扩大到数万人。20世纪50年代发展起来的电子信息技术的扩散速度大大加快，代表着新一代高科技企业形态的诞生。作为当时新兴高科技企业的代表之一，英特尔公司总裁安迪·格鲁夫曾经指出：在这样一个混乱与变化加速的时代，机会不断涌现却又瞬息消失。竞争对手、科技、顾客面、供应面、协力产业乃至有关规范制度的转变，已经带来一个10倍速时代。

而当前，数字技术环境的兴起正在驱使国内外企业发生深刻而大范围的数字化转型。各种数字和智能技术（如云计算、大数据分析、人工智能、机器学习、物联网、区块链、智能机器人、3D打印、虚拟现实等）发展迅猛，正在推动社会生产方式、生活方式和治理方式的深刻变革。这些技术不仅改变了企业的经营模式和人们的生活观念，而且在解决一些社会问题方面展现出巨大潜力。这里，数字化转型是指"通过信息技术、计算技术、通信技术和连接技术的组合应用，触发企业组织特性的重大变革，并重构组织结构、行为及运行系统的过程"（黄丽华等，2021，第27页）。这里，将数据化结果称为"转型"（transformation）而非"变化"（change），主要是强调关于数字化转型的认识一定要超越仅从技术改进角度考虑的功能性思维，而应该从整体上考虑必须采取的全面行动，进而抓住机会或避免数字技术带来的威胁。

这意味着，企业数字化转型必须采用系统整合的视角，将构成企业系统的社会、技术子系统视为一个有机整体，这样才能实现企业的成功转型，其中社会子系统关注转型过程中的组织（如组织形态、治理结构、业务流程）和人员（如管理层与员工的技能、心理、行为）因素，而技术子系统则提供解决业务问题的数字技术和软硬件系统等。数字技术赋能组织的基础在于如何构建一个能够持续激发和释放技术潜能的组织系统，通过两者间的相互影响不断强化数字化定位的内外部影响。例如，对阿里巴巴而言，当一个线上商铺的订购流程或产品信息能以数字化形式表现时，复制变得没有差错且近似零成本；当线上平台（如淘宝）能与更好的资源（如支付宝）结合时，组织边界的扩展性会显著提升。由此，平台数据的连接与聚合效应降低了交易成本，两者间的交互影响带来更多新的数据（平台聚合效应带来更多用户连接，更多连接会创造更多被聚合的数据）。企业正是通过各种业务流程重组和商业模式创新，使得技术与组织要素的互补性得以增强和加速，引导内部不断涌现的产品与技术演化过程。因此，数字技术的采纳具有推动组织变革的潜力，也会影响战略业务活动、组织结构和文化氛围等；组织能否通过引入新技术实现潜在价值，取决于技术因素与结构、人员等因素之间的相互调整和相互作用过程。

22.1.3　组织变革的过程

组织变革的过程指的是变革中所采取的系列行动在时间上呈现出的变化模式。如图22.1所示，Van de Ven 和 Poole（1995）全面梳理了组织变革的发生机理和过程模型，提出四个有关变革过程的基础理论：生命周期论（life-cycle theory）、目的论（teleological theory）、辩证论（dialectic theory）和演化论（evolutionary theory）。其中，生命周期论刻画的是单个组织体的变化过程，认为组织变化遵循内在规律，发展轨道是预设的，发展过程的每一阶段都是为下一阶段铺设的条件。相应地，所有组织变革都会经历成立、成长、收获以及衰退四个阶段。目的论将变革视为组织目标的形成、实施、评估以及修正的循环过程，这一系列的步骤是由企业领导者通过变革目标的构建和引导来实施的。辩证论认为变革被组织之间必然存在的矛盾和冲突所驱使，这样的组织对抗会推动新的组织形态诞生，而且这样的对抗和转变过程会在组织之间循环往复。演化论认为变革被生态环境中不同组织对于稀缺资源的竞争所驱使；组织个体之间总是存在形态上的变异，而变化的环境会做出选择，淘汰不适应的组织，保留那些竞争中的优胜者。

如图22.1所示，以上四个过程理论适用的组织层次不同：演化论和辩证论适合解释被多个组织驱动的变革过程，而生命周期论和目的论更适合解释单个组织的变革过程。同时，以上四种过程理论是具有代表性的基本理论。就实际企业案例而言，由于各个组织所处情境不一致以及单个基本理论的不完整性，特定情境下的解释理论要比基本理论复杂，常常由两个或两个以上的基本理论综合而成。例如，组织演化的间歇均衡模型（punctuated equilibrium model）就是由上述目的论和演化论复合而成的一个理论，该理论认为组织变革通常体现为长时间里缓慢变化的积累过程，间或性地被突发的、短暂的质变过程所打破，就好比一座沙丘不断堆积、崩塌的过程。

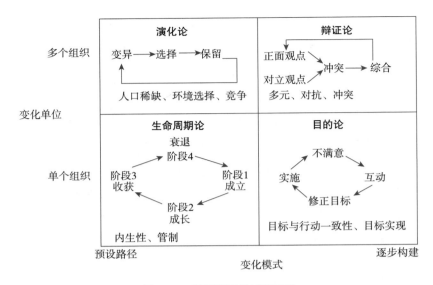

图 22.1 组织变革的过程理论

资料来源：Van de Ven 和 Poole（1995, p.520）。

中国故事：海尔集团的平台化转型

当前，互联网技术的广泛应用正在影响和重组企业与消费者之间的权力结构，也催生出一些新兴的组织形态。平台组织是一种能在新兴的商业机会和挑战中构建灵活的资源、惯例和结构组合的组织形态，其转型设计的实质在于企业内部演化能力的培养。

平台思想最初产生于技术与新产品开发领域，代表了一种化繁为简的系统解构过程。相较于针对零件、部件等有形要素的技术开发过程，企业的组织和经营过程更加难以结构化，因为其不仅涉及服务和流程等无形要素，很多时候还要依赖于人的能动性判断。近年来，中国企业界组织平台化的最佳实践者莫过于海尔集团。为了拉近生产环节与消费者之间的距离，2014年，海尔集团提出"三化"，即"企业平台化""用户个性化""员工创客化"的转型，将传统的事业部单元构建成智能互联平台、洗涤平台、制冷平台、视听平台、厨卫平台等20多个平台，并在这些平台上通过将员工创客化，构建出3 000多个不同产业的小微。

转型后的海尔集团呈现出如图 22.2 所示的组织结构。这也是国内外平台组织的普遍形态，其通常由一些核心组件和外围组件所构成，是为两者的互动订立规则的地方。平台组织可变的外围组件（即小微）的优势之一就是演化能力强，具有很强的灵活性和适应性。借助平台开放性的资源配置功能，企业可以构建出具有自我成长性的不同小微；随着时间的推移，这样具有差异性的小微在不同利基市场上展现出不同的业绩；基于环境变化的随机性和偶然性，会自然淘汰一些不适应的小微，留存下具有成长性的小微并得到平台更多的支持。同时，前期研究认为，平台组织的另一优势是平台所具有的网络效应。随着依附于平台的可变组件越来越多，它们彼此之间形成网络关系，这种网络关系就像水管一样为组件提供获取资源的能力以及满足其功能性的需求，更多的联系也有利于对创业机会的获取。借助图22.1所示的演化论中"变异→选择→保留"的机制，平台组织吸纳了环境的不确定性，整体适应能力也增强了（井润田、赵宇楠和滕颖，2016）。

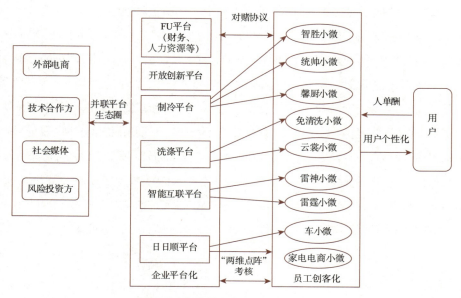

图22.2　海尔集团的平台化组织转型

借助用户交互的机制，创业小微可以局部改进其所面临的市场机会。从总体群落层面来看，环境变化往往是难以预知和控制的，小微成员可以通过与环境中用户群体的直接交互来感知局部、短期的市场变化趋势，从而识别出可能的市场机会。然而，通过用户交互得到的可能是利基市场上的次优机会，更优或最优的市场机会往往还依赖于管理者的战略认知来识别和巩固，体现为以上演化机制中的"选择→保留"过程，这是用户交互的局部优化方式无法搜寻到的。乔布斯在讨论苹果公司的创新机制时讲道："顾客想要什么就给他们什么，这不是我们的方式。在我们把产品拿给顾客看之前，他们根本不知道自己想要什么；深入关切顾客想要什么与不断问顾客想要什么，存在很大的不同。我们的责任是提前一步搞清楚他们将来想要什么。"本质上而言，战略认知是一个关于组织环境非线性变化的心理反应，受制于并影响着"应如何构造一个组织"这一核心问题，是组织作为复杂适应性系统的一种内驱属性。

22.2　计划变革理论

计划变革理论（planned change theory）是组织变革领域主流的理论框架，它将变革视为从一个均衡状态向另一个均衡状态改变的过程，该过程是由领导者所推动的不连续的变革事件或场景所构成的。计划变革是图22.1所示的目的论的典型代表，变革是组织根据已知信息而进行的目标制定、实施、评估和修正的循环过程。

22.2.1 变革的三阶段模型

"只有采取有效措施克服变革阻力,变革才能在企业中顺利推行。"基于这样的基本假设,计划组织变革理论之父库特·勒温(Kurt Lewin)提出变革的三阶段模型,这是组织变革领域最经典的理论。如图22.3所示,勒温认为组织中存在两种对立的力量:一方面是"驱动力"即变革的推动力,如行业政策的调整、竞争对手的威胁、科学技术的发展、商业模式的创新、顾客需求的变化或者知识结构的更新等;另一方面是抗衡这些驱动力的变革的"抵制力",如贸易保护主义、组织文化、成员的定向行为模式以及固有的思维习惯等。当两边的力量平衡时组织便处于均衡状态,不会发生变化;为了使组织发生变化,领导者必须找出方法去增强变革的驱动力、减弱变革的抵制力或是双管齐下。而采用任何一种方法的目的都是克服惰性同时促使变革发生,这个过程也被称为"力场分析"。在图22.3中,P1表示组织处于均衡状态:变革的抵制力和驱动力相当。当领导者决定调整发展方向、达到P2时,必须加强变革的驱动力(以加长的向上箭头表示)或者减弱变革的抵制力(以缩短的向下箭头表示)。如图中波折线所示,只有打破均衡的驱动力大于抵制力时,变革才能发生。

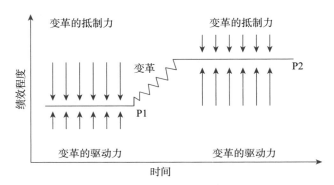

图 22.3 组织变革的力场分析模型

进一步,勒温提出变革三阶段模式,认为所有组织变革都会经历解冻(unfreezing)、变革(converting)和再冻结(refreezing)三个发展过程。具体而言,变革三阶段的特征如下:

第一阶段,解冻,即创造变革的动力,推动变革参与者鼓起走出舒适区的勇气。在一般情况下,组织现状是很难被改变的。只有当组织面临某种危机或紧张状况,如国家调控政策影响、市场环境持续恶化、财务流动性紧缺、企业销售额大幅萎缩、技术创新乏力、核心团队离职等时,才有可能出现变革需求。然而,任何变革都会给变革参与者带来一些新的影响,或是原有责任和权利的调整,或是原先工作及行为习惯的变更,抑或是原有利益分配格局的重构等。要打破原来的平衡状态就必须克服重重障碍,因此"解冻"极其重要。"解冻"可以通过下述策略实现:① 与其他标杆组织进行横向比较,向组织成员解释变革的重要性;② 借助高层意志,迫使参与者感知到变革压力、支持改变;③ 利用权威专家的言论来证明变革的必要性;④ 搜集反对变革的言论与行为,逐一进行引导;⑤ 利用组织面临的内外部环境压力，构造变革紧迫感。

第二阶段，变革，即指明变革方向，实施变革，进而形成新的态度和行为。在此阶段，组织通过不断试错和实践，让变革慢慢得以实施。变革是一个学习过程，需要调整组织架构与行为模式，对新方法和措施加以贯彻执行。这些方法与措施可能是建议、指令，也可能是规范、制度、流程。该阶段主要关注新观念和方法的有效落地，侧重于考虑以下问题：① 描绘并分享组织愿景，综合各方面因素制定达成愿景所需要的步骤；② 制定有效的变革策略，确立变革方式并控制变革过程；③ 强化榜样的力量，树立标杆及优秀榜样，激励参与者认同并模仿其行为；④ 采用角色模范、导师指导、专家演讲、群体培训等多种途径，鼓励员工参与变革计划的拟订，及时解决变革中突发的问题。

第三阶段，再冻结，即稳定变革。由于受惯性思维的影响，变革实施一段时间后组织成员容易回到原有行为模式，导致变革成果付之东流。此阶段的目标是在变革顺利进行后，采取种种强化手段使新的态度与行为固定下来，使变革处于稳定状态，防止变革中的倒退现象。为了确保变革的稳定性，需要引导员工不断尝试和检验新的态度与行为，并及时给予正面强化，形成持久的群体行为规范。实现"再冻结"的具体策略包括：① 建立完善的变革奖惩和考核机制；② 有计划地向变革参与者提供反复的培训教育，并对培训内容加以考核；③ 将新的行为、方法及模式融入日常工作中，使之变成组织文化的一部分。

22.2.2 变革的八大步骤模型

哈佛商学院的约翰·科特（John Kotter）教授通过分析一百多家公司实施变革的案例总结出变革的八大步骤模型，其核心思想是"变革如何领导"。该模型认为，组织变革在任一阶段产生的错误都具有破坏性的影响，会减缓变革进程，抵消变革成效。典型的变革错误体现为：① 没有足够的紧迫感。领导者低估了将员工从舒适区拉出来的困难程度，高估了自己对紧急情况所做的准备，缺乏对变革的耐心等。② 没有建立足够强力的变革指导团队。变革失败往往伴随着对变革难度及领导团队重要性的低估。③ 缺乏愿景。在失败转型中，常常能看到大量的计划、指令及方案，但看不到愿景。④ 没有就愿景进行沟通。没有可靠的沟通，员工队伍就无法形成凝聚力和统一的思想。⑤ 没有消除障碍。变革的最大障碍源于管理者对变革的排斥态度，以及对变革目标与整体方向不一致或者空洞的规划。⑥ 没有系统规划和短期胜利。没有可以实现和庆祝的短期成功，变革的努力会面临失去动力的危险。⑦ 胜利宣布得太快。变革是一个需要持续推进的过程，不要过早宣布变革成功。⑧ 没有将变革根植于组织文化中。将变革结构深植于组织文化之中需要很长的时间，在此之前，新的方法往往是不稳固的，容易出现倒退。最近的研究又增加了一些原因，如领导团队对冲突的识别和处理能力不足、领导者的认知短视、源自企业既有地位的惰性，以及未能意识到企业与组织环境之间的相互依赖和关联性等。

为此，科特提出了成功领导变革的八个步骤：① 树立紧迫感；② 形成强有力的领导团队；③ 构建愿景；④ 沟通愿景；⑤ 授权他人实施愿景；⑥ 规划和实现短期成果；⑦ 巩固现有成果，持续推动变革；⑧ 将新方法制度化。以上八个步骤也构成了一个紧密相关的循环过程，而企业需要通过培育一种新的组织文化来把所有的变革成果固化下来；在这一新的文化（包括企业中的群体行为规范和人们的价值观）建立的过程中，企业需要不断推动新的变革成功，以证实变革措施的有效性。理论界认为科特的变革八大步骤模型是对勒温的变革三阶段模型的进一步细化。例如，科特模型的前四个步骤属于解冻阶段，中间三个步骤属于变革阶段，最后一个步骤是将新方法制度化，即再冻结阶段。

中国故事：TCL"鹰的重生"

在本章引导案例所描述的国际化情境下，TCL面临生死攸关的战略转型。2005年年底到2006年上半年，TCL股价在下跌、信心在动摇、人才在流失、市场竞争力在下降，整个公司弥漫着悲观和彷徨的气氛，国内外社会充满了对其管理层的批评与失望。

TCL管理层一方面需要在业务经营上紧急扑火，另一方面也在反思并寻求对策。2006年4月15日，李东生召集管理团队对企业存在的问题进行讨论，当天大家从早上8点开始讨论，到下午2点还没有讨论出结果，意见分歧很大。2006年5月，TCL开始采用全景式管理模型对其政治、经济、文化三个维度以及各维度间的匹配度进行分析评估；评估结果让管理层意识到，"企业愿景和核心价值观不清晰""内部政治、经济与文化要素不匹配"是企业面临的首要问题，由此TCL开始梳理其组织变革的总体思路。由于2006年TCL严重亏损，在证券市场上已经被戴上"ST"的帽子，要成功复生，就必须在2007年12月前扭亏。为此，李东生痛下决心，制订出"18个月组织重生计划"。

2006年5月，李东生在TCL内部论坛上发表了《鹰的重生》系列文章。借用鹰在40岁时"脱喙、断趾、拔羽"以获重生的故事，李东生号召全体员工团结一心应对危机，推动组织流程和企业文化变革，共同推进国际化战略的实施。他在文章最后写道："中国企业要成长为受人尊敬的企业，国际化是必由之路。"《鹰的重生》系列文章引发了TCL内部的大讨论和大反思。无论是线上的员工论坛，还是线下的相互交流，大家针对现存问题进行深刻反思，对企业应该如何进行变革出谋划策。配合这些文章，TCL新的企业愿景被明确提出——"成为受人尊敬和最具创新能力的全球领先企业"。

集团管理层的认识和步调统一之后，TCL内部展开了一系列自上而下、轰轰烈烈的文化变革活动。首先，改变TCL原来组织文化中不适应国际化发展的部分，加强横向协作，消除"山头"文化。为了磨砺变革意志，7月14—17日，TCL 150多名高管齐聚陕北，展开了一次声势浩大的"延安行"活动，活动主题为"恪守核心理念，成就全球领先"。同时，文化变革并没有仅仅停留在口号上，而是有具体的"三改造、两植入、一转化"行动纲领，并切实得到贯彻执行。"三改造"，是改造流程、学习、组织；"两植入"，是指将TCL核心理念植入人才评价和用人体系当中，植入招聘和考评体系当中；"一转化"，是将企业的愿景和个人的发展结合起来，并转化为组织和员工的共同目标，让员工更有动力。2006年10月，以100名中层干部为培养对象、为期一年的首期"精鹰工程"启动。此后，雄鹰计划、精鹰工程、飞鹰计划、雏鹰工程等系列人才培养计划持续而系统地展开。

虽然面临以上严峻形势，但令人惊奇的是，TCL经过18个月的组织变革迅速重生。2006年年底整个集团的士气在回升，风气在好转，组织氛围发生了根本性的变化。同时，企业的组织结构和管理流程渐趋合理，运营持续改善。TCL通讯第一阶段整合获得成功；TCL多媒体，中国业务中心继续保持在国内市场的领先地位，北美业务下半年扭亏为盈，亏损较大的欧洲业务果断采取措施进行全面重组，扭亏步伐加快。2007年整体扭亏；2010年销售收入增加到518亿元，恢复到国际并购后的历史高点；2011年实现销售收入595亿元，国际竞争力实现根本性突破。

以上凤凰涅槃式的组织重生背后是TCL对其经营战略和组织文化的迅速调整，而这又是建立在李东生对自身战略思维和领导风格反思与提升基础上的。在短短的18个月里，李东生重新确立了TCL的发展愿景和战略定位，完成了从"温情管理"到"制度管理"的领导风格转变，消除了企业长期形成的"山头"文化和利益帮派。这成为牵动所有战略转型和组织变革活动的主线。

22.2.3　变革阻力管理

当组织面临环境的巨大变化时，变革是其打破僵局、持续发展的必经之道，而这样的变革也必然遇到阻力（resistance）。阻力或是来源于利益冲突，或是来源于旧的观念和行为习惯，或是来源于成员的不安全感等。在变革之前就要考虑到实施过程中可能遇到的障碍和阻力，并准备好应对策略。领导者在发动变革时，既要利用相关理论成果指导实践，又要系统分析企业的现状和阻力，注意理论的灵活运用。

22.2.3.1　对变革阻力的认识

早期研究者借鉴物理学的观点，将变革抵触比喻为一种维持现状的力量。近期的研究指出，导致变革失败的关键因素并非管理者经常提到的资源、财力等问题，反而恰恰是变革中的人力资源问题。

企业实践：柯达公司的组织变革阻力

1993年，来自摩托罗拉的乔治·费舍尔出任柯达公司CEO。对于柯达，这是一次难得的变革机会。刚开始，费舍尔怀揣锐意探索的激情，认为柯达的成功应该源于影像业务，而不仅仅是胶卷这一产品。因此，未来业务的增长模式应该由胶卷向数码相机拓展。但是四年后，费舍尔并没有改变柯达，反而被柯达所改变：1997年，他提出，柯达经营的不是胶卷业务，也不是计算机业务或数字影像业务，而是照片业务。公司将致力于使用各类可能的技术，帮助消费者制作更好的照片。战略的犹疑徘徊、对过去成功之道和原有路径的痴迷让柯达越陷越深。2005 年，柯达的数字业务销售额首次超过传统业务。但在当年的战略分析会上，高管团队依然坚信，尽管数字影像成为主流不容置疑，但传统影像也不会被数字影像取代，数字影像与传统影像将会共存。在他们看来，"传统影像就像烛光晚餐，而数字影像只是快餐"。这样的固执导致柯达迅速衰落：分拆数码相机制造业务，出售旗下医疗集团……2009 年，柯达停产了拥有 74 年历史的旗帜性产品——克罗姆彩色胶卷。2012 年，巨人倒下，留下的是一片唏嘘之声。

作为柯达的竞争对手，富士公司面对数字技术浪潮的反应截然相反，进行了"壮士断腕"般的改革。2000 年，古森重隆出任集团 CEO 之后，果断、彻底地将民用胶片业务从圈定的六大成长领域中剔除，不惜花费 2 500 亿日元裁撤多余的经销商、实验室、员工和研发人员。面对新技术，富士成功转型。如今，富士在数码影像领域依然是一家举足轻重的公司，拥有很多对手难以复制的竞争优势。

的确，"阻力会杀死变革"。那些阻碍变革的人通常被比喻为"泥底食鱼"，他们之所以阻碍变革，是因为变革会消除他们赖以生存的"废物"。人们抵制变革的原因有很多，例如：① 害怕，缺乏变革的勇气。或许员工并不满足于现状，但这并不等于说就有了变革的勇气，面对变革人们总是缺乏安全感。人们在潜意识里总会高估变革失败率，担心一旦变革失败，他们现有的利益、自由等就将随之丧失。② 惯性或惰性思维作祟。变革意味着破旧立新，但旧的流程、方法、制度已经固化为人们的行为习惯，改变这种习惯就像要一个瘾君子戒烟、戒酒，令人难以忍受。因此，人们出于惯性会拒绝变革。③ 变革会侵犯其经济利益。在原有的流程和组织结构中，某些群体或个体享有独特的利益。当变革会损害他们的利益时，他们必然会反对变革。④ 缺乏了解，员工不知道为什么要变革。员工往往是到了最后一刻才被告知要变革，而且很多的变革都是强压给员工的，因此他们往往会产生逆反心理，认为变革是管理层要做的事，和自己无关。

22.2.3.2 对变革阻力的克服

如何克服变革带来的阻力？研究者提出以下的典型管理策略：

第一，建立强大的变革领导团队。强大的变革领导团队是克服变革阻力的前提，因为领导者拥有足够的权威和能力对变革的过程进行有效的引导及控制，并能通过自我的示范带头作用对变革进行彻底的推广、执行。

第二，进行即时、充分的沟通及培训。一项调研表明，美国 531 家大型企业的 CEO 都将沟通列为变革管理中最需要改进的地方，充分、不流于形式的沟通可以使人了解变革的原因、内容、方法以及目标等。形象生动、第一时间的沟通可以让员工觉得自己不是变革中的外人，从而成为推动变革的一员。变革过程是新旧理念的碰撞、排斥、抵触及相互融合转化的过程，在实施过程中必然面临许多新的困惑与问题，而即时的沟通、反馈与培训能有效解决这些问题。

第三，组织成员积极参与。组织成员的积极参与是克服阻力的积极途径，人们对某项工作的参与程度与其对该工作的责任感成正比。企业在实施组织变革时，应该让成员参与到变革讨论和设计中，提出对变革的看法及建议，甚至容忍一些对变革不满情绪的宣泄。只有这样，才能在一定程度上减轻人们对变革的抵触心理，扩大变革的群众基础，推动变革的良性发展。

22.3 持续变革理论

从 20 世纪 60 年代开始，组织变革研究发生了一些方向性变化，学者们开始重视持续变革（continuous change）的视角，并且产生了大量的理论成果。持续变革理论的兴起是和全社会范围内数字技术的普遍应用密切相关的。一方面，数字技术使得企业可以与员工、用户、供应商建立直接联系，帮助企业打破内外部壁垒进而创建更快捷和更多样的交互渠道；另一方面，数字技术所提供的及时、连续和细化的信息使得实时决策成为可能，企业需要快速、敏捷地监控环境并做出反应。总体而言，持续变革理论属于图 22.1 所示的生命周期论的一种，通过对组织内部持续变化的机制构建来推动组织持续演化。

22.3.1 持续变革的思想

如前所述，计划变革理论倾向于将组织变革视为一个场景式（episode）过程，认为组织变革是不连续的、蓄意的，多发生在外部环境（如技术变革）或内部环境（如高层领导者更替）出现突变的情况下。该理论强调变革推动者的意图和计划在变革过程中的作用，认为变革推动者是变革有效的基本动力。然而，如此看待变革过程会忽略变革事件相互之间的联系，而这一点在现实中往往非常重要。例如，变革推动者为了成功收购某一类企业，会先进行产品降价、结构调整等，然后再进行收购。前一次的变革通过降价打压目标企业，从而降低其收购价格，而结构调整又便利了收购后与目标企业的融合。因此，变革事件与变革时间之间存在联系。

持续变革将变革视为一个自然出现、自我组织的过程。此时，领导者扮演调控者而非推动者的角色，他们可以在组织运作方向出现偏差时实时做出一些顺势调整，这样的调整是基于组织发展的不稳定和对日常意外的警惕性反应。尽管持续变革与计划变革存在差异，但换个角度也可以将持续变革看作一系列的计划变革，前一阶段的变革为下一阶段的变革奠定基础。在谈到樊登读书会的快速成长经验时，其创立者樊登认为其中的一个重要条件就是，要"让成长的每一步成为下一步发展的基础"，持续变革的实质就是变革行动和变革形势在时间上的持续延展过程（即行动 → 形势 → 行动 → ……），变革者每一轮被变革目的所驱使的行动（如樊登读书会 2015 年推广会员代理制）都在布局和影响着下一轮的变革形势（如用户流量的快速增加），这也会为下一轮顺势而为的变革行动（如樊登读书会 2016 年拓展线下会员活动）创造出好的形势。此时，领导者不需要费力地推动每一个变革事件，而是在持续变革的过程中发挥好重新定位（redirection）作用，即识别当下出现的变革，突显变革，最后重塑变革。

持续变革理论假定组织始终处于非均衡过程之中，所谓均衡只是变革动力和阻力僵持所形成的临时状态；这类研究关心的是由组织内在动力和外部环境所驱使的，促使变革连续发生的情境与机理。当前数字化驱使的组织转型过程往往难以规划，具有持续变革的特点。例如，在一次新药研发过程中，数字技术的采纳导致创新重点出现转移，由此在科学家群体内部引发了一系列新的业务活动，这反过来导致他们在新领域中的发现；无论是这些业务活动还是创新结果，都是在原来的计划之外的。在产品生命周期短、竞争场域变化快的数字化环境下，持续变革被视为企业动态能力构建的根本保障，与之相应的组织结构则处于高度稳定和高度无序两种极端状态之间。这也是 Brown 和 Eisenhardt（1997）长期研究硅谷企业案例后，提出"半结构化"（semi-structure）更有利于组织持续创新的原因。她们基于全球九家业务多元化的计算机企业的案例研究发现，持续变革成功的企业具有如下特征：首先，成功的管理者不只是沟通，还将半结构化与大量的互动以及自由结合起来以推动产品的创新。这个结合不是僵化地控制流程，也不是混乱到流程失控。其次，成功的管理者通过一系列低成本的调查实验探索未来。他们不依赖于单个计划设计未来，也不单纯地通过被动反应管理未来。最后，随着时间的推移，成功的管理者通过设计和实施有节奏的过渡程序将现有项目和未来项目的产品联结起来；他们不断地创造变革，而不是忽略变革或从不实施变革。这里，"半结构化"是指组织内的一些特征（如责任、项目优先级、项目间的间隔期）被确定下来，而其他方面则不被确定。半结构化的表现是部分有序，结构处于高度稳定和高度无序两个极端之间。这两种极端状况被中国企业管理者俗称为"一抓就死，一放就乱"。具有成功产品组合的企业在每个时期都表现出半结构化。例如，对现有项目的有效管理处于非常结构化的机械组织（其中官僚程序高度固定）和非结构化的有机组织（其中很少有规则、责任和程序）之间。

22.3.2 组织势的管理

计划变革理论是从阻力的负面角度描述组织变革过程中的力量，假定组织及其成员会抵制变革，即使是在面临生存危机的紧要关头。作为持续变革的核心概念，组织势则是从正面角度看待领导者如何认识和构建一种能够不断促使组织变革成功的正向力量。"势"的概念最初来自物理学，其本意是指事物运动的惯性或趋势，是一种蕴含在变化之中的力量。无论是国内还是国外，人们经常会用"势"的概念来描述和预测政治运动、体育比赛或战争中参与者输赢的可能性。中国文化对"势"的一些现象具有长期的观察和思考，孕育了很多和"势"有关的词语，如势如破竹、顺势而为、审时度势、强者造势、智者乘势等。在商业实践和企业发展中，"势"作为一种维持变化的力量，也被视为能够推动组织成长和提升变革成功率的关键概念。

作为对组织势进行规范研究的开篇之作，Miller 和 Friesen（1980）认为，大多数组织都处在持续变化中，但有时变化方向似乎有所偏移，因为它通常重复过去的趋势……他们认为，与变革阻力相比，"势"是组织变革研究中更重要的概念，也更能揭示出变革的本质和意义。

基于组织适配（configuration）的理论视角，他们强调了企业运营过程中相互依赖的环境、组织结构和战略要素，同时将"势"定义为组织在同方向上保持发展的一种趋势。Larréché（2008）研究发现，与行动缓慢的竞争对手相比，善于利用势能的企业要多创造80%的股东价值。他惊讶地发现，那些善于抓住势能的领导者靠的不是运气，而是聪明的头脑。他们发现了"势"的源头，并由此找到更聪明的办法来实现快速增长。管理者经常说"要抓住机会"，但"势"领导者并非这么被动，他们的人生信条是：先创造机会，再抓住机会。在管理实践中，就像"风口理论"所指出的，很多企业领导者也都曾在某一时刻感受过"势"的力量。

中国故事：雷军的"风口理论"

进入21世纪，互联网技术的发展使得企业与环境的关联性更加紧密，企业的持续变革与创新成为管理常态。此时的环境变化在警示：企业沿袭原来的组织成长模式，已经行不通；管理者不能等到变化显现之后再寻求适应，只能在变化浮现之际就学会"创造变化"来适应变化。的确，这是一个新的"创变"时代。

应对这样的变化环境，雷军提出"站在风口上，猪都能飞起来"。这句话是雷军在金山公司16年的艰难经历中感悟出的一个道理：企业能否顺利成长的关键法则，不仅是天道酬勤，更重要的是顺势而为。该说法在企业界得到广泛应用，管理者经常称其为互联网时代企业经营的"风口理论"。雷军不仅是这样说的，也是这样做的，"风口理论"成为他创立并带领小米公司成长的管理法则。2010年，小米公司成立踩的正是移动互联网的风口，此后智能手机产品在全球市场的渗透率仅用三年时间就从40%提升到95%，小米公司仅用九年时间就进入世界500强企业之列。

我们对小米公司的案例研究发现，"风口理论"作为一个被国内互联网企业广泛接受的常人理论，其实际上描述的是当管理者的组织变革动机能被环境变化所支持时，他们所感知到的一种心理势能。管理者对于风口或心理势能的感知可以帮助他们在环境变化时抓住成长机会，小米公司对智能手机、物联网两次产业风口的选择就是其中的典型事例。

进一步，管理者有意识地进行系统布局是他们成功将风口转变为可以实现的成长机会的前提条件。为了抓住机会，管理者需要提前设计出适合风口的业务活动系统，而不是模仿当前流行的产业经验，这对管理者提出了很高的要求："猪在飞起来前也需要做很多准备。"例如，小米公司创立之前的国内手机产业，线下渠道是在位企业竞争的核心资源，而小米公司则选择了线上渠道进行销售。雷军说："从2011年开始我们的渠道主要放在线上，就是小米网即原来的小米商城。当时我们判断电商会有一个高速发展，而且效率在很长时间里会高于线下。当时，我们一台手机卖到用户手里只需要1%～2%的成本，但是线下可能要两位数。从用户体验而言，线上也是最快、最容易突破的。当年诺基亚花了一二十年的时间建立渠道，你去硬磕，以自己有限的资源和人力是很难成功的。"其实，线上渠道只是小米公司业务活动系统的一部分,其总体模式是由"硬件""软件"和"互联网"三要素构成的所谓"铁人三项",即做具有顶级配置、极致性能的智能手机("硬件"),搭载高度定制化、体验绝佳的系统和应用软件("软件"),然后以高效的电商渠道取代所有中间环节,将产品直接送到用户手中并持续提供互联网增值服务("互联网")。以上三大要素相互牵引和促进,形成支撑小米公司快速成长的"飞轮"效应。

无论是"风口理论"还是组织势,描述的都是变化环境中促使企业持续变革的力量。为此,企业需要把握好如下三个原则:

第一,企业需要通过"审时度势"不断感知和把握组织成长机会。当前的数字化经营环境对企业的影响日益快捷和显著,这意味着组织成长的"风口"效应会更加普遍。企业在关注短期收益之外,更要学会辨析和驾驭产业"风口";顺势而为,可以帮助企业提升运营效率和成长速度。在快速变化的环境下,企业成长要求管理者不断在现有资源和能力之外拓展新的市场机会。例如,对小米公司而言,尽管近年来它在全球的智能手机出货量不断攀升,但整个行业在 2017 年之后开始呈现下滑趋势,因此企业实施"风口"转型战略也是大势所趋。管理者需要提前洞察这样的"风口"变化,做好产业转型的准备和布局。无独有偶,英特尔前总裁安迪·格鲁夫也曾经以"风向"作为企业经营的比喻:这就好像行舟海上,当风向改变时,你或许因为人正好在船舱底下,一点也没有察觉到;直到船身突然倾斜,你才吓了一跳。原来对你有利的风向已经改变。在身陷险境之前,你最好赶快改变行船方向。格鲁夫将以上的转型时刻称为战略转折点,这不仅是新旧产业和产品的转变,也意味着新旧经营模式的转变。

第二,企业需要重视业务活动布局对支撑企业成长的组织势的影响。正如主张无为而治的道家哲学所反映的,相信和依赖"风口"的力量,并不是指管理者什么也不用做,而是需要他们通过积极、有意识的提前布局,减少那些不符合形势需要的盲目投入。管理者的"风口"感知以及实现依赖于提前的系统布局(如小米公司"铁人三项"业务模式的提出),否则只能错失时机。对企业而言,"风口"的把握既有环境约束的客观性,也有管理者能动影响的主观性。当感知到的形势有利时,企业为了抓住机会应该采取"顺势而为"的策略;当感知到的形势不利时,企业会通过"造势"来影响和调整形势,创造出有利的发展态势。新的"风口"浮现,往往意味着影响产业发展的深层次因素发生了变化,这也导致企业很难用既有行业的业务模式来实现新的产业机会。管理者需要从内外部协同的视角深入思考新的业务模式设计,进而构建出支撑组织成长的组织体系。

第三,管理者需要提升自身对组织势的认知能力。管理者在组织势的把控方面存在明显的个体差异性,而战略认知能力是造成以上差异的重要原因,那些具有更高水平的分析性思维和结构需求的管理者更容易感知和构建组织势。要具备这样的素养,管理者首先要以谦卑的态度来应对环境变化,学会通过不断的自我否定和自我提升来辨析产业"风口"。企业可以开展一些领导力开发的培训活动，帮助管理者学习如何采用逻辑思维和概念框架来分析现实管理问题，如何通过抽象类比或深层反思提升自己对问题本质的理解和剖析。这些认知能力的提升有助于管理者保持对"风口"变化的敏感性，也有利于减少他们自身以及下属成员一些无谓的变革行动和努力。

22.3.3 与计划变革模型的比较

计划变革认为，没有清晰、全面、共同的行动计划来鼓励内外部协作，提振客户、供应商和投资方的信心，任何组织变革都无法取得成功。这样的变革计划要求领导者迅速激发和调动企业的积极性，也意味着他们需要采取以前从未采取过的果断行动。以上理论隐含着一个假设：组织变革是领导者将企业引向最终状态的过程，因此领导者需要在变革实施之前就明确变革目标和实现目标的先决条件，即为实现变革愿景而必须执行的功能任务以及必须获得的工具。

近年来，尤其是在数字化转型情境下，计划变革理论受到一些批评，例如，关于组织变革主要依赖于有远见的领导行动的假设是有问题的，将组织变革过程视为可以单独管理的离散事件也是不合适的。通过使用新技术（如微信、脸书），企业可以快速鼓励用户或社会大众参与变革，但其结果是难以预计的，完全可能导致企业不得不朝着之前没有考虑过的方向进行变革。在这样的情境下，企业对变革的干预会超出勒温的"解冻－变革－再冻结"模型所述的阶段式变革，是结合了突发、紧急动态和自我组织的概念。在管理实践中，计划变革经常会带来预料之外的结果和关系，导致非线性的演化路径。Beer 和 Nohria（2000）指出，计划变革和持续变革是对组织变革最典型的两种理解，其理论对比如表 22.2 所示。

表22.2 计划变革与持续变革的比较

	计划变革	持续变革
领导力	自上而下地管理变革	鼓励自下而上地参与变革
变革重点	强调正式结构和制度	强调企业文化对员工行为的影响
变革过程	规划并建立计划	持续尝试并改进

显然，以相互孤立、冲突的眼光看待以上两种变革有很大的局限性。这种视角仅仅着眼于过程的准确性（一种类型能否很好地描述实际变革过程）、有效性（一种类型能否很好地管理变革并实现目标）及其作为变革理论框架的潜在可能性（一种类型能否体现学术界目前对于组织变革的探索情况）。若要充分理解实际变革案例，同时考虑计划变革和持续变革的过程至关重要（如基于图 22.1 的一些复合模型），这也是数字化转型情境下组织变革理论研究的重点。

本章小结

组织变革是一种以特定变革目标为导向,旨在提升组织的环境适应性或改善员工行为绩效的活动。理论和实践表明,成功的组织变革需要变革推动者前瞻性地看清组织未来,激励员工共同创建和实现变革愿景。

研究者通常通过变革情境、变革内容和变革过程三个方面来理解组织变革理论,其中,组织变革情境表现在组织外部或内部因素变化方面,组织变革内容体现在组织实质性改变的要素方面,组织变革的过程体现在变革采取的行动方式上。组织变革的过程理论包括生命周期论、目的论、辩证论和演化论等四个基础理论。

计划变革理论是组织变革领域主流的理论框架,它将变革视为从一个均衡状态向另一个均衡状态改变的过程,该过程是由领导者所推动的不连续的变革事件或场景所构成的。其中,最具代表性的是库特·勒温提出的变革三阶段模型和约翰·科特提出的变革八大步骤模型。管理者在组织变革之前就要考虑到实施过程中可能遇到的障碍和阻力,并准备好应对策略。

持续变革理论将变革视为一个自然出现、自我组织的过程,此时领导者扮演调控者而非推动者的角色,他们可以在组织运作方向出现偏差时实时做出一些顺势调整,这样的调整是基于组织发展的不稳定性和对日常意外的警惕性反应。作为持续变革的核心概念,组织势是认识和构建一种能够不断促使组织变革成功的正向力量。

本章也对计划变革理论和持续变革理论进行了比较,指出了在数字化转型情境下同时考虑计划变革过程和持续变革过程的重要性。

重要术语

组织变革　计划变革　变革的三阶段模型　变革的八大步骤模型　变革阻力　持续变革　组织势　战略认知能力

复习思考题

1. 组织变革的四个过程理论模型之间存在怎样的联系与区别?
2. 组织变革阻力包括哪些类型?有哪些解决策略?
3. 如何看待计划变革理论和持续变革理论之间的差异与联系?
4. 实际调研一家企业的数字化转型实践,总结其中的变革难点所在。结合组织变革理论,提出对该企业转型实践的建议。

中国实践

成都公交集团的组织变革

成都公交集团成立于1952年7月,是成都市的主要公共运输公司。2006年,成都公交集团已发展成为全国公交行业规模最大的三家企业之一,拥有3 866辆公交车和14 800名员工。然而，当时成都公交集团的管理也是全国最差的，公司员工士气低落，服务质量差。集团拥有五家子公司，每家子公司都拥有公交车、车站、维修厂、广告和其他设施与设备，内部相互竞争，运营效率低下。由于一线员工存在强烈的不满情绪，工作士气低落，导致车祸等负面事件频发。当时，超过90%的社会媒体对成都公交集团的报道均是负面的，这大大损害了公司的公共形象。

2006年8月，成都市政府任命陈蛇担任成都公交集团董事长，并要求他在三年内将成都公交集团变革为一家在全国公交行业处于领先地位的企业。当时，几乎所有人都认为这项改革注定会失败，因为这家公司面临太多棘手的管理难题。2006年以前，尽管一些领导者试图解决这些长期存在的问题，但他们的努力都失败了。他们的大部分改革都是针对该体系的某个特定问题（如薪酬、绩效或线路等），但2006年上任的董事长陈蛇却选择了一种不同的方法。他特别寻求改变整个生态系统的系统性问题。成都公交集团为一线员工（即公交车司机和售票员）提供了基于客流的激励系统，其中大约80%的浮动工资是与每月的客运量挂钩的。这一激励机制促进了公交车辆之间为增加自身的客运量而展开激烈竞争。另一个有关的问题在于，即使总体工作量相同，那些被分配到高流量路线上的员工的收入往往是那些不太幸运的同事的两倍以上。虽然这些问题前期已经得到了充分的揭示，但以往通过拉平工资水平来改革的尝试都没有成功，遭到了员工的强烈抵制。

相较于直接改变激励制度，陈蛇更希望消除导致引入这种基于客流的激励制度的深层次原因。他将原因归咎于公交体系内部的过度竞争，这促使公交公司必须采取措施来增加客运量并实现收入最大化。当时，成都市共有五家公交公司运营公共交通服务（其中两家为成都公交集团全资所有，另外三家为成都公交集团作为少数合伙人的合资企业）。公交公司之间缺乏协调，高利润路线上的过度竞争侵蚀了成都公交集团的收入和利润。成都公交集团解决该问题的一种方法是收购合资伙伴。然而，以往的变革历史告诉陈蛇，这样的收购成本往往高得令人望而却步。经过认真思考，陈蛇所做的第一个决定出人意料，他将成都公交集团全资所有的两家公司公交车的票价降了一半。作为回应，竞争对手也降低了票价，以防止乘客被抢走。然而，低票价对这三家合资企业而言是难以长期维持的，因为它们必须依靠票价收入来维持运营。相比之下，成都公交集团可以承受收入的大幅下降，因为其在降价之前已经申请了银行贷款。三个月后，成都公交集团以很低的价格收购了其合资公司的股份。由于不再需要为争夺客运量而展开竞争，成都公交集团可以放弃以往基于客流的激励系统，这大大提高了一线员工的收入水平，提升了员工的士气和服务质量。最终，这次变革取得了巨大的成功。成都公交集团进行了公交行业的许多创新，提升了自身的社会形象，市民态度也从最初的不屑转变为敬佩，乘客们切身享受到了成都公交集团改革的低价和优质服务。这次"改革奇迹"成为一个热门话题，被全国很多公司效仿和学习。

资料来源：根据相关资料整理得到。

思考题

1. 如何采用勒温的力场分析模型分析成都公交集团组织变革的影响因素？

2. 陈蛇作为新任管理者并不直接改变激励制度，而是先消除导致这种激励制度的深层次原因。这样的变革思路在组织变革策略上给我们怎样的启示？

参考文献

薄连明、井润田，2014，《TCL国际化复盘》，《商业评论》，144：132—146。

黄丽华、朱海林、刘伟华等，2021，《企业数字化转型和管理：研究框架与展望》，《管理科学学报》，24（8）：26—35。

井润田、赵宇楠、滕颖，2016，《平台组织、机制设计与小微创业过程——基于海尔集团组织平台化转型的案例研究》，《管理学季刊》，1（4）：38—71。

井润田，2020，《组织变革管理：融合东西方的观点》，北京：科学出版社。

Armenakis, A. A., & Bedeion, A. G. 1999. Organizational change: A review of theory and research in the 1990s. *Journal of Management*, 25（3）：293–315.

Beer, M., & Nohria, N. 2000. *Breaking the Code of Change*. Boston: Harvard Business School Press.

Brown, S. L., & Eisenhardt, K. M. 1997. The art of continuous change: Linking complexity theory and time-paced evolution in relentlessly shifting organizations. *Administrative Science Quarterly*, 42（1）：1–34.

Kotter, J. P. 1995. Leading change: Why transformation efforts fail. *Harvard Business Review*, 35（3）：42–48.

Larréché J.-C., 2008. Momentum strategy for efficient growth: When the sumo meets the surfer. *International Commerce Review*, 8（1）：22–34.

Lewin, K. 1951. *Field Theory in Social Science: Selected Theoretical Papers* (D. Cartwright, Ed.). New York: Harper & Brothers.

Miller, D., & Friesen, P. H. 1980. Momentum and revolution in organizational adaptation. *Academy of Management Journal*, 23（4）：591–614.

Nadler, D. A, & Tushman, M. L. 1980. A model for diagnosing organizational behavior. *Organizational Dynamics*, 9（2）：35–51.

Van de Ven, A. H, & Poole, M. S. 1995. Explaining development and change in organizations. *Academy of Management Review*, 20（3）：510–540.

第6篇
综合案例

第 23 章

破茧成蝶——万物云发展之路[①]

2022年9月29日9:30，深圳梅林一栋办公楼内锣声响彻，万物云空间科技服务股份有限公司（简称万物云）正式登陆港交所。这是万物云的高光时刻。一路走来，万物云从被人认为是只会做住宅的物业企业，到如今围绕业主不动产保值增值提供全生命周期服务，已形成包括万科物业、万物梁行、万物云城、万御安防、万物为家、祥盈企服、万睿科技、第五空间、福讯信息等在内的丰富且系统化的自主品牌集群。可以说，今天的万物云，已然成为中国最优秀的物业管理企业之一。那么，万物云是如何炼成的呢？

23.1 万物炼成之起源（1990—2000年）

1990年，在万科创始人王石的品牌意识的影响下，受日本索尼公司售后服务的启发，万科集团开始从事物业管理业务。万科物业首任负责人陈之平于1991年在万科天景花园成立了中国内地第一个"业主委员会"，并制定了服务业主的管理章程。至此，物业共管模式建立。1992年，深圳万科物业管理公司正式注册成立。公司立足于打造精品物业，并进行了多种经营模式的探索，同时还明确了客户意识。

这一时期万科集团提出不计成本的售后服务理念，即便是房屋质量出现了问题，也要通过服务弥补回来；同时，还提出了"地上没有烟头""草绿如地毯""不丢自行车"以及"游泳池的水能喝"的"3+1"物业服务法宝。这一阶段，万科物业也将服务客户的基因融入每个员工的骨子中，并一直延续至今。

万睿科技牵头人回忆道："我1994年来面试，当时万科物业办公室在其承接的第一个小区里。小区特别漂亮、干净，环境很好。无论是保安、员工还是领导的状态都非常好，整个公司特别有活力。这一点很打动我，我当时对公司印象很好。我后续也接到了富士康等一些上市公司的面试通知，但最后还是选择了万科物业。我觉得自己首先是被工作环境、公司文化所吸引。比如，公司倡导阳光健康，不仅将其写入纲领，也确实是这么做的。其次就是被当时万科初代创始人的魅力和精神所感染。所以我最终选择了万科物业。"

[①] 开发本案例旨在为本教材提供综合的案例研讨而非说明某个管理情境下管理行为的有效或者无效。案例基于作者对案例企业领导者和相关人员的访问并深度研究企业文档写作而成。未经作者许可，不得对本出版物的任何部分进行复制或者以任何形式或方式对其进行传播。万物云空间科技服务股份有限公司（简称万物云）更名前为万科物业发展股份有限公司（简称万科物业），本案例叙述以2020年万物云更名时间为节点，更名前称其为"万科物业"，更名后称其为"万物云"。

23.2 万物炼成之塑造（2000—2010年）

万科物业品牌创立后，如何塑造品牌、提升品牌价值？是否进行市场化？是否要招聘国际化的人才？

在品牌意识和客户意识的指导下，品牌塑造阶段的万科物业始终注重文化沉淀、服务模式创新以及工作标准建立。在文化方面，万科物业首先形成了"先有微笑员工，后有微笑客户""平平淡淡就是错、无功就是过""一个萝卜三个坑，两年要做到主管""持续学习与创新"的初创期企业文化。其次，万科物业专注于品质文化的塑造，将ISO9000国际标准导入公司质量管理体系中，始终严把品质关。在服务模式方面，万科物业针对不同项目，进行了"酒店式""无人化""个性化"等服务模式尝试，并获得业主的好评。在工作流程标准化制定方面，万科物业通过工作指引、规范手册等形式，让各职能工作内容标准化、明确化。通过不断地塑造品质文化、创新服务模式以及实现工作标准化和专业化等方式，万科物业将服务做到极致，从而使该品牌在全国打响。

这一阶段万科物业还开始进行市场化。通过参加全国首次和第二次物业管理公开招标会，万科物业分别中标鹿丹村和桃源村项目；后来服务于建设部，使得自己的名气越来越大。初探市场化并取得一系列成功后，万科物业的管理者萌生了将万科物业从万科地产中独立出来，迈向市场化的念头。但万科集团最终否定了这一想法。因此，万科物业继续作为成本中心，服务于万科地产。当时的万科地产开始全国性扩张，万科物业也随之形成了全国性的均衡布局。

万科地产营收即将超过1 000亿元时，集团领导开始考虑并重视人才管理，思考国际化战略，于是招聘了一批国际化人才。万科物业也聘请了曾任仲量联行亚太区董事和资产管理总监、具有国际化视野的许国鸿作为总经理。他的重要贡献在于将万科物业从万科地产组织架构中的三级公司变成了二级公司，即将原本隶属于万科地产的万科物业，调整为与万科地产同样级别，即均为隶属于万科集团的二级公司。2008年，万科物业与万科地产正式脱离行政隶属关系。2009年1月18日，万科集团正式成立物业事业部，下属18家一线公司，形成物业系统。这一改变使万科地产与万科物业由原本的父子关系变成了兄弟关系。万科物业的成长蜕变也从这一节点开始。物业事业部成立后，进一步重塑品质意识，强调在快速扩张的过程中保持万科物业的优良传统，明确"品质成就价值"的工作方向，计划在系统内创建一批"标杆项目"，并深入推进"标准化"复制。2010年，物业服务总体满意度达到90%，较2009年提升了8个百分点。

23.3 万物炼成之成长（2010—2020年）

从万科地产中独立出来的万科物业表面看似一切向好，实则存在很多问题。万科物业与万科地产之间的关系更为微妙，行业内竞争日趋激烈。此时，万科集团急需寻找一位懂管理、有魄力的管理者来重新思考万科物业的经营管理模式、行业竞争应对、未来发展方向等一系列问题。

再三考虑后，集团领导王石与郁亮决定召回时任南京万科地产总经理朱保全。加入万科物业前，朱保全一直在万科集团总部与万科地产工作。当时的万科物业在万科体系中只能算一家"小公司"。朱保全回忆道："我当时在地产公司做总经理的时候，100万元的签字都授权给副总；到了物业公司做总经理，5万元的报销额度都需要我签字，那种心理落差其实还是非常大的。原来数的数都是以亿为单位，到了物业公司数的数都是以万为单位。"

虽然内心存有很大的落差，但从不轻言放弃的朱保全并没有"躺平"，而是决定跟万科地产一起"卷"，并思考如何能够超过万科地产。面对"万科物业只会做住宅""上辈子造孽，这辈子干物业"等负面评价，朱保全经过不断的思考，决定从人才结构、市场化、业务边界、科技等方面入手，对万科物业这一传统的物业管理企业进行全面系统的变革。

23.3.1 注重人才——打造立体人才结构

在朱保全看来，"上辈子造孽，这辈子干物业"是物业行业及其从业者的自我贬低，连物业从业者都不希望自己的孩子从事物业这一行，这导致年轻人尤其是受过高等教育的年轻人不愿意加入物业行业。朱保全认为这意味着物业行业没有了希望与未来。当时，万科集团认为物业员工只需踏踏实实做好工作、做好服务，所以招聘没念过书的苦孩子就够了。朱保全却不这么认为，他说，麦当劳门店中的员工也许没有受过高等教育，但其总部一定汇聚了一批哈佛、耶鲁、沃顿等名校毕业的人才。朱保全始终认为一家企业的人才结构必须是立体的，驱动企业做大做强的动力一定是高端人才。因此，朱保全掌管万科物业后，便开启了面向清华、北大等985院校的招聘计划。由于品牌影响力与经验不足，万科物业初期的招聘与人才留用并不理想。朱保全进行了不断的尝试，起初依附于万科地产品牌招人，后以每月高于万科地产1 000元工资的方式吸引更多人才加入，并将招聘来的应届毕业生安排到有带教经验管理者的部门，以提高留用率。经过多年的摸索与沉淀，如今的万物云已拥有自身独立的招聘体系——"万物生"。

朱保全回忆起自己招到第一个名校毕业生的情景："当初招的第一个清华学生，是我亲自面试的。因为很多孩子不是来自大城市，所以我会问他：'你的小学、初中或高中同学是不是很多都在南方工厂打工呢？其实他们也有可能在物业行业中打工。'接着我就对他说：'那我们一起来做些事情，提高他们的工作效率、收入，改变你的这些同学的命运吧。'这句话还是蛮打动他的。"

同时，朱保全在其《关于企业成功要素》一文中明确提出"吸引人才，创建护城河，赢得竞争"。他认为，当今时代，世界经济正由资本时代迈向知本时代，人才战略是企业的核心战略，人才竞争决定了企业发展的核心竞争能力。人才引进、培养与企业发展的适配性非常重要，在一定程度上，最合适的人比最优秀的人对于企业而言更加关键，特别是在企业初创时期。这就像当年微信在研发阶段，能否成功有很大的不确定性，在腾讯内部，更优秀的人才都集中在其主力项目上。张小龙曾邀请实习生参与开发，却被婉拒了。后来，张小龙带领几名骨干和一批应届生，终于在最短的时间内开发出微信这一产品，并迅速赢得市场。成熟企业更需要通过组织变革创造更加灵活的平台，保证人才价值的发挥，通过治理构建企业的

"护城河"。

除了关注高层次人才，朱保全始终没有忘记物业是劳动密集型行业的本质。他一直强调基层人员是基石，是底座。这一点也体现在他先后攻读 EMBA 和 DBA 学位期间的论文选题上。朱保全的选题始终关注基层员工的成长与发展。在他看来，没有基层员工的保障，引进高端人才、技术人才都是空谈。只有基层员工稳了，万科物业的客户关系才会稳定；客户关系稳了，招聘的高端人才才会有用武之地。善于思考的朱保全对埃隆·马斯克"第一性原理"有着自己的解读。他认为"第一性原理"说的就是任何事情都要看本质、看本源。因此，他始终没有忘记关心员工，尤其是基层员工。他强调，万科物业的员工流失率绝不能成为报告中一个冷冰冰的数字，而应是每位管理者心中判断员工是否与公司有感情的一把尺子。万科物业要尊重每一个一线员工，关注每个岗位上员工的成长，管理者必须始终与一线员工奋斗在一起，将好环境、好发展、好班长这一"三好"文化融入日常工作中的点点滴滴，并通过技术创新释放员工的价值潜能，帮助员工实现自我成长与价值创造。

朱保全是这么说的，也是这么做的。为了让基层员工有长远的发展，万物云会让司龄满两年的保安转岗到管家、技术员以及二手房经纪人这三个岗位中的一个。公司会定期组织保安学习相关技能。每掌握一项技能，保安每月的工资就会涨 50 元。这一做法给予了基层员工未来发展的机会与希望。再如，为了提升基层员工的幸福感，朱保全提出了"衣锦还乡"计划，即为在大城市打拼后回到家乡的员工提供一个与之相匹配的职位。朱保全认为，一个背井离乡的打工人，年收入从 7 万元到 15 万元是其幸福感最强的时候。这时，他仍然一个人在城市打工，但会有结余。而年收入从 15 万元到 30 万元则是其幸福感最差的时候。因为一旦在大城市年收入达到这一区间，打工人就会想把妻子和孩子接来，就会面临买房、子女上学等一系列问题。这时的幸福感会变得特别差。因此，朱保全提出了"衣锦还乡"计划，旨在提升员工幸福感。

为了让员工更加明晰自身的发展路径与机会，万物云针对不同职位的晋升方向及能力要求，将职位分成三大序列、九大岗位标签，形成了独特的人才发展九宫格，具体如表 23.1 所示。

表23.1　万物云岗位标签与发展关系

序列	标签	定义	典型岗位
操作序列	计收	工作技能相对简单、单一，工作成果以财务指标（收入）来衡量（例如，可以通过工作带来增量收入的岗位）	家政保洁
	计件	工作技能相对简单、单一，工作成果以效率指标（数量）来计算	公共维修
	计时	工作技能相对简单、单一，花时间提供内容相对固定的服务（例如，需要24小时内连续工作或单位工作时间内无法用数量或收入计量工作成果）	人行出入口、车行出入口

（续表）

序列	标签	定义	典型岗位
专业序列	创收	工作以相对复杂的技能来衡量，工作成果以财务指标（收入、合同）来衡量	管家、销售、置业顾问、市场、投资、招聘
	创效	工作以相对复杂的技能来衡量，工作成果以效率指标来衡量	前介、人力、行政、产品运营、技术支持、软件开发
	创研	工作以相对复杂的技能来衡量，工作成果以新产品、新技术、新应用、新功能来衡量	应用架构、用户研究、产品经理、设计、硬件研发
管理序列	兜全面	以带领和指导团队来产生工作结果，同时对某领域、某组织单元、某经营任务（可实体、可虚拟）的最终经营结果（以利润为主的财务指标）负责	业务单元部门经理
	兜部分	以带领和指导团队来产生工作结果，同时对某一部门收入、成本、工作目标等管理结果（以效率为主）负责	业务部门经理、系统负责人、IT一部六中心负责人
	兜项目	以专业贡献为主，部分承担带领和指导团队工作的任务（只作为辅标签）	班长

23.3.2 紧跟时代发展——进行市场化转型

在稳根基、重人才的基础上，万科物业开始将视野转向全球。万科物业以 FirstService 公司作为学习标杆。FirstService 是北美最大的物业公司，占据美国物业管理市场 4% 的份额。对于中国 150 亿平方米的存量物业市场而言，4% 则意味着管理面积将达到 6 亿平方米。如果万科物业在中国市场达到 6 亿平方米的管理面积，将带来近 1 500 万名优质客户、8 万亿元房屋资产和更多全新的商业机会。同时，万科物业还发现，美国排名前 50 的物业管理企业占整个市场份额的 30%，而中国排名前 50 的物业管理企业仅占整个市场份额的 5.79%。作为中国市场综合实力排名第一的物业企业，万科物业的市场份额只占约 0.4% 的份额。相对于美国物业行业的集中度，中国物业管理市场较为分散，未来将趋于集中，存在出现较大体量企业的机会。鉴于此，2014 年 12 月，万科集团将万科物业定位为新十年战略中的大树，标志着万科物业走上了市场化公司转型之路。

与很多第三方物业公司不同，万科物业、中海物业、金地物业等都经历过 2001 年那一次从定位为售后到市场化又从市场化回归地产的反复。经历过 2001 年市场化反复的万科物业知道物业管理市场化随时可能被地产集团叫停。因此，2014 年二次走向市场的万科物业胆战心惊，对内、对外均小心谨慎。万科物业当时的策略是：对内，不能与万科地产自身项目形成竞争，所以尽量不接新项目；对外，少与同行竞争，所以尽量不接业委会项目。这两个约束条件倒逼万科物业在市场上推出"睿服务"合作模型，也就是不改变原物业合同主体关系，万科物业赋能其他物业公司，帮助它们改善客户关系与经营。虽然这种模式最终以失败而告终,但万科物业通过这一模式快速锻炼了自身市场化的能力,实现了快速增长,同时也让朱保全懂得了做平台先要将垂直业务做大做强的道理。

2015年6月27日注定要载入万科物业的史册。万科集团发布董事会公告,议案全票通过万科物业推进市场化发展,以及增发10%的股权启动员工的合伙人机制。朱保全在公司微信公众号的"大宝专栏"里发布《天将降大任于斯人也》一文来纪念这一具有历史意义的事件。他写道:"这标志着,万科物业过去四年的变革成果得到集团董事会的认同;这标志着,万科物业被赋予全新的使命;这标志着,万科物业已经正式成为一家拥有股东会、董事会约束机制的市场化公司;这标志着,万科物业的未来将依托于物业行业自身特征、依托于自身团队的努力。万科物业将不再会因地产行业的喜而喜、地产行业的衰而衰。我们更将要独立面对残酷的市场,我们将基于目标实现、基于对股东的承诺、基于自身的人力资源战略,重新构建全新的薪酬激励体系。"

23.3.3 两翼齐飞——进军商企物业市场

万科物业在市场化公司转型过程中,从未停止过开拓新业务市场。在多年的物业管理中,万科物业不仅局限于住宅物业管理,同时也将其住宅物业管理"安心、参与、信任、共生"的核心价值观应用于商企物业管理(包括商写物业管理和政企物业设施管理)。

2014—2018年,万科物业商企业务实现了高速增长,营业收入从2014年的1.4亿元增长到2018年的18.2亿元,增长超12倍。同时,年饱和收入[1]从2014年的2.1亿元增长到27.5亿元,增长超11倍。这些数据坚定了万科物业创立万物商企这一子品牌的决心。2018年3月1日,万科物业率先与国际建筑业主与管理者协会(Building Owners and Managers Association,BOMA)[2](中国)签署协议,成为其白金会员。同年7月,美国证监会发布公告,万科物业以IPO定价购买戴德梁行4.9%的股份。2018年8月,戴德梁行在美国纽约证券交易所成功上市,万科物业成为其第四大战略股东。双方在香港达成后期合作的基本框架——在大中华地区商业物业管理与设施管理领域业务整合上达成共识。2018年9月13日,万科物业商企首次亮相国际设施管理协会(International Facility Management Association,IFMA)[3]中国峰会。2019年12月,万科物业与戴德梁行正式签约,就商写的资产与设施管理(Property and Facility Management,PFM)业务成立合资公司,进一步强化双方的战略合作,着重于商业物业及设施管理等服务上的强强联合。2020年1月7日,万物梁行正式投入运营。至此,万科物业完成了住宅商企这一两翼齐飞的战略规划,在让更多用户体验物业服务之美的路上迈出了坚实的一步。

23.3.4 三驾马车——进军城市物业空间

在独立"万物商企"子品牌的过程中,朱保全将城市公共空间业务视为未来物业发展的"更大机会"。朱保全曾表示,"楼宇外部分,全部算作城市公共空间,这一业务范围包括传统

---

[1] 饱和收入指物业行业饱和收费,即100%的收费,没有应收未收款项,零欠费。
[2] BOMA成立于1907年,是全球公认的商业地产与管理领域最具领导作用的代表性机构。
[3] IFMA成立于1980年,是全世界最大、最被广泛承认的设施管理行业协会。

市政、城管两大块",并将物业的范畴扩展至三个空间:一是关乎老百姓生活的空间,二是工作商务空间,三是城市公共空间。

2018年5月,万科物业与珠海大横琴投资有限公司签署战略合作协议,双方携手打造中国首个"物业城市"治理模式,万科物业迎来其参与的首个"国企混改"项目。2019年9月9日,万科物业与中国雄安集团城市发展投资有限公司共同出资的河北雄安城市资源经营管理有限公司正式注册成立,标志着万科物业"城市空间整合服务"(Urban Space Integrated Service, USIS)向前迈出了重大一步。2020年5月,继横琴新区、雄安新区之后,USIS业务正式进驻厦门鼓浪屿岛,在城市物业领域先后进入10个城市,12个项目探索落地。2020年5月13日,朱保全在《致全员信》中指出:"如果说商业物业板块与戴德梁行大中华区业务整合意味着'两翼齐飞'战略的成功,城市物业领域连续落地重大项目,则意味着万科物业空间服务'三驾马车',即社区空间(Community Service, CS)、商企空间(Business Service, BS)、城市空间(Urban Service, US)模型完成搭建。"

从住宅物业到商业物业,再拓展到物业城市,万科物业一方面希望"做到规模越大,客户体验越好";另一方面则从更多元化的维度寻求从事千亿元级业务的快速通道。

23.3.5 科技赋能——开启数字化转型

万科物业一直紧随科技发展趋势,进行了从数字孪生到数据资产驱动的数字化转型。自2015年全面实施数字化后,朱保全每年至少拿出营业收入的1.5%投入科技研发中。朱保全认为:"如果企业规模扩大10倍,唯一的方法就是利用数字化和新技术。数字技术运用就是给物业管理这辆老坦克插上了信心和智能天线,推动了服务和管理的升级换代,既提升了客户体验,又节省了人工成本、提高了管理效率。"

在过去地产行业高歌猛进的"黄金20年"中,物业往往是被忽略的后端,几乎很少有人想过并真正用科技、数字化赋能物业管理,而朱保全领导的万科物业却做到了。万科物业从最基础的人、房、物的系统梳理和编码,到持续不断的技术与应用研发,构建起了物与人的数据记录、互联互通的能力〔例如,借助IT技术与数字化应用,开发了针对业主端的"住这儿"和员工端的"助这儿"(现更名为"助英台")App,无缝衔接业主社区生活的各个场景〕,之后再到智慧城市业务,通过与所管辖区派出所、社区、街道办和交警建立联动机制,实现网格化精准管理,大大提高了物业管理服务效率与响应速度,并节约了大量人力、物力。是什么让朱保全有了走出这一步的想法?除了其自身的IT情结,在麦肯锡的专访中,朱保全给出了另一视角的回应:

> 做出这一重要决策有两方面的原因。一是物业从业者并不了解自己的客户,但当我泡在项目上时,我才真正发现充其量是个别员工了解个别业主,但有很大的经验和感觉成分在里面,并且了解的方式仅停留在面对面沟通和打电话上。二是预见到招工难带来的冲击。中国00后和10后适龄劳动力逐步减少,而万科物业每月都有近20万平方米

的新增量，再加上某些岗位对劳动力年龄要求的年轻化，因此物业行业提前遭遇用工难是个大概率事件。而要解决这两大矛盾，就必须把握好"技术红利"，通过技术提升价值，激发员工潜能。因此，我坚定地认为，物业行业数字化转型是不可逆的，我常说，数字化不做肯定是等死，做了也可能是找死，但找死总比等死强。

与一众停留在电商 App、专注于卖货的物业玩家不同，万科物业选择了一条少有人走的路。朱保全对数字化转型有自己的理解，他以 Uber 为标杆，希望搭建能够与其他企业共享、共生的数字化管理系统，力争在物业行业走通 Uber 模式。在朱保全的带领下，万科物业实现了物业与人的数据记录以及物与人的连接，这确保了其可以通过开放、共生的生态系统与外部企业开展数字化合作。

与数字化相配套，万科物业还进行了组织变革，将组织从传统的线框式管理变成了合伙人制管理，抽掉中间层，把组织扁平化。朱保全解释道：

> 物业行业长期以来靠的是现场"人盯人，人管人"的多级监督来管理小区，但这种模式下只要任何一个监管环节失效，就会导致小区管理走样。随着规模的扩大，优质项目经理的数量不一定能同步。因此，我们把项目经理从小区抽调出来，以一线合伙人的形式组成管理中心，实现一个中心管理多个项目，这样既降低了中间监管成本，又提高了管理效率。之所以能实现这样的变革，是基于此前花了几年时间铺设好的数字化管理系统，把项目、岗位、员工和设备都搬到网上，并将其连接起来，每位合伙人都可以通过系统对现场进行管理。

朱保全认为万科物业的数字化转型之路很难走，且还有很长的路要走。从文化上来说，传统服务公司与科技公司存在本质上的差异。由于当年很多犯罪分子隐藏在保安系统中，万科物业要求每个保安都要做指模采样。管理层为了以身作则、一视同仁，便要求入职物业的所有人员都要做指模采样。但加入万科物业的科技人员却很难接受这一点。万科物业当时招的第一位科技人员入职后便向朱保全投诉，为什么入职还要按手掌模，这对他们来说简直是"奇耻大辱"。另外一位较早加入万科物业的科技人员回忆道："我清晰地记得我入职时就按了手掌模，我的手掌因此红了两天。我还去跟人力说，你看看我的手掌。当时确实很不适应。"文化的差异还体现在着装上。万科物业要求员工上班穿制服，但科技人员一般都习惯于穿便装。为了解决这一冲突，万科物业要求总部员工周一穿正装，周二到周五穿便装。朱保全认为，穿一天正装很有必要。这会提醒总部员工要有服务与业务意识，会让他们记得自己所管理的人是穿制服的人。朱保全还经常跟大家讲扎克伯格作为一位平常习惯于穿 T 恤上班的 CEO 去美国议会答辩时却穿西装打领带的故事。以此来说服员工，并让他们了解穿衣礼节，即一个人要在不同场合穿不同的衣服。此外，万科物业相关科技团队负责人还会跟自己团队中的科技人员谈心，潜移默化地改变他们不太顾及形象的思想与行为。

科技化转型另一方面的压力来自科技成果是否见效。科技本身是一件很耗费资金的事情。也许 1 000 万元的投入对于科技来说有时就是打水漂。对于物业企业来说，赚小钱大投入并非易事，因为这 1 000 万元是众多基层员工辛苦收缴的物业费。但朱保全却没有因为害怕失败而放弃科技。朱保全常拿微软举例。他认为，微软之所以能够在 Surface 智能硬件屡次失败后还继续投入，最终在云业务上成功，同时，在 2020 年推出 Office365 之前，转型虽然一直都不成功，却始终没有放弃，就是得益于 Office 可以为其源源不断地赚钱。他认为万科物业的科技转型依然不成功，还需要持续投入资金。科技化转型是未来的趋势，所以他还要不断地投入资金。但这样做的一个前提，就是要持续不断地重视万科物业。物业就是公司的"Office"，能为科技化、数字化转型提供源源不断的现金流。万科物业不会靠投资、融资，而是要靠经营性现金流去解决科技投资的问题。

万科物业内的科技人员认为，尽管朱保全是一位科技发烧友，但他始终头脑冷静，时刻都在关注业务，以业务、收益为导向。每当科技人员对某种新技术头脑发热，去跟朱保全汇报时，朱保全在给予肯定的前提下，还会再"泼上一盆冷水"，问道："这个可以解决什么业务问题，业务体现在哪？"在朱保全的引导下，万科物业的科技人员不会空谈科技，而是以业务为基础，对其进行科技赋能。

23.4 万物炼成之蜕变（2020年至今）

1990—2020 年，万科物业历经 30 年完成了战略布局，包括在全国建立均衡的服务能力、住宅商业双品牌两翼齐飞、市场化等重要战略调整。这便产生了新的问题——数智时代该如何实现这些战略？

2020 年，通过一个偶然的机会，朱保全参加了微软全球 CEO 峰会。这次峰会给朱保全最大的启发在于微软 CEO 萨提亚·纳德拉讲话中提及的两个英文单词——Remote（远程）和 Hybrid（混合）。朱保全决定万科物业的新十年战略将围绕 Remote 与 Hybrid 展开。鉴于此，2020 年 10 月，万科物业正式更名为万物云空间科技服务股份有限公司，并确定了 2020—2030 年的核心战略——蝶城①与产业互联，明确了万物云未来业务将围绕科技（TECH）、空间（SPACE）和发展（GROW）三大业务展开（如图 23.1 所示）。

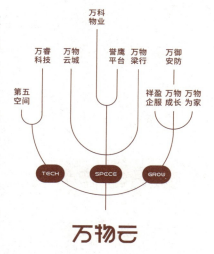

图23.1 万物云业务模式

更名后，公司进行了一次较大的组织架构调整（如图 23.2 所示）。2022 年 4 月，万物云向港交所递交上市申请，正式开启了赴港 IPO 的新征途。

---

① 蝶城是指打破以小区围墙为服务边界的传统物业管理服务模式，建立以街道为单位、以3公里为半径、30分钟内可达的服务区域；在区域内，社区、商企和城市服务可以使用统一的资源和基础设施，线上供应链调度与线下运营能力浑然一体，形成区域内的共享服务网络，经济规模最大化。通过远程运营以及混合服务提升空间效率，将其打造成一个高浓度、高效率的服务网络。

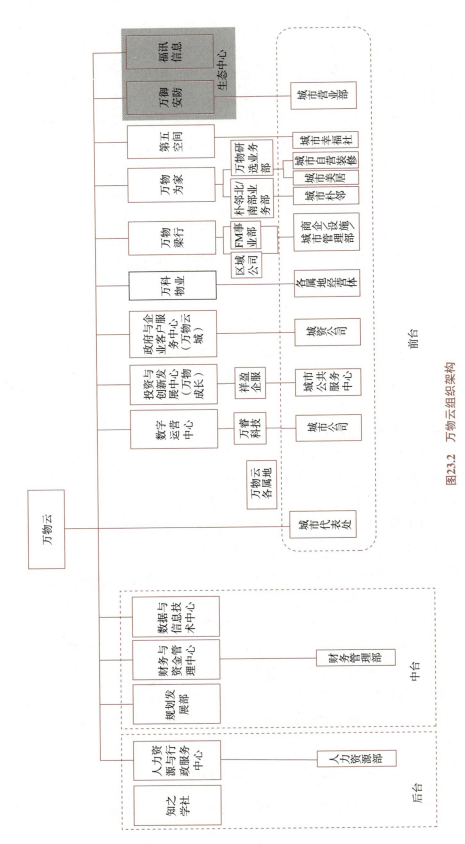

图23.2 万物云组织架构

23.5 万物炼成之文化与价值观

万物云的品牌影响力以及口碑并不是一朝一夕建立的，而是在客户意识的影响下，对自身文化价值观不断进行审视与完善，并真正落实到管理服务的每个细节中。

万物云一直秉承着"重塑空间效率，服务历久弥新"的使命，以及从追求客户满意到追求业主幸福的信念。公司强调遵循安心、参与、信任和共生的环境准则，以及客户无错、无功即过、敢为人先和诚信礼廉的行为准则，并将这两个准则内化为万物云特有的价值观。同时，万物云的这些愿景、价值观并非喊喊口号，而是在物业管理与服务中不断践行，也得到了许多业主的肯定与真实反馈。比如，一位业主这样说道："我是万科金色城市小区的一名业主。刚入住小区不久就感受到来自物业的细心关怀：我的管家是哆啦A梦，它快速响应我的各种需求，有求必应。每次进出小区，迎面而来的都是岗亭安全员亲切的问候。停车技术不够娴熟，安全员会在一旁指引，甚至车场的大姐也会叮嘱一声'小心'，让人觉得心里暖暖的！在我有维修及其他需求，呼叫门禁对讲或在'住这儿'App上提交任务后，居然能在家中接到门禁对讲那头的回复，并及时告知处理进展。真的让我第一次觉得住在这样的小区是多么幸福。"

朱保全强调："我们是一家真正的公司，客户就是财富。客户满意度是业主持续选择我们的理由，我们敢于正视满意度的前提，是我们敢于正视自身的服务。我们站在客户幸福的角度，思考如何使客户感受到幸福，并为客户幸福而努力。"

万物云同样重视公司的每一个员工。公司高层始终认为公司对待员工的态度某种意义上会变成员工对待客户的态度。公司认为要让员工从公共服务向私属服务过渡、转型，就需要员工更稳定、更敬业、拥有更多的专业知识，而这些都需要公司上下持续关爱员工并给予员工发展机会。因此，万物云同样倡导要为员工创造安心、参与、信任和共生的工作环境。例如，打造公平的评价机制、平等的发展机会；推行运动健康文化，让员工有个健康的身体。沈阳物业的一名安全员说："幸福是什么呢？我觉得幸福并不是自己中了500万元大奖，当多大的官，买多大的房子，开多好的车。我理解的幸福是简单的三句话：有人爱，有事做，有所期待！有人爱：有家人、同事对我的关爱，上班有同事一起快乐地工作，下班有家人的陪伴。因为有人爱，所以我很快乐！有事做：虽然我只是个普通的安全员，但每天工作得很踏实，可能别人会觉得当安全员没面子，但工作是没有贵贱之分的，我没有违法、没有违背良知道德。因为有事做，所以我很骄傲！有所期待：在工作中，我希望自己能有所进步，能当班长、当管家、当主管；在生活方面，我实现自己的愿望买了一套房子，想到还完房贷那天的洒脱就会觉得特别美好！因为有所期待，所以我很有动力。"

23.6 万物炼成之"时代英雄"

火车跑得快，全凭车头带。万科集团主席郁亮也毫不吝惜对朱保全的溢美之词，多次在公开场合肯定其带领万物云所做出的成绩。在2021年6月万科内部召开的一场转型发展通气会上，郁亮说："十年前有朱保全，之前有张旭，现在有王海武。现在还是要有一批能人干将，敢于做新业务。刚开始大家都不看好，但不走出去这一步，也不会有很好的未来，'时代的企业还是要有时代的英雄'。"那么，哪些经历塑造了这位"时代英雄"呢？

23.6.1 解决问题的"朱老板"

20 世纪 90 年代中期，学习系统工程的朱保全大学毕业，被分配到北京市机电研究院工作。同年年底，他便成为单位里重点培养的年轻干部之一。由于表现突出，朱保全被院长派到了食品厂当厂长。后来，机电研究院又发展了一家钢材厂，领导让朱保全去负责。但他发现厂里约有 260 万元的钢材款要不回来后，便萌生了去意。随后，朱保全决定为别人做企业出谋划策，于是便去了一家咨询公司。一段时间后，朱保全觉得那份工作让自己有些浮躁，还是应该趁年轻做些脚踏实地的事情。

1999 年，朱保全入职北京万科，担任人力资源经理。他在该职位上干了三年多。当时，善于观察的朱保全发现，万科开始看重开发业务线上的人才。这也促使他思考自己未来的发展，即是否继续在万科干人力。经过一番思考，朱保全决定继续留在当时如日中天的万科工作，但却主动走出舒适圈，放弃人力资源经理这个"组织部长"的角色，选择了一个谁都不愿意干的岗位——客服。这也是他自己说的"第一次的主动决策"，这个决策也使他上任之后不久就上了新擂台。他在接受采访时曾经回忆起下面这件事：2002 年 9 月底，位于北京东五环的万科青青家园交付。而里面的大多数年轻业主是第一批互联网人，不但成立了业主大会，还在当时人气很旺的搜狐焦点网的业主论坛上表现得非常活跃。交房前，青青家园论坛上有个帖子很火，不少业主在上面骂万科的设计师。起因是有业主发现小区里有个儿童娱乐沙地的设计。业主认为北京风沙大，因此这样的设计很不合理。朱保全知道后，首先请该论坛的版主发起了一个征集业主意见的投票，旨在了解业主们对这一设计的真实意见。同时，他又建议万科的设计师增加密实的木栅栏，避免扬沙和宠物进入。这一方案公布后，业主们的不满和怨气都平息了下来。诸如此类的问题，朱保全都能很好地应对并解决。后来，青青家园的业主们都亲切地称朱保全为"朱老板"，他们觉得"这个光头能解决问题"。

23.6.2 万科集团的"救火英雄"

2003 年，在任职客服经理半年后，朱保全一度被调到成都"救火"，做成都总经理的助手。但很快，万科集团又出现了新"火点"。人力资源部总经理和客服条线总办主任在总部里寻觅了很久，一致认为朱保全是新的总办主任最合适的人选。因此，一纸调令，朱保全被调到深圳。朱保全深知领导的用意，也明白自己的一项重要职责——处理客户关系。2004 年，客户服务部在朱保全的力推下成立了客户关系中心，并在每家一线公司内设置专门的客户关系中心，这一举措在当时的房地产行业实属首例。

2008 年汶川地震，朱保全作为万科援建灾区的领队，在当地待了数月，成绩斐然，旋即又被调到南京"救火"。万科集团自 2001 年进入南京后，8 年间换了 5 任总经理，颇为不顺。朱保全临危受命，源于万科集团在南京的一个项目。当时，南京市政府对项目总价进行了限制，导致后期开盘价格低于前期价格，前期购买房子的业主便不干了。他们联合起来进行抗议，导致物价局对万科集团开出 6 400 万元的罚单。但朱保全发现他面临的不只是这个项目的挑战，作为南京公司总经理，他还需要盘活南京市一个殡仪馆旁边的地块以及江宁区的"地王"。上任一年后，朱保全打开了局面，捷报频传：被政府罚款的项目成功清盘；殡仪馆旁的地块被成功打造成人气火爆的青年社区；令人瞩目的江宁区"地王"则创造了南京市 2010 年单日销售 10 亿元的纪录，并实现了一倍溢价。

而此时，朱保全又被要求调回集团办。在交接期间，万科集团内部论坛突然被南京公司员工的发帖"占领"了，他们联名质问"为什么让朱保全走"。这大概是万科集团历史上员工第一次自发集体请总部收回调令，万科集团领导王石与郁亮也因此收回了调令。但半年之后，万科集团总部还是召回朱保全，让其管理万科物业。

23.6.3 临危受命，各个击破

朱保全曾用四面楚歌来形容当时的万科物业。临危受命的他不断地进行自我调节，并试图通过三方面来说服自己：第一，当时万科集团的第一品牌是王石，第二品牌是《万科周刊》，第三品牌则是万科物业。朱保全曾是王石任集团总裁时的集团总裁办公室主任，还分管过《万科周刊》，如果加入万科物业则意味着万科集团三大品牌他都管理过，也是一件蛮有成就感的事。第二，互联网的兴起使得物业管理每天都与客户在一起，总能产生些化学反应。第三，他当初想将万科物业做成非营利性组织，但没有得到支持；再后来收购物业管理五大行、上市等想法也一直被他藏在心底。他还是想找机会实现。就这样，习惯了自己"救火英雄"人设的朱保全，于 2010 年加入了万科物业。

朱保全加入时，万科物业刚从万科地产中独立出来不久，表面看似一切向好，实则原有的管理运营秩序已被打乱，内部一片混乱。但其中一个又一个难题，都被朱保全化解。从集团层面来说，当时作为万科集团几个事业部中唯一一个非地产事业部，万科物业与其他七个地产事业部有着微妙的关系。朱保全始终小心行事，低调做人。由于担心形成竞争，万科地产不希望万科物业承接其他地产商的项目，甚至有些人为了阻挠说了一些不利于万科物业的话。朱保全一方面以万科地产为主，接管其他项目时先去征求属地万科地产的意见；另一方面，他认为没有利益关系的第三方是评判万科物业好坏的最佳裁判。天津滨海大爆炸、新冠肺炎疫情在武汉暴发、郑州特大暴雨等危机事件中，万科物业一次次用实际行动得到了第三方的认可，也强有力地证明了万科物业是一家"好企业"。

从人员管理层面来说，当时万科物业属地总经理的奖金由万科地产发放，这无疑削弱了朱保全的管理权和话语权，但他却不能立即制止这一行为，这便增加了他的管理难度。朱保全为了化解这一困境，一方面通过多种经营、市场化等方式增强物业的赚钱能力，让这些总经理的收入有所增加，另一方面帮大家建立信心，通过不断宣讲未来物业是什么样的、告诉

物业员工未来属于他们等方式，让大家心中充满希望与愿景，他还将自己的微博签名改为"物业人给自己创造希望"。此外，他还在万科物业内部实施股权激励制度，这也使得万科物业成为万科集团唯——个对管理层进行股权激励的事业部。通过这一系列的做法，上述困境得以化解。

从物业公司层面来说，当时万科物业旗下共有18家物业公司，而深圳万科物业一家公司的利润占到全万科物业的60%。这源于当时深圳万科物业拥有智能化工程部和绿化部。因此，剩下17家物业公司都想从事智能化工程和绿化业务。朱保全认为，术业有专攻，因此决定不在18家物业公司下面再新开设一家公司，但又不能让深圳万科物业利润一家独大，否则不利于万科物业的发展。同时，朱保全还在思考万科物业的多种经营问题，即除物业外他们还可以做什么。他认为，智能化工程和绿化都是房地产的配套业务，但未来万科物业并非以给房地产做配套为主，而是要以做存量市场为主。朱保全认为，在房地产身上赚的钱越多，越不利于将来的转型。经过一番思考后，朱保全决定砍掉深圳万科物业的绿化项目。因为绿化工程业务是一个对房地产增量依附性过强的业务。尽管该业务当时有很大的利润，但朱保全还是坚决将其砍掉了。而智能化工程业务尽管也是一个房地产增量业务，但未来整个小区的智慧化一定是围绕该业务展开的。因此，智能化工程业务未来的存量市场大有可为，朱保全决定保留它。接下来，为了解决物业公司均衡发展的问题，朱保全将智能化工程业务从万科物业下面砍掉，将其升级为与深圳万科物业平级的公司。这样剩下的17家物业公司也没有理由再要求做这些业务了。升级后的智能化工程部更名为万睿科技，变成了万科物业的一家全资子公司，开始发展全国性业务。今天的万睿科技已成为一家高新技术企业。从当初只给地产做配套发展到今天做智慧城市等相关业务，万睿科技每年都会超额完成公司制定的创收任务。

朱保全还时刻保有忧患意识。2018年，他曾写过《生存，或者死亡》的文章。朱保全在其中指出：万科物业去年整体营收突破80亿元，但对于一家规模高速发展的公司来说，如果不去主动思考公司死亡的问题，离被动死亡的那天便更近一些了。根据宏观统计，适龄劳动力数量在逐步减少，长远来看，万科物业在五到十年后招聘不到合适的安全员，将成为一个极大概率的事件。互联网企业凭借信息技术和资本充足的极大优势，势必对传统物业企业形成降维碾压。无论是在行业政策上，还是在劳动力供给上，以及在整个信息技术大潮的席卷下，随时可能遭遇突然死亡的挑战。客户口碑是企业稳步发展、事业长青的根基，失去了客户，就失去了企业发展的一切。而顾客口碑靠的是员工的辛勤工作。因此，万科物业必须时刻保持高度的危机感和使命感，绷紧神经迎接每一天的挑战。

朱保全曾骄傲地说："当初来到万科物业时我问物业的同事，你们多长时间要去总部汇报一次工作？同事们说每个月汇报一次，每次汇报完总部就会提出一堆问题，然后大家带着这些问题开始下个月的工作。大家都没有自我，就是很被动地工作。所以，我刚来的时候，跟郁亮谈了一次话，我让他给我半年时间，告诉他半年内最好不要听万科物业的汇报，他也不要来。如果半年不行，那么三个月也可以。最后的结果是郁亮在过去的12年里从未来过万科物业。因为我们每年年底的KPI排名都是集团事业部中最优秀的。"

回想起当初加入万科物业的情形，朱保全说，自己提出的很多想法，如将万科物业做成非营利性组织、上市、投科技、走市场化路线等都被否定了。但他却始终没有放弃这些想法，而是默默做自己认为正确的事情。他认为，自己365天都在想这些事，自然更相信自己的判断。这也就出现了上面提到的"睿服务"平台，以及围绕该平台进行的市场化等战略布局。当初被否定的想法，正一一被朱保全和他的万物云所实现。

23.6.4 员工眼中的朱保全

朱保全为万物云带来的改变是有目共睹的，而这一改变不仅体现在业务层面，还体现在精神层面。朱保全一直认为，有信心、有自信是非常重要的。在他掌管万科物业十年后，集团同事私下跟他说，万科物业团队最大的变化就是大家有了自信。

在公司内部员工眼中，朱保全是位战略正确、有谋略、敢于变革的领导者。正是他清晰、准确的战略眼光，给大家带来了十足的信心与自信。公司员工亲切地称朱保全为大宝或者宝总。万睿科技牵头人说：

宝总是个非常有感染力的人，他讲的东西总是很打动人、很生动。我首先觉得他是个变革大师。他加入万科物业后一直在变革，就没有停止过。其次，他个人的战略眼光比行业许多人要远、要深。从万科物业的几次战略变革可以看出，宝总的战略目标是清晰的、方向是正确的。同时，他对业务、物业本质的理解非常深刻。尽管他不是从物业基层做起的，但他的学习能力很强、悟性很高。此外，他的创新精神也很强，他一直在引领整个行业的创新。近年来，物业同行会说，"你们万科物业最能折腾，我们都看不懂你们要做些什么"。另外，宝总的领导能力也非常强，是位有个人魅力的领导者。这一点大家都是口服心服的。

另一名科技人员也表达了他对朱保全的看法：

首先，作为一位领导者，宝总给我们指引了正确的方向。这一点很重要，我们这样跟着领导干才有信心。很多例子都证明宝总坚定干的事情是正确的，方向是没有问题的。我进来的时候，万科物业走市场化路线还没多久，到现在证明市场化是成功的。他后面提到的两翼齐飞、三驾马车，都证明了其战略的正确性。直到现在的蝶城，为什么大家能相信蝶城，还是因为宝总的战略眼光能够打动我们。另外，我认为宝总是非常接地气的。作为一名科技人员，我经常跟宝总一起参加一些科技会议。科技人员经常容易陷入对科技的狂热之中，认为这项技术很先进，别人做不出来而我们可以。这时宝总在鼓励的同时就会给我们'泼一盆冷水'。他会问我："你这个东西对业务、对市场、对收益有什么帮助？"宝总虽然很重视和关心科技，但不是为了科技而科技，而是注重科技的实际效果。所以我们才能将科技做好。

23.7 万物炼成之蝶变

2022 年 9 月 29 日 9:30 万物云上市之时，朱保全在公司微信公众号的"大宝专栏"同步发文，称"万物蝶变"。他承诺将把此次 IPO 融资中的大部分资金用于蝶城战略中的智慧物业建设，以回馈客户。通过空间里数字化基础设施的搭建与连接，重塑空间效率，让服务历久弥新。

同时，他还不忘表达感恩之情。他写道：时光荏苒，岁月如梭。感恩姚牧民、陈之平那一代人，为万科物业打下了金字招牌，为每一位万物人注入了服务基因；感恩张力、许国鸿、解冻那一代人，让公司伴随万科地产布局全国，服务品牌誉满天下。感恩每一个曾经的万物人的付出。万物云的人才图谱变得技术化与知识化，但不变的精神是做永远的服务者。感恩王石、郁亮两位主席为企业树立的价值观，从 2202 到 2602[①]，万科阳光健康的文化将代代相传。最后他写道：

> 我们相信时间的力量，
> 三十二载春秋，一万多个日夜，
> 以无数日常，交织成不同寻常。
> 服务穿透空间的边界，
> 从社区、商企、城市到数字孪生，
> 品质的初心，一路伴随发展。
> 没有生来的伟大，
> 只有坚持写就的传奇。
> 以度日如年、度年如日的功夫，
> 超越平凡的自己。

骐骥一跃，不能十步；驽马十驾，功在不舍。期待"蝶变"后的万物云在朱保全的带领下能够不忘初心、继续超越自我。

复习思考题

1. 万物云的发展经历了哪几个阶段？每个阶段的关键事件有哪些？
2. 万物云如何打造自身的人才架构？又是如何关注基层员工的发展的？
3. 万物云数字化转型过程中遇到了哪些困难与挑战？又是如何解决的？
4. 朱保全的加入为万物云带来了什么？他为何能带领万物云实现一个又一个梦想？
5. 如何看待万物云的竞争优势与发展前景？数智技术可以通过哪些途径提升万物云的竞争力？

---

① 指从万科集团到万物云，2202 和 2602 分别指两家公司的股票代码。——编者注

参考文献

朱保全，2015，《天将降大任于斯人也》，微信公众号"万物有云"，7月2日，访问日期：2023年4月28日。

朱保全，2017，《关于企业成功要素》，万物云内部资料。

梅菲特，尤尔根；沙莎，2018，《从1到N：企业数字化生存指南》，上海：上海交通大学出版社。

朱保全，2018，《生存，或者死亡》，万物云内部资料。

朱保全，2020，《致全员信 | 新十年》，微信公众号"万物有云"，5月13日，访问日期：2023年4月28日。

陈哲，2022，《五四青年朱保全》，《经济观察报》，5月4日。

朱保全，2022，《万物 蝶变》，微信公众号"万物有云"，9月29日，访问日期：2023年4月28日。

附录：

万物云大事记

1. 1990—1995 年，物业初建 —— 探索地产售后服务

1990 年，万科地产受到索尼售后服务的启发，开始推出物业管理业务；同年，万科物业接管其第一个服务项目 —— 深圳天景花园。

1991 年，在国内首创业主自治与专业服务相结合的共管模式，成立首个"业主委员会"；该模式于 1994 年被纳入《深圳经济特区住宅区物业管理条例》，在同行业中获得广泛应用。

1992 年，万科物业正式注册，开始公司化运作。

2. 1996—2004 年，中国首个物业中标 —— 初试市场化

1996 年，深圳"鹿丹村"项目，中国物业管理行业首次公开招标，万科物业中标。

1996 年，在国内同行业中获得第一张国际机构颁发的 ISO9000 质量管理体系证书。

2000 年，签约建设部大院物业管理服务。

2001 年，获得建设部首批颁发的物业管理一级资质证书，成为中国首批一级资质物业管理企业。

3. 2005—2008 年，回归内盘 —— 专注于住宅物业服务

2005 年，相较于同行，率先将"物业管理处"更名为"物业服务中心"。

4. 2009—2014 年，组织变革 —— 独立事业部运作

2009 年，万科集团正式成立物业事业部。

2010 年 11 月 10 日，由中国指数研究院和中国房地产 TOP10 研究组主办的"中国物业服务百强企业研究成果发布会暨第三届中国物业服务百强企业家峰会"隆重举行，万科物业荣获"2010 中国物业服务百强企业"称号，并在排行榜上名列榜首。

2011 年 10 月 22 日，万科物业荣膺"物业管理改革发展 30 周年全国物业服务企业综合实力排名第一"殊荣。

2012 年，首家幸福驿站在广州万科蓝山花园开业。"幸福社区计划"正式落地实施，该计划包括邮包、租售、代办、家政、便民服务等。同年，万科物业杭州公司首推的"拎包入住"业务再次突破了传统的物业业务"四保"模式，实现了服务颗粒度的精细化与增值服务模式创新。

2013 年，业主专属 App"住这儿"上线公测。同年，万科物业的 CRM 系统——呼叫中心亦正式上线。

2014 年，发布"睿服务 1.0"体系，利用互联网技术，将万科物业积累了二十余年的流

程和体系"数字化"。

5. 2015—2019 年，把握机遇 —— 全面市场化

2015 年，开启全面市场化之路，通过"睿服务"合作模式将多年积累的物业管理经验与合作伙伴共享，"睿联盟"体系逐渐壮大。

2016 年，荣获"2016 中国物业服务百强企业"第一名。

2016 年，"睿服务"迭代至 3.0，实现了人、财、物的连接。"睿平台"是睿服务的核心，由包括 FM（物业设施管理）系统、战图系统、"住这儿"App、"助英台"App、营账系统等在内的一整套互联网应用系统组成。

2016 年，"住这儿"发起"消费支持社区更新"行动 —— "友邻计划"，通过各种渠道为社区募集资金，用于支持社区硬件常新。

2017 年，中国物业品牌价值研究成果发布，万科物业以品牌价值 75.2 亿元荣膺中国物业品牌价值榜首，同时获得"2017 中国物业服务品质领先品牌"第一名。

2018 年，商企物业管理正式作为子品牌推出，10 月 15 日，发布"住宅商企 两翼齐飞"的发展战略。

2018 年 5 月，珠海大横琴投资有限公司与万科物业签署战略合作协议，这是万科物业参与国有企业改革的重大里程碑，中国首个"物业城市"治理模式在这里正式启动。

2018 年 5 月，原万科租售中心更名为"朴邻·万科物业二手房专营店"，为客户提供二手房资产管理服务，激活社区房产价值链条，为业主资产的保值、升值保驾护航。

2018 年 10 月，发布"HSQ 万科物业高端物管认证体系"。高端物管认证体系在健康、安全和高品质服务三大领域提供针对性服务产品，以满足客户日益精致化、细节化、定制化的核心诉求。这也标志着万科物业高端物业管理正式进入产品化阶段。

2018 年，荣获"2018 中国物业服务百强企业"第一名，获得"中国特色物业服务领先企业——企业总部基地"荣誉称号（连续两年），品牌价值 95.01 亿元，蝉联中国物业服务企业品牌价值 100 强榜首。

2018 年，营收破百亿元，成为全国物业行业首个营收破百亿元的企业。

2019 年，荣获"2019 中国物业服务百强企业"第一名，这是万科物业第十年蝉联百强榜首。同时，荣获"中国特色物业服务领先企业 —— 企业总部基地"荣誉称号（连续三年）。

2019 年 9 月 9 日，与中国雄安集团城市发展投资有限公司共同出资成立河北雄安城市资源经营管理有限公司，参与雄安全生命周期建设的物业服务，首度深入服务新型现代化城市建设。

2019 年 12 月 12 日，与戴德梁行强强联合成立合资公司万物梁行，标志着"两翼齐飞"的格局正式形成。

6. 2020 年至今，品牌升级 – 空间科技服务

2020 年 1 月，新冠肺炎疫情暴发后，第一时间对防疫工作做出系统性的组织安排，启动

"应急工作组+春节总值班+突发事件"机制。随后，应急工作组升级为"长江行动"工作组，目标升级为"保安全、保经营，做一名合格的保护者，让我们为客户做得更好"。积极抗疫的结果是，实现全国 3 672 个项目无一停摆，保障了超过 520 万户家庭的安全；在全国范围内实现了超过 95 000 名员工的每日健康信息申报，实现员工在岗零感染；万物梁行将写字楼抗疫管理经验整理成册，与全球同行分享中国抗疫经验。

2020 年 5 月 13 日，首次披露空间服务"三驾马车"模型——社区空间（CS）、商企空间（BS）、城市空间（US），拓展服务新边界，这是继 2018 年发布"住宅商企 两翼齐飞"战略后，再次发布企业升级规划。

2020 年 5 月 11 日，与厦门思明市政园林管理有限公司、厦门市思环保洁服务有限公司共同成立思明城市资源经营管理有限公司，推进鼓浪屿全岛公有房产数字化运营、历史建筑维修保护及城市空间物业服务，开启城市服务在岛屿区域的首度落地。

2020 年 9 月 25 日，"万科物业"宣布回归，提供精工住宅物业服务，成为以住宅物业为主、提供高品质服务的品牌。

2020 年 10 月 24 日，推出国内第一个以城市服务为定位的全新品牌——"万物云城"，推动城市服务领域的创新与转型。

2020 年 10 月 31 日，万科物业发展股份有限公司更名为"万物云空间科技服务股份有限公司"，致力于空间科技服务，旗下有空间（SPACE）、科技（TECH）和成长（GROW）三大模块。

2020 年 12 月 23 日，万物云 18 家城市代表处官宣揭牌，围绕空间科技服务的战略落地行动正式拉开帷幕。

2020 年 12 月 24 日，万物云空间科技服务股份有限公司在行业内率先完成与工、农、中、建四大国有银行的对接工作，开展数字人民币线上试点。

2021 年 1 月 1 日起，万科物业全部在管住宅小区实施电梯广告收益透明化。

2021 年 1 月 19 日，万物云城市服务业务全国第一个省域级合作"落子"湖北，万物云城与湖北省联合发展投资集团有限公司签订合作协议，布局湖北"全省域城市空间运营"。

2021 年 4 月 30 日，"与业主共建美丽社区"行动发布会暨 2021 全国启动仪式在上海春申万科城举行，公布"美丽社区"行动资金的新配捐规则。万科地产的"美丽社区"预备资金首期将按照 9∶1 的比例与万科物业"友邻计划"新增募集的资金进行配捐。

2021 年 5 月 15 日，"住这儿"App 5.0 正式在全国上线并推广，95%+ 的月活用户迁移至"住这儿"5.0 版本，实现了从纯工具到平台化的转变，自此可灵活接入万物云内外部业务，奠定了万物云链接万物的基础。

2021 年 5 月 25 日，万物云发布安防机电服务品牌"万御安防"，意味着万物云成长板块的一次成功孵化，万物云向平台企业又迈进了一步。

2021 年 7 月 1 日，万物云在武汉正式成立数字运营中心，在行业内首创远程数字运营模式。数字运营中心所提供的技术和服务，已覆盖万物云在全国超过 4 000 个在管项目和千万以上客户。

2021 年 8 月 5 日，万物云与阳光城（000671）达成换股协议，万物云向阳光城发行股份收购阳光城旗下上海阳光智博生活服务集团股份有限公司 100% 的股权，同时，双方成立新合资公司承接阳光城新开发项目。

2021 年 8 月 31 日，万物云完成对福建龙头物业企业——伯恩物业 100% 的股权收购。伯恩物业是福建地区管理规模第二的物业企业，其加入万物云平台后，万物云在福建市场成为绝对龙头。

2021 年 9 月 6 日，万物梁行首个超高层专家委员会举行结课典礼。万物梁行开创了物业企业成立超高层专家委员会的先河，标志着万物梁行超高层物业人才水平和管理水平再上一个新台阶。

2021 年 10 月 19 日，万科物业在行业内首开先河，宣布从 2022 年 1 月 1 日起设立"电梯困人关怀金"，这是继全部在管项目实施电梯广告收益透明化后，万科物业针对设备设施管理维护的大动作。

2021 年 10 月 22 日，万科集团合伙人、万物云首席执行官朱保全在万科集团南方区域媒体业务交流会上发布万物云"百城千街"计划：万物云此后三年的发展将聚焦于中国 100 个城市的 1 000 条高浓度街道。

2021 年 11 月 1 日，万物云更名一周年，万科集团合伙人、万物云首席执行官朱保全致信全体员工，将万物云的事业阐述为：服务于城市居民基于"住"的消费，承接政府和企业基于营造宜人环境的服务管理外包，建设基于空间服务效率改善的云平台。

2022 年 4 月，万物云向港交所递交上市申请，正式开启了赴港 IPO 的新征途。

2022 年 4 月，万物云首批物业服务自助终端"凤梨一号"在深圳、武汉两个城市 12 个在管小区投放，该终端将物业线下服务内容通过数字化方式搬到线上，可满足业主日常办理门禁卡、停车月卡、登记、缴费等多种业务，打破原有线下物业窗口服务时间制约，减少排队等待时间。物业自助终端的出现，不仅是服务便利性、准确性的提升，也是物业服务中心这一空间功能的一次重大革命。

2022 年 9 月 29 日，万物云正式登陆港交所。